Christoph Fasbender

KULTURWEG DER VÖGTE

Entdeckungsreisen durch das Vogtland der Vormoderne

SCHNELL + STEINER

INHALT

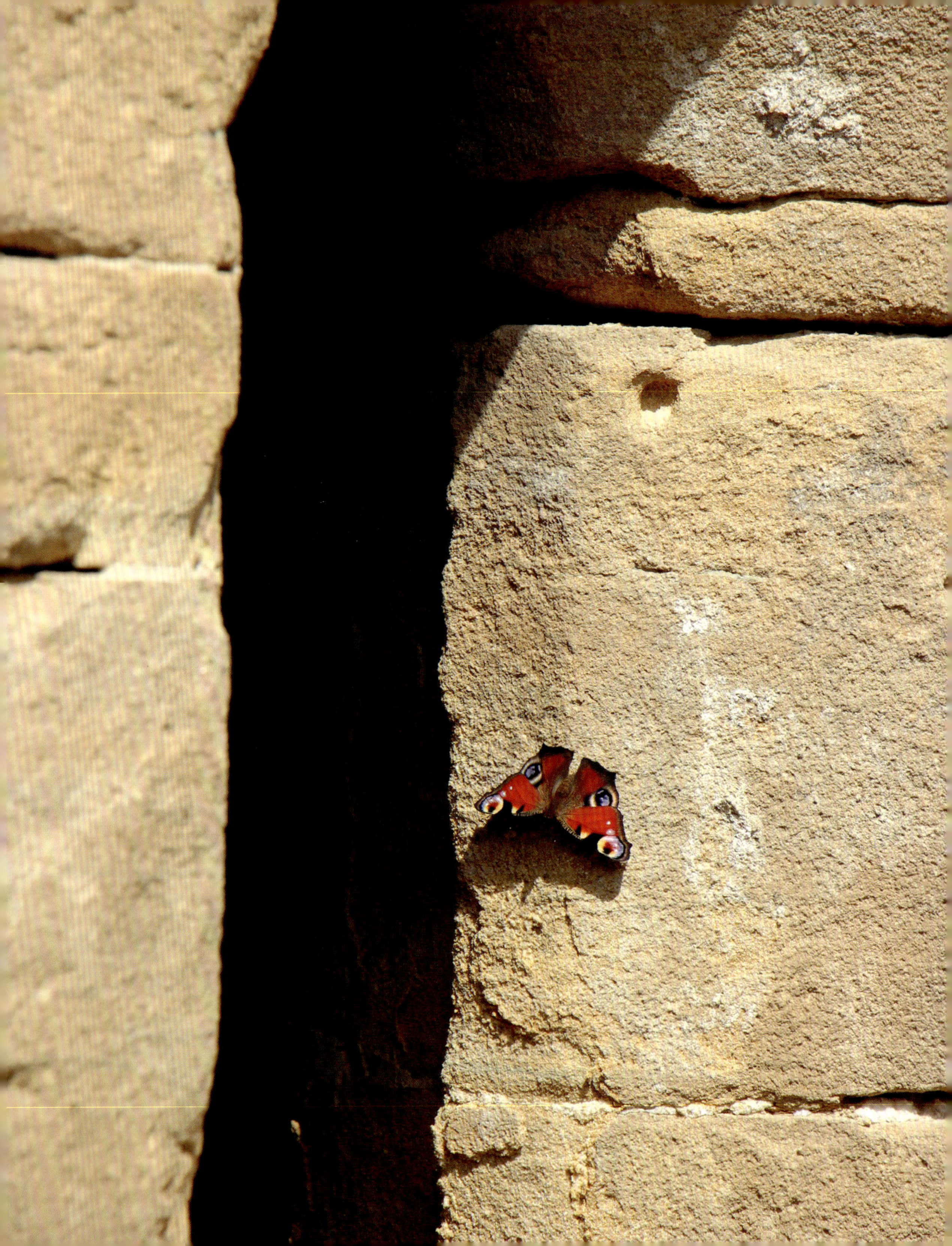

ANLAGE UND ABSICHTEN DES BUCHES

Das vorliegende Buch entstand im Rahmen des von 2016 – 2020 vom Europäischen Fonds für regionale Entwicklung (EFRE) geförderten Projektes ›Kulturweg der Vögte‹. Sein Gegenstand ist die Kulturgeschichte des Vogtlandes in der Vormoderne vom Aufstieg der Vögte von Weida eingangs des 12. Jahrhunderts bis zum Ende des Schmalkaldischen Krieges (1547).

Im Gegensatz zum Ursprung des Vogtsgeschlechtes, der Verzweigung seiner Linien und der äußeren Geschichte des Vogtlandes insgemein klaffen in der Schreibung seiner vormodernen Kulturgeschichte empfindliche Lücken. Wer das vorliegende Buch aufmerksam nutzt, wird daher manches Neue und Unbekannte finden, und er wird im Idealfall seine Freude mit mir darüber teilen und verschmerzen, wenn dafür an anderer Stelle etwas ausführlicher mit Forschungsliteratur operiert werden musste. Dass es sich oft um Literatur des 19. Jahrhunderts handelt, ist mir schmerzlich bewusst. Selbst zu zentralen Objekten fehlen neuere Untersuchungen, und wo Publikationen vorliegen, entbehren sie oft der erforderlichen Solidität.

Für Auswahl und Aufteilung der Themenbereiche und die Perspektive auf die Objekte bin ich allein verantwortlich, wie ich auch allein das Fehlen etwa der Göltzschtalbrücke oder der Silbermannorgeln verantworte.

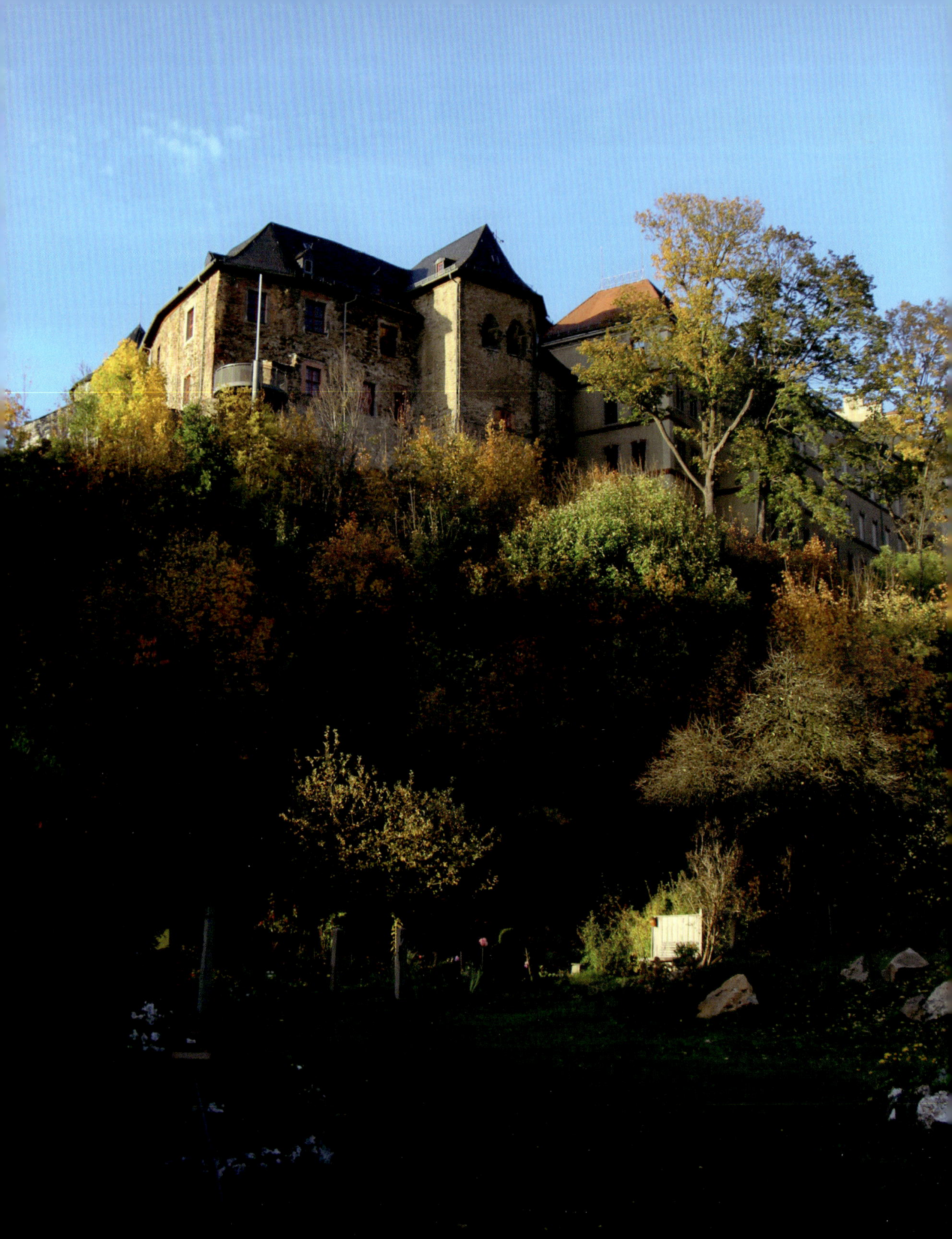

DAS VOGTLAND DER VÖGTE

Der gelehrte Hofer Schulmann Enoch Widmann (1551–1617) hat seiner Chronik der Stadt Hof und des Vogtlandes an einigen Stellen Verse eingefügt. Er hat sie nicht selbst gedichtet, sondern aus Inschriften übernommen oder übersetzt. Als er auf den Vogtsberg bei Oelsnitz zu sprechen kam, inserierte er der Chronik die folgenden Verse:

Drusus der edle römisch vogt
Bauet diesen berg in der not,
Da er krigs in Deudschlanden pflag:
Voitsberg heißt er uff diesen tag,
Von dem das gantz umbligend landt
Ward allenthalb daz Voitland gnant.

Diese Verse sollen sich über dem Eingang der Burg auf dem Vogtsberg befunden haben, wo sie einen älteren, lateinischen Spruch ähnlichen Inhalts ablösten [1]. Wie alt sie sind, lässt sich anhand der Sprache nicht mehr genau bestimmen. Ihr Erscheinungsbild entspricht dem Frühneuhochdeutschen zur Zeit Enoch Widmanns. Vieles hängt daher davon ab, wie man das Verbum *bauen* in Vers 2 versteht. Das mittelhochdeutsche *buwen* bedeutet eigentlich ›angesessen sein, wohnen‹ (daher der ›Nach-Bauer‹ oder Nach-bar), sekundär dann ›mit Feldbau bestel-

len‹ (daher der ›Bauer‹), aber noch nicht ›bauen, errichten‹. Sollte gemeint sein, dass Drusus sich während seiner Feldzüge in Germanien auf dem Vogtsberg aufhielt, wären die Verse wohl noch ins 15. Jahrhundert zu datieren. Sollte gemeint sein, dass Drusus den Berg – oder vielmehr die Festung darauf, wie der Chronist kommentierte – eigens zu diesem Zwecke errichtete, deutete der Sprachgebrauch eher ins 16. Jahrhundert.

Mit einigem Recht kann man einwenden, dass solche Überlegungen uns kaum zum Alter des Vogtsberges, ganz gewiss aber nicht zu dessen wahrem Ursprung und noch weniger zur historisch korrekten Benennung des Vogtlandes führen. Es stecken zu viele Ungereimtheiten in den Versen. Die fangen damit an, dass der Statthalter Drusus zwar nach deutscher Auffassung *advocatus*, Stellvertreter oder Vogt, gewesen sein mag, nicht aber nach römischem Verständnis. Größere Schwierigkeiten bereitet, dass Nero Claudius Drusus (38–9 v. Chr.), Stiefsohn des Kaisers Augustus und jüngerer Bruder des Kaisers Tiberius, zwar zwischen 12 und 9 v. Chr. Feldzüge im Inneren Germaniens durchführte und von Trier über Mainz bis zur Elbe bei Magdeburg gelangte. Ausweislich der römischen Historiographen zog er aber durch Hessen die Leine entlang und stieß erst in der Höhe Hildesheims nach Osten vor. Die

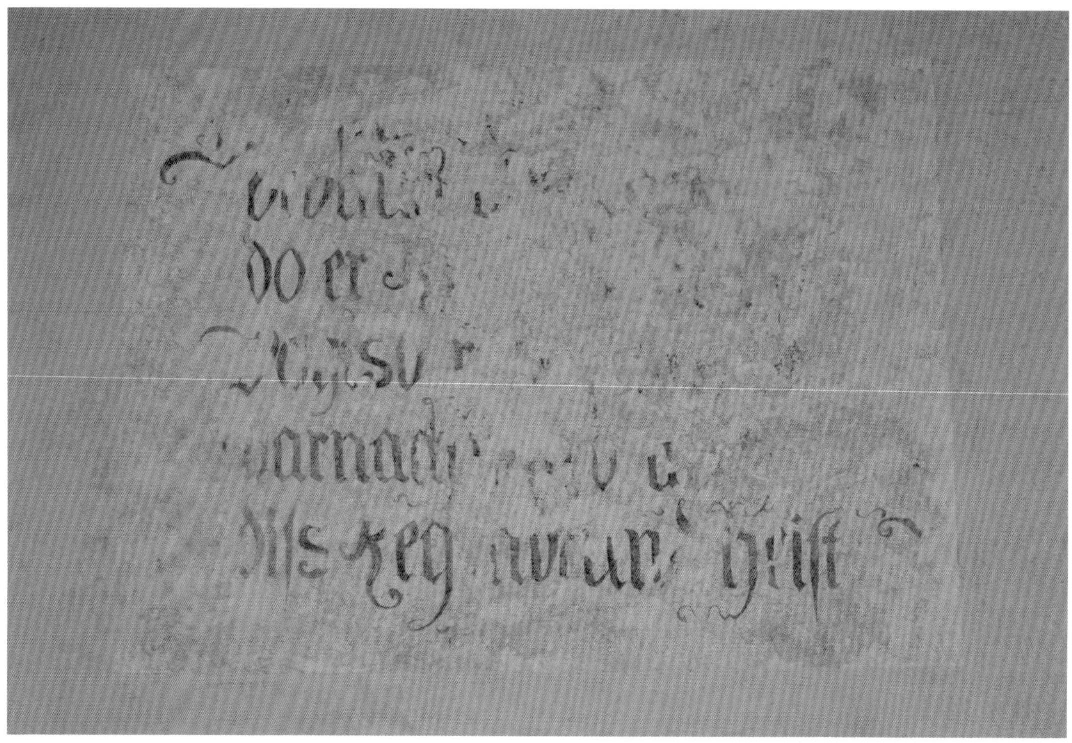

Der Drusus-Spruch auf Schloss Vogtsberg (Fragment)

Gebiete des heutigen Thüringen und Sachsen hat Drusus, *Da er krigs in Deudschlanden pflag*, niemals betreten.

Solche Ungereimtheiten haben der Verbreitung der Verse nicht geschadet. Noch Kurfürst Friedrich August I. (1694–1733) besaß ein Trinkglas, das die Verse in der lateinischen Variante zieren und das sich heute in einer Vitrine im Museum auf Schloss Burgk befindet. Närrischer Aberglaube »auch in den höheren Kreisen«? [2] Oder doch eine alte Tradition, die wir seit Karl dem Großen beobachten können und die sich auch im Vogtland wiederfindet? Was machte die Verse so wertvoll, das ihre Überlieferung rechtfertigte?

Unsere Betrachtung der Verse konzentriert sich unwillkürlich auf deren Zielpunkt: die aus der Kette Vogt-Vogtsberg-Vogtland resultierende Namensgebung. Wir übersehen dabei leicht die Information, dass – den Versen zufolge – beim Ursprung des Vogtlandes die Römer nicht nur Pate standen oder Hebammendienste leisteten. Vogtsberg und Vogtland verdanken den Römern ihre Existenz und ihren Namen, ja sie reichen, Drusus sei Dank, geradewegs ins goldene Augusteische Zeitalter zurück. Was uns historisch unwahrscheinlich scheint, leistete denen, die sich einst darauf beriefen, wertvolle Dienste. Bereits Karl der Große hatte den Geltungsanspruch seines Reiches aus der Abkunft von den Römern behauptet, und er hat diese Fiktion durch seine programmatische Darstellung als römischer Kaiser mit Lorbeerkranz und Toga, wie wir sie etwa auf Münzen finden, sinnenfällig untermauert. Karls geistliche Berater beriefen sich auf die Lehre von den vier Weltreichen, an deren letzter Stelle – sozusagen direkt vor der Apokalypse – das römische Reich stand. Spätantike Theologen, die von den Franken und Karl dem Großen noch nichts wissen konnten, hatten einen Passus im biblischen Buch Daniel entsprechend gedeutet. Nach dem Ende Roms ging die Welt unter. Das Römerreich musste ins Frankenreich »überführt« werden, wollten die Franken Teil der vorbestimmten Weltgeschichte bleiben. Diese Idee einer ›Translatio Imperii‹ zählt zu den besonders wirkmächtigen geschichtsphilosophischen Konstrukten. Römische Ahnen bedeuteten Teilhabe an der Heilsgeschichte. Nichts anderes versuchten auch die Verse auf dem Vogtsberg: eine Integration des Vogtlandes (mit dem Mittelpunkt Vogtsberg) in die römisch-fränkisch-deutsche Geschichte.

Der Vogtsberg bot sich in der Logik der Verfasser für solche Spekulation an. Er war freilich, als die Verse in Umlauf kamen, längst nicht mehr in der Hand der Vögte von Plauen, sondern Verwaltungssitz der ernestinischen Kurfürsten zu Wittenberg, auf dem seit 1378 ein Amtmann residierte. Das überrascht dann doch. Über Jahrhunderte hatten die Wettiner die Vögte von Weida, Gera und Plauen nieder zu ringen versucht. Nach dem Vogtländischen Krieg (1354–1357) klärten sich die Verhältnisse dann zu Ungunsten der Vögte. Sie mussten den Vogtsberg, den sie 1327 von den Vögten von Straßberg übernommen hatten, an die Sieger abtreten. Kaiser

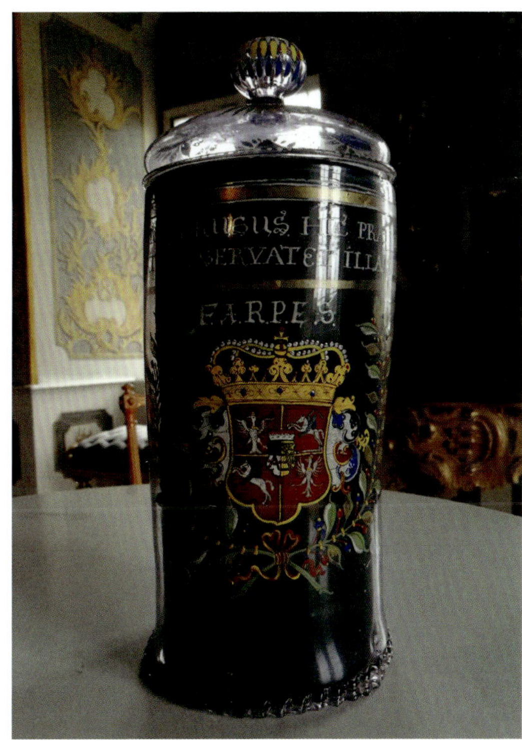

Das lateinische Distichon auf einem Trinkbecher, dat. 1699 (Schloss Burgk, Inv.-Nr. IX/14)

Karl IV. sicherte den Wettinern zu, ihre Besitzrechte notfalls mit Waffengewalt zu schützen. Bei der Chemnitzer Erbteilung der Wettiner ging die Burg 1382 an Markgraf Wilhelm [3].

Damit scheint so gut wie sicher, dass die Verse in Enoch Widmanns Chronik nicht auf die Vögte zurückgehen, sondern von späteren Besitzern in die Welt gesetzt wurden. Die Motivation dürfte auf der Hand liegen. Die Meißner und nach ihnen die Wittenberger verfolgten höchste politische Ambitionen. Kurfürst Friedrich der Weise stand kurz davor, seine Wahl zum römisch-deutschen König zu betreiben. Dass sie Vogtsberg und Vogtland gleichsam als römisches Erbe ausweisen konnten, zierte die Wittenberger. Zudem besaßen die Verse den Vorteil, die Erinnerung an die vormaligen Besitzer des Vogtsberges ebenso wie die eigentlichen Namengeber des Vogtlandes, die Vögte von Weida, Gera und Plauen, dem Vergessen anheimfallen zu lassen. Widmanns Chronik transportiert hier die Geschichtsschreibung der Sieger.

Man kann nun nicht sagen, dass die zum Vergessen verurteilten Vögte tatsächlich dem Vergessen anheimgefallen wären. Die Bezeichnung ›Vogtland‹, die 1317 erstmals auf Deutsch (*woyte lande*) erscheint, hat sich bis heute erhalten. Das heißt: sie wird sich in alle Ewigkeit fortschreiben. Was dabei genau als ›Vogtland‹ ausgewiesen, wie es vermessen und wie es begrenzt wird, ist eine andere Frage. Sie ist indes müßig. Schon zu Zeiten der Vögte waren solche Vermessungen unmöglich. Das Territorium, in das sich die drei Linien der Vögte von Weida, Gera und Plauen 1238 verzweigten, war ein anderes als das, das der Burggraf Heinrich IV. von Meißen (reg. 1519 – 1554) dreihundert Jahre später (1547) nach dem Schmalkaldischen Krieg unter sich brachte. In diesen dreihundert Jahren veränderte das Land der Vögte mindestens im Jahresrhythmus seine Ausmaße. Hier formte sich ein neuer Winkel aus, dort eine Enklave, andernorts gingen Dörfer, Städte und ganze Landstriche verloren, manche vorübergehend, manche für lange Zeit, manche für immer. Kriege, Eheschließungen, Erbteilungen und Insolvenzen bewirkten territoriale Verschiebungen. Und von allem gab es dermaßen reichlich, dass sich die Vögte womöglich über unser Ansinnen, das Vogtland als einen massiven Block mit klaren Grenzen abzustecken, gewundert hätten.

Anmerkungen

[1] Der Text nach der neuen Ausgabe von RÖSLER, S. 10. Dort auch der lateinische Drusus-Spruch (*Castra locans Drusus hic Praetoria nomina monte fecit. Posteritas servat et ipsa sibi*). Zur Sache künftig FASBENDER, Drusus-Spruch. Der Diphthong »oi« in der Schreibung *Voitsberg* ist keiner. Das -i ist ein Dehnungs-i, also ein Längenzeichen für das voraufgehende o. Tatsächlich sagt auch kein Vogtländer »Feugtsberg«. Dass solche Dehnungsvokale Verwirrung stifteten, zeigt sich in der unterschiedlichen Aussprache etwa der Städtenamen Moers, Duisburg und Soest, das keineswegs »Söst« genannt wird.

[2] STECHE, Oelsnitz, S. 30.

[3] Nachweise zu den Jahreszahlen im Urkundenbuch der Vögte: UB Vögte I, Nr. 610; UB Vögte II, Nr. 15; UB Vögte II, Nr. 109; UB Vögte II, Nr. 274.

DAS VOGTLAND DER VÖGTE

Natürlich sollen diese Anmerkungen die Tatsache, dass das Herrschaftsgebiet der Vögte mit dem heute unter dem ›Vogtland‹ verstandenen geographisch-historischen Raum zwischen der oberen Saale, der Regnitz, Pleiße und dem Gebiet um Gera, Ronneburg und Schmölln in vielem übereinstimmt, nicht verdecken. Zur Binnenstrukturierung orientiert man sich noch immer am besten an den drei bzw. vier Hauptlinien: den Vögten von Gera, den Vögten von Weida und den Vögten von Plauen bzw. den aus ihnen hervorgegangenen Reußen von Plauen. Dem Einflussbereich der Geraer können wir weite Teile des thüringischen Vogtlandes, insbesondere dessen Westhälfte, zuschreiben. Über zwei Jahrhunderte residierten sie auf Burg Osterstein. Ab 1425 und bis 1550 teilten sie sich in die Linien auf Schloss Burgk, Lobenstein und Schleiz, behielten aber auch Gera. Anders die auf der Osterburg residierenden Weidaer, die bereits im 12. Jahrhundert die Pflege Asch besaßen, nach 1248 ihre Herrschaft aber nach Franken verlegten und ihre

Curia (Hof) an der Saale bezogen [1]. Nach 1427 verloren sie alle Anteile an ihrem Stammsitz. Sie hielten sich kurz in Schmölln, etwas länger in Berga, am längsten (1454–1535) als Herren von Wildenfels. Die Plauener kreisten immer wieder um ihr altes Stammland Plauen, das sie 1473 bzw. 1482 ganz verloren, zuvor aber schon in Mühltroff und auf dem Vogtsberg residierten. Der Ausweichpolitik der Plauener verdankt sich der Ausgriff ins heutige Tschechien, wo sie als Burggrafen von Meißen im 15. Jahrhundert Residenzen in Königswart, Petschau, Neuhartenstein und Theusing bezogen. Aus der Plauener Linie gingen die Reußen von Plauen hervor, deren territorialer Schwerpunkt sich eingangs des 14. Jahrhunderts im nördlichen Vogtland um die Residenz in Greiz ausformte. Damit agierten sie eigentlich in räumlicher Nähe der Vögte von Weida und der Vögte von Gera, allein: die Weidaer waren bereits in Franken angekommen, während sich die Geraer ins südliche Thüringen verlagerten. Würde man, mit bunten Pfeilen, eine Karte der »Vögtewanderung« zeichnen, könnte man die Verschiebungen verkürzt etwa so darstellen: die Reußen von Plauen zogen nach Norden, während die nördlichen Weidaer und Geraer nach Süden und die eigentlichen Plauener nach Südosten strebten.

Dass die mächtige Handelsstadt Eger auf manchen Karten zum Territorium der Vögte gezählt wird, leuchtet nicht jedem ein. Die kaiserliche Stadt war Mittelpunkt des alten Egerlandes, war bis zu ihrer Verpfändung an die böhmische Krone (1322) eine expandierende Größe. Allerdings wird man anführen dürfen, dass die Vögte von Weida über drei Jahrzehnte als Pfleger der Egerer Burg oder königliche Landvögte einge-

setzt wurden (1322–1351), und auch Heinrich X. von Plauen (1412–1446) wirkte kurzfristig in diesem Amt (1413–1416). In Zusammenschau mit dem tief nach Böhmen reichenden Territorialbesitz der Vögte wird man den Einschluss Egers daher akzeptieren können. Hier sind die Grenzen des Vertretbaren tatsächlich fließend.

In anderen Fällen verfahren wir energischer. Ausschließen müssen wir die Besitzungen der Weidaer in ihrer alten Heimat, im Harz oder bei Mühlhausen. Ausschließen müssen wir aber auch die meisten vögtischen Exklaven. Dass Heinrich V. von Plauen ab 1357 für zwei Jahre Borna, Kohren und Geithain, 1359 an deren Stelle Golßen besaß, ist für das Vogtland ebenso irrelevant wie der vorübergehende Besitz des Plauener Burggrafen Heinrich III. in Engelsburg bei Karlstadt (1483) oder Spremberg in der Niederlausitz (1498–1508). Diese Besitztümer sollen nur daran erinnern, dass wir es mit einem überaus wandelbaren Territorium zu tun haben, dessen besitzrechtliche Klammern je und je das politische Geschick oder Ungeschick der Vögte steckte.

DIE VÖGTE

Im ersten Drittel des 12. Jahrhunderts treten uns die ersten Vertreter der Vögte-Dynastie urkundlich entgegen. Wir wissen, dass sie Zugegzogene waren. Ihr Stammsitz könnte das Dorf Weida nördlich von Mühlhausen gewesen sein. Das Dorf ist heute verschwunden. Dieser Umstand symbolisiert die Verhältnisse, denen die Weidaer entstammten, eigentlich recht gut. Wahrscheinlich kamen sie als Lehensträger der Grafen von Everstein, die bei Hameln und Holzminden in

Niedersachsen beheimatet waren, in die Region. Beim ersten und wichtigsten Rechtsakt der Frühzeit, der bischöflichen Bestätigung des Pfarrbezirks der Plauener Kirche, die von Adalbert von Everstein gegründet wurde, treffen wir 1122 den ersten Weidaer [2]. Von den Everstein ern werden die Vögte später auch die Plauener Besitzungen übernehmen. So spricht manches dafür, dass man gemeinsam in die Region gezogen war.

In der Urkunde von 1122 zeugt an der Spitze der *ministeriales* Erkenbert von Weida. Dieser *Erkenbertus de Withaa* ist der erste fassbare Dienstmann, der sich von Weida herschreibt. Was neben der Einordnung als Ministerialer auffallen muss, ist der Name Erkenbert. Um diese Zeit waren die Weidaer noch nicht auf ihren späteren Leitnamen Heinrich festgelegt. Wir stehen also noch ganz am Anfang.

Immerhin sind die Weidaer nun in der Welt. Wir tun gut daran, ihre Spuren tiefer ins 12. Jahrhundert hinein, nicht aber in die urkundenlose Zeit davor zu verfolgen. Heinrich »der Fromme« von Gleisberg, der Weida schon im 11. Jahrhundert geformt haben soll, wird von den Landeshistorikern heute nicht mehr berücksichtigt [3]. Urkundlich fassbar werden dann aber die beiden Söhne Erkenberts I.: Heinrich I. »der Tapfere« (1139–1193) und Erkenbert II. (1143 um 1171). Heinrich I. tritt 1143 anlässlich der Verleihung des Marktrechtes an das Kloster in Chemnitz durch den Stauferkönig Konrad III. (1138–1152) als Zeuge in Erscheinung. Er gilt als Gründer Weidas und Erbauer der Osterburg. Auch das ist urkundlich nicht zu belegen, wird indes durch kirchengeschichtliche und stadtarchäologische Befunde nahegelegt. Offenkundig ist, dass der Weidaer sich in der Nähe der Zentralgewalt auf-

hielt. Doch bleiben er und seine Nachfahren in den Urkunden zunächst bis 1196 *ministeriales* [4].

Dies ändert sich mit Heinrichs I. Sohn Heinrich II., der den Beinamen »der Reiche« trug (1193–1209). Er ist der erste, der 1209 urkundlich als *advocatus de Vida* erscheint [5]. Die Weidaer sind also nun Vögte, und sie tragen den Titel voller Stolz. Dass sie zwischenzeitlich das Vogtland als Reichslehen empfangen hätten, galt, obwohl der Vorgang sich nicht belegen lässt, älterer Forschung als ausgemacht. Der Ansatz bereitet aber auch deshalb Probleme, weil sich die Durchgangslandschaft zwischen Pleißenland und Egerland gar nicht sicher als Reichslehen ausweisen lässt, das der Kaiser an die Weidaer hätte vergeben können. Die alternative Deutung des *advocatus*-Titels ist weniger spektakulär, hat dafür aber eine urkundliche Stütze. 1237 sehen wir Heinrich IV. (1209–1238), »den mittleren« Sohn Heinrichs II., als Inhaber der Vogtei über das alte Reichsstift Quedlinburg [6]. Die Stiftsdamen besaßen beträchtliche Güter, unter anderem in Gera und Umgebung. Diese Vogtei muss den Weidaern von der Zentralgewalt verliehen worden sein. Heinrich II., der 1190 den Sohn des verstorbenen Barbarossa, König Heinrich VI., nach Italien begleitete, wo dieser zum Kaiser gekrönt wurde, dürfte den Titel eines Quedlinburger Stiftsvogts bereits getragen haben. Sollte diese Herkunft des Vogt-Titels das Richtige treffen, bedeutet das freilich nicht, dass sich die Weidaer (und die anderen Zweige der Dynastie) mit diesem Amt beschieden hätten. Ihre offensive Handhabung des *advocatus*-Titels suggerierte Reichsunmittelbarkeit auch in territorialen Fragen. Schon 1214 nominiert eine kaiserliche Urkunde drei Weidaer Brüder als *advocati de Wida* [7].

Das Belegbare und das Wahrscheinliche treten, was die Aufstiegsgeschichte der Vögte angeht, auf eine eigentümliche Weise auseinander. Das hat der Spekulation viel Nährboden gegeben: einer Spekulation, die sich der Forschung immer wieder als vermeintliches Faktengerüst hinderlich in den Weg stellt. Man muss wohl mit MATTHIAS WERNER zugeben, dass es sich um »vielfach noch ungeklärte« Vorgänge handelt, die die Vögte emporkommen ließen [8]. ENNO BÜNZ wies darauf hin, dass ihr rasanter Aufstieg sich nicht mit herkömmlichen Erklärungsmustern denken, sich »nicht primär auf Reichsrechte oder ihre Position als Reichsministeriale zurückführen« lasse [9]. Gewiss wird man nicht annehmen dürfen, dass sich die unfreien Dienstmannen des Königs die Machtbefugnisse edelfreier Dynasten ganz von allein zugeeignet hätten. Neben der Übernahme von Rechten der Eversteiner werden auch weiche Faktoren eine Rolle gespielt haben. Der Raum, den die Vögte im 12. Jahrhundert besetzten, war unerschlossen und schwach besiedelt. Die Konkurrenz anderer Herrschaftsträger bekamen sie erst zu spüren, nachdem sie das Vogtland ausgebaut hatten.

Anmerkungen
[1] »Hof« gibt das lateinische *curia* wieder. Die Stadtgründung geht auf die Weidaer zurück, die dort einen Hof errichteten.
[2] Vgl. UB Vögte I, Nr. 1. Im Grundsätzlichen folge ich den Überlegungen von BÜNZ, Vogtland, S. 21–32.
[3] Vgl. BÜNZ, Vogtland, S. 23–29; WERNER, Vögte, Sp. 1814.
[4] UB Vögte I, Nr. 35.
[5] UB Vögte I, Nr. 38.
[6] Vgl. BÜNZ, Vogtland, S. 28 f. Die Urkunde UB Vögte I, Nr. 66, nennt *dominum Henricum seniorem advocatum de Wida*, also Heinrich II.
[7] Vgl. UB Vögte I, Nr. 42. BÜNZ weist darauf hin, dass der Titel des Stiftsvogtes »immer nur in der Hand eines Familienmitgliedes« gelegen haben könne. Vgl. BÜNZ, Vogtland, S. 29.

[8] WERNER, Vögte, Sp. 1814.
[9] BÜNZ, Vogtland, S. 28.

KULTURWEG DER VÖGTE

Was wir unter ›Kulturweg‹ verstehen, bedarf vielleicht einer kurzen Erläuterung. Es handelt sich dabei ja weder um eine befestigte Straße, noch um ein bekanntes Straßennnetz, das leicht zu beschildern und deshalb leicht zu befahren oder zu erwandern wäre. Der ›Weg‹ im ›Kulturweg‹ ist, genau besehen, eine Metapher, das heißt: er existiert erst dadurch, dass wir ihn beschreiben – und auf dem heute gegebenen Wegenetz beschreiten. Die Weg-Metapher impliziert freilich auch einen Fortschritt, den wir am besten allein im zeitlichen Fortschreiten fassen.

Auch die Verbindung mit dem Begriff ›Kultur‹ ist erklärungsbedürftig. Kultur wird oft mit Kunst gleichgesetzt. Das ist für beide nicht gut. ›Kultur‹ meint in seiner Grundbedeutung: etwas von Menschen Erbautes, Gepflegtes (zu lat. *colere*: be-bauen). Es ist ganz fraglos, dass Kunst im engeren Sinne eine Kulturleistung ist, aber sie deckt den Kulturbegriff bei weitem nicht ab. Wenn wir vom ›Kulturweg‹ sprechen, meint das die kulturellen Leistungen der Menschen in einem bestimmten, von Menschen erschlossenen und in seiner Erschließung nachvollziehbaren Territorium. Dieses Territorium ist das Vogtland der mittelalterlichen Vögte. Seine ›Kultur‹ besteht in dem, was von Menschen an bleibenden Relikten überkommen ist. Dabei liegt der Fokus des ›Kulturwegs‹ auf der Kultur der Vormoderne. Es wird sich zeigen, dass, wie überall, spätere Kulturen maßgeblich zu ihrer Erhaltung oder Vernichtung beigetragen haben. Dass unser

Buch für die Kultur der Vormoderne Partei ergreift, liegt in der Natur der Sache.

Diese Kultur kann sich noch heute an dem Ort befinden, an dem sie einmal errichtet wurde: die Ruine einer Burg etwa oder eines Klosters, aber auch eine Kirche oder ein Schloss, ein Rittergut oder ein Rathaus oder ein Denkmal früher Industriekultur, eine alte Mühle oder ein stillgelegtes Bergwerk. In den seltensten Fällen blieb sie über die Jahrhunderte unangetastet. ›Kultur‹ in unserem Sinne war immer funktional, und das auch dort, wo wir heute nur noch stillgelegte Kultur sehen, die uns dann, sinnvollen Zusammenhängen enthoben, als ›Kunst‹ erscheinen mag. Auf altem Fundament wurden solidere Mauern errichtet; ein romanischer Kirchturm erhielt ein Langhaus mit größerem Fassungsvermögen; ein Hospital wurde moderneren Standards angepasst.

Solche Anpassungen an die Bedürfnisse der Zeiten lassen sich am besten an Kirchenräumen aufzeigen. Sie sind der Ort, an dem auch ältere Stücke nicht sofort weichen mussten, oder wenn sie wichen, nicht immer gleich vernichtet wurden. Es gibt Sagen, die sicher im 16. Jahrhundert florierten und ausdrücklich davor warnten, alte Kirchenkunstwerke zu entsorgen: die etwa aus einem Altar entnommenen Holzfiguren ›rächten‹ sich auf grausame Weise an ihren Verächtern. So tastete man hie und da das eben noch Angebetete nur zögerlich an. Als RICHARD STECHE ausgangs des 19. Jahrhunderts durch Sachsen reiste, um die erhaltene Kirchenkunst zu inventarisieren, fand er manche Heiligenfigur auf dem Kirchboden oder in der Abstellkammer. Mancher Heilige steht heute, restauriert und auf einem eigenen kleinen Sockel, als ›Kunst‹ wieder

in seiner Kirche. Dort bildet er dann mitunter das älteste Glied einer fünfhundertjährigen Kette vogtländischer Sakralkultur. In ihr dokumentiert sich nicht nur ein Wandel der Ästhetik; die vielen protestantischen Emporen, die sich über mittelalterliche Wandmalerei legten, oder die Predigtkanzeln mit ihren barocken Schalldeckeln zeugen von einem Wandel der Frömmigkeit und der Umsetzung ihrer jeweiligen Bedürfnisse.

Andernorts sind Einrichtungsgegenstände fast durchweg verschwunden. In Jahrhunderten des Fortschrittglaubens und gelehrter Sammelei wurden Objekte der materiellen Kultur vernichtet oder in Museen und Archive verlagert. Der Zusammenhang mit dem Bauwerk, in dem sie einmal an einem konkreten Ort eine konkrete Funktion erfüllten, ging so verloren. Besonders drastisch fällt dies bei liturgischen Gebrauchsgegenständen auf. Unerklärlich sind die flächendeckenden Verluste jener Bücher, die einmal dem Gottesdienst dienten. Was nicht vermoderte, zerstört oder organisiert abtransportiert wurde, verschwand auf rätselhafte Weise. Bereits 1930 konstatierte man, dass im Diakonat Saalburg »sämtliche alten Stücke […] in den letzten 20 Jahren verschwunden sind.« [1] Aus Plauen, wo mehrere Orden ansässig waren, hat sich außer dem Stadtbuch keine einzige mittelalterliche Handschrift erhalten, obwohl es sie gegeben haben muss und Inventare der Reformationszeit ihre Existenz belegen. Bei Kelchen, Patenen, Ziborien und anderen Hilfsmitteln des Gottesdienstes, wie sie in jeder Kirche und Kapelle des Vogtlandes vorhanden gewesen sein müssen, darf man sich überlegen, ob sie wegen ihres Materialwertes eingeschmolzen, gestohlen oder in Krisenzeiten verkauft wurden.

Freilich: nicht alles ist verloren. Leider aber haben die letzten hundert Jahre die Hoffnungen der Ministerien, Behörden, Archive, Bibliotheken und gelehrten Vereine, die maßgeblich für die Verlagerung der Objekte verantwortlich zeichneten und auf deren wissenschaftliche Erschließung spekulierten, nicht vollumfänglich einlösen können. Manches erhaltene Objekt ist heute in einer Asservatenkammer so gut wie verloren. Eine Rückführung an den Ort seiner Herkunft scheiterte indes an bürokratischen Vorgaben, die zum Zeitpunkt seiner Entfremdung noch nicht bestanden. Es liegen also andernorts eingekerkerte Stücke am ›Kulturweg der Vögte‹. Wer die vormoderne Kulturlandschaft Vogtland verstehen will, kann nicht umhin, sich wenigstens im Geiste auch mit solchen Häftlingen auseinander zu setzen.

Zur vormodernen Kulturlandschaft Vogtland gehört nicht zuletzt, was durch die Barbarei der letzten fünf- bis sechshundert Jahre unwiederbringlich vernichtet wurde. Der Vogtländische Krieg (1354–1357), in dessen Folge etliche Burgen geschleift wurden, machte den Auftakt. Die aus Böhmen einfallenden Hussiten brannten um 1430 nieder, was sie niederbrennen konnten. Bald nach 1500 folgte ein groß angelegter Kampf gegen das Raubrittertum, dem weitere Burgen wichen. In den Wirren der Reformationszeit wurden viele geistliche Bauwerke abgetragen oder baulich überformt. Im Dreißigjährigen Krieg legten vagierende Schweden manche Stadt in Asche und pulverisierten manche Festung. Der industrielle Aufschwung im 19. Jahrhundert führte dazu, dass vormoderne Bausubstanz in Städten wie Crimmitschau, Werdau oder Zeulenroda einem pragmatischen Klassizismus weichen musste. In der

Konsequenz machte er in den Weltkriegen einige prosperierende Städte zu Zielen von Bombenangriffen. Dass sich die Nationalsozialisten in den letzten Tagen des Zweiten Weltkrieges noch auf der alten Burg Hartenstein verschanzten, hat die imposante staufische Feste bis in die Gegenwart unzugänglich gemacht. Einen Beitrag zum Verschwinden der alten Kulturlandschaft leisteten dann zunächst die russischen Besatzer, die den Grenzsaum ihres Territoriums freisprengten. Später trug die erstarkende DDR selbst ihren Teil zum Zerstörungswerk bei. Pöhl wich vollumfänglich der Pöhltalsperre (1958–1964), Culmitzsch wurde von der Wismut AG 1964–1970 dem Erdboden gleich gemacht, Troschenreuth 1972 von DDR-Grenztruppen. Aber auch die nach 1990 gesetzten Prioritäten leisteten ihren Beitrag zur Vernichtung wichtiger Denkmäler der Vormoderne. In einigen Fällen sind die Verluste, will man vom ›Kulturweg‹ erzählen, besonders schmerzhaft. Das alte Schloss Berga, auf dem der Deutschordensritter Heinrich von Plauen seine Jugend verbracht haben könnte, wurde erst vor wenigen Jahren zu weiten Teilen abgetragen. Gerne wüsste man mehr und Neueres über die alte Pflege Culmitzsch, auf deren Herrensitz schon im 13. Jahrhundert der Minnesänger Heinrich von Kolmas geboren sein dürfte. Schamhaft verbirgt sich das nach etlichen Fehlspekulationen dem Verfall preisgegebene Wasserschloss Mechelgrün im Wäldchen. Und auch das Schlösschen in Heinersgrün, das mit einigem Aufwand als Mehrparteien-Wohnhaus saniert wurde, scheint wieder aufgegeben worden zu sein.

Dort, wo organisierte Zerstörung nicht mit letzter Konsequenz zu Werke ging, ragen heute noch pittoreske Relikte alter Denkmäler in die

Landschaft. Aus der ehemaligen Höhenburg Stein etwa ist durch die Talsperre Pirk eine in den Stausee kippende Wasserburg geworden. In Saalburg integrierte man die Stadtmauer, die man nicht abbrechen wollte, samt ihrer Befestigungstürme in den Bau von Eigenheimen. Die Geschichte hat hier regelrechte Überschreibungen an den Kulturweg gestellt. Prominentestes Beispiel ist sicher Schloss Mildenfurth, das nach 1544 buchstäblich in den Mauern der alten Prämonstratenserkirche emporwuchs. Umgekehrt ging es in Straßberg, dessen Kirche 1576 auf einer zerstörten Burg errichtet wurde, und in Kauschwitz, wo man einen alten Wehrturm im 18. Jahrhundert zur Kapelle umbaute. Entdeckungen sind also jedem, der sich an die alten Monumente heranwagt, garantiert. Allerdings bietet das Vogtland eine Menge Gelegenheiten, dem Sachverständigen Tränen in die Augen zu treiben. Die von DDR-Garagen umzingelten Gemäuer des alten Klosters bei Saalburg sind so ein Fall. Anderseits sollen auch Beispiele glücklicher Fügung nicht unerwähnt bleiben. Der Privatier etwa, der in den frühen 1990er Jahren das alte Kloster Cronschwitz bei Weida erwarb, hat der Anlage, die seinen Garten ziert, alle erdenklichen Maßnahmen zur Erhaltung angedeihen lassen. Die Gesamtanlage des Stiftes Mildenfurth wäre nicht denkbar ohne seinen Wächter, der das Nebengebäude in dürftiger Zeit bezog und seither als Türhüter agiert. Das Rittergut Kürbitz wurde, nach voraufgehenden Possen, mit einigem Aufwand hergerichtet, ist jetzt freilich ebenso Privatgrundstück wie die alte Kemenate über Ziegenrück, deren Betreten ausdrücklich verboten ist.

Schließlich sind da noch all jene Objekte, die sich in die Landschaft buckeln, als wollten sie weiterhin unerkannt bleiben. Hinweisschilder gibt es nicht, und wenn es sie gibt, verrät ihr Zustand, in welch ferner Epoche sie angebracht wurden. Am Dobenau-Felsen vor Plauen, der sich über dem Syrabach erhebt, läuft der Spaziergänger achtlos vorbei. Den Aufstieg zu den Burgen Königswart und Wiedersberg findet nur, wer ihn wirklich sucht, und den Fußweg zur St.-Klaren-Kapelle bei Heinersgrün muss man bereits eingeschlagen haben, ehe man das erste Schild gewärtigt. Fast hat es den Anschein, als sollten manche Relikte gar nicht gefunden werden. Vielleicht wirkt hier und da noch ein wenig die Angst nach, das leicht Auffindbare könne das nächste Opfer einer baulichen Bereinigung werden. Bei genauerem Hinsehen zeigt sich aber, dass fast überall ein Anlieger, den die anderen Anlieger kennen, einen Schlüssel zum Objekt besitzt. Gerade bedeutenden Sakralbauten wie den Kirchen in Thossen oder Sparnberg kommt diese leise Lösung zugute. Dass die evangelische Kirche im Vogtland auf die an sich sinnlose Frage, ob sie Gotteshäuser oder Architekturdenkmäler verwalte, nicht mit einer Stimme antwortet, öffnet dem Interessierten zumindest hier und da eine Pforte.

So bieten die baulichen Relikte, entlang derer sich der ›Kulturweg der Vögte‹ ausrollt, in ihrer Gesamtheit einen zwiespältigen Eindruck. Die wenigsten Orte – vorzüglich Burgen – sind mit einer Infrastruktur ausgestattet, die einen spontanen Besuch ermöglichen. Aber auch sie sind teilweise nur halbjährlich geöffnet. Anders verhält es sich mit den Burgruinen: sie sind überwiegend frei zugänglich. Die größeren Städte (Weida, Plauen, Hof, Cheb) sind auf Tagestourismus eingestellt. Dagegen ist das Meiste, was in

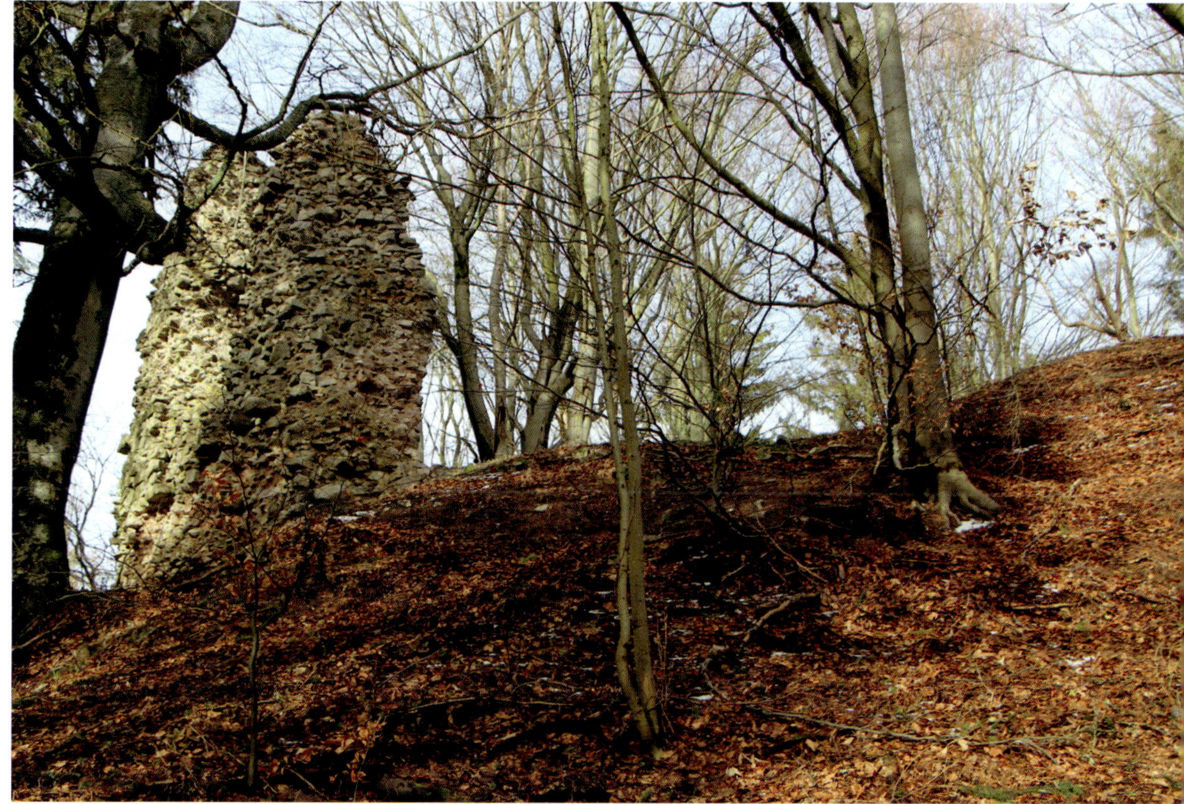

Ungesichert stehen die Mauerreste der alten Burg Königswart im Wald

der Fläche liegt, ohne einen Plan und entsprechende Vorbereitung allenfalls von außen zu besichtigen.

Der ›Kulturweg der Vögte‹ durchzieht das gesamte historische Vogtland. Es hat mich mehrere Jahre gekostet, ihn zu finden und abzuschreiten. Kaum jemand wird es mir in dieser Ausführlichkeit nachtun. Entdeckungsreisen durch das historische Vogtland sollten sorgsam und zunächst nur für ein paar Tage kalkuliert werden. Das historische Vogtland bietet sich nicht feil, seine Monumente drängen sich nicht auf. Man muss die Stille einer im Wald verborgenen Burgruine zu schätzen wissen; die Kargheit eines Felsens, auf dem einst eine florierende Wallfahrtskapelle stand; die naiv anmutenden Wandmalereien in einer Dorfkirche; den Anblick einer halb heruntergebrochenen, von Efeu überwucherten Klostermauer. Man muss mit den vielfachen ›Überschreibungen‹ leben können, den Zeugnissen mutwilliger Umnutzung ebenso wie mit der ausgestellten Ratlosigkeit späterer Epochen.

Anmerkungen
[1] Ronneberger, S. 234.

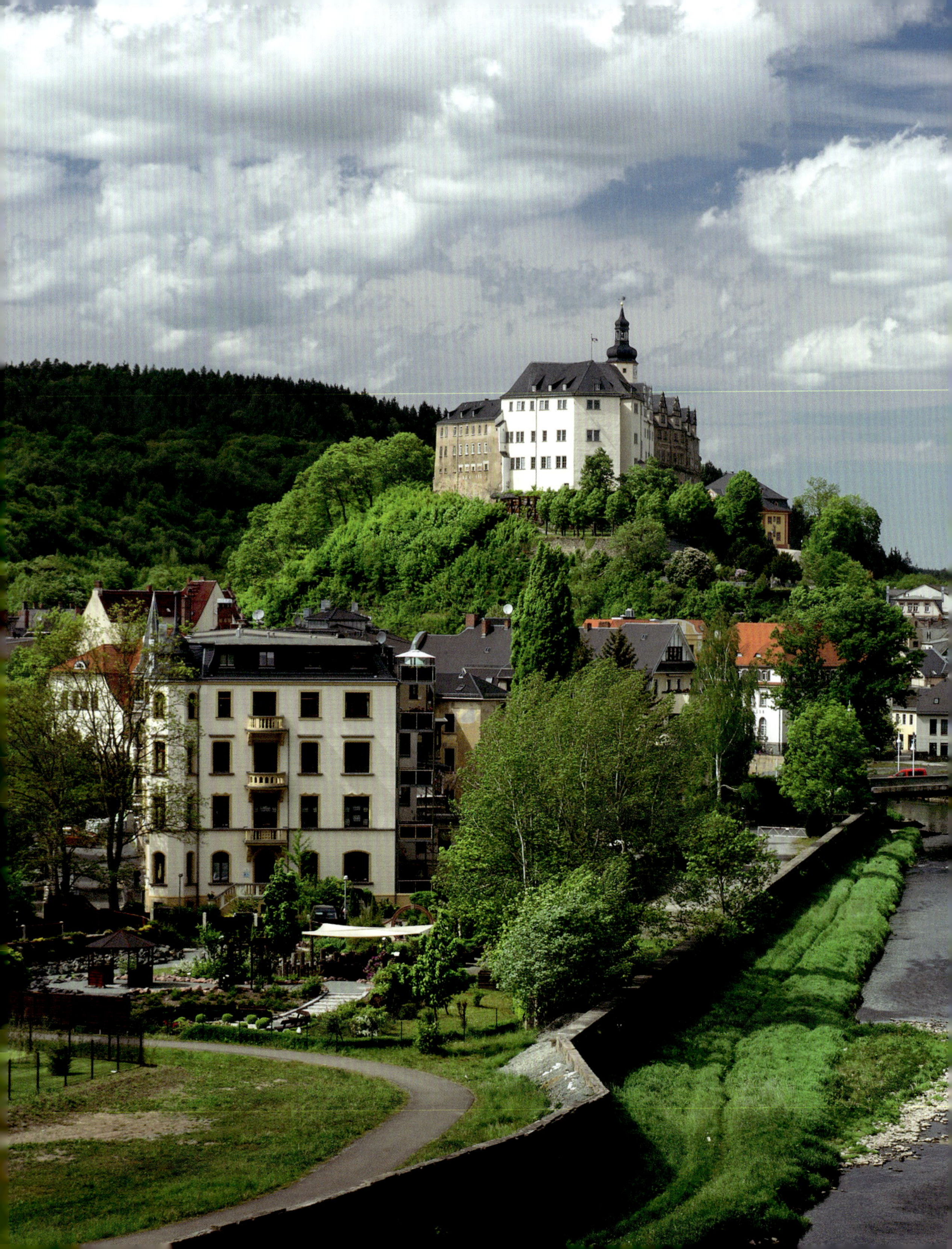

ALLGEMEINER TEIL

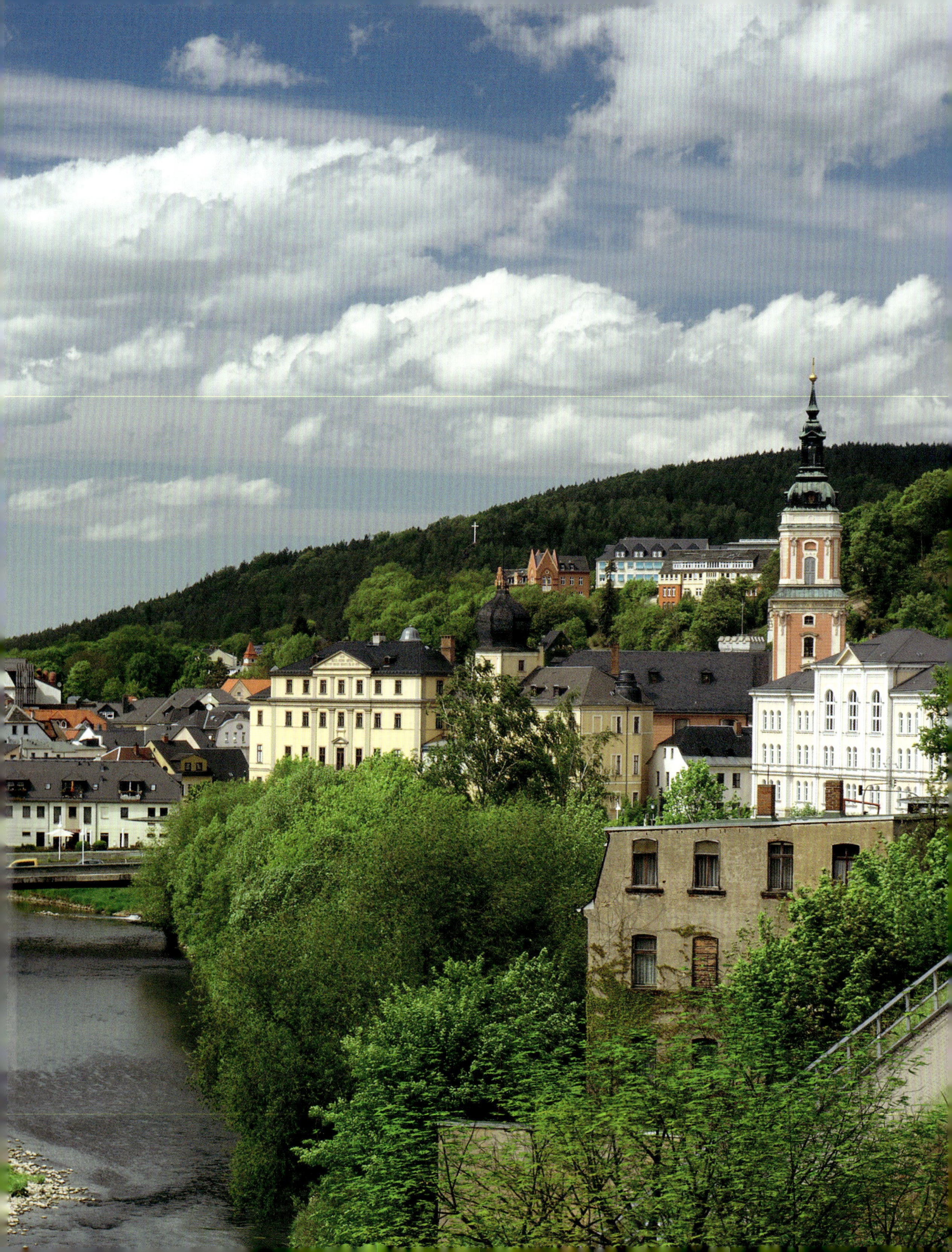

VON GREIZ NACH GERA

Wer sich dem Vogtland von Westen her nähert, bemerkt die Ausläufer eines Saums mittelalterlicher Befestigungsanlagen entlang der Autobahn. Wenn man so will, markiert die Strecke den umkämpften Nordostrand der vögtischen Territorien. Die diesbezügliche Dynamik der Region wird nicht zuletzt darin greifbar, dass zahlreiche Zweige der Vögte hier Fuß zu fassen suchten: die Vögte von Weida (Greiz, Crimmitschau) ebenso wie die Vögte von Gera, die Reußen von Plauen zu Ronneburg und zu Greiz (Schönfels, Werdau, Neukirchen) sowie die Vögte und Herren von Plauen (Greiz, Meerane). Der Einstieg in den ›Kulturweg der Vögte‹ sollte diese Vorgabe aufgreifen. Sein Akzent liegt auf Burgen und Schlössern des nördlichen Vogtlandes. Ein Einstieg in Greiz hat den Vorteil, dass die Stadt nebst ihren Schlössern im Grunde *in nuce* die hochkomplexen Verflechtungen der Vögte von Weida, Plauen und der Reußen bietet.

GREIZ

Die Anfänge von Burg und Stadt Greiz liegen im Dunkel. Urkundlich erwähnt werden sie erstmals 1209. In diesem Jahr erhält Vogt Heinrich V. »der Jüngere« (1209–1240) die Ämter Greiz und Reichenbach zu Lehen. Der Name »Greiz«, vom slawischen *grad* (›fester, umhegter Platz‹) abzuleiten, deutet darauf, dass der Siedlungskern in der Burg über der Weißen Elster zu suchen ist.

1238 teilten die Vögte ihr Territorium. Heinrich V. fiel Greiz, das er seit 1209 verwaltete, zu. Er war der erste und einzige Vogt, der sich in Urkunden *Henricus dictus advocatus de Groyz* nannte [1]. Ein alter Mildenfurther Nekrolog gedenkt seiner und seiner Ehefrau *Ysengardis de Waldenburg* [2]. Da sie keinen Erben in die Welt setzten, fiel die Herrschaft Greiz an Heinrichs Neffen Heinrich I., Vogt von Plauen (1238–1303). Damit war die Herrschaft des Greizer Vogtes Weidaer Herkunft beendet. Es begann ein kurzes Kapitel Plauener Herrschaft, das mit der Spaltung der Plauener 1306 endete. Greiz ging nunmehr an Heinrich II., den Sohn Heinrichs I. »des Reußen« (1274–1295) und Enkel Heinrichs I., des ersten Vogtes von Plauen. Mit Heinrich II. (1306–1350), der sich seit 1307 »Reuß« nannte, begann die Linie der Reußen von Plauen zu Greiz. Ihm folgte 1350 sein ältester Sohn, Heinrich III. (1350–1368), der bei der Erbteilung mit seinen Brüdern Schloss und Stadt Greiz erhielt, während seine Brüder in Ronneburg residierten. Heinrichs III. hatte zwei Söhne: Heinrich VI. »den Älteren« (1368–1449) und Heinrich VII.

»den Jüngeren« (1368 – 1426). Sie regierten die Herrschaft Greiz einträchtig. Anlässlich der Absetzung Heinrichs von Plauen, Hochmeisters des Deutschen Ordens, startete Heinrich VII. gemeinsam mit Heinrich dem Jüngeren von Plauen zu Mühltroff 1413 eine Scheltbriefkampagne gegen den Ritterorden, die sich über drei Jahre hinzog [3]. 1414 heiratete er in zweiter Ehe Irmgard, die Tochter des Burggrafen Albrecht II. von Kirchberg. Der kampflustige Heinrich VII. fiel 1426 in der Schlacht gegen die Hussiten bei Aussig. Kurz zuvor hatten die Brüder erstmals die sich verstetigende, wenn auch rein besitzrechtlich-abstrakte Teilung in »Greiz-Vorderschloss« und »Greiz-Hinterschloss« vorgenommen. Beides meint das seinerzeit einzig vorhandene Obere Schloss. Auch die Söhne der Brüder, Heinrich IX. (1449 – 1476) und Heinrich X. »der Jüngere« (1449 – 1462), dem das Vorderschloss zugefallen war, hielten die Teilung aufrecht.

Freilich hielt sich Heinrich X., der um 1424 geborene jüngste Sohn des Hussitenkämpfers Heinrich VII., überwiegend außerhalb seiner Herrschaft auf. Seine im sächsischen Bruderkrieg (1446 ff.) als kurfürstlicher Feldherr gefestigten Kompetenzen nutzte er im Krieg Nürnbergs gegen den Markgrafen Albrecht Achilles von Brandenburg (1449 – 1453) in Diensten der Reichsstadt. Gemeinsam mit dem sächsischen Adligen Kunz von Kauffungen, dessen Truppen den Markgräflichen ein Scheingefecht aufdrückten und dem Reußen mit dem Nürnberger Hauptkontingent den Weg ebneten, errang Heinrich X. am 11. März 1450 im fränkischen Pillenreuth einen ansehnlichen Etappensieg. In der historisch-politischen Ereignisdichtung gedachte man seines feldherrlichen Geschicks und

seiner Unerschrockenheit [4]. Vielleicht stammte das viele Geld, das Heinrich X. für den Kauf von Oelsnitz, Adorf, Markneukirchen, Oberkranichfeld und anderen Städten aufbrachte, aus seinem Nürnberger Sold. Als er 1462 kinderlos starb, fiel sein Besitz an seinen Bruder Heinrich IX.

1476 besaßen Heinrich XI. und Heinrich XII. »der Mittlere« Greiz-Hinterschloss, Heinrich XIII. »der Stille« Greiz-Vorderschloss. Bei der Landesteilung 1485 wich Heinrich XII. (1476 – 1539) nach Oberkranichfeld aus. Heinrich XI. heiratete 1496 Katharina, Tochter Heinrichs XII. »des Mittleren« von Gera zu Schleiz (1482 – 1500). Als er 1502 starb, vereinte Heinrich XIII. (1476 – 1485/1502 – 1535) wieder beide Herrschaften Greiz. Seine drei Söhne, die sich im Schmalkaldischen Krieg den ernestinischen Wettinern angeschlossen hatten, wurden nach der Niederlage bei Mühlberg (1547) von dem Plauener Heinrich IV., Burggrafen von Meißen (1519 – 1554), aus Greiz vertrieben und nach Oberkranichfeld bzw. Weida abgedrängt. Erst 1562 empfingen die Reußen Greiz wieder zu Lehen. Greiz blieb reußische Residenz bis zum Abdanken des letzten Reußen (1918).

Die Stadt unterhalb der Residenz entwickelte sich zurückhaltend. Als *stat* firmiert sie 1359 [5]. Von Mauern und Toren ist erstmals 1394 die Rede [6], Bürgermeister und Rat erscheinen nicht vor 1486, das älteste Stadtprivileg datiert auf 1527. Der Stadtbrand von 1802 hat so gut wie alles, was an älterer Substanz noch vorhanden war, getilgt. Das betraf die alte Stadtkirche St. Marien ebenso wie das um die Mitte des 16. Jahrhunderts errichtete Untere Schloss. Einzig das Obere Schloss blieb (diesmal) von den Flammen verschont.

Anmerkungen
[1] Vgl. UB Vögte I, Nr. 74; Thoss, S. 7.
[2] Vgl. UB Vögte I, Nr. 33.
[3] Vgl. UB Vögte II, Nr. 577 f.
[4] Vgl. Kellermann, S. 105–216.
[5] Thoss, S. 14.
[6] Vgl. Thoss, S. 16.

OBERES SCHLOSS GREIZ

Aus der Urkunde von 1209, in der vier Burgmannen zeugen, wissen wir, dass sich bereits um diese Zeit eine Burganlage auf dem 50 Meter hohen Bergkegel rechts der Weißen Elster befand. Die Anlage, 1225 als *castrum Groiz* genannt, wurde im Laufe der Jahrhunderte mehrfach überformt [1]. Gewichtige Änderungen erfuhr sie nach einem durch einen Blitzschlag ausgelösten Brand 1540 sowie bei der Umgestaltung zur Residenz, die eine Beseitigung der Wehranlagen mit sich brachte, um 1700. Vom alten Zwinger sind nur noch an der Südseite Reste erhalten. Die barocke Bebauung des unteren Schlosshofes ist ein gestückeltes Werk der Jahre 1733 bis 1753. Zuvor dürfte der heutige Zufahrtsweg angelegt worden sein.

Neuere Grabungen brachten Erstaunliches zutage [2]. Reste des alten, in rotem Ziegelstein gemauerten Palas wurden sichtbar, ebenso eine doppelstöckige romanische Burgkapelle mit einem nahezu intakten Portal und zahlreichen Versatzstücken. Man kann dem entnehmen, dass das ›Obere Schloss‹ wohl bereits im 12. Jahrhundert als Residenz fungierte. Obwohl die Grabungen nur einen Teilbereich erfassten, lassen sie doch bereits weit reichende Schlüsse auf den Charakter der Anlage zu.

Zum erschlossenen Teilbereich gehören vier voneinander abgrenzbare Gebäude. Der Besucher betritt die alte Anlage durch den oberen Schlosshof. Der Eingangsbereich hinter dem Portal bildet eine Art Zwickel. Rechter Hand befindet sich der ›Wohnbau B‹, geradeaus der ›Wohnbau A‹, linker Hand die Kapelle mit dem daran anschließenden Saalgeschossbau (Palas). Diese Gebäude gehören zum ältesten Bestand, der ins ausgehende 12. bzw. frühe 13. Jahrhundert zurückreichen dürfte. Kennzeichen dieses Bestands ist die Verwendung von unverputztem Backstein in den Hauptgeschossen [3]. Er setzt auf Sockelgeschosse aus Schieferbruchstein auf. Diese Ästhetik gab der Burg eine beträchtliche Sichtbarkeit. Weithin erglänzte über dunklen Sockelgeschossen das herrschaftliche Rot! Der Effekt, den die Anlage dadurch erzielte, kann kaum überschätzt werden. Im Mittelpunkt stand natürlich der Palas. Wir dürfen ihn uns, wie in Eger und in Weida, als lang gezogenen Bau mit mehreren Arkadenfenstern vorstellen. Blickt man von der Ostseite auf den Bau, sind noch die Überfangbögen über den drei Doppelfenstern gut erkennbar. Über die Gestaltung des Obergeschosses, über dem das heutige Dachgeschoss ansetzt und das durch vier Fenster gegliedert wird, liegen noch keine Erkenntnisse vor. Vielleicht gab es im Innenhof eine Galerie, über die man das Geschoss erreichte.

Direkt an den Palas schloss eine Kapelle an [4]. Sie war, wie in Eger und für staufische Kirchbauten nicht untypisch, mehrgeschossig. Wie der Palas, so besaß auch die Kapelle vier Ebenen: Keller- und Sockelgeschoss (in Natursteinmauerwerk), deren Funktionen noch nicht näher erfasst werden konnten, sowie zwei Hauptgeschosse in Backsteinmauerwerk. Im unteren Kapellenraum befand sich ein kurzer Chorraum

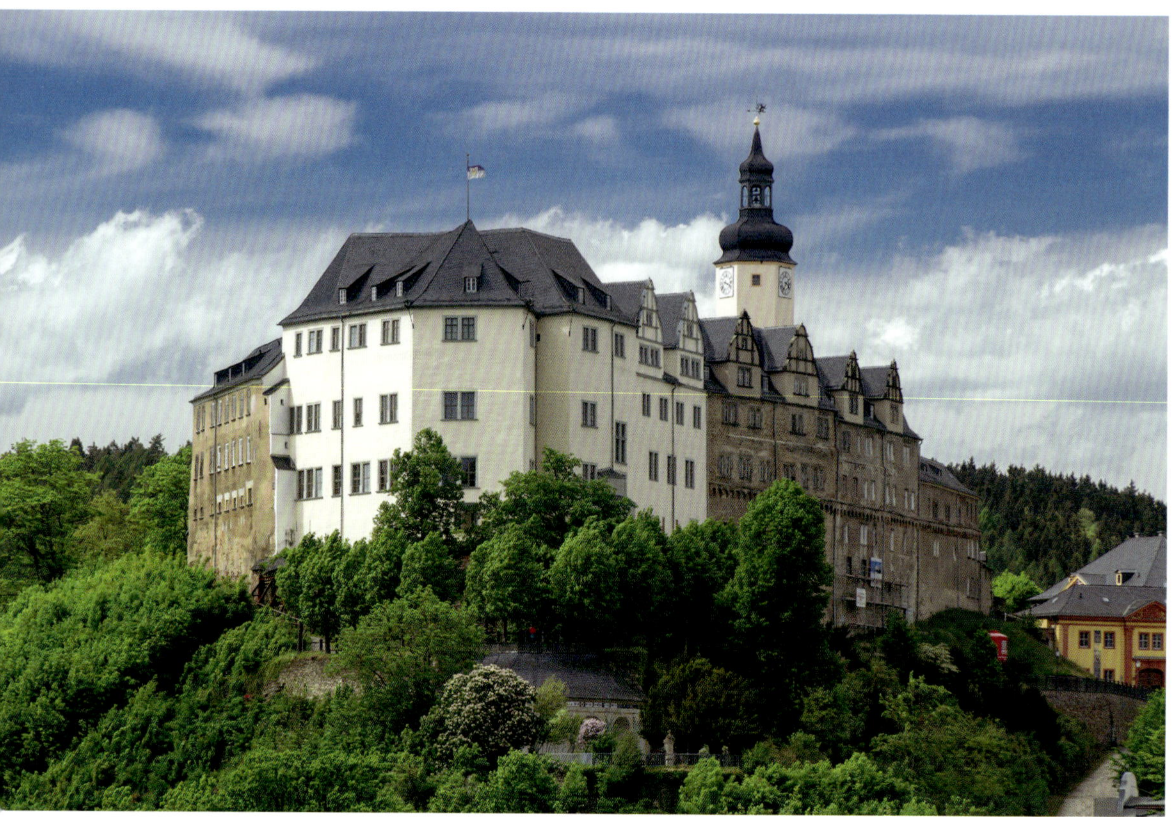

Das Obere Schloss in Greiz

(1,5 m), an den östlich noch ein Apsis-Erker anschloss, der aber später entfernt wurde. Wie zu
erwarten, bot das obere Hauptgeschoss eine auf-
wendigere Verzierung. Wir können davon ausgehen, dass die Zweigeschossigkeit wie andernorts auf eine geteilte Nutzung zielte: Im oberen
Bereich wohnte der Herrscher (Burgherr) dem
Gottesdienst bei, im unteren das Personal. Dazu
könnte passen, dass im Obergeschoss an der
westlichen Außenwand des Kapellenbaus Reste
eines Tympanons freigelegt wurden, in dem
(als Halbfigur) Christus als Weltenherrscher in
der Mandorla auf einem Kreisbogen thront. Die

Figur des Weltherrschers legitimierte den weltlichen Herrscher.

Durch die Restaurierung begehbar ist
auch der sog. ›Wohnbau A‹, der ebenfalls um
1200 angesetzt wird und der eine Größe von
7,3 × 6,2 Metern aufweist. Der Bau stand ursprünglich frei im Raum, unverbunden mit der
Kapelle bzw. dem Palas. Auch sein Sockelgeschoss ist aus Schieferbruchstein, auf dem Backsteinmauerwerk aufruht. Bemerkenswert ist in
diesem Gebäude die nach Süden ausgerichtete,
relativ breite Fensternische: über zwei lang-
bahnigen Schlitzfenstern, die von innen zu ver-

schließen waren, liegt ein kleines Oberlicht, für das sich kein Verschluss nachweisen ließ. Diente es der Raumlüftung? Man hat für diese eigenwillige Konstruktion Vorbilder aus Frankreich bzw. an den frühen Kreuzfahrerburgen identifiziert [5]. Einmal mehr würde ein kleines Detail darauf deuten, dass sich die Vögte von Weida ihrem Selbstverständnis gemäß im europäischen Zusammenhang verorteten.

Mit den Grabungen rund um den alten Palas rückte auch der bisher als »Bergfried« apostrophierte Turm in neues Licht [6]. Auch er stammt in seiner Bausubstanz aus der Zeit um 1200, aber er hat, wie die meisten Türme, eine neue, sog. »Welsche Haube« mit Laterne und Zwiebel aufgesetzt bekommen. Der Schaft hingegen wurde, anders als die eben besprochenen Bauwerke, zunächst mit Backstein und erst ab einer Höhe von ca. 5 Metern mit Naturstein gemauert. Der sechseckige Grundriss weist eine Seitenlänge von 3,70 m auf. Für einen Bergfried ist das eine kleine Grundfläche. Zudem steht der Turm doch in einer nicht geringen Entfernung zu den Hauptbauten. So könnte er einst nicht dem Rückzug, sondern der Bewachung der Zufahrt des oberen Schlosshofes gedient haben. Abbildungen des 17. und 18. Jahrhunderts zeigen mehrere Türme. Einstweilen bleibt der »Bergfried« ein archäologisches Rätsel.

Das Herz der Burganlage im Oberen Schloss wird heute durch eine Dauerausstellung zur Geschichte der Vögte bzw. der Reußen genutzt. In den oberen Geschossen überwiegt die Geschichte des 17.–19. Jahrhunderts mit den dafür einschlägigen Exponaten. Im Gefolge der Grabungen wurden freilich auch die mittelalterlichen Räume zugänglich gemacht. Sie sind teilweise

etwas kahl, geben aber einen guten, vielleicht sogar, neben Weida und Eger, den besten Eindruck hochmittelalterlicher Wohn- und Sakralarchitektur im Vogtland.

Anmerkungen
[1] Vgl. im Grundsätzlichen LEHFELDT, Greiz, S. 11–15.
[2] Das Folgende nach den Berichten zur Grabung (2005/06) von PETERMANN, S. 22–33, und SCHERF, S. 34–51.
[3] Vgl. SCHERF, S. 35–40.
[4] Vgl. SCHERF, S. 42–44.
[5] Vgl. SCHERF, S. 48.
[6] Vgl. SCHERF, S. 50.

BURG MYLAU

In dünn besiedeltem, überwiegend von Slawen bewohntem Gebiet, wurde wohl noch in den 1180er Jahren die einhöfige Höhenburg Mylau als Wehranlage errichtet. Schon früh sind Herren von Milin auf Mylau greifbar: die Ritter Heinrich (urkundl. 1214–1244), Markwart (1236–1274), Eberhard (1246–1313), Merkelin (1266–1301), Konrad (1279), Petzold (1314–1352), Hermann (1316–1348) und Konrad von Milin (1321–1338) gehören zu den unverdrossenen Parteigängern der Vögte von Weida. 1323 belehnte König Ludwig Heinrich Reuß den Jüngeren, Vogt zu Plauen, mit dem *castrum Mylin* und dem *opidum Rychenbach* [1], und der Reuße dürfte das *castrum* an die Mylauer weitergegeben haben.

An der Seite der Vögte partizipierte die Familie auch von deren geistlichen Stiftungen: Heinrich von Milin begegnet 1266 als Komtur des Deutschen Ordens in Plauen, Rudolf von Milin 1317 als Komtur in Reichenbach. Bei den Dominikanerinnen in Weida treffen wir mit Adelheid und Katharina (1338–1353), Margarethe (1340)

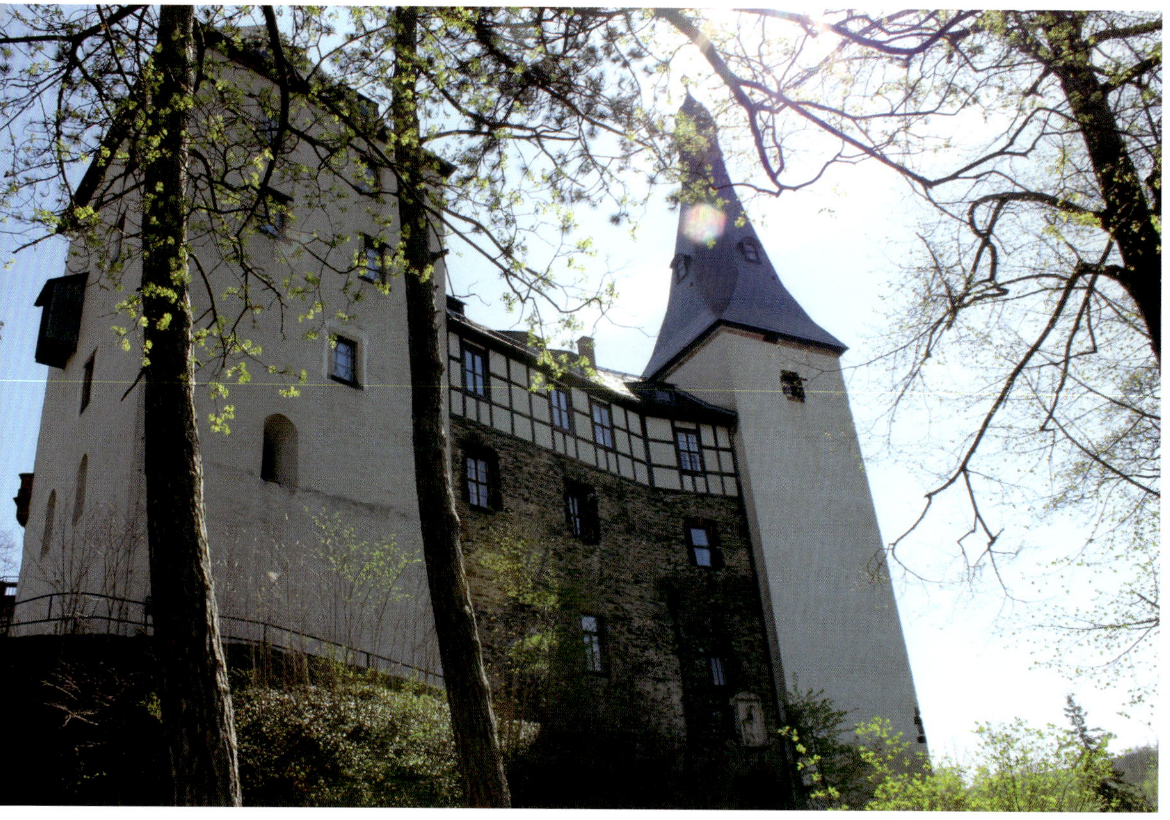

Burg Mylau

oder Elisabeth und Jutta von Milin (1353) immer wieder auf Töchter des Hauses. Mit Adelheid (1362–1382), Elisabeth (1362–1392), Hildgund, Jutta, Kunigunde (alle 1378) und Margarethe (1395–1398) setzte sich diese Tradition noch fort, nachdem die Ritter von Mylau aus dem Blickfeld der Vögte geschwunden waren.

Im Ergebnis des Vogtländischen Krieges erwarb Karl IV. Burg Mylau (1367) für die böhmische Krone. Unmittelbares Zeugnis davon legt das Porphyrrelief über dem Haupttor ab, das den neuen Herren vorstellt [2]. Karl ließ die Burg zu einem Amtssitz ausbauen, den der böhmische Adlige Albrecht I. von Kolovrat (gest. 1391) verwaltete. Um 1400 wurde die Burg in einer Fehde der Vögte mit Karls Nachfolger Wenzel beschädigt. 1422 ging sie als Dank König Sigismunds von Böhmen an die Wettiner, in deren Besitz sie blieb. Lehensträger sind von nun an die Geschlechter von Metzsch (1460), von Schönberg, von Bose (1577) und von der Planitz [3]. Unter den Metzsch wurde aus dem Verteidigungsbau ein Wohnschloss. Eines der bekannteren Burgherren, Joseph Levin von Metzsch (1507–1571), gedenkt die Ausstellung im Untergeschoss. Joseph Levin war ein gebildeter Mann, dessen

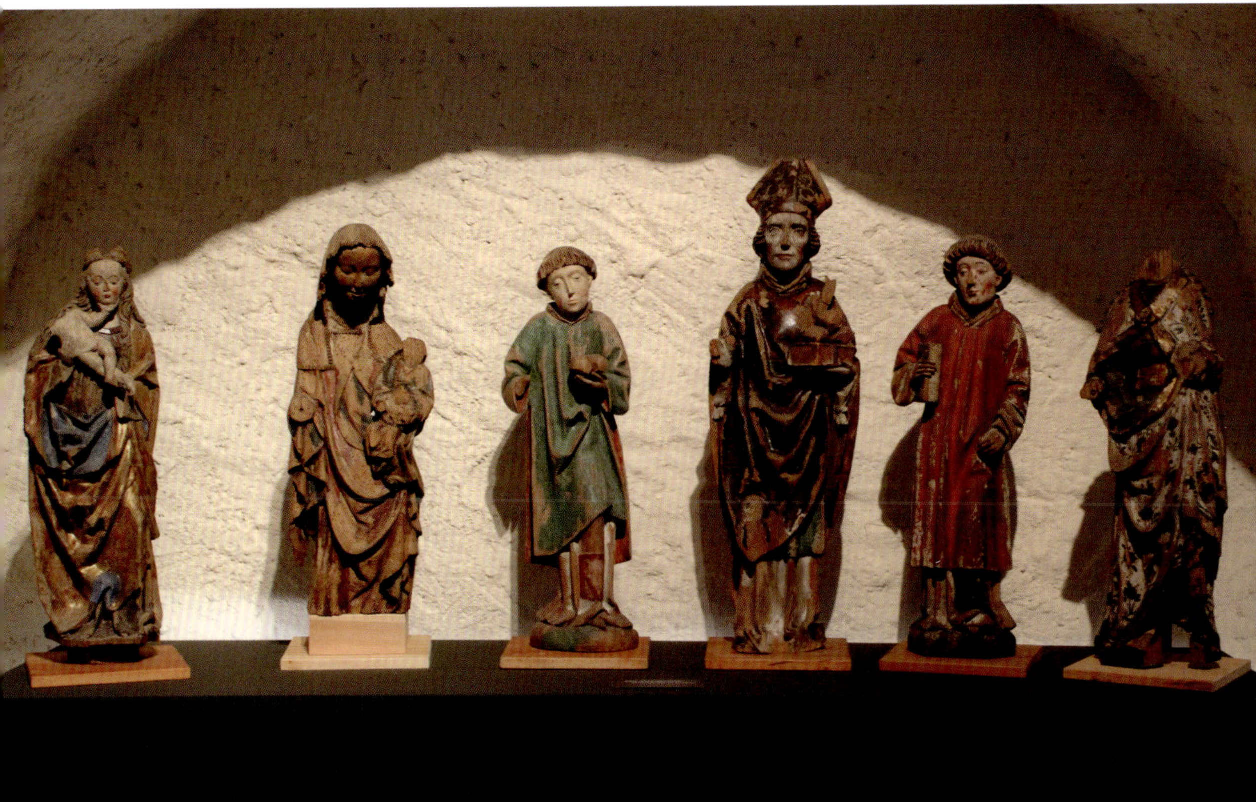

Versprengte Altarfiguren auf Burg Mylau

umfangreiche Bibliothek jedoch tragisch vernichtet wurde. Erhalten hat sich lediglich ein Inkunabeldruck der ›Chronik des Konstanzer Konzils‹ Ulrichs von Richental, den ihm Georg Trützschler zum Falkenstein 1544 schenkte und der heute in Weimar verwahrt wird.

Durch das Haupttor mit dem Relief betritt man den Unteren Burghof, die ehemalige Vorburg, in der sich die Wirtschaftsgebäude befanden und die der Anlage wohl in der zweiten Hälfte des 13. Jahrhunderts zugefügt wurde. An der Westflanke sicherte ihn der (vormals rot eingedeckte) ›Rote Turm‹, der vielleicht ein Wohn-

turm war. Eine noch romanische Wehrmauer verbindet ihn mit dem Glocken- oder Uhrenturm. In der Mauer befindet sich das älteste Tor der Anlage: das Löwentor, über dem der Böhmische Löwe prangt. Im Unteren Burghof soll ein neuer Anlaufpunkt für Gäste entstehen, die sonst eher instinktiv über den Platz durch einen Torbogen linker Hand in die ältere Kernburg strebten. Betritt man ihn, befindet sich zur Linken der alte Palas, den der wuchtige Bergfried abrundet. Im Erdgeschoss des Palas ist eine Kapelle untergebracht, kleinere Räume erinnern an die mittelalterliche und frühneuzeitliche Geschichte. Die spätgotischen Heiligenfiguren, die ihre Plätze sozusagen wieder eingenommen haben, gehören zu einem verlorenen Altar der Burgkapelle [4]. Gegenüber dem Palas liegt der Ost- oder Kemenatenflügel, der die ehemaligen Wohnräume beherbergte.

Das heutige Ensemble hat vielfache Umgestaltungen erfahren. 1772 erwarb ein Bürgerlicher das Anwesen, um dort sein Kontor einzurichten; nach 1808 arbeitete eine Wolldruckerei auf der Burg. Mit Gründung des Schlossbauvereins 1892 erlebte das Ensemble wiederum andere Zeiten. 1894 wurde das Mylauer Rathaus in den oberen Hof verlegt; die Fassade des Palas lässt diese Umgestaltung deutlich erkennen. Auch die Sammlung des Naturkundevereins zog ein. Der Komplex wurde Museum, in dem spätere Epochen klar dominieren. Wer auf den Spuren der Vögte wandelt, könnte lediglich am sog. Métzsch-Zimmer Gefallen finden. Hier waltete produktiver Historismus. 1899/1900 schmückte der Reichenbacher Maler Richard Harnisch die Wände mit der sagenhaften Geschichte des Ortes, der Burg und ihrer Bewohner.

Anmerkungen
[1] UB Vögte I, Nr. 529.
[2] Zum älteren Zustand vgl. STECHE, Plauen, S. 37 f.
[3] Zur weiteren Besitzgeschichte vgl. DONATH, S. 138–141.
[4] Vgl. STECHE, Plauen, S. 36.

REICHENBACH

Reichenbach war eine ehedem reiche Stadt, die ausgangs des 19. Jahrhunderts noch Gelehrte von Rang hervorbrachte. Siedlungsgeschichtlich ist es von einigem Reiz, wurden hier doch drei

Siedlungen eigenen Charakters zusammengefasst: eine sorbische Siedlung, ein um 1200 als Oberreichenbach belegbares Dorf, schließlich um 1240 eine ummauerte Stadt. Der ›Ballungsraum‹ am Wasser deutet auf eine verkehrsgünstige Lage. In der Tat überschritt die alte Reichsstraße bei Reichenbach den Seifenbach und teilte sich »in die beiden Stränge nach Leipzig und über Zwickau, Chemnitz nach Dresden und Schlesien.« [1]. Der Glanz der Stadt, den zumal das Tuchmachergewerbe begründete, verblasste nach dem Stadtbrand von 1720. Unterhalb des Museums wurde der Verlauf der niedergelegten Stadtmauer im Boden hervorgehoben.

Weithin sichtbar liegt im Hang, über der ältesten Siedlung, der heutigen Altstadt, die Pfarrkirche St. Peter und Paul. Sie war einmal die Mutterkirche der Herrschaft Mylau. Bereits Bischof Günther von Wettin (1079–1090) weihte in Reichenbach ein hölzernes Gotteshaus [2]. Um 1100 scheint man eine steinerne Kirche errichtet zu haben, die aber vor 1140 zerstört und nach 1140 wieder aufgerichtet wurde. Vielleicht lieferte sie den romanischen Turm-Grundriss für alle aufruhenden Kirchengebäude. Beim ›Greizer Kirchenstreit‹ der Weidaer mit denen von Lobdeburg 1225 ist erstmals ein *Wernerus plebanus de Richinbach* fassbar [3]. Um 1260 wurde der Reichenbacher Patronat von den Vögten von Plauen dem Deutschen Orden übertragen (→ S. 204). Heinrich I. »der Reuße« von Plauen bestätigte dem Haus, als dessen Komtur Wilhelm von Mylau genannt wird, 1274 alle Schenkungen seines verstorbenen Vaters [4]. Nach Bränden und Verwüstungen aller Art (seit 1430) wurde der Kirchenbau mehrfach umgestaltet, so dass man Relikte der Ordenszeit vergeblich sucht. An der Stelle

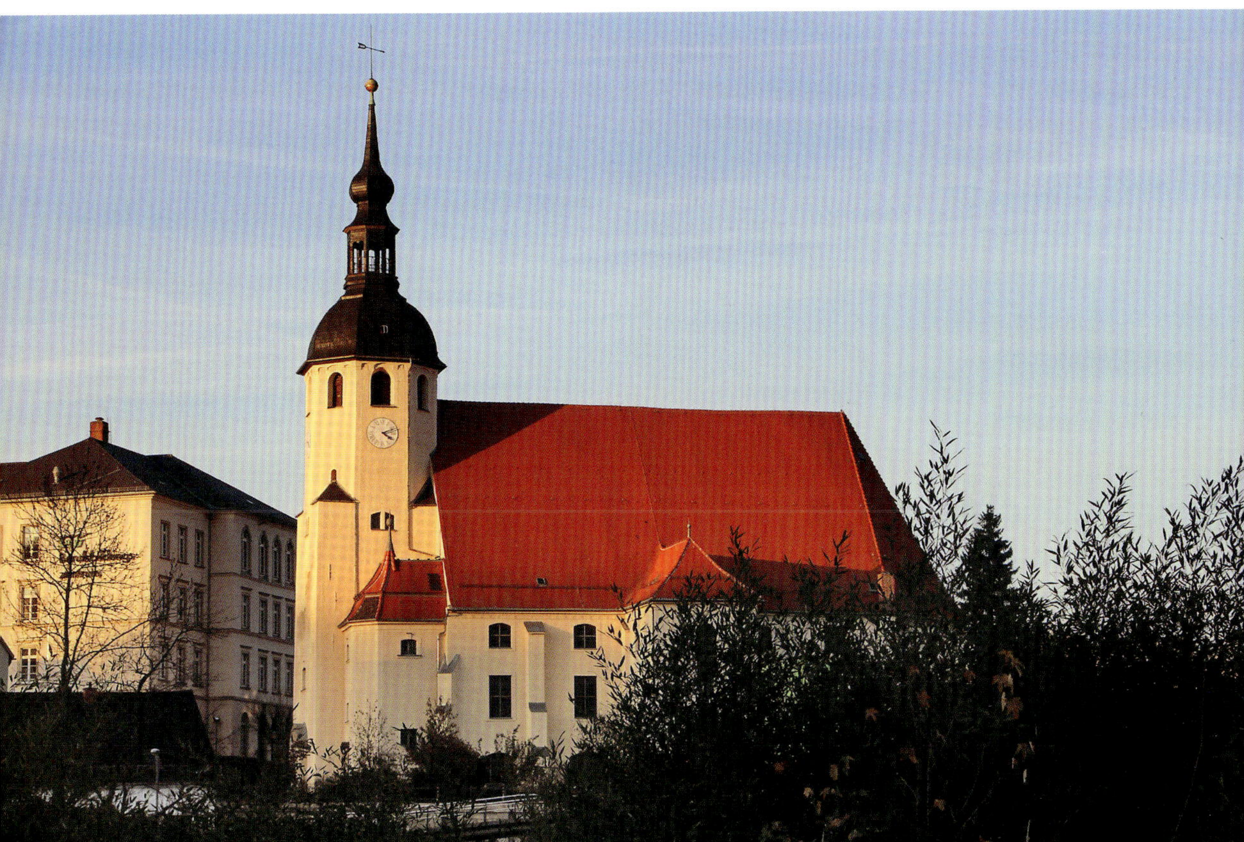

Die Kirche St. Peter und Paul in Reichenbach

des alten Archidiakonatsgebäudes soll sich die Kommende befunden haben.

Anmerkungen
[1] HHS Sachsen, S. 298.
[2] Vgl. WIESSNER, S. 750.
[3] UB Vögte I, Nr. 51.
[4] Vgl. UB DO, Nr. 263.

Rittergut Neumark (→ S. 299)
Kirche Neumark (→ S. 220)
Burg Schönfels (→ S. 281)

KIRCHE ST. ANNEN IN RUPPERTSGRÜN

Das alte Dorf Ruppertsgrün ist eine Siedlungsgründung wohl noch des 12. Jahrhunderts. Im Ort befand sich ein Rittergut, als dessen Besitzer 1398 ein Hans von Schönfels in Erscheinung tritt. Das Gebäude ist noch heute als langgestrecktes Fachwerkhaus auf steinernem Sockel erhalten. Das am Toreingang befindliche Wappen derer von Schönfels und Etzdorff, das STECHE noch sah, ist indes verschwunden [1].

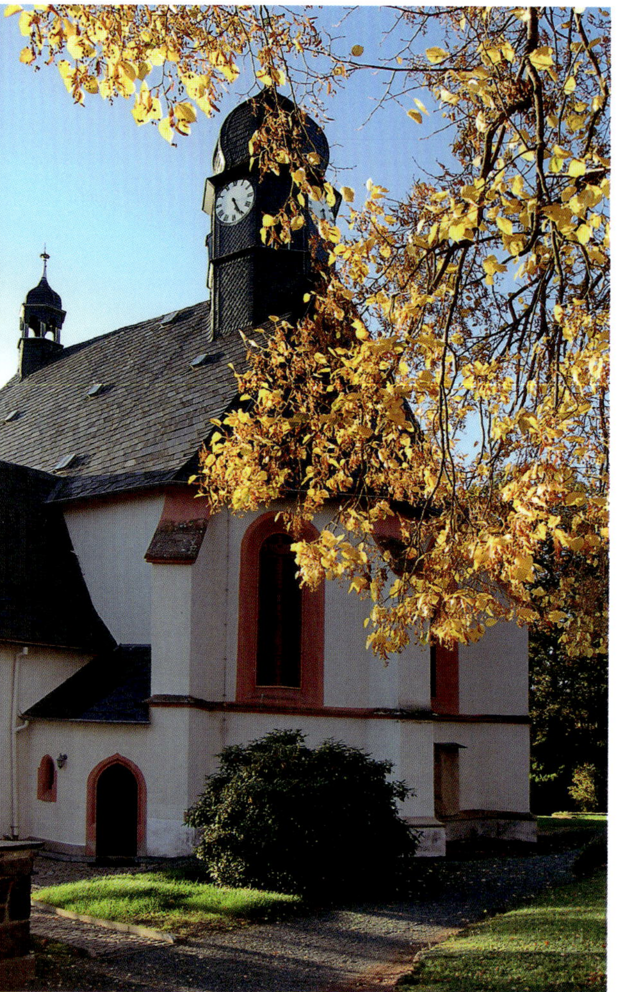

Die Kirche St. Annen in Ruppertsgrün

Auch sonst scheinen die Herren von Schönfels das Antlitz des Ortes geprägt zu haben. 1513–1515 stiftete die Familie die Dorfkirche St. Annen mit einer Kirchschule. Links neben dem Eingang der Kirche bezeugt eine Replik des Stifter-Epitaphs diesen Vorgang. Das verwitterte Original befindet sich im Kircheninnern. Die Schule ist, wenn man so will, noch erhalten: am

Nachfolgerbau des Nachfolgerbaus verweist eine Tafel (›Alte Schule‹) darauf.

Die Kirche wurde wiederholt erneuert. Ihre Substanz steht an der Schwelle vom Spätmittelalter zur Renaissance, die die Objekte verschiedentlich überschreiten. Man kann sich, an Romanik und Gotik gewöhnt, bei der Zuordnung leicht täuschen. Die umlaufenden Emporen etwa, die man für eine Beigabe des Protestantismus halten möchte, stammen tatsächlich aus der Zeit der Erbauung. Rätselhaft muten die plattenartigen Kapitelle an den Emporensäulen an. In ihrem gereinigten Zustand und mit ihren eigentümlichen Formen (»ionischen Schneckenwindung in Verbindung mit Engelsköpfen«) streifen sie, wie STECHE meinte, »wider Willen an byzantinisch-romanische Auffassung« [2]. Man sieht dergleichen im Vogtland in dieser Form nicht wieder. Gewiss gehört die Kanzel mit ihren farbigen Bildplatten ins spätere 16. Jahrhundert. Dass der steinerne Kopf rechts neben der Kanzel von Ferne an Luther erinnert, mag Zufall sein. Spätgotisch sind jedenfalls die in Sandsteinrot gefassten Maßwerkfenster. Auf dem Friedhof befindet sich, in neuzeitlicher Gruft, die Grablege der Familie.

Anmerkungen
[1] Vgl. STECHE, Zwickau, S. 55.
[2] STECHE, Zwickau, S. 52.

WERDAU

Im Jahre 1306 teilten der Sohn des Reußen Heinrich I. (1274–1295), Heinrich II. (1306–1350), und sein Cousin Heinrich III. das ererbte Gebiet. Heinrich II. fiel die Herrschaft Greiz mit

Werdau, Reichenbach, Mylau, Ronneburg und Schmölln zu. Von diesem Zeitpunkt an stand die am Ufer der Pleiße gelegene Stadt Werdau unter der Herrschaft der Reußen: zunächst der Vögte und Herren Reuß von Plauen zu Greiz, ab 1350 dann unter Heinrich III., einem Herren Reuß zu Greiz (1350–1368), ab 1359 bis zum Tod des kinderlosen Heinrich V. (1359–1398) schließlich unter den Herren Reuß zu Ronneburg. Danach fiel Werdau an die Wettiner. Das Stadtschloss, das sich an der Ostmauer der Stadt befand und von dem noch die ›Burgstraße‹ zeugt, fiel dem Stadtbrand von 1670 zum Opfer.

Das Erscheinungsbild der mehrfach durch Katastrophen, vor allem aber durch eine optimistische Industrialisierung in ihrer alten Substanz zerstörten Stadt weist kaum hinter das 19. Jahrhundert zurück. Ein Besuch lohnt eigentlich nur, wenn man sich von der Leistungsfähigkeit der Nachwende-Rekonstrukteure überzeugen möchte, die den Freizeitwert zahlreicher innerstädtischer Flächen erkannten und akzentuierten.

Das kleine städtische **Museum** ist auf Moderne und Modellbau fixiert. Gleichwohl bewahrt man dort eines der ältesten Relikte der Stadt: eine relieffierte Steinplatte, die einen bärtigen Mann im Brustbild zwischen Stab und Hirschkuh zeigt. Traditionell wird der Dargestellte mit dem Heiligen Ägidius identifiziert. Dann müsste der Stab, recht betrachtet, sein Abtsstab sein, denn der angeblich aus Athen stammende Einsiedler und spätere Gründer des Benediktinerklosters St. Gilles in der Provence, der um 720 gestorben sein dürfte, war niemals Bischof. Die stark erodierte Datierung in der unteren Hälfte der Platte kann man mit Zutrauen als »1480« deuten. Die

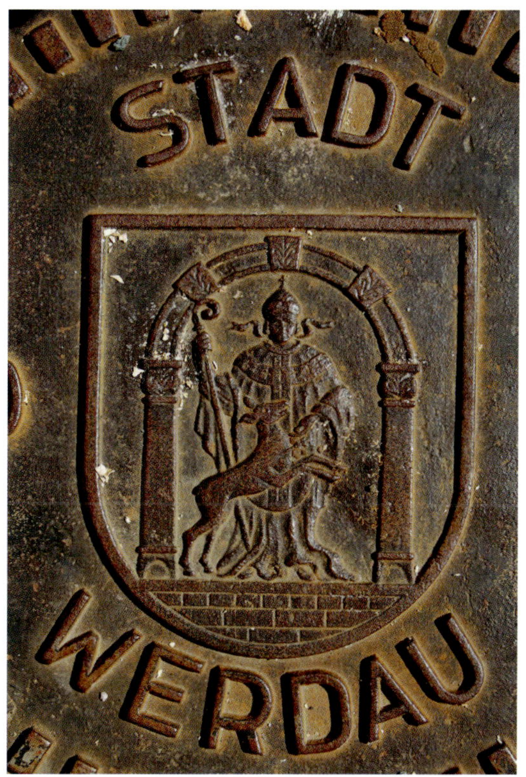

Der Heilige Ägidius, Patron der Stadt Werdau, auf einem Kanaldeckel

Platte dürfte sich an der alten Ägidienkirche befunden haben, die außerhalb des Mauerringes lag und 1629 beseitigt wurde. Nach dem Abbruch wurde der Stein in der Stadtmauer, nach dem Abbruch der Stadtmauer 1835 »an der Südfront des im Jahre 1728 vollendeten [...] Rathhauses« vermauert, bis er 1916 ins Museum fand [1].

Die außerordentliche Pflege des Steins hatte indes ihre Gründe, zeigt doch das Stadtwappen Werdaus bis heute den Nothelfer Ägidius mit Stab und Hirschkuh. Damit greift das Wappen eine alte Gründungslegende auf, die auch die berühmte ›Legenda aurea‹ erzählt [2].

Ägidius, der die Menschen flieht, verkriecht sich in der provencalischen Einöde, wo er allein durch die Milch einer Hirschkuh genährt wird. Eines Tages flieht, gehetzt von des Königs Jagdgesinde, die Hirschkuh in den Dornenverhau des Ägidius und legt sich ihm zu Füßen. Sein Gebet vermag die Jäger mehrere Tage auf Abstand zu halten, doch schließlich findet ein Pfeil durch das Dickicht und trifft – Ägidius. Der König eilt hinzu und bittet den frommen Mann um Verzeihung, will ihm auch seine Ärzte schicken, doch der will die Wunde behalten und schlägt alle königlichen Anerbieten aus. Schließlich fordert er den König auf, das gebotene Geld in den Bau eines Klosters zu investieren, und so entsteht die Abtei Saint Gilles (zu *Gilg*, Ägidius) [3].

Aus dem Motivarsenal der Legende eines der populärsten Heiligen, die figürlich auch an der Kathedrale in Chartres (um 1220) dargestellt erscheint, hat sich die Werdauer Gründungslegende reichlich bedient. Hier ist Ägidius freilich als Bischof vorgestellt, der sich selbst auf der Jagd befindet, sich verirrt und ermattet in Schlaf sinkt. Aus wilden Träumen wird er durch ein Geräusch aufgeschreckt: »Wer da?« rief er aus. Aber es war nur eine durch einen Pfeil verwundete Hirschkuh, die ihre Läufe in den Schoß des Schlafenden gelegt hatte. Der Jäger zog, vom Mitleid überwältigt, dem Tier den Pfeil aus dem Bug. Auf seinem mühevollen Heimweg beschloss Ägidius, an der Stelle seiner ›Bekehrung‹ eine Stadt zu gründen und sie nach seinem Ausruf »Wer da?« zu benennen. Spätere Versionen der Sage wollen den jagenden Bischof gleich ein Rathaus bauen lassen. Wurde die Sage vom am Rathaus eingemauerten Stein inspiriert, oder mauerte man den Stein dort wegen der Sage ein? Man darf die Bedeutung der Gründungslegende für die Stadt jedenfalls nicht unterschätzen. Unter Umständen hätte sie Rechtskraft besessen und entfalten können [4].

Außer dem Namen Ägidius hat die Werdauer Gründungslegende die Jagd, den Pfeil, die sich zu Füßen des frommen Mannes kauernde Hirschkuh und, im Krummstab, dessen späteren Status als Abt aufgegriffen und sie mit weiteren Motiven aus einer gesamteuropäischen Tradition der Gründungslegenden kombiniert. Neu ist, dass die Hirschkuh verletzt wird, nicht etwa Ägidius. Neu ist aber auch, dass sich das Tier an der Auffindung des rechten Namens beteiligt. Auch dies ist ein altes, schon im 3. Jahrhundert nachweisbares Motiv [5]. Dass der Name Werdaus richtiger als »Ufer-Aue« zu deuten wäre, ist für die Legende natürlich unerheblich.

Ägidius-Patrozinien lassen sich in Naumburg und Zeitz bis ins 12. Jahrhundert zurückverfolgen. Man nimmt an, dass der Ägidius-Kult gleichsam im Gefolge der Jakobus-Verehrung »durch Santiagopilger und Fernhändler gefördert worden ist«, lag doch das Kloster St. Gilles »an einem der wichtigsten Jakobswege«[6]. Die Wege der Etablierung seines Kults im mitteldeutschen Raum müssten noch freigelegt werden. Jedenfalls wurde der wundertätige Ägidius bereits um 1150 von einem Fernhändler in Zeitz um Hilfe angerufen [7]. Werdau hat es sich nicht nehmen lassen, seinen Heiligen im Stadtwappen auf Kanaldeckeln zu verewigen.

Anmerkungen
[1] STECHE, Zwickau, S. 74.
[2] Vgl. LA, S. 666 – 669. Die bis heute weithin in Geltung stehende, immer wieder nachgedruckte Übersetzung des lateinischen Textes stammt von Richard Benz (1884 – 1966), einem hoch dekorierten Heidelberger Gelehrten, der in Reichenbach geboren wurde.

[3] Vgl. LA, S. 666–668.
[4] Vgl. FRANZ, S. 7.
[5] Vgl. FRANZ, S. 45 f., 69.
[6] BÜNZ, Wiprecht, S. 76 f.
[7] Vgl. BÜNZ, Wiprecht, S. 78. Im Vogtland finden sich weitere Ägidien-Patrozinien in Lengenfeld und Regnitzlosau (→ S. 257).

Kirche Langenhessen (→ S. 221)

CRIMMITSCHAU

Um die Geschichte der Vögte, der Stadt und des edelfreien Geschlechts derer von Crimmitschau besser zu verstehen, lohnt ein Blick in deren gemeinsame Vergangenheit. Sie beginnt im frühen 13. Jahrhundert. Um diese Zeit finden sich die Herren von Crimmitschau wiederholt in königlichen Zeugenreihen neben den angehenden Vögten von Weida: 1212 in Frankfurt, 1214 in Eger, 1217 in Altenburg, 1226 sogar in Parma. 1225 zeugt Heinrich von Crimmitschau bei einem Vertrag der Vögte von Weida über das Patronatsrecht in Elsterberg und Greiz. 1248 steht Gunther von Crimmitschau in einer Zeugenreihe mit den Vögten von Gera und Plauen, und er zeugt auch 1267 noch einmal bei einer Verleihung an das Kloster Altenburg durch Vogt Heinrich von Weida. Als derselbe 1270 zum Gedenken an seinen Vater und alle seine Vorfahren der Kirche St. Martin in Crimmitschau (und also dem Chorherrenstift) das Patronatsrecht über die Pfarrkirchen zu Hessen und Königswalde schenkt, sind Gunther, Thiemo und Ulrich von Crimmitschau unter den Zeugen. Gunther trat bald darauf in den Deutschen Orden ein. 1282 verleiht Vogt Heinrich von Weida der Martinskirche erneut Güter, diesmal zu Rudelswalde,

und noch 1291 ist *dominus Heinricus advocatus de Wida* unter den Zeugen einer Schenkung der Herren von Schönburg an das Crimmitschauer Chorherrenstift [1]. Danach schwinden Kloster, Stadt und Herren von Crimmitschau, die offenbar ausgangs des 13. Jahrhunderts ausstarben, urkundlich aus dem Blickfeld der Vögte [2]. Crimmitschau wird, neben Glauchau, Residenz der Schönburger. Nimmt man alles zusammen, ergibt sich ein eher tentatives Interesse der Vögte von Weida am Chorherrenstift in der zweiten Hälfte des 13. Jahrhunderts. Mit ihren auf Bettelorden konzentrierten Klostergründungen gingen die Vögte dann aber in geistlicher Hinsicht eigene Wege.

Anmerkungen
[1] Nachweise: UB Vögte I, Nr. 39, 41, 45; UB Vögte I, Nr. 51; UB Vögte I, Nr. 137; UB Vögte I, Nr. 158; UB Vögte I, Nr. 209; UB Vögte I, Nr. 261.
[2] Zu den Herren von Crimmitschau vgl. MEINHOLD, S. 142 f.

HAUPTPFARRKIRCHE
ST. LAURENTIUS UND ST. GEORG

Das älteste Bauwerk der von Bränden und Modernisierungswahn immer wieder gefegten Stadt ist, zumindest dem Geiste nach, die dreischiffige, spätgotische Laurentiuskirche. Ein Vorgängerbau, der bereits 1222 urkundlich erscheint, wich um die Mitte des 14. Jahrhunderts einem Neubau, der in Relikten erhalten ist. Turm und Winterkirche (Altarraum) stammen noch von 1353. Zur dreischiffigen Anlage wurde die Kirche ab 1513 von Assmann Pfeffer umgebaut.

Der Innenraum erlebte die üblichen Veränderungen. Dazu gehören barocke Malereien

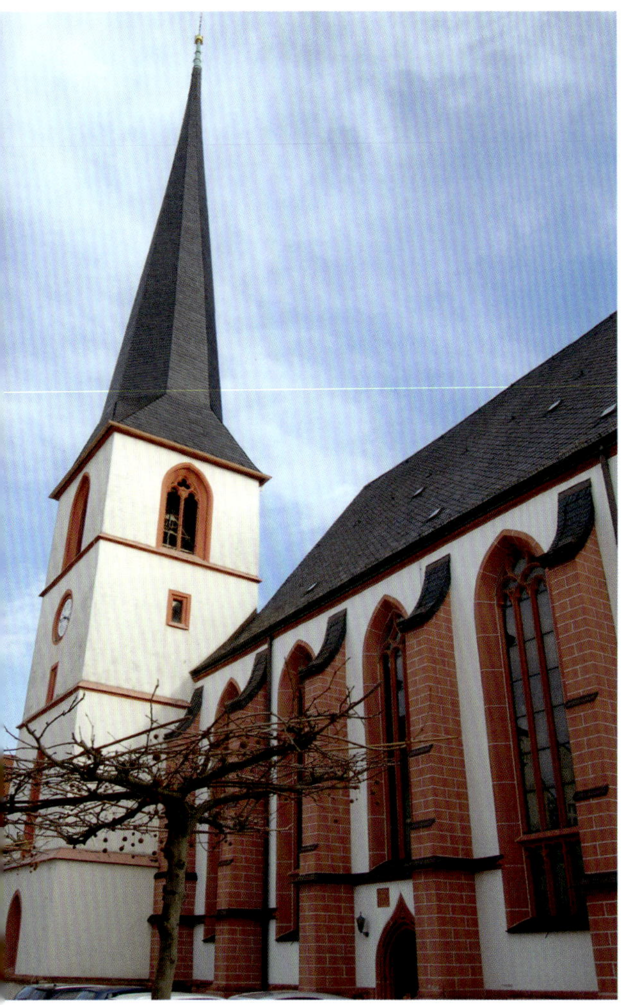

Die Hauptpfarrkirche St. Laurentius und St. Georg in Crimmitschau

herrenlos gewordener Marienaltar (um 1550) fand nach Crimmitschau. Von außen vermittelt das strahlend weiß-rote Gotteshaus heute einen zwiespältigen Eindruck: es wirkt mit seinem ausgebesserten Maßwerk und seinen sandstrahlgeputzten Inschriften dermaßen optimiert, dass man sogar den alten Körper für eine moderne Nachbildung halten möchte.

SCHLOSS SCHWEINSBURG

In Neukirchen hatten die Herren von Crimmitschau im frühen 13. Jahrhundert ein *vest huz cremascowe* (1222) errichtet. Es könnte jene alte Wasserburg gewesen sein, die 1290 an die Schönburger (und damit an wettinische Lehensträger) ging und die 1486 erstmals als ›Schweinsburg‹ firmierte. Viele namhafte Familien besaßen die Burg vorübergehend. Nach den Schönburgern (bis 1405) hielten sie die Herzöge von Sachsen – bis Heinrich X. »der Jüngere«, Herr von Reuß zu Greiz-Vorderschloss (1449–1462), das Objekt für vier Jahre (1456–1460) an sich brachte. Von den Reußen fiel es an die vogtländische Familie Metzsch (1460–1474), sodann an den reichen Zwickauer Montanunternehmer Hans Federangel (1474–1495), schließlich an die in der Region einschlägig begüterten Familien von Ende (1495–1528), von Weissenbach (1528–1583), von Einsiedel (1583–1605), von Starschedel (1605–1647) und von Bose (1647–1721) [1]. Die für Verteidigungszwecke längst unbrauchbaren und stetig verfallenden Gemäuer wurden Mitte des 18. Jahrhunderts unter den von Berbisdorf (1721–1810) zu einem Barockschloss umgebaut, zwischen 1908 und 1911 dann neo-barockisiert.

(1675) und die Erneuerung der Glasfenster (1896). Im Zuge der Generalrenovierung von 1896 wurde nicht nur das neogotische Portal errichtet, sondern auch eine ganze Reihe spätgotischer Objekte entfernt. 1974–1978 dann griffen die Architekten erneut ein, indem sie Kirche und Chorraum trennten. Ein in der Lausitz

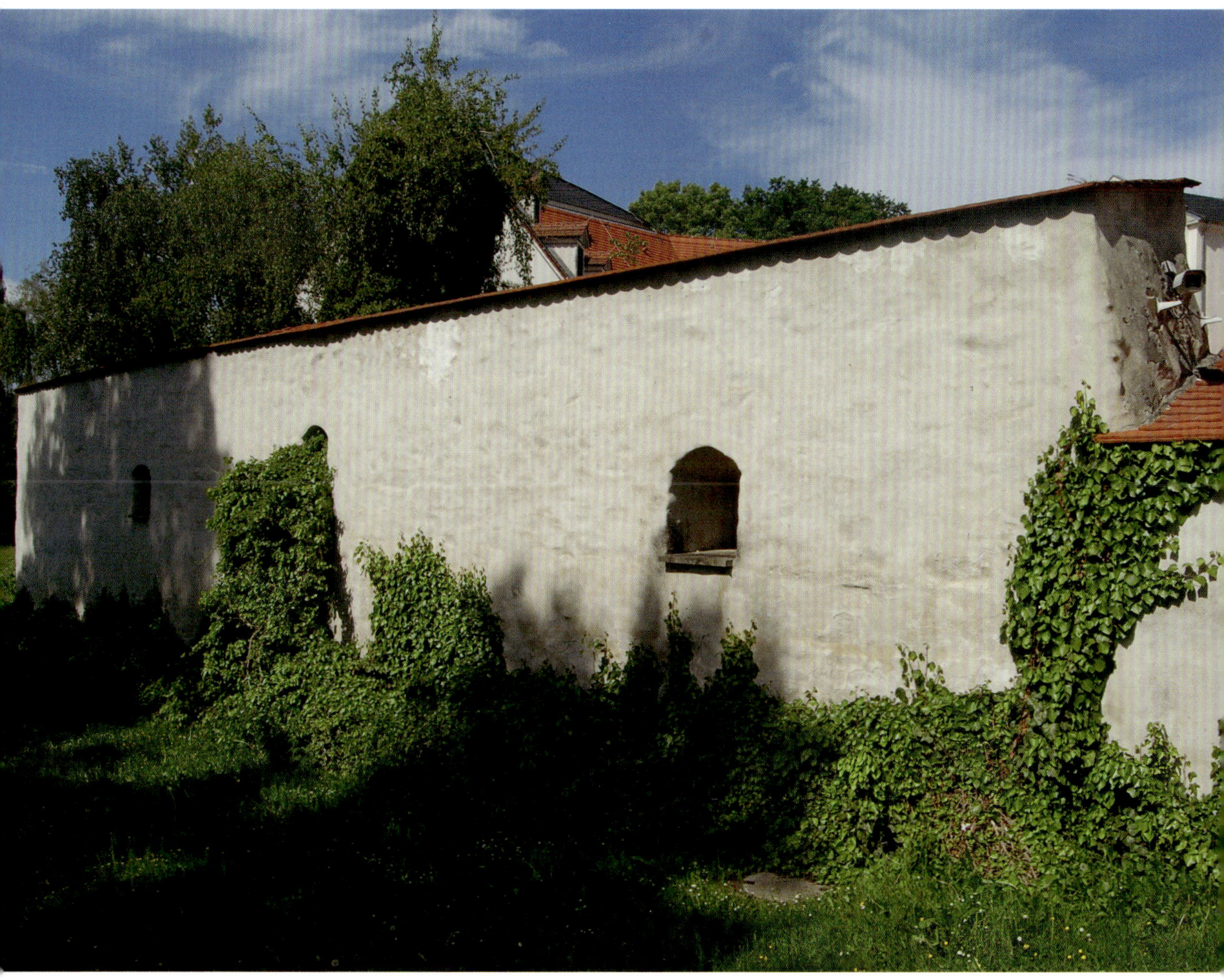

Außenmauer des ehemaligen Schlosses Schweinsburg

Heute residiert ein Wellness-Hotel in der Unterburg. »Von den mittelalterlichen Baulichkeiten sind nur der einfache Thurmbau theilweise und Fensterumrahmungen vom Schlusse des 15. Jahrh. erhalten.« [2]. Das Alter des Mauerwerks im Eingangsbereich ließe sich wohl ähnlich bestimmen. Die Kapelle, die dem 1222 gegründeten Augustinerchorherrenstift St. Martin unterstellt wurde, ist verschwunden. Die gesamte Anlage ist als Hotel Privatbesitz. Sie ist deswegen auch nicht als Sehenswürdigkeit ausgeschildert.

Anmerkungen
[1] Vgl. die Übersicht bei Meinhold, S. 153.
[2] Steche, Zwickau, S. 59.

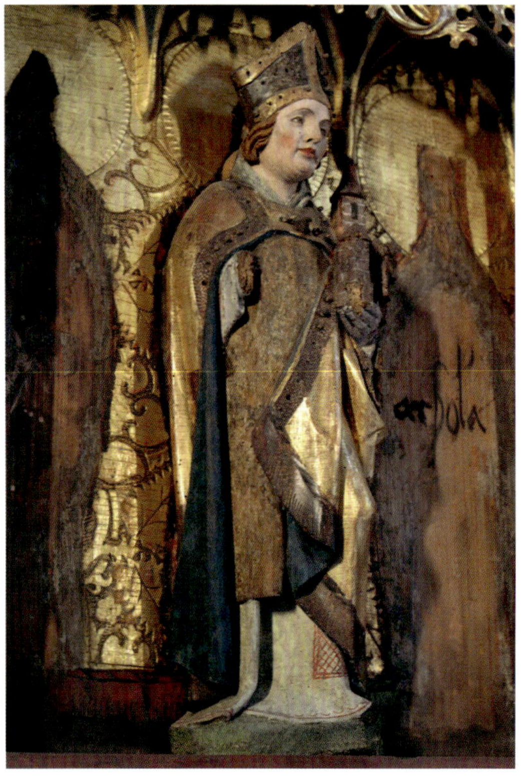

Der Heilige Wolfgang (mit gestifteter Kirche) im Flügelaltar der St. Martinskirche in Meerane. (Vgl. S. 428)

MEERANE

Das *oppidum de Mare* (1361), das eine Art Dreieck mit Crimmitschau und Schmölln bildet, gehört zu den Kurzzeitbesitzungen der Vögte. 1412 belehnte König Sigismund Heinrich X. »den Älteren«, Herren zu Plauen (1412–1426), für den kinderlosen Todesfall seiner Schwiegertochter Margarethe mit dem *markt genant das Mere gelegen zwischen Aldemburg und Krimschow* [1]. Dieser Fall trat denn auch unmittelbar ein, und wohl noch im selben Jahr heiratete Heinrich Katharina, Tochter des Alesch von Sternberg, und

stärkte so die bis tief ins 16. Jahrhundert nachwirkenden böhmischen Ambitionen seines Vaters.

Ob Heinrich von Plauen den sagenhaften Burgberg in der Innenstadt je in Besitz genommen hat, ist urkundlich nicht zu fassen. Der Berg ist noch da, die Burg aus dem 12. Jahrhundert längst verschwunden. Eine Ausschilderung fehlt. Man geht am besten, von der Kirche herkommend, durch den alten Bogen, der zu einem Gasthof gehört, in die Schulgasse. Rechter Hand dürfte sich die Burganlage befunden haben.

STADTKIRCHE ST. MARTIN

Die vielfach überformte Stadtkirche St. Martin (urkundl. 1314) lohnt einen Besuch. Im ansprechend restaurierten Chor (geweiht 1503) befindet sich noch der Flügelaltar von 1506. Die Datierung ist gleich zweimal am unteren Teil des Mittelschreins angebracht. Dagegen gingen die Meinungen über den Namen des Künstlers, der sich nicht am Objekt befindet, auseinander. Mal wurde er als Simon Müller von Altenburg, mal als Jakob Müller, dann als Jakob Naumann nominiert. Dagegen sind mit einem *Hans Meier* und dem *wirdigen* Pfarrer *Simon* zwei Namen in der Beischrift genannt, die auf die Stifter verweisen könnten [2].

Der geschnitzte Mittelschrein des Altars ist etwa 1,80 breit und 1,97 hoch. Er enthält die farbigen, teilweise vergoldeten Figuren der heiligen Dorothea, Maria mit dem Jesuskind und Katharina. Von den ehemals zwölf Heiligenfiguren, die die beiden Flügel bewohnten (sechs männlichen und sechs weiblichen Heiligen), sind nur noch sieben erhalten. Unter ihnen befinden sich Wolfgang, Oswald von Northumbrien und Bischof Nikolaus, Barbara und Margaretha. Ungewöhnlich ist, dass anstelle der fehlenden Figuren auf der Rückwand deren Namen zu lesen sind. Wahrscheinlich handelt es sich um zeitgenössische Vermerke für den Monteur. Als er die Figuren eingesetzt hatte, ließ er die Einrichtungshinweise stehen. Wir können dadurch die fehlenden Heiligen im Geiste ergänzen. Auf den gemalten Altarflügeln befinden sich Darstellungen der Evangelisten und der Verkündigungsszene.

An der linken Wand des Chores hat man eine freistehende Figur der Heiligen Anna Selbdritt befestigt, die sicher einmal einen anderen Standort hatte. Eigentümlich erscheint uns das breite Grinsen der älteren Dame, die glücklich ihre Tochter Maria und ihren Enkel Jesus auf den Armen trägt. Der Figurentypus ist verbreitet; wir werden ihn auch im Vogtland unzählige Male wiederfinden. Er kam mit der Verehrung der Mutter Mariae auf. STECHE erkannte in allem »trefflich gearbeitete Werke künstlerischen Werthes.« [3]

Anmerkungen
[1] UB Vögte II, Nr. 561.
[2] Vgl. STECHE, Glauchau, S. 23.
[3] STECHE, Glauchau, S. 23.

SCHMÖLLN

Schmölln ist »ein uraltes Besitztum in der Familie der Vögte, welches ihnen von den Bischöfen von Naumburg als Lehen gereicht worden ist.« [1]. Heinrich VIII. »von Orlamünde« (1254– 1279), Vogt von Weida, trat die Stadt vor 1279

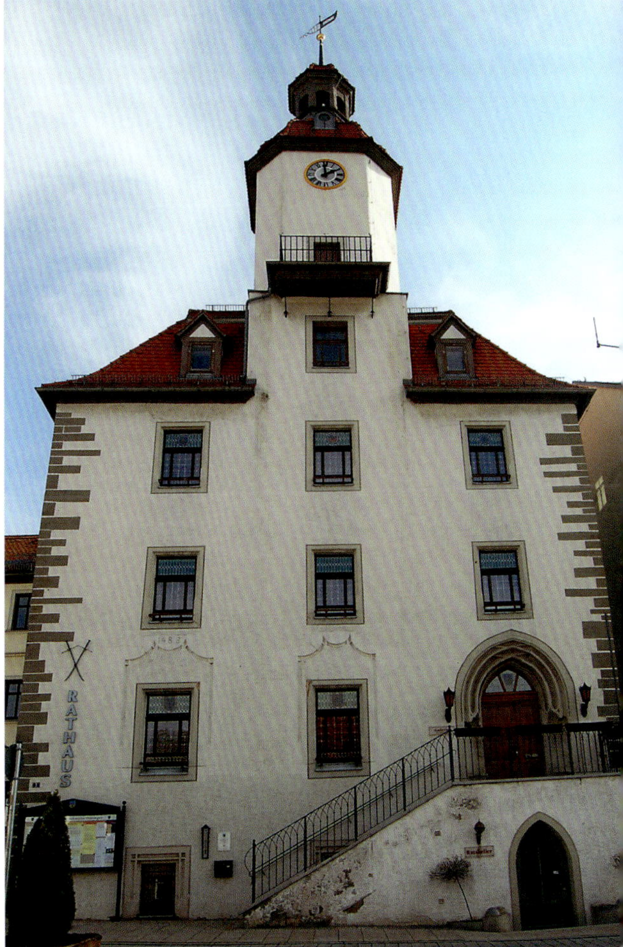

Das alte Rathaus in Schmölln

an Heinrich I. Vogt von Plauen (1238–1303) ab. Nach dem Tod des Plaueners gelangte sie unter den Einfluss der Reußen. Heinrich II. Reuß von Plauen zu Greiz (1306–1350) hatte die Stadt, die zur Herrschaft Ronneburg gehörte, bei der Erbteilung von 1306 erhalten. Er verlieh ihr um 1324/1329 das Stadtrecht. Von 1350–1370 regierten Heinrich IV. (1350–1370) und sein Bruder Heinrich V. gemeinsam die Herrschaft

Ronneburg, ab 1370 bis zu seinem kinderlosen Ableben 1398 Heinrich V. Danach fiel die Stadt erstmals an die Wettiner.

Die zweite Schmöllner Episode der Vögte von Weida war dann nur noch ein Intermezzo. Interessanter Weise wurde es weder durch Erbe oder Heirat begonnen, noch durch den Tod beendet. Heinrich XVII. »der Ältere« von Weida (gest. 1454), der gemeinsam mit seinen Brüdern von 1406 bis 1410 regierte, tauschte mit den Markgrafen von Meißen 1410 sein Drittel der Herrschaft Weida gegen Schloss und Stadt Schmölln [2]. Nicht einmal zehn Jahre später (1419) verkaufte er Schmölln jedoch zurück an die Markgrafen, um vom Erlös die böhmische Herrschaft Hauenstein zu erwerben. Dennoch stammt aus seiner Zeit in Schmölln ein für die Stadt wichtiger Rechtsakt. Heinrich bestätigte den Bürgern 1412 ihr von seinen Vorfahren verliehenes Stadtrecht, ihre Gebräuche und ihre Freiheiten (→ S. 377 f.).

Mit wenig Phantasie lässt sich im heutigen, wiederholt zerstörten und verbrannten Schmölln die wirtschaftlich, kulturell und geistlich bedeutungsvolle Stadt erahnen, auf die Heinrich XVII. erpicht war. Der Marktplatz ist in seiner Anlage noch mittelalterlich, wiewohl die Fachwerkhäuser jünger sind. Über den rückgebauten Vorhangbogenfenstern an der dem Marktplatz zugewandten Schmalseite des Rathauses, das sich mit zwei angedübelten Schwertern mediaeval gibt, wurde die Jahreszahl 1488 eingemeißelt. Sie dürfte das Richtige treffen. Ein Vorgängerbau stand bereits 1396 [3]. Beachtung verdient der 1986/87 gestaltete Brunnen vor dem Rathaus. An seinen Wänden verläuft die Stadtgeschichte in prägnanten Szenen: der Klostergründung, der Stadtwerdung, der Schützengilde als Symbol städtischer Selbstbehauptung und des Marktrechtes, im Falle der Schützengilde mit sozialistischem Augenzwinkern. Dass sie 1445 gegründet wurde, ist indes ein unbegründeter Analogieschluss aus der Gründung zu Altenburg. Schmöllner Schützen sind nicht vor 1536 belegt [4].

Auffällig sind die Relikte der geistlichen Landschaft. Früh schon, im 11. Jahrhundert, hatte man ein Benediktinerkloster angesiedelt. Es reüssierte indes so wenig wie das Zisterzienserkloster, das 1138 nach Pforta verlegt wurde [5]. Die bis dahin als Wallfahrtskapelle sehr gefragte Marien- und Martinskapelle auf dem Pfefferberg wurde 1525 vom Pöbel vernichtet (→ S. 240). Von den beiden Spitälern hat sich immerhin die Kirche am 1828 abgerissenen Heilig-Geist-Spital, die Gottesackerkirche (1463–1482), erhalten (→ S. 426 f.).

Anmerkungen
[1] Francke, S. 309.
[2] Vgl. UB Vögte II, Nr. 519f.
[3] Vgl. Seyfarth, S. 59.
[4] Seyfarth, S. 91.
[5] Vgl. Seyfarth, S. 135–142.

HAUPTKIRCHE ST. NIKOLAI

Zentral ist indes die Hauptkirche, die ein Nikolaus-Patrozinium aufweist [1]. Sie ist bereits 1238 bezeugt, wurde aber zwischen 1466 und 1499 neu angelegt [2]. Seit 1403 wirkte ein Kaland an ihr, ein interessengeleiteter Zusammenschluss der regionalen Pfarrgeistlichkeit. Seine Einrichtung trug nicht dazu bei, Konflikte mit dem Dominikanerinnenkloster in Cronschwitz, das seit 1296 das Patronatsrecht besaß, zu vermeiden (→ S. 256 f.). Meistens ging es dabei um Abgaben, die der Pfarrer an das Kloster bzw. seine Gläubiger zu entrichten hatte, die aber oft genug auf sich warten ließen oder gar nicht kamen. In anderen Fällen scheinen Beschwerden über die Pfarrer eingegangen zu sein, so dass sich Schiedssprüche erforderlich machten, die die Rechte und Pflichten aller Seiten festhielten. 1461 schlichteten mit Götz von Ende und Kunz von Wolfersdorf zwei Adlige zwischen der Priorin Anna von Miltitz und dem Pfarrer Nikolaus Müller [3]. Zum Eklat kam es 1480. Der Pfarrer erschien nicht nur nicht bei den Vigilien und Begängnissen für die Stifter des Klosters [4]. Er hatte auch eine kleine Kapelle vor der Stadt als zusätzliche Einnahmequelle entdeckt, in der er zwar mit Erlaubnis des Bischofs, aber ohne Wissen des Klosters *durch syne große girheit* [5] Ablass spendete, was wiederum einen Rückgang der Einnahmen der Nonnen an der Marienkapelle auf dem Pfefferberg nach sich zog. Das Klima zwischen dem Patronatsherren und der Kirche war also längst mehr als angespannt, und der Kaland dürfte die Befindlichkeiten der Pfarrer auch über Generationen hin geschürt haben. So kam es anlässlich einer Kraftprobe 1504 zum Bruch mit Cronschwitz.

Ausgangspunkt war der Tod des Pfarrers von Nöbdenitz. Cronschwitz hatte auch hier den Patronat inne. Der Pfarrer gehörte dem Kaland an. Der hatte, als die Nonnen ihn forderten, bereits den Nachlass des verstorbenen Mitglieds an sich gebracht. Nun wandten sich die Nonnen an den Kurfürsten. Als das nicht verfing, schalteten sie den Prior der Leipziger Dominikaner ein. Es folgte ein unerquicklicher Streit mit mehreren Terminen. Für die Verhandlung im Dezember 1504 benannte die Priorin Bruder Marcus

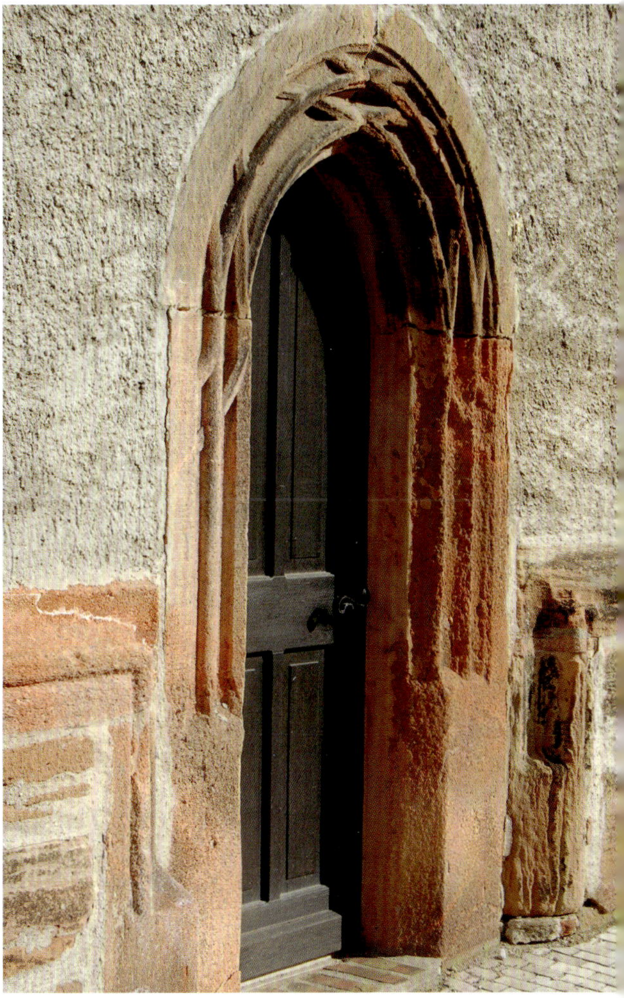

Dem spätgotischen Portal der Nikolaikirche hat die Witterung zugesetzt

von Weida, den Leipziger Lesemeister [6]. Nach mehr als acht Jahren stand das Kloster mit einem Spruch, der sein Recht auch an anderen als der Schmöllner Pfarre erheblich einschränkte, empfindlich geschwächt da [7].

Die graubraune Fassade der Nikolaikirche ist in spätgotischer Manier wieder hergestellt bzw.

belassen worden. Wind und Regen haben den ziertürmähnlichen Fialen ebenso zugesetzt wie den regelrecht ausgespülten Sandsteinpforten. Der neuzeitliche Kirchturm ist, architektonisch gesehen, ein Ärgernis, beeinträchtigt aber den Aspekt der etwas verwunschenen Anlage nur bedingt. Im Inneren ist das Gotteshaus durchweg neogotisch. Ausnahme ist hier das spätgotische Vesperbild aus dem frühen 15. Jahrhundert. Die übrigen Kirchen und Kapellen in der Stadt, von denen es noch mehrere gab, sind im Laufe der Zeit verschwunden.

Blickt man am Rathaus vorbei den Hang empor, gewahrt man in der Schulstraße repräsentative, denkmalpflegerisch gesicherte Reste der acht Meter hohen Stadtmauer (→ S. 378).

Anmerkungen
[1] Vgl. BLASCHKE/JÄSCHKE, S. 199.
[2] Zur Vor- und Baugeschichte vgl. SEYFARTH, S. 145–149.
[3] Vgl. THURM, S. 169f.
[4] Vgl. THURM, S. 170.
[5] THURM, S. 171.
[6] Zu Marcus, dem wohl bedeutendsten theologischen Schriftsteller aus dem vorreformatorischen Vogtland, vgl. HONEMANN, Sächsische Fürstinnen.
[7] Vgl. THURM, S. 171–174; SEYFARTH, S. 153f.

Burg Posterstein (→ S. 283)

SCHLOSS RONNEBURG

Ronneburg ist altes vögtisches Terrain. Bereits Heinrich II. »der Reiche« von Weida (1193–1209) besaß die Pflege Ronneburg als Lehen des Bischofs von Naumburg. Nach ihm hatten sie die Vögte Heinrich III. »der Ältere« (1209–1219) und Heinrich VI. »der Pfeffersack« (1219–1254) inne. Unter dem zweiten Sohn des Pfeffersacks, Heinrich VIII. »von Orlamünde« (1254–1279), der das

Engagement der Weidaer im Regnitzland eröffnete, ging Ronneburg an die Vögte von Plauen zu Greiz. Die Linie der Reuß von Plauen eröffnete Heinrich I. »der Reuße« (1274–1295). Nach seinem bzw. seines Vaters Tod (1303) teilten seine Söhne das Territorium (1306): Ronneburg ging an seinen ältesten Sohn Heinrich II., Vogt und Herr Reuß von Plauen zu Greiz (1306–1350). 1359 wurde die Herrschaft Ronneburg dann von Greiz abgeteilt. Heinrich IV. (1359–1370) und sein Bruder Heinrich V. Reuß zu Ronneburg (1359–1398) regierten sie zunächst gemeinsam. Als Heinrich V. 1398 kinderlos verstarb, zogen die Markgrafen von Meißen die Reste der Herrschaft Ronneburg als heimgefallenes Lehen ein [1].

Burg bzw. Schloss und Vorderschloss Ronneburg kommen nicht mit gleicher Mediävalität daher wie etwa Burg Posterstein (→ S. 283f.). Im Gegenteil: das Schloss, das sich auf einem Felssporn im Westen der Stadt befindet, enthält nur noch in den Kellergewölben des hinteren Teils mittelalterliche Spurenelemente. Gänzlich eine Schöpfung des Historismus ist das Vorderschloss mit seinem Turm. Es wurde im 19. Jahrhundert für die Amtleute erbaut.

Anmerkungen
[1] Vgl. GEHRLEIN, S. 69.

RONNEBURG

Das Städtchen Ronneburg, das sich unterhalb des Schlosses entwickelte, erscheint 1304 als *civitas*, 1307 wird der erste Bürger genannt. Die Reußen beförderten das Gedeihen. 1380 verlieh Heinrich V. (1359–1398) den Bürgern der Stadt das freie Erbrecht, was bedeutete, dass deren

Habe dem Stadtherren fürderhin *nimmer sal an-sterben*, also im Todesfall auf ihn übergehen [1]. Erben konnte auch, wer außerhalb Ronneburgs lebte. Er musste, um das Erbe anzutreten, freilich in die Stadt ziehen [2]. Vielleicht besaß Ronneburg das alte Geraer Recht (→ S. 382), das 1398 an Schmölln (→ S. 377 f.) verliehen worden war [3]. 1410 ist eine Ratsverfassung ausgebildet, 1441 übte Ronneburg offenbar den Bierbann aus.

Die Stadtkirche St. Marien scheint bereits vor 1237 existiert zu haben. In diesem Jahr löste Bischof Engelhard von Naumburg (1206 – 1242) die Pfarrkirche in Schmircha aus der Parochie Ronneburg heraus [4]. Seit 1269 lassen sich durchgehend Geistliche namentlich nachweisen. 1302 erlangte das Dominikanerinnenkloster Cronschwitz (→ S. 265 f.) den Patronat; Heinrich II., Vogt und Herr Reuß von Plauen zu Greiz (1306 – 1350), übertrug den Nonnen zudem das Patronatsrecht für den Katharinenaltar. Anders als in Schmölln scheint die Beziehung zwischen Kirche und Kloster für längere Zeit ungetrübt. Als 1468 der Ronneburger Michael Voyt mit der Pfarre belehnt wird, verpflichtet er sich zur Zahlung von zwei guten neuen Schock Groschen. 1477 gehen derselbe Voyt und die Cronschwitzer Nonnen freilich wegen der Abgaben mit harten Bandagen in den Ring. Ein Schiedsspruch ver-pflichtete den Pfarrer zur Zahlung von drei guten Schock kleiner Groschen [5]. Mit Einbruch der Reformation wurde auch der Stadtrat kecker: 1528 setzte er einen Pfarrer ein und brachte die Einnahmen der Pfarrei an sich, zahlte dafür dem Prediger ein geringeres Deputat. Wieder mussten die Nonnen um ihr Recht kämpfen. Die Mittel gingen indes so drastisch zurück, dass man sich 1529 auf den zunächst abgelehnten Kandidaten Johannes Voyt als bestmögliche Lösung verständigen konnte [6].

Nach einem Großbrand 1665 blieb das Umfassungsmauerwerk der alten Kirche beim Neubau erhalten. 1872 wurde die barocke Innenausstattung weitgehend entfernt. [7] Trotz ihrer weißen Tünchung und der (verblassenden) roten Elemente, der gotisierten Fenster und der spätgotischen Spurenelemente ist die Kirche atmosphärisch heute das, was sie (seit 1528/29) sein will: evangelisch – und verschlossen.

Anmerkungen
[1] Vgl. ALBERTI, Schleiz, S. 22; GEHRLEIN, S. 69.
[2] Vgl. ALBERTI, Schleiz, S. 22.
[3] Vgl. HHS Thüringen, S. 356.
[4] Vgl. UB Vögte I, Nr. 65.
[5] Vgl. THURM, S. 176.
[6] Vgl. THURM, S. 177.
[7] Vgl. MERTENS, S. 175

RUND UM GERA

Gera ist vögtisches Urgestein. Sicher residierten hier die Vögte schon um 1200. Seinerzeit noch als *villa* (›Hofhaltung‹) bezeichnet, erscheint Gera 1237 als *oppidum*, ›Städtchen‹. Die ältesten erhaltenen Stadtsiegel (Urkunden von 1350, 1404) verweisen auf die Vögte als Stadtherren. 1360 ist ein Stadtrat greifbar, 1404 amtieren drei Bürgermeister und ein Richter.

Gera blieb in nachmittelalterlicher Zeit von der Industrialisierung und ihren städtebaulichen Folgen, einschließlich der Bombardierung im April 1945 und den sich anschließenden Entscheidungen beim Wiederaufbau, nicht verschont. Das 20. Jahrhundert vollendete aber nur, was viel früher begonnen hatte. Die alte Stadtburg, in der die ersten Vögte residierten, wurde bereits 1450 im Sächsischen Bruderkrieg weitgehend zerstört. Der einzig hinterbliebene Eckturm konnte bis zum Stadtbrand 1780 noch als Gefängnis genutzt werden. Ganz ähnlich ging es der alten Johanniskirche, die 1200 erstmals bezeugt ist. Sie fungierte als Grablege der Reußen, brannte im Bruderkrieg das erste Mal, 1780 dann das zweite Mal ab. Die Särge der Reußen wurden in die Salvatorkirche überführt, eine barock grundierte Jugendstilkirche, die um 1720 an Stelle der 1686 abgebrannten Nikolauskapelle (erwähnt 1333) auf dem Nikolaiberg errichtet

wurde. 1802 wurde hier Heinrich XXX., der letzte Herr von Reuß-Gera, beigesetzt.

Das Gera der Vögte ist somit seit Jahrhunderten Vergangenheit. Fündig wird man nur noch in der Peripherie: dem auf dem Hainberg thronenden Schloss Osterstein, dessen Bergfried noch ins 15. Jahrhundert verweist, und in den Kirchen der eingemeindeten Stadtteile. Das wichtigste Gotteshaus befindet sich in der alten Siedlung am Fuße des Schlosses (»Untermhaus«).

GERA-LANGENBERG

Für ein besseres Verständnis der Verhältnisse im nordwestlichen Teil des Vogtlandes ist ein Besuch in Langenberg unerlässlich. Der heutige Geraer Stadtteil war einst Mittelpunkt einer gleichnamigen Herrschaft, die von einem alten *castrum*, dem *obern huse czu Langenberc*, beherrscht wurde. Wanderwege führen auf den Hausberg, aber sie führen den, der Reste der alten Festung sucht, ins Leere. Die Herrschaft tritt in unser Blickfeld, als die Reußen von Plauen zu Greiz und die Vögte von Gera die Pflege Langenberg 1333 von Friedrich von Schönburg erwerben [1]. Die Urkunde, die die Anteile der Käufer genau umreißt (drei Viertel gingen an die Reußen, ein Viertel an die Geraer), liest sich wie ein Kataster-Auszug.

Am 18. Mai 1364 belehnt zunächst der Markgraf von Meißen Heinrich V. »den Jüngeren« von Gera (1311–1377) mit dem erworbenen Anteil, ehe die Reußen am 23. Mai *Langenberg unsir huz unde alles, daz darczu gehort, mit aller manschaft, allen rechten, lehen, werltlichen adir geistlichen, allen nuczcze, besucht adir unbesucht, alle genize, wiltban, vischerie, halzgerichte, mit allen rechten und allen dorfern* an den Geraer veräußern [2]. Es handelte sich, klammert man *halb Groycz* aus der folgenden Aufzählung einmal aus, um mehr als 45 Dörfer. Das war ein ganz stattliches Terrain, auf dem die Geraer nun für eine Weile agierten. Bei der Landesteilung 1425 ging die alte Pflege an die Herren von Gera zu Burgk. Bereits 1426 fiel Heinrich VIII. »der Ältere« von Gera zu Burgk im Kampf gegen die Hussiten bei Aussig. Langenberg fiel als Leibgedinge an seine Witwe (gest. 1441), danach zurück an die Brüder ihres Mannes. Ab 1452 war Heinrich IX. »der Mittlere« (1426–1482) alleiniger Herr über Gera (und Langenberg). 1482 ging Langenberg an Heinrich XI. »den Älteren« von Gera zu Gera (1482–1502), der es 1502 an seinen Neffen Heinrich XIV. »den Älteren« (1502–1538) veräußerte, von dem es 1538 an den anderen Neffen Heinrichs XI., Heinrich XV. »den Jüngeren« (1508–1550) überging. Durch einen Erbvertrag, den Heinrich XV. mit Burggraf Heinrich IV. von Meißen aus dem Hause Plauen schloss, sollte Langenberg an den Plauener fallen. Nach dem Schmalkaldischen Krieg (1547) belehnte der König den Plauener, obwohl der zur katholischen Allianz übergelaufene Geraer noch lebte, mit Gera und Langenberg. Über zweihundert Jahre also saßen die Geraer in Lan-

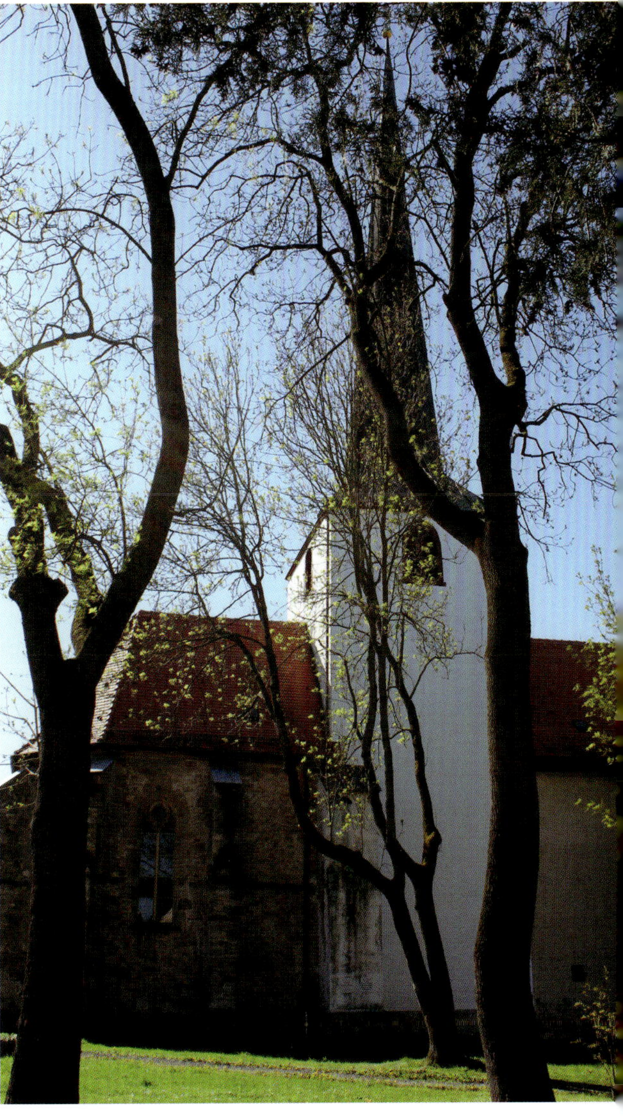

Die Kirche der Vierzehn Nothelfer in Gera-Langenberg

genberg, doch sucht man Relikte ihres Wirkens in der alten Pflege vergeblich. Zu viel Unverstand hat die alte Substanz zernichtet. Vom alten *castrum* ist kein Stein mehr geblieben. Einsam ragt der sechzig Meter hohe, spitze Kirchturm hervor.

KIRCHE DER VIERZEHN NOTHELFER IN GERA-LANGENBERG

Die Kirche, die vielleicht schon im ausgehenden 14. Jahrhundert das Patrozinium der Vierzehn Nothelfer trug, ist in ihrer Substanz spätmittelalterlich. Das Turmerdgeschoss datiert noch ins 12./13. Jahrhundert, der gotische Chor wurde 1467 (zu Zeiten Heinrichs IX.) angefügt. 1491 wurde die Kirche (zu Zeiten Heinrichs XI.) neu geweiht. Sie erhielt nun auch einen spätgotischen Altar. Der Chorturm wurde um 1502 (vielleicht schon unter Heinrich XIV.) umgebaut. Das Langhaus stammt in seiner jetzigen Form aus der Mitte des 18. Jahrhunderts.

Über das geistliche Leben zu Langenberg wissen wir nicht viel. 1365 war Pfarrer Heinrich zugleich Propst im Kloster Saalburg [3]. Von der nur noch teilweise spätmittelalterlichen Innenausstattung hat sich an der Südseite des Chorjochs ein 1467 datiertes Relief mit dem Schmerzensmann und zwei Engeln erhalten. Alle Aufmerksamkeit gilt daher dem in der Mitte des Chorraumes befindlichen, 1491 datierten Flügelaltar, der den Vierzehn Nothelfern geweiht ist [4]. Bei den Nothelfern handelt es sich um eine Gruppe von Heiligen, die von den Gläubigen in verschiedenen Bedrängnissen angerufen wurden: Christophorus und Georg u. a. gegen Pest, Lepra und Giftschlangen, Blasius gegen Halsleiden, Cyriakus gegen böse Geister, Dionysius bei Kopfschmerzen, Erasmus bei Magenkrankheiten und Viehseuchen, Katharina bei Milchlosigkeit stillender Mütter, Vitus bei Epilepsie und Tollwut usw. Ihre Zusammenfügung zu einer Gruppe lässt sich ausgangs des 14. Jahrhunderts im oberdeutschen Raum beobachten (v. a. Regensburg, Nürnberg).

Sie gewährte ein Maximum an Beistand in allen erdenklichen Lebenslagen. An manchen Orten drängten sich andere populäre Nothelfer (u. a. Leonhard, Sixtus, Sebastian, Nikolaus, Oswald, Pankratius und Wolfgang) in das Programm. Dem gegenüber zeigt der Langenberger Altar die klassische, kanonische Formation.

Im »Silberaltar« thront die Mondsichelmadonna zwischen den Aposteln Andreas und Thomas. Der geschnitzte Mittelteil weist die Besonderheit eines silbernen Grundes auf. Zentrale Figur ist auch hier die Gottesmutter im Strahlenkranz. Auf beiden Seiten umgeben sie Heilige. Zu ihrer Rechten sind das im oberen Register von links der den Christusknaben tragende Christophorus, die Märtyrer Blasius und Cyriakus und der Lieblingsjünger Johannes, der nicht zu den Nothelfern zählt. Die zweite Reihe eröffnet der kopflose Dionysius. Ihm folgen der Märtyrer Erasmus und Ägidius, der sagenhafte Gründer Werdaus (→ S. 33 f.). Zur Linken der Gottesmutter füllen jeweils vier Heilige ein Register. Im oberen steht Katharina der Madonna am nächsten; ihr folgen Georg, der den Drachen unter seinen Fuß zwingt, Achatius und Eustachius. Im unteren Register steht ihr Barbara am nächsten. Ihr folgen Pantaleon, ein von seinen Kollegen denunzierter Arzt, Margaretha, die im Gefängnis einen Drachen zähmte, und Vitus, der den Sohn Kaiser Diokletians von der Tobsucht (dem ›Veitstanz‹) heilte.

In den oberen Registern der nicht kunstlos gemalten Flügel sind zwei Episoden aus dem Marienleben (Verkündigung und Heimsuchung) dargestellt. Die unteren Register zeigen heute wieder zwei Szenen aus der Legende von der Erscheinung der Vierzehn Nothelfer, die im Jahre

1445 dem Langheimer Schäfersknaben Hermann Leicht zuteilwurde.

■ Hermann hatte beim Hüten ein Kind weinen hören, das ihn aber, als er es fand, mit einer Kerze in der Hand anlachte, bevor es verschwand. Als Hermann sich im Fortgehen umdrehte, hatte das Kind bereits zwei Kerzen in Händen. Im Folgejahr wiederholte sich die Erscheinung. Nunmehr umstanden vierzehn Kinder in roten und weißen Gewändern das Kind. Die Erscheinung zog 1448 den Bau der Kapelle ›Vierzehnheiligen‹ nach sich.

Der Kult der Nothelfer hielt sich im Fränkischen noch sehr lange. Die beiden Langenberger Tafeln wurden 1680 durch eine Taufe Christi (links) und den Gekreuzigten zwischen Paulus und Luther ersetzt. Man sieht ihnen die Restaurierung von 1927 durchaus an.

Anmerkungen
[1] Vgl. UB Vögte I, Nr. 723.
[2] UB Vögte II, Nr. 134.
[3] Vgl. RONNEBERGER, S. 86, 172.
[4] Ausführlich LEHFELDT, Gera, S. 88 f.

DIE ALTE DORFLINDE

Auf dem alten Marktplatz von Langenberg, da steht ein Lindenbaum. Er hat freilich nicht das sagenhafte Alter, das ihm eine Lokalsage zuschreibt. Einst soll Kaiser Heinrich in die Nähe von Langenberg gekommen sein, als ihm ein Wagenrad brach. Der Kaiser schickte nach Langenberg, erhielt aber die Antwort, man sei durch ein Tanzvergnügen unter der Linde an der Hilfeleistung gehindert. »Da ward der Kaiser zornig. ›Wenn Ihr denn heute tanzen müßt, sprach er,

wohl, so seid auch künftig und für alle Ewigkeit gezwungen an diesem Tage zu tanzen.‹« Seither mussten die Langenberger stets am zweiten Pfingsttage ihren Frontanz aufführen, zu dem alle bei Strafe zu erscheinen hatten. »Dem Kaiser hätte aber eine mit sechs Pferden bespannte Kutsche geliefert werden müssen, wenn es je unterlassen worden wäre, den Tanz wirklich abzuhalten.« Die Sage scheint, was das Tanzen angeht, eine bis tief in die Neuzeit während Tradition begründet bzw. legitimiert zu haben. »Auch die Langenberger Bürgerschaft pflegte dabei in schwarzem Anzuge zu erscheinen, ohne jedoch mitzutanzen und ein Jahrmarkt schloß das Ganze.« [1] Das Motiv der Verfluchung zum Tanze ist alt. In Langenberg erscheint es gekoppelt mit einer Leistung für die Zentralgewalt: ›Fron‹ geht auf althochdeutsches *frono*, den Herren, zurück (daher Fronleichnam = der Leichnam des Herren). Der Tanz soll die Langenberger von der Leistung, dem Liefern des Pferdewagens, befreien! Vielleicht steckt dahinter ein altes Langenberger Privileg, das irgendwann nicht mehr durchschaut wurde.

Anmerkungen
[1] Zitate: EISEL, Nr. 785. Sachlich verwandt ist die Situation, die das ›Tanzlied von Kölbigk‹ hervorbrachte, und die Geschichte von der Freiberger ›Mordgrube‹. GRAESSE, Nr. 275.

BAD KÖSTRITZ

Köstritz an der Weißen Elster, das sich aus zwei Rittersitzen zum Dorf entwickelte, wurde bereits 1320 als Kirchort erwähnt. 1333 ging es als Bestandteil der Pflege Langenberg von den Schönburgern an die Reußen über, die die Pflege 1364 vollumfänglich an Heinrich V. »den Jüngeren« von Gera (1311–1377) verpfändeten. 1388 verlieh Heinrich VII. von Gera (1377–1420), Sohn Heinrichs V., ein halbes Vorwerk zu Köstritz der Ilse von Techwitz zum Leibgedinge. 1390 gab Heinrich von Röder dem Herren von Gera einen Lehensrevers über Güter in Köstritz, die er von seinem Onkel Otto von Breitenbuch ererbt hatte. 1409 musste der Geraer den Verkauf eines Zinses zu Köstritz an das Zeitzer Domkapitel genehmigen [1]. In den 1530er Jahren besaß Levin von Wolframsdorf nicht unerhebliche Güter in Köstritz. Er hatte freilich auch beträchtliche Schulden bei den vermögenden Schwestern von Cronschwitz [2].

Die auf einem Bergsporn liegende Kirche mit polygonal anschließendem Chor und Turmunterbau geht in Teilen noch auf die Zeit um 1507 zurück. Das mit Emporen ausgestattete Langhaus stammt aus dem frühen 18. Jahrhundert, wurde aber im ausgehenden 19. Jahrhundert neoromanisch überformt [3]. Im Spätmittelalter war das Haus dem Heiligen Leonhard geweiht, auf dessen Spuren wir im Vogtland öfter treffen (u. a. in Friesau, Sparnberg). Im Langenberger Altar der Vierzehn Nothelfer ist er allerdings nicht präsent, obwohl er andernorts immer wieder den Bischof Cyriakus verdrängte.

Die im Mittelalter bedeutungslose Siedlung, die erst ausgangs des 19. Jahrhunderts ihre Anziehungskraft als Badeort entdeckte und 1927 Stadtrecht verliehen bekam, ist heute vor allem bekannt über ihr Brauereiwesen (→ S. 402 f.), das hier seit 1543 nachweisbar ist. Im repräsentativen Gasthaus ›Goldener Löwe‹ wurde zuerst ausgeschenkt.

Anmerkungen
[1] Nachweise: UB Vögte II, Nr. 134; UB Vögte II, Nr. 325; UB Vögte II, Nr. 339; UB Vögte II, Nr. 497.
[2] Vgl. THURM, S. 229.
[3] Vgl. LEHFELDT, Gera, S. 78 f.

STIFTSKIRCHE ST. MARIA UND ST. JOHANNES BAPTIST IN BAD KLOSTERLAUSNITZ

In Lausnitz bestand bereits um die Mitte des 12. Jahrhunderts das Stift Marienstein, dessen Bewohnerinnen nach der Augustinusregel lebten. Die späte Gründungslegende will, dass es an der Stelle einer Einsiedelei von einer Witwe Kuniza ins Leben gerufen wurde, die sich dort als fromme Frau niederließ [1]. Vielleicht entstand zunächst ein Doppelkloster, wie eine päpstliche Urkunde (1137) nahelegt. Die Einführung der Benediktsregel scheiterte. Das Haus wurde ein gut nachgefragtes niederadeliges Damenstift, dessen Kapazität 1220 auf dreißig Plätze beschränkt werden musste. Ein Brand verwüstete bereits 1212 die 1180/81 geweihte Stiftskirche. Ein Konflikt mit dem Zisterzienserinnenkloster St. Michael in Jena, der 1333 losbrach und erst 1337 beigelegt werden konnte, zog nach und nach »die ganze Gegend am mittleren Saaletal mehr oder weniger in seinen Kreis.« [2].

Die Besitzungen des Stifts, das 1522 aufgehoben wurde, aber noch 1537 fünf Schwestern beherbergte, waren nicht unbedeutend. Hierzu trugen auch die Vögte zunächst ihr Scherflein bei. 1220 war Heinrich von Weida *cum fratribus suis* zugegen, als der Kaiser das Stift in seinen Schutz nahm. 1255 verliehen die Vögte von Weida, Plauen und Gera dem Stift das Dorf

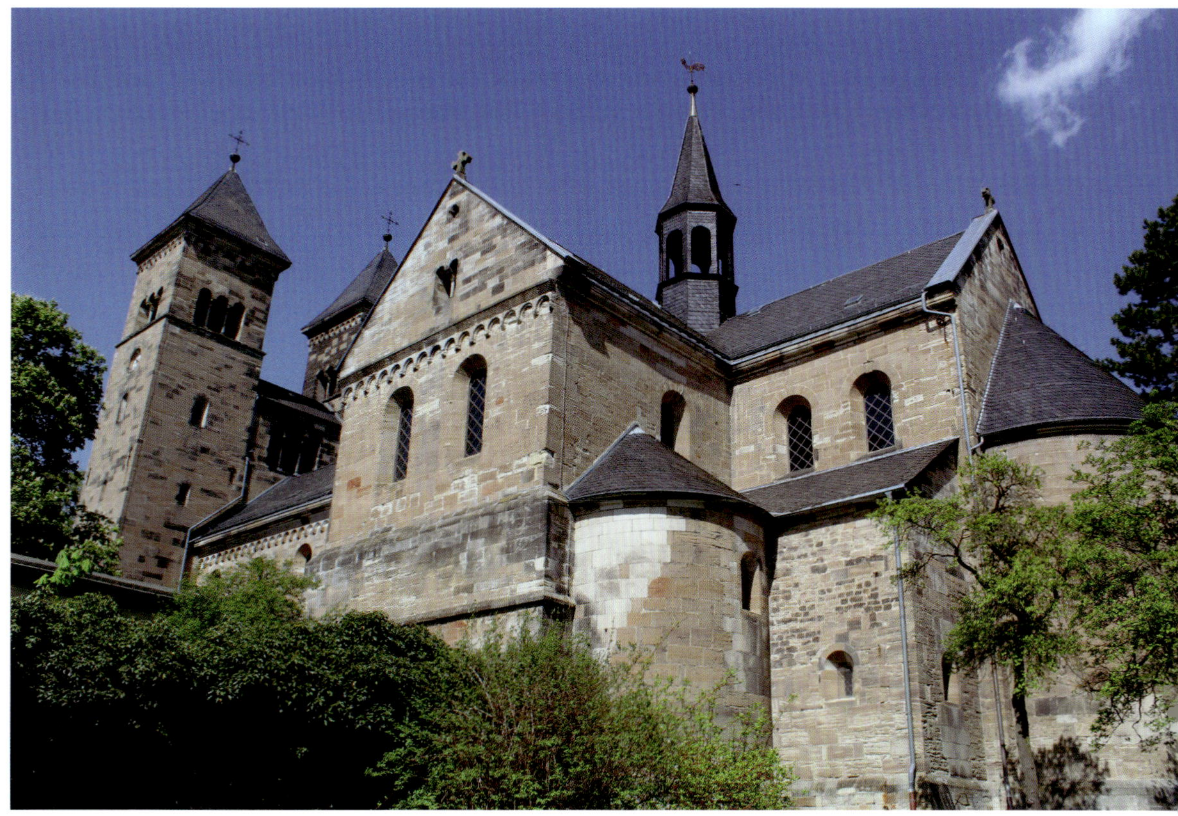

Die Kirche des adligen Damenstifts in Klosterlausnitz wurde im 19. Jahrhundert originalgetreu rekonstruiert

Schliefstein, vor Mai 1259 gaben die Vögte von Weida und Plauen das Dorf Reichersdorf an die *ecclesia sancte Marie in Luseniz*, 1260 bestätigen die Vögte von Weida und Gera dem Stift den Kauf von Seifartsdorf, und noch 1267 verleiht Heinrich von Gera dem Stift einen Zins in Dürrenebersdorf [3]. Die auffällige Hinwendung der Vögte zum adligen Damenstift fällt ungefähr zusammen mit der Amtszeit des Propstes Heinrich (1255–1266). Später engagierten sich die Vögte hier nicht mehr. Für die Unterbringung ihrer Töchter gründeten sie eigene Klöster bzw. Stifte (Weida, Saalburg). Ab der Mitte des 15. Jahrhun-

derts kam es sogar wiederholt zu Auseinandersetzungen mit den Herren von Gera, »die sehr unruhige Nachbarn gewesen zu sein scheinen« [4], um die wettinisch-reußischen Grenzdörfer.

Der größte Schatz, den die Stiftskirche heute noch birgt, ist ein romanisches Triumphkreuz aus dem ersten Drittel des 13. Jahrhunderts [5]. Es befindet sich im Apsisbogen hinter dem Choraltar an einem modernen Standkreuz und dürfte ursprünglich für eine zu einem Lettner gehörige Triumphkreuzgruppe geschaffen worden sein. Die Figur des Gekreuzigten ist 2,55 Meter hoch. Sie gehört zum seinerzeit modernen Typ des Dreinagelkruzifix: für die übereinander gelegten Füße des Gekreuzigten wurde nur ein Nagel verwendet. Die wie angedeutet hingestrichelte Seitenwunde übersieht man leicht. Auch die wie ein Tau gewundene Dornenkrone entbehrt der Dornen und wirkt eher wie ein Turban. Schmerzen scheint dieser Sohn Gottes nicht zu spüren. Und dennoch ist er keinesfalls in starrer Majestätik gefangen. Die Figur scheint sich aus einer Symmetrie, für die noch die Rippenbögen stehen, zu lösen. Haare und Lendentuch fallen asymmetrisch, der Gekreuzigte weist einen Hüftschwung auf. »Insgesamt strebt die Plastik nach einer realistischen, am Naturvorbild geschulten Wiedergabe des Körpers.« [6] Dieser Typus, der erhaben-starre und bewegte Züge zu synthetisieren scheint, ist um 1240 innovativ. Er hat seine Verwandten in den Kreuzen in Merseburg und Wechselburg.

Vom alten Kloster ist außer dem Triumphkreuz kaum noch etwas erhalten. Verloren sind auch die Reliquien von zwei der 11000 Märtyrer, die sich das Stift zwischen 1180 und 1212 aus Köln organisiert hatte [7]. Die monumentale romanische Kirche, die einen Besuch unbedingt lohnt, ist vor allem eine restauratorische Leistung des 19. Jahrhunderts. 1866 wurde die kreuzförmige Pfeilerbasilika mit länglichem Chorrechteck und Apsiden in den Kreuzarmen geweiht.

Anmerkungen
[1] Vgl. WIESSNER, S. 371.
[2] WIESSNER, S. 252.
[3] Belege: UB Vögte I, Nr. 49; UB Vögte I, Nr. 106; UB Vögte I, Nr. 113; UB Vögte I, Nr. 120; UB Vögte I, Nr. 143.
[4] DIETZE, S. 57.
[5] Das Folgende nach HUTH, S. 134–143; ergänzend WENNIG, S. 17–28; WIESSNER, S. 490 f.
[6] HUTH, S. 139.
[7] Vgl. WIESSNER, S. 386.

MÜNCHENBERNSDORF

Bernsdorf, das Münchenbernsdorf heißt, weil es den Herren von Münch zufiel, lohnt einen Besuch. Man betritt altes vögtisches Terrain, das spätestens seit der Mitte des 13. Jahrhunderts eng mit Kloster Cronschwitz verbunden war. 1250/51 überließ Heinrich I. von Gera (1238–1274) seiner Mutter Jutta, Priorin in Cronschwitz, einige Einkünfte aus Bernsdorf [1]. 1260 erscheint die Pfarrei Bernsdorf zur Altpfarrei Veitsberg (Wünschendorf) gehörig. Bischof Bruno von Naumburg (1285–1304) unterstellte sie 1302 den Cronschwitzerinnen, was die sich 1310 vom Papst bestätigen ließen [2]. Dass der *plebanus in Bernarstorf* bereits 1281 für die Schwestern zeugte, könnte auf ein höheres Alter des Arrangements deuten [3]. Zwischen 1260 und 1266 zeugte Pfarrer Heinrich von Bernsdorf wiederholt in Angelegenheiten des Stiftes Lausnitz, dessen *prepositus* in dieser Zeit ebenfalls ein Heinrich war (1255–1266), für die Weidaer [4]. Dass die Vögte von Weida, die auch den Weidaer Dominikanerinnen Einkünfte aus Bernsdorf verschafften, von *Bernhartisdorf* 1332 als *unseme stetelein* sprachen, ist vielfach mit Erstaunen notiert worden [5]. Es spricht zumindest für eine gewisse Bedeutung, die die Vögte dem Ort beimaßen. Erst 1411 bzw. 1427 ging Bernsdorf an die Wettiner über, 1487 dann aus deren Hand an die Herren von Münch. Aus dem 15./16. Jahrhundert hat sich eine alte Wasserburg erhalten, die dann als Schloss firmierte. Ein Besuch in Münchenbernsdorf ist für Liebhaber spätgotischer Schnitzkunst unumgänglich. Sie findet sich in der Mauritiuskirche, deren Vorplatz ansprechend hergerichtet wurde (→ S. 344 f.).

Anmerkungen
[1] Vgl. UB Vögte I, Nr. 101 f.
[2] Vgl. UB Vögte I, Nr. 34; UB Vögte I, Nr. 421.
[3] UB Vögte I, Nr. 204.
[4] Vgl. UB Vögte I, Nr. 127. Nicht Münchenbernsdorf, sondern
     Langenbernsdorf ist in der Urkunde von 1354 erwähnt, mit
     der der Bischof von Naumburg diverse Schuldner auffor-
     dert, dem Kloster die schuldigen Abgaben zu entrichten.
     Vgl. UB Vögte I, Nr. 946; Korrektur durch THURM, S. 168.
[5] UB Vögte I, Nr. 719.

KIRCHE ST. URSULA IN GERA-LUSAN

Die der Heiligen Ursula geweihte Kirche des eingemeindeten Dorfes Lusan gilt als das älteste
Gotteshaus im heutigen Stadtgebiet. Sie wurde
um 1240 als romanische Turmkirche in der *villa,
que dicitur Losan*, errichtet [1]. Vom Alter zeugt
noch das romanische Doppelfenster. Das Langhaus trat um 1300 hinzu. Der Anbau der gotischen Sakristei an der Nordseite des Chores soll,
einer verlorenen Inschrift zufolge, 1333 stattgefunden haben [2]. Die auf einem alten Hügel gelegene, von Häusern und Hochhäusern umstellte
Kirche ist umgürtet von einem engen, in Betrieb
befindlichen Friedhof.

Anmerkungen
[1] UB Vögte I, Nr. 94.
[2] Vgl. LEHFELDT, Gera, S. 94 f.

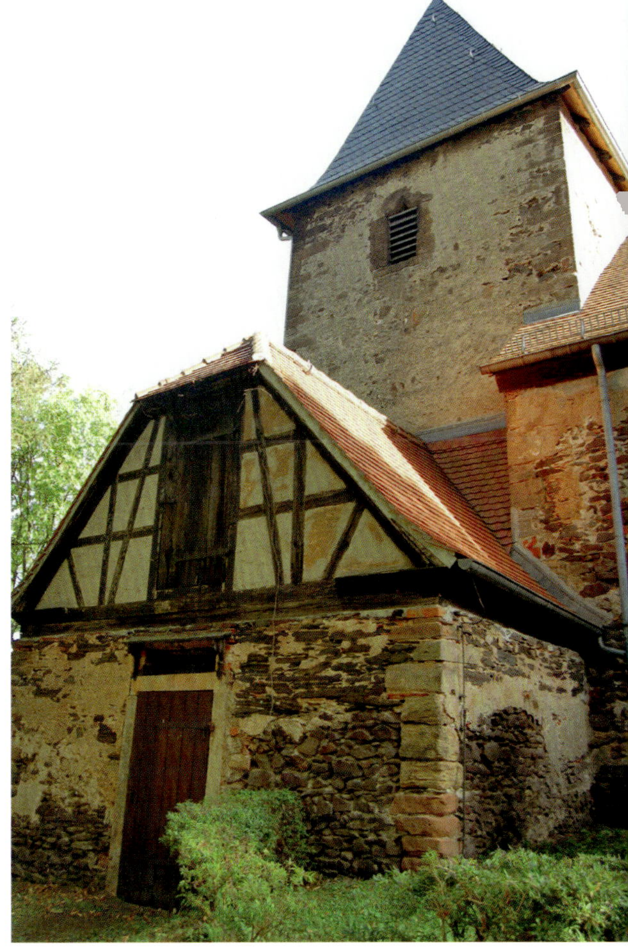

Die Dorfkirche in Taubenpreskeln

DORFKIRCHE TAUBENPRESKELN

Zum Stadtgebiet Gera gehört inzwischen das
alte Kirchdorf Preskeln, das in Urkunden mal
als Schafpreskeln, mal als Taubenpreskeln erscheint. 1362 konnte Heinrich von Gera einer
Nonne in Cronschwitz eine Leibrente aus Gütern
in *Prosklin* zukommen lassen [1]. 1411 verkaufte
Heinrich von Weida *Proskelin mit allen rechten
in dorffe unde in felde* an Herrn Mülich von Neumark [2].

Die einschiffige romanische Kirche gilt
wegen der Schießscharten im Turm als Wehrkirche. STECHE sah sie, bevor sie 1889 weitrei-
chend umgebaut und neu bestückt wurde: »Der

jetzt gerade geschlossene Chor, über welchem am Schlusse des 15. Jahrh. ein massiver Thurm errichtet wurde, öffnet sich im Halbkreisbogen auf romanischen Kämpfern, welche mit Schräge und Platte gebildet sind; der Schlussstein zeigt einen verstümmelten menschlichen Kopf. Von der ehemaligen romanischen Apsis sind nur die Pfeiler erhalten mit verschiedenen Kämpfern, deren nördlicher aus Schräge und Platte gebildet ist, während den südlichen Dreiviertelstab und Platte gliedern.« [3]. Nach umfassenden Sanierungsarbeiten konnte die Kirche, in deren Innerem nichts Älteres mehr zu finden ist, 2000 wieder eingeweiht werden.

Anmerkungen
[1] UB Vögte II, Nr. 98.
[2] UB Vögte II, Nr. 526.
[3] STECHE, Zwickau, S. 66.

SCHLOSSRUINE OSTERSTEIN (GERA)

Über Gera-Untermhaus befand sich einst das »Haus«: die von den Vögten von Weida errichtete Burg (12. Jahrhundert), die 1450, nach der Zerstörung der Stadtburg im Sächsischen Bruderkrieg, von den Herren von Gera als Residenz übernommen und, mit deren Erlöschen, ab 1550 bzw. 1563 zum Residenzschloss der Reußen von Plauen zu Greiz ausgebaut wurde [1].

Der für die Geschichte des Vogtlandes wichtige Ort hat den Zeiten nicht trotzen können [2]. Der amerikanische Bombenangriff auf Gera machte das Schloss zunichte, 1962 wurden die Ruinen im Sinne des nationalen Aufbaus der DDR weitgehend gesprengt. Einzig der noch ins 12. Jahrhundert weisende Bergfried wurde an-

lässlich der Bundesgartenschau 2002 wiederhergerichtet, doch ist auch er inzwischen wieder für Besucher gesperrt.

Unterhalb des Bergfrieds finden sich die alten Wirtschaftsräume des Schlosses. Sie werden schrittweise saniert, ohne dass ein tragfähiges Nutzungskonzept vorläge. Im Torhaus werden temporär Ausstellungen abgehalten. Im Zuge der Bundesgartenschau wurde auch der Schlossgarten, der 1732 einen älteren ersetzte, gefällig hergerichtet. Am Rande aufgestellte Fragmente mächtiger Säulen verweisen kommentarlos auf die ›gute alte Zeit‹. Dass hier einmal höfische Kultur herrschte, vielleicht sogar ein vogtländischer Minnesänger, der Ministeriale Heinrich von Kolmas (urkundl. 1262), für Vogt Heinrich I. (1224 – 1269/74) seine Lieder anstimmte (→ S. 316), ist überhaupt nicht mehr vorstellbar.

Anmerkungen
[1] Vgl. LEHFELDT, Gera, S. 128.
[2] Die ausführliche Beschreibung, die LEHFELDT gibt, geht auf den Zustand vor 1900, der dem Betrachter »ein zusammenhängendes Ganzes« bot (S. 126).

KIRCHE ST. MARIEN IN GERA-UNTERMHAUS

Die spätgotische Marienkirche liegt malerisch an der Elsterbrücke. Turm, Altarraum und ältester Teil des Langhauses wurden um 1440 errichtet, doch soll der Altarraum einer Vorgänger-Kapelle zugehören und wesentlich älter sein, gar bis 1193 (oder 1206) zurückweisen. Seine Fensterbogen sind so stumpf, dass sie lange für eine frühe Datierung herangezogen wurden [1]. Fenster und Joche scheinen nichts mit einander zu tun zu haben.

Eine einheitliche Handschrift sucht man vergeblich. Das Kircheninnere spiegelt alle Etappen der Geschichte des Hauses. Die Alternative zu den mehrfachen Überschreibungen stand 1882 im Raum, als die zu klein gewordene Kirche abgerissen und ersetzt werden sollte. In letzter Minute entschied man sich, die Überschreibungen fortzusetzen. Das monumentale hölzerne Tonnengewölbe wurde nun ins Langhaus gezogen. Von Außen wurden zwei neogotische Teppenaufgänge angesetzt, die 2003 bzw. 2011 selbst saniert werden mussten [2]. Eine der rätselhaftesten Erscheinungen im Innern ist ein Pfeiler in der Sakristei. Die mit Lilien geschmückten Fragmente, die er trägt, sollen vor 1882 als Treppenuntersatz gedient haben, doch das wird kaum ihre ursprüngliche Bestimmung gewesen sein. »Diese Reste könnten für Becken eines achteckigen Taufsteines gehalten werden, erinnern jedoch auch an die ähnlich verzierte und sehr kleine Aussenkanzel der Trinitatiskirche zu Gera« [3].

Durch das dunkle Tonnengewölbe tritt man auf den spätgotischen Marienaltar zu, dessen Mittelteil geschnitzt und dessen Flügel gemalt sind. Der 1883 und 1936 restaurierte Altar wurde von den Geraer Kaufmannsfamilien von Kudorf und von Waldheim gestiftet, die zwei Jahre später auch das Marienhospital vor dem Badertor finanzierten (→ S. 427), und 1443 von Bischof Peter von Schleinitz (1434–1463) geweiht. In der Mitte steht die gekrönte Gottesmutter mit dem Jesuskind auf dem Arm. Vier Felder rekapitulieren die Geburtsgeschichte (Verkündigung, Maria und Elisabeth, Geburt Jesu, Anbetung der Könige). Auf den qualitätvoll gemalten Flügeln finden sich, das Programm ergänzend, die Dar-

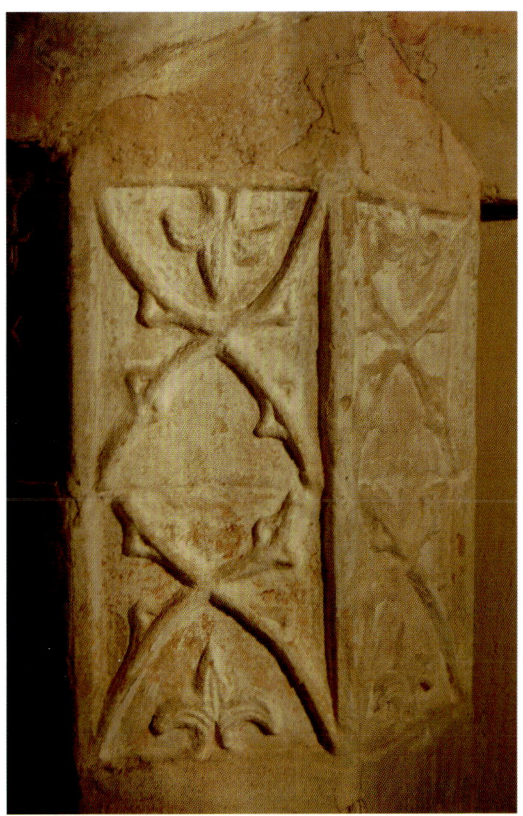

Der in die Sakristei versetzte Lilienfries gibt Rätsel auf

bringung im Tempel, der Kindermord zu Bethlehem, die Flucht nach Ägypten und der Marientod. Auf den Außenseiten befinden sich in den oberen Hälften zwei Osterbilder: im linken Flügel der Auferstandene bei Maria Magdalena, im rechten beim ungläubigen Thomas. Darunter haben sich die Stifter in Heiligenbildern verewigt: links die Heilige Margarethe von Antiochien, die andächtig auf dem Drachen kniet, der sie im Kerker heimsuchte, und die für Margarethe Hottritt, geb. von Kudorf, steht; rechts die Heilige Elisabeth, die für Elisabeth, die Gattin des Leipziger Patriziers Ludwig von Waldheim, steht. Hat der Drache ein Stück von Margarethes Purpurmantel abgezwackt? Oder hängt ihm, von deren Frömmigkeit erschöpft, nur die giftige Zunge heraus? [4]

Dass der Maler Otto Dix im Haus hinter der Kirche aufwuchs, gibt der Gemeinde seit einiger Zeit Gelegenheit, den alten Altar mit den Augen des Expressionisten zu sehen. 2017 kam es zur Uraufführung einer Komposition (Kantate) für Sopran und Bläserquartett (›und sie bewegte die Worte in ihrem Herzen‹) des Thüringer Kompositionspreisträgers Peter Helmut Lang (geb. 1974), in der jedes Bild des Flügelaltars einen eigenen Satz erhielt.

Anmerkungen

[1] Vgl. Lehfeldt, Gera, S. 119.
[2] Zu den Vorgängen vgl. Lehfeldt, Gera, S. 120 f.
[3] Lehfeldt, Gera, S. 121.
[4] Lehfeldt fand die Bilder »alterthümlich steif, aber originell, mit einem selbständigen Streben nach Realismus.« (S. 122).

IN DER ›WIEGE DES VOGTLANDES‹

Hinter Gera öffnet sich das Stammland der Vögte von Weida. Hier, in der »Wiege des Vogtlandes«, wird die Geschichte der Vögte als ›Kulturweg‹ gut fassbar und in Monumenten ablesbar. Sie begann, wie viele alten Geschichten, im Nebel. Wir steigen jedoch erst ein, nachdem sich der Nebel in die Auen von Elster und Weida gesenkt hat. Heinrich I. »der Tapfere« (1143–1193) hat bereits von seinem Vater Erkenbert I. die Herrschaft über Weida erhalten. Er ist vielleicht der erste, der den Vogtstitel führt; auf ihn geht auch die Anlage der Neustadt Weida zurück. Bei seinem Sohn Heinrich II. »dem Reichen« (1193–1209) sehen wir erstmals das Ausmaß des vögtischen Territorialbesitzes. Heinrich besaß die Herrschaft Weida. Ihm gehörten die Herrschaften Gera und Plauen als Lehen der Grafen von Everstein, zudem die Herrschaft Greiz mit den Pflegen Reichenfels, Pausa, Reichenbach, Mylau, Werdau, Auerbach, Gefell, Hirschberg, Asch, Selb und Mühltroff als Reichslehen [1]. Vom Bischof von Naumburg trug »der Reiche« zudem Langenberg, Ronneburg und Schmölln zu Lehen. In den gut fünfzehn Jahren seiner Herrschaft hat dieser Heinrich aber nicht nur den Familienbesitz vermehrt. Heinrich, der 1193 das Stift Mildenfurth gründete, wurde Kristallisationspunkt zahlreicher Sagen und Anekdoten, die noch Jahrhunderte später zirkulierten und die Fama der Vögte prägten, als niemand mehr wissen konnte, auf welchen Heinrich sie ursprünglich zielten.

WÜNSCHENDORF

Wie geschichtsträchtig das kleine Gebiet zwischen Wünschendorf und Mildenfurth ist, lässt sich an seinen zahlreichen Namen ablesen. Viererlei ist dabei zu unterscheiden: eine (verschwundene) Burg auf dem Veitsberg, die über dem Zusammenfluss von Weida und Elster thronte; die Kirche des Heiligen Vitus auf dem Veitsberg; die »wendische« Siedlung (*slavica villa Mildenvorde*), die Wünschendorf seinen Namen gab (»Wendischendorf«); die deutsche Siedlung *Mildenvorde*, deren Name an das Prämonstratenserstift überging.

Beginnen wir auf dem Veitsberg. Es ist unstrittig, dass sich auf dem strategisch günstigen Terrain schon in frühester Zeit eine Befestigung befand. Der Prämonstratenser Arnold von Quedlinburg, der um die Mitte des 13. Jahrhunderts in Mildenfurth einen Gründungsbericht der Kirche auf dem Veitsberg schrieb, gab kein Gründungsdatum an. Als Arnolds Bericht ausgangs des 15. Jahrhunderts ins Deutsche übertragen

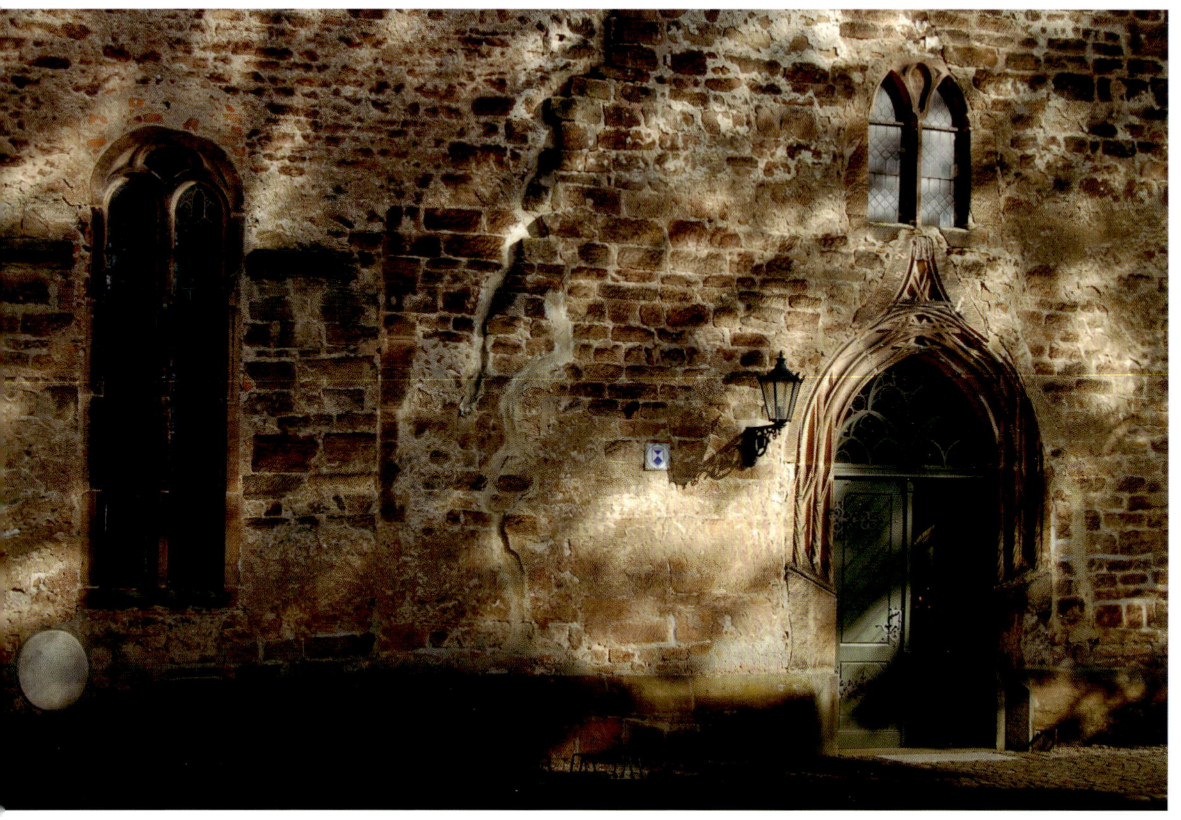

Romanische und gotische Formen im Eingangsbereich der Veitskirche in Wünschendorf

wurde, fand der Übersetzer Magister Alexius Kroßner eine Jahrezahl: 974. Oder erfand er sie? Einhellig wird das Datum als zu früh beurteilt; die Forschung plädiert für die Mitte des 11. Jahrhunderts. Archäologische Befunde legen nahe, dass Burg und Kirche in den folgenden hundert Jahren dreimal zerstört wurden. Danach haben Erkenbert I. von Weida (1120–1143) und seine Söhne keinen Wiederaufbau der Burg mehr initiiert, sondern ihre Residenz nach Weida verlegt. Auf dem Veitsberg blieb allein die Kirche zurück, die 1162 vom Bischof Gerung von Meißen (1152–1170) nach ihrer dritten Zerstörung neu geweiht

wurde [2]. Lokale Tradition will, dass Teile der Burg im Ostschluss des nördlichen Seitenschiffes vermauert wurden.

KIRCHE ST. VEIT IN WÜNSCHENDORF

Die alte Kirche auf dem Veitsberg war, wie die Lorenzkirche in Hof (→ S. 101 f.), eine Altpfarrei. Das Territorium, das sie versorgte, war beträchtlich. Im gut dokumentierten Hofer Kirchenstreit zeigt sich, dass der Inhaber einer Altpfarrei außerordentliche Einkünfte aus seinem geistlichen Bezirk bezog. Insofern ist die Verkleinerung von Altpfarreien immer auch ein Rütteln an Besitzständen. Im konkreten Fall waren das seit 1193 die Besitzstände der Prämonstratenser von Mildenfurth. Ihnen war die Veitskirche sogleich bei der Gründung des Stiftes zugesprochen worden [3]. Der Chorherr, der für die Pfarrei zuständig war, hatte sein Pfarrhaus direkt beim Stiftsgebäude, nicht auf dem Veitsberg, und auch der Kaplan schien der Einfachheit halber im Stift zu leben. Der Zusammenhang zwischen Stift und Kirche muss aber wesentlich enger gewesen sein. Seit dem 14. Jahrhundert erscheint das Veits-Patrozinium gelegentlich auch als Nebenpatrozinium Mildenfurths (St. Marien und St. Viti), ohne dass sich das im Stiftssiegel oder konsequent in den Urkunden niedergeschlagen hätte. Namentlich kennen wir nur wenige Pfarrer der Veitskirche, die sich eindeutig dem Stift zuordnen lassen [4].

Über das geistliche Leben in der Veitskirche sind wir nur sehr unzureichend unterrichtet. Eine in der Wand vermauerte Statue zeigt das Martyrium des Patrons der Kirche, des Heiligen Vitus (15. Juni), der für seinen Glauben unter Kaiser Diokletian, den er von einer Krankheit geheilt hatte, in Öl gesotten wurde (um 304/05). Veit, der Heiler, wurde ein überaus populärer Heiliger, den man in Krankheit bei Mensch und Tier anrief und der als Patron der Haustiere, insbesondere des Geflügels gilt, das man ihm gerne als Opfer brachte [5]. Der spätgotische Altar, der sich im Chorraum befindet, wird in die Phase der Erneuerung um 1475/1480 fallen. In seiner Mitte prangt die Madonna im Strahlenkranz mit dem Kind auf dem Arm, das einen Vogel füttert. Auf den geschnitzten Innenseiten der Flügel die Hei-

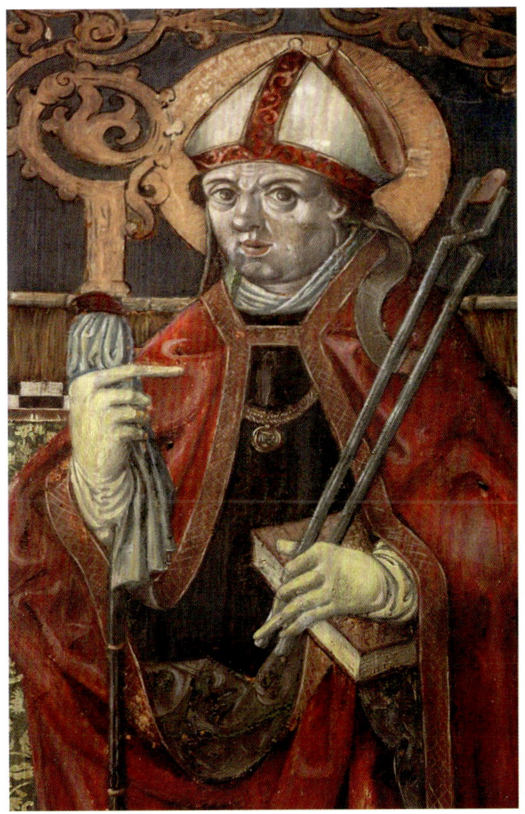

Der Heilige Livinus von Gent auf dem Altar der Veitskirche

ligen Barbara (links) und Katharina (rechts), auf den gemalten Außenseiten einerseits Vitus mit Hahn und Buch, anderseits der in Mildenfurth verehrte Livinus mit der Zange und der ihm damit ausgerissenen Zunge. In der Predella knien die Eltern Jesu andächtig vor dem Kind. Vielleicht hat sich der Künstler auf dem Heiligenschein der Katharina, auf dem LEHFELDT HANS TOPPHER FECIT las, verewigt [6]. Weitere Altäre, die die Kirche einst besaß, sind verschwunden. Zwei prominente, doch für den Betrachter ungünstig positionierte Glasfenster entstammen noch dem 12. Jahrhundert (→ S. 345 f.).

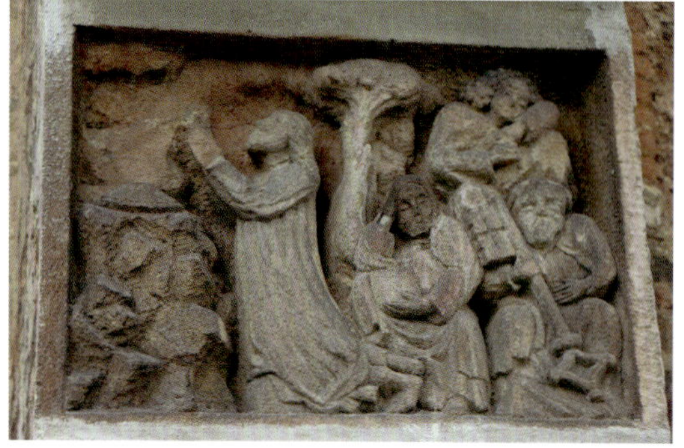

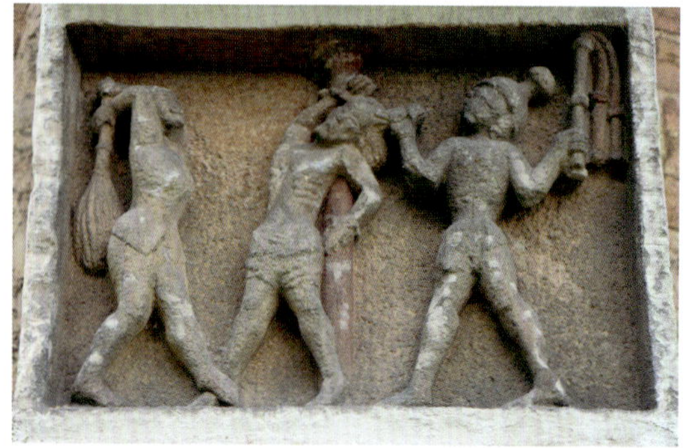

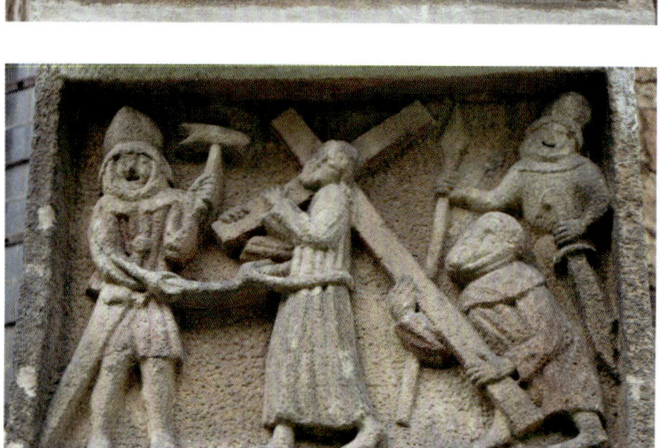

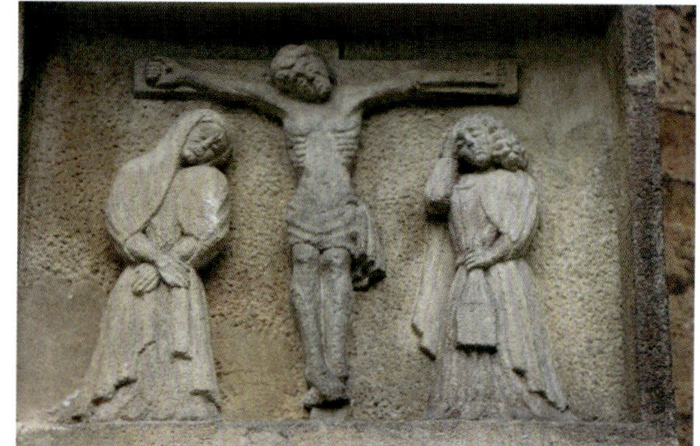

Reliefs mit Szenen der Passionsgeschichte an der Veitskirche in Wünschendorf

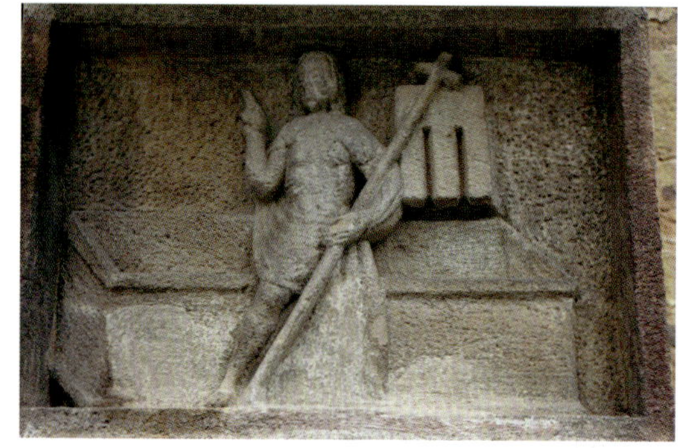

Gelegentlich ist zu lesen, St. Veit sei eine »Wallfahrtskirche« gewesen. Diese Ansicht verbreitete zuerst ein Historiograph der Reformationszeit, der Pirnaer Dominikaner Johannes Lindner (1530). Richtig ist, dass Mildenfurth seit seiner Reform in der Mitte des 15. Jahrhunderts alles Erdenkliche tat, um spirituell wieder eine Rolle zu spielen. Hierzu gehört auch, dass die Brüder offensiv den Kult des flämischen Heiligen Livinus forcierten, für dessen Verehrung sie nicht nur die Außenseite des Altars in St. Veit nutzten, sondern auch einen Altar in der Widenkirche besaßen [7]. An den Außenwänden der Veitskirche nun finden sich Reliefs mit Szenen aus der Passionsgeschichte, die anlässlich der Erweiterungsbauten der Kirche um bzw. nach 1475 angebracht wurden. Der Rundgang um die Kirche (im Uhrzeigersinn) wäre für den Gläubigen demnach mit dem Nachvollzug der Stationen der ›Via dolorosa‹ verbunden gewesen. Wir kennen solche Passionszyklen aus klösterlichen Kreuzgängen. Es ist anzunehmen, dass der Kreuzweg an der Veitskirche im Rahmen von Prozessionen abgeschritten wurde. Eine solche könnte für den Chronisten durchaus als »Wallfahrt« gegolten haben.

Anmerkungen
[1] Vgl. GEHRLEIN, S. 10.
[2] WIESSNER, S. 1006.
[3] DIEZEL, S. 154.
[4] Vgl. DIEZEL, S. 155.
[5] Vgl. LCI VIII, Sp. 579. Der Hahn, der auf der Außenseite des Altars als Veits Attribut zu erkennen ist, ist mit dem Veitskult in Verbindung zu bringen, nicht aber mit älteren Ansichten von der Übernahme einer Kultstätte des slawischen Sonnengottes Swjatowit, dem der Hahn geheiligt worden sei. Dass Sankt Veit als »Swenti Vid« die geistliche Nachfolge des klanglich verwandten Sonnengottes auf dem Veitsberg antrat, ist abwegig. Ähnliche Missdeutungen finden sich in Thossen (→ S. 135–138).
[6] Vgl. LEHFELDT, Neustadt, S. 348.
[7] Zum Mildenfurther bzw. Wünschendorfer Livinus-Kult vgl. AK Jena 2019, S. 18–22; FASBENDER, Das Buch; FASBENDER, Der Heilige Livinus.

Dominikanerinnenkloster Cronschwitz (→ S. 265 f.)

STIFT UND SCHLOSS MILDENFURTH

Verlässt man den Veitsberg und biegt am Fuße des Kirchberges links ab, sieht man bereits nach wenigen Metern Straße linker Hand das auf den Grundmauern der alten Stiftskirche errichtete Gebäude des Schlosses Mildenfurth. Einen regelrechten Eingang in das umzäunte Areal gibt es nicht. Man geht den Weg parallel zum Gebäude, lässt das umgenutzte Refektorium rechter Hand liegen, bis man auf die Pforte zur Privatwohnung des Künstlers Volkmar Kühn stößt. Der renommierte Skulpteur, der hier seit 1968 lebt, ist der schlüsselgewaltige Türhüter Mildenfurths. Er

hat das Gelände in einer Zeit, als es dem Verfall preisgegeben war, mit seinen Skulpturen zu neuem Leben erweckt. Einige der Skulpturen, etwa die drei geistlichen Herren mit ihren Mitren, die gegenüber dem alten Westportal sitzen, lassen sich den Gegebenheiten etwas unmittelbarer zuordnen (→ S. 351 f.).

Das Areal ist zweigeteilt. Von der alten kreuzförmigen Pfeilerbasilika, die hier nach 1193 errichtet wurde, ist, durch eine Lücke vom Schlossgebäude abgesetzt, vor allem das romanische Westportal im bröckelnden Mauerverbund erhalten. Doch bewahrt das Schloss mehr, als der erste Blick erahnen lässt: Querhaus, Hauptchor und Langhaus sind in das nach 1544 von Matthes von Wallenrod errichtete Renaissanceschloss eingegangen. Alte Pfeiler und Kapitelle in den Außenwänden machen die ›Überschreibung‹ der Kirche auf den zweiten Blick sichtbar. Die Orientierung der Bauherren am Naumburger Dom ist nur noch hinsichtlich der Größe des Kirchenbaus erahnbar [1].

Mildenfurth war, als Heinrich II. »der Reiche« von Weida (1193–1209) es ins Leben rief, ein gewaltiges Projekt. Dazu gehörte, der Größe angemessen, eine fabelhafte Gründungslegende. Arnold, Kaplan der Äbtissin Gertraud von Quedlinburg (1232–1270) und selbst Prämonstratenser, hat die Legende aufgeschrieben. Dafür hat er die Archivbestände genutzt. Den größten Teil der Legende nimmt ein Traum ein, den Vogt Heinrich von Weida während eines angeblichen Reichstages zu Magdeburg hatte. Als Kind hatte er ohne Absicht den Tod seines jüngeren Bruders verschuldet. Jäh befielen ihn Angst und Reue. Da erschienen ihm Maria und der Heilige Norbert von Xanten, der Stifter des Prämonstraten-

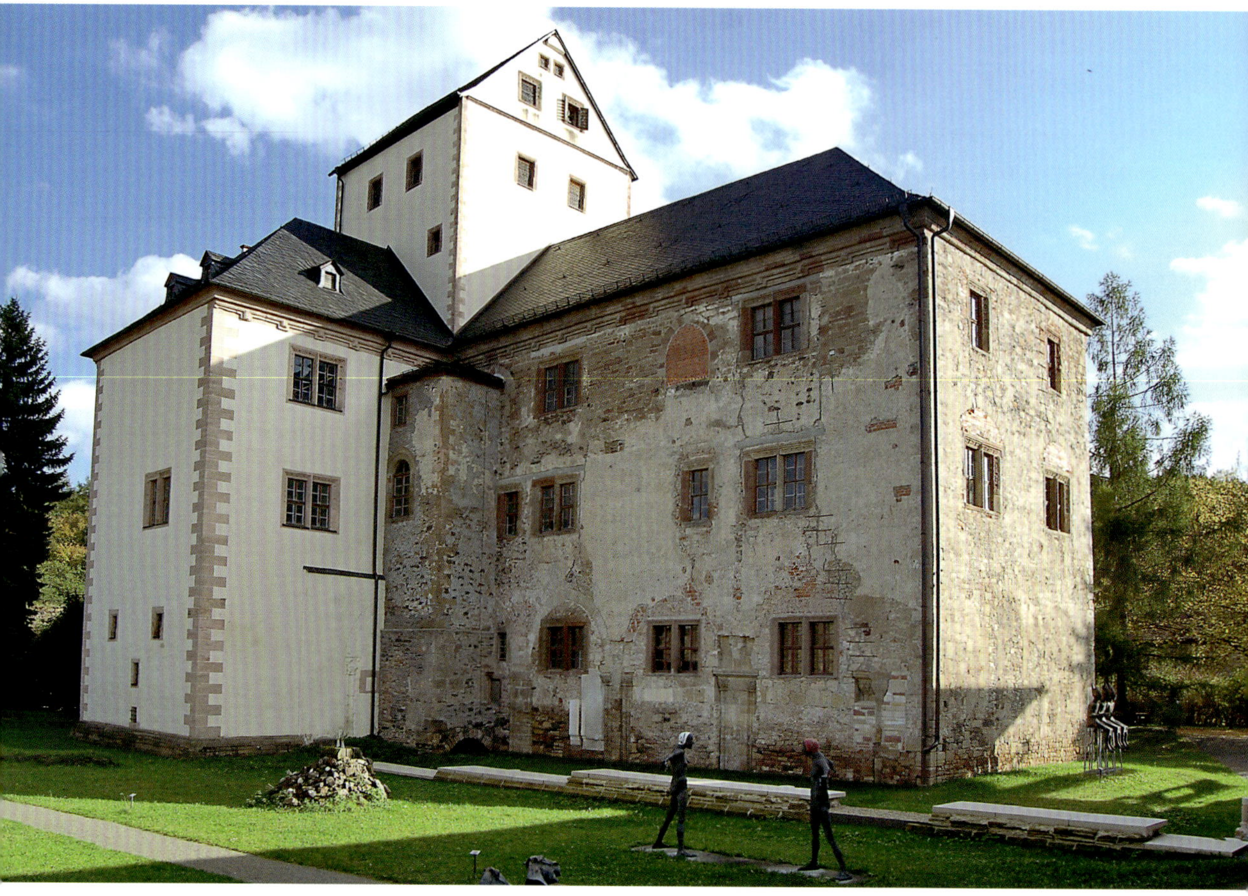

Das Mildenfurther Schloss lässt den Grundriss der alten Klosterkirche noch erkennen

serordens, und forderten ihn auf, zur Sühne ein Prämonstratenserstift zu gründen. So stiftete er 1193 Mildenfurth. [2] Die Legende ist zweifellos ein frommer Text, »mit allem möglichen Lichteffekt und Himmelsmusik ausgestattet«, doch fügen sich die Eckpunkte, wie schon Diezel betonte, weitgehend zur urkundlichen Überlieferung [3]. Demnach stifteten Heinrich II. und seine Frau das Stift, das mit Brüdern aus dem von Norbert selbst gegründeten Mutterstift Magde-

burg besetzt wurde, aus dem man auch die Gottesmutter als Schutzheilige übernahm und unter dessen Aufsicht Mildenfurth über Jahrhunderte blieb. Mit der Entscheidung für die Prämonstratenser, die nach der Augustinerregel lebten, war eine Entscheidung für die Verbesserung der gottesdienstlichen Versorgung im Territorium der Vögte verbunden. Dazu gehört die Inkorporation der Altpfarrei auf dem Veitsberg, die eine beträchtliche Ausstrahlung besaß. Urkunden aus

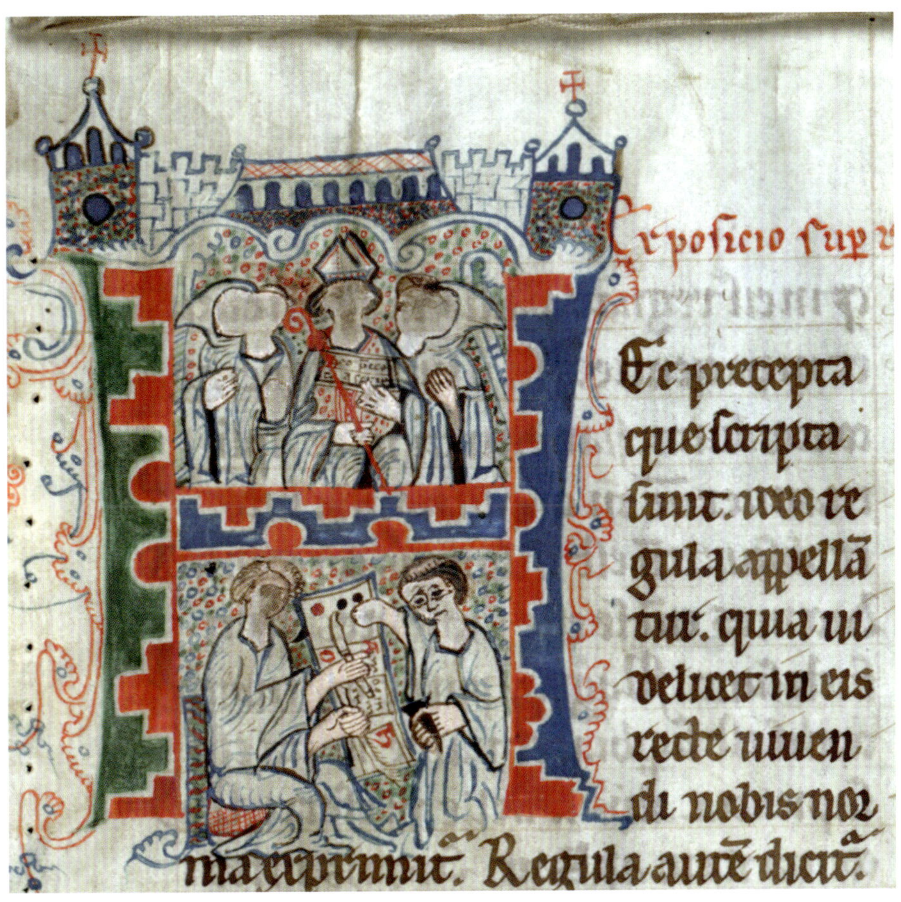

In der bewohnten Initiale einer Mildenfurther Handschrift (ThULB Jena, Ms. El. f. 23, f. 98r) schreiben zwei Brüder den Kommentar zur Augustinerregel

den Jahren 1209 und 1230 zeigen das Ausmaß des Besitzstandes [4]. In diesen Jahren, zwischen 1225 und 1250, scheinen die Chorherren mit dem Bau der Kirche begonnen zu haben. Die Steine lieferte ein Sandsteinbruch in Großfalka. »Der Grundcharakter des Baues ist noch romanisch, indessen sind schon viele frühgotische Formen eingedrungen, die sich mit den spätromanischen mischen.« [5] Etwa gleichzeitig entstanden die ältesten Teile des Naumburger Domes. Der gern

bemühte Vergleich lag also nahe. Allein: wer heute vor dem Mildenfurther Sakaralbau steht, geht durch das alte Westportal auf ein marodes Schloss des 16. Jahrhunderts zu. Den Vorraum, in den man trat, muss man sich ebenso ergänzen wie die beiden Türme an dessen Seiten.

Man geht nun ostwärts auf die drei Skulpturen zu, die vor der Wand des Schlösschens sitzend warten, und befindet sich im ehemaligen Hauptschiff, das die Breite des Vorraums aufwies, erreicht schließlich im Geiste die Vierung, das Chorrechteck und die halbkreisförmige Apsis. An deren Ende angelangt, hat man eine Strecke von 73 Metern hinter sich gelegt. Im Grundriss war die Kirche eine dreischiffige Basilika in Kreuzform. Unter dem Chor dürfte sich eine Krypta befunden haben. Sie war von den Vögten von Weida als Grablege ausersehen. Wir wissen das, weil sich ein Nekrolog erhalten hat, der die Jahre 1193–1280 abdeckt. Demnach lagen in der *ecclesia sancte Marie Mildenvordensis* nicht nur Heinrich II. »der Reiche« (1193–1209) und seine Frau Berchta, angeblich eine *comitissa de Tyrol*, sondern auch Heinrich V. »der Jüngere« *cognominatus de Groez* (1209–1240) und Isengard von Waldenburg, Heinrich VI. »der Pfeffersack« (1238–1254) und Heilika von Hardegg, Heinrich VII. »der Rote« (1254–1260) und Irmgard von Dewin sowie Heinrich VIII. »von Orlamünde« (1254–1279) [6]. Ob diese Tradition fortgesetzt wurde, ist nicht mehr zu ermitteln.

Das Schloss, Mitte des 16. Jahrhunderts auf den alten Grundriss gesetzt, gibt über eingemauerte Säulen und Kapitelle noch Auskunft über die Bauarchitektur. Über Inneneinrichtung, Altäre, Wandmalerei usw., wissen wir dagegen nicht mehr viel. Vermauerte Reste alter Wandmalerei haben sich in verschiedenen Fensterlaibungen gefunden (Südseite des Hauptchorjochs, östliches Joch der südlichen Obergadenzone). Eine Darstellung Christi als Herrscher aus der Zeit um 1450 findet sich im nördlichen Nebenchor am nördlichen Querhausarm. Dies alles ist für Besucher weitgehend unzugänglich, doch liegt immerhin neueres Bildmaterial vor [7]. Was die Kirche an Gewändern und Altargerät besaß, wurde nach 1529 dem Kurfürsten ausgeliefert.

Was sich verwerten ließ, wurde eingeschmolzen oder verkauft.

Die Kellergewölbe, in denen der Künstler Volkmar Kühn seine Plastiken gruppiert hat, dürften zum Schlossbau gehören. Den Rundturm, der Zugang zu den nur teilweise begehbaren Etagen öffnet, ziert ein stark verwittertes Portal. An den Seiten des Bogens kann man noch zwei weibliche Figuren erkennen: Judith, die den Feldhauptmann Holofernes enthauptete, und Lucretia, die das Messer gegen sich selbst wendete (→ S. 349 f.).

Anmerkungen
[1] Vgl. Diezel, S. 193.
[2] Backmund, Sp. 484. Zur Gründungserzählung vgl. AK Jena 2019, S. 12–15.
[3] Schmidt, Arnold, S. 442.
[4] Vgl. UB Vögte I, Nr. 38; UB Vögte I, Nr. 57.
[5] Diezel, S. 194.
[6] Der Nekrolog ist abgedruckt im UB Vögte I, Nr. 33.
[7] Vgl. Eichhorn, S. 38 f.

WEIDA

In Weida greifen wir in einer Urkunde von 1122 erstmals Erkenbert I. *de Withaa* (1120–1143), einen Ministerialen, dessen Familie ihren Stammsitz wohl im Unstrutgebiet (bei Mühlhausen) hatte. Offenkundig haben die Ministerialen von Weida ihren Namen ins Elstergebiet mitgenommen. Die Siedlung und der Nebenfluss der Elster wären dann nach den Gründern benannt worden. Die Anlage der Neustadt wird in die Jahrzehnte zwischen 1163 und 1193 gesetzt. Die Altstadt reicht wohl bis in die fünfziger Jahre zurück. In keiner anderen Stadt des Vogtlandes erinnern vergleichbar viele bauliche Relikte an die Frühzeit der Vögte. Es führt gleichsam eine ›Straße der Romanik‹ mitten durch das Städtchen.

RUINE DER WIDENKIRCHE

Das auf einer Anhöhe gelegene Gotteshaus, dessen Ruine seit dem 16. Jahrhundert als Widenkirche bekannt ist, ist die älteste, in der Weidaer Altstadt gelegene Pfarrkirche. Vielleicht geht auch sie bis in die Mitte des 12. Jahrhunderts zurück. Zunächst dem Sprengel der Veitskirche (→ S. 56 f.) zugehörig, dürfte sie anlässlich der Stadtgründung vom Stadtherren ausgepfarrt worden sein. Die Kirche trug das Patrozinium der Gottesmutter, war also von Anfang an eine Marienkirche. Die Benennung ›Widenkirche‹ hat, auch wenn es nahe zu liegen scheint, nichts mit Weida oder Weiden zu tun. Sie geht vielmehr auf das lateinische *dos*, ›Widmung‹ zurück, und meint die Bewidmung oder Ausstattung. Die sich hinter der Widenkirche erstreckende ›Widenvorstadt‹ war der der Pfarrei unterstellte Bezirk. Der mit der Zeit intransparente Begriff ging dann vom Gewidmeten auf den Bewidmeten, die Kirche, über [1]. Aber die alten Urkunden halten die Ausgangslage fest. 1267, als es längst eine Neustadt mit eigener Kirche gibt, erhält deren Katharinenaltar unter anderem Güter *in antiqua civitate in dote* – in der Widenvorstadt also [2]. Die Schreibung mit »ie« ist falsch.

1230 bestätigte Papst Gregor IX. Mildenfurth den Besitz der Pfarrei *in Wyda sancte Marie cum omnibus pertineciis suis*. Die Kirche war also mitsamt dem Patronatsrecht zuvor an das Stift gegangen. Man nimmt an, dass dies nach 1209 der Fall war. Eine Urkunde von 1320 hält fest, dass der Propst das Besetzungsrecht der Pfarrstelle besitze. Diese Pfarrstelle war ausgesprochen gut dotiert. Aus den Verzeichnissen ihrer Abgaben geht hervor, was die Pfarre hervorbrachte. Die

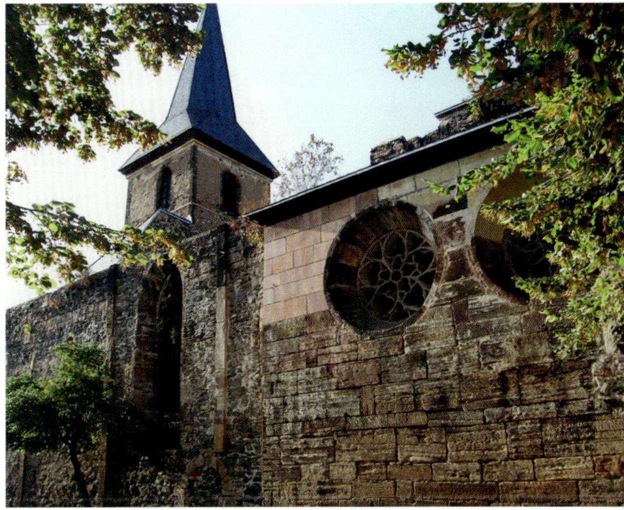

Die Ruine der Widenkirche

Kirche besaß ein Sondervermögen, das von sogenannten Altarleuten verwaltet wurde: Weidaer Bürgern, die vom Rat ernannt wurden und ihm jährlich Rechnung legen mussten [3].

Es lag im Wesen der Sache, dass Unzufriedenheit mit den Diensten des Pfarrers die Frage nach einem Recht der Stadt bei der Besetzung der Pfarrstelle aufkommen ließ. Als der Pfarrer Johannes Franz vor 1493 den versammelten Frauen und Töchtern der Stadt in der Predigt *etzliche sintliche und unczymliche wordt* hatte angedeihen lassen, war er nicht mehr zu halten. Franz, der nicht klein beigeben wollte, prozessierte, zog aber schließlich doch ab (1497). Als sein Nachfolger um 1502 nach Gera wechselte, annoncierte er Franz eine mögliche Rückkehr nach Weida. Franz siedelte also aus Freiberg zurück, um von Propst Konrad Berger von Mildenfurth (1495 – 1534) wieder in sein Amt eingeführt zu werden. Die Bürgerschaft indes hatte nichts vergessen und wandte sich an den Kurfürsten, der Franz trotz

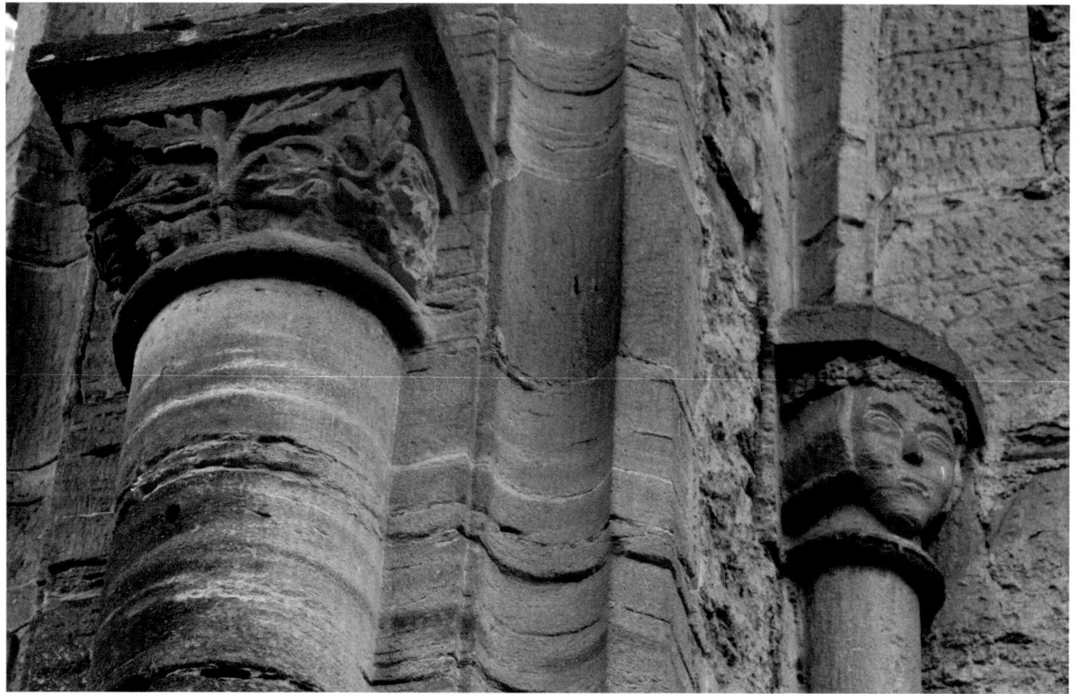

Im Inneren der Widenkirche haben sich wenige Kapitelle erhalten

der Intervention des Propstes und der Androhung von Klagen seines Amtes enthob. Der um seine Pfründe oder zumindest eine Entschädigung geprellte Pfarrer zog tatsächlich erneut vor Gericht [4].

In der Kirche bestanden ausgangs des Mittelalters vier Stiftungen, darunter zwei Jahrgedächtnisse. Das ist nicht sonderlich viel. Hinzu traten vier Messpfründen. Für jede Stiftung gab es Pfründner zur Ausführung des Stiftungsgrundes: der Jahresgedächtnisse, der Seelsorge und der Messen an besonderen Altären. Vier Nebenaltäre besaß die Widenkirche, die dem Heiligen Livinus, dem Heiligen Kreuz, den Aposteln insgemein und der Heiligen Anna, der Mutter Marien, gewidmet waren [5].

Die Reformatoren statuierten mit der Widenkirche 1526 ein regelrechtes Exempel. Sie erklärten sie für geschlossen und erhoben die zum Franziskanerkloster gehörige Kirche zur neuen Stadtkirche. Der Mildenfurther Propst wurde bei den Verhandlungen nicht zugezogen. Dem letzten Pfarrer attestierten die Visitatoren, daß er *dem wortte gottes alleczeit entkegen* gewesen sei [6]. Die Kirche, die bereits 1504 durch ein Feuer geschädigt worden war, verfiel. 1554 konnte kein Gottesdienst mehr in ihr gehalten werden. 1633 brannte sie erneut, 1789 litt sie durch ein Erdbeben. 1811 wurde der baufällige Zwillingsturm abgetragen.

Der gegenwärtige Zustand der Widenkirche, von deren Schiff nur noch die Umfassungsmau

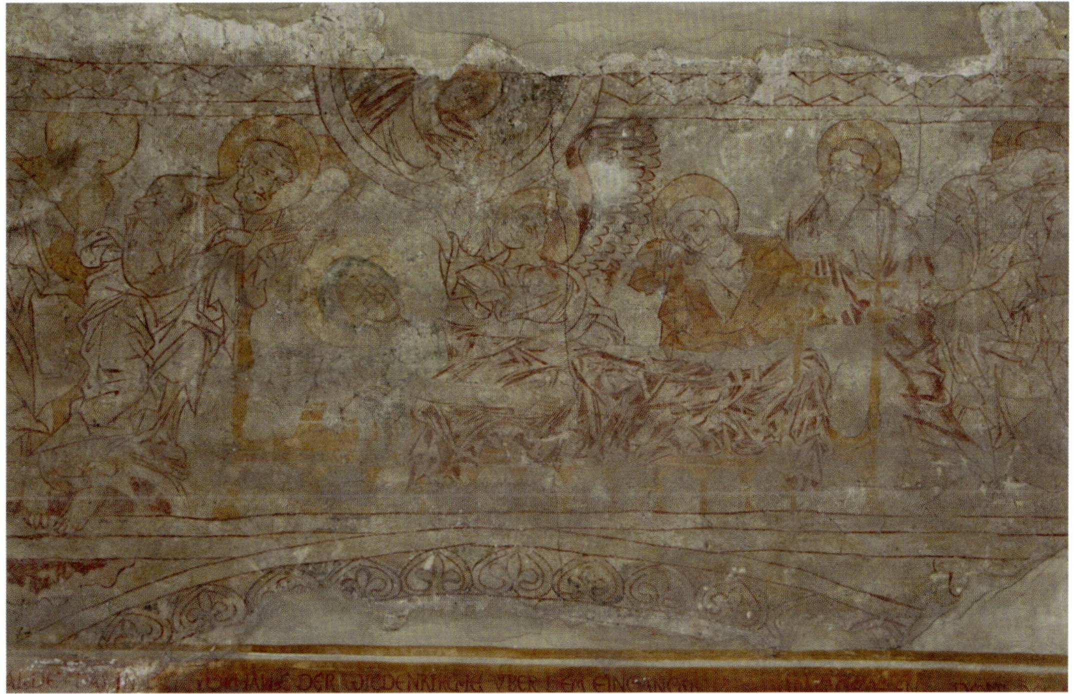

Der 1934 aus der Widenkirche nach St. Marien versetzte Marientod

ern erhalten sind, konserviert eigentlich nur die über Jahrhunderte sich ziehende Erosion. Die gotischen Fenster des efeuüberwucherten Chores weisen Reste von Maßwerk auf. Reste figürlicher Kapitelle trotzen Wind und Regen. 1934 konnte immerhin das letzte noch erhaltene Fresko eines Marienzyklus›, sinniger Weise ein Marientod, in die Stadtkirche versetzt werden (→ S. 352 f.).

Anmerkungen
[1] Vgl. Diezel, S. 169.
[2] UB Vögte I, Nr. 144.
[3] Vgl. Diezel, S. 171; Michel, S. 235.
[4] Die Vorgänge ausführlich bei Diezel, S. 172 f.; Michel, S. 242.
[5] Vgl. Diezel, S. 173. Der Annenaltar wurde um 1500 von Jobst von Lohma gestiftet; vgl. Michel, S. 235, 244.
[6] Diezel, S. 177.

HAUPTKIRCHE ST. MARIEN (EHEM. FRANZISKANERKIRCHE)

Auf der Achse, die sich zwischen der Ruine der Widenkirche und der Ruine des Dominikanerinnenklosters erstreckt, befindet sich die 1527/28 zur Stadtkirche erhobene Kirche St. Marien. Dass sie keinen richtigen Kirchturm, sondern nur einen Dachreiter aufweist, enttarnt sie als ehemalige Bettelordenskirche. Sie hat sich vielleicht aus einer älteren Kapelle entwickelt.

Seit wann die Kirche unter dem Schutz der Gottesmutter steht, ist unklar. Zwei Marienkirchen in direkter Nachbarschaft sind äußerst ungewöhnlich. Man hat angenommen, die Kapelle der ersten Franziskaner sei eine bescheidene

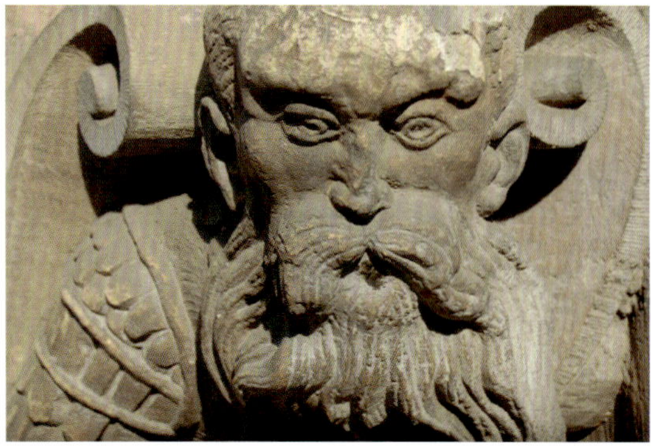
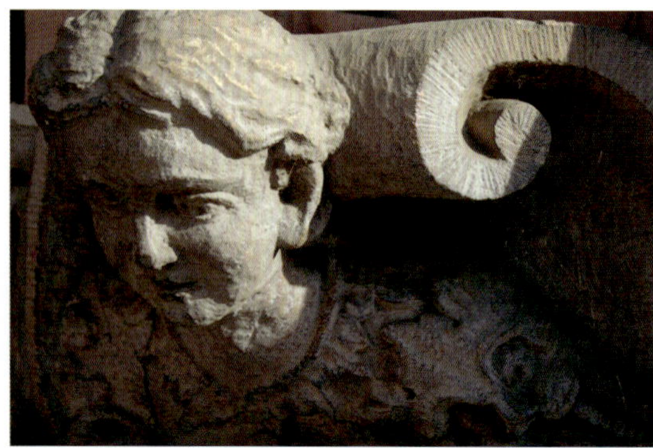

Zwei Gaffköpfe an einem Bürgerhaus

Marienkapelle gewesen. Mit Recht gibt die Forschung allerdings zu bedenken, dass das Patrozinium der Kapelle nicht ohne weiteres auf die Kirche zu übertragen sei [1]. Sieht man die einschlägige Urkunde von 1350 etwas näher an, gerät aber sogar das Marien-Patrozinium der Kapelle ins Wanken. Der Franziskaner-Guardian Heinrich von Weida (1350–1355), ein Vetter Heinrichs XI. »des Älteren« von Weida (1293–1363), urkundet über die Einrichtung einer Seelmesse für seine *liben mumen*, Salome Reuß, die zweite Gemahlin (1335) Heinrichs II. Reuß von Plauen zu Greiz (1306–1350). Der Franziskaner verspricht darin, *alle sunabende eyne messe zu singende in der selben capellen von unser liben vrowen ane an grozen heyligen tagen* [2]. Die Formulierung kann sich auf eine Marien-Kapelle, kann sich auf die *liben vrowen* Salome, kann sich aber auch auf eine Marien-Messe (*von unser liben vrowen*) beziehen. Das ›doppelte‹ Marien-Patrozinium bleibt ein ungelöstes Problem.

Durch die kleine Eingangstür, über der später eine steinerne Marienstatue eingemauert wurde, schlüpft eher ein Bettelmönch, als dass sich der Strom der Gemeinde ergösse. Der Einbau von Emporen in das schmale und längliche Kirchenschiff zielte ohnedies nicht auf einen ästhetischen Gesamteindruck. Man findet sich nicht gleich zurecht in dem Gebäude, dessen Eingangsbereich Vertäfelungen und Vorhänge verundeutlichen und verdunkeln [3].

Der Dreißigjährige Krieg hat das Gebäude früh kauterisiert. Die Inneneinrichtung stammt aus der Zeit nach 1644. Das ›beste Stück‹ lohnt indes einen Besuch: der 1934 aus der Widenkirche übertragene Marientod, das letzte erhaltene Element eines Fresken-Zyklus zum Marienleben (→ S. 352 f.).

Anmerkungen
[1] Vgl. SCHMIES, S. 257.
[2] UB Vögte I, Nr. 921.
[3] Zur Baugeschichte der Klosterkirche vgl. erschöpfend FRANCKE, Schicksale, S. 17 ff.

GAFFKÖPFE AN EINEM RENAISSANCEPORTAL

Im Vorbeigehen lohnt sich ein Blick auf das alte Portal eines Bürgerhauses, aus dem uns ein gebarteter, energischer Mann grimmig entgegen blickt, während sich eine engelsgleiche Frau gleichsam dem Blickkontakt entzieht. Szenen einer Ehe? »Gaffköpfe« nennt man solch figürlichen Fassadenschmuck. In der Antike, wo sie an Stadttoren prangten, hatten sie gewiss apotropäische, das Böse abweisende Funktion. In der Renaissance kamen Gaffköpfe wieder in Mode und wurden gerne in Erkern, bevorzugt aber in Portalen zum Einsatz gebracht. Hier fungieren sie als Marker des Übergangs, des Liminalen. Oft zeigen sie Zähne, rollen die Augen oder strecken die Zunge heraus. Manche schrecken oder verhöhnen den Betrachter. Bei anderen ist man sich sicher, dass sie den Bauherren oder den Baumeister darstellen. In Freiberg blickt der wahrhaftig geköpfte Kunz von Kauffungen vom Rathauserker. Kurzum: dem lehrhaft-schalkhaften Spiel mit Gaffköpfen waren keine Grenzen gesetzt.

RUINE DER NEUSTADTKIRCHE ST. PETER

Die Weidaer Neustadt dürfte im dritten Viertel des 12. Jahrhundert angelegt worden sein. Sie scheint das Werk Heinrichs I. »des Tapferen«, des ersten ›echten‹ Vogts von Weida (1143–1193), gewesen zu sein. Es ist wahrscheinlich, dass die Neustadt von Anfang an über ein geistliches Zentrum verfügte. Das dürfte die dem Apostel Petrus geweihte Saalkirche gewesen sein [1]. Sie tritt indes erst wesentlich später urkundlich in Erscheinung. Ab 1262 urkundet in treuer Regelmäßigkeit bis 1286 der Neustadtpfarrer Siboto für seinen Stadtherren. 1287 bewidmet der Vogt von Weida die Kapelle der Heiligen Katharina an St. Peter [2]. Ab 1293 bis 1298 heißt der Pleban

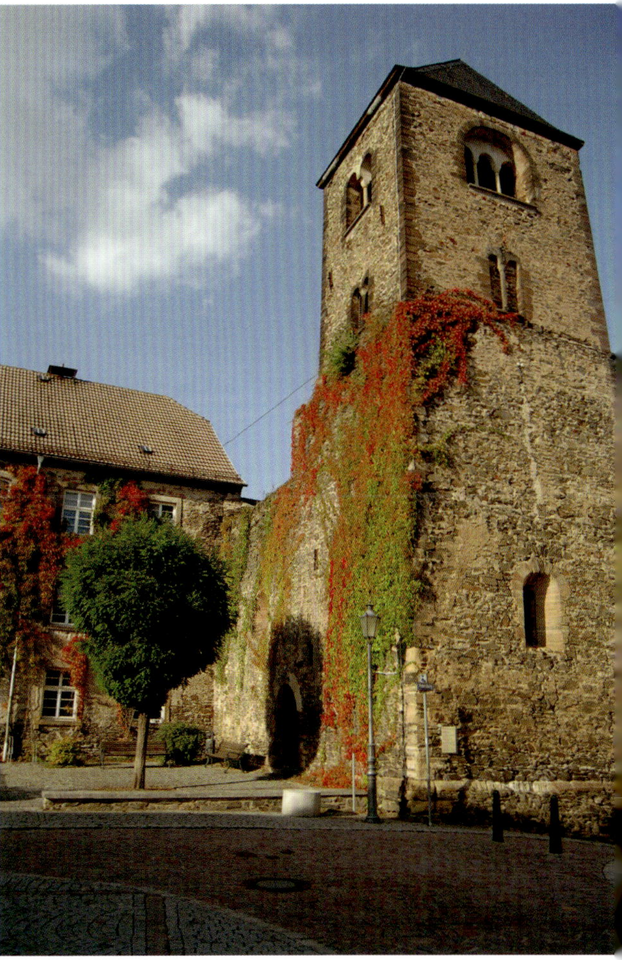

Der Turm der abgerissenen Neustadtkirche St. Peter

Berthold. Mit der Inkorporierung der Kirche in das neue Kloster der Dominikanerinnen 1296 ändert sich die Ausgangslage: die Neustädter Kirche hat fortan dominikanische *fratres*, die auch die Nonnen versorgen können, als Pfarrgeistliche [3]. Messen wurde an einem Hauptaltar und vier Nebenaltären der Heiligen Maria, Aller Heiligen (1373), des Heiligen Leichnams (1449) und des Heiligen Kreuzes zelebriert [4].

Mit der reformatorischen »Bereinigung« der Weidaer Kirchenlandschaft wurde auf den Grundmauern des Kirchenschiffs eine Schule errichtet. Seit der Zerstörung im Dreißigjährigen Krieg verfällt die Ruine. Der zweite Kirchturm wurde 1829 abgetragen, das Kirchenschiff in ein Wohnhaus umgewandelt. Die noch teilweise erhaltene Krypta ist unzugänglich, der Eingang verrammelt. Der Zustand der einst bedeutenden Kirche, deren von Efeu überzogener romanischer Turm bei Sonnenschein über vieles hinwegtäuscht, bestürzt.

Anmerkungen
[1] Vgl. Diezel, S. 168.
[2] Vgl. UB Vögte I, Nr. 224.
[3] Vgl. Michel, S. 235 f.
[4] Vgl. Michel, S. 236.

Ruine des Dominikanerinnenklosters (→ S. 267)

OSTERBURG (WEIDA)

Über der Stadt erhebt sich in strategisch günstiger Lage das »feste Haus zu Weida«, die erst seit dem 17. Jahrhundert so genannte Osterburg. Ihre Anlage geht auf Heinrich I. »den Tapferen« (1163–1193) zurück. Sie zählt neben der verschwundenen Burg in Wünschendorf zu den ältesten Anlagen auf vögtischem Terrain.

Urkundlich erscheint das *castrum* der Vögte nur sporadisch. 1287 ist einmal vom *castrum* die Rede, 1351 fertigen die Weidaer mal eine Urkunde *in castro Wyda* aus [1]. Man darf annehmen, dass sich die Kanzlei im *castrum* befand, wobei der Begriff ›Kanzlei‹ vielleicht zu hohe Erwartungen weckt. Es schreiben sich nur wenige erhaltene Urkunden (15) aus der Weidaer Kanzlei

her, die sich auf wenige Jahre verteilen (1336–1362). Die Schreiber lösen einander zudem ab: der erste arbeitete von 1336–1343 (3 Urkunden), der zweite 1345–1357 (11), der dritte ist nur in einer Urkunde von 1362 nachweisbar [2]. Unter ›Kanzlei‹ ist mithin eine kleine Personengruppe zu verstehen, die auch in anderen Funktionen bei Hof wirksam war. Unter Heinrich XI. »dem Älteren« (1302–1363) war Heinrich von Reitenbach, Pfründner an der Katharinenkapelle bei St. Peter, dessen Kaplan (1337–1362) und wahrscheinlich Protonotar. »Sämtliche Weidaer Schreiber, die ihre Urkunden trotz der Oberaufsicht des Heinrich von Reitenbach selbst verfaßten, waren Geistliche und gehörten dem Rat der Vögte an.« [3]. Der Kanzlist Nikolaus (1346–1358) war zugleich Schulmeister. Er erscheint 1346 in einer Urkunde als *Nicolaus unsz schriber* neben *Heinrich unser capelan und schryber* [4].

Wer die Auffahrt hinaufgeht, bemerkt an der Wand des alten Palas' eine moderne Installation. Nach entsprechenden Befunden wurden die Arkaden des mehrstöckigen romanischen Saalbaus hervorgehoben, die wohl noch ins dritte Viertel des 12. Jahrhunderts datieren. Innerhalb der fünf angedeuteten Überfangbögen befanden sich drei Arkaden mit je vier Fensterbögen. Sie machen bewusst, dass die Fassade der Burg einmal wesentlich offener und leichter erschien als die nach 1536 über sie gelegte des Renaissanceschlosses.

Der monumentale Bergfried, der sich in seinem gesamten Habitus vom Renaissanceschloss abgrenzt, ist »gebaute Herrschaftssymbolik« [5]. Er ist alt, aber seinerseits nicht aus einem Guss. Der achteckige, spitze Steinhelm datiert ins 14. Jahrhundert, während der Unterbau wohl

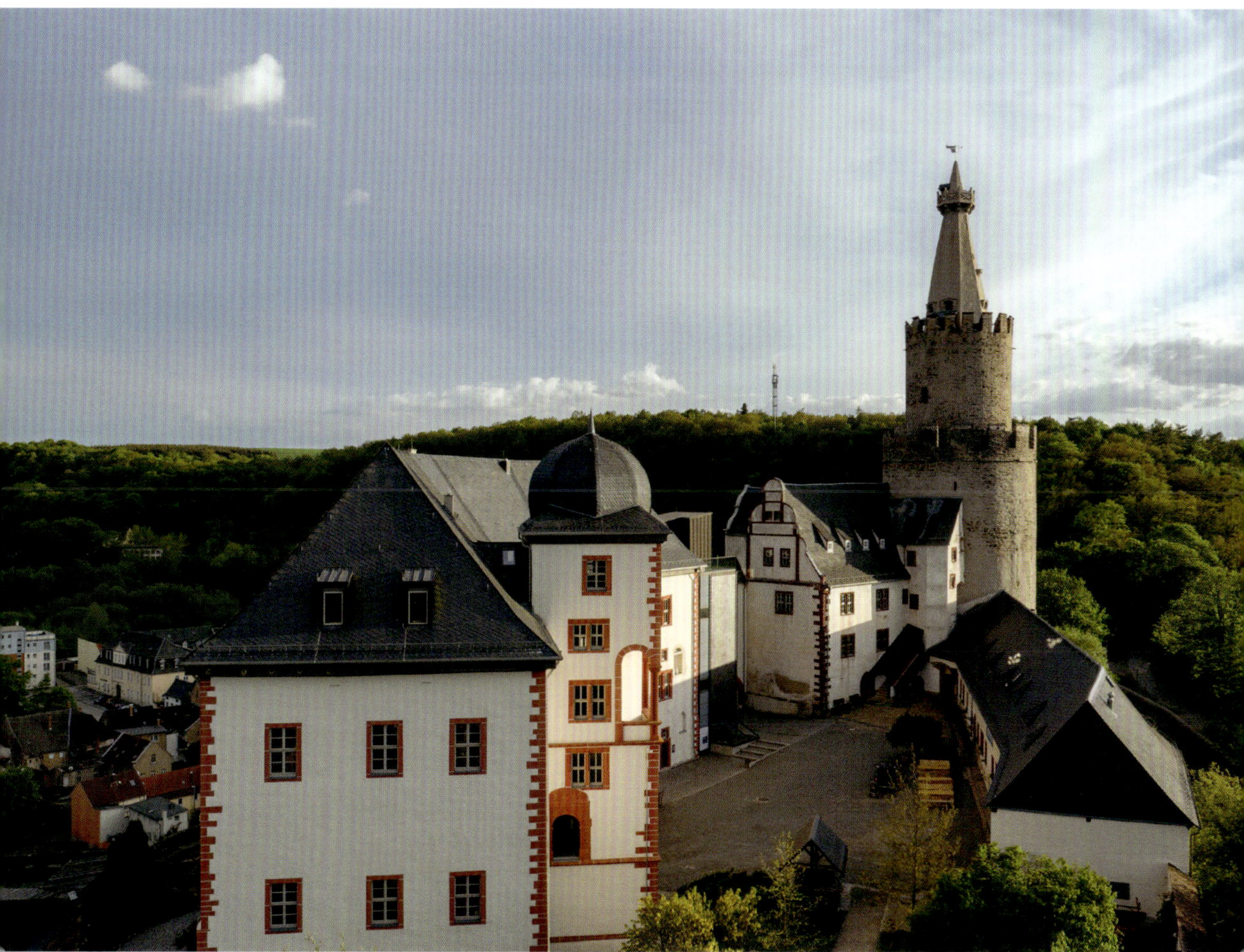

Blick in den Innenhof der Osterburg

noch ins 12. Jahrhundert zurückreicht. Eine Besteigung des Turms lässt die Stationen des Weidaer Rundgangs im Nachhinein gut nachvollziehen. Er gewährt zudem wirklich gute Sicht über ganz Weida. Das Museum im Flügel, das für die Geschichte der Vögte nichts zu bieten hat, darf man rechts liegen lassen. Auch im Turmgebäude finden sich Ausstellungsräume, in denen einige Werke der regionalen Sakaralkunst in Vitrinen gezwängt wurden. Man könnte aber nicht nur den Drachen, den der Ritter Georg fest unter sich hat, ohne Gefahr freilassen.

Anmerkungen
[1] Belege: UB Vögte I, Nr. 224; UB Vögte I, Nr. 924.
[2] Vgl. GLEISSNER, S. 10.
[3] GLEISSNER, S. 13.
[4] UB Vögte I, Nr. 881.
[5] BÜNZ, Vogtland, S. 28.

ENTLANG DER WESTGRENZE

Das Gebiet, das sich südwestlich Weidas erstreckt und bis nach Schleiz hinunterreicht, markiert, im Einklang mit der modernen Straßenführung, die Westgrenze des vögtischen Territoriums. In diesem Saum sind neben den Vögten bereits andere Herren präsent: die Lobdeburger etwa oder die Herren von Arnshaugk. Mit jedem Schritt nach Süden stößt man indes tiefer ins Territorium der Vögte und Herren von Gera vor. Deren Residenzen befanden sich in Burgk, Lobenstein und Schleiz, das 1482 zur Residenzstadt ausgebaut wurde.

BURGRUINE REICHENFELS (HOHENLEUBEN)

Wer von Weida kommt, ist Ruinen gewöhnt und kann bei schönem Wetter durch die Mauerreste von Reichenfels streifen. Die Spornburg dürfte bereits im 12. Jahrhundert von den Weidaern erbaut worden sein, 1356 sehen wir sie im Besitz der Vögte von Gera. Im Mai 1370 verkaufen die Geraer *daz hus Richenfels* den Brüdern von Tannrode auf Wiederkauf. 1382 erhält Heinrich VII. von Gera (1377–1420) vom Markgrafen die Erlaubnis, das *castrum Richenfelsz* zu verpfänden, was sich kurz darauf wiederholt. 1384

dann verpfändet es der Geraer an Heinrich Reuß von Plauen. Bei der Erbteilung der Geraer 1425 fiel *Reichenfels das slosz* bzw. *die borg Richenvels* an Heinrich VIII. »den Älteren«, der freilich 1426 vor Aussig fiel [1]. Im Februar 1503 verkaufte Heinrich XIV. »der Ältere« von Gera zu Schleiz (1500–1538) Reichenfels an Hans von Machwitz zu Wiedersberg, behielt sich aber das Privileg der Hirschjagd vor [2].

Die Kernburg umgab eine polygonale Ringmauer, ein Bergfried schützte sie, ein Ringgraben trennte sie vom Vorgelände. Die gewählte Lage und die Anlage des Burgbezirks sprechen für ein sehr hohes Alter. [3] Die Steinbrücke, die heute über den Graben durch das Burgtor führt, ist jüngeren Datums. Im Westen der Anlage finden sich Mauerreste, die eine »stattliche« Höhe von sechs bis acht Metern aufweisen [4]. Um 1800 wurde die Burg Objekt neoromanischer Schlossbaupläne Heinrichs XLIII. Reuß zu Köstritz, die jedoch 1811 eingestellt werden mussten. 1872 stürzte der Schlossturm ein, so dass man Burg und Schloss bald darauf ganz abtragen musste. Die Grundmauern wurden 1944 und 1955 unter Denkmalschutz gestellt.

Auf dem Vorgelände der Burg befindet sich außer dem alten Wirtschaftsgebäude, das heute als Gaststätte agiert, das Heimatmuseum Hohen-

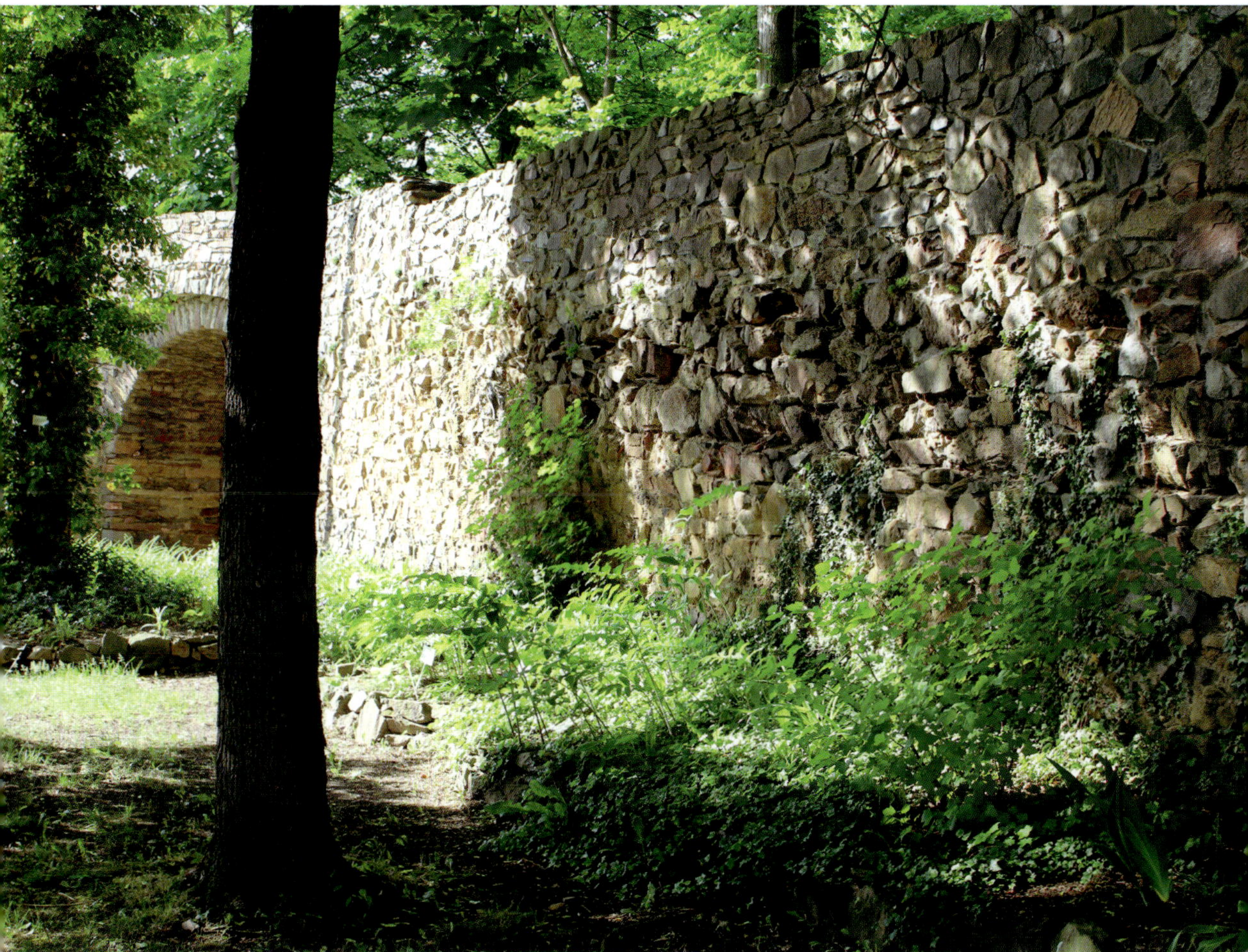

In der Kernburg der Burgruine Reichenfels

leuben-Reichenfels (➜ S. 353 f.). Es wurde vom 1825 ins Leben gerufenen ›Vogtländischen Altertumsforschenden Verein Hohenleuben‹ gegründet [5]. Ausgestellt ist eine kleine Geschichte der Burg, teilweise anhand von Grabungsfunden. Das Museum verfügt über die wahrscheinlich umfangreichste Sammlung von Publikationen zur Geschichte des Vogtlands und etliche gotische Skulpturen (➜ S. 354 f.).

Anmerkungen
[1] Belege: UB Vögte II, Nr. 182; UB Vögte II, Nr. 272; UB Vögte II, Nr. 291; UB Vögte II, Nr. 708; UB Vögte II, Nr. 721.
[2] Vgl. VON RAAB II, Nr. 216. Die weitere Besitzgeschichte bei LEHFELDT, Gera, S. 163.
[3] LEHFELDT, Gera, S. 162.
[4] Vgl. LEHFELDT, Gera, S. 162.
[5] Zur Geschichte des Vereins vgl. TREBGE.

Langenwetzendorf (➜ S. 319 f.)

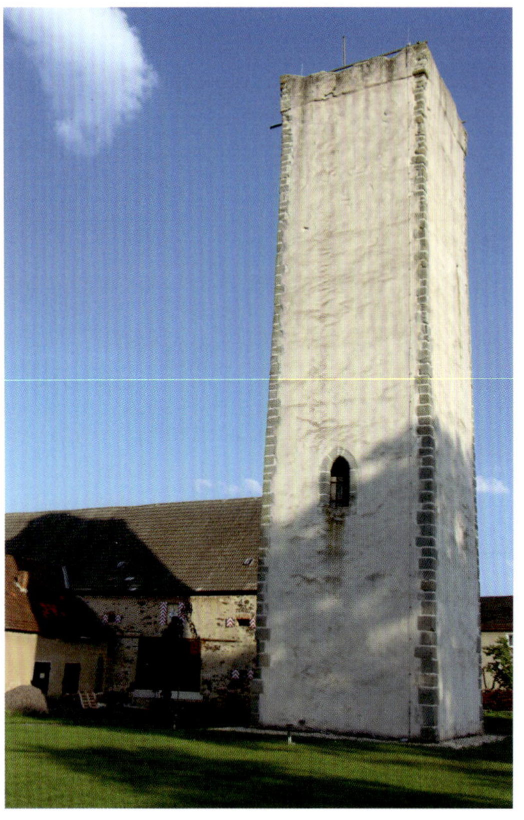

Der Bergfried der ehemaligen Wasserburg in Niederpöllnitz

(1304–1341), Gerung von Pöllnitz (1306–1309), Lutolt von Pöllnitz (1317–1341), dann wieder einen Volkwin von Pöllnitz (1324–1355), schließlich Gottschalk von Pöllnitz (1358–1377). 1411 wird Gerhard von Pöllnitz von den Markgrafen von Meißen unter *unser liben getruwin* nominiert [1]. Danach verschwinden die von Pöllnitz endgültig aus dem Blickfeld der Vögte. Die Töchter des Hauses wurden Nonnen in Weida (z.B. Adelheid und Kunigunde von Pöllnitz 1309). Burg Pöllnitz ging 15. Jahrhundert an die Herren von der Planitz. Der Turm, der auf hohes Alter und einstige Wichtigkeit hinweist und dessen Erdgeschoss nach der qualitätvollen Verarbeitung der Steine noch ins 12. Jahrhundert datiert werden kann [2], ist etwa 20 Meter hoch. Der mittlere, weniger qualitätvolle Teil wird ins 14., der oberste ins 15. Jahrhundert gesetzt. Südlich und östlich des Turmes waren im 19. Jahrhundert noch Reste eines alten Walles zu erkennen.

Anmerkungen
[1] UB Vögte II, Nr. 548.
[2] LEHFELDT, Neustadt, S. 317.

NIEDERPÖLLNITZ

In gepflegter Umgebung, doch wie ein Erratum, stakt der quadratische Bergfried der ehemaligen Wasserburg ins Land. Hier saßen bereits im 12. Jahrhundert die Herren von Pöllnitz, die eingangs des 13. Jahrhunderts noch wettinische Gefolgsleute waren, ausgangs des Jahrhunderts aber als Vasallen der Vögte von Weida erscheinen. In Zeugenreihen treffen wir zuerst Gottfried von Pöllnitz (1266–1288), sodann Volkwin von Pöllnitz (1289–1297), Ludwig von Pöllnitz

RUNDSCHLOSS OBERPÖLLNITZ

Nur wenige Kilometer entfernt befindet sich in Oberpöllnitz ein weiterer Sitz der Herren von Pöllnitz. Das 1341 erstmals erwähnte Rundschlösschen (Wasserburg), das Teil eines heute weitgehend verschwundenen Rittergutes war, soll ausweislich einer Inschrift über dem Eingang 1414 erbaut worden sein. Letzte spätmittelalterliche Substanz verdankt es freilich dem 16. Jahrhundert. Bis 1800 im Besitz der von Pöllnitz, wurde es im 19. Jahrhundert grundlegend

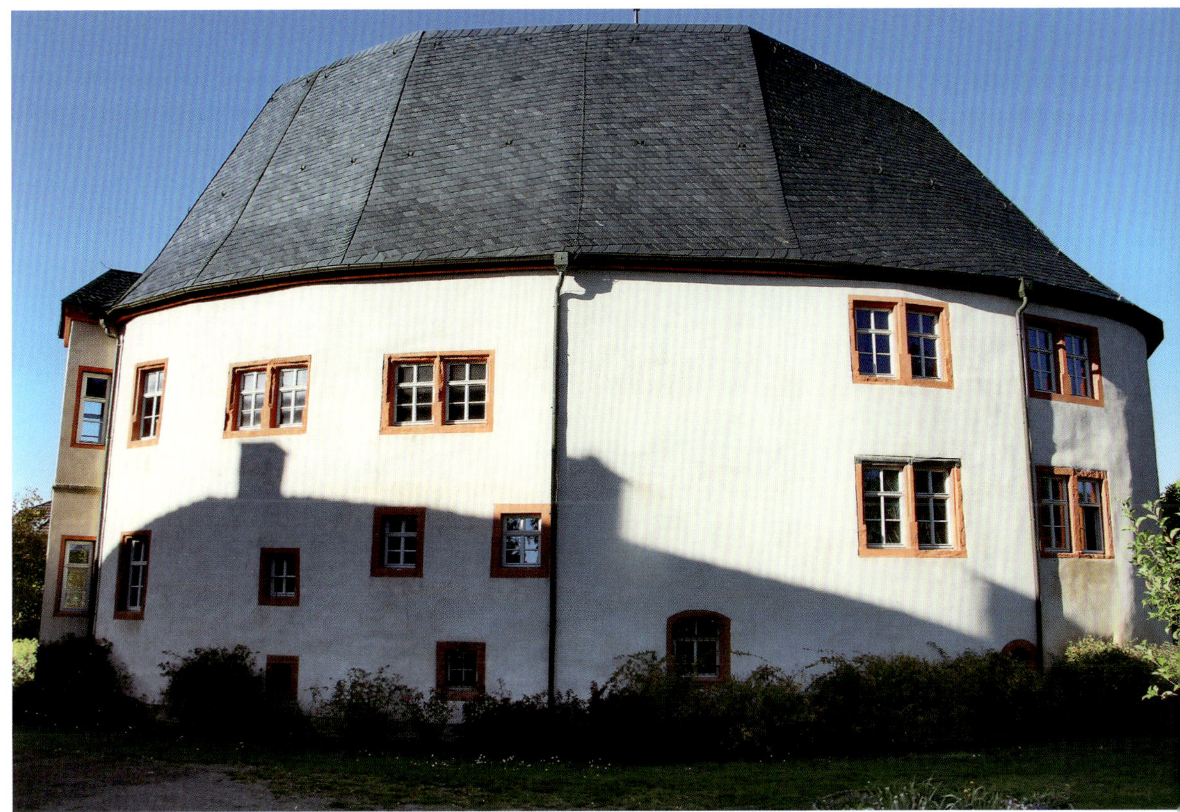

Das Rundschloss in Oberpöllnitz

erneuert. Es gibt auf der Welt nicht mehr viele Rundschlösser. Gleichwohl sollte das marode, nach 1945 missbrauchte Gebäude in der DDR gesprengt werden (1977). Das ansprechend sanierte Haus befindet sich heute in Privatbesitz und ist nicht begehbar.

WEHRKIRCHE DÖBLITZ

Am Ortsrand des nach Triptis eingemeindeten Döblitz träumt, durch einen Gürtel alter Bäume dem ersten Blick entzogen, eine aus dem 13. Jahrhundert stammende, in ihren Formen, vor allem aber in ihrer Anmutung frühgotische Wehrkirche. Der doppelte Wassergraben, der sie einst sicherte, ist nurmehr zitathaft erhalten. Riegellöcher in der Öffnung des Turmzugangs verweisen auf die alte Funktion der Kirche als letzter Zufluchtsstätte. Der Turm selbst weist Schießscharten auf. Betritt man das Gotteshaus durch die Bohlentür in der Nordseite, blickt man auf die Südseite mit ihren kleinen, stumpfspitzbogigen Fenstern. Zwischen ihnen hat man (1965) Teile von 4 × 8m umfassenden Wandmalereien freilegen können. In der Mitte thront der

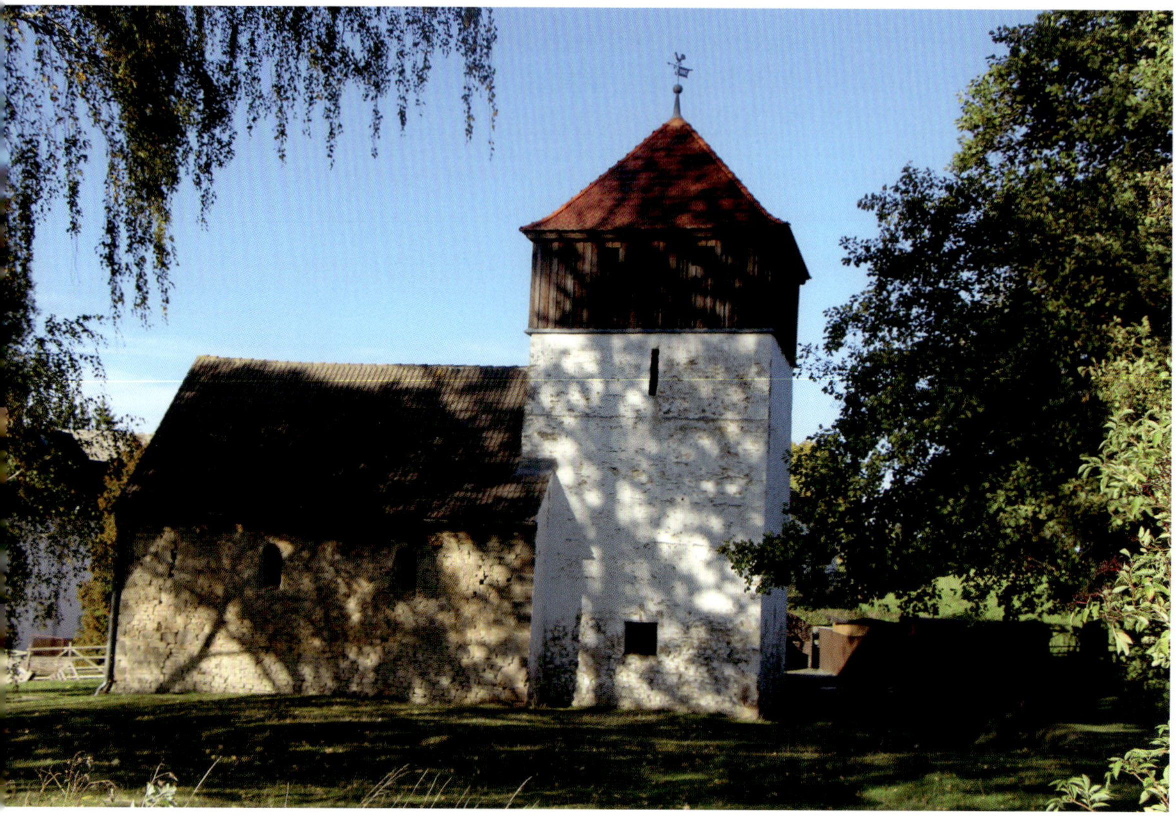

Die Wehrkirche in Döblitz

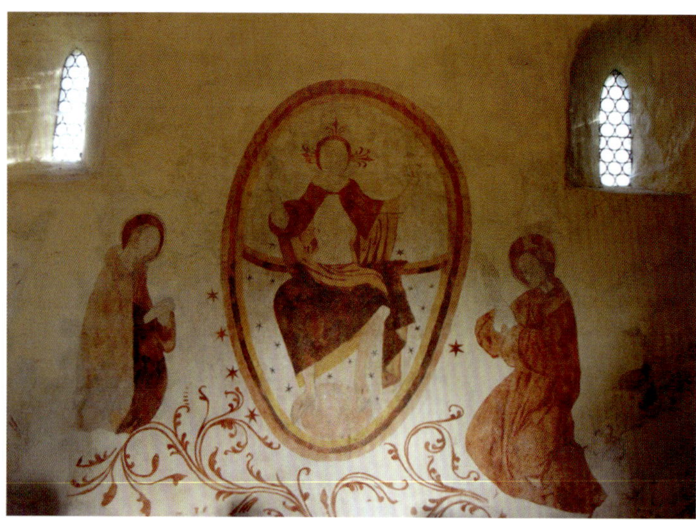

Triumphierender Christus in der
Mandorla

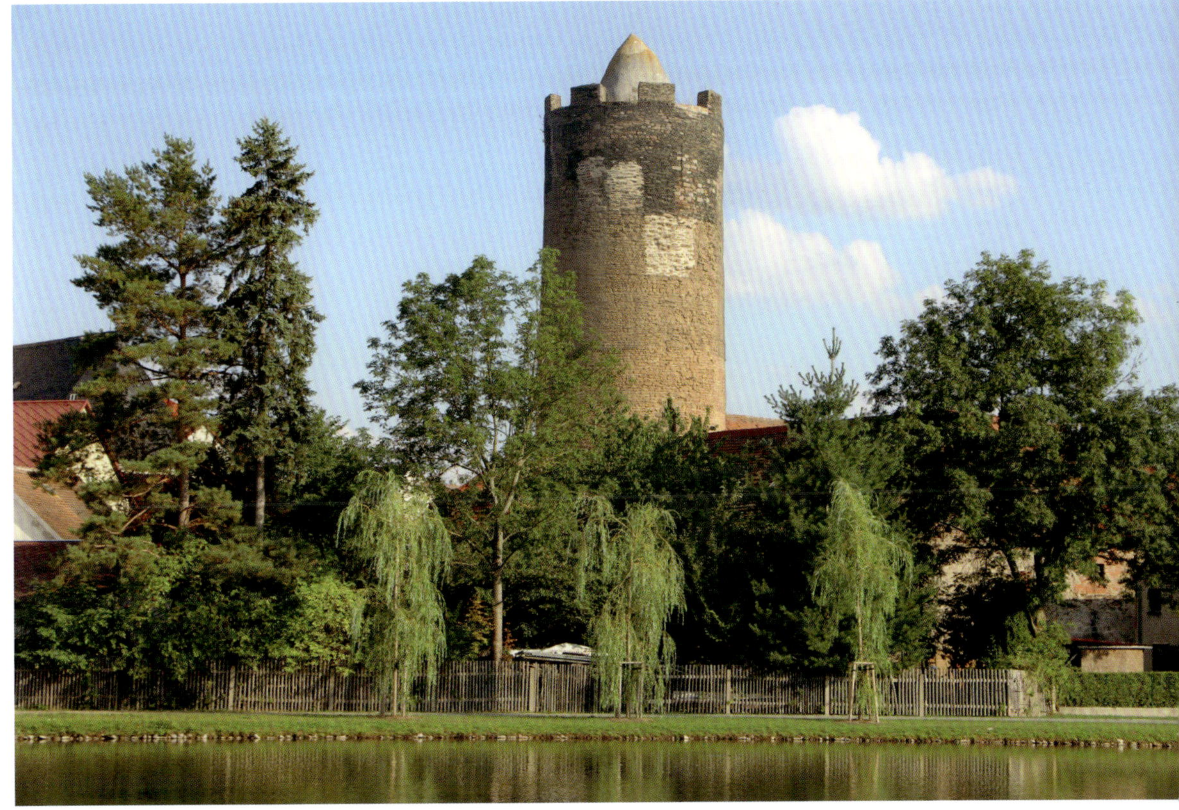

Rundturm der ehemaligen Burg Triptis

triumphierende Christus in der Mandorla. Zu seiner Rechten steht der Jünger Johannes, zu seiner Linken die anbetende Gottesmutter. In einiger Entfernung, direkt vor dem Chorraum, erkennt man den Jünger Andreas mit dem Andreaskreuz.

TRIPTIS

Von der Burg Triptis steht, umzingelt von Wohnhäusern, »als einziger, stolzer Rest der einst offenbar bedeutenden Baugruppe« der weithin sichtbare Turm [1]. Eingangs des 13. Jahrhunderts war die Wasserburg von den Herren von Lobdeburg-Arnshaugk zur Sicherung des Fernhandels erbaut worden. 1327 bestätigte Ludwig der Bayer II. Heinrich Reuß »den Jüngeren« von Plauen zu Greiz (1306–1350) die Belehnung mit Triptis (und Ziegenrück) durch den Markgrafen von Meißen. Im August 1328 weist der Markgraf seinen Amtmann an, dem Reußen *in Cygenrucke, Triptes et Uma* zu Willen zu sein. Nach dem Vogtländischen Krieg (1358) in Trümmern, fiel die Burg zurück an das Haus Wettin. Urkundlich begegnen wir immer wieder Angehörigen einer alten Familie von Triptis, die als Bürger in Weida

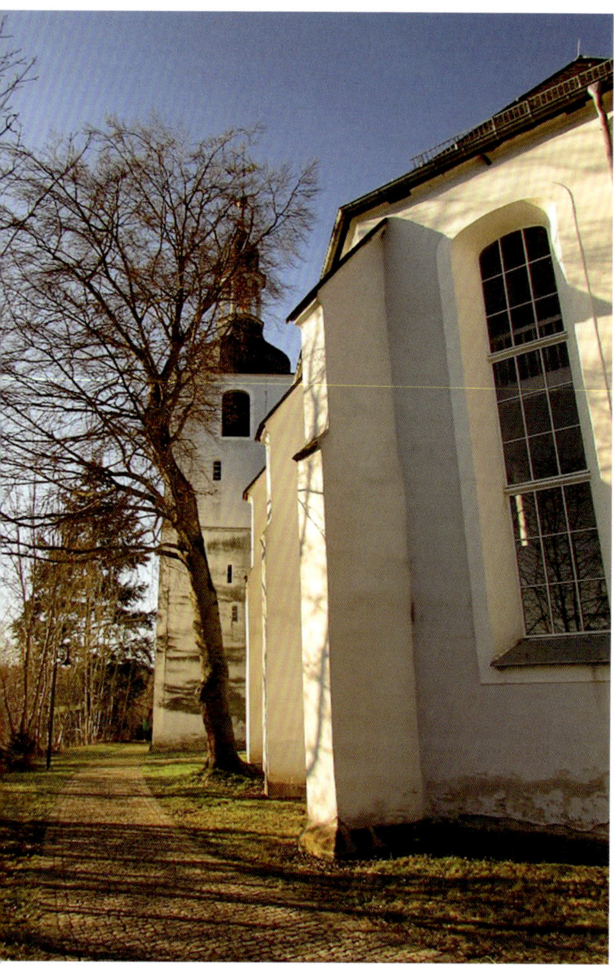

Die Marienkirche in Auma

unter den *fideles* der Vögte zeugen: nach Bruno (1288) sind das vor allem Heinrich von Triptis (1306–1327) und Konrad von Triptis (1324–1337), der dezidiert *civis in nostra civitate Wida* genannt wird [2].

Anmerkungen
[1] Lehfeldt, Neustadt, S. 239.
[2] Belege: UB Vögte I, Nr. 623; UB Vögte I, Nr. 625; UB Vögte I, Nr. 648; UB Vögte II, Nr. 25; UB Vögte I, Nr. 787.

AUMA

Auma dürfte, wie Triptis, einmal eine von den Arnshaugkern im 13. Jahrhundert errichtete Burg zur Sicherung des Fernhandels besessen haben, doch ist von ihr (im Gegensatz zu Triptis) nicht mehr viel zu sehen. Und wer würde zudem die »Reste einer früheren Burganlage« im Untergeschoss des Pfarrhauses suchen? [1] Auch Auma ging 1328 an Heinrich II. Reuß »den Jüngeren« von Plauen zu Greiz (1306–1350) [2], dessen Nachkommen es freilich, wie Triptis, 1358 wieder an die Wettiner herausgeben mussten.

Der Neubau der wuchtigen, für die Stadt überproportioniert wirkenden Kirche St. Marien (1520) unter Meister Matthes Francke aus Triptis weist nur wenige Relikte der Spätgotik auf. Dazu gehört eine Grablegung Christi, die in barockem Rahmen unter dem Kanzelkorb eingefügt wurde. »Die Figuren treten zum Theil frei heraus, wahren aber dabei das Relief-Princip, nur von vorn gesehen zu werden.« Wie so oft (und wie später in Plauen zu beobachten) zeigen sich künstlerische Befähigung und Ausdrucksstärke in Grablegungen und Beweinungen. »Die einzelnen, etwa lebensgrossen Figuren sind sehr liebevoll behandelt, die vortretenden Nasen und vollen Gesichter und die Faltenwürfe verrathen die einheimische Schule.«[3] Vielleicht war die Grablegung Teil eines größeren Altarwerkes, aus dem weitere Bruchstücke an der Ostwand der Kirche befestigt wurden. Lehfeldt identifizierte die Heiligen Ursula, Anna Selbdritt, Elisabeth von Thüringen »mit Brot und Kanne« und Margaretha mit dem Drachen. [4] »Durchschnittlich 1 m hoch, sind sie verhältnismässig wohl erhalten, auch in Farben und Vergoldungen bezw. den reichlich verwendeten Versilberungen.« [5]. Ansonsten ist die Gestaltung des Kircheninneren weitgehend Folge der Brandkatastrophe von 1790. An der inneren Nordwand des Langhauses fand eine spätgotische Katharinenfigur vom Schnitzaltar der um 1840 eingegangenen Nikolaikirche ihre Bleibe [6]. Selbstbewusst und in bürgerlicher Tracht der Zeit um 1500, das Haar unter einer mit Broschen und Steinen besetzten Wulsthaube gefasst, tritt uns die Patronin der Studenten mit dem Buch in der Hand entgegen. Über ihrem Marterwerkzeug, dem am Boden liegenden zerbrochenen Rad, steht sie wie die Madonna auf der Mondsichel.

Anmerkungen
[1] BLASCHKE/JÄSCHKE, S. 54.
[2] Vgl. UB Vögte I, Nr. 648.
[3] LEHFELDT, Neustadt, S. 189; vgl. DESEL, S. 99.
[4] Vgl. LEHFELDT, Neustadt, S. 190 f.; MERTENS, S. 151.
[5] LEHFELDT, Neustadt, S. 191.
[6] Vgl. WERNER, Katharinenfigur, S. 95 f.

Kirche St. Jodokus in Rödersdorf (→ S. 243)

SCHLEIZ

Schleiz wurde erst unter Heinrich XII. »dem Mittleren« von Gera zu Schleiz (1482–1500) Residenzstadt der Herren von Gera (1482–1550). Gleichwohl fassten die Geraer hier schon frühzeitig Fuß. Ausgangs des 13. Jahrhunderts hatte Schleiz einen Stadtrat und einen Bürgermeister. Allerdings schwankt eine Urkunde vom Dezember 1297, ob sie *Slouwicz* als *civitas* oder *oppidum* ansprechen soll [1]. 1359 regelte Heinrich von Gera das städtische Erbrecht in einer Form, die Töchter den Söhnen gleichstellte, womit offenbar einer Abwanderung des Besitzes vorgebeugt

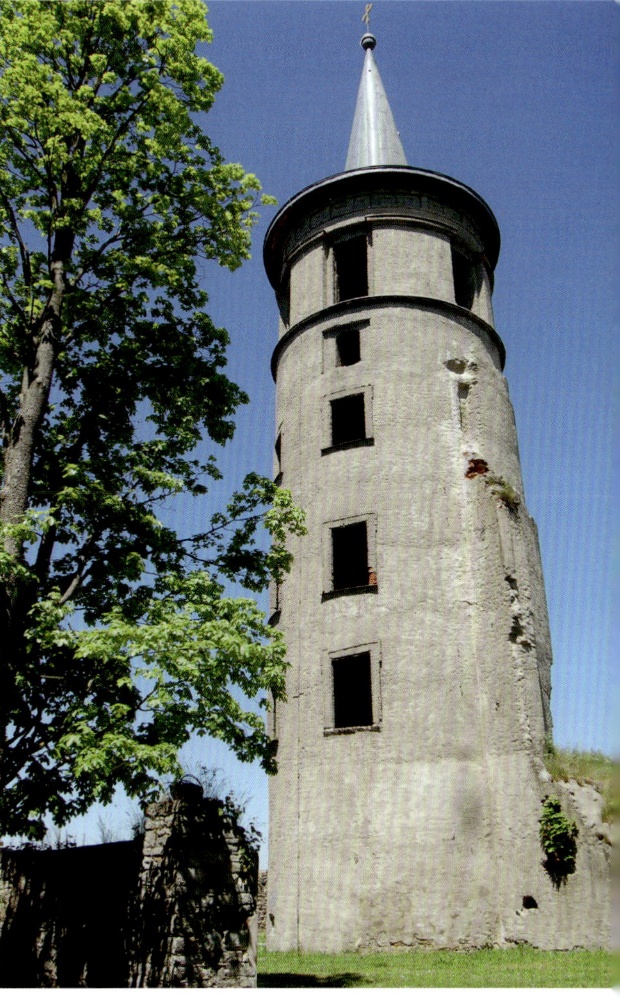

Ausgebrannter Turm des 1945 zerstörten Schlosses in Schleiz

werden sollte. Das stärkte die Stadt, die im Übrigen auf eine besondere Art und Weise geschwächt war. Sie bestand nicht nur aus einer Altstadt und einer Neustadt. Bereits die Altstadt zerfiel in einen oberen und einen unteren Teil, der jeweils einem Herren von Gera untertänig war. Ein Gleiches galt für die Neustadt, so dass wir es ausgangs des Mittelalters mit vier Städten Schleiz zu tun hatten! Konflikte zwischen den Stadt-Teilen, die sich in Zollstreitigkeiten manifestierten, waren an der Tagesordnung, ein Stadtbrand schwächte 1476 das Gemeinwesen. Erst die mit viel Pathos zelebrierte Zusammenführung aller Teile im Dezember 1482 ermöglichte die Residenzbildung (→ S. 388 f.). 1492 bestätigte Heinrich XII. die Stadtrechte, die im Wortlaut vielfach den Geraer Statuten (vor 1487) entsprachen (→ S. 382).

Schleiz hat nach 1476 noch oft gebrannt (1689, 1837, 1945). Substanz, die in die Zeit vor 1547 zurückwiese, ist im Zentrum nicht mehr zu finden. Die Nikolaikirche, die seit 1284 unter dem Patronat des Deutschen Ordens stand, wurde 1856 abgebrochen. Auch die Stadtkirche St. Georgen, letztmals 1945 zerstört, gehörte den Deutschherren, die hier eine Schule betrieben. Im Bereich der Innenstadt sind lediglich die in den Himmel ragenden Türme des ehemaligen Schlosses ein Foto wert. Sie stammen zwar von 1837 und repräsentieren den ausgebrannten Zustand von 1945, erinnern aber auf diese Weise besser an die Vorgängerbauten, als es die Rekonstruktion eines späten Zustands getan hätte.

Anmerkungen
[1] ALBERTI, Schleiz, S. 5 f.

Bergkirche Unser Lieben Frauen zu Schleiz (→ S. 206)
Kapelle des Heiligen Wolfgang zu Schleiz (→ S. 245)
Schule am Deutschordenshaus Schleiz (→ S. 421)

ENTLANG DER SAALE DURCH DAS GEBIET DER VÖGTE VON GERA

Bereits Heinrich I., Vogt von Gera (1238–1274), gewann durch die Eheschließung mit Lukardis von Lobdeburg-Arnshaugk das östliche Gebiet um Tanna, Mühltroff und Pausa. 1278 fiel Lobenstein an Heinrichs I. ungefähr gleichaltrige Söhne, Heinrich II. »den Älteren« (1274–1311) und Heinrich III. »den Jüngeren« (1274–1311). Die Söhne Heinrichs II., Heinrich IV. »der Ältere« (1311–1343) und Heinrich V. »der Jüngere« (1311–1377), gründeten in dem Jahr, als Vater und Onkel starben (oder abtraten?), das Kloster Saalburg. Nach dem Vogtländischen Krieg (1354–1358) verloren die Geraer den Vogtstitel. Danach begannen die Verkäufe und Verpfändungen: 1366 verkaufte Heinrich V. Schloss Burgk an den Deutschen Orden, 1370 verpfändete er Schloss Reichenfels, 1371 ging Blankenberg an den König von Böhmen. Dafür konnte Heinrich das (1369) verlorene Lobenstein zurückkaufen, das er der böhmischen Lehenhoheit unterstellte. Sein Sohn, Heinrich VII., Herr von Gera (1377–1420), ließ nach 1403 Schloss Burgk neu errichten. Das 15. Jahrhundert wurde das Jahrhundert der Erbteilungen. Als Heinrichs VII. drei Söhne 1425 die Gebiete teilten, entstanden die Linien der Herren von Gera zu Burgk, von Gera zu Lobenstein und von Gera zu Gera. Zwar gelang es Heinrich IX., Herr von Gera zu Loben-stein (1425–1452) und von Gera zu Gera (1452–1482), dem Sohn Heinrichs VII., 1452 bzw. 1467 noch einmal alle drei Herrschaften in eine einzige Hand zu bekommen. Doch nach seinem Tod (1482) teilten seine drei Söhne erneut, wodurch die Herrschaft derer von Gera zu Schleiz (1482–1500) und dann »in halb Schleiz« (1500–1538) entstand.

DORFKIRCHE ST. MARTIN IN GRÄFENWARTH

Gräfenwarth ist heute ein Stadtteil von Schleiz. Vielleicht wurde das gotische Dorfkirchlein bereits im 14. Jahrhundert von der Familie von Machwitz, vielleicht auch von der Marienkirche in Saalburg aus gegründet. Gräfenwarth war, wie die Kapelle in Kulm, dem Zisterzienserinnenkloster Saalburg inkorporiert. Das Kloster zog schon bei seiner Gründung (1325) Einkünfte aus dem Dorf, 1338 traten drei weitere Hufen hinzu [1]. Dass die Kirche ein Wallfahrtsort für die Nonnen gewesen sein soll, ist reine Erfindung neuerer Schriftsteller [2]. Bei der Kirchenvisitation von 1533 galt Gräfenwarth als *capelle*, also als Gotteshaus ohne Pfarr-Rechte. Die Innenausstattung stammt aus dem 18. Jahrhundert.

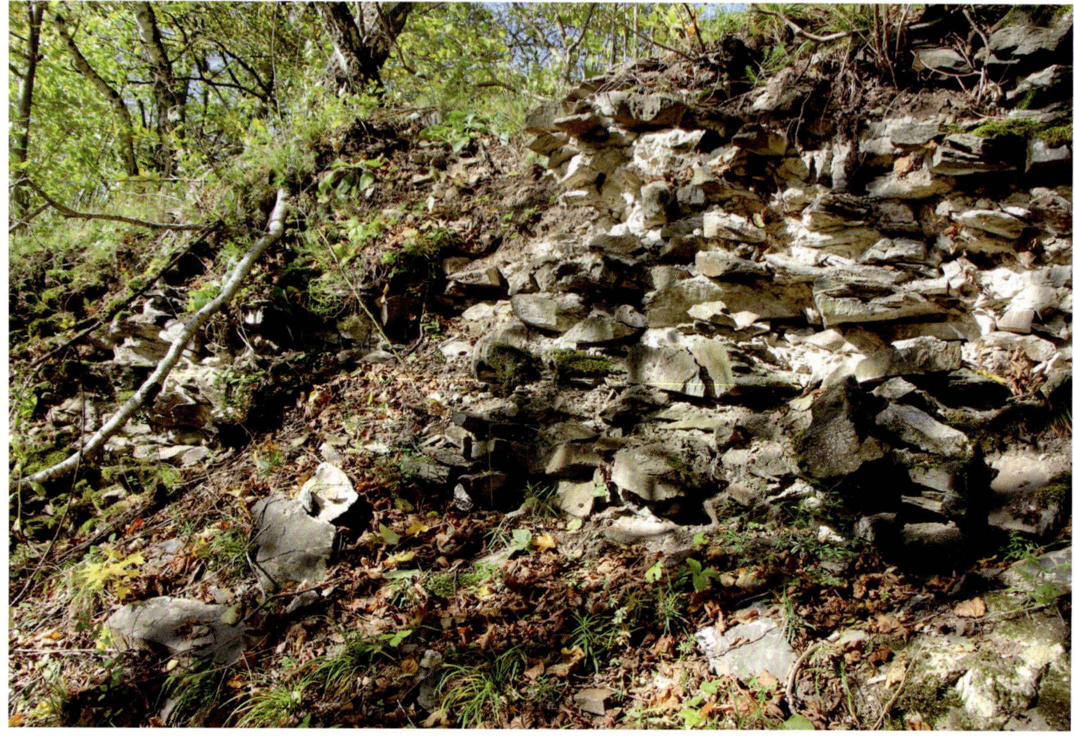

Mauerreste der Burgruine Walsburg

Anmerkungen
[1] UB Vögte I, Nr. 585; UB Vögte I, Nr. 799.
[2] RONNEBERGER, S. 115.

BURGRUINE WALSBURG

Auf dem Weg nach Ziegenrück lohnt, vor allem der Aussicht wegen, ein Abstecher kurz hinter Eßbach nach Walsburg. Hier mündet die Wisenta in die Saale, und hier stand einmal eine Burg auf dem Berg namens Vogelherd. Erwähnt wird sie erstmals um 1290 als Burg *Waldesberk*. Vermutlich handelt es sich um eine Gründung der Lobdeburger, die den Übergang über die Saale sichern wollten. 1323 ging die Burg an die Grafen von Schwarzburg. Bereits im 15. Jahrhundert scheint sie wüst gefallen zu sein. 1538 gehörte das Areal der Familie von Watzdorf, die das benachbarte Gut Dörflas besaß.

Bereits am Ende des 19. Jahrhunderts war von der Burg nicht mehr viel übrig [1]. Kein Hinweisschild verweist auf sie. Parallel zum Wanderweg verläuft ein schmaler Steig im Berg, den man erklettern muss. Substrukturen aus Bruchstein verweisen auf altes Mauerwerk. Im Innenhof der Kernburg findet sich noch eine fast zugewachsene Zisterne.

Anmerkungen
[1] Vgl. LEHFELDT, Greiz, S. 49.

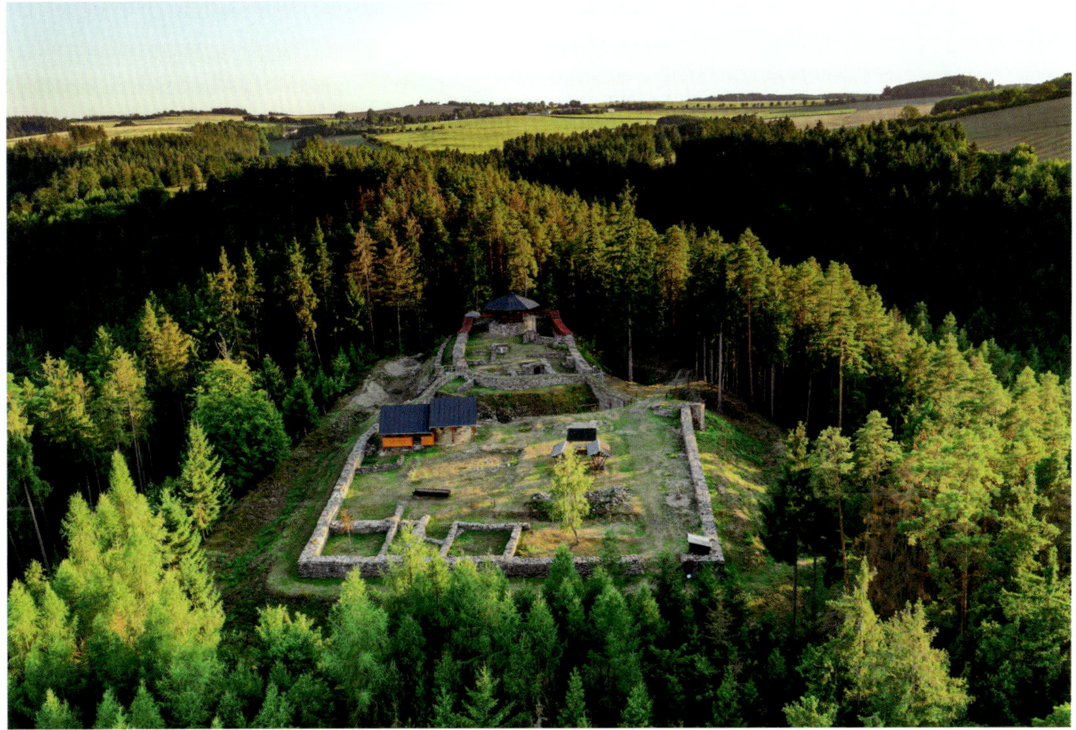

Blick auf die freigelegte Ruine der Wysburg

BURGRUINE WYSBURG

Ungefähr auf einer Höhe mit der Walsburg, doch jenseits der Nord-Süd-Verbindung und bereits im Saale-Kreis, befindet sich ein überaus interessantes Gegenstück: die Wysburg nördlich Weisbachs, eines 1347 in einer Urkunde Heinrichs von Gera für das Kloster Saalburg eher beiläufig erwähnten Ortes [1], in dem sich seit dem 14. Jahrhundert die Herren von Posseck nachweisen lassen [2]. Die Geraer hatten die Herrschaft über Weisbach wohl um die Mitte des 13. Jahrhunderts von den Lobdeburgern übernommen. Diese hatten am südöstlichen Ortsrand eine kleine Turmhügelburg errichtet. In der stets drohenden Auseinanderset-

zung mit den mächtigen Grafen von Schwarzburg dürfte dieser Posten den Geraern nicht mehr hingereicht haben. Sie begannen um 1280 mit dem Bau der Anlage auf der Schlosskuppe. Die Lage der Burg macht es unwahrscheinlich, dass sie zur Kontrolle der Handelsstraßen oder des Flussübergangs errichtet wurde.

Von der Höhenburg über Weisbach ist in den Urkunden nirgends die Rede. Mehr als ein halbes Jahrhundert wird sie auch nicht gestanden haben. Man nimmt an, dass sie im Herbst 1354 fiel: zu Beginn des Vogtländischen Krieges, als die mit dem Markgrafen von Meißen alliierten Truppen der Reichsstädte auch die benachbarte Burg Elsterberg stürmten.

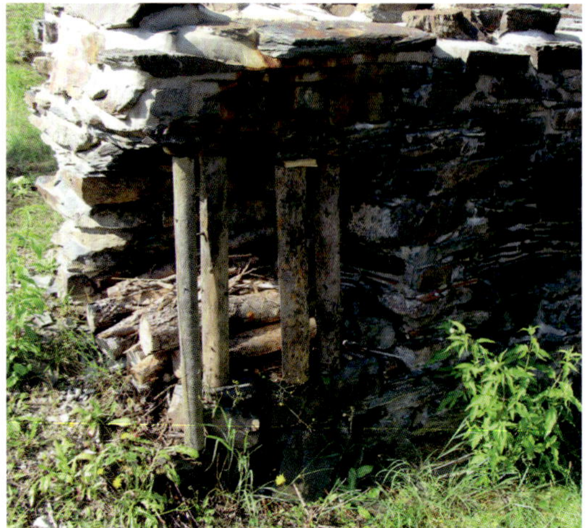

Bei der Niederlegung der Burgmauern wurde Holz als Brandbeschleuniger verwendet

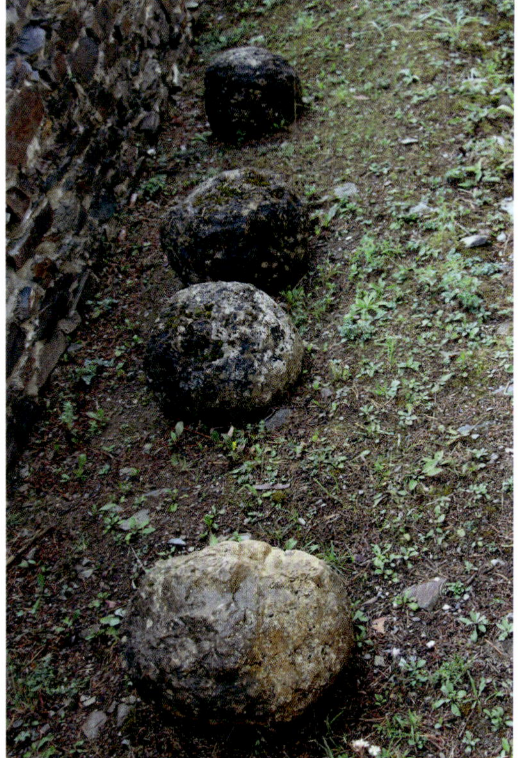

Blidenkugeln, wie sie bei der Belagerung verwendet wurden

Der Wysburg ist, beginnend mit ersten Grabungen 1985, eine bemerkenswerte archäologische Forschung zuteil geworden. Im Ergebnis steht heute eine mit viel Liebe zum Detail repräsentativ hergerichtete, gut ausgeschilderte Burganlage, in der man sich leicht eine Stunde aufhalten kann [3]. Man betritt die Burg aus dem Graben und erreicht ein Tor, dessen alte Schwelle noch erhalten ist, und befindet sich in der weitläufigen Vorburg, an deren Nordostecke sich Reste ehemaliger Wirtschaftsgebäude befinden. Wer dem Weg geradeaus auf die nördliche Mauer folgt, findet am Durchbruch eine lehrreiche Rekonstruktion. Hölzerne Pflöcke wurden von außen in das Mauerwerk gestellt. Diese ›Brandbeschleuniger‹ verweisen auf die Technik, die man bei der Niederlegung der Burgmauer mit Feuer anwendete. Kehrt man zurück in die Vorburg, stößt man auf den Unterbau eines alten Backofens und das (seit 2017 überdachte) Backhaus. Im Ostteil des Abschnittsgrabens zwischen Vorburg und Kernburg befindet sich eine Zisterne, die sich in das Absetzbecken und den Tank mit einer gemauerten Entnahmeröhre teilt. In der Kernburg haben sich die Stümpfe von Wohnturm, Wohnbau, Nebengebäude und Bergfried erhalten. Ein Streifen aus rotem Ziegel trennt überall die alte Substanz vom jüngeren Aufbau.

Das Museum ›Haus Wysburg‹ in Weisbach zeigt viele Grabungsdetails, darunter auch die bis zu 70 kg schweren Geschosse (Blidenkugeln), mit denen die Burg seinerzeit zerstört worden sein soll.

Anmerkungen
[1] Vgl. UB Vögte I, Nr. 884.
[2] Vgl. UB Vögte II, Nr. 424; UB Vögte II, Nr. 530; UB Vögte II, Nr. 579.
[3] Alles Folgende nach Tannhäuser/Roßbach.

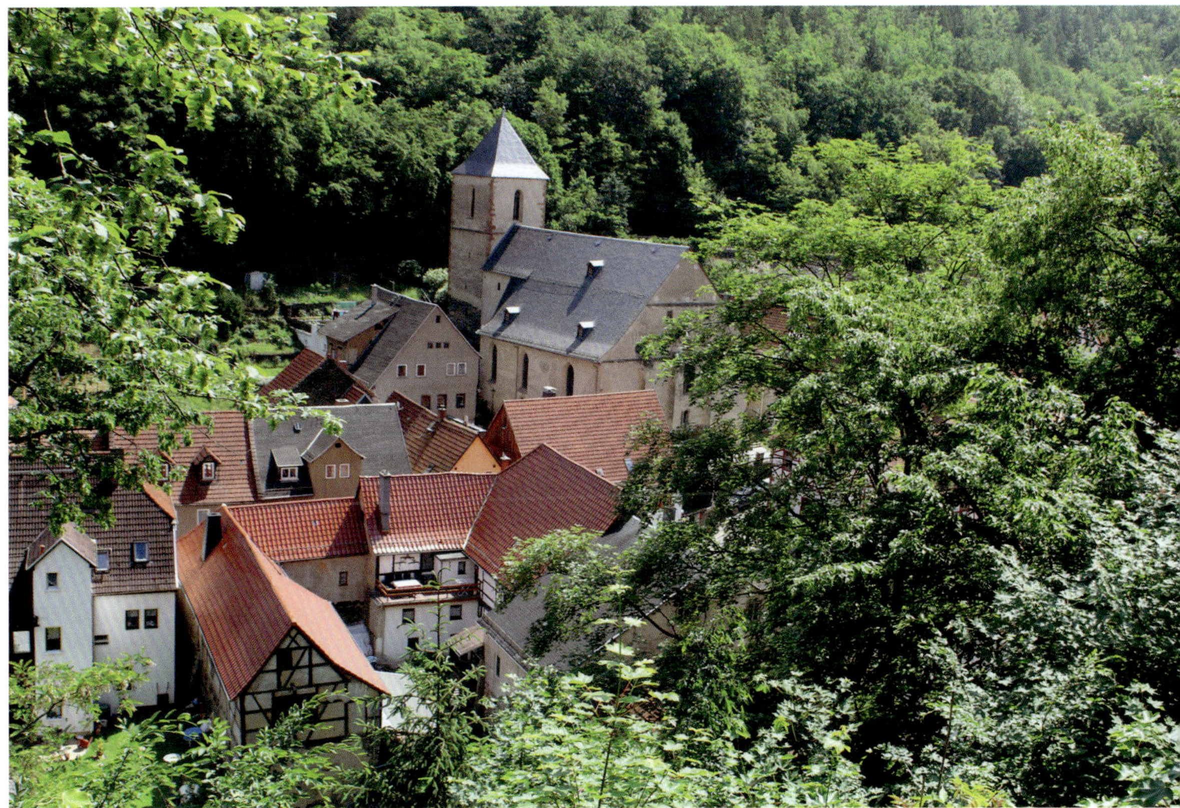

Blick über Ziegenrück mit der Kirche St. Bartholomäus und St. Nikolai

ZIEGENRÜCK

Malerisch ins Tal der Saale und des Drebabachs gestreut, umstellt von steil ansteigenden, dicht bewaldeten Hängen, liegt Ziegenrück, eine der kleinsten Städte Deutschlands, zudem eine sehr alte. Das Wappen, ein Ziegenbock mit einem dreitürmigen Gebäude auf dem Rücken, beruht auf der sympathischen Fehldeutung des sorbischen Wortes für »Flussbogen«. Ziegenrück markiert gleichsam den äußersten Punkt vögtischen Territoriums im Westen. Bereits 1258 schenkt Sophie, *advocatissa de Wida*, Güter bei Ziegen-

rück an das Kloster Pforta [1]. Doch eine Belehnung der Vögte von Plauen mit den Festungen Triptis und Ziegenrück erfolgt erst gegen 1327 durch den Markgrafen Friedrich von Meißen [2]. Die strategisch wichtige Stadt ist auch im Folgenden Gegenstand von Auseinandersetzungen der Vögte mit den Markgrafen [3].

Rund um das Rathaus, die Kirche und das Pfarrhaus hat man mit Liebe zum Detail Renaissance und bürgerlich-protestantische Kultur des 17. Jahrhunderts wiederaufleben lassen. Die dreischiffige Kirche mit dem Doppelpatrozinium St. Bartholomäus und St. Nikolaus wurde

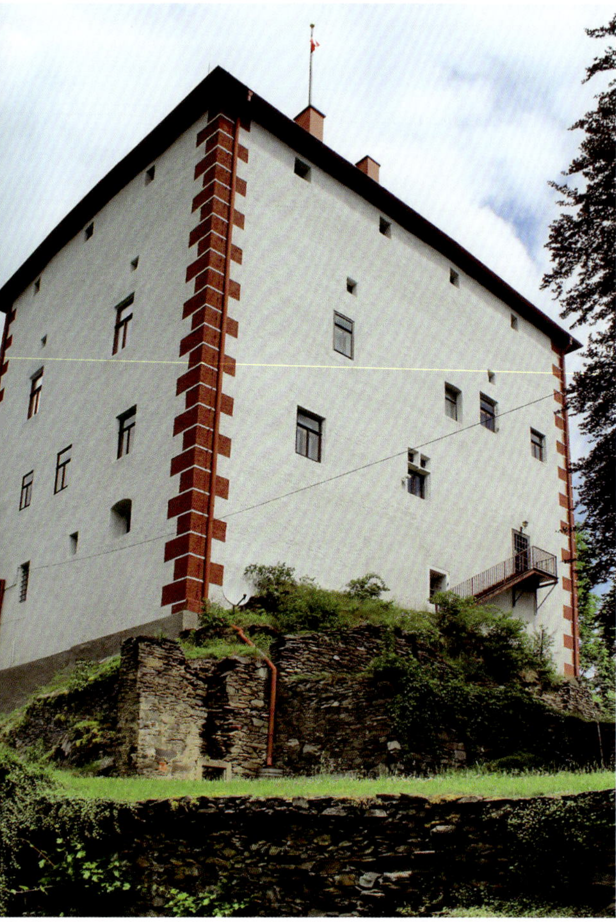

Die Kemenate über Ziegenrück

bereits um 1214 erbaut und 1360 zur Pfarrkirche erhoben. Im 15. Jahrhundert baulich erneuert, brannte sie 1656 vollständig aus. Im Inneren der Kirche sind heute alle mittelalterlichen Spuren getilgt. Reste spätgotischen Maßwerks finden sich noch am alten Turm, der sich in den Hang schmiegt. Ungewöhnlich für einen Sakralbau ist das Vorhangbogenfenster zur Straße hin [4].

Über der Stadt finden sich Reste einer alten Festung, die zum Reichsgutkomplex Saalfeld gehörte und 1222 erstmals erwähnt wird. Nach mehreren Bränden ist indes nur noch das ins 15. Jahrhundert datierte Wohnhaus, die viergeschossige »Kemenate«, erhalten. Der Bergfried, dessen Stumpf noch steht, wurde 1775 abgebrochen. Nach einer temporären Nutzung des schmuck restaurierten Areals als Jugendherberge ist das Gelände nun unzugänglicher Privatbesitz. Kein einziges Hinweisschild verweist daher auf das Wahrzeichen der Stadt.

Anmerkungen
[1] UB Vögte I, Nr. 112.
[2] Vgl. UB Vögte I, Nr. 623, 625, 653.
[3] Vgl. UB Vögte I, Nr. 702 f., 716.
[4] Vgl. MERTENS, S. 190.

RITTERGUT KNAU

Schon jenseits der Westgrenzen des Vogtlandes, hinter Ziegenrück, liegt, im Saaletal-Kreis, das Rittergut Knau. Es befand sich wohl schon in der Mitte des 13. Jahrhunderts im Besitz der Herren von Knau, die spätestens im 15. Jahrhundert Güter in Treben (1458–1521) und Haselbach besaßen und Burgmannen zu Altenburg waren. In ihrer Eigenschaft als Altenburger *burgenses* zeugen die *Knewe* zweimal (1291, 1317) in Angelegenheiten, die die Vögte betreffen [1]. Ansonsten hatte noch Herr Jaroff von Gräfendorf zu Knau seine Stieftochter Veronika im Kloster Cronschwitz untergebracht. Anlässlich ihres Todes stiftete er (1505) ein Seelbad [2].

Dass das Rittergut urkundlich erstmals 1522 erwähnt wird, ist für seine Vorgeschichte belanglos. Nach dem Tod Melchiors von Knau (1512– 1521), mit dem die Familie von Knau ausstarb, scheint es die Familie von Gräfendorf endgültig

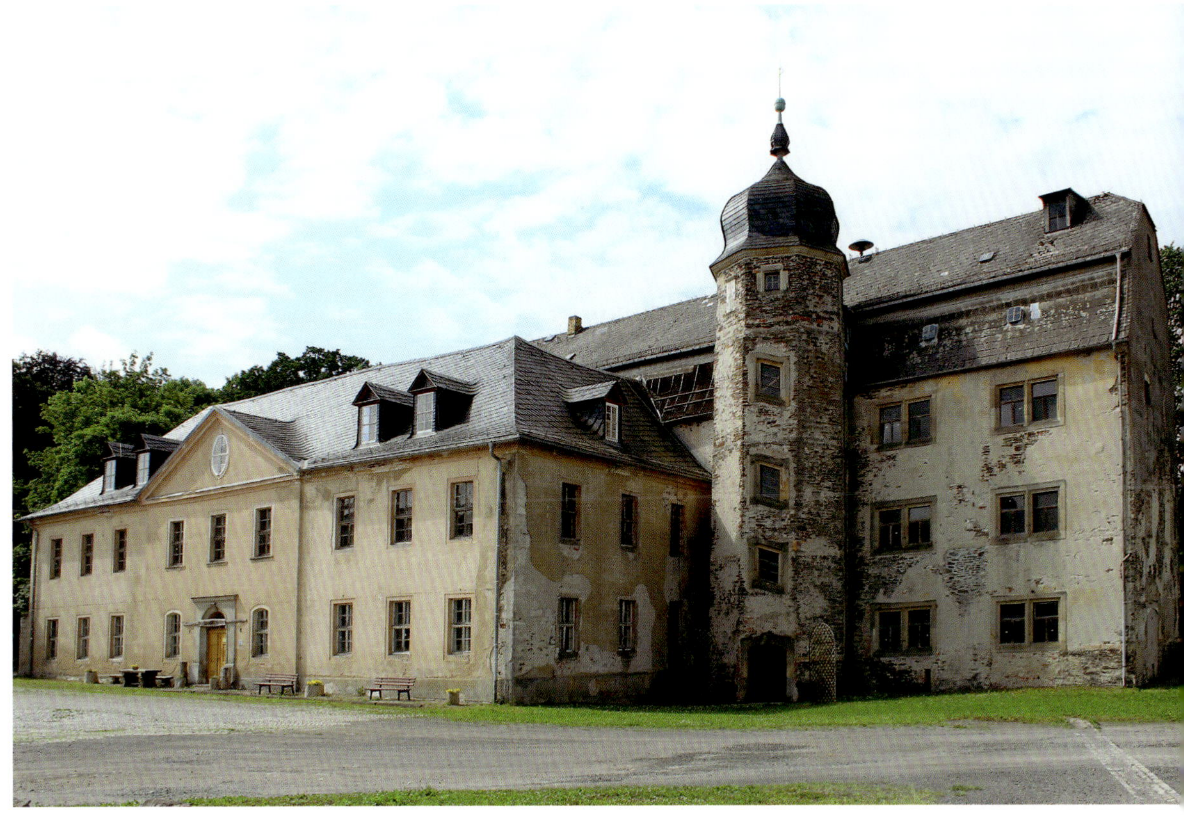

Das Rittergut (»Schloss«) Knau

übernommen zu haben, während das Gut Treben (1521) an die Burggrafen von Leißnig ging.

Der gegenwärtige Zustand des über die Jahrhunderte mehrfach überbauten Gebäudes ist kritisch. Er war es schon im 19. Jahrhundert. Auch an dem Teil, der deutlich noch dem 16. Jahrhundert zuzurechnen ist, bröckelt der Putz. Aus dem grauen Verbund sticht der oktogonale Treppenturm hervor [3].

Anmerkungen
[1] UB Vögte I, Nr. 263, 477.
[2] Vgl. Thurn, S. 82, 229.
[3] Vgl. Lehfeldt, Neustadt, S. 31 f.

SCHLOSS BURGK

Auf einem exponierten Felsplateau, hoch über der Saale bzw. der Talsperre Burgkhammer, erhebt sich, weithin sichtbar, Schloss Burgk. Als ehemalige Kulisse von DEFA-Produktionen (1968–1981) gehört es zu den nachgefragten Ausflugszielen der Region. Die Bezeichnung als *schlosz* geht bereits ins frühe 15. Jahrhundert zurück [1]. Die Ent-Tüchtigung der alten Wehranlage und ihr Umbau zur Residenz wurde allerdings erst im 17. Jahrhundert von den Reußen vorangetrieben. Park und Pavillon Sophienlust

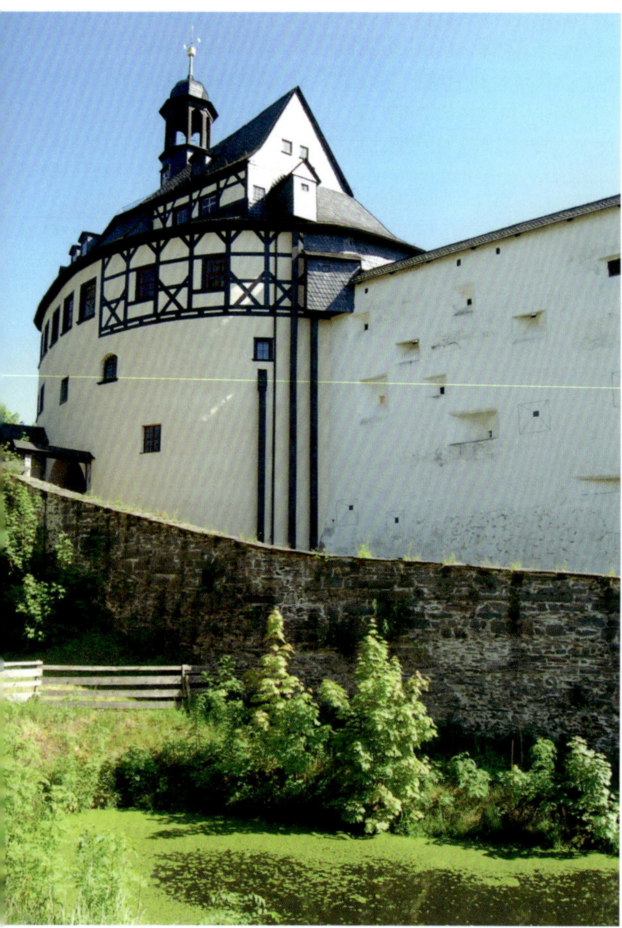

Schießscharten an Schloss Burgk

den herben Verlusten im Vogtländischen Krieg (1354–1357) erwies sich die substantielle Beziehung zum Deutschen Orden als vorteilhaft. 1365 genehmigte der Markgraf von Meißen als Lehensträger, dass die Geraer *ir hus dy Borg* an den Ritterorden verpfändeten [3].

Erstaunlich schnell befand sich Burgk wieder im Besitz der Vögte. 1403 ließ Heinrich VII. Herr von Gera (1377–1420) die alte Anlage abreißen. Über den Vorgang berichtete einst eine deutsche Inschrift von 1416 in der Schlosskapelle, die freilich beim Einbau der Orgel weggerissen wurde: *als man schrieb 1403, do brach derselbe herr von Gera ein altes schlosz, das hier stundt, abe, das sein vatter auf ihn bracht hatte und hub in demselben iar am dienstag nach Quasimodogeniti* [24. April] *das schlosz wieder an von neues zu bauenn* [4]. Nach seinem Tod führten seine drei Söhne 1425 eine Landesteilung durch [5]. Heinrich VIII. »derm Älteren« (1420–1426) fiel die neu entstandene Herrschaft Burgk zu. Da Heinrich aber schon im Folgejahr in der Hussitenschlacht bei Aussig fiel, teilten seine Brüder Heinrich IX. »der Mittlere« von Gera zu Burgk (1426–1482) und Heinrich X. (1426–1452) die Herrschaft. Heinrich IX. überlebte seinen jüngeren Bruder um dreißig Jahre. Er versetzte Schloss Burgk 1478. Nach seinem Tod und der neuerlichen Landesteilung fiel die Herrschaft 1482 zunächst an Heinrich XIII. »den Jüngeren« (1482–1489), 1489 dannn an seinen Bruder Heinrich XII. »den Mittleren« (1489–1500), der Burgk an den kurfürstlichen Hauptmann Ulrich von Ende verpfändete, bis Heinrich XV. »der Jüngere« (1500–1550) es 1510 wieder einlösen konnte. Nach dem Schmalkaldischen Krieg (1547) wieder mit Burgk belehnt, verstarb Heinrich 1550 kinderlos.

verweisen auf die Adelskultur des 18. Jahrhunderts. 1763 wurde die Inneneinrichtung des Jagd- und Lustschlosses erneuert, in dem sich ab 1768 die Reußen älterer Linie dauerhaft niederließen.

Im Ergebnis der Schleizer Fehde, die die Vögte von Gera und Weida 1314–1316 gegen den Markgrafen von Meißen, die Burggrafen von Nürnberg und den Bischof von Bamberg führten, bekamen die Geraer neben Schleiz und Saalburg auch Burgk dauerhaft zugesprochen [2]. Nach

Von der alten Anlage, die Heinrich VII. von Gera errichtete, ist noch vergleichsweise viel erhalten. Der alte Palas ist weitgehend intakt, auch der Bergfried und die beiden steinernen Brücken mit einer Insel dazwischen, die »als trefflicher Zwinger ausgebildet« erscheint [6]. Bemerkenswertes Zeugnis der Wehrhaftigkeit sind die zahlreichen rechteckigen Schießscharten. Zum Roten Turm, der mit einer Renaissancehaube gekrönt wurde, führt ein alter gedeckter Wehrgang. Die Schlosskapelle wurde ebenso gründlich erneuert wie fast alle Innenräume. Die exilierte gotische Madonna, die einsam vor ihrem Eingang ausharrte, wurde 2019 ins Museum nach Hohenleuben rückgeführt.

Bei Sanierungsarbeiten hinter der Kapelle im ›Chinasalon‹ legte man 2016 eine eindrucksvolle mittelalterliche Bohlenwand frei. Die Bohlen lassen sich dendrochronologisch auf 1402 datieren. Offenbar wurde bei den Umbaumaßnahmen unter Heinrich VII. nach 1403 eine repräsentative Holzstube eingerichtet. Sie war mit einer Lehmschicht ummantelt und sorgte damit in kalten Monaten für ein angenehmeres Raumklima. Bohlenstuben dieser Art sind mit der Zeit untergegangen. Neben der Pirnaer Stube (1381) zählt die von Schloss Burgk zu den ältesten in Mitteldeutschland. Der Umstand hat indes die Denkmalpfleger nicht ins Grübeln bringen können. Die Bohlen wurden kurz sichtbar gemacht, um dann wieder hinter einer Rokoko-Fassade verschwinden zu müssen!

Anmerkungen

[1] UB Vögte II, Nr. 619. Zum Grundsätzlichen siehe LEHFELDT, Greiz, S. 34 – 47.

[2] Vgl. GEHRLEIN, S. 18.

[3] UB Vögte II, Nr. 143; UB Vögte II, Nr. 145.

[4] UB Vögte II, Nr. 619.

[5] Vgl. UB Vögte II, Nr. 708.

[6] LEHFELDT, Greiz, S. 41.

SAALBURG

In Saalburg, das erst im 21. Jahrhundert mit Ebersdorf vereint wurde, treffen wir eingangs des 14. Jahrhunderts die Vögte von Gera. Um 1311 scheinen sie aus einer Heilig-Kreuz-Kirche vor der Stadt im heutigen Ortsteil ›Kloster‹ ein Zisterzienserinnenkloster entwickelt zu haben (→ S. 271 f.). Von der ehemals reichen Einrichtung stehen auf Privatgrundstücken, eingekeilt von Buden und DDR-Garagen, nur noch überwucherte, unzugängliche Mauerreste.

Zu diesem Zeitpunkt (1311) war die alte Stadtkirche St. Marien schon da (→ S. 223). Sie wurde vermutlich bereits vor 1223 gegründet [1]. Eine Urkunde von 1303 kennt einen *plebanus de Salburc*, 1310 heißt der Pfarrer *Conradus*. Ein Jahr später ist erstmals von einer *ecclesia parrochialis in Salburg* die Rede [2]. 1325 wurde die Kirche dem Kloster einverleibt, was zur Folge hatte, dass die Stadt und die Schwestern die geistlichen Dienste gleichermaßen in Anspruch nahmen. Konflikte waren programmiert. 1361 mussten die Vögte von Gera zwischen den Saalburgern und dem Kloster vermitteln, weil der Pfarrer nicht in der Stadt, sondern beim Kloster wohnte. Erst 1387 konnte eine Stelle für einen Messner geschaffen werden, der die Stadtbevölkerung regelmäßig versorgte. Spätestens eingangs des 15. Jahrhunderts bildete sich eine Fronleichnamsbruderschaft, wie sie etwa auch an St. Lorenz in Hof bestand (→ S. 101 f.).

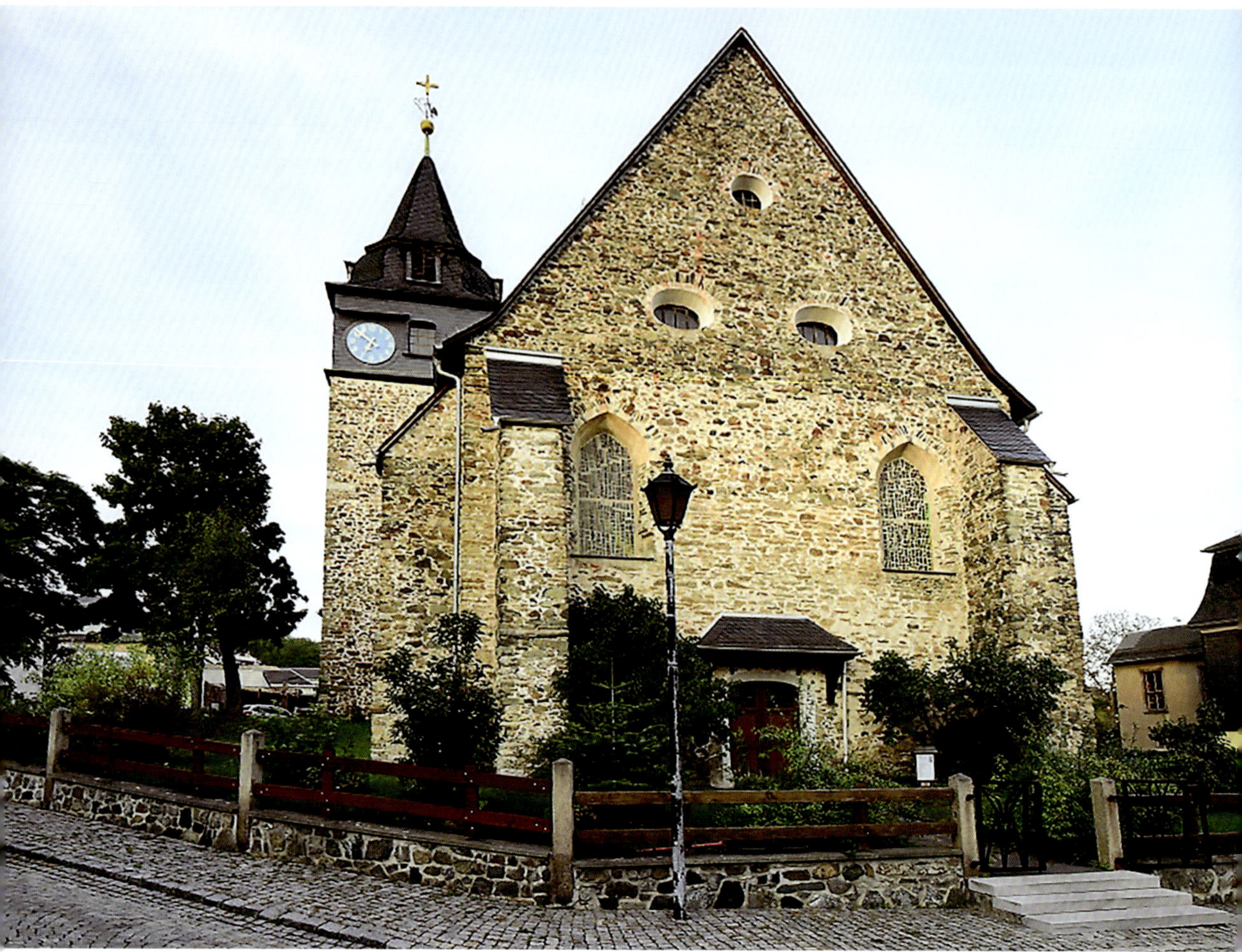

Die Marienkirche in Saalburg

Die Bausubstanz der Marienkirche ist alt. Das Mauerwerk des Turms verweist noch ins 14. Jahrhundert. Aus dem 15. Jahrhundert stammen Chor und Langhaus. Vielleicht entstanden sie in Folge eines Brandes. Es fällt auf, dass ab 1476 wiederholt Ablässe gewährt wurden. Auch schließt das Saalburger Memorienbuch (1490) all jene ins Gedenken ein, *dy czu dem gotzhauß geholffen und geratten haben und dy da steyner dartzu geben* [3].

Brände haben das Haus auch in den folgenden Jahrhunderten verschiedentlich geschädigt. Die Innenausstattung entstammt dem 17. Jahrhundert.

Anmerkungen
[1] Vgl. RONNEBERGER, S. 105.
[2] RONNEBERGER, S. 105.
[3] RONNEBERGER, S. 107.

Stadtmauern Saalburg (→ S. 389)

GEORGSKAPELLE KULM

Um einen Eindruck von den Saalburger Filialkirchen zu erhalten, empfiehlt sich ein Abstecher in den Stadtteil Kulm. Dort steht eine sehr alte, auch vom Aspekt auf die Gründungszeit verweisende, wiewohl baulich nicht vollumfänglich bis ins Weihejahr 1223 zurückreichende Kapelle mit dem Patrozinium des Drachentöters Georg. Schon vor über hundert Jahren erweckte das Kirchlein den Eindruck, mit seinen niedrigen starken Mauern und vergitterten Fenstern fest und trutzig allen Stürmen der Jahrhunderte standhalten zu wollen [1]. Neben Georgs-Reliquien bewahrte man im Altar auch Überreste des Apostels Petrus, des Erzbischofs Otto und der 11.000 Jungfrauen auf.

Die Georgskapelle erfreute sich früh schon einer gewissen Beliebtheit. Die Nähe zu Saalburg legte eine Inkorporierung nahe. Bereits 1318 verkaufte Friedrich von Kulm Güter an das Kloster. 1325 wurde die Kapelle dann offiziell zur Filiale der Saalburger Marienkirche. Im selben Jahr bestätigte man dem Kloster den Besitz eines halben Hofes in Kulm, und 1357 schenkte Hans von Kospoth den Schwestern ein Bauerngut. Die Volkssage weiß dezidiert von »großen Wallfahrten zu Ehren Georgs des Märtyrers« [2].

Die geistlichen Handlungen für Kulm wurden in der Folgezeit überwiegend in Saalburg vorgenommen. Lediglich eine Messe wurde täglich durch den Saalburger Propst gelesen. Von 1506 bis 1534 war das Johann Götze, dessen Leistungen im Kulmer Kirchenrechnungsbuch, das von 1507 bis 1540 geführt wurde, allenthalben erscheinen [3]. Für die äußeren Belange der Kapelle agierten zwei Altarleute und zwei Kirchenväter.

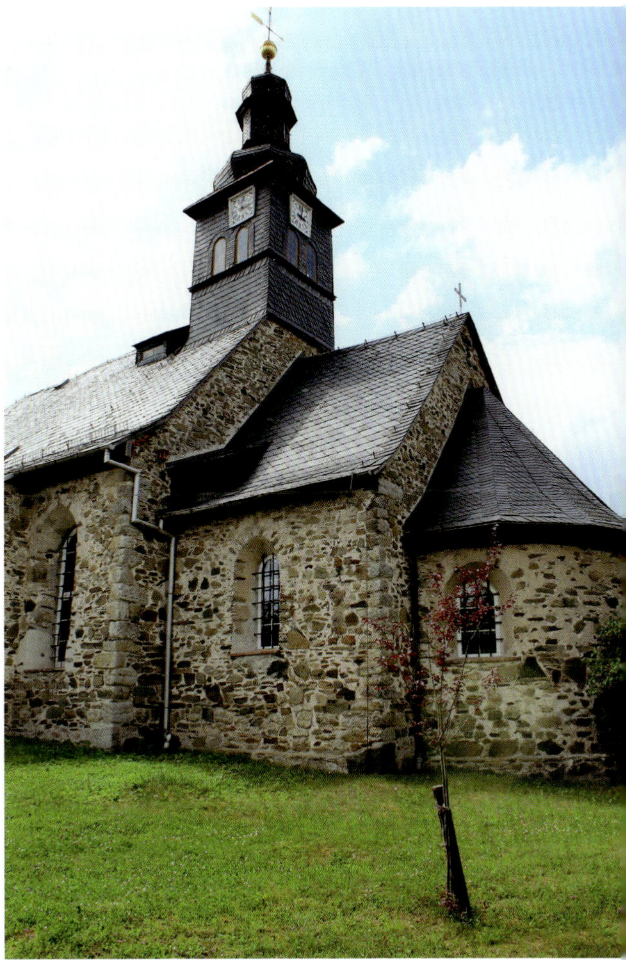

Blick auf Chor und Apsis der Georgskapelle in Kulm

Wie aus Saalburg (um 1490) hat sich auch aus Kulm ein Memorienbuch der Zeit um 1500 erhalten, das die Namen der Stifter, nicht aber die Summen vermerkte [4]. Ein solches Buch könnte mit der Georgs-Wallfahrt in Verbindung stehen. Register mit Stifternamen, die deren Herkunft vermerken, wurden auch an anderen Wallfahrtsorten geführt. Sie sind, will man die Strahlkraft einer Kultstätte ermessen, von einiger Bedeutung.

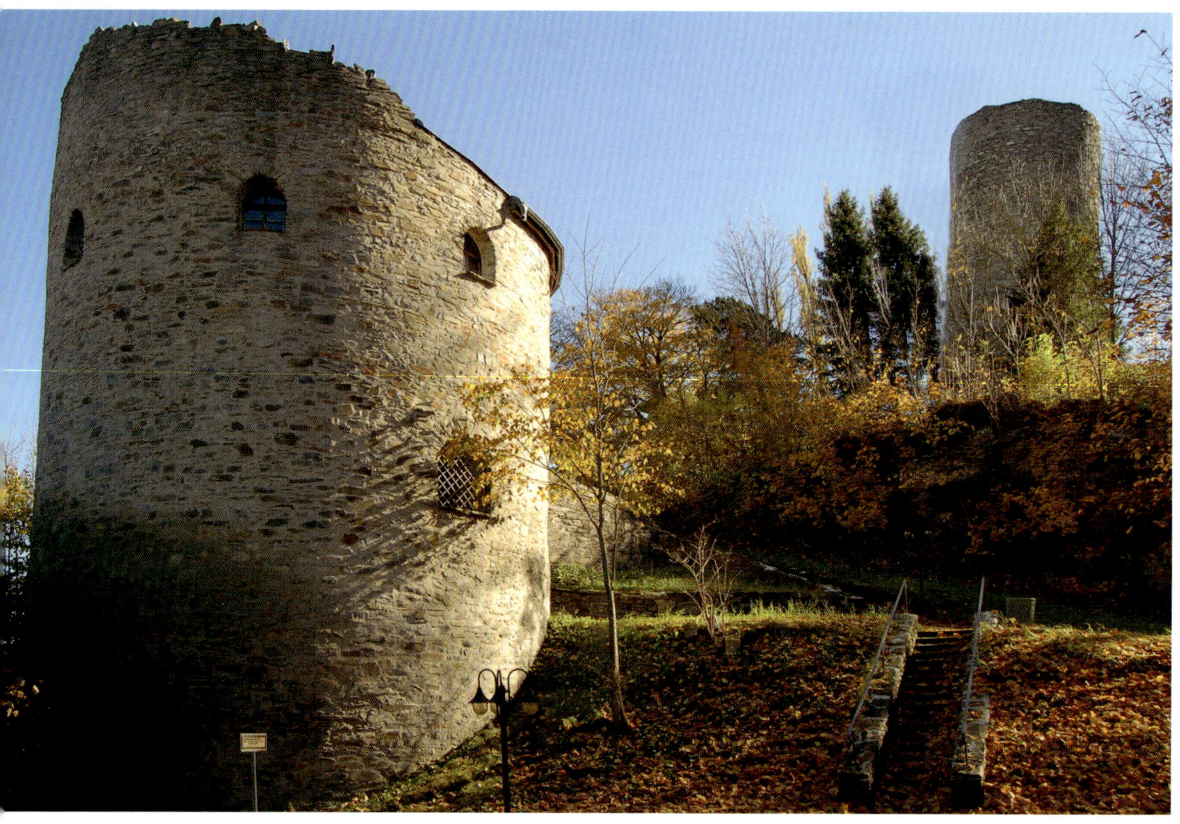

Ruine der Burg Lobenstein

Anmerkungen
[1] MEYER, S. 94.
[2] Vgl. MEYER, S. 97; EISELT, Nr. 963.
[3] Vgl. RONNEBERGER, S. 173.
[4] Vgl. MEYER, S. 94 – 99; RONNEBERGER, S. 114.

LOBENSTEIN

Über Lobenstein erhebt sich noch heute der drei-ßig Meter hohe Bergfried einer alten, vielleicht ins 11. Jahrhundert datierbaren Burganlage. Sie wurde vermutlich von den Herren von Lobdeburg errichtet. Um den Herrensitz herum entstand die Stadt. Die Burg war Residenz zunächst der Vögte, dann der Herren von Gera. Bereits Vogt Heinrich II. »der Ältere« von Gera (1274 – 1311) stellte hier 1278 eine Urkunde aus [1].

Das Jahrhundert der Heinrichinger in Lobenstein brach mit der Landesteilung der Söhne Heinrichs VII. von Gera an (1425) [2]. Heinrich IX. begründete die Herrschaft Lobenstein. 1435 heiratete er Mechthild, Tochter Günthers XVIII. aus dem Hause der Grafen von Schwarzburg-Wachsenburg. Heinrich pilgerte 1461 ins Heilige Land. Als er 1482 starb, teilten seine Söhne erneut. Heinrich XIII. »der Jüngere«

(1482–1489) erhielt dabei die Herrschaft Lobenstein, verstarb aber schon 1489, so dass Lobenstein an seinen Bruder Heinrich XI. »den Älteren« (1489–1508) überging, der es freilich 1497
an seinen Bruder Heinrich XII. (1489–1500)
verpfänden musste. Dessen Söhne Heinrich XIV.
»der Ältere« (1508–1538) und Heinrich XV. teilten das väterliche Erbe 1501 erneut, 1508 erhielten sie auch das von ihrem (nun verstorbenen)
Onkel verpfändete Lobenstein. Der letzte Herr
von Gera zu Lobenstein war dann Heinrich XV.
»der Jüngere« (1508–1550). Nach seinem Tod
fiel die Herrschaft Lobenstein an die burggräf-
liche Linie zu Plauen. Doch auch die Plauener
konnten sich nicht mehr halten. Heinrich VI.
»der Jüngere« (1554–1572), der letzte Spross der
Vögte und Herren von Plauen, verpfändete Lobenstein wiederholt, ohne es einlösen zu können [3]. Lobenstein fiel an die Reußen, die noch
lange mit Heinrichs Witwe prozessierten. Sie
gaben die funktionslos gewordene Anlage 1601
ganz auf und zogen ins unterhalb der Burg gelegene Alte Schloss. Vagierende Schweden ließen
es sich trotzdem nicht nehmen, die Burg 1632
weitgehend zu zerstören. Nördlich der Altstadt
entstand nach dem großen Brand von 1714 das
Neue Schloss, die barocke Residenz der Fürsten
von Reuß-Lobenstein (bis 1824).

Anmerkungen
[1] Vgl. UB Vögte I, Nr. 184.
[2] Vgl. UB Vögte II, Nr. 708.
[3] Vgl. Gehrlein, S. 36.

Die folgenden Stationen führen durch den sogenannten ›Berger Winkel‹: ein kleines, von der
Gemeinde Berg dominiertes Terrain, dicht bestanden mit Burgen und Burgruinen, durch das

während der Teilung Deutschlands ein Riss ging,
dessen Narben noch heute nicht vollständig ver-
heilt sind.

KIRCHE ST. JAKOBI IN BERG

Die Kirche des Pilgerapostels Jakobus im oberfränkischen Berg tritt urkundlich 1320 in Erscheinung. Da Berg an der Handelsstraße von
Hof nach Lobenstein lag, ist eine Einbindung in
die Infrastruktur für Santiago-Reisende durchaus vorstellbar. Berg war Mutterpfarrei etwa
für die Kirche in Sparnberg. Pfarrgeistliche lassen sich relativ regelmäßig seit der Mitte des
14. Jahrhunderts nachweisen. 1358 muss der
mächtige Geistliche der Altpfarrei St. Lorenz zu
Hof, Heinrich von Töpen, den Vögten von Weida
versprechen, den Pfarrer Albrecht von Berg un-
bedrängt zu lassen: *Auch schol ich hern Albrech-
ten lazen bliben bi der pharre zu dem Berge, di bile
er lebet, und herr Otte schol in darin ungehindert
lazzen an alle arglist* [1]. Was damit gemeint war,
geht indirekt aus einer zehn Jahre jüngeren Urkunde Johanns des Jüngeren von Sparnberg hervor (1368), in der nun *her Ott pfarrer czum Berge*
als Zeuge erscheint [2]. Nach dem Abgang der
Curia Regnitz übten den Patronat die Herren von
Reitzenstein aus, die sich auf Epitaphen an der
Außenseite der Jakobskirche verewigten. Das
Innere wurde zunächst protestantisch purgiert,
späterhin barock ausgekleidet. Mittelalterliches
findet man nur noch im Außenbereich: Relikte
der alten Kirchhofbefestigung (14./15. Jahrhundert), Mauerreste und Torturm. An der Straße
nach Schnarchenreuth, ca. 150 Meter entfernt,
steht ein altes Sühnekreuz. Die Überlieferung

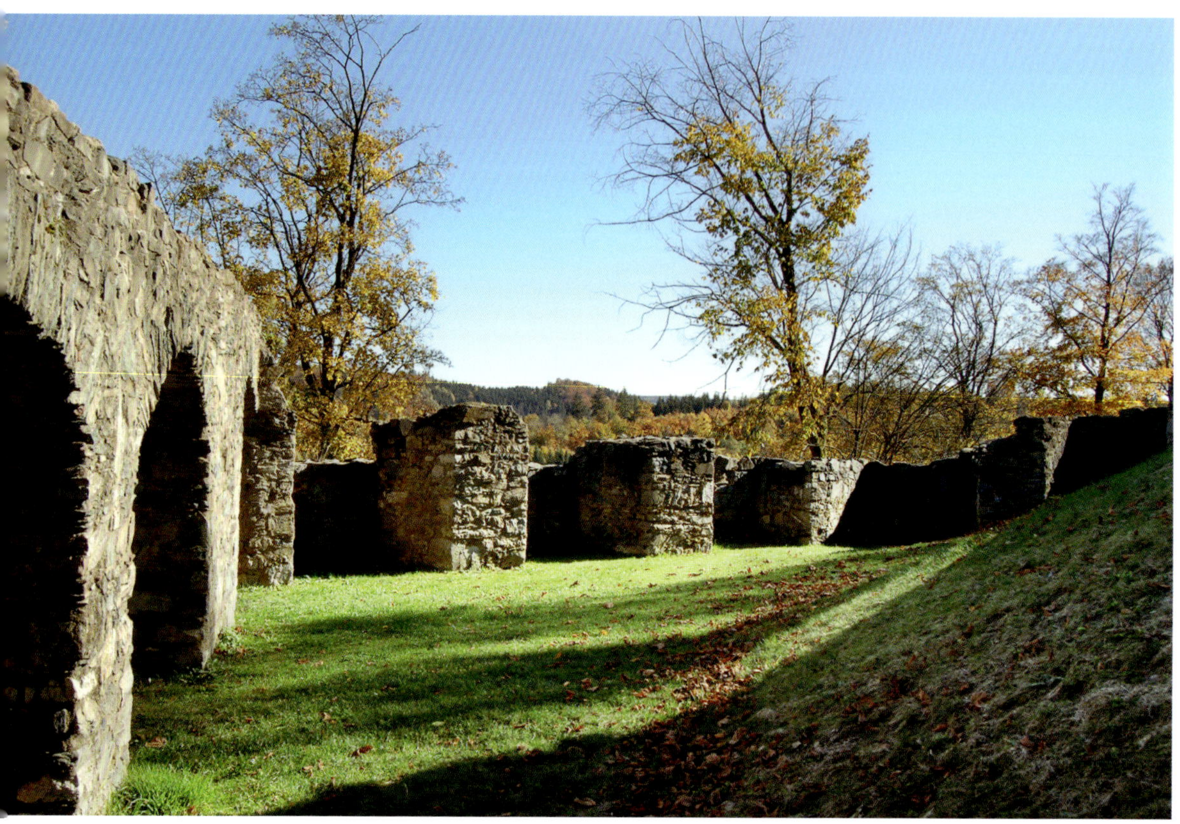

Die rekonstruierten Mauern der Burgruine Lichtenberg

will es dem 1487 erschlagenen Hans von Dobeneck auf Schnarchenreuth zuordnen [3].

Anmerkungen
[1] UB Vögte II, Nr. 14.
[2] UB Vögte II, Nr. 167.
[3] Vgl. GEBESSLER, S. 38

Kirche St. Walburga Bad Steben (→ S. 363)

BURGRUINE LICHTENBERG

Aus Richtung Bad Steben kommend, fährt man durch die alte Stadt Lichtenberg, die im Ro-dungsland der Herzöge von Andechs-Meranien errichtet wurde. Unterhalb der Burganlage, deren Turm weithin sichtbar ist, befindet sich ein eigentümlich lang gezogener alter Stadtkern. Die Stadt wird mit samt ihrer Kirche, die dem Täufer Johannes geweiht war, erst 1337 als solche benannt. Eisen- und Kupferbergwerke machten die kleine Herrschaft Lichtenberg für den Landesherren interessant. 1427 ging sie von den Grafen von Orlamünde, Ministerialen der Andechs-Meranier, an den Markgrafen von Brandenburg über, der sie indes umgehend an Kaspar von Waldenfels, den Hauptmann von Hof, veräußerte.

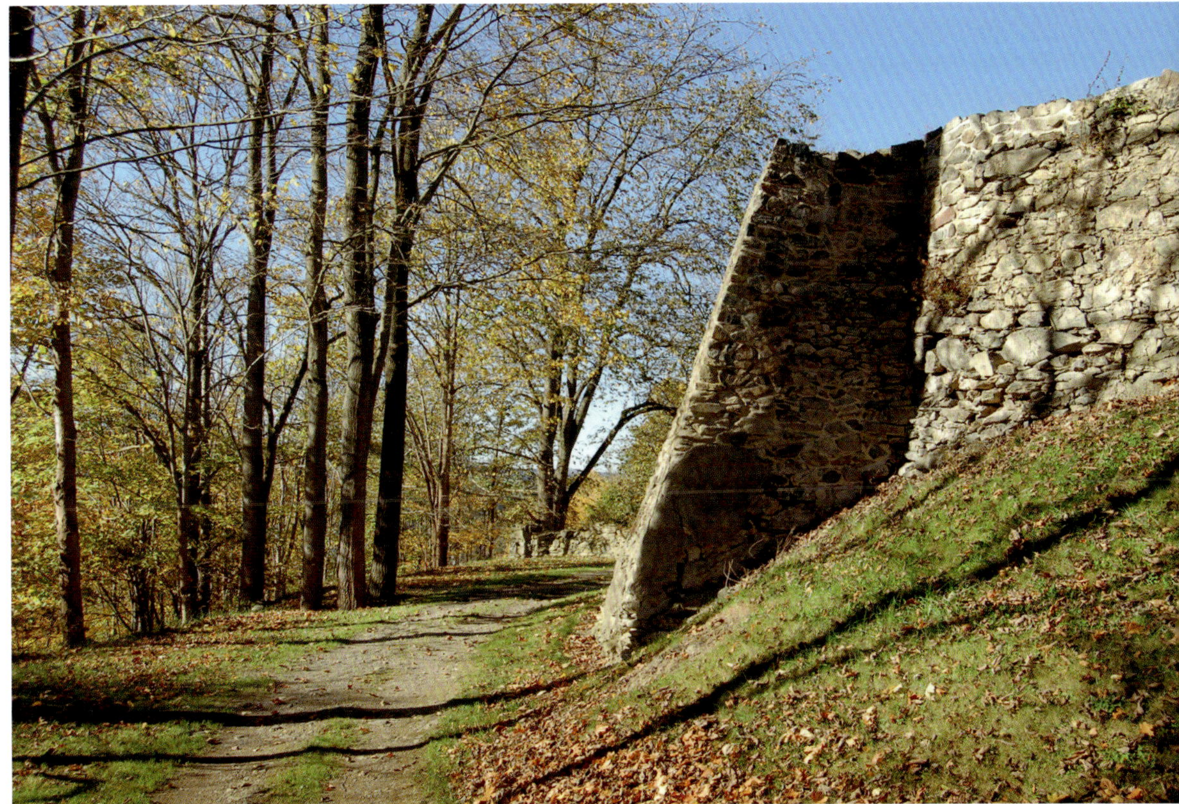

Die Mauern der Burgruine Blankenberg

Von der alten Burganlage, die 1430 den Hussiten und 1444 einem Kriegszug oberdeutscher Reichsstädte trotzte, sind noch ansehnliche Reste erhalten. Nach der totalen Zerstörung der Festung (1554) wurden sie gesichert und gefällig hergerichtet. Der Turm, den man für einen Bergfried halten könnte, erwuchs erst 1936 auf den Trümmern eines alten Treppenturms [1].

Anmerkungen
[1] Vgl. HHS Franken, S. 305 – 307.

BURGRUINE BLANKENBERG

Blankenberg resp. Blankenburg ist eine häufige Bezeichnung für Burgen. Entsprechend unsicher ist oft die Zuordnung von Geschlechtern, die sich von Orten dieses Namens herleiten. Die Blankenberger auf der 1192 erstmals erwähnte Spornburg im Saaletal scheinen eine Ministerialenfamilie zunächst der Andechs-Meranier, dann der Vögte von Weida gewesen zu sein, die die Burg spätestens im 13. Jahrhundert an sich brachten. Sie besaßen Blankenberg und Blankenstein bei Hirschberg. Mit den Blankenbergern zu

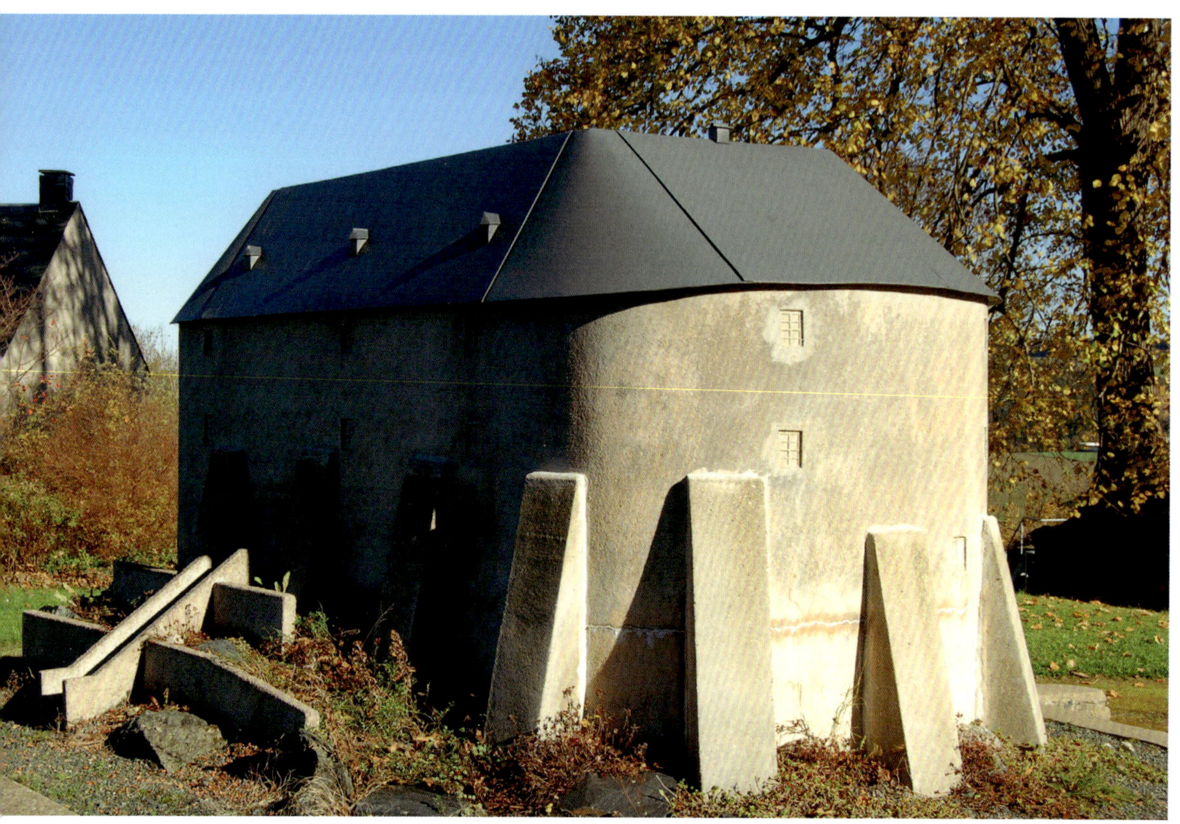

Modell des alten Schlosses (2007)

Niederkrossen, orlamündischen Ministerialen, die in der Guttenberger Fehde (ca. 1380–1383) auf Seiten der Vögte standen [1], haben sie nur den Namen gemeinsam.

Wiederholt zeugten die Blankenberger für die Vögte und Herren von Gera. Mit ihren Herren engagierten sie sich für das Kloster Saalburg (→ S. 271 f.), in das die Familie auch ihre Töchter gab, die dort Äbtissinnen und Priorinnen wurden [2]. In Saalburger Angelegenheiten zeugen erstmals Erkenbrecht und Johannes *fratres dicti Blankenberg* 1338 für die Vögte von Gera, 1347 zeugt Eberhard von Blankenberg unter anderen

gestreingin knechten für Vogt Heinrich V. »den Jüngeren« von Gera (1311–1377), und noch 1361 sind Eberhard und Erkenbrecht *gebruder genant von Blankenburg* bei der Schlichtung eines Streites zwischen den Zisterzienserinnen und der Stadt Saalburg zugegen. 1392 schenkt Arnold Blankenburger zu Harra dem Kloster Güter, was Herr Heinrich VII. von Gera (1377–1420) bestätigt. Der nämliche Arnold *Blanckenberg* ist noch 1402 als Teidinger des Herrn von Gera bei der Schlichtung eines Streits mit dem Bischof von Bamberg zugegen, und er lässt sich auch noch 1415 als Bürgen für den einzuhaltenden Ehevertrag Heinrichs VIII. »des Älteren« von Gera (1420–1426) mit Margarethe von Wertheim, die er 1412 geheiratet hatte, aufstellen [3].

Längst war die Burg, war das Schloss Blankenberg nicht mehr in vögtischer Hand. 1371 hatten die Vögte von Gera die Festung an die böhmische Krone veräußern müssen. Nach 1411 kaufte Jan von Berg zu Syrau, der seit 1402 in den Diensten der Herren von Weida stand, Schloss Blankenberg von Heinrich von Pöllnitz [4]. 1422 ging Blankenberg endgültig an die Wettiner, die es 1442 an die Herren von Reitzenstein verlehnten [5].

Die nach ihrer Sprengung durch die Sowjets (1948) ruinöse, im deutsch-deutschen Sperrgebiet unzugängliche Anlage wurde nach 1989 sachgerecht restauriert. 2007 wurde ein Modell des alten Schlosses am Fuß der Ruine aufgestellt.

Anmerkungen
[1] Zu ihnen vgl. LULLIES, S. 67 f.
[2] Vgl. RONNEBERGER, S. 168–170.
[3] Belege: UB Vögte I, Nr. 799; UB Vögte I, Nr. 884; UB Vögte II, Nr. 90; UB Vögte II, Nr. 346; UB Vögte II, Nr. 431; UB Vögte II, Nr. 600.
[4] Vgl. LULLIES, S. 12.
[5] Vgl. VON RAAB I, Nr. 433.

SPARNBERG

An windstillen, sonnig verträumten Tagen vermag man einen Hauch vom Mythos zu spüren, der das alte, ins Knie der Saale sich schmiegende Sparnberg leis umweht: ein Mythos, der uns vergessen lässt, dass Sparnberg heute nicht einmal zweihundert Einwohner zählt und seit 2005 Ortsteil der Stadt Hirschberg ist. Wie alt ist Sparnberg? Oder, besser gefragt: Wie alt wurde das vergangene Sparnberg? Gehörte die Festung tatsächlich einst zum Limes Sorabicus, den Karl der Große vor der Mitte des 9. Jahrhunderts zur Abwehr der Sorben ziehen ließ? Oder war die Burg ein unmittelbares Reichslehen der Herren von Reitzenstein, die sie im 12. Jahrhundert erbauen ließen? Was hat es mit den Stadtrechten der Sparnberger auf sich, die sie der Legende nach vom dankbaren König Wenzel II. 1302 erhalten haben wollen, als sie den Fliehenden auf der Durchreise beköstigten? Erklärt die Legende das alte Stadtsiegel mit der Umschrift *Sigillum Sparnberg oppidi*? Und wie passt diese Tradition zur urkundlich belegbaren Erhebung Sparnbergs zum Marktflecken durch Wenzel IV. von Böhmen 1379?

BURGRUINE SPARNBERG

Die Ursprünge der Burg Sparnberg sind, wie ausgeführt, unklar. Ins Licht einer urkundlich verifizierbaren Geschichte trat sie erst, als sie Ulrich Sack von Planschwitz 1302 von Heinrich II. »dem Älteren« und Heinrich III. »dem Jüngeren« von Gera (1274–1311) erwarb [1]. 1327 nahm Petzold Sack von Sparnberg die Burg und den zugehörigen Grundbesitz von König Johann von Böhmen zu Lehen. Nach Lage der Urkunden sind die Sparnberger zu Sparnberg ein Zweig der Sack und daher zu trennen von den Sparnbergern, die mit den Sparneckern und den Waldsteinern zusammenhängen.

Im 14. Jahrhundert unterhielten die Sparnberger gute Beziehungen zum Kloster Saalburg (→ S. 271 f.). 1331 schenkten Petzold und seine Söhne Jan und Jenlein dem Kloster Zinsen aus

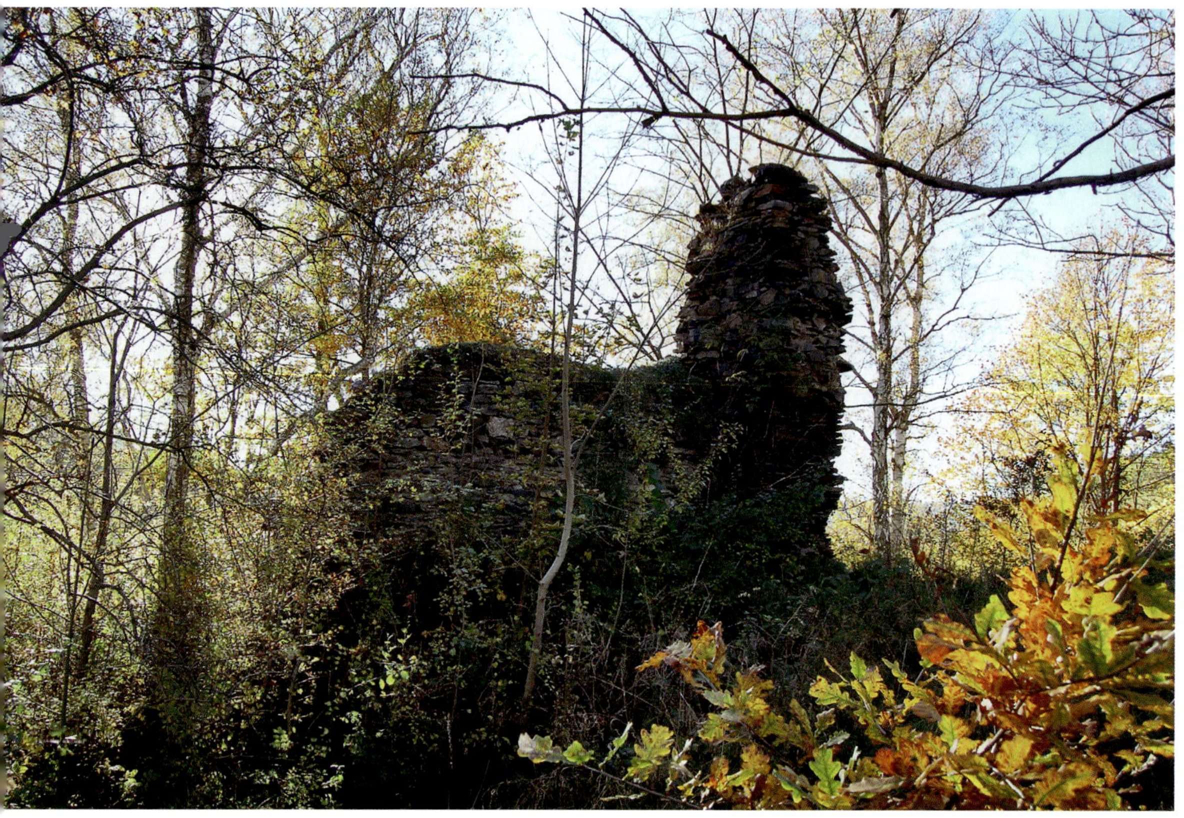

Ungesicherte Mauerreste der alten Burg Sparnberg

Frössen und Künsdorf, 1355 schenkte Jan von Sparnberg Zinsen aus Göritz und Grün, 1368 aus Göttengrün [2]. 1374 ist Adelheid von Sparnberg als Äbtissin des Klosters nachweisbar, 1387 Heyle von Sparnberg als Priorin [3].

Ausgangs des 14. Jahrhunderts traten die Sparnberger wiederholt im Egerland in Erscheinung. Diezmann von Sparnberg d. J. gehörte zu den Plackern, die 1381/82 den Egerer Ratsbürger Nickel Rudusch beraubten. Petzold von Sparnberg plünderte 1385/86 in der Gegend von Bayreuth, beschwor aber 1396 als Lehnsmann des Burggrafen den Egerer Landfrieden. In der Gut-

tenberger Fehde stand Severin von Sparnberg auf Seiten der Vögte bzw. der Markgrafen. Um 1400 freilich wurden er und seine Söhne von denen von Feilitzsch des Raubes und der Plünderei in Feilitzsch und Trogen beschuldigt [4].

Schloss und Flecken Sparnberg erlebten in der zweiten Hälfte des 15. Jahrhunderts wiederholt Besitzerwechsel. Vor 1458 war Matthes Russwurm Pfandherr. In diesem Jahr verpfändete Herzog Wilhelm von Sachsen Schloss und Flecken Sparnberg an Hans von Waldenfels [5]. 1487 ging das Schloss aus dem Besitz des Nickel von Machwitz an Friedrich von Reitzenstein über

[6]. Von der Anlage ist, außer einer malerischen Bruchsteinmauer mit Resten eines Turms, die sich schamhaft im Wald verstecken, nichts geblieben.

Anmerkungen
[1] UB Vögte I, Nr. 353.
[2] Vgl. RONNEBERGER, S. 151–154.
[3] Vgl. RONNEBERGER, S. 168 f.
[4] Vgl. LULLIES, S. 85.
[5] Vgl. VON RAAB I, Nr. 600.
[6] Vgl. VON RAAB II, Nr. 12.

KIRCHE ST. SIMON UND JUDAS THADDÄUS IN SPARNBERG

In den Hang einer Anhöhe im Saaletal, auf der sich einst die Burg befand, wurde 1437–1439 zu deren Füßen die spätgotische Saalkirche mit dem seltenen Patrozinium der Heiligen Simon und Judas Thaddäus gelegt. Sie scheint das erste Gotteshaus in Sparnberg gewesen zu sein, und sie blieb bis ins 19. Jahrhundert Filialkirche der Altpfarrei Berg. Die durch eine Tormauer gesicherte Anlage erweckt den Eindruck einer Wehrkirche. Den rechteckigen Grundriss schließt ein quadratisch-massiver Westturm ab, der im Obergeschoss in einen oktogonalen Aufsatz aus verputztem Fachwerk übergeht. Schmale Spitzbogenfenster deuten auf das Alter des Baukörpers, der innen wie außen modernisiert wurde. Stifterbilder der Familien von Reitzenstein und von Zedtwitz haben sich im (jüngeren) Altar erhalten.

Eine gründlichere Erforschung verdienen die nach 2005 teilweise freigelegten spätgotischen Wandmalereien [1]. Gleich rechter Hand sehen wir die von Fischen umkreisten Beine des

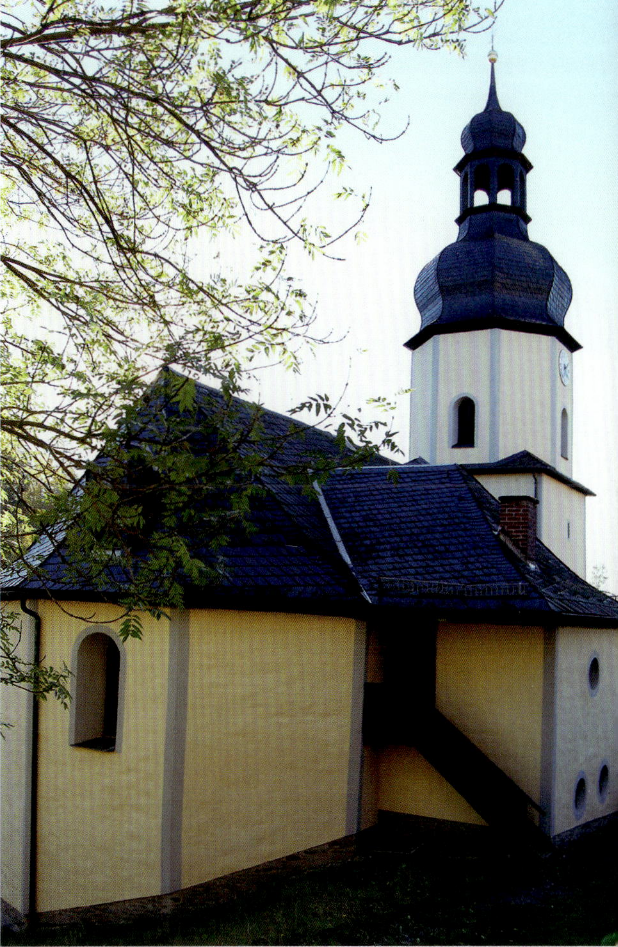

Die Kirche St. Simon und Judas Thaddäus in Sparnberg

Christophorus: mehr nicht, denn die hölzernen Emporen schneiden den Riesen gleichsam in der Mitte durch. Beachtung verdient ein sehr weitgehend freigelegter, fachgerecht sanierter Heiliger am Übergang zum Chor: ein Mann in Mönchskutte, der eine massive Kette in Händen hält. Er scheint mit den Figuren im Haus gegenüber zu kommunizieren. Eine Deutung steht noch aus, doch könnte es sich um den Heiligen Leonhard

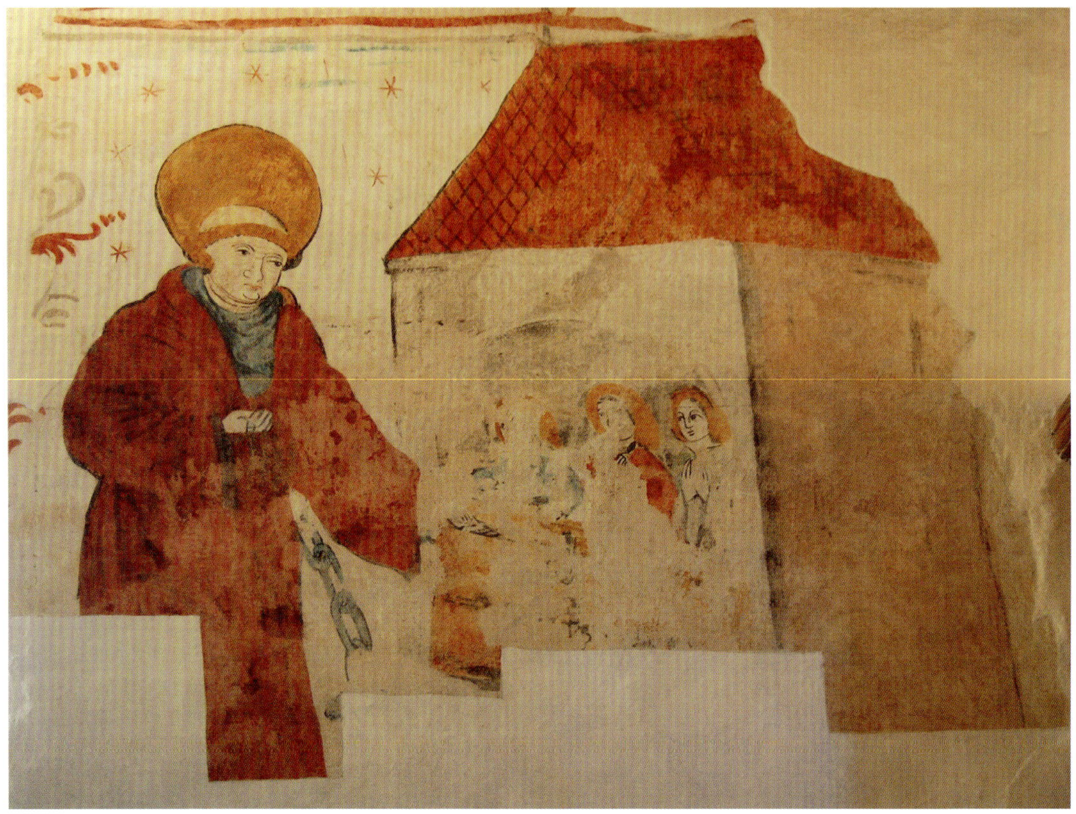

Wandmalereien in der Sparnberger Kirche (Heiliger Leonhard)

handeln [2]. Nicht nur in den Fensterlaibungen scheinen sich weitere Heiligendarstellungen befunden zu haben. Der Gekreuzigte im Fenster gleich neben dem Mönchsheiligen dürfte, der Form des Kreuzes nach, der Apostel Andreas gewesen sein.

Anmerkungen
[1] Vgl. SLADECZEK, S. 210. SLADECZEK geht davon aus, dass Sparnberg um 1500 ein Dorf gewesen sei.
[2] Die Verbindung von Christophorus und Leonhard fand sich einst auch in den (verlorenen) Wandbildern der Leonhardskirche in Köditz.

HIRSCHBERG

Hirschberg ist alt. Seine Lage am Saaleübergang erklärt die Anlage einer Burg auf imposantem Gestein und die Entwicklung einer Stadt, die bereits Mitte des 12. Jahrhunderts urkundlich erscheint. Burg und Stadt befanden sich in den Händen derer von Hirschberg (1232), einer ursprünglich andechs-meranischen Ministerialen-Familie, die wie die von Sparneck von den von Waldstein abstammten [1]. Dass die Vögte von Weida bereits 1246 in Hirschberg eine Urkunde zu Gunsten der Pfarrkirche in Gefell ausstell-

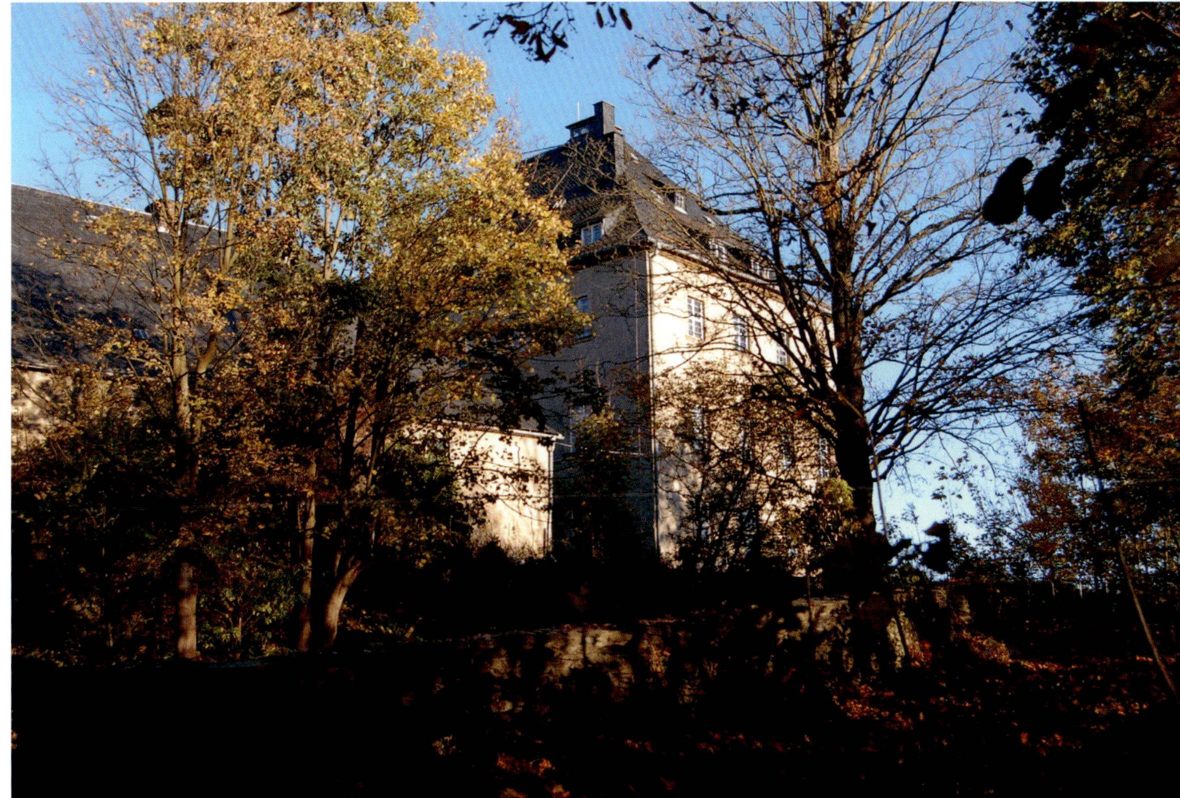

Das Haupthaus des Schlosses Hirschberg über der Saale

ten, der sie Güter und Zehnten überwiesen, gilt kritischer Forschung als unwahrscheinlich. Mit Sicherheit erhielten die Vögte von Plauen 1296 die Burg *Hirzsberg* von König Adolf von Nassau, die sein Vorgänger Rudolf von Habsburg erworben hatte. In Zeugenlisten der Vögte finden sich die Hirschberger nur selten; eher schon sind sie in Angelegenheiten der Wettiner zugegen. 1341 müssen sich die Brüder Heinrich und Eberhard von Hirschberg mit Heinrich dem Älteren von Weida (*unserm liben gnedigen herrn*) aussöhnen und ihm und seinen Nachfahren künftighin *dinen an alle list alz ander ir man und diner*. Nach dem Vogtländischen Krieg musste Heinrich V. »der Mittlere« von Plauen zu Mühltroff (1348–1357) Hirschberg an die Wettiner abgeben, die die Burg kurz darauf (1358) der böhmischen Krone antrugen [2]. Abkömmlingen der Hirschberger begegnen wir auf Seiten der Burggrafen von Nürnberg anlässlich des Verkaufs von Hof und Regnitzland (1373) durch die Vögte und dann in der Guttenbergischen Fehde (1380–1383) auf Seiten derer von Guttenberg [3]. Nach 1480 besaßen die aus Saalfeld stammenden Ministerialen von Beulwitz die Burg für nahezu zweihundert Jahre als böhmisches Lehen [4].

Zwischen dem 31. Dezember 1455 und dem 13. Januar 1456 arbeitete der Geistliche Nikolaus Perner aus Zeitz *in castro Hirspberg*. Er legte auf der Burg Teile einer Sammelhandschrift an, die sich heute in der Dombibliothek in Naumburg befindet (Hs. 25). Der Codex versammelt mit dem ›Cordiale de quattuor novissimis‹ und dem fälschlich unter Augustinus' Namen laufenden ›Speculum peccatoris‹ zwei bekanntere Werke der innerlichen Frömmigkeit. Die sauber geschriebene, zweispaltig angelegte Handschrift enthält zudem Texte, die Perner bereits 1445 auf der Mühlburg bei Mühlberg (Arnstadt) kopiert hatte. Er besaß noch zwei weitere Codices (Naumburg Hs. 23, Hs. 27), die ihn als Prediger oder Kaplan ausweisen. Die Hs. 23, die teilweise 1445 in Arnstadt entstand, bietet auf dem Vorsatzblatt einige Urkundenabschriften Heinrichs VIII. von Gera und Burgk (1425–1426). Vielleicht ist sie im Raum Gera/Schleiz gebunden worden. Noch im 15. Jahrhundert scheint sie nach Naumburg gelangt zu sein.

Das heutige Schloss Hirschberg wurde nach 1664 unter Heinrich X. Reuß-Lobenstein-Ebersdorf erbaut, danach mehrfach (zuletzt gravierend 1825) umgemodelt, doch befand es sich bis 1920 im Besitz des Hauses Reuß. Ältere Substanz darf man im gekappten, zu einem Speicher umgewidmeten Turmbau vermuten. Denkmalschutzauflagen erschweren eine Wiederherstellung der Anlage, die nicht nur aus der Ferne wie ein DDR-Mietshaus erscheint.

Anmerkungen
[1] Vgl. LULLIES, S. 25.
[2] Belege: UB Vögte I, Nr. 86; UB Vögte I, Nr. 302; UB Vögte I, Nr. 387; UB Vögte I, Nr. 724; UB Vögte I, Nr. 837; UB Vögte II, Nr. 12, 13; UB Vögte II, Nr. 34.
[3] UB Vögte II, Nr. 205; vgl. LULLIES, S. 24–26.
[4] Vgl. LULLIES, S. 13f.

DIE VÖGTE VON WEIDA IM REGNITZLAND

Als mit dem Tod Ottos VII. das Haus Andechs-Meranien 1248 im Mannesstamm erlosch, schrieb sich Heinrich VI. »der Pfeffersack« von Weida (1238–1254) als Erbe seiner Großmutter Bertha von Vohburg, der andechs-meranischen Gemahlin Heinrichs II. »des Reichen« (1193–1209), die unmittelbare Reichsvogtei über das Regnitzland zu. Das war ein regelrechter Coup, und er ging natürlich nicht geräuschlos über die Bühne. Sollte die hohe Abkunft der Gräfin auf früher Fiktion beruhen, wie gelegentlich zu lesen ist, so griff sie doch politisch mit allen Konsequenzen. Die Weidaer zogen ins Regnitzland. Sinnenfälliger Ausdruck ihrer Herrschaft wurde die planmäßige Anlage der ummauerten Neustadt Hof (vor 1260). Stadt und Region nahmen unter den Vögten einen Aufschwung, der 1318 durch die Übernahme der Burggrafen von Nürnberg, denen die Vögte den Lehenseid leisten mussten, nicht wirklich eingebremst wurde. 1357 erneuerten sie den Lehenseid. Nachdem Heinrich XIII. »der Ritter« (1351–1373) Hof und das Regnitzland 1366 an seinen Bruder Heinrich XIV. »den Roten« (1355–1389) abgetreten hatte, musste der den gesamten Besitz 1373 an die Burggrafen verkaufen, womit das Afterlehensverhältnis beendet wurde. Die Zahlungsmoral der Burggrafen zog dann noch das eine oder andere militärische Scharmützel mit den Weidaern nach sich. Heinrichs XIV. Sohn, Heinrich XVI. (1374–1404), empfing (1389) wieder Schloss und Stadt Weida von den Markgrafen von Meißen zu Lehen. Erst der letzte Vogt von Weida, Heinrich XIX. »der Jüngere« (1427–1462), erhielt 1447 die Restsumme aus dem Verkauf des Regnitzlandes.

PFARRKIRCHE ST. LORENZ IN HOF

Die Kirche des Heiligen Laurentius ist das älteste Gotteshaus am Ort. Urkundlich fassbar ist sie erstmals 1214. Nach Bränden mehrfach umgestaltet, überragt sie die sie umgebenden Bauwerke kaum, erweckt jedenfalls nicht mehr den Eindruck, einst Mutterkirche Hochfrankens gewesen zu sein [1]. Dabei unterstanden dem reichen Gotteshaus im 15. Jahrhundert nicht nur die Sprengel im Landkreis. Filialen von St. Lorenz reichten bis in den Süden des heutigen Thüringen (Gefell, Hirschberg) und nach Südwestsachsen (Bobenneukirchen, Großzöbern). Das bedeutete reiche Einkünfte für die Hofer Hauptpfarre, deren Lukrativität auch dem Bischof von Bamberg nicht verborgen blieb. Die Besetzung der Pfarrei mit einem Bamberger Domherren scheiterte 1374 zunächst am energischen Wider-

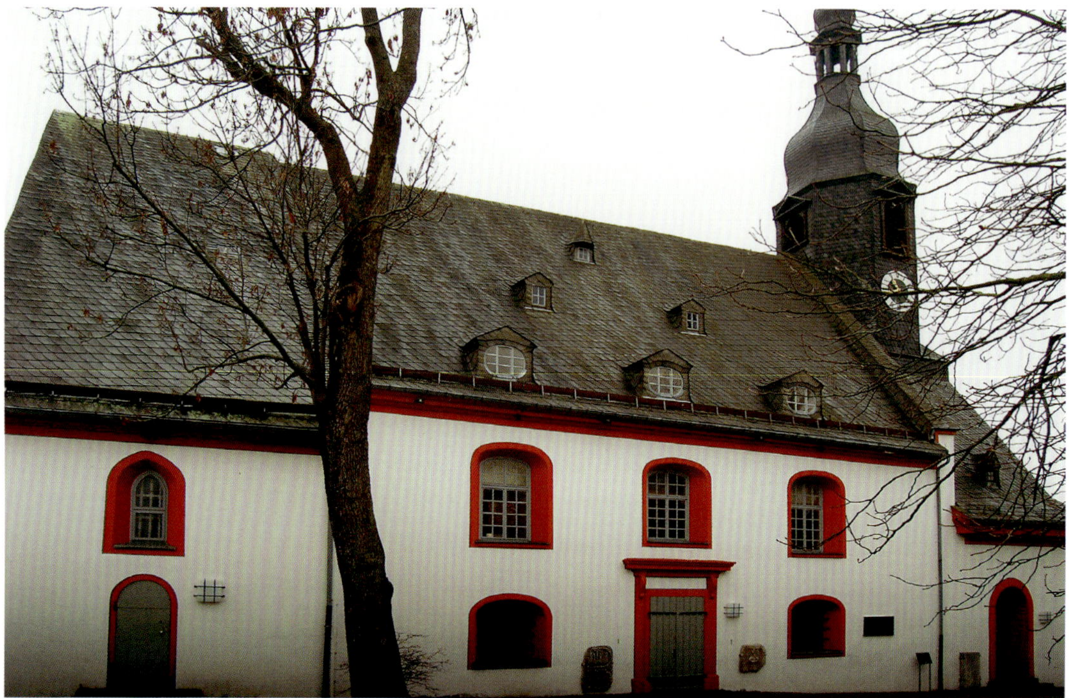

Die Lorenzkirche in Hof

stand des Hauptpfarrers Konrad von Weißelsdorf, der kurzerhand vom Bischof mit dem Interdikt belegt und seines Amtes enthoben wurde. Nicht genug damit: der Kirchenbann traf auch die Vögte von Weida als Landesherren und die Burggrafen von Nürnberg, denen die Vögte just ein Jahr zuvor Hof und das Regnitzland verkauft hatten [2]. Die Burggrafen beeilten sich (1374), den bischöflichen Zugriff erwartend, die Pfarrkirche in Steben und die Kapelle in Naila aus der Familie der Mutterkirche herauszulösen und das Besetzungsrecht den Grafen von Orlamünde einzuräumen. Die Vögte hatten, wenn man so will, den Kopf zur rechten Zeit aus der Schlinge gezogen. Der Streit um die Hofer Pfarrei ging sie nichts mehr an.

St. Lorenz blieb über die Jahrhunderte eine attraktive Pfründe. Als im Oktober 1463 ihr Inhaber, der Würzburger Domherr Georg von Künsberg verstarb, machte sich der Bamberger Domdekan und markgräflich-brandenburgische Rat Hertnit vom Stein (um 1427–1491) Hoffnungen, lag doch das Besetzungsrecht bei seinem Herrn, dem Markgrafen Albrecht Achilles. Der Markgraf freilich verfolgte andere Pläne. Ihm schwebte schon lange vor, in Kulmbach ein Chorherrenstift einzurichten. Mit der Vakanz der Hofer Pfarrei bot sich die Gelegenheit, das Kulmbach-Projekt materiell abzusichern [3]. Und ausgerechnet Hertnit sollte für den Markgrafen das Projekt vorantreiben! Er erwirkte immerhin, dass man mit dem Kaplan des Markgrafen vorläufig

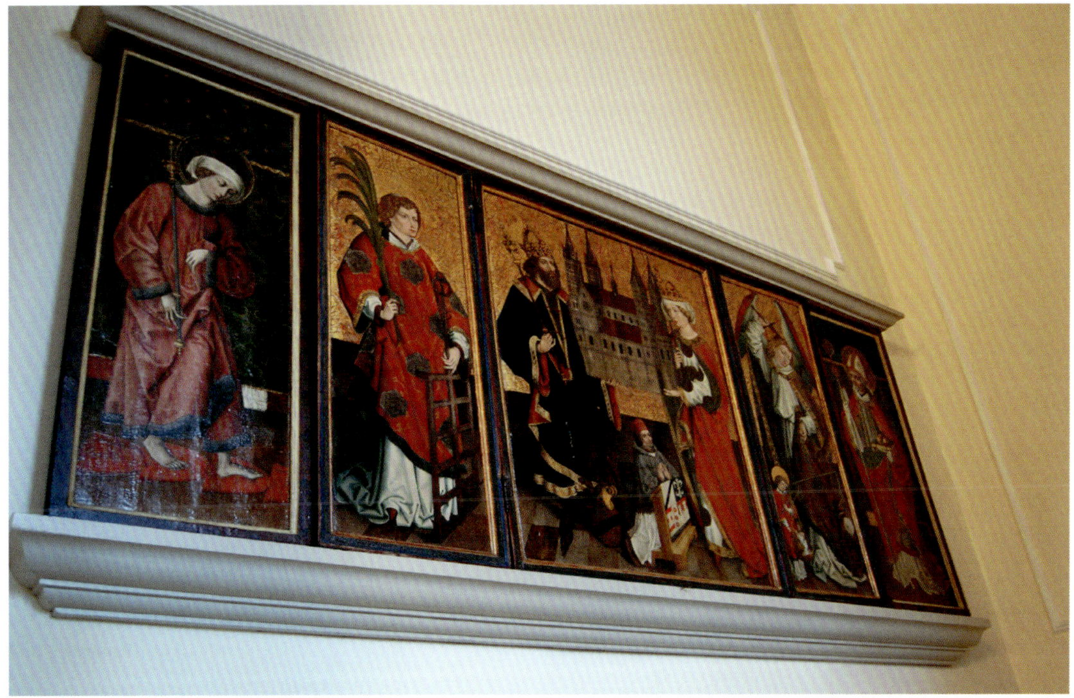

Der von Hertnit vom Stein gestiftete Altar Kaiser Heinrichs und Kunigundes befand sich ursprünglich in St. Michael

einen Strohmann auf die Hofer Pfarrei setzte. Im März 1464 lag ein von Papst Pius II. abgesegnetes Konzept für die Inkorporation der Hofer Pfarrkirche in das zu gründende Kulmbacher Stift vor. Alles war bereitet. Warum das Projekt nicht umgesetzt wurde, ist unklar. Der Tod des Papstes und Widerstände aus Kulmbach könnten eine Rolle gespielt haben. Die wendungsreiche Geschichte hatte für den Diplomaten jedenfalls den gewünschten Ausgang. Albrecht Achilles zog seinen Strohmann wieder aus Hof ab. Im August 1466 erscheint Hertnit erstmals in einer Urkunde als Inhaber der Pfarrherren-Pfründe von St. Lorenz [4].

Es hat also seine Richtigkeit, dass die Lorenzkirche einen von Hertnit gestifteten und nach Hertnit auch ›Hertnit-Altar‹ benannten Tafelaltar besitzt, obwohl Hertnit den Altar ursprünglich für die 1480 errichtete Hieronymus-Kapelle der Kirche St. Michael gestiftet hatte. So oder so handelt es sich um ein Kunstwerk von Rang [5]. Auf der Mitteltafel erscheinen Kaiser Heinrich II. (gest. 1024) und Kaiserin Kunigunde (gest. 1033), die 1143 bzw. 1200 heilig gesprochenen Stifter des Bistums Bamberg (1007), repräsentiert hier durch die gewaltige Domkirche. Vor ihnen kniet, im frommen Gebet, der Stifter des Altars, Hertnit vom Stein. In geöffnetem Zustand zeigen die Flügel die Heiligen Laurentius und Michael, in geschlossenem Zustand die Verkündigung. Auf den feststehenden Flügeln schreitet Kaiserin Kunigunde über glühende Pflugscharen, auf der anderen Seite steht der Heilige Nikolaus. Die Wahl der Bamberger Heiligen Heinrich und Kunigunde dürfte wirklich »nicht völlig willkürlich« erfolgt sein. Hertnit propagierte ihren Kult auch an anderen Orten [6].

Noch einmal stemmte sich die Lorenzkirche gegen die aufstrebende Konkurrenz der Michaelskirche. Der zweite Geistliche Johannes Lindner legte 1479 ein ebenso umfangreiches wie gründliches lateinisches ›Directorium‹ an, das Regelungen für sämtliche Angelegenheiten der Pfarrkirche enthält: beginnend mit der rituellen Einführung des Schulmeisters über alle erdenklichen Leistungen der Geistlichkeit, deren Zeitpunkte, Umfang und Tarife [7]. Das Dokument, gleichsam ein Portfolio der Lorenzkirche, war freilich schon auf Grund seiner Sprache eher für die kircheninterne Verständigung gedacht. Da wir aus jener Zeit ähnliche Schriftstücke aus anderen Städten kennen, muss das nichts über den Zustand der Kirche aussagen.

Vielfache Überformungen, die verschiedene Epochen eher zitieren, als dass sie ihnen entstammten, lassen die Lorenzkirche auf gewisse Weise ›zeitlos‹ erscheinen. Das Nordportal ist klassizistisch. Im Mittelteil des saalartigen Langhauses befinden sich Stuckkassetten (von 1947/48), an der Südseite wirkt es zweigeschossig durch die versetzt übereinander gesetzten Fensterreihen. Auch im Inneren ist die Kirche alles andere als romanisch oder gotisch. Stuckmarmor verkleidet (seit 1947/48) ionische Holzsäulen, die die langseitige Doppelempore tragen. Außer einem im Chor befindlichen Holzkruzifix, der um 1500 angesetzt werden kann, sind alle Bilder, Epitaphien und Grabdenkmäler nicht vor dem 17. Jahrhundert entstanden [8].

Anmerkungen
[1] Die Baugeschichte bei GEBESSLER, S. 10 f.
[2] Vgl. UB Vögte II, Nr. 219; UB Vögte II, Nr. 205.
[3] Vgl. THUMSER, S. 82.
[4] Vgl. THUMSER, S. 84; RÖSLER, S. 201 f.
[5] Vgl. WEISSMANN, Altar; GEBESSLER, S. 12 f.; THUMSER, S. 174 f. Die Darstellung von Michael und Laurentius auf den Flügeln ist unbedingt zu beachten. Sie hat gelegentlich zu der Annahme geführt, der ›Hertnit-Altar‹ sei von Stein bei dessen Amtsantritt für die Lorenzkirche gestiftet worden.
[6] Zu Hertnits Kunigunden-Verehrung vgl. THUMSER, S. 174 f.
[7] Ediert von CH. MEYER, S. 289 – 320.
[8] Vgl. GEBESSLER, S. 12 – 14.

STADTKIRCHE ST. MICHAEL IN HOF

Wesentlich mächtiger als St. Lorenz präsentiert sich die dreischiffige gotische Hallenkirche St. Michael, die zwischen 1380 und 1386 aus einer in der Neustadt gelegenen Kapelle gleichen Patroziniums emporwuchs [1]. Es vergingen indes weitere hundert Jahre, ehe die Michaelskirche der Lorenzkirche den Rang als Hauptkirche von Hof abtrotzte (1486). Das hatte Konsequenzen auch für das geistige Leben rund um beide Kirchen. Man nimmt an, dass die städtische Schule in diesem Zusammenhang umgesiedelt wurde. Und auch die große Oster-Prozession, die unter Beteiligung der Schüler stattfand, endete mit der Erstürmung des Portals von St. Michael (→ S. 424).

Die Michaelskirche ist seit Einführung der Reformation (1529) eine evangelische Kirche. Ihr Inneres legt davon Zeugnis ab. Obligatorisch sind die überdimensionierten Predigtemporen. Im Hallenchor befindet sich ein Schnitzaltar mit monochromen Figuren (1884), der auf beiden Flügeln die Evangelisten, im Zentrum freilich die Jünger beim letzten Abendmahl zeigt. Predigt

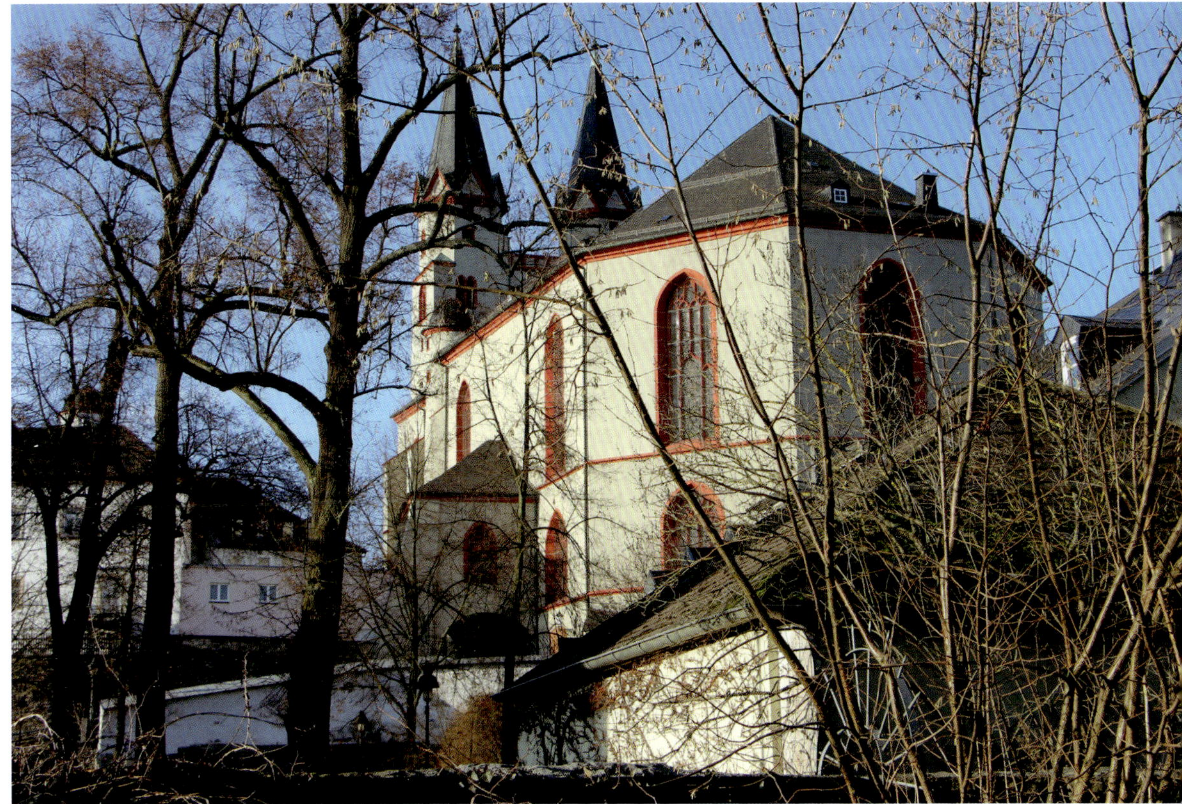

Die Stadtkirche St. Michael in Hof

und Abendmahl sind Stützpfeiler evangelischer Lehre.

Die hohe, klare, helle und dabei etwas kühle, homogen neugotisch ausgekleidete Kirche beherbergte einst eine wesentlich katholischere Ausstattung. Dazu gehörte etwa ein zweibändiges Graduale, das Bürgermeister und Stadtrat für die Kirche 1489 bei dem Hofer Bürger Johannes Schreiber in Auftrag gaben. Es wurde nach seiner Fertigstellung kostbar eingebunden und an das Lesepult gekettet. Enoch Widmann, der die Bände noch gesehen hat, weil sie 1546 an die Lateinschule fielen, war des Lobes voll: Schrei-

ber habe *den Namen mit der That gehabt*. Beide Bände wurden freilich, wie der Chronist sarkastisch bemerkt, anno 1553 *von einem der geistlichen, guten Kirchendiebe entwandt, schändlich zerrissen und verportirt* [2].

Auch wissen wir von mehreren Altarstiftungen. Bereits 1438 stiftete der Leipziger Theologe Johannes Tortsch aus Hof einen Altar *mit frommer leut hulf*, und er hat, wie Enoch Widmann berichtete, *fur sein person einen halben hof zu Gumpersreut Unser Lieben Frauen zu einer ewigen meß dazu erkauffet* [3]. Einen Altar des Heiligen Jakobus stiftete 1487 eine Gruppe glücklich heimgekehrter Santiago-Pilger [4]. Noch kurz vor ihrer Erhebung zur Hauptkirche stiftete Hertnit vom Stein auch für St. Michael einen Altar (1465). Er beauftragte den renommierten Nürnberger Hans Pleydenwurff mit der Fertigung des Altaraufsatzes. Der sogenannte ›Hofer Altar‹, ein Geschenk für König Ludwig II., befindet sich seit 1811 in der Alten Pinakothek in München und entging so dem großen Stadtbrand von 1823, in dessen Folge auch St. Michael bis auf die Umfassungsmauern herunterbrannte [5]. Ein weiteres Kunstwerk von Rang gab St. Michael an die Hospitalkirche ab.

Anmerkungen
[1] Die Baugeschichte bei GEBESSLER, S. 7–10.
[2] RÖSLER, S. 71 f.
[3] RÖSLER, S. 177; MONTAG, Birgitta, S. 183.
[4] Vgl. KLUGE, S. 20.
[5] Der Geschichte des ›Hofer Altars‹ ging zuletzt SCHAWE, S. 23–51, nach.

Lateinschule (→ S. 424)
Hospitalkirche (→ S. 229f.)
Heiliges Grab (Stadtpark Theresienstein) (→ S. 257)
Stadtmauer (→ S. 398f.)

FRANZISKANERKLOSTER IN HOF

Die Niederlassung von Franziskanern in Hof dürfte in das letzte Viertel des 13. Jahrhunderts fallen. 1292 erhielten die Brüder vom Erzbischof von Magdeburg Erlaubnis für den Verkauf von Ablassbriefen [1]. In diesen Jahren bestand bereits eine Kirche, deren Umbau zur regelrechten Franziskanerkirche jedoch erst mit der Ansiedlung von Klarissen Mitte des 14. Jahrhunderts erfolgte. Mit kräftiger Unterstützung Heinrichs XI. und Heinrichs XII. von Weida wurden die Bau-

maßnahmen 1351 angegangen. Am 7. September 1376 wurde die Kirche geweiht [2].

Schon bald nach dem Auftreten der predigenden Brüder in Hof kam es zu einem klassischen Szenario. Da der Papst seinem neuen Orden weitreichende geistliche Vollmachten erteilt hatte, sah sich die Ortsgeistlichkeit erheblichem Konkurrenzdruck ausgesetzt. Der Pfarrer von Hof, Johannes von Schafstedt, ließ bei seinem Feldzug gegen die Übermacht keine Gelegenheit aus: mal störte er den Gottesdienst der Franziskaner, mal beschimpfte er sie als Ketzer. Er erkannte auch die bei den Brüdern abgelegte Beichte nicht an und verweigerte sogar einem Sterbenden, der auf dem Kirchhof der Franziskaner beerdigt werden wollte, die Sakramente. Der Bischof von Naumburg enthob den Querulanten schließlich des Amtes und bekräftigte 1322 die Erlaubnis der Brüder zu uneingeschränkter seelsorgerlicher Tätigkeit [3].

Diese Tätigkeit kam bei den Hofern gut an. Überhaupt wurde das Kloster zur ersten Adresse, wenn es um einen gottgefälligen Platz für die ewige Ruhe ging. In Widmanns Chronik wiederholt sich der Satz: *ligt im closter bei den Franciscanern begraben* [4]. Die breite Förderung sorgte für einen gewissen Wohlstand. Der Leipziger Theologe Johannes Tortsch, der bereits 1438 in der Michaelskirche einen Altar gestiftet hatte, bestimmte testamentarisch, »daß im Hofer Franziskanerkloster für den Zinsertrag von 325 Gulden vier Jahrtage mit Seelmessen für ihn und seine Eltern gehalten werden sollen.« [5]. Tortsch, der vor 1446 gestorben zu sein scheint, gehörte zu den engagiertesten Förderern des Kultes der heiligen Birgitta von Schweden, deren Offenbarungen und Legende er (um 1427) in zahlreichen Werken verbreitete [6]. Spätestens im 15. Jahrhundert scheinen die Mönche auch eine ansehnliche Bibliothek zusammengebracht zu haben, die im Sommerhaus in einem Saal von 14 mal 9 Metern aufgestellt war (→ S. 338). 1525 fegte die Reformation über die Niederlassung hinweg. 1864 musste der Westbau einer Turnhalle weichen, 1902 wurde die baufällige Kirche abgetragen. Das Sommerhaus ist dem Hofer Gymnasium integriert.

Anmerkungen
[1] Die Briefe bei Enoch Widmann: RÖSLER, S. 86–89.
[2] Hintergründe und Motive weiß Enoch Widmann: RÖSLER, S. 137 f.
[3] Enoch Widmann kennt den Streit nicht oder verschweigt ihn dezent.
[4] RÖSLER, S. 248 (Dietrich von Sparneck), S. 204 (Hans Rabensteiner d. J.), S. 211 (Wilhelm von Wildenstein), S. 216 (Friedrich von Lüchau), S. 220 (Matthes von Reitzenstein) usw.
[5] MONTAG, Birgitta, S. 184; RÖSLER, S. 183 f.; vgl. RÖSLER, S. 177.
[6] Vgl. MONTAG, Birgitta, S. 190 f.

KLARISSENKLOSTER IN HOF

Die Zeitspanne, innerhalb derer sich die Forschung die Ansiedlung frommer Frauen franziskanischer Prägung in Hof vorstellen kann, ist beträchtlich. Sie reicht von 1287 bzw. 1291 über 1317 bis 1348 als dem Jahr, aus dem die Stiftung eines Klosters durch Gertrud von Uttenhofen überliefert ist [1]. Die ersten Schwestern stammten aus Eger. Die Stifterin, die mit ihrer Tochter Katharina gemeinsam in die Niederlassung eintrat, stand ihr von 1353 bis 1378 vor. Man wird in der Ansiedlung der Klarissen eine Triebkraft für den Ausbau der gemeinsam genutzten Franzis-

kanerkirche, der sich von 1351 bis 1376 hinzog, erkennen dürfen.

Die Vögte von Weida beteiligten sich als Stadtherren an der Stiftung. Insbesondere Heinrich XI. »der Ältere« von Weida (1293–1363) sorgte durch Zuwendungen auch weiterhin für das Gedeihen des Konvents, dem er 1355 seine Tochter übergab. Es bahnte sich also das Szenario an, das wir schon aus Cronschwitz, Weida und Saalburg kennen. Doch wendete sich das Blatt bereits nach wenigen Jahren: im Juni 1373 verkaufte Heinrich XIV. »der Rote« (1355–1389) Hof und das Regnitz-Land an die übermächtigen Burggrafen von Nürnberg, die mit dem Erwerb des Klara-Klosters auch ihre eigene, bisher auf Zisterzienserinnen gründende Versorgungspolitik änderten. Im November 1409 verstarb Äbtissin Katharina, die sich im Amt als *Burgrävin czu Nurmberg* inszenierte, und übergab ihr Amt an ihre Schwester, die Burggräfin Agnes von Nürnberg [2].

Als der Bischof von Bamberg sich ab 1461 ernsthaft um eine Reform der Klöster bemühte, waren Nürnberg und Bamberg bereits reformiert. Es blieb die Hofer Niederlassung. Sie blieb trotz aller Anstrengungen der sächsischen Ordensprovinz vom Geist der Reform unberührt. Als Markgraf Albrecht Achilles von Brandenburg-Kulmbach seine Tochter Margaretha dem Hofer Konvent überantworten wollte, stellte er Nachforschungen an und sprach eigene Vorstellungen vom Klosterleben seiner kränkelnden Tochter deutlich aus [3]. 1467 hielt Margaretha, begleitet von drei Jungfrauen, Einzug. Erneut verging einige Zeit, bis Albrechts Nachfolger, Markgraf Friedrich der Ältere, einen Vorstoß zur Reformierung unternahm. Friedrich verfasste

1502 eine ›Klosterordnung‹, für deren Durchsetzung er mit der fehlenden Regeltreue argumentierte. Tatsächlich ging es ihm vor allem darum, die Finanzen zu ordnen und die Aufnahme nicht-adliger Frauen zu verhindern, waren inzwischen doch nur noch zwei Drittel der Nonnen Töchter der Markgrafen von Brandenburg [4]. Es überrascht kaum, dass die ›Klosterordnung‹ nicht nur im Duktus an fürstliche Hofordnungen erinnert [5].

Das Kloster überstand die Reformation zunächst, wurde aber mit dem Tod der letzten Äbtissin 1564 aufgehoben. Enoch Widmann beklagte bitter die Zerschlagung der Gebäude und des Besitzes: nicht einmal die Hussiten hätten (1430) gewütet wie die ›anständigen‹ Hofer Bürger, noch hätte es ›der Türke‹ jemals so gründlich hinbekommen. Insbesondere die Vernichtung der wertvollen Pergamenthandschriften, der Bibeln, Psalter und Gesangbücher, die seiner Auffassung nach noch gute Dienste geleistet hät-

ten, ist für Widmann schwer zu verschmerzen. Auch sei alles, wirklich alles, was nicht zerstört wurde, geraubt und verkauft worden, *daß auch das glocklein im kirchturnlein nit hat konnen sicher bleiben, sondern ist verdistillirt worden* [6]. Das gefledderte Gebäude diente später als Mädchenschule, Getreidelager, Salzmagazin und Gefängnis. Der Eingang liegt heute oberhalb des Gebäudes. Man betritt den Innenhof der Anlage und hält sich rechter Hand, bis man auf den alten Umfassungsmauern steht. Der karge weiße Kreuzgang lädt durch Lichtspiele zur Meditation ein.

Anmerkungen

[1] Für Enoch Widmann fällt die Gründung ins Jahr 1348: RÖSLER, S. 105.
[2] Widmann bietet eine detaillierte Liste der Äbtissinnen: RÖSLER, S. 105–108.
[3] Vgl. HILSENBEIN, S. 275 f.
[4] Vgl. HILSENBEIN, S. 285.
[5] Vgl. HILSENBEIN, S. 289.
[6] Vgl. RÖSLER, S. 108 f.

FREUNDE, GETREUE, WIDERSACHER: DER FRÄNKISCHE ADEL IM REGNITZLAND

Das Land, das sich südlich der Curia Regnitz im Dreieck von Münchberg, Selb und Wunsiedel ausbreitet, war im späten Mittelalter ein unruhiges Land. Zum einen saßen hier die Getreuen der Vögte von Weida: Herren, die sie – wie die Kotzauer – auf dem Weg nach Süden begleitet hatten und ihnen bis zum Verlust des Regnitzlandes treu ergeben blieben. Zum andern saß hier eine Ritterschaft, deren wirtschaftlicher Niedergang ihre Gewaltbereitschaft erhöhte und von deren befestigten Sitzen aus das Land unausgesetzt in Fehden verwickelt wurde. Die Allianzen, die die Ritterschaft in diesen Fehden je und je einging, sind selbst für Fachleute kaum nachzuvollziehen. Beispielhaft lässt sich das an der Guttenberger Fehde (1380–1383) aufzeigen, in der sich Hunderte kleiner und größerer Herren in Scharmützeln verwickelten. Einigermaßen abgrenzbar sind eigentlich nur zwei Kräfte: die Vögte und ihre Getreuen im Norden sowie die Reichsstadt Eger im Südosten, deren Händler stetiges Ziel von Übergriffen waren.

OBERKOTZAU

Oberkotzau ist Stammsitz der Herren von Kotzau, die im Gefolge der Weidaer ins Land kamen und sich als Ministerialen im Landkreis Hof ausbreiteten. Kotzau war Reichslehen, das heißt, dass die Kotzauer es unmittelbar vom König empfingen. Urkundlich fassbar werden sie erstmals 1234, als Konrad von Kotzau für seinen verstorbenen Sohn Albrecht, der die Tochter des Vogtes von Weida geheiratet hatte (Heinrichs II.? [1193–1209]), ein Seelgerät im Kloster Speinshart stiftete [1]. In der Folgezeit urkundeten Angehörige der sich in die Äste Kotzau, Fattigau und Rehau verzweigenden Familie immer wieder für die Vögte von Weida und Plauen.

Im ›Markgrafenkrieg‹ der Stadt Nürnberg mit Albrecht Achilles von Brandenburg (1449–1453) stand Hans von Kotzau auf Seiten des Markgrafen. In der Schlacht bei Pillenreuth (1450), die Kunz von Kauffungen und Heinrich X. »der Jüngere« Reuß von Greiz (1449–1462) als deren Söldner für die Nürnberger entschieden, wurde der Kotzauer gefangen genommen. Ein politisches Lied, das die Niederlage des Markgrafen auf seinem Pillenreuther ›Fischzug‹ breit ausmalt, widmet dem Kotzauer eine Strophe: »Der Schlachtruf der Nürnberger war: ›Unsere Frau!‹ / Dafür mußte Hans von Kotzau zahlen, / die Fische konnte er nicht verdauen. / Mit dem Markgrafen war er so intim, / das konnte ihn nun wohl reuen.«[2] Es scheint, als verübelte der anonyme

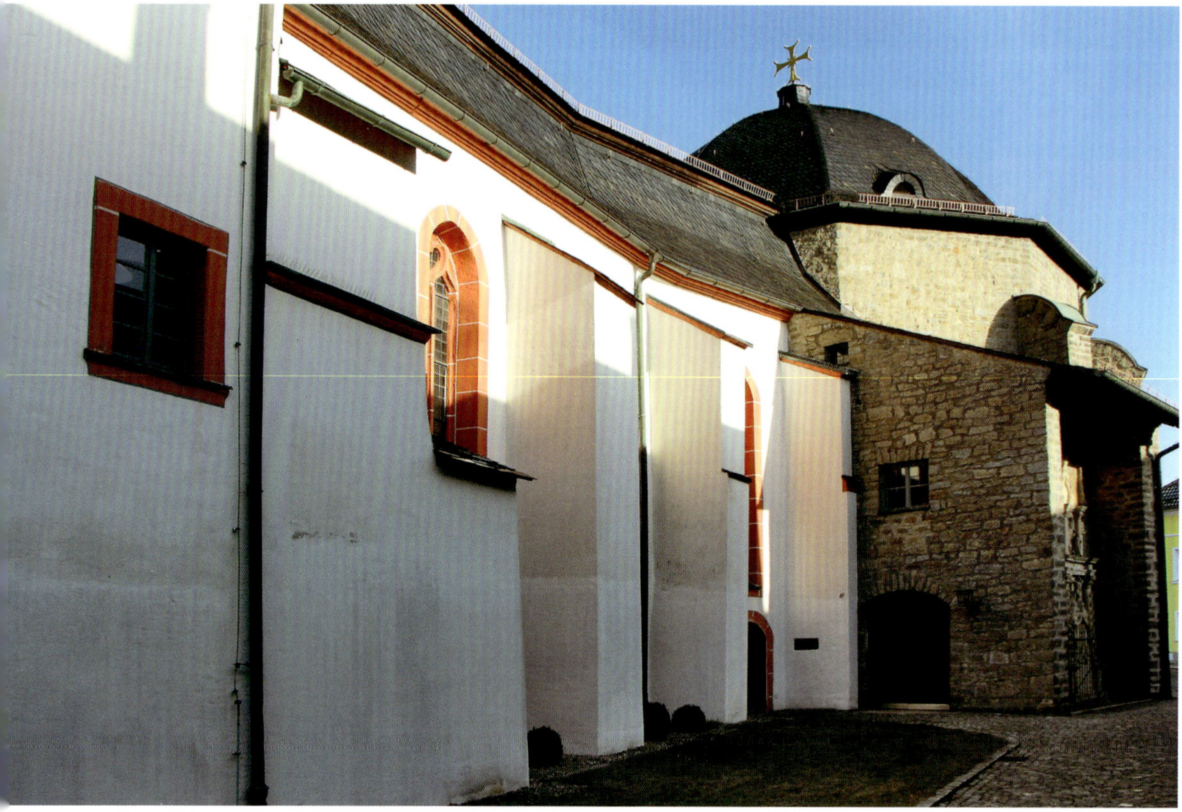

Langhaus und Rotunde der St. Jakobskirche in Oberkotzau

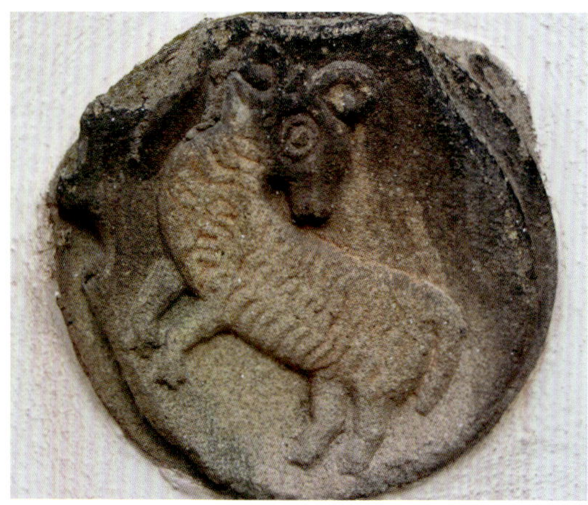

Medaillon eines Lammes an der Südseite des Langhauses

Verfasser einem fränkischen Ritter den Abfall zum markgräflichen Lager doppelt.

Den Fattigauern von Kotzau gehörten unter anderem Güter in Schwarzenbach und Förbau. Vor 1380 war Heinrich von Kotzau Hauptmann von Hof. Eingangs des 16. Jahrhunderts orientierten sich die Kotzauer ins Egerland. Die alte, mehrfach zerstörte Burganlage der Kotzauer wurde zunächst im 18. Jahrhundert im barocken Stil, dann noch einmal 1852 neu errichtet. Sie wird heute als diakonisches Wohnheim bzw. privat genutzt und ist für Touristen unzugänglich.

Im Zentrum Oberkotzaus liegt, an der Brücke über die Schwesnitz, die alte Jakobskirche [3]. Zumal der Chor wurde nach der Zerstörung durch die Hussiten (1430) unter Hans von Kotzau um 1440 wieder aufgerichtet, 1935 aber durch eine auffällige Rotunde ersetzt. Die evangelische Kirche ist weitgehend barockisiert. Einen Besuch lohnt sie als Grablege der Kotzauer: Epitaphe aus allen Jahrhunderten schmücken Innen- und Außenwände. Der ramponierte Patron der Kirche, dem die Füße weggebrochen sind, gehörte wohl einst zum Altarwerk (um 1500). An der Südseite des gegen die Rotunde abgewinkelten Langhauses befindet sich, sicher nicht am ursprünglichen Platz, das steinerne Medaillon eines Lammes.

Anmerkungen
[1] Vgl. UB Vögte I, Nr. 59.
[2] Übersetzung: KELLERMANN, S. 167.
[3] Zu Baugeschichte und Inneneinrichtung vgl. GEBESSLER, S. 54–56.

KIRCHE ST. JOBST IN REHAU

Um die Mitte des 14. Jahrhunderts war auch Rehau Sitz der Herren von Kotzau. 1394 mussten sie sich, wie vor ihnen schon die Vögte, dem Expansionsdruck der Burggrafen von Nürnberg beugen und verkauften ihnen Rehau.

1470 erwirkten die Rehauer beim Bischof von Bamberg das Recht einer eigenen Pfarrei [1]. Auf dem Grund einer älteren, durch die Hussiten zerstörten Kapelle (erwähnt 1417) entstand die Stadtpfarrkirche des Heiligen Jodokus, St. Jobst, die noch im 15. Jahrhundert vollendet wurde [2]. Die Kirche gehört gemeinsam mit der in Eger zu den östlichsten Punkten, an denen sich das Patrozinium des bretonischen Heiligen nach-

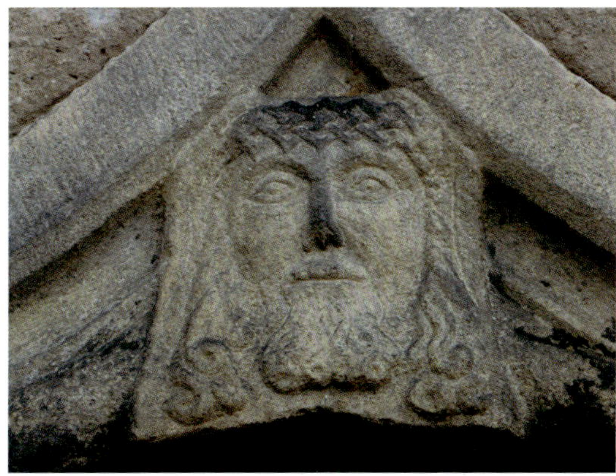

Das Antlitz Christi (»Vera icon«) in der Kielbogenspitze des Turmportals

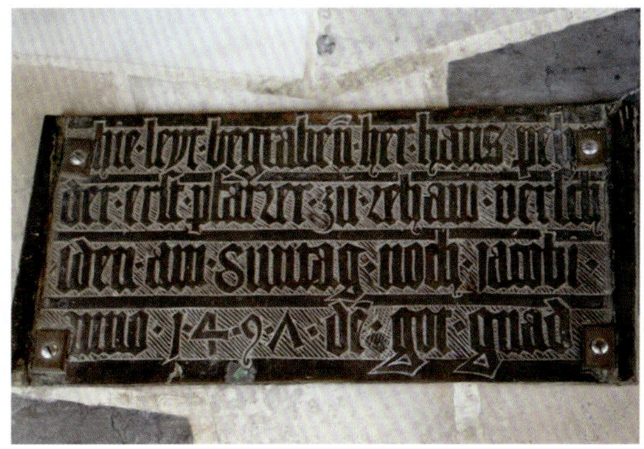

Bronzene Replik der Grabplatte des ersten Pfarrers von Rehau, Hans Behr (gest. 1497)

weisen lässt [3]. Außer dem Grundriss stammen noch der Chorraum, die Taufkapelle, das Turmportal und das steinerne Sakramentshäuschen aus vorreformatorischer Zeit. Am Turmportal findet sich in der Kielbogenspitze eine in Stein gehauene Darstellung des Antlitzes Christi vom Typus des Schweißtuches der Veronika [4]. Der Typus ist im Vogtland nirgends prominent, doch hat sich die Veronika-Legende an verschiedenen Stellen gleichsam ins Bild gedrängelt (Theuma, Weißdorf). An der Nordseite des Turmes fallen

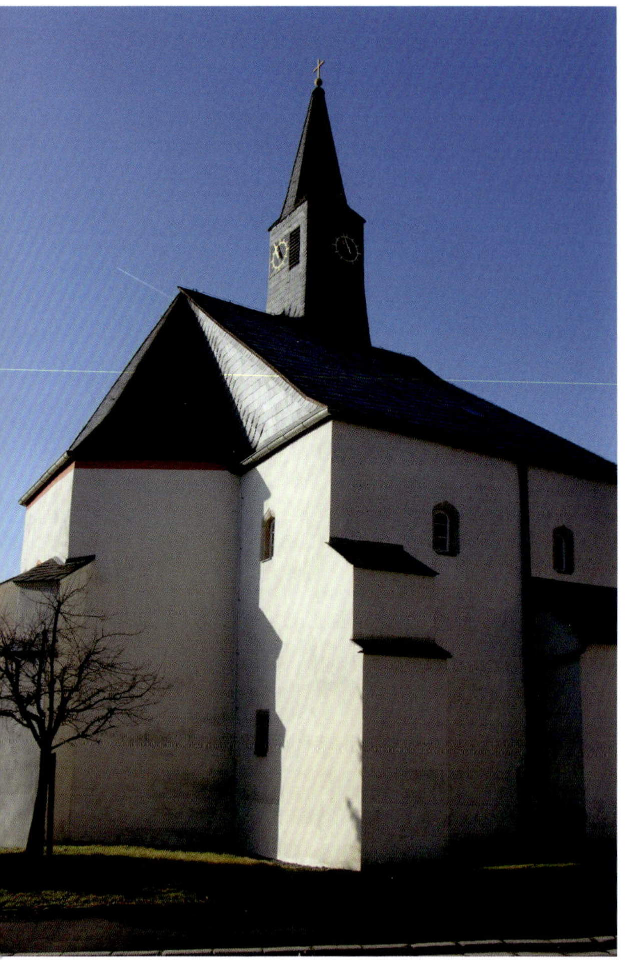

Die Kirche in Förbau hat nur einen Dachreiter

Anmerkungen
[1] Die Vorgänge sind gründlich dargestellt bei HÖLLERICH,
S. 19 – 33.
[2] Vgl. HÖLLERICH, S. 33 f.; TRIER, S. 171 f.
[3] Vgl. TRIER, S. 236, 245.
[4] Vgl. HÖLLERICH, S. 36 f.
[5] Zu ihm vgl. HÖLLERICH, S. 40.

Pilgramsreuth (→ S. 360)

KIRCHE IN FÖRBAU

Im Gegensatz zur großen Gumbertkirche in Schwarzenbach lohnt ein Besuch der kleinen evangelischen Kirche im eingemeindeten Förbau. Die Sakristei des rechteckigen Baus geht wohl noch in die erste Hälfte des 14. Jahrhunderts zurück [1]. Ansonsten ist die Kirche von Außen ein Werk des 15. Jahrhunderts. Im Inneren wurde sie mehrfach umgestaltet, ein barocker Akzent ist unübersehbar. Erhalten haben sich immerhin über der Sakristeitür neu gefasste Holzfiguren aus der Zeit um 1500. Sie stellen eine Kreuzgruppe vor und entstammen vermutlich dem alten Altarwerk [2]. Im Jahr 2000 wurde das Gebäude saniert und wieder eingeweiht.

Anmerkungen
[1] Vgl. GEBESSLER, S. 42.
[2] GEBESSLER, S. 42.

drei schießschartenähnliche Fenster auf. Dass sie genau diese Funktion erfüllten, zeigen die breiten Öffnungen im Inneren. Beachtung verdient schließlich die in Kleinform replizierte Grabplatte des 1497 verstorbenen ersten Rehauer Pfarrers Hans Behr, der bereits 1470 auf die Gründung der Pfarrei hinwirkte und 1492 beim Rat die Mehrung des Kirchengutes erwirkte [5]. Sie befindet sich direkt unter dem modernen Altartisch.

An der Straße nach Schwarzenbach finden sich zwei alte Steinkreuze. Kurz hinter Schwarzenbach endet, in südlicher Richtung, das Bayerische Vogtland. Münchberg und Sparneck gehören nicht mehr dazu. Trotzdem ist ein Besuch Sparnecks für die Geschichte des Vogtlandes aufschlussreich. Hier befand sich das Zentrum einer starken Familie, die ein wechselvolles Schicksal mit den Vögten verband. Den Sparneckern gehörte auch Land direkt bei Hof: sie waren die Herren etwa von Gattendorf. Dass sie Hof im Jahre 1082 gegründet haben sollen, ist freilich eine freie Erfindung.

SPARNECK

Die Sparnecker und Sparrenberger, eines der bedeutendsten niederadligen Geschlechter zwischen Bayreuth und Hof, stammen eigentlich aus Haidstein bei Cham. Ihr Name leitet sich vom »Sparren« in ihrem Wappen her. 1202 bauten sie die Burg Sparnberg. 1209 sind sie als Ministerialen der Andechs-Meranier nachweisbar. 1223 zeugen Rüdiger von Sparneck und Arnold von Sparnberg, Söhne Rüdigers von Sparnberg, bei einem Gerichtstag in Eger. Zu diesem Zeitpunkt könnte die sicher erst 1298 nachweisbare Burg Sparneck bereits bestanden haben. Im Umkreis der Vögte tauchen die Sparnecker 1246 auf, als Konrad von Sparneck in einer Angelegenheit der Kirche zu Gefell zeugt. Einhundert Jahre später urkundet Vogt Heinrich XI. »der Ältere« von Weida (1293–1363) in einer Streitsache zwischen Rüdiger von Sparneck, der als *unser lieber swager* tituliert wird, und Kloster Waldsassen (1348) [1].

Zehn Jahre später bröckelte die Allianz, als Heinrich XIV. »der Rote« von Weida (1355–1389) den Sparneckern 1358 das lukrative Erbforstmeisteramt im Egerland entzog und an die Stadt Eger verkaufte [2]. 1375 kam es deswegen zu bewaffneten Auseinandersetzungen, die im März 1376 beigelegt werden mussten. Nach dem erzwungenen Verkauf Münchbergs an die Burggrafen von Nürnberg (1373) sank der Stern der Spar

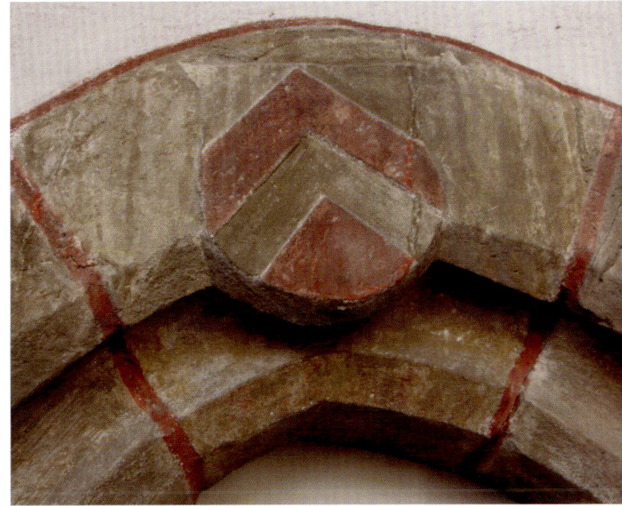

Der »Sparren« ist das Wappen der Sparnecker

necker zusehends. Als zwischen 1383 und 1386 die Fehde derer von Guttenberg gegen die Vögte losbrach, positionierten sich die Brüder Babo, Erhart und Friedrich von Sparneck auf Seiten der Guttenberger [3] – und standen damit ihrem Verwandten Severin von Sparnberg gegenüber, der auf Seiten der Vögte stritt [4]. Der sinkende Stern der Sparnecker verglühte, als sie 1523 Thomas von Absberg gestatteten, einen Gefangenen auf ihrem Schloss auf dem Waldstein zu verwahren. Ein gewaltiges Heer des ›Schwäbischen Bundes‹ rückte nach Oberfranken vor und zerstörte 23 Raubschlösser, unter denen sich auch Sparneck, Waldstein und Gattendorf befanden.

Anmerkungen
[1] Belege: UB Vögte I, Nr. 86; UB Vögte I, Nr. 903.
[2] Vgl. UB Vögte II, Nr. 20; Lullies, S. 5.
[3] Zu den Guttenbergern vgl. Lullies, S. 48–53.
[4] Vgl. Lullies, S. 85.

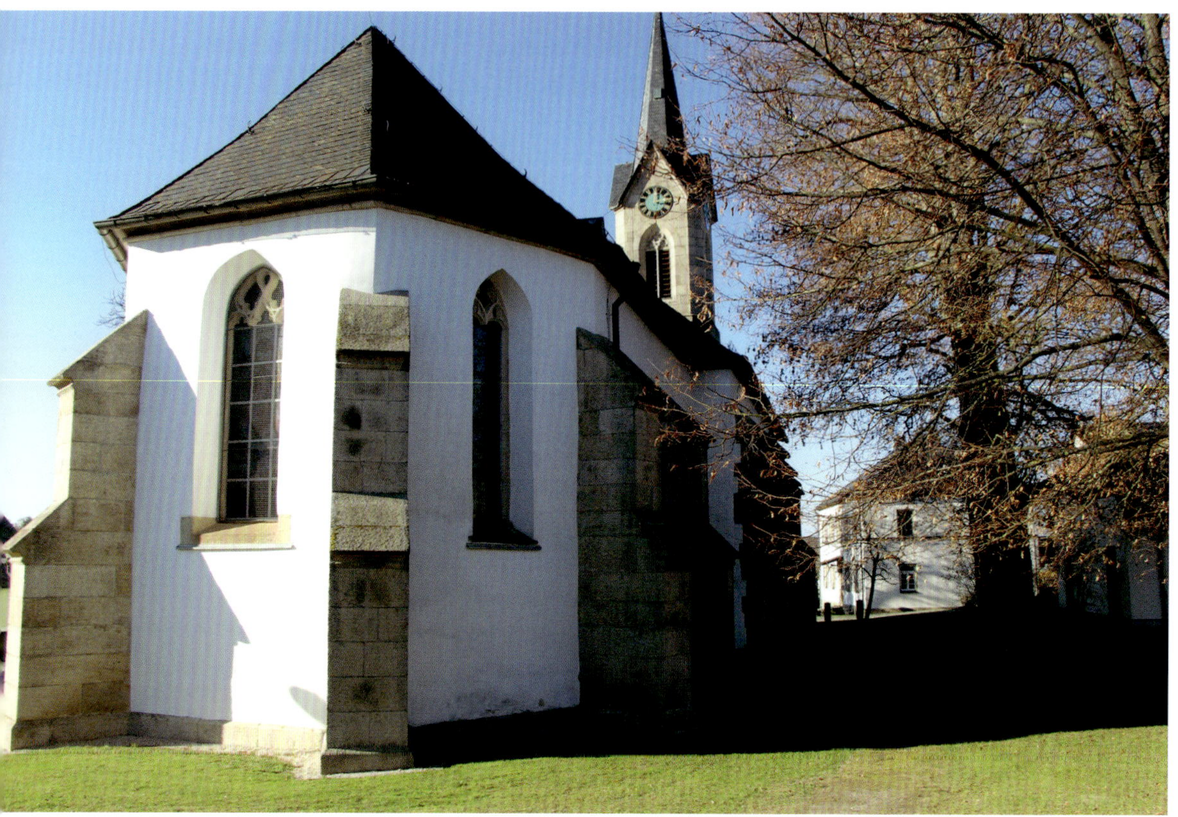

Der Chor der Kirche St. Veit in Sparneck

KIRCHE ST. VEIT MIT KARMELITERKLOSTER

Die Sparnecker tätigten vielfach fromme Stiftungen. Von besonderem Interesse ist ihr später Versuch der Ansiedlung von Karmelitermönchen bei der Stadtkirche St. Veit. Der genaue Zeitpunkt der Gründung ist unbekannt; vielleicht wurde der Konvent schon 1455 gestiftet. Man hat als Motivation ein sagenhaftes Gelübde Friedrichs von Sparneck kolportiert. Das nur langsam sich etablierende Werk des Gründers, der 1477 verstarb und in der Gruft unter dem Altarraum beigesetzt

wurde, vollendete sein Sohn [1]. Friedrichs Grabplatte befindet sich heute im Untergeschoss des Glockenturms [2].

Die ersten Brüder kamen aus dem Bamberger Kloster, dessen Prior die Niederlassung noch 1513 unterstellt war. Da die Karmeliter ein Bettelorden waren, das heißt, keinen Ackerbau oder Viehzucht betrieben, mussten sie sich ihren Unterhalt zu dem, was ihnen die Sparnecker übereigneten, zusammenbetteln. Dafür wies man ihnen einen »Terminierbezirk« an, der gewiss nicht sonderlich groß war. Die Besitzungen der Sparnecker gehörten dazu, außerdem wohl noch

Münchberg, Kirchenlamitz, Helmbrechts und Gefrees [3].

Auf dem Holzschnitt von 1523, der die Zerstörung der Burg Sparneck dokumentieren soll, sieht man Kirche und Kloster am linken Bildrand – vom Feuer unberührt. Bis 1534 zählte die Niederlassung 15 Prioren. Mit der Reformation wurde das Haus abgebrochen. Sichtbare Zeichen der Klosteranlage sind heute weitestgehend verwischt. Man mag sie sich auf der weitläufigen Wiese hinter der Kirche denken. Gewiss gab es auch einen Kreuzgang, der Kloster und Kirche verband. Ausgangs des 18. Jahrhunderts scheinen noch Reste vorhanden gewesen zu sein, und Grabungen brachten 1928 verscharrte Trümmer zu Tage. Die dem Heiligen Veit geweihte Kirche wurde 1562 evangelisch. Trotz Deckenstucks und Barockisierung wirkt sich das waltende Bekenntnis positiv auf die Gesamtatmosphäre aus. In der nordöstlichen Chorschlußwand befindet sich ein steinernes Sakramentshäuschen aus der Frühzeit des Klosters [4]. 1932 wurden spätgotische Fresken mit den Heiligen Katharina und Barbara freigelegt, die freilich wieder übertüncht wurden! [5]

Anmerkungen
[1] Hierzu die Korrekturen von DIETEL, S. 65 f.
[2] Vgl. BREUER, S. 38.
[3] Vgl. DIETEL, S. 67 f.
[4] BREUER, S. 38, setzt es »um 1477« an.
[5] Vgl. BREUER, S. 38; ROTH, S. 15.

Burgruine Großer Waldstein (→ S. 291 f.)

BURGRUINE WIEDERSBERG (TRIEBEL)

Vielleicht schon um 1200 entstand auf dem Sporn des Haagbergs eine Burganlage. Sie dürfte auf die Weidaer, die Herren des Regnitzlandes, zurückgehen und zur Sicherung der von Plauen nach Hof führenden Handelsstraße errichtet worden sein. Ausgebaut wurde sie um 1300. 1357 mussten die Vögte von Plauen Wiedersberg an den Markgrafen von Meißen abtreten.

Die Burg gilt als Stammhaus der Wiedersberger, einer uradeligen vogtländischen Familie, die seit dem ausgehenden 13. Jahrhundert für die Vögte von Plauen zeugte. Den ersten Vertreter, Reimbot von Wiedersberg, fassen wir bereits 1267. 1288 zeugt dann ein Eberhard von Wiedersberg. Zehn Jahre später steht ein *Eberhardus iunior de Widersberch* – wohl der Sohn – am Ende einer vögtischen Zeugenreihe. Dieser Junior ist in den folgenden Jahrzehnten getreulich zugegen, wenn es um die Rechte des Plaueners gilt: 1306 etwa beim großen Vergleich der Linien von Bobenneukirchen oder 1309 zu Gunsten des Deutschen Ordens in Asch [1]. Eine Urkunde von 1313 nominiert den Ritter Eberhard von Mylau *dictus de Widersperch*, der mit dem Deutschen Orden in Plauen Güter tauscht. 1318 zeugt Eberhard gemeinsam mit seinem Bruder Heinrich, wobei es um die Kirche in Adorf und damit wieder um den Deutschen Orden geht. Ein letztes Mal erscheint Eberhard 1327, als Heinrich III. »der Lange« von Plauen (1303 –1347) die Herrschaft Plauen von König Johann von Böhmen zu Lehen nehmen muss. 1333 ist Heinrich in einer vögtischen Zeugenreihe anzutreffen [2]. Danach verschwinden die Wiedersberger aus dem Blick-

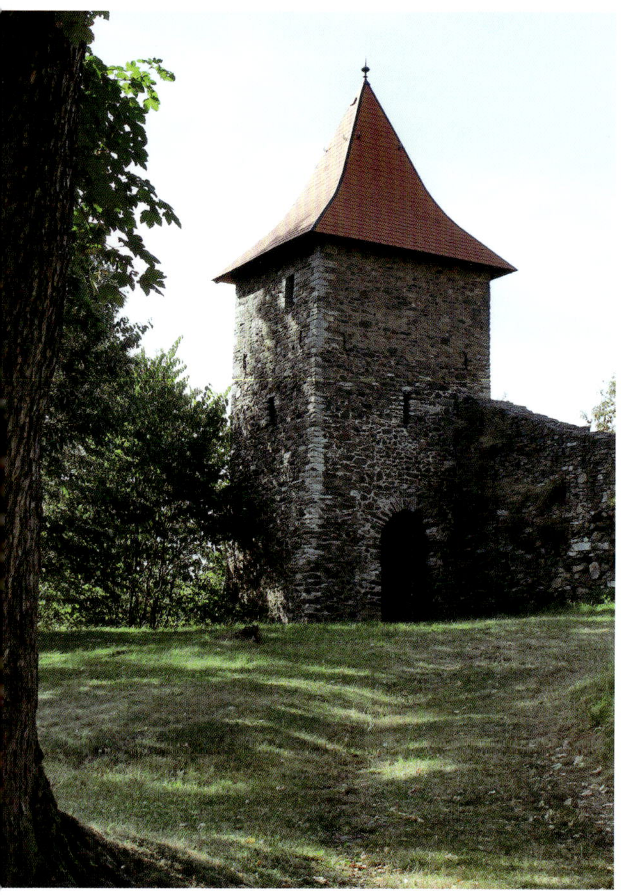

Der Torturm der Burgruine Wiedersberg

feld der Plauener. Im 15. Jahrhundert wanderte die Familie nach Böhmen aus, wo sie eine beachtliche Adelskarriere durchlief.

1372 wurde die Burg den Meißnern bestätigt. 1386 legt Markgraf Wilhelm Wiedersberg in die Hände seines treuen Ritters Jan Rabe, 1414 verleiht Kurfürst Friedrich dessen Söhnen die Anlage. Doch schon bald darauf (1421) erwarben die von Machwitz zunächst das Schloss, das sie immerhin bis 1580 in der Familie hielten; 1452 kauften sie von Nickel Fassmann auch das Dorf Wiedersberg [3]. Der Verfall der zunehmend funktionslos gewordenen Burg setzte um 1500 ein. Im sich zur Stadt mausernden Dorf entstand ein Herrenhaus im Renaissancestil. Erhalten und zurückhaltend restauriert wurden Umfassungsmauern und Torturm.

Anmerkungen

[1] Nachweise: UB Vögte II, Nr. 12 f., 15; UB Vögte I, Nr. 138; UB Vögte I, Nr. 230; UB Vögte I, Nr. 325; UB Vögte I, Nr. 387; UB Vögte I, Nr. 409.
[2] Nachweise: UB Vögte I, Nr. 447; UB Vögte I, Nr. 492; UB Vögte I, Nr. 611; UB Vögte I, Nr. 725.
[3] Nachweise: UB Vögte II, Nr. 200; VON RAAB I, Nr. 22 f.; VON RAAB I, Nr. 129; VON RAAB I, Nr. 251 f.; VON RAAB I, Nr. 533. Vgl. DONATH, S. 63 f.

RUND UM PLAUEN

Die Plauener Linie der Vögte ist jünger als die der Geraer und der Weidaer. Sie konstituierte sich in der Nachfolge Heinrichs IV. »des Mittleren«, der seit 1209 über Plauen und Gera herrschte. Seine Söhne beendeten 1238 die Doppelherrschaft durch Erbteilung: fortan führte der ältere Sohn Heinrichs IV., Heinrich I. (1238–1303), die Vogtei Plauen, während sein jüngerer Bruder Heinrich I. (1238–1274) die Vogtei Gera erhielt. Gemeinsam mit dem ersten Vogt von Plauen regierte ab 1274 sein älterer Sohn Heinrich II. »der Böhme«, der 1283 die Tochter des mächtigen Böhmen Borso von Riesenburg heiratete, aber noch vor seinem Vater starb (1274–1302). Nach dem Tod seines Großvaters übernahm »der Böhme« 1303 die Herrschaft, die er gemeinsam mit seinem Cousin, Heinrich II., bis 1306 fortführte. Danach spaltete sich die Linie erneut: Heinrich II. (1306–1350), Sohn Heinrichs I. »des Reußen« (1274–1295), begründete die Linie der Vögte und Herren Reuß von Plauen zu Greiz. In Plauen residierte für vier Jahrzehnte Heinrich III. »der Lange« (1303–1347), der von den Vögten von Gera das Amt Mühltroff erwarb. Nach dem raschen Tod Heinrichs IV. »des Älteren« (1347–1348), der bereits zu seines Vaters Lebzeiten Herr zu Mühltroff war, teilten die verbliebenen Brüder erneut das Erbe. Heinrich VI. »der Jüngere« (1348–1357) erhielt die Herrschaft Plauen, Heinrich V. »der Mittlere« (1348–1357) die Herrschaft Mühltroff, die er indes nicht über den Vogtländischen Krieg hinaus (1354–1357) retten konnte. Er starb, zunehmend in Bedrängnis, 1364 auf einem Freihof in Dresden. Sein perspektivloser Sohn, Heinrich VII., heiratete eine Tochter aus dem Hause der Weidaer. Seine beiden Söhne, Heinrich der Ältere und Heinrich der Jüngere, machten Karriere im Deutschen Orden. Heinrich VI. begründete die Linie der Herren von Plauen zu Plauen, die nach dem Vogtländischen Krieg kleine Brötchen backen musste, bis sein Urenkel Heinrich X. 1426 die Burggrafschaft Meißen an sich bringen konnte.

Die Territorien, die zu verschiedenen Zeiten unter der Herrschaft der Plauener standen, sind weitläufig. Im Westen markieren Mühltroff und Pausa den Abschluss. Im Südwesten ist die Burg Wiedersberg eine Art Grenzposten zum Regnitzland. Südöstlich erstrecken sich hinter Oelsnitz und Adorf die böhmischen Besitzungen von Franzensbad über Eger und Königswart bis nach Buchau und Engelhaus im Karlsbader Kreis. Den Nordosten, den das Erzgebirge begrenzt, flankieren Burganlagen von Schöneck über Auerbach und Rodewisch.

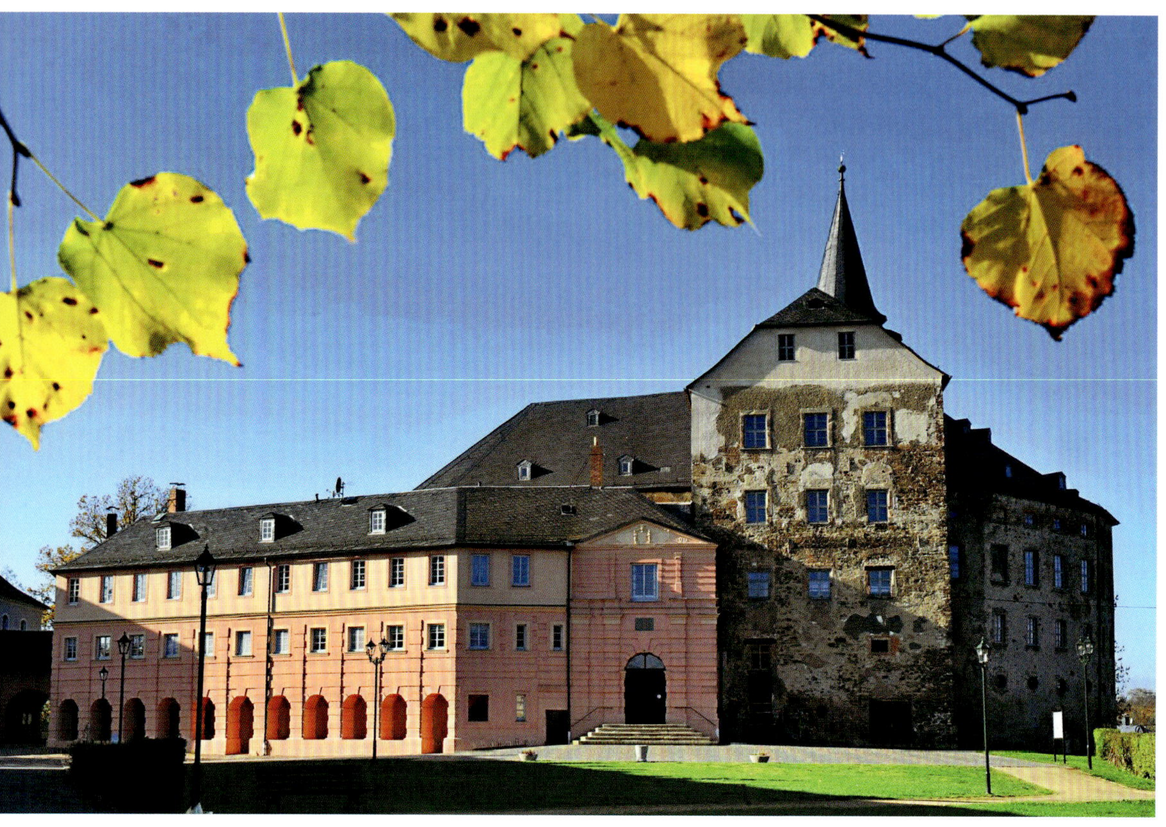

Schloss Mühltroff

SCHLOSS MÜHLTROFF

An der Stelle des heutigen, maßgeblich im 16. und 17. Jahrhundert erbauten Schlosses befand sich vielleicht schon im 11. Jahrhundert eine alte, von Wassergräben umgürtete Niederungsburg. Nach den Grafen von Lobdeburg-Arnshaugk, die die Burg vor 1240 erbauten und hier residierten, erwarb sie Heinrich I., Vogt von Gera (1238–1274), durch Heirat. 1306 übernahm Heinrich III. »der Lange«, Vogt von Plauen (1303–1347), das Amt Mühltroff von den Geraern. 1347 befindet sich *Muldorff* kurzfristig in Händen Heinrichs IV.

»des Älteren«, Herrn von Plauen (1347–1348), doch geht es anlässlich der Landesteilung 1348 an seinen Bruder Heinrich V. »den Mittleren«, Herren von Plauen zu Mühltroff (1348–1357), zu Lehen [1]. In Folge des Vogtländischen Krieges musste Heinrich V. Mühltroff mit den siegreichen Wettinern tauschen. In der Guttenberger Fehde (1380–1383) wurde das Schloss niedergebrannt.

1400 versetzte der Markgraf von Meißen Schloss und Städtchen Mühltroff an Günther von Bünau, 1403 verpfändete er beides an die Brüder Walman, darunter Mathis Walman, den Amtmann zu Mühltroff [2]. 1418 lösten die Herren von Tettau Schloss und Städtchen Mühltroff aus den Händen der Walmans [3]. Nach 1436 verleibten es sich die mächtigen Edelherren Sack ein, wobei schon bei der Übergabe vermerkt wurde, dass das Schloss der vielen Versetzungen wegen »baufällig und fast wüst« daherkomme. Damit war jetzt Schluss. Die Säcke kauften das Schloss. 1513 stritten dann Hans und Caspar Sack über die Teilung ihrer Güter zu Mühltroff, wobei nicht nur Äcker und Wiesen, sondern auch das Hausgerät strittig waren [4]. Den ältesten Teil der vielfach umgestalteten Anlage, »die im Kern noch Reste einer mittelalterlichen Wasserburg enthält«, bildet heute der frühmittelalterliche Wartturm, der 3 Meter starke Mauern besitzen soll und wohl noch aus dem frühen 13. Jahrhundert stammt [5]. Die Fassade des Schlosses, das ab 1949 als Wohngebäude genutzt wurde, bedarf der Renovierung.

Anmerkungen
[1] Vgl. UB Vögte I, Nr. 905.
[2] Vgl. von Raab I, Nr. 53; von Raab I, Nr. 62.
[3] Vgl. von Raab I, Nr. 202, 204.
[4] Vgl. von Raab I, Nr. 347; von Raab II, Nr. 285.
[5] Donath, S. 31; vgl. Steche, Plauen, S. 30 f.

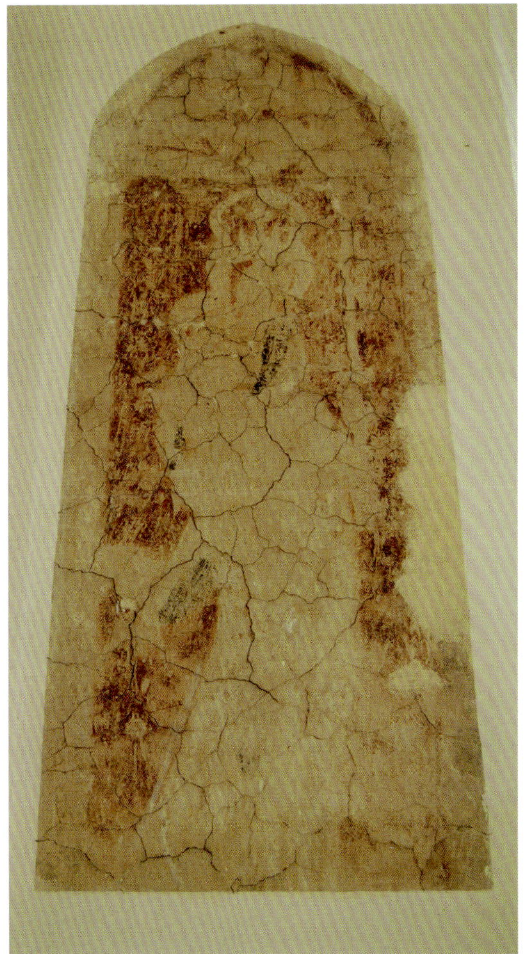

Freigelegte Wandmalerei im Chor der Kirche in Thierbach

KIRCHE THIERBACH

Auf der Landstraße geht es über Langenbuch oder Ranspach in das Kirchendorf Thierbach. Das nicht mehr von einem ordinierten Geistlichen bewohnte Pfarrhaus und das langsam verrottende Backstein-Schulgebäude an der Straße verdecken die Sicht auf das alte, von einem in Nutzung befindlichen Friedhof umgebene Gotteshaus. Dessen älteste Bestandteile (darunter der Chor) datieren noch ins frühe 14. Jahrhundert. Das Kirchenschiff wurde erst um 1568 eingezogen. Fast alle Details, die Steche noch sah, sind heute verschwunden [1]. Dafür ist Neues aufgetaucht: bei Restaurierungsarbeiten im Chor wurden Umrisse von Wandmalereien freigelegt. Deutungen stehen noch aus, doch darf man die Figur linker Hand für eine weibliche Heilige halten. Beachtung verdienen die drei schmalen, unterschiedlich hohen Fenster im Chorraum hinter dem Altar.

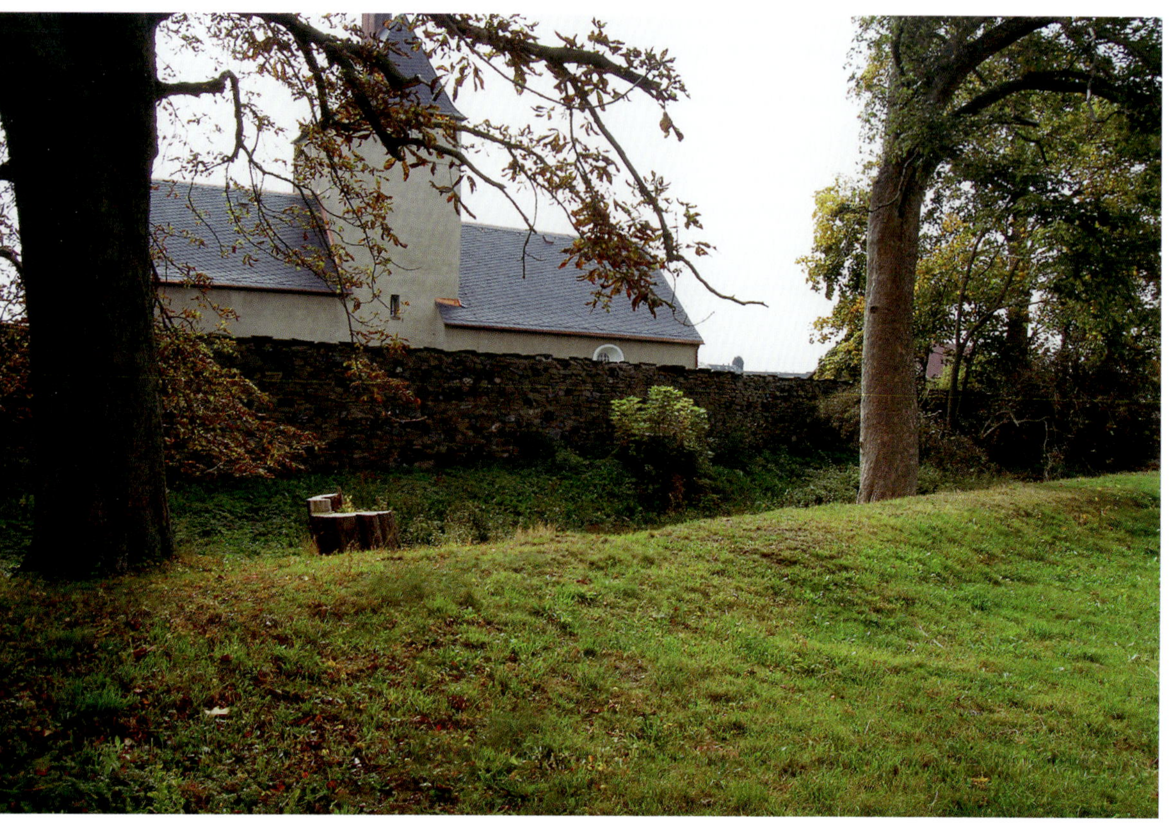

Dir Kirche in Thierbach wurde einst durch einen Wall geschützt

Die Anlage des befestigten Kirchhofes, in dessen Mauern die Bewohner Schutz suchen konnten, bleibt indes das interessanteste Moment des Areals. Hinter der Kirche sind noch Reste eines der Türmchen zu sehen, die die Anlage einmal sicherten. Offenbar wurde dieser Turm vorübergehend als Beinhaus genutzt. Geht man hügelan am Pfarrhaus vorbei, stößt man linker Hand auf eine Bodenwelle: Reste eines Walles, der die Ummauerung schützte. Sinnlose Rückzugsgefechte in den letzten Kriegstagen provozierten schweren Beschuss, der die Anlage schwer in Mitleidenschaft zog. Ein an der Straße errichteter Unterstand präsentiert Modelle der Kirche in älteren Zuständen.

1377 wird Thierbach unter die *dorffer* gerechnet, die bei einem Ausgleich des Geraers mit dem Markgrafen von Meißen zugegen sind; als *villa im districtus Muldorff* erscheint es 1379 [2]. 1426 ließen sich die Thierbacher beim Landgrafen ihr Privileg einer Tanzstube bestätigen (→ S. 390).

Anmerkungen
[1] Vgl. STECHE, Plauen, S. 84.
[2] UB Vögte II, Nr. 241; UB Vögte II, Nr. 257.

KIRCHE EBERSGRÜN

Zwei Kilometer nordöstlich Pausas liegt das Kirchendorf Ebersgrün. Im oberen Teil des Dorfes befindet sich eine einschiffige Kirche mit wuchtigem Turm, ehemals der Maria Magdalena geweiht. Die Innenausstattung gehört überwiegend ins 18. Jahrhundert. Allerdings ist das Terrain rund um die Kirche ein sagenumwobener Ort. Drei Anhaltspunkte bieten sich dem heutigen Betrachter: die Altarfiguren, das Steinkreuz und die zu einem Bauernhof gehörige Bruchsteinmauer am nördlichen Eingang des Friedhofs.

In der Ebersgrüner Kirche befinden sich Reste eines Schnitzaltars des 15. Jahrhunderts, in dessen Mitte Maria mit dem Kind thronte, flankiert von jeweils 2 mal 2 heiligen Frauen und den 12 Aposteln. Dass eine der Frauen »in seltener Weise als Attribut einen Schädel« trägt [1], könnte Ausgangspunkt der Sagenbildung gewesen sein:

■ »Im Glockenthurme der Kirche zu Ebersgrün stehen in einer Halle die Bilder der zwölf Apostel, die sich früher am Altar befanden und nach der Einführung der Reformation dort bei Seite gesetzt wurden. Jedermann hatte eine Art Scheu vor diesen Figuren, weil man sagte, wer dieselben verspotte oder anrühre, habe schwere Rache zu gewärtigen. Einst half ein Bauerjunge dem Küster läuten und als er fertig war, hatte er die Frechheit, den einen der Apostel am Barte zu zupfen und dem h. Petrus gar eine Ohrfeige zu verabreichen. Das bekam ihm aber schlecht, in derselben Nacht um die zwölfte Stunde stand der heilige Mann in Lebensgröße vor seinem Bette und gab ihm dieselbe wieder, aber so, daß ihm nicht blos Hören und Sehen, sondern auch das Leben verging. Seitdem hat Niemand die Zwölfe wieder zu beleidigen gewagt.« [2]

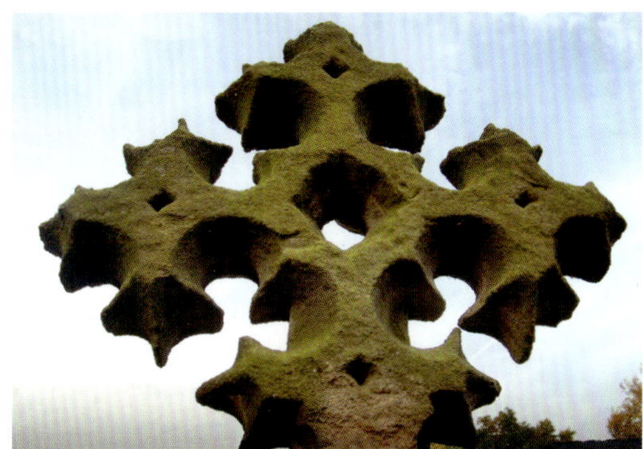

Das Sandsteinkreuz vom Westgiebel der Kirche in Ebersgrün wurde auf die Friedhofsmauer gesetzt

Ein gotisches Steinkreuz aus Sandstein, das vordem den Westgiebel der Kirche zierte, wurde im 19. Jahrhundert auf die Friedhofsmauer gesetzt. Die Sage will, dass das Kreuz nicht entfernt werden dürfe, da es sonst in der Kirche spuke [3].

Die Sage will auch, dass sich bei der Kirche einst ein Kloster befunden habe:

■ »In der Kirche von Ebersgrün ist es um Mitternacht angeblich nicht recht geheuer, denn daselbst geht der Propst des alten Klosters, welcher kurz vor der Einführung der Reformation an jenem Orte mit den Schätzen des Klosters und der Kirche entfloh und, man weiß nicht wie und wo, um's Leben kam, um. Er läßt sich in seiner Ordenstracht ganz wie er im Leben anzuschauen war, sehen, nur trägt er schwere Hucken in den Händen und auf dem Rücken und scheint den Wunsch aussprechen zu wollen, daß ihm irgend Jemand seine schwere Bürde abnehmen möge.« [4]

Ein »Propst« lässt auf ein Chorherrenstift schließen. Das hat es hier freilich nie gegeben, wie denn Ebersgrün überhaupt in den Urkunden der Vögte als Kirchort keine Rolle spielt. Geht man von der

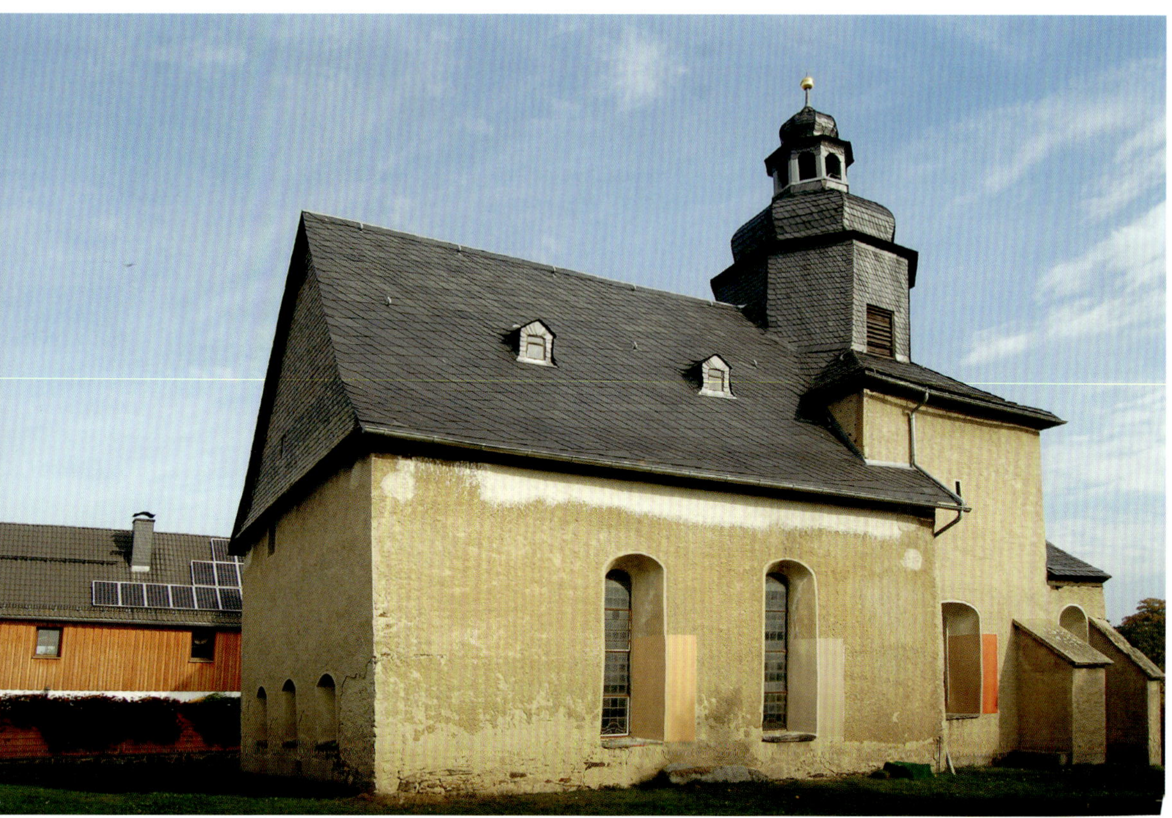

Die alte Pfarrkirche in Dobia

Hauptverkehrsstraße auf die Kirche zu, stehen rechter Hand alte, unter Denkmalschutz gestellte Bruchsteinmauern, die einen Hof begrenzen. Mit wenig Phantasie kann man sie für Klostermauern halten. Alle drei Sagen zeugen von Ablösungsprozessen im Zuge der Reformation.

Anmerkungen
[1] STECHE, Plauen, S. 8. Vgl. auch HILLER, S. 128.
[2] GRÄSSE, Nr. 641. Vgl. EISEL, Nr. 528.
[3] Vgl. SCHRAMM, S. 43; HILLER, S. 127.
[4] GRÄSSE, Nr. 642. Vgl. EISEL, Nr. 206; HILLER, S. 125f.

PFARRKIRCHE DOBIA

Niedrig und farblos buckelt sich die alte, windschiefe Chorturmkirche von Dobia auf ihrem Friedhof. Schieferdach und Dachreiter täuschen leicht über das hohe Alter des Gebäudes hinweg. Romanisch sind die Fenster des um 1200 errichteten, gegen 1225 umgestalteten Turmchors. Pfarrkirche erst seit Ausgang des 14. Jahrhunderts, erwarb die Gemeinde 1513 mit einem 1512 datierten Flügelaltar des Zwickauer Künstlers Peter Breuer ein Stück von kunstgeschichtlich hohem Rang [1].

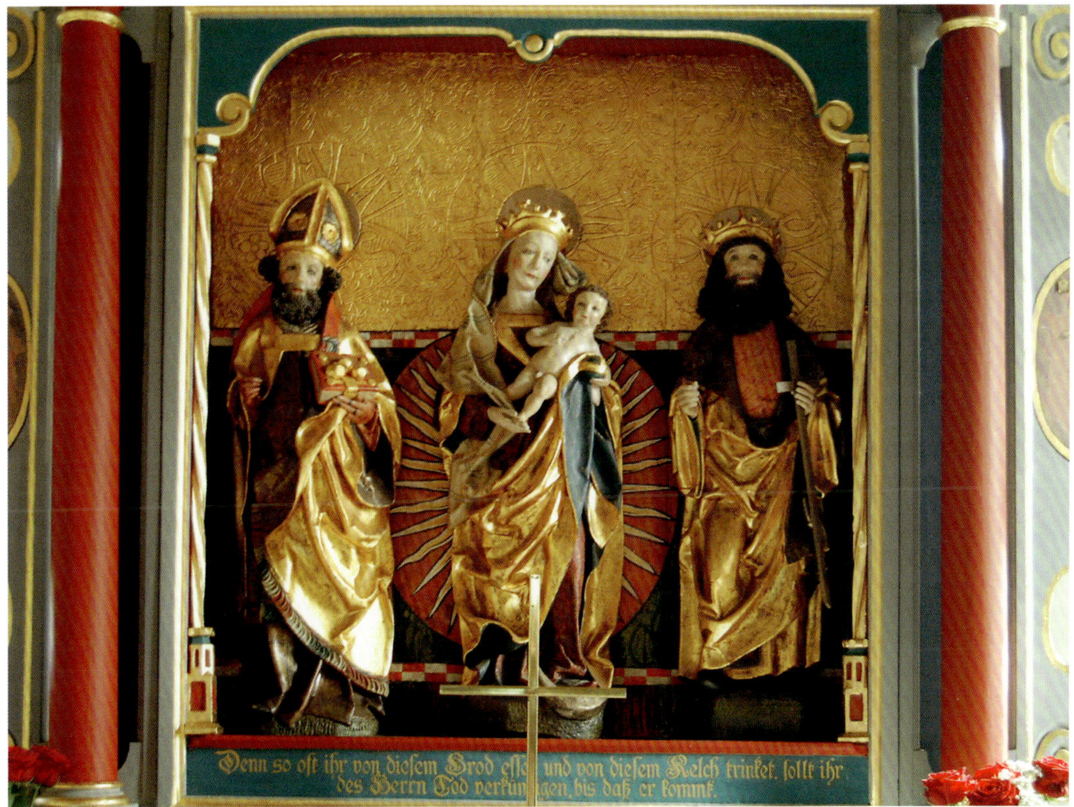

Die Madonna im Strahlenkranz zwischen Bischof Nikolaus und König Oswald

Im Mittelschrein steht die Madonna im Strahlenkranz, umgeben vom heiligen Bischof Nikolaus und, in der Region nicht eben geläufig, Oswald von Northumbrien. HENTSCHEL arbeitete heraus, dass die drei bzw. vier Figuren durchaus nicht einheitlich in der Linienführung sind. Während bei Nikolaus und Maria in den Faltenwürfen diagonale Linien dominieren, steht Oswald geradezu statuarisch daneben: »Da ist plötzlich nichts mehr von Schwellung und Biegung, vom weiten Schwung aufgeblähter Gewandmassen, von der flackernden Unruhe der Falten und Säume, wie es noch in den Flügelfiguren des Altars der Fall ist.« [2] Darin könne man, so HENTSCHEL, »etwas von dem, was Dürer als Gegenpol zur Unruhe der Spätgotik anstrebte«, erkennen, einen »Hauch von der klassischen Kunst des Südens.« [3]

Nikolaus und Oswald werden traditionell mit Freigebigkeit assoziiert. Im populären Nikolaus-Kult hat sich das Thema erhalten. Beim britischen Nationalhelden Oswald muss man die alten Sagen bemühen. Als Oswald am Ostersonntag nicht nur seine Speise, sondern auch seinen silbernen Teller brach und an die Armen verteilte, rief Bischof Aidan aus: »möge diese

Hand niemals verwesen«. Oswald fiel am 5. August 642 im Kampf gegen die Heiden. Sein Leichnam wurde verstümmelt und später in Einzelteilen geborgen. Die unverwesliche Hand wurde als Reliquie in Bamborough verehrt [4]. Der fromme Heidenkämpfer, dem sich im Laufe der Jahrhunderte volkstümliche Attribute wie ein sprechender Rabe assoziierten (der Rabe von Dobia ging im 20. Jahrhundert verloren), genoss insbesondere beim Adel hohes Ansehen. Regensburg war lange ein Zentrum der Oswald-Verehrung im oberdeutschen Raum [5]. Wer die Hospitalkirche in Hof (→ S. 229 f.) gesehen hat, wird die Heiligen Katharina und Barbara des Breuer-Schülers Michael Heuffener (gest. 1517) mit Gewinn vergleichend betrachten.

Anmerkungen

[1] Vgl. HENTSCHEL, Breuer, S. 216; LEHFELDT, Greiz, S. 77, hielt den ausführenden Künstler noch für einen »von Nürnberg beeinflusste[n], der vogtländischen Schule zuzurechnende[n]«.
[2] HENTSCHEL, Breuer, S. 150.
[3] HENTSCHEL, Breuer, S. 151.
[4] Vgl. CURSCHMANN, S. 169–171.
[5] Vgl. CURSCHMANN, S. 188–193.

ELSTERBERG

Elsterberg ist eine Gründung der Herren von Elsterberg, einer Linie der in der Region einflussreichen, aus Franken stammenden Herren von Lobdeburg, die ihren Kernbesitz in Lobeda (Jena) hatten und sich in fünf Hauptlinien aufspalteten.

Der Elsterberger Zweig der Lobdeburger tritt in seinem Verhältnis zu den Vögten von Weida erstmals anlässlich der Schlichtung eines Konflikts 1225 zutage. Seinerzeit gehörte Elsterberg den Brüdern Herrmann und Hartmann von Lobdeburg. Gegenstand der Auseinandersetzung war die Errichtung einer Marienkirche in Greiz, die nach Auffassung der Lobdeburger in den Pfarrsprengel der Laurentiuskirche in Elsterberg gehörte, woraus sie das Patronatsrecht ableiteten. Bischof Engelhard von Naumburg schlichtete dahingehend, dass die Lobdeburger ihre Ansprüche auf die Greizer Kirche, die Vögte aber ihre sonstigen Ansprüche in Elsterberg fallen lassen sollten [1].

Zwischen etwa 1250 und 1350 spielten die Elsterberger eine gewichtige Rolle als Gefolgsleute der Vögte von Weida. In Zeugenreihen der Vögte begegnen wir den Elsterberger *milites* ab 1267 [2]. Eifrige Zeugen sind dann Hermann (1300–1335), Burkhard (1300–1333) und, für den Vogt von Gera, Busso von Elsterberg (1312–1335). Nach dem Vogtländischen Krieg verpflichten sich die Elsterberger zu Diensten der Markgrafen von Meißen [3].

Die Stadt Elsterberg hat nach zahlreichen Katastrophen nur noch sehr wenig historische Substanz aufzuweisen. Die Laurentiuskirche ist einem nach dem Brand von 1840 völlig neu errichteten neoromanischen Gebäude ohne vormoderne Relikte gewichen.

BURG ELSTERBERG

Die Lobdeburger scheinen Burg Elsterberg noch im ausgehenden 12. Jahrhundert angelegt zu haben. Sie war »durch zum Theil aus dem Felsen gesprengte Wallgräben und doppelte Mauern nebst Thürmen ausserordentlich stark befestigt.« [4]. Von der Ringwallanlage mit ausgedehnter Zwingerbefestigung und flankierenden Türmen sind

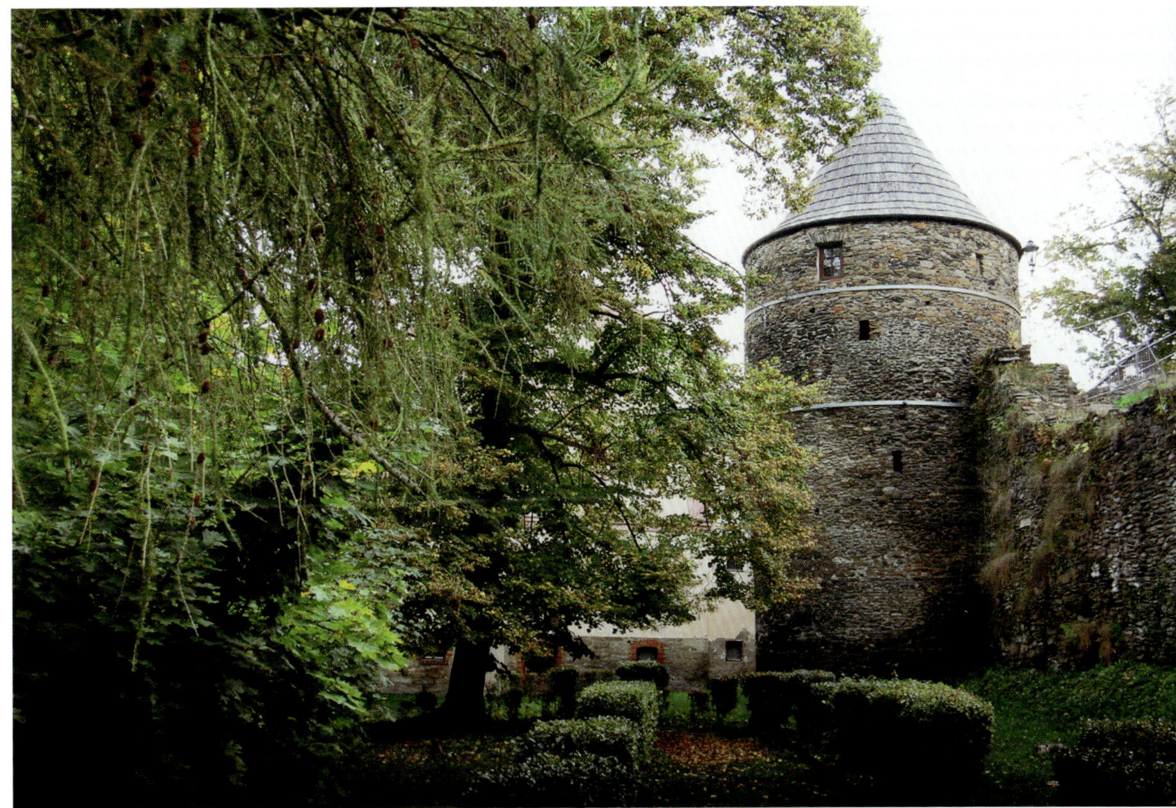

Im Zwinger der Burgruine Elsterberg

noch prominente Relikte erhalten. Sie stammen freilich aus der Zeit nach dem Vogtländischen Krieg (1354–1357). Seinerzeit war die Burg, obwohl dem Feind rechtzeitig geöffnet, von den Erfurtern zerstört und von den siegreichen Truppen geschleift worden. 1382 fiel das alte Haus an den Markgrafen Wilhelm I. von Meißen (1343–1407), 1413 an Lippold von Hermannsgrün, 1440 an die Herren von Bünau [5].

Die Oberburg erhebt sich mit einem mächtigen Palas, der direkt auf den Felssporn gesetzt wurde, über der Stadt. Er besaß, wie seinerzeit üblich, einen Fachwerkaufbau. Auf dem weitläufigen Burghof befand sich einst eine nur noch in ihren Grundmauern erkennbare Kapelle der Heiligen Barbara. Den Zwinger rund um die Oberburg, dessen äußere Mauer noch weitgehend intakt ist, kann man bequem ablaufen. Von den ehedem fünf flankierenden Türmen, deren südlicher vielleicht als Kanonenbastion diente, haben sich vier erhalten bzw. wurden saniert. Im Eingangsbereich fällt der Übergang der Burgmauer in die Elsterberger Stadtmauer auf. So vermittelt die Burg, obwohl sicher korrekt als »Ruine« angesprochen, einen in sich geschlossenen Eindruck.

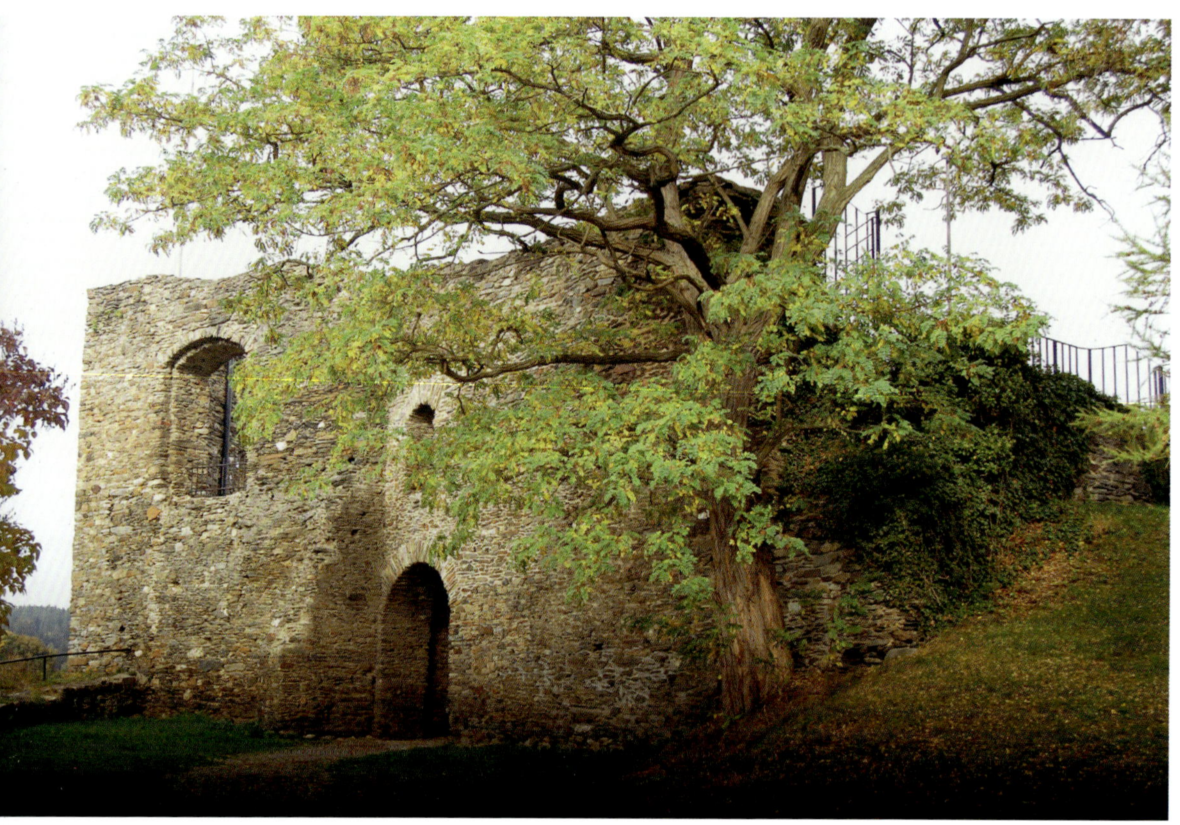

Die Burgruine Elsterberg

Anmerkungen

[1] UB Vögte I, Nr. 51; vgl. THOSS, S. 12.

[2] Etwa ein *Conradus de Elsterberch*: UB Vögte I, Nr. 144.

[3] UB Vögte II, Nr. 59. Es wäre zu erwägen, dass ›Busso‹ eine Nebenform zu Burkhard ist.

[4] STECHE, Plauen, S. 9.

[5] Vgl. VON RAAB I, Nr. 114. Die weitere Besitzgeschichte bei DONATH, S. 153.

BURGRUINE LIEBAU

Am rechten Talhang der Elster, etwa zwei Kilometer nördlich der Talsperre, finden sich auf einem flachen Felssporn, den man auf einem Damm über einen Abschnittsgraben erreicht, prominente Reste der ehemaligen Burg Liebau. Sie wurde wahrscheinlich in der zweiten Hälfte des 13. Jahrhunderts erbaut, erstmals aber im März 1327 als *castrum lubawe* erwähnt. Seinerzeit nahm Heinrich III. »der Lange«, Vogt von Plauen (1303–1347), Liebau gemeinsam mit mehreren anderen Burgen von König Johann von Böhmen zu Lehen [1]. Nach dem Vogtländischen Krieg musste Heinrich V. »der Mittlere«, Herr von Plauen zu Mühltroff (1348–1357), die Burg dann mit den Wettinern tauschen [2]. 1441 besaßen sie die Herren von Döhlau, die die

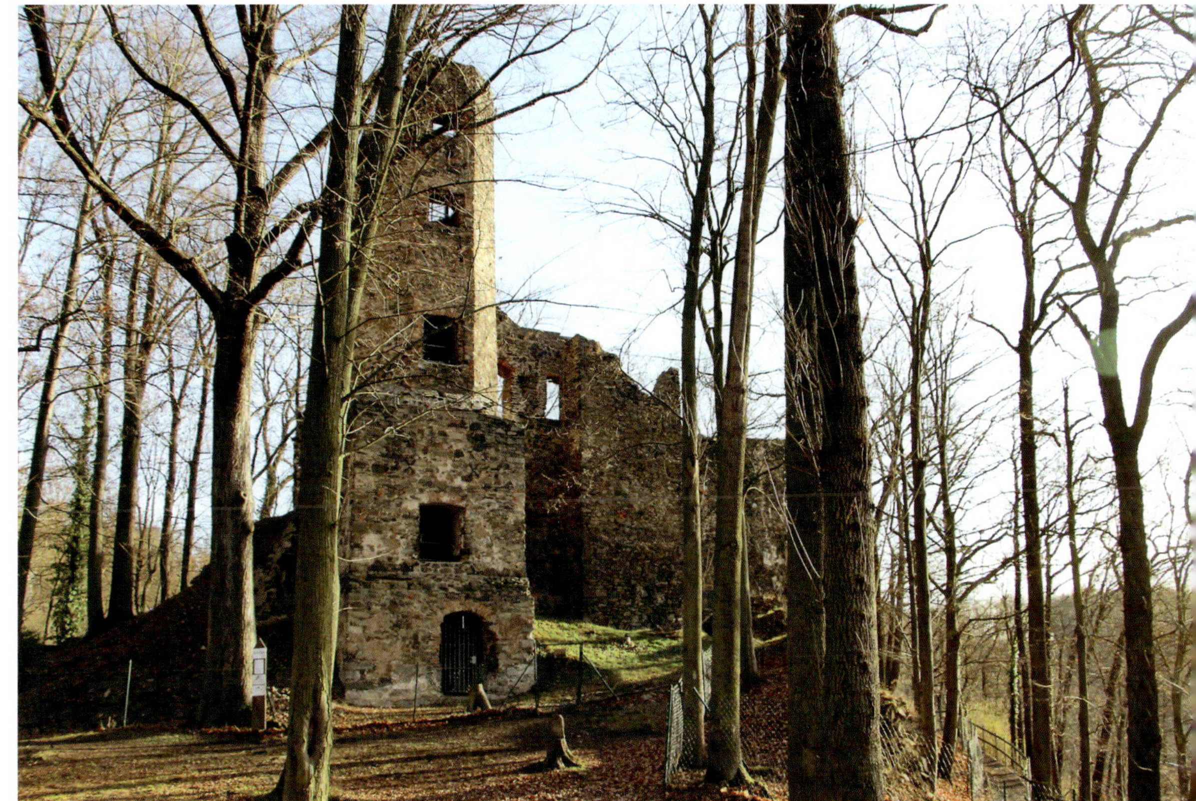

Die Burgruine Liebau mit oktogonalem Treppenturm

Anlage im 16. Jahrhundert in ein Renaissance-schloss umwandelten. Dass sie im Grunde zwei Kerne aufweist, deren östlicher, unterhalb der Umfassungsmauer liegender Teil zur alten Burg gehörte und aufgegeben wurde, verdankt sich dieser Umnutzung. Der gesicherte, freilich aufgerissene Treppenturm deutet, wenn man das Vorhandene gedanklich ergänzt, auf eine achteckige Grundform, die sich über einem rechteckigen Unterbau erhebt. Von schwedischen Truppen angezündet, verwahrloste das Schloss im 19. Jahrhundert [3].

Die Burg der Vögte befindet sich auf geschichtsträchtigem Terrain. Grabungen machten urgeschichtliche Siedlungen im Umkreis der Burg wahrscheinlich. Sie warfen allerdings auch Fragen auf. Etwa 300 Meter südlich der Burg der Vögte finden sich Reste einer weiteren Burganlage, »Altliebau« genannt, die heute den Park des Rittergutes begrenzen. In den Felsen wurde ein Graben geschlagen. Überreste eines Turmes und eines Hauses dahinter traten hervor. Vermutlich stellte die Anlage den ersten Versuch der Vögte dar, den Nordrand des Dobnaugaus (um 1200) zu sichern [4]. Vergleicht man den Talsporn, auf dem sie errichtet wurde, mit dem Bergsporn, auf

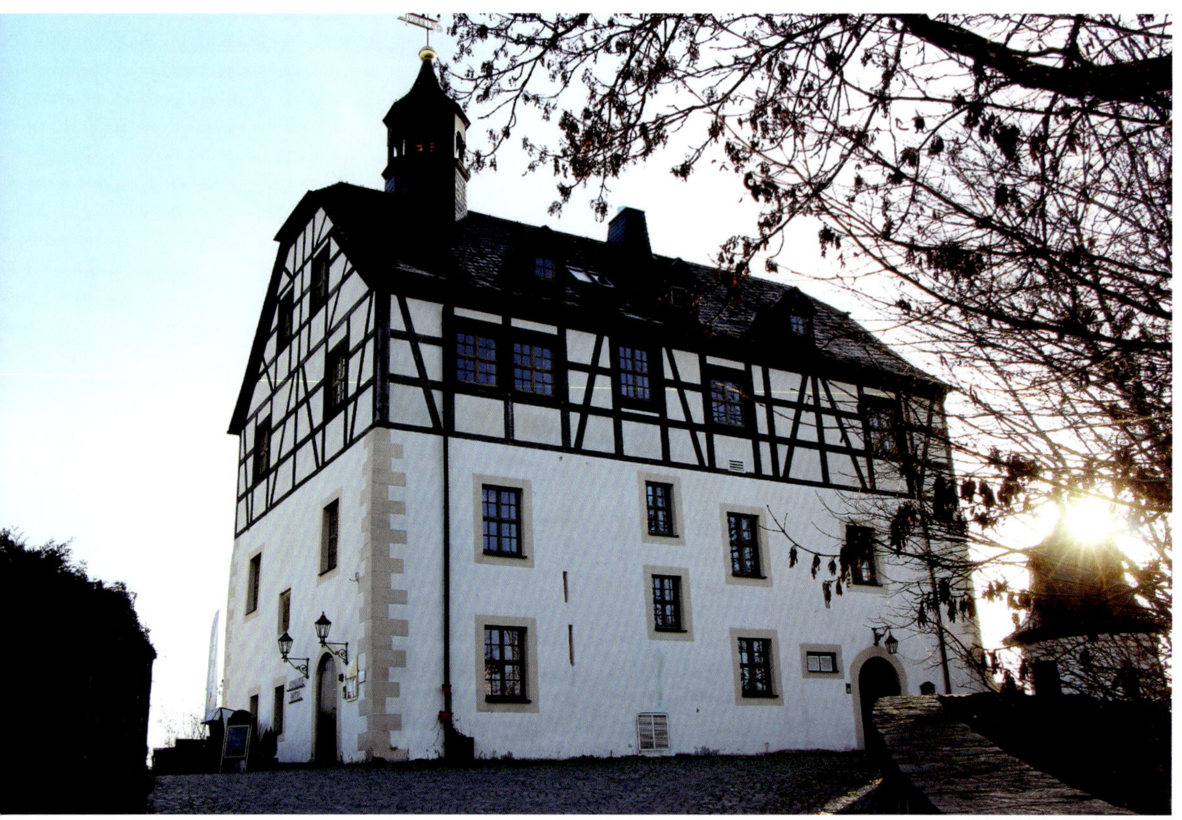

Das Jägerhaus wird leicht mit dem Schlösschen Jössnitz verwechselt

dem die Ruine Liebau steht, versteht man die Verlagerung unmittelbar.

Anmerkungen
[1] UB Vögte I, Nr. 611.
[2] Vgl. UB Vögte II, Nr. 12.
[3] Die Besitzgeschichte bei DONATH, S. 158 f.
[4] Zu den Bodendenkmalen im Umkreis der Burg vgl. FI-
      SCHER, S. 13 – 22.

JÖSSNITZ

Nur vier Kilometer nördlich von Plauen liegt das Kirchendorf Jößnitz (urkundlich *Gößnitz, Gesniz,*

Iesnitz usw.). Die Prämonstratenser in Mildenfurth hatten hier schon 1230 Besitzungen, die sie aber 1263 dem Deutschen Orden in Plauen abtraten. Die in der Frühzeit des aufstrebenden Stiftes erworbenen Güter lagen wohl einfach zu weit entfernt [1].

Auf einem Hügel über der gepflegten Parkanlage thront noch das kleine Schlösschen oder ›Jägerhaus‹, das im 16. Jahrhundert für Jobst Heinrich von Watzdorf errichtet wurde, dessen Familie ihren Wappenstein einließ. Das Jägerhaus ist nicht das alte Schloss, dessen Vorgängerbau vielleicht von den Lobdeburgern errichtet wurde. Dieses stand quer zum Jägerhaus und wurde 1860 abgebrochen; allein der Dachreiter wurde dem Jägerhaus aufgesetzt [2]. Seit dem ausgehenden 13. Jahrhundert ist die Anlage als Rittergut derer von Jössnitz bezeugt [3]. Etwa hundert Jahre später gelangte es durch Kauf an die Herren von Sparneck. Bis 1444 bzw. 1501 gehörte es denen von Dobeneck [4], danach Jan von Dohlen, dessen Familie bis 1528 Beziehungen zu den Zisterzienserinnen in Frankenhausen unterhielt.

Die an sich architekturlose Dorfkirche, vielleicht eine Gründung des Deutschen Ordens, wurde 1755 erneuert. Sie beherbergt indes Überreste spätgotischer Tafelmalerei, die 1837 auf dem Kirchboden gefunden und von Fachleuten in Dresden flugs als Werk Lukas Cranachs missdeutet wurden [5]. Die Tafel (77 × 115 cm), die entgegen allen Erwartungen nicht in Dresden verblieb, ist heute in einer Wandnische an der Nordseite aufgestellt. Auffällig ist ihre gebogene Form, die STECHE nicht als Ergebnis von Witterungseinflüssen erklären wollte. »Das breit und sorgfältig auf Goldgrund ausgeführte, werthvolle Gemälde zeigt den h. Ritter Georg im Kampfe mit dem Drachen, im Hintergrunde die befreite betende Königstochter mit Lamm zur Seite. Bemerkenswert ist der übergrosse Federschmuck am Helme des Heiligen. Im Vordergrunde links die betenden Glieder der Stifterfamilie, deren Köpfe meisterhaft an Lebenswahrheit und Tiefe der Empfindung gebildet sind.« [6]. Auffällig ist, dass der Wappenschild vor den Knien des mutmaßlichen Stifters weiß blieb. STECHE wies das Gemälde dem frühen 16. Jahrhundert und der fränkischen Schule zu. Das Motiv der Drachentötung regte zu der Spekulation an, das Bild entstamme

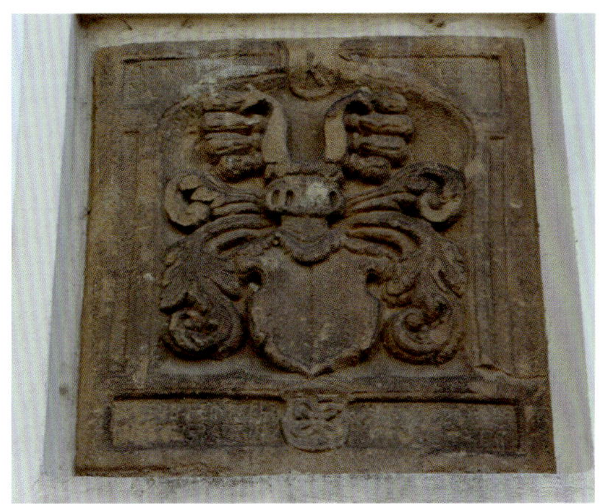

Der Wappenstein der Familie von Watzdorf am Jägerhaus

der so genannten ›Liekirche‹, einer sagenhaften, wohl in der Reformation abgegangenen Stiftung der Herren von Tettau auf eben jener Anhöhe, wo einst ein Lindwurm täglichen Blutzoll forderte.

Anmerkungen
[1] Vgl. UB Vögte I, Nr. 129; DIEZEL, S. 255.
[2] Vgl. DONATH, S. 24 f.
[3] Vgl. UB Vögte I, Nr. 259; POENICKE, S. 37.
[4] VON RAAB II, Nr. 198.
[5] Vgl. POENICKE, S. 38.
[6] STECHE, Plauen, S. 10.

KAPELLE NEUENSALZ

Über lange Zeit galt die Kapelle in Neuensalz als kunsthistorisch wertlos. Als sie 1981 vor dem Abbruch stand, entdeckte man ein vermauertes romanisches Fenster. Der Grundriss der turmlosen Kapelle erwies sich als nahezu rechteckig, eine Apsis war nicht erkennbar. Das deutete auf ein hohes Alter des Vorgängerbaus, der sich vielleicht noch aus dem 12. Jahrhundert herschrieb. STECHE fand Reste des alten Altarwerks aus der

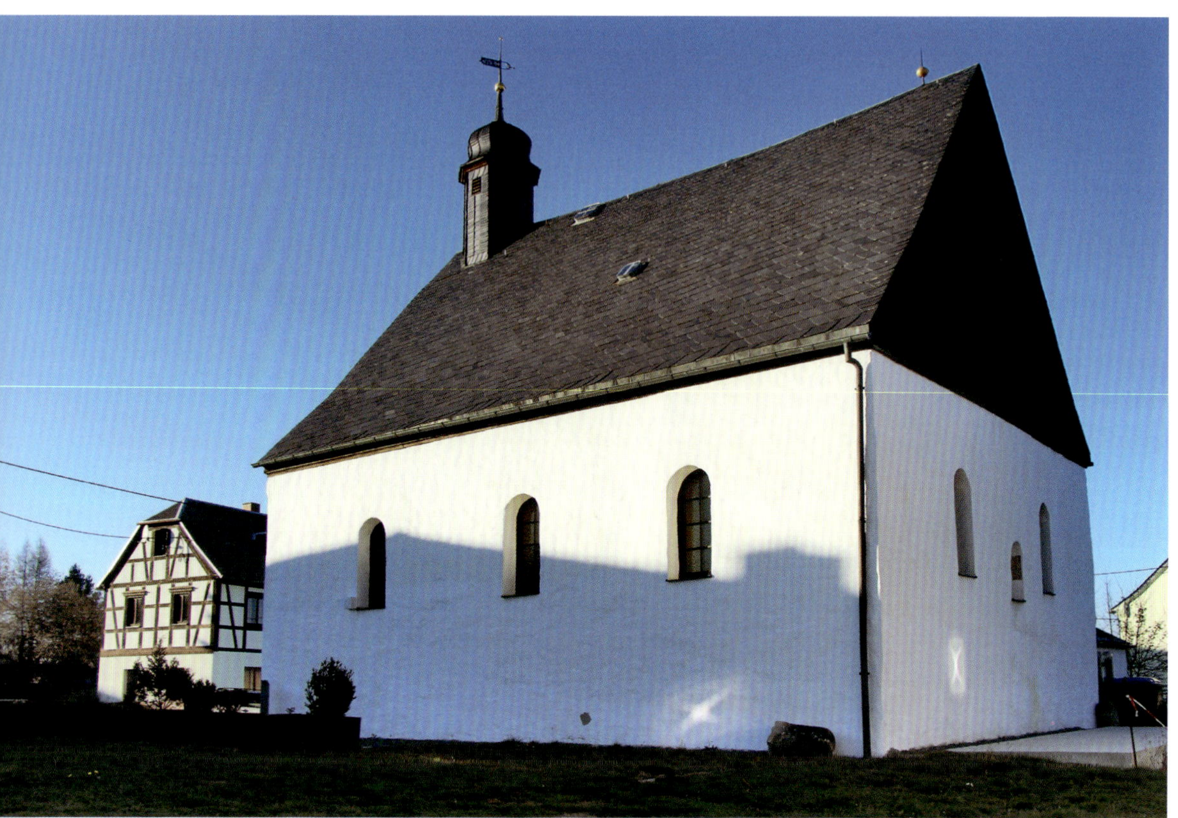

Die Kapelle in Neuensalz stand unter der Herrschaft des Deutschen Ordens

Kirche zu Altensalz (um 1500) auf dem Kirchboden [1].

Anmerkungen
[1] STECHE, Plauen, S. 44.

Ruine der Wasserburg Mechelgrün (→ S. 287)

KIRCHE STRASSBERG

Die Kirche in Straßberg, die festungsgleich auf einem Bergsporn wacht, wurde erst 1576 errichtet. Ein Verweilen lohnt dennoch aus mehreren Gründen: erstens der Tatsache wegen, dass die Kirche gleichsam aus dem zerstörten *castrum* der Vögte von Straßberg emporgewachsen ist, dessen Lage man auf dem Hügel hinter der Kirche vermutet; zweitens, dass sich in Straßberg eine Kapelle befand, die Otto IV. von Lobdeburg-Arnshaugk 1284 dem Deutschordenshaus zu Plauen überschrieb [1]; schließlich einiger spätgotischer Bildwerke ungeklärter Herkunft wegen, die womöglich im Zusammenhang mit der Kapelle stehen.

Gedenken wir zunächst der Vögte von Straßberg. Sie erscheinen urkundlich erstmals 1194.

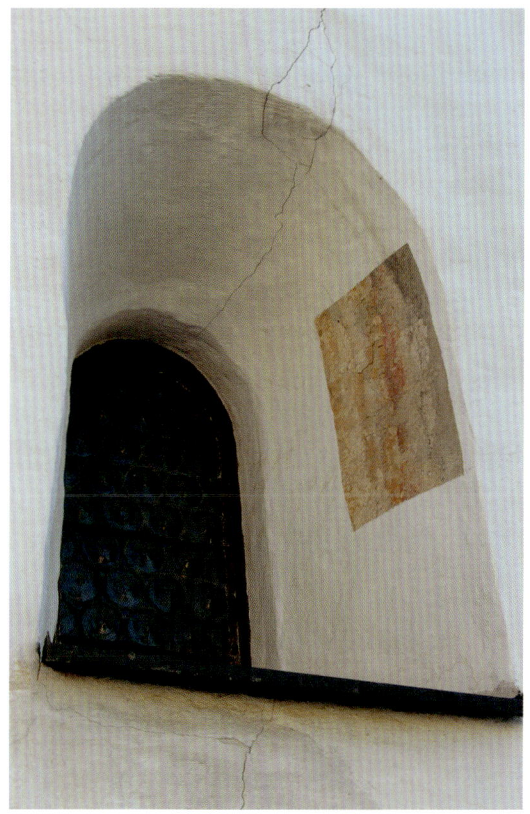

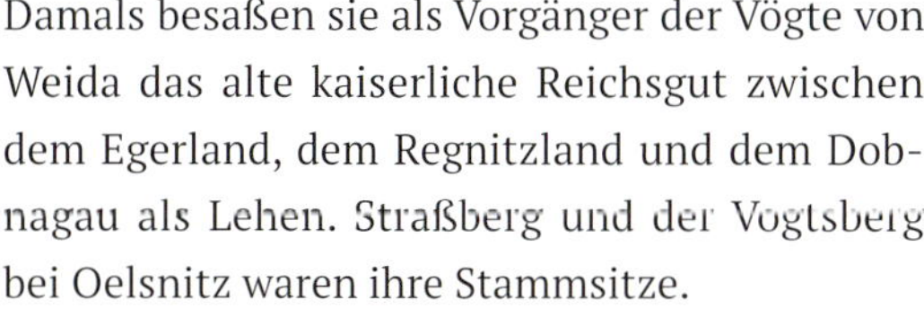

Romanisches Fenster an der Kapelle in Neuensalz

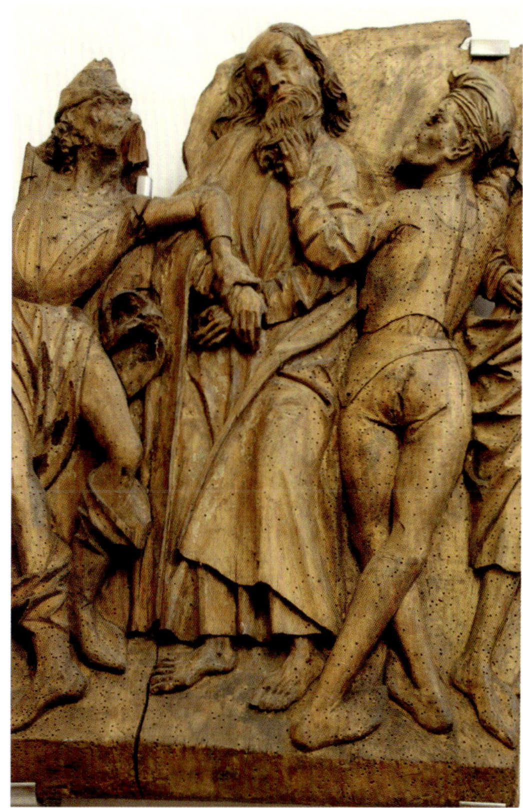

Ausschnitt aus der Verspottung Christi in der Straßberger Kirche

Damals besaßen sie als Vorgänger der Vögte von Weida das alte kaiserliche Reichsgut zwischen dem Egerland, dem Regnitzland und dem Dobnagau als Lehen. Straßberg und der Vogtsberg bei Oelsnitz waren ihre Stammsitze.

Knapp einhundert Jahre später, im April 1280, erscheint die Burg der Vögte in einer Erfurter Urkunde des Landgrafen Albrecht von Thüringen [2] als *castrum destructum*, aus dem die Vögte von Straßberg einst ihren Titel ableiteten (*adhuc dinoscitur feodali titulo possidere*). Die nurmehr als Landgut bezeichnete Liegenschaft erhielt der Deutsche Orden von den Vögten von

Plauen und Gera verliehen. Die Vögte von Straßberg waren längst keine Vögte mehr. Vor allem über die Vogtsberger Linie und die Herren von Raschau, die auf dem Vogtsberg saßen, machten sie sich als Placker im 14. Jahrhundert keinen guten Namen.

Die *capell zu Straszburgk*, die Otto IV. von Lobdeburg-Arnshaugk (1235/52–1289) *auf vhleisziges bitten der geistlichen brüder des deutzschen hoffs zu Plauen* 1284 dem Deutschen Orden übertrug, ist verschwunden. Ihr Verhältnis zur Kirche, die aus dem Schloss emporwuchs, ist unklar. Die Urkunde des Lobdeburgers legt als Be-

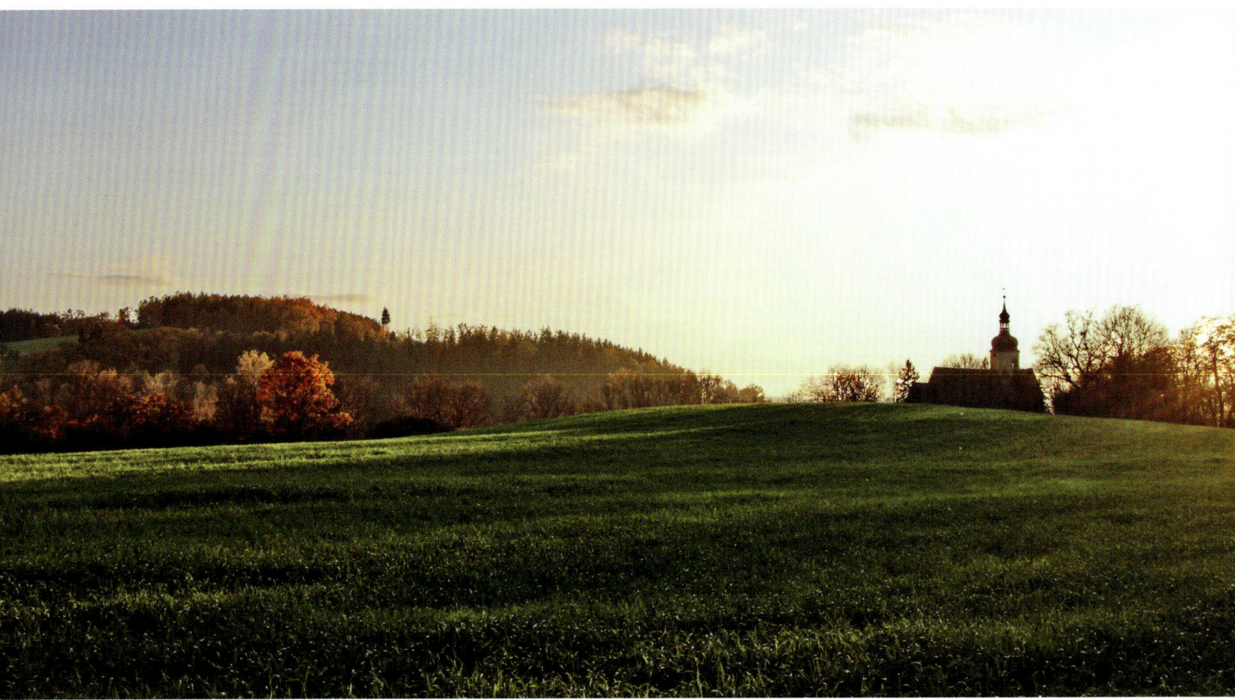

Der »Burghügel« über Straßberg mit der Kirche im Hintergrund

dingung der Übertragung fest, dass die Deutschherren *uff iren uncosten die kirch bauen und darinn wochentlich auf dreien tagen und auf den fürfesten die metten, mesz und vesper andechtiglich halten* sollen [3]. Man muss daraus nicht schließen, dass in Straßberg nach 1284 auf/aus der Kapelle eine Kirche »gebaut« wurde. Das mittelhochdeutsche *buwen* meint nicht zwingend *erigere* (›aufbauen‹, ›errichten‹), sondern auch ›pflegen, praktizieren‹ (auch Bauern »bauen« ja nichts). So wird der Orden die Kapelle zwar attraktiv gemacht oder gehalten haben, nicht aber zur Kirche ausgebaut.

Gleich rechter Hand neben dem Eingang hat man ein wurmstichiges Fragment einer Verspottung bzw. Geißelung Christi angebracht, die sich 1888 noch auf dem Kirchboden befand. Nicht nur

der Holzwurm hat in der qualitätvollen Arbeit gewütet. Auch scheinen empörte Gläubige die Gesichter der Peiniger vollends verstümmelt zu haben. Dadurch ist der Kontrast zum resigniert leidenden Gottessohn, wie ihn der Künstler beabsichtigt haben dürfte, nicht mehr nachvollziehbar.

Im nördlichen Seitenschiff befinden sich Reste eines um 1500 anzusetzenden spätgotischen Schnitzaltars, den STECHE noch auf dem Kirchboden vorfand, dessen »künstlerische Qualität« indes »über das übliche provinzielle Niveau« hinausreicht [4]. Eine auf den Flügeln gemalte Verkündigungsszene rahmt eine plastische Dreiergruppe im Mittelschrein, die gewiss einmal eine andere Anordnung aufwies,

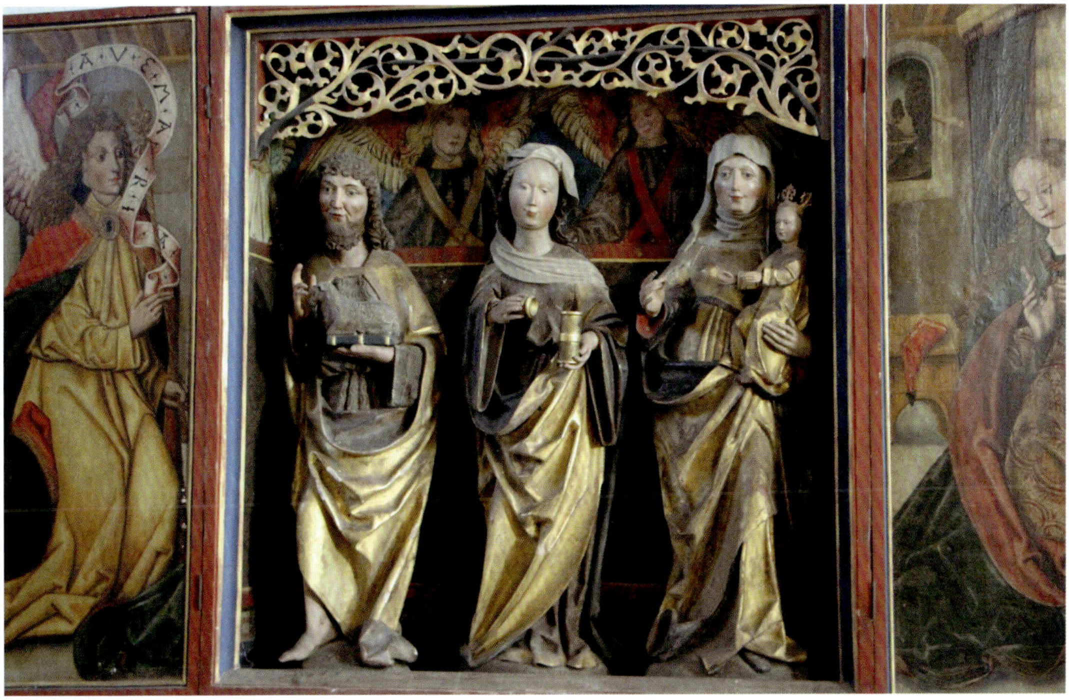

Der Mittelschrein des Straßberger Altars mit Johannes dem Täufer, Maria Magdalena und Anna, die ihre Tochter Maria trägt

vielleicht auch an anderem Orte stand. Von links nach rechts stehen dort der Täufer Johannes, der sein Lämmchen auf einem Buch ruhen lässt, Maria Magdalena mit dem Salbgefäß und Anna mit ihrer gekrönten Tochter Maria auf dem Arm. Für den Bildtypus ›Anna Selbdritt‹, dem wir mehrfach begegnet sind, fehlt der Christusknabe. Insbesondere die Malereien, denen man eine »unverkennbare Handschrift« attestierte, verweisen stilistisch in den Zusammenhang einer »südvogtländisch-nordbayrische[n] Werkgruppe bis zu einem Altarwerk im thüringischen Saalfeld«, die vielleicht mit einer Hofer Werkstatt in Verbindung zu bringen ist [5]. Zu beachten ist das praktische, am Gürtel tragbare Beutelbuch, das hinter Maria auf einem Hocker liegt.

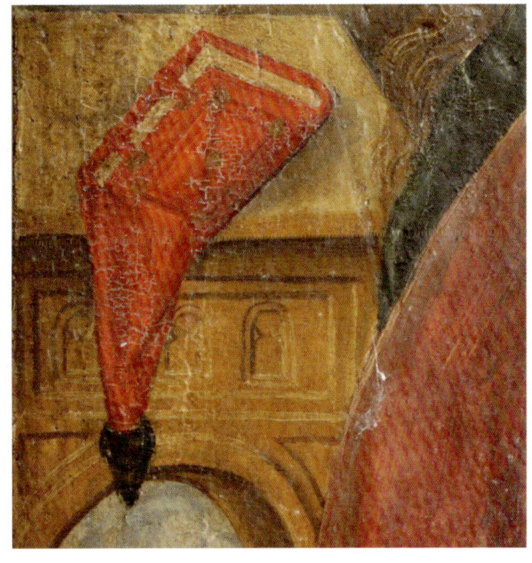

Beutelbuch auf dem Schemel Marias bei der Verkündigung

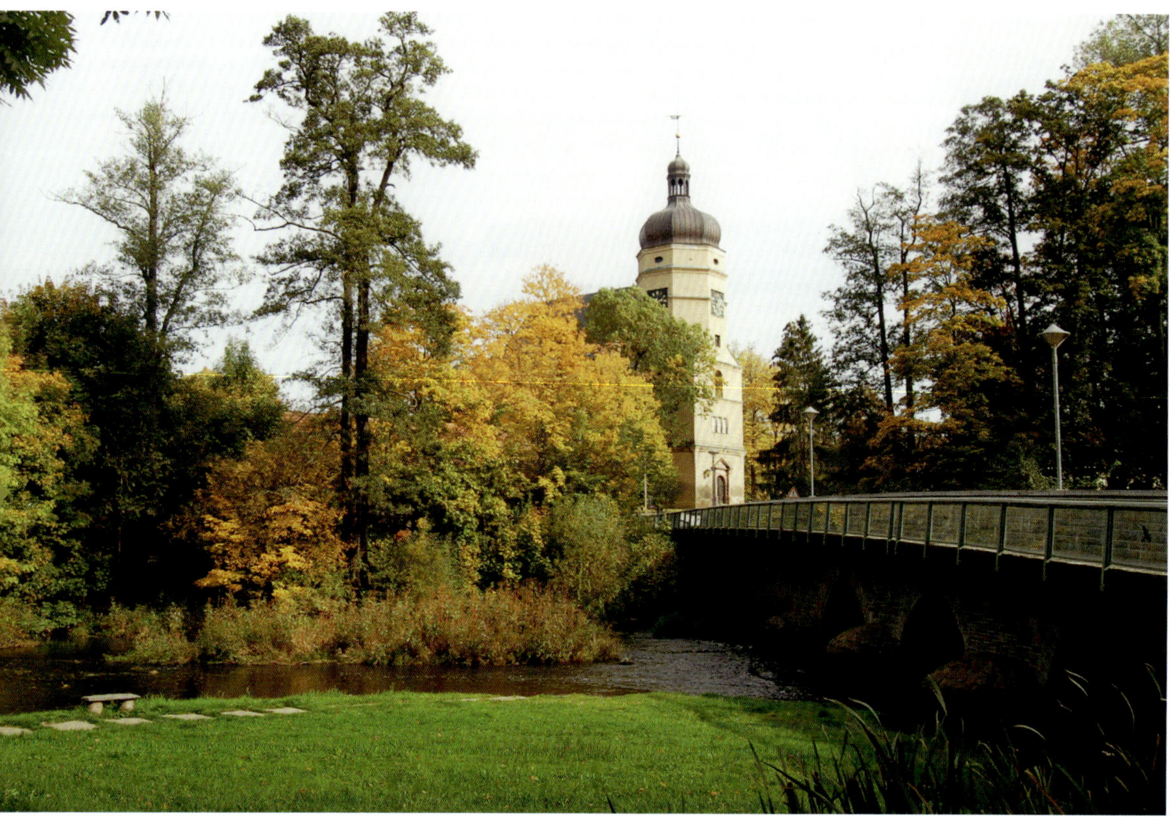

Blick auf die Salvatorkirche in Kürbitz

Anmerkungen

[1] Vgl. UB DO, Nr. 394.
[2] UB Vögte I, Nr. 201.
[3] UB DO, Nr. 394.
[4] FICKER, S. 12; vgl. STECHE, Plauen, S. 81.
[5] FICKER, S. 13.

Rittergut Kürbitz (→ S. 304)

SALVATORKIRCHE KÜRBITZ

Die Salvatorkirche in Kürbitz ist ein bemerkenswerter Sakralbau des frühen 17. Jahrhunderts, gestiftet von Urban Caspar von Feilitzsch (gest. 1649) und offenbar als Grablege seiner Familie ausersehen. Neben der aufwendig ausgemalten Grabkapelle, die ins 16./17. Jahrhundert datiert [1], weist die Kirche drei vorreformatorische Bedeutsamkeiten auf: den Altaraufsatz des 15. Jahrhunderts, die Figurengruppe eines verlorenen Schnitzaltars und die Grabplatte des Jobst von Feilitzsch.

Dem an der Südwand der Kirche aufgestellten vierflügligen Altar aus der Zeit um 1500 fehlen Predella und Bekrönung. In seinem mittleren Bildfeld befindet sich eine Darstellung der Anna Selbdritt: Anna, die Mutter Marias, hält ihr

Jesus-Enkelkind, dem seine Mutter eine Weintraube reicht. Der Dreiergruppe zur Seite stehen die Apostel Petrus und Paulus, auf den äußeren Flügeln der Evangelist Johannes und die Heilige Katharina. Auf dem Petrus-Bild findet sich zugleich eine Darstellung des Stifters. RICHARD STECHE stellte zu dessen Identität eine interessante Hypothese auf. Sie ging von der in den kursächsischen Ländern bis dahin seltenen Darstellung der Anna Selbdritt aus, deren Kult erst durch Friedrich den Weisen massiv befördert wurde. Friedrich war 1494 ins Heilige Land gepilgert und erwirkte auf dem Rückweg von Papst Alexander II. ein Breve, »um in seinen Landen der h. Anna einen den höchsten Kirchentagen gleichen Festtag zu feiern.« Da Hans und Jobst von Feilitzsch den Kurfürsten ins Heilige Land begleiteten, schloss STECHE, dass es sich beim Stifterbild um eben jenen Jobst von Feilitzsch handele, dessen Grabplatte die Kirche ebenfalls enthält.

Der Altar von Kürbitz gehört zu den wertvolleren Stücken, wiewohl sein Schöpfer weder der ältere, noch der jüngere Cranach gewesen sein kann. Die von STECHE gespürte Anlehnung an die »Richtung des älteren Holbein« mag man diskutieren [2]. Ausführende der Arbeit scheinen Künstler aus Hof gewesen zu sein. Nur noch in den Resten einer Figurengruppe aus der Zeit um 1500 ist ein kleiner Schnitzaltar zu greifen. Die erhaltenen Johannes Evangelist und Maria gehören zu einer Grablegung Christi, die noch eingangs des 18. Jahrhunderts vollständig in der Grablege derer von Feilitzsch stand. Aufmerksamkeit verdient schließlich die mit einer deutschen Inschrift versehene Grabplatte des Jobst von Feilitzsch (gest. 1511). Der Name Jobst, die

Kurzform von Jodokus, taucht in der Genealogie derer von Feilitzsch wiederholt auf. Bereits 1300 wurde ein Jobst von Feilitzsch im Heiligen Land zum Ritter Christi geschlagen.

Anmerkungen
[1] Eine Abbildung bei BÜNZ, Kulturgeschichte, S. 196.
[2] Zitate: STECHE, Plauen, S. 26.

KIRCHE ST. MARTIN THOSSEN (REUTH)

In Thossen, das heute ein Ortsteil von Reuth ist, steht eine romanische Kirche wohl noch des 13. Jahrhunderts. Der gedrungene Bau gilt als »eine der ältesten Kirchen des Landes« [1]. Das Alter ist noch gut am alten Martins-Patrozinium zu erahnen. Ihre kunsthistorische Bedeutung stand immer schon in einem eklatanten Gegensatz zu ihrem peripheren Standort. Bis zum Anbau des Turms (1488) scheint sie eine einfache Kapelle gewesen zu sein. Bis 1538 war sie Filiale von Kürbitz, danach von Rodersdorf.

Obwohl protestantisch bereinigt, bietet der Innenraum ein höchst atmosphärisches Ensemble frühmittelalterlich anmutender Sakralkunst. Die Mauer, die die Kirche umgibt, begrenzte einst den Friedhof. Wenn man die Kapelle in Neuensalz direkt zuvor gesehen hat, erkennt man die Unterschiede schnell. Die Thossener Kirche hat deutlich größere Fenster, eine Apsis und den jüngeren Westturm.

Der Innenraum überrascht mit einem gotischen Schnitzaltar, hinter der eine vergoldete hölzerne Prozessionsstange mit einer Christusfigur lehnt, und mit Wandmalereien, die 1954 freigelegt wurden. Die Malereien an der Ost-

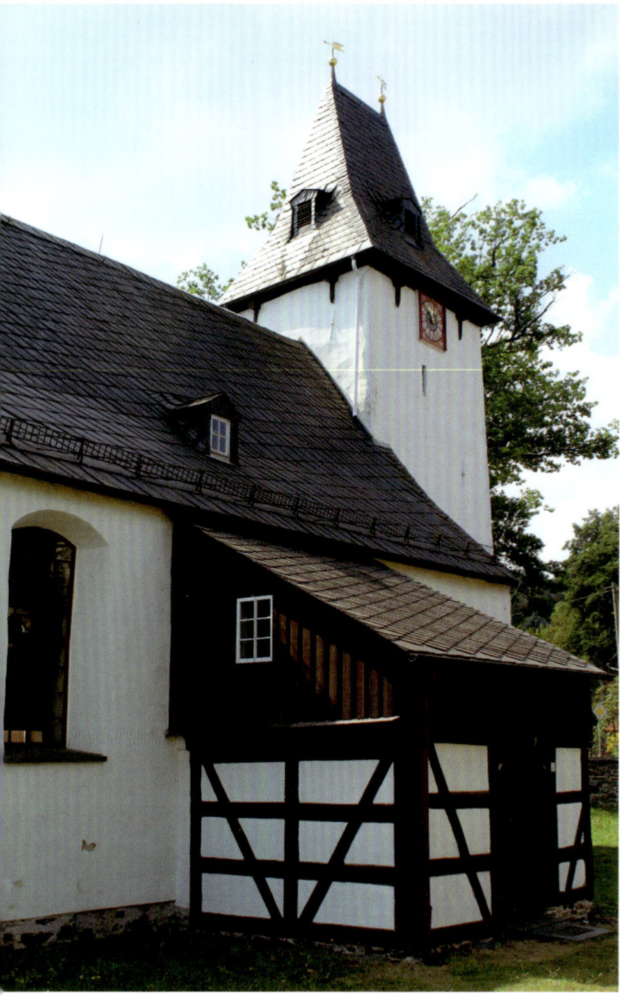

Die Martinskirche in Thossen

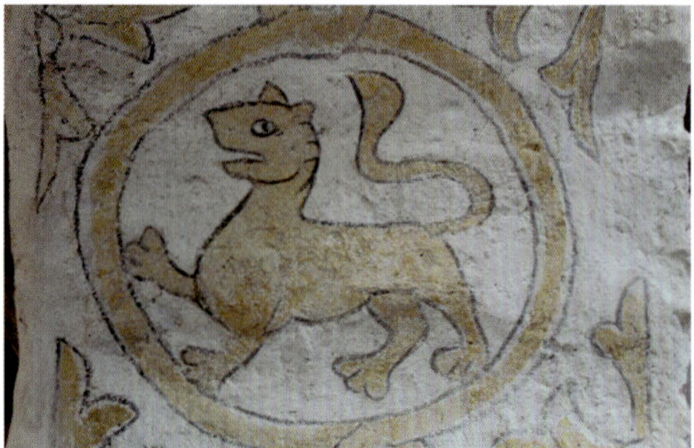

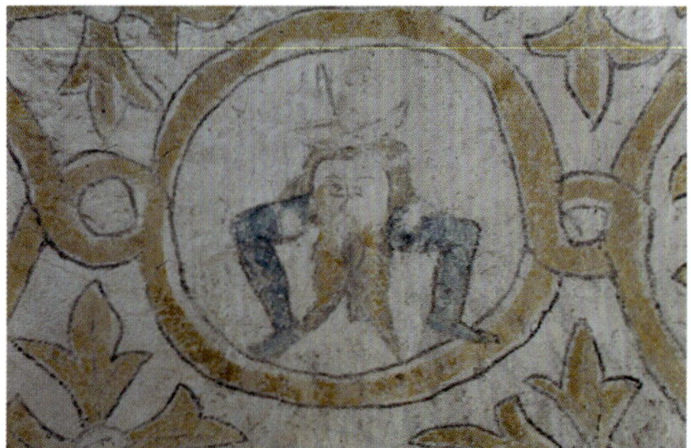

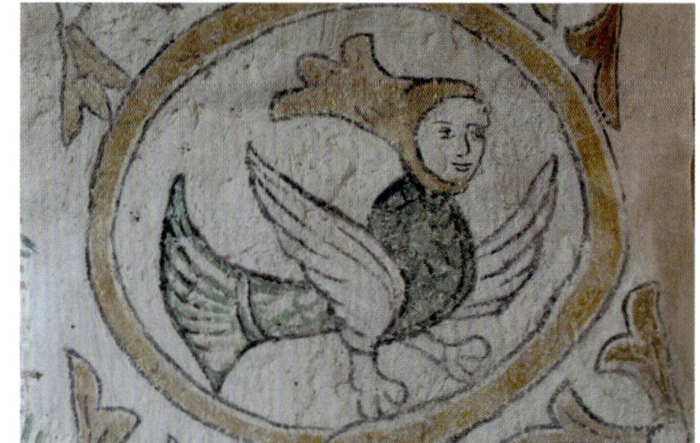

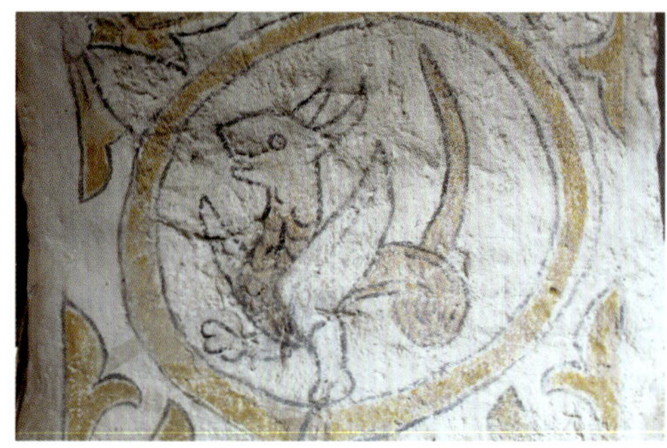

Medaillons mit Fabelwesen im Triumphbogen

wand des Langhauses sollen teilweise noch in die
Bauzeit der Kirche zurückgehen. Sie zeigen eine
Darstellung des Weltgerichts, in der vor allem
die tierartigen Dämonen in ihrer ungebremst
naiven Wucht den Betrachter geradezu ansprin-
gen. Auch den Durchgang zum Altarraum schützen Dämonen und Fabelwesen. Wenn irgendwo,
dann ist die Präsenz magischer Vorstellungen in

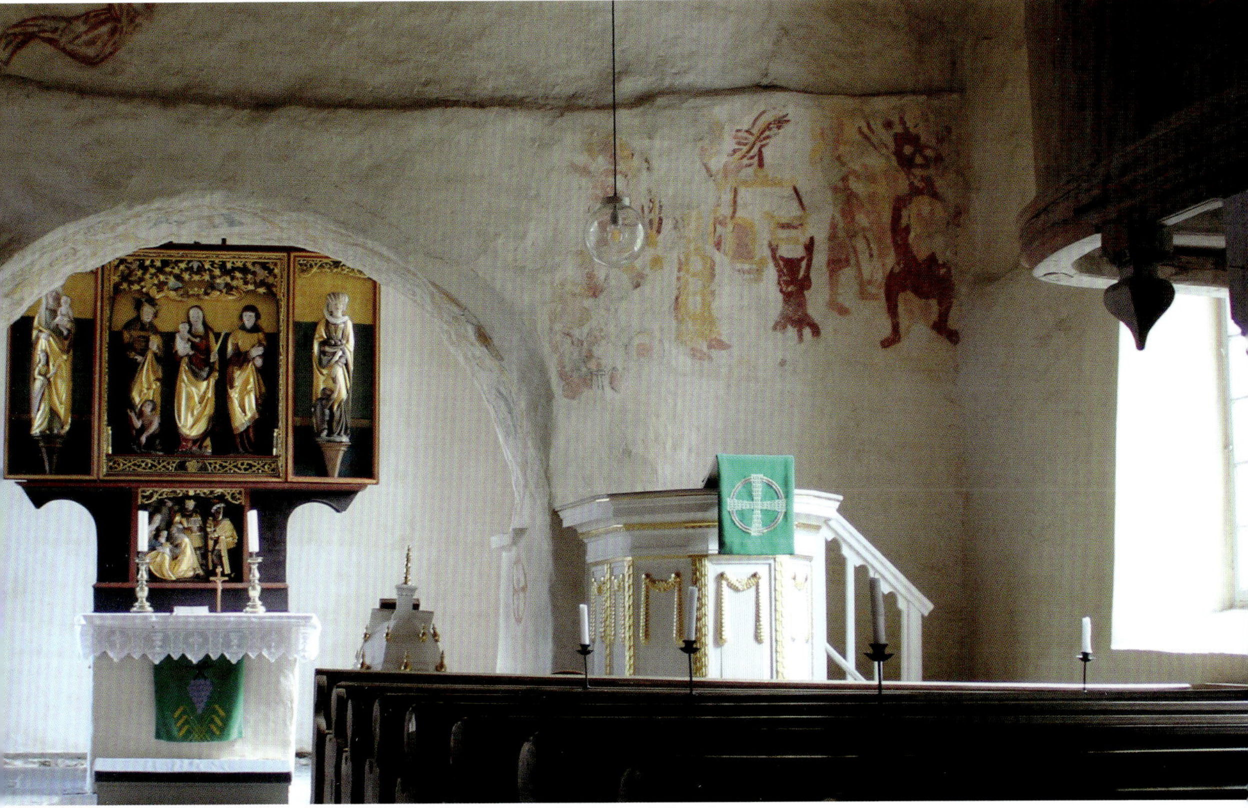

Blick ins Innere der Kirche und auf den Altar. Hinter der Kanzel haben sich Monster versammelt

dem stillen Kirchenraum an jenem abgelegenen Ort, in dem irgendwann die Zeit stehen geblieben sein könnte, spürbar. Die rustikale Kirchenbank auf der Westempore, die aus nicht mehr als einem einzigen langen Balken besteht, bestärkt diesen Eindruck.

Der Altar, eine regionale Arbeit von etwa 1517/1520, präsentiert bei geöffneten Flügeln im Mittelteil die Gottesmutter mit Kind, umgeben von den Heiligen Martin und Stephan. An den Gewandsäumen Marias und Martins befinden sich lateinische Aufschriften, die »die unbegründetsten Auslegungen erfahren haben, deren

unbedingt richtige Lesung aber [...] nicht möglich ist und hier noch durch die Erneuerung der Schriftzüge erschwert ist«. Man kann wohl mit STECHE »maria mater gratiae, mater misericordiae, ora pro nobis« (Maria, gnadenreiche Mutter, Mutter der Barmherzigkeit, bitte für uns) lesen [2]. Über der Predella liegt die holzgeschnitzte Figur eines Mannes »in bürgerlicher Kleidung« [3], der ein Wappen vor sich trägt, das man mit dem der Herren von Thussel identifizierte. Die Thusel oder Thussel, die eng mit den von Machwitz zusammenhingen, gehörten zum Umfeld der Vögte von Plauen. Konrad Thusel zeugte ein

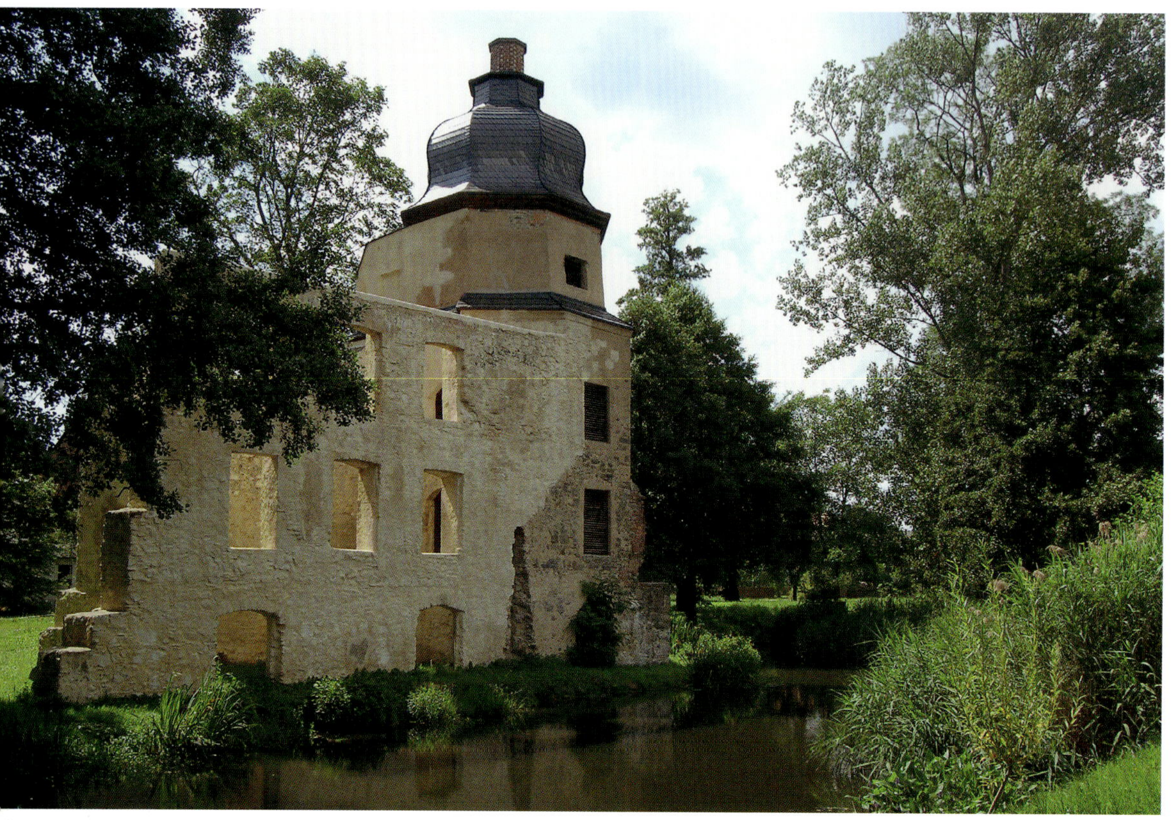

Ruine des Wasserschlosses Geilsdorf

halbes Leben (1297–1323) in Angelegenheiten der Plauener [4]. Dass der Altar tatsächlich für eine Martinskirche gefertigt wurde, beweisen die Gemälde mit Wundertaten des Heiligen, die bei geschlossenen inneren Flügeln zutage treten. Flankiert werden sie, wie nahezu überall im Vogtland, von den Heiligen Katharina und Barbara.

Anmerkungen

[1] BÜNZ, Kulturgeschichte, S. 190. Abbildung des Innenraums auch AK Mühlhausen 2013, S. 16. Der Sage nach soll die Kirche über einer den Germanen heiligen Quelle errichtet worden sein. Vgl. GRAESSE, Nr. 684.

[2] STECHE, Plauen, S. 87 f. Abweichende Lesarten der Schriftzüge, die mit der Germanen-Theorie in Verbindung stehen, bei ILLING, S. 7 f.

[3] STECHE, Plauen, S. 88. Eine einfühlsame Beschreibung des Altars bietet ILLING, S. 3 – 8. Abweichende Datierung: S. 2 f.

[4] Vgl. UB Vögte I, Nr. 318, 325 usw.

SCHLOSS GEILSDORF (WEISCHLITZ)

Bereits im 12. Jahrhundert soll sich in Geilsdorf eine Wasserburg befunden haben, aus der einer der »Säcke«, Ulrich Sack zu Geilsdorf, vor 1382 einen Rittersitz entwickelte [1]. Die Familie blieb am Ort, baute die kleine Kirche aus, die dem

Deutschen Orden unterstand, löste sie schließlich (1512) aus dem Filialverhältnis gegenüber
Kürbitz und erwarb das Präsentationsrecht [2].
Bis 1564 hielten die Säcke Sitz und Herrenhaus.
Danach eignete das Gut für hundert Jahre der Familie von Reitzenstein. 1730 ging es an die von
Nauendorf, die sich dort ebenfalls für ein Jahrhundert hielten [3]. Das ruinöse Schloss war aber
bereits 1866 nicht mehr in Nutzung, STECHE sah
es »in rettungslosem Verfalle und seiner Ausstattung bis auf sehr geringe Reste entkleidet.« [4].
Inzwischen ist die Erosion gestoppt, das Gebäude
in seinen Resten gesichert, der umgebende Teich
ufert nicht aus.

Anmerkungen
[1] Vgl. VON RAAB I, Nr. 13. Ulrich Sack urkundet noch 1415:
    UB Vögte II, Nr. 600.
[2] Vgl. VON RAAB II, Nr. 267.
[3] Die neuere Besitzgeschichte korrekt bei DONATH, S. 54 f.
[4] STECHE, Plauen, S. 10.

Ruinen der Wallfahrtskapellen Burgstein (→ S. 252)

SCHLOSS HEINERSGRÜN (WEISCHLITZ)

Am südlichen Ortrand von Heinersgrün, das 1296
erstmals erwähnt wurde, liegt der alte Adels-
sitz, das sogenannte »Schloss«, für STECHE noch
ein »mittelalterlicher, aber veränderter Bau mit
gleichfalls verändertem Rundthurme, welcher
dessen ältesten Theil bildet.« [1] Bereits 1330 saßen die Herren von Feilitzsch auf dem Rittergut,
die das Schloss um die Mitte des 16. Jahrhunderts
errichteten, bis Mitte des 17. Jahrhunderts halten
und dann wieder ab 1785 in Besitz nehmen konnten. Nach einem Brand 1920 wurde das Herren-

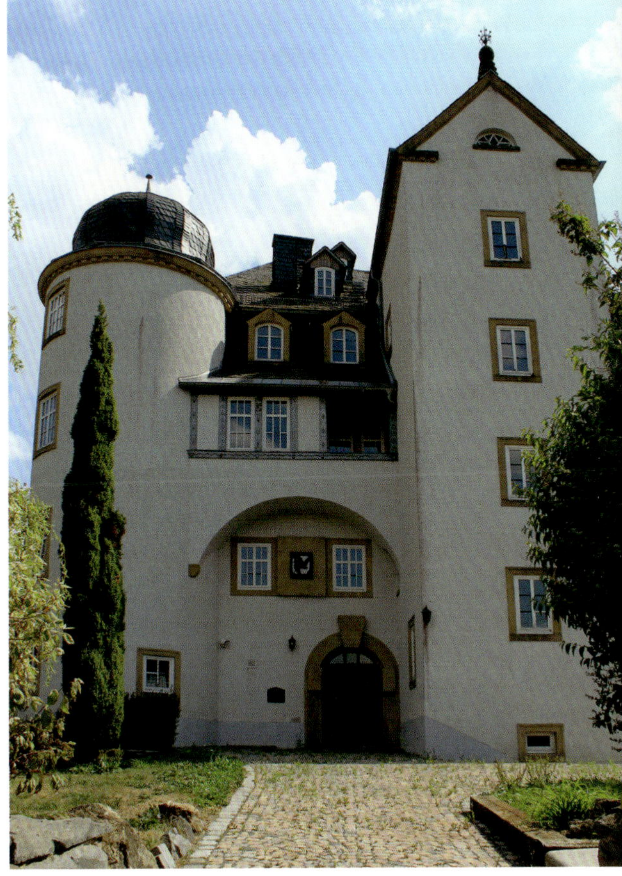

Das restaurierte Schloss Heinersgrün

haus vollständig neu errichtet. Die »Spuren eines
früheren Burgverliesses«, die POENICKE noch in
einem der Türme sehen konnte, sind nicht mehr
auffindbar [2]. Über dem Ort thront »auf einer
freundlichen Anhöhe« die alte Kapelle St. Klara
als Grablege der Feilitzsche [3] (→ S. 255).

Anmerkungen
[1] STECHE, Oelsnitz, S. 8.
[2] Vgl. POENICKE, S. 22. Die neuere Besitzgeschichte bei DO-
    NATH, S. 58 f.
[3] POENICKE, S. 22.

PLAUEN

Die älteste Urkunde, die sich auf das Vogtland bezieht, stammt von 1122 und regelt die Pfarrverhältnisse im Dobnagau. Sie setzt die Existenz einer Kirche in Plauen ebenso voraus wie eine städtische Residenz der Grafen von Everstein. Noch heute bietet die Stadt trotz zahlreicher Brandkatastrophen genug, um darin einen guten halben Tag auf den Spuren der Vögte zu verbringen. Die hier vorgeschlagene Route kann jederzeit verlassen werden. Der historische Stadtkern ist ohnehin so gedrängt, dass man schnell wieder in die Spur kommt.

›MALZHAUS‹ (BURG DER GRAFEN VON EVERSTEIN)

Wer sich Plauen historisch erwandern möchte, muss eigentlich beim ›Malzhaus‹ beginnen. Der Name entspringt der Funktion, die der Rat der Stadt 1727–1730 dem auf alten Grundmauern neu errichteten Gebäude zuwies. Die alten Mauern freilich gehören zu einer sehr alten Burg: der Burg der Grafen von Everstein. Als die deutsche Stadt noch nicht war, errichteten die Eversteiner, nachmalige Gefolgsleute Heinrichs des Löwen, im ausgehenden 11. Jahrhundert hier eine Burganlage. Ganz in der Nähe seiner Burg stiftete

Adalbert I. von Everstein 1122 die Johanniskirche [1]. Diese Stiftung ist das erste Dokument, in dem mit einem Zeugen, Erkenbert von Weida (*ministerialis*), die nachmaligen Vögte ins Licht der Geschichte treten.

Die Weidaer erscheinen zunächst als Lehensnehmer der Eversteiner. Nach dem politischen Absturz Heinrichs des Löwen (1180) scheinen sich die Eversteiner jedoch nach Niedersachsen zurückgezogen zu haben; sie starben bald nach 1400 aus. Anders die Weidaer, die sich der erfolgreichen staufischen Gegenseite angeschlossen hatte. Mit der 1238 erfolgten Erbteilung der Söhne Heinrichs IV. »des Mittleren« von Weida (1209–1238) setzte dann die Plauener Linie der Vögte ein. Indem Heinrich I. von Plauen (1238–1274) das Schloss auf dem Berg errichtete, gab er die ›städtische Burg‹ Everstein dem Verfall preis. Im Gegensatz zum neuen Schloss hieß sie das ›alte Schloss‹ oder *daz hous*. Als Immobilie, zu der umfangreiche Grundstücke und Felder gehörten, hatte es weiterhin seinen Reiz. 1468 belehnten die Wettiner zwei Gefolgsleute mit dem Komplex [2]. 1590 war das ›alte Schloss‹ eine Ruine, auf die nun die Stadt ihre Hand legte [3].

Ihre Burg legten die Eversteiner günstig auf die Südwestecke des Hochplateaus. Den Abschluss bildete ein schlanker, aber massi-

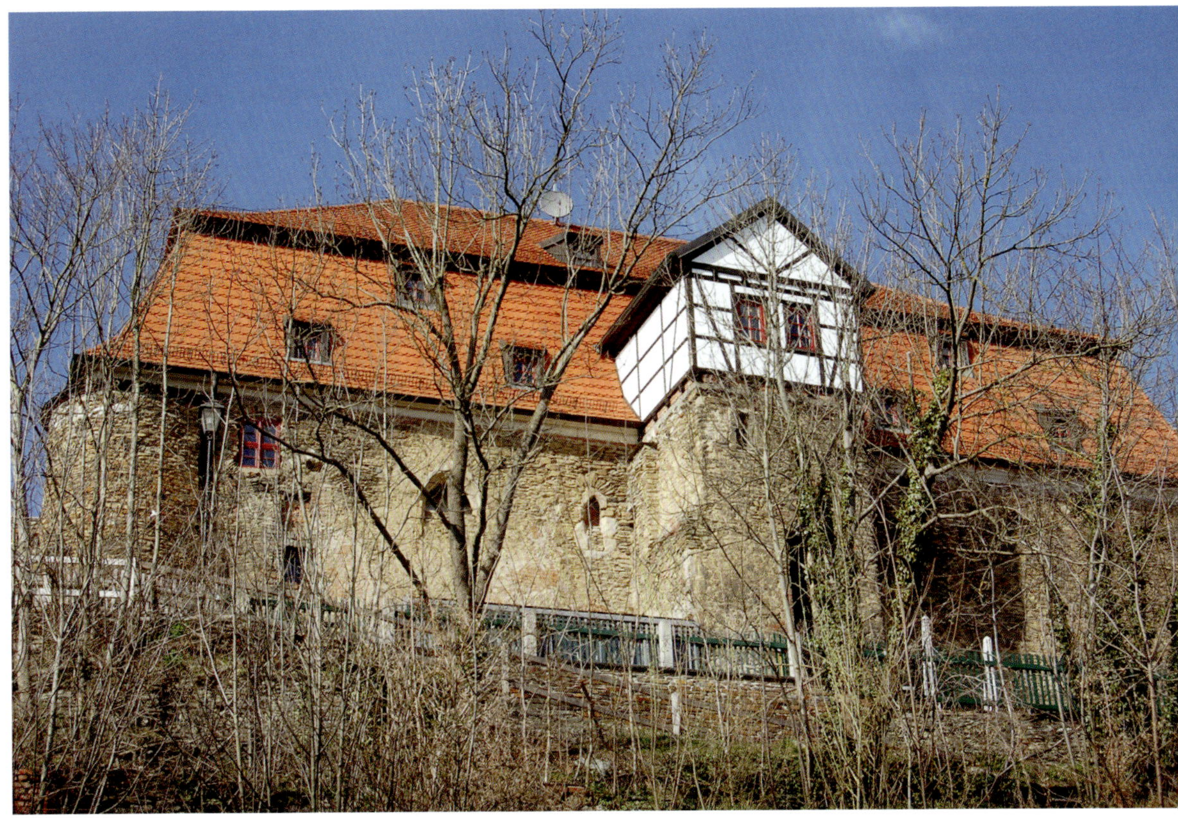

Das ›Malzhaus‹ als Teil der alten Plauener Stadtmauer

ver Eckrundturm mit einem Durchmesser von vier Metern, der seiner Anlage nach noch der ältesten Zeit der Burggründung zuzurechnen ist [4]. An ihn schloss in der ersten Hälfte des 13. Jahrhunderts die von den Vögten forcierte äußere Stadtmauer an, die vor der Burg einen bis zum Straßberger Tor reichenden Zwinger bildete. Neun Meter von diesem Turm entfernt schiebt sich in östlicher Richtung ein viereckiger Turm um etwa drei Meter aus der Mauer hervor. Er diente wahrscheinlich, wie der ›Dansker‹ vor dem Konventsgebäude des Deutschen Ordens, als Aborterker [5]. Ein nordöstlich gelegener

Teich, aus dem ein Wassergraben hergeleitet wurde, grenzte die Anlage zur Stadt hin ab.

Über Gebäude, die zur Burg der Eversteiner gehörten, lässt sich nur durch Analogieschlüsse befinden. Den wichtigsten Hinweis finden wir in den Grundmauern und im Kellergewölbe des Malzhauses. Das Haus wurde 1730 auf einem Rechteck von ca. 18 × 28 Metern errichtet. Dabei wurden die Grundmauern der alten Burg in Anspruch genommen, allerdings nicht vollumfänglich. An der westlichen Umfassungsmauer des Hauses liegt ein ca. 5 Meter breiter und 15 Meter langer Kellerraum an, den ein Tonnengewölbe bedeckt. Man rechnet diesen Keller, der sich stilistisch von den Gewölben des Malzhauses unterscheidet, einem Wohngebäude zu, das noch aus der Zeit vor den Umbauten der Vögte stammen könnte [6].

Anmerkungen
[1] UB Vögte I, Nr. 1.
[2] Vgl. BACHMANN, S. 41.
[3] Vgl. LUDWIG, S. 88.
[4] BACHMANN, S. 25.
[5] Vgl. BACHMANN, S. 43.
[6] Vgl. BACHMANN, S. 43 f.

SCHLOSS DER VÖGTE VON PLAUEN

Das auf dem Berg über Plauen gelegene Schloss löste die Stadtburg der Eversteiner (→ S. 140 f.) ab. Es dürfte sich um eine Baumaßnahme Heinrichs I. von Plauen (1238 – 1274) gehandelt haben, der die neue Linie der Vögte in einem adäquaten *castrum* repräsentiert sehen wollte. Man nimmt an, dass dieser Repräsentationsbau zwischen 1244 und 1250 hochgezogen wurde. Über seine Entwicklung im 13. und 14. Jahrhundert wissen wir nur wenig.

Ins grelle Licht der Geschichte trat das Plauener Schloss erst durch die Barbarei der Hussiten (1430). Zahlreiche Chronisten hielten die Ereignisse fest. Ein Augsburger Geschichtsschreiber notierte mit Abscheu: *sie* [die Hussiten] *gewun-*

nen ain herrenstetlin, heißt Plawe, war des herrn von Plawen; und als sie dar kamen, da floch alles volck in das schloß ob der stat, da machten sie ordnung in der stat und namen da die weiber, die in der stat waren beliben, und schickten die vor in an das schloß; und die auf dem schloß wolten ire weiber nit erschießen und ire kind, also gewunnen die ketzer das schloß und erstachen den merer tail des volcks darin [1]. Trotz der weitgehenden Zerstörung blieb das hergerichtete Schloss bis 1466, als sie die Herrschaft an die Wettiner verloren, Residenz der Plauener.

Die Wettiner setzten einen Amtmann ein, der aber auf dem Vogtsberg residierte. Die reduzierte Haushaltung bedeutete immer, wenn fürstliche Gäste Station machten, erheblichen Mehraufwand. Wir können das an den Rechnungen des Amtmannes nachvollziehen. Im Sommer 1471 verweilte zunächst Kurfürst Ernst von Sachsen (1464 – 1486) auf der Rückreise vom Regensburger Reichstag in Plauen; kurz danach gastierte Markgräfin Anna, Frau des Albrecht Achilles von Brandenburg (1471 – 1486), auf dem Schloss. Im Mai 1477 zog zunächst Albrecht der Beherzte (1464 – 1500) durch Plauen, kurz darauf seine Ehefrau Sidonie von Sachsen, die ausweislich der Rechnung vom 19.5. erheblichen Aufwand verursachte. Als Anfang 1506 Herzog Johann von Sachsen, der spätere Kurfürst Johann »der Beständige« (1525 – 1532), auf dem Weg nach Kulmbach in Plauen nächtigte, hatte man ernste Probleme, das unbewohnte Schloss adäquat herzurichten [2]. Die Rechnung lässt erkennen, dass man sogar Bettwäsche von der Frau des Amtmannes leihen musste.

Zwischen wischen 1477 und 1541 nahmen die Wettiner Umbaumaßnahmen am alten Schloss

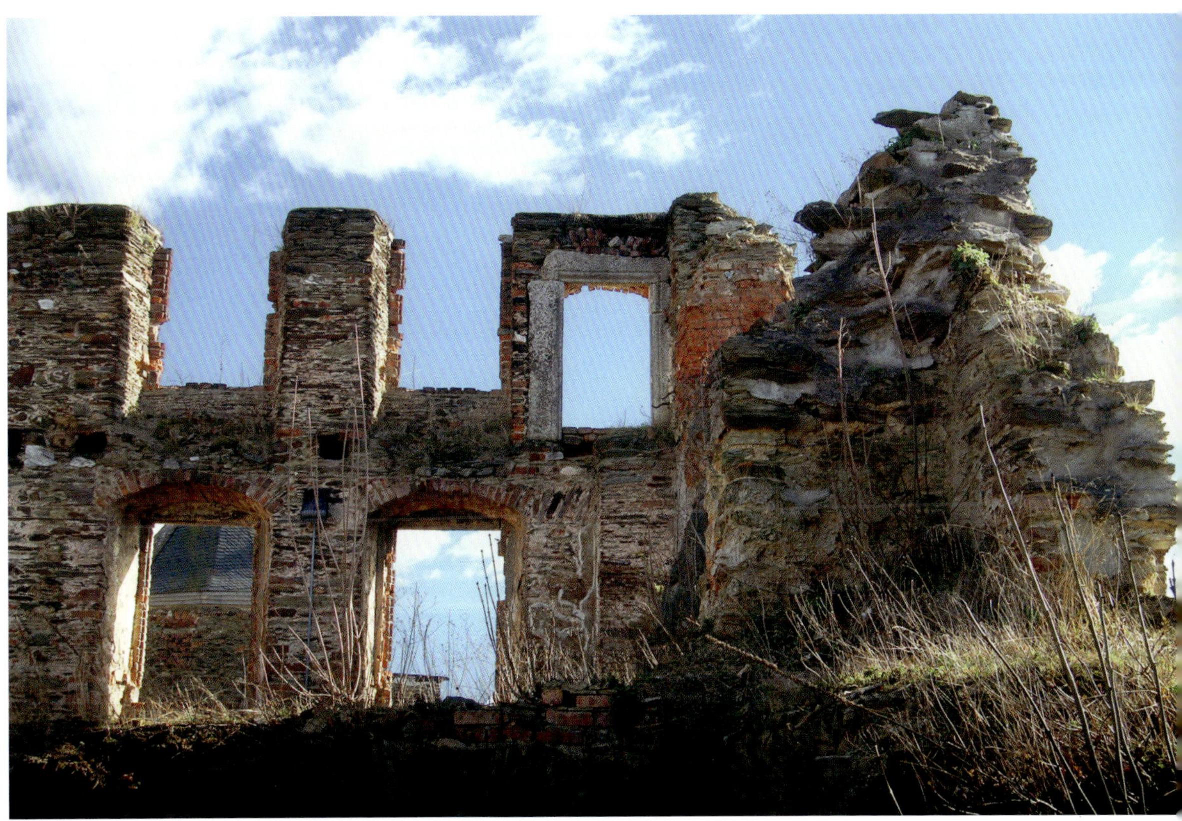

Vom alten Schloss der Vögte ragen gegenwärtig nur noch Mauern in den Himmel

der Vögte vor. Rechnungen vermitteln uns eine Vorstellung vom Gebäude-Bestand um 1500, ohne dass sich eine genaue Topographie herausschälen ließe. Sicher ist, dass die Burganlage etwa dreieckig war. Eine Gasse führte, vorbei an den Schanzen, auf den alten Schlossberg hin auf das schmale Tor, neben dem sich der ›Rote Turm‹ als einzig sichtbares Relikt der inneren Befestigungsanlage erhalten hat. Die Anlage war nach Süden und Westen mit einem vorgelagerten Zwinger geschützt. Rechter Hand befand sich das nachmalige Amtshaus. Vielleicht saßen hier die von den Vögten eingesetzten Kastellane,

die das Areal nach Art eines Meierhofes bewirtschafteten. Hans von Kospoth etwa wurde im September 1337 von Heinrich III. »dem Langen« (1303–1347) zum Burgmann bestellt und erhielt 4 Mark als Burggut [3]. Die landesherrliche Verwaltungstätigkeit, die sich in den nachfolgenden Gebäuden entspann, scheint aber bis 1500 noch im Schlosse abgewickelt worden zu sein.

Durch das Tor betrat man zunächst die Vorburg. Nach etwa vierzig Metern erreichte man den inneren Burggraben, der die Hauptburg schützte. An die südliche innere Mauer schlossen sich unterkellerte Vorratsgebäude an. Man nimmt an, dass diese Keller »bereits unter den Hauptgebäuden der alten Vogtsburg der Frühzeit vorhanden waren«. Ihre Funktion, die sich im Laufe der Jahrhunderte gewandelt haben dürfte, ist nicht mehr klar zu bestimmen. Wir wissen aus den Rechnungen nur, was um 1500 bereits vorhanden war: ein eigenes Brauhaus, ein Büchsenhaus und natürlich eine Schlosskapelle, in der 1487 zwei Priester, der Schulmeister und stolze 38 Schüler Messe sangen. Der Ausbau nach 1500 brachte dann nicht nur die alte Anlage in Form, sondern auch etliche neue Gebäude: im oberen Schlosshof etwa »eine neue Herrschaftskemenate mit Fürstenstube, Kapelle und Hofestube, weiter am vorderen Hofe ein großes neues Kornhaus, in dessen zwei Geschossen eine große Hofestube zu ebener Erde und darüber Wohn- und Verwaltungsräume untergebracht wurden. [...] Dazu entstanden weiter ein großer neuer Turm, ein neues Büchsenhaus, eine neue Torstube mit darangebauter Backstube und neue Ställe.« [4]. Aus Rechnungen von 1492 geht hervor, dass etwa vierzehn Personen auf dem Schloss beschäftigt waren: neben dem Kaplan der Schösser, ein Richter, Schreiber, Geleitsschreiber, Kellner, Koch, Fischer, zwei Landsknechte und zwei Wächter, ein Torwächter und ein Gerichtsknecht. Dauerhaft auf dem Schloss tätig waren außerdem Büchsenmeister, Braumeister und der für die Wasserversorgung verantwortliche Röhrmeister. Mit Einzug der Reformation wurde die Schlosskapelle aufgegeben. Die um 1525 drohenden Bauernkriege führten im Schloss zu einer Aufrüstung [5].

Nachdem das protestantische Heer um Kurfürst Johann Friedrich (1532–1547) bei Mühlberg 1547 geschlagen worden war, belehnte Kaiser Karl V. den katholisch gebliebenen Plauener Heinrich IV., Burggrafen zu Meißen (1519–1554), noch einmal mit der Herrschaft Plauen. Doch hatte sich das Schloss kaum angeschickt, wieder Residenz zu heißen, da vernichtete es der Stadtbrand von 1548 weitgehend. Von diesem Genickschlag erholte es sich nicht mehr. Für mehr als ein Jahrhundert lag es wüst, bis Herzog Moritz von Sachsen-Zeitz 1670 das Schloss erneut hochzog. Was von der alten Anlage blieb, war der ›Rote Turm‹.

In jüngster Zeit hat die Stadt sich der Wiedergewinnung ihres Schlossberges angenommen. Die durch Umnutzung und anglo-amerikanisches Bombardement ruinöse Anlage wird schrittweise beräumt und rekultiviert. Der Hang zum Syrabach hin wurde abgeholzt, so dass die an den alten ›Roten Turm‹ anschließende Mauer in hellstem Putz zum Vorschein kam. Die Anfahrt wurde frisch gepflastert, Treppenstufen, Bänke und Aussichtsmöglichkeiten in den Hang gesetzt. Einstweilen ragen die Reste des Hinterschlosses pittoresk in den Himmel [6].

Anmerkungen
[1] CDS Augsburg III, S. 487,36–488,1.
[2] Vgl. VON RAAB, Nachtlager, S. 41 f.
[3] UB Vögte I, Nr. 792; vgl. BACHMANN, S. 68.
[4] Zitate: BACHMANN, S. 54.
[5] Vgl. BACHMANN, S. 59.
[6] Immer wieder (und sogar bei BACHMANN) ist zu lesen, der Schlossberg sei ›Hradschin‹ genannt worden. Diese Behauptung lässt sich urkundlich für die Vormoderne nicht belegen.

Alte Wasserleitung (→ S. 393)
Dominikanerkloster (→ S. 273 f.)
Nonnenturm (→ S. 275))

ALTES RATHAUS

Ein Rathaus wird erstmals 1382 erwähnt. Das ist aber, wie so oft, nur eine Momentaufnahme. Die städtische Verfassung ist älter. Bereits 1329 sind Bürgermeister und geschworene Bürger bezeugt. Aus diesem Jahr stammt das älteste erhaltene Stadtsiegel [1]. Das älteste Rathausgebäude, das man rekonstruieren konnte, weist stilistisch nicht hinter 1300 zurück. Aus dieser Zeit verstecken sich noch vereinzelte Elemente im Inneren.

Sicher ist, dass das Rathaus immer schon frei auf dem Marktplatz stand. Es diente, wie bis tief in die Neuzeit üblich, nicht alleine der Abwicklung bürgerlicher Rechtsgeschäfte. Hierfür gab es die Gerichtsstube im Erdgeschoss, an die sich eine auf den Marktplatz heraustretende Verkündigungslaube anschloss. Die Ratsstube, stets wichtigster Raum, nahm die Südwestecke des Obergeschosses ein. Der eigentliche Verwaltungstrakt, der sich ursprünglich wohl in einem flügelartigen Anbau befand und in dem auch der Stadtschreiber amtierte, dürfte sich in der Südostecke des Obergeschosses eingenistet haben [2]. Natürlich befand sich auch eine »mit schönen Sterngewölben« gedeckte, marktseitig mit einem vierteiligen Vorhangbogenfenster ausgestattete Kapelle im Haus, die indes, da längst schon profaniert, 1825 zerschlagen wurde [3]. Ein Ratskeller durfte nicht fehlen. Er lag in der Südwestecke. Das Trinkstübchen der Ratsherren befand sich in einem mit dem Keller verbundenen Raum in dem an der Ostlangseite liegenden Zwischengeschoss [4].

Das Gebäude, dessen Fassade wir heute vom Marktplatz aus sehen, ist erkennbar zweigeteilt. Der prächtige Südgiebel wurde gleich nach dem

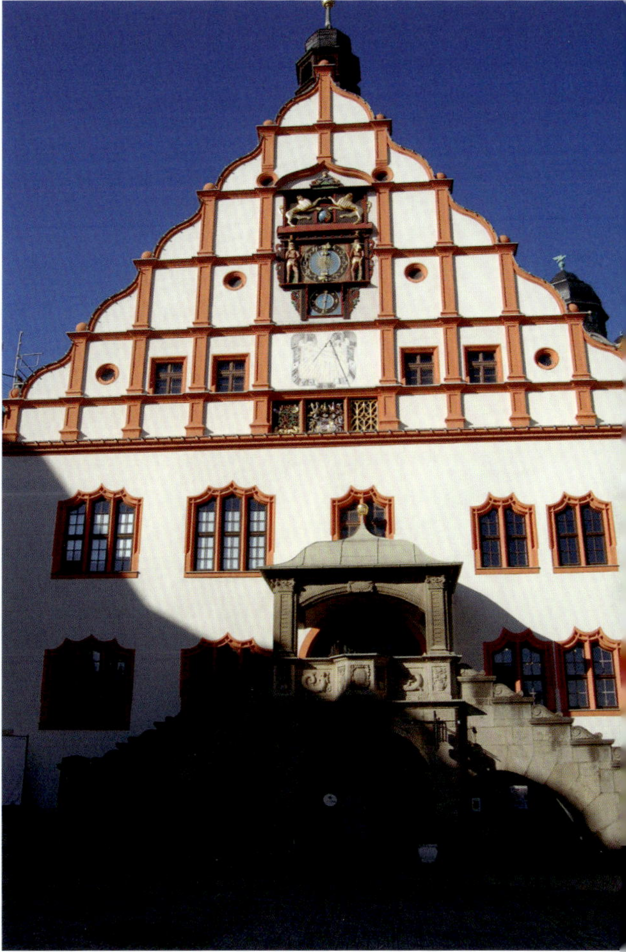

Renaissancefassade des Alten Rathauses

großen Brand von 1548 errichtet. In seiner Mitte prangt die Nachbildung einer Kunstuhr, die der Hofer Meister Georg Puhkaw im selben Jahr einbauen ließ und in deren oberem Register zwei goldene Löwen die Viertelstunden anschlagen. (Das Räderwerk des Originals befindet sich im Vogtlandmuseum). Im übrigen machte der Brand von 1548 gewichtige Umbauarbeiten erforderlich. In dieses Jahr datiert auch die Balkendecke

Paul Mansagks an der Südostecke. Erstes und zweites Stockwerk gehören ihrerseits einer Umbauphase an, die man wiederum anhand einer Balkendecke an der Südwestecke (1508) sowie der Schlossbaurechnungen auf 1506–1508 ansetzen kann. Die Maßnahmen wurden nicht etwa von der Bürgerschaft, sondern von der Landesherrschaft gewissenhaft betrieben [5]. Spätgotisch sind die Vorhangbogenfenster, wie wir sie auf Schloss Netzschkau wiederfinden werden (→ S. 311).

Man betritt das Gebäude vom Markt aus durch ein spätgotisches Portal unter dem Laubenvorbau. »Einige Stufen führen hinauf zu dem großen Mittelgang mit seinem Netzrippengewölbe.« »Das gesamte Alte Rathaus ist unterkellert mit Tonnen- und Kreuzgewölben. Besonders der südöstlich gelegene Zwischengeschoßkeller ist architektonisch herausragend gestaltet durch ein kunstvolles Zellengewölbe von 1508.« [6]. Nach RICHARD STECHE gehört dieser Gebäudeteil »der glanzvollsten Periode der vaterländischen mittelalterlichen Baukunst an, welche sich durch Arnold aus Westfalen und Hans Reynhart entwickelte.« [7]. Dass einer dieser Baumeister in Plauen wirkte, hat STECHE nie behauptet. Direkt neben dem Rathaus befindet sich eine Statue, die an den Deutschordensritter Heinrich von Plauen erinnern soll (→ S. 212).

Anmerkungen
[1] Vgl. BACHMANN, S. 129.
[2] Vgl. BACHMANN, S. 141–143.
[3] BACHMANN, S. 132.
[4] BACHMANN, S. 144.
[5] Vgl. BACHMANN, S. 129 f.
[6] LUDWIG, S. 64.
[7] STECHE, Plauen, S. 60.

›Wen-Igel‹ in der Herrengasse (→ S. 393 f.)

›JUDENGASSE‹ (NOBELSTRASSE)

Wir wissen heute nicht mehr, in welchem Quartier des mittelalterlichen Plauen sich jüdische Familien niedergelassen haben. Die Spuren ihres Lebens, der Sitz ihrer wohl nie sehr umfangreichen Gemeinde, die ein Bethaus besessen haben muss, sind getilgt. Neben den im Vogtland allfälligen Verlustszenarien hat dazu der Irrwitz späterer Jahrhunderte sattsam beigetragen. Dass Plauen ein in dieser Frage immerhin zwiespältiges Bild darbietet, rechtfertigt die Behandlung jüdischen Lebens gerade in dieser vogtländischen Stadt. Zur Erinnerung wählen wir einen zwar nicht beliebigen, aber eben doch keinen gesicherten Ort: die an der alten Stadtmauer entlang führende Nobelstraße, die bis 1945 Königsstraße und bis 1815 Judengasse hieß. Als Erinnerungsort konkurriert sie mit den »Judengärten«, die 1412 vor dem Straßberger Tor erwähnt werden, und einem »Jüdengäßchen«, das um 1880 die Verbindung zwischen der Straßberger Straße und der Mühlstraße darstellte. Für die Nobelstraße spricht vielleicht nicht mehr als die Tatsache, dass die Vögte von Weida und Plauen die jüdische Gemeinde wiederholt unter ihren Schutz stellten. Das kann man, eher unverbindlich, in der Frühzeit mit der Orientierung der Vögte an den Staufern und deren »weltoffene[r] pragmatische[r] Politik« [1] kurzschließen. Aber es wird dann in Plauen mit den Statuten von 1368 doch recht konkret.

Bereits 1351, als in Europa die Pest wütete und die daraus hergeleiteten Pogrome tobten, stellte Heinrich XII. »der Jüngere« von Weida (1293–1357) einigen Juden einen Geleitbrief aus. Genannt werden unter anderen *der Mayr von*

Plawen, seine Frau *Bel, der Baroch und der Veytel des Mayrs sun von Weide* [2]. Wesentlich wichtiger für die rechtliche Stellung der Juden wurden indes die Plauener Statuten (1368). Der sechste Artikel führt aus, *daz jüden haben alle recht an clagen und an puse in vnserm wicpilde als andere cristen levthe haben* [3]. Das Stadtbuch verzeichnet gegen Ende des Jahrhunderts einen Rechtsstreit des Juden Vigdor mit Rudolf von Meldinge. Er kann nur unter den genannten Voraussetzungen als solcher behandelt worden sein.

Ob in der Judengasse kontinuierlich und ausschließlich jüdische Familien wohnten, ist fraglich. Man darf annehmen, dass Nickel Zoberzer, der im Zinsbuch von 1382 erscheint, als »Nikolaus« kein Jude war. Vielleicht waren die Juden inzwischen in die Straßberger Vorstadt abgedrängt. Dort hatten sie seit 1350 ihren Friedhof. Der in der Judengasse zwischen 1454 und 1473 ansässige Bürgermeister Friedrich Weiß jeden-

falls war kein Jude. Umgekehrt verzeichnet das Amtserbbuch von 1520 ein Haus, in dem früher Juden wohnten, zwischen Kirchgasse, Johanniskirche und Stadtmauer [4]. Die letzten Zahlungen des Plauener Judenzinses fallen in die Jahre 1484/85. Das könnte auf Vertreibung deuten [5]. 1501 und 1504 in Zwickau und 1515 in Hof wurden die Juden verfolgt. – Halten wir also fest, dass die Juden in Plauen in der zweiten Hälfte des 14. Jahrhunderts nachweislich Rechte genossen, die auch den übrigen Bürgern zustanden, dass sie in diesen Jahren vermutlich innerhalb des Mauerrings und vielleicht in der heutigen Nobelstraße lebten.

Anmerkungen
[1] W. Schmidt, S. 4.
[2] UB Vögte I, Nr. 925.
[3] Müller, Urkunden, Nr. 469.
[4] Vgl. W. Schmidt, S. 5.
[5] Vgl. Bünz, Kulturgeschichte, S. 183.

ENTLANG DER OSTGRENZE

Durch eine Perlenkette von Rittersitzen und Burgen versuchten die Vögte von Plauen, die östliche Flanke ihrer Herrschaft zu sichern. Dazu gehören unter anderen die Anlagen in Schöneck, Falkenstein, Auerbach und Treuen. Sie befinden sich in sehr unterschiedlichem Zustand: Schöneck und Falkenstein bieten nur ruinöse Reste. Kaum mehr findet sich in Auerbach, während das Rittergutsschloss Treuen schmuck hergerichtet wurde.

BURGRUINE UND STADT SCHÖNECK

Schöneck scheint eine Siedlung noch des ausgehenden 12. Jahrhunderts zu sein. Sie wurde dominiert von einer Höhenburg, dem sogenannten »Alten Söll«, die sich als Zentrum des Ortes herausbildete. 1225 ist ein erster Albert von Schöneck als Kastellan zu Elsterberg in einer Urkunde, mit der die Vögte von Weida ihren ›Greizer Kirchenstreit‹ mit den Lobdeburgern beilegen, greifbar. Kann der betagte Mann noch 1274 für den Plauener gezeugt haben? In diesem Jahr treten die Schönecker jedenfalls erstmals bei urkundlichen Handlungen der Vögte von Plauen ins Bild. Insbesondere Tosso von Schöneck ist zwischen 1300 und 1327 eifrig urkundender Par-

teigänger der Vögte. 1327 erscheint das *castrum Schöneneck* in der Urkunde, mit der Heinrich von Plauen seine Herrschaft von König Johann von Böhmen zu Lehen nimmt. Vor 1370 muss der Vogt die Feste zur Begleichung seiner Schulden aufgeben [1].

1370 erhob Karl IV. Schöneck zur Stadt und verlieh ihr das Recht von Elbogen. Burgherren waren in diesem Jahr die Thosse. In den folgenden Jahrzehnten wechselten die Besitzer rasch. 1397 ging Schöneck an die Schwarzburger. Aus dem Folgejahr stammt ein bemerkenswertes Privileg, das König Wenzel der Stadt verlieh. Er erzeigte der Stadt die Gnade, »dass, wenn ein verarmter Biedermann sich nach Schöneck wende, man ihn dort seiner Schulden wegen nicht verfolgen dürfe, auch soll in den Wäldern und Vorhölzern Niemand den Bürgern wehren, auch wegen Todtschlags soll ein nach Schöneck Geflohener daselbst seine Freiheit haben« [2].

1422 wurde Schöneck von Böhmen an die Wettiner verpfändet, 1437 verpfändeten es die Wettiner an Kaspar Schlick, den Burggrafen zu Eger und Elbogen. Die Schlick hielten die Burg bis 1499. Unter ihrer Herrschaft entstand auch die Kirche des Heiligen Georg, die 1491 geweiht wurde. Aus dieser Zeit stammt ein für heutige Betrachter eigentümliches Ritual: Bürgermeis-

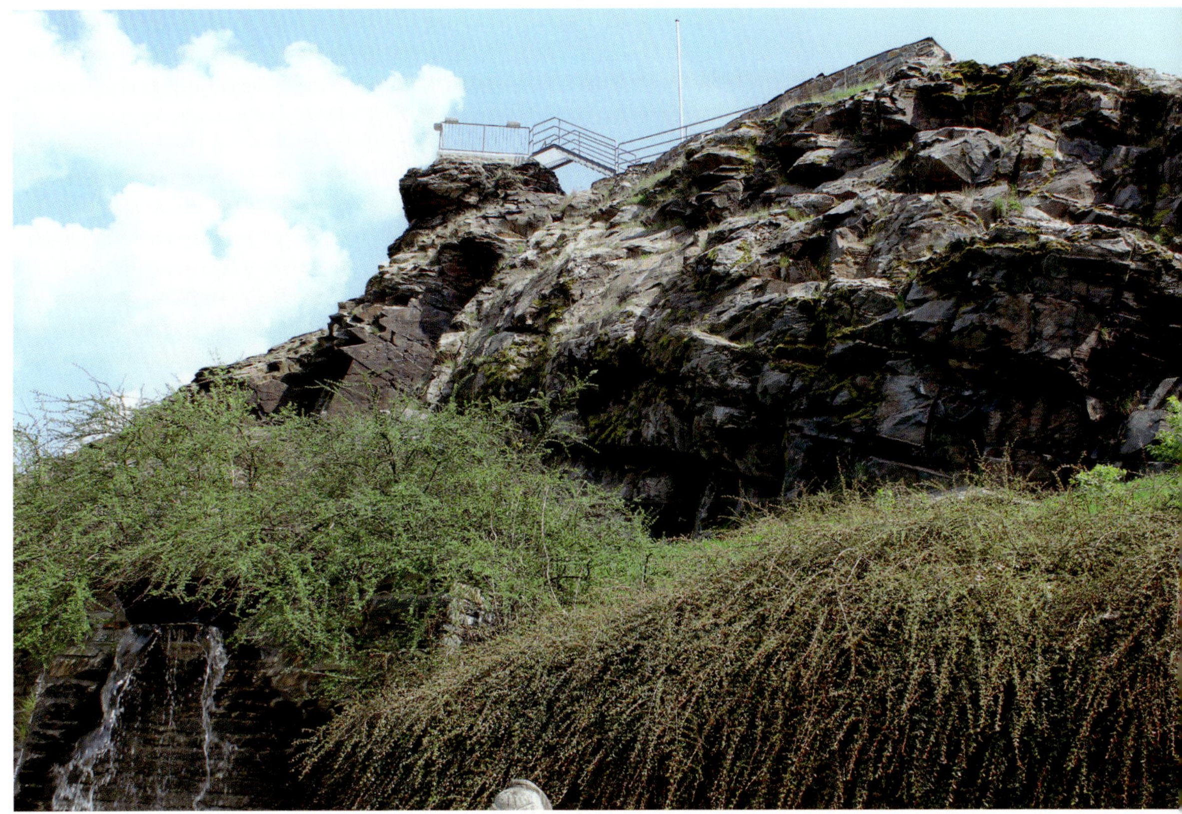

Der »Alte Söll« mit den Resten der Burgruine

ter, Richter und Rat Schönecks mussten dem Rat der Stadt Elbogen (1497) auf dessen Ersuchen bezeugen, »dass ihnen bekannt sei, dass derselbe jeder Zeit nach altem Herkommen die Schlüssel der Stadt in seiner Gewalt gehabt habe.« Umgekehrt bezeugte der Rat von Schöneck dem Rat von Elbogen (1498), »dass die Bürger der Stadt Elbogen nach altem Herkommen sich jedes Jahr ihren Rath selbst gewählt haben, nicht aber die Herrschaft zu Elbogen, und dass dieser Rath die Erhaltung des baulichen Zustandes der Stadt an Thoren, Thürmen, Mauern, Zwingern und was sonst zur Befestigung gehört, selbst besorgt,

auch ihm der Schluss der Thore allein zugestanden habe.« [3]

Der Aufstieg auf den steilen Felsen ist gesichert. Die Reste des Mauerwerks lassen aber keinen Eindruck mehr von der Beschaffenheit der Anlage entstehen.

Anmerkungen
[1] Belege: UB Vögte I, Nr. 51; UB Vögte I, Nr. 173; UB Vögte I, Nr. 175; UB Vögte I, Nr. 611, 613; UB Vögte II, Nr. 186.
[2] VON RAAB, Nachtr. Nr. 7. Man vgl. die Schönecker Gründungssage vom armen Köhler bei GRAESSE, Nr. 633.
[3] Belege: VON RAAB II, Nr. 137; VON RAAB II, Nr. 143.

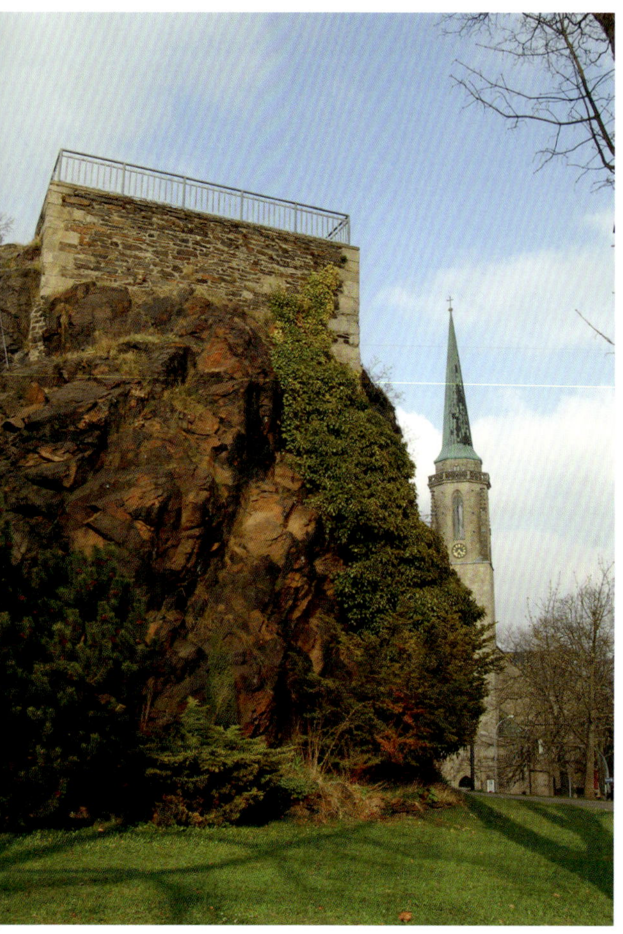

Von Burg Falkenstein ist nur ein Stumpf geblieben

FALKENSTEIN

Wohl bereits um 1200 stand auf dem Falkenstein die Burg eines alten vogtländischen Ministerialengeschlechts. Die Falkensteiner, die als Gefolgsleute der Vögte von Weida und Plauen um diese Zeit ins Land kamen, gehörten im 13. und 14. Jahrhundert zu den eifrigen Parteigängern der Plauener. Johannes von Falkenstein zeugte zwischen 1260 und 1283, Arnold von Falkenstein zwischen 1314 und 1328 für die Vögte [1]. Ihre Töchter brachten die Falkensteiner im Kloster Weida unter (u. a. Adelheid 1360 – 1378, Margarethe 1395).

Früh schon sind die Falkensteiner bei Geschäften mit dem Deutschen Orden zugegen: 1266 zeugt Johannes beim Verkauf von Gütern an die Kommende Plauen, 1279 bei der Übertragung eines Zinses. 1290 übertragen die Falkensteiner selbst dem Plauener Haus Güter in Adorf und dem Haus in Adorf Güter im Dorf Mühlhausen. 1314 ist Arnold von Falkenstein beim Schiedspruch des Plaueners über einen Besitzstreit des Deutschen Hauses in Plauen zugegen, 1328 bei der Verleihung eines Zinses an das Haus zu Adorf, wo Arnold kurz darauf eine Frühmesse stiftet. 1335 ist dann Heinrich von Falkenstein unter den Zeugen bei der Übertragung von Zinsen an das Haus zu Adorf [2]. Schon vor dem Vogtländischen Krieg sind die Falkensteiner urkundlich nicht mehr im Umfeld der Vögte greifbar. Nach dem Krieg, 1362, bestätigt Heinrich von Plauen der Falkensteiner Kirche zum Heiligen Kreuz Güter in Remtengrün, die der Pfarrer Johann von Raschau erworben hatte *zu der Luppoldin von Valkenstein und zu ihren kindern* [3]. Bei der Chemnitzer Erbteilung der Wettiner 1382 ging Falkenstein mit Elsterberg an Markgraf Wilhelm.

Seit dem 15. Jahrhundert saßen die Trützschler in Falkenstein, das sie im Januar 1400 vom Markgrafen von Meißen verschrieben bekamen [4]. Unter ihnen scheint Falkenstein 1448 das Stadtrecht erhalten zu haben, 1469 sind Bürgermeister und Rat bezeugt. 1507 hieß der Heiligkreuzpfarrer Konrad Trützschler. Ein Schlossbau trat an die Stelle des alten Wirtschaftshofes der militärisch überflüssig und wohl zu eng gewordenen Burg, die die Familie nach 1528 verfallen und 1618 weitgehend abbrechen ließ [5]. 1544 besaß Georg Trützschler, der 1531/33 bei der Sequestration Mildenfurths mitwirkte, eine Inkunabel mit der Chronik Ulrichs von Richental über das Konstanzer Konzil, die er Levin Metzsch auf Mylau schenkte.

Substanz, die hinter den Stadtbrand von 1859 zurückreichte, ist nur noch spärlich vorhanden. Man findet sie auf dem Stumpf der alten Burg: einem quadratischen Turmbau von nur 8 × 8 Metern. Die viel zu groß geratene Heiligkreuz-Kirche ist ein Werk der Neogotik.

Anmerkungen
[1] UB Vögte I, Nr. 215.
[2] Belege: UB Vögte I, Nr. 136; UB Vögte I, Nr. 192; UB Vögte I, Nr. 242; UB Vögte I, Nr. 451; UB Vögte I, Nr. 632; UB Vögte I, Nr. 639; UB Vögte I, Nr. 757.
[3] UB Vögte II, Nr. 101.
[4] Vgl. VON RAAB I, Nr. 49.
[5] Vgl. DONATH, S. 100, mit der weiteren Besitzgeschichte des Schlosses.

BURG AUERBACH

Die Ersterwähnung Auerbachs geht ins ausgehende 13. Jahrhundert zurück. Die auf einem Sporn in der Stadt gelegene Burg dürfte älter sein. Urkundlich taucht sie erst 1348 auf. In diesem Jahr bestätigt der Markgraf von Meißen dem Vogt von Plauen das Lehen *in Pusin et Urbach castra cum omnibus suis iuribus, utilitatibus et attinentiis universis* [1]. Auf Auerbach saß damals Konrad von Auerbach: ein Gefolgsmann, dessen Sippe bereits den Weidaern treu gedient hatte.

Das *castrum* Auerbach gehörte zum östlichen Befestigungsring der Plauener, die die An

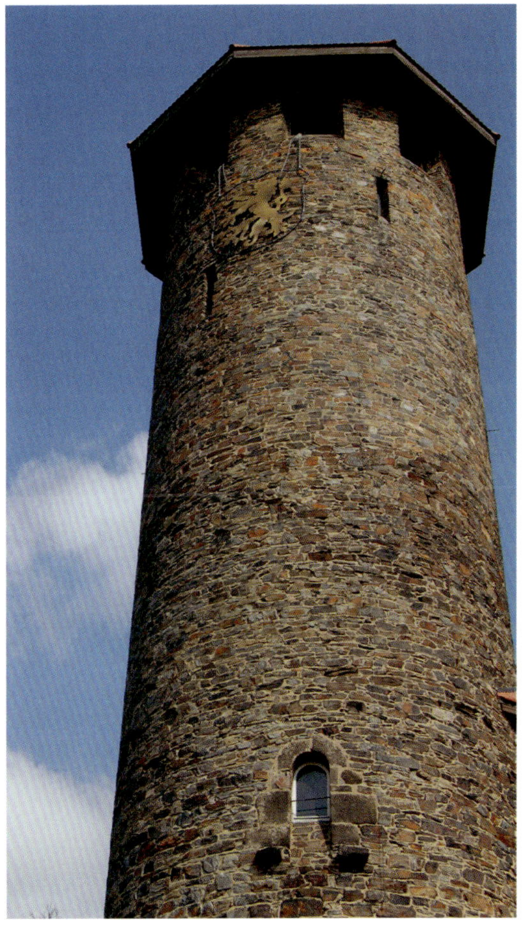

Der Bergfried von Auerbach

lage wiederholt erweiterten und verstärkten. An ihrer wechselvollen Besitzgeschichte kann man ihren strategischen Wert gut nachvollziehen. Bei der Chemnitzer Teilung von 1382 ging Auerbach an den Markgrafen Wilhelm. 1402 verpfändete Heinrich IX. von Plauen (1373–1412) *Urbach hus und stat* an den Landesherren, doch erlässt der Markgraf dem Plauener 1408 seinen Anteil an der Pfandsumme. 1411 überschrieb Heinrich X. von Plauen (1412–1426) seiner Frau Margarethe

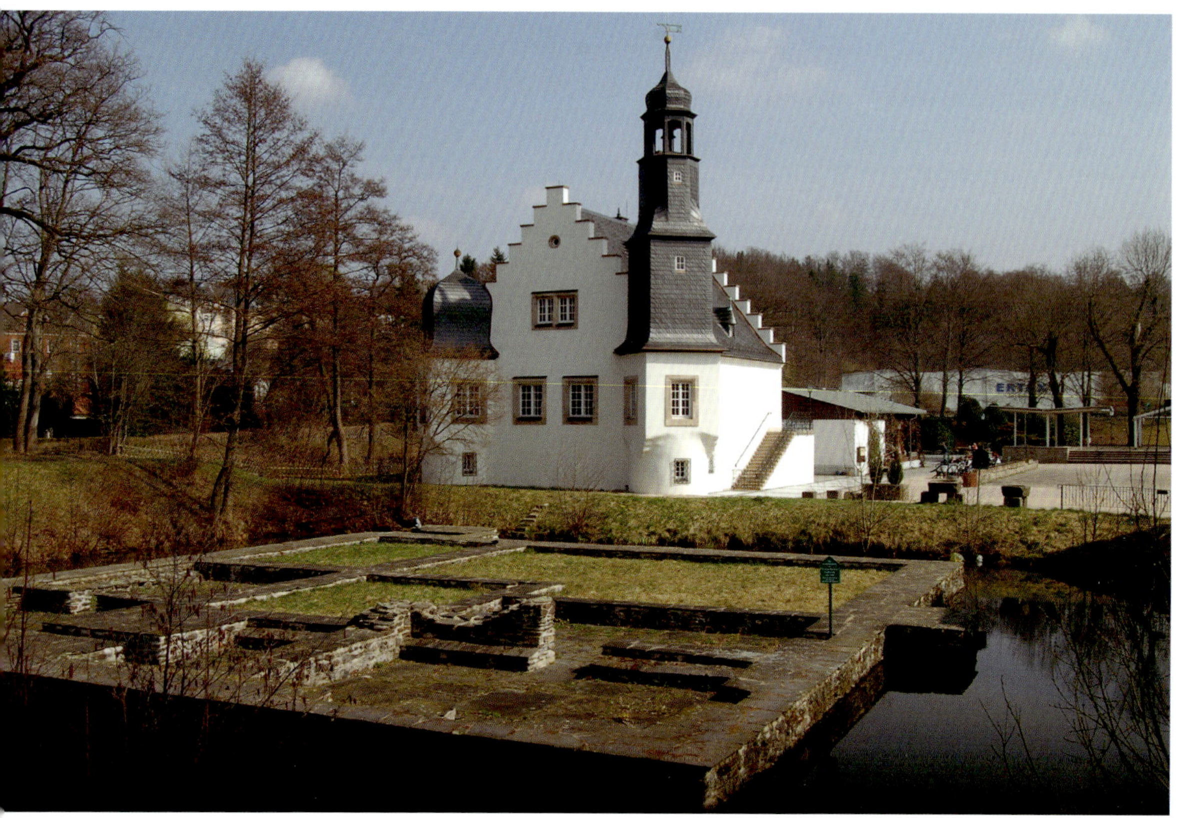

Der rekonstruierte Grundriss der alten Wasserburg Göltzsch

von der Dahme *Urbach slosz und stat* als Leibgedinge. Drei Jahre später, im Oktober 1414, gehen *Uwerbach slosz und stad* erneut als Leibgedinge: diesmal freilich der Anna von der Dahme, Gemahlin Heinrichs XVIII. »des Mittleren« von Weida (1404–1411) [2]. Ab 1425 gehörte Auerbach den Burggrafen von Dohna, ab 1499 und dann bis ins 19. Jahrhundert den Herren von der Planitz [3].

Alt sind lediglich der Bergfried mit einem Durchmesser von zehn Metern und einer unteren Mauerstärke von 3,50 Metern, einige Mauerreste und die Gewölbe in der heutigen Gaststätte

[4]. Alle anderen Teile wurden nach einem Brand von 1757 abgetragen. Unterhalb des Bergfriedes, der erst 1909 auf seine jetzige Höhe aufgestockt wurde, befindet sich das Stadtmuseum, das der frühen Geschichte immerhin einen Raum gewidmet hat.

Anmerkungen
[1] UB Vögte I, Nr. 905.
[2] Belege: UB Vögte II, Nr. 274; UB Vögte II, Nr. 418; UB Vögte II, Nr. 494; UB Vögte II, Nr. 549; UB Vögte II, Nr. 587.
[3] Zur weiteren Besitzgeschichte vgl. DONATH, S. 115.
[4] Vgl. STECHE, Auerbach, S. 4.

RUINE DER WASSERBURG GÖLTZSCH (RODEWISCH)

Im Ortskern von Rodewisch, wo Göltzsch und Pöltzsch zusammenfließen, befindet sich eine Halbinsel, die über die frühe Geschichte des Vogtlandes einigen Aufschluss gewährt. Bei Grabungen im 20. Jahrhundert hat man die verschüttete Wasserburg wieder sichtbar gemacht: ein »festes Haus« im quadratischen Grundriss (21 × 21 Meter), das wohl um 1200 von den Vögten aufgebaut wurde. Die Wohngebäude, die nur im unteren Bereich in Stein und im Obergeschoss in Fachwerk ausgeführt waren, erstreckten sich an der nördlichen und westlichen Außenmauer. Es gab auch einen kleinen Innenhof. Man hat dann auch gleich den (heute von fetten Karpfen bevölkerten) Wassergraben, der dieses Haus umschloss und über den an dessen Ostseite eine Zugbrücke führte, wieder hergestellt [1]. Urkundlich erscheint das Haus wohl deswegen nicht, weil Göltzsch erst nach 1535 aus Auerbach herausgelöst wurde. Die Ortschaft Rodewisch, die 1924 zur Stadt erhoben wurde, war ohnedies unbedeutendes Beiwerk. In der Urkunde, die das Leibgedinge Margarethes von Plauen 1411 festlegt, wird *Redewisch* unter den *dorffern* gezählt [2].

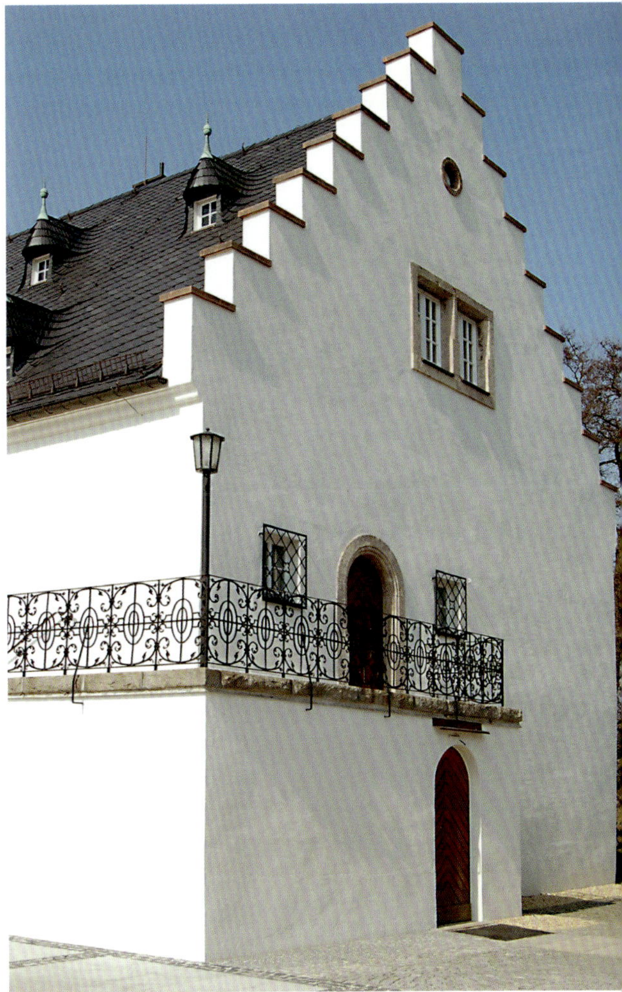

Das Renaissanceschlösschen Obergöltzsch

SCHLÖSSCHEN OBERGÖLTZSCH

Direkt hinter der Wasserburg strahlt in hellem Weiß ein ansprechendes Renaissance-Schlösschen. Es wurde eingangs des 16. Jahrhunderts für den neuen Eigentümer (1504) Hans von der Planitz (1473–1535) gebaut, dem jetzt auch Au-

erbach gehörte und der wohl nicht mehr auf dem Inselchen residieren wollte. Der Bau, der »einfache Architekturtheile der Zeit um 1500« zeigt [3], wurde mehrfach überschrieben. Zum ältesten Bestand gehören das Erdgeschoss mit seinem Tonnengewölbe und die beiden diagonal angeordneten Türmchen. Die Rekonstruktion erfolgte in den letzten Jahren vor Ausbruch des Zweiten

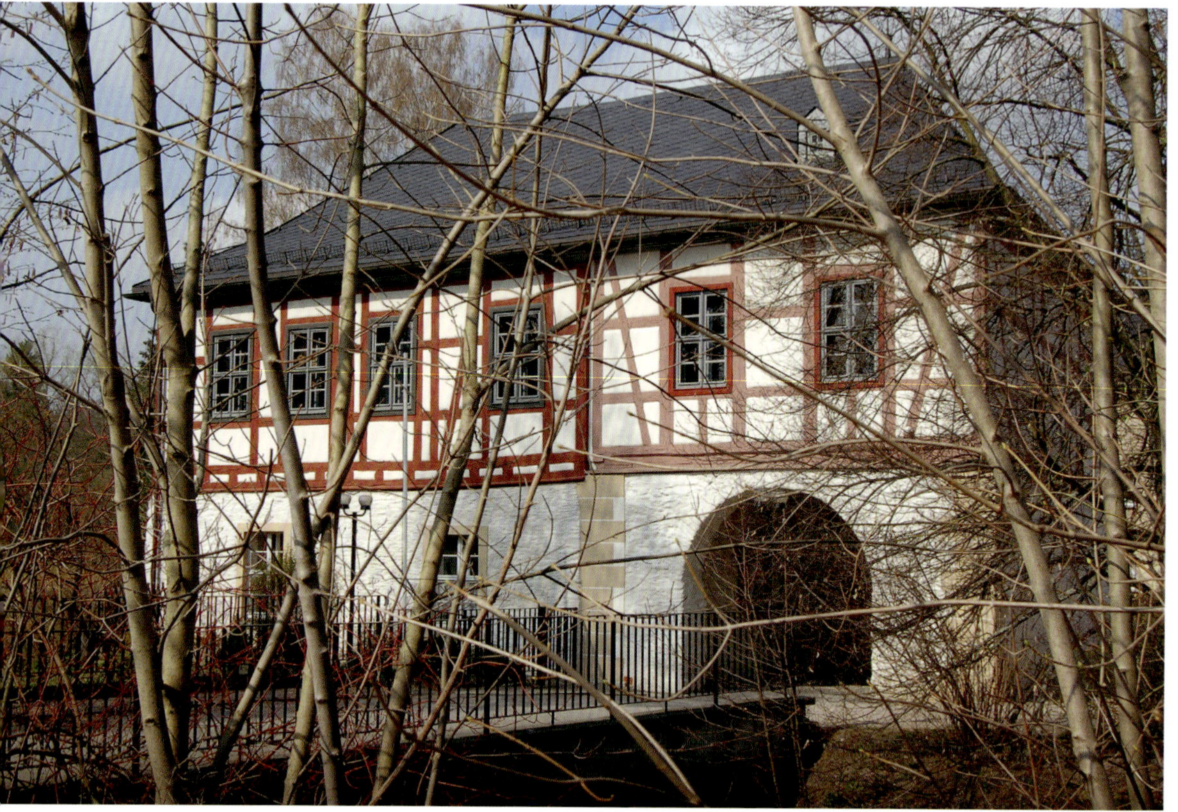

Das restaurierte Torhaus mit dem ehemaligen Heimatmuseum

Weltkrieges [4]. Auch das alte Torhaus des Gutes, auf das man über einen Damm zugeht, konnte gefällig saniert werden.

Anmerkungen
[1] Vgl. DONATH, S. 119 f.
[2] UB Vögte II, Nr. 549; vgl. VON RAAB I, Nr. 517 (1450), wo Göltzsch und Rodewisch unter den »Gütern und Dörfern« erscheinen.
[3] STECHE, Auerbach, S. 9.
[4] Vgl. DONATH, S. 120. Unerfreulich ist die Situation rund um das geschlossene Museum im bzw. beim Torhaus.

KIRCHE ST. PETRI IN RÖTHENBACH (RODEWISCH)

Die Petrikirche in Röthenbach, einem Ortsteil von Rodewisch, wurde 1736 erbaut. Ihr auf einer hochwassergeschützten Terrasse gelegener Vorgängerbau dürfte einmal Zentrum der alten Siedlung gewesen sein. Ein Besuch lohnt wegen dreier Kunstwerke aus der Werkstatt des Zwickauers Peter Breuer: eines Altars, der auf 1516 datiert, zweier ungefähr gleichzeitiger Leuchterengel, die einmal zu Prozessionsstangen gehörten, und einer heute frei stehenden Figur (Lindenholz,

60 cm) des alten Altargesprenges: ›Anna Selb-dritt‹ [1]. Dem Altar kann man womöglich entstehungsgeschichtliche Aspekte ablauschen. Die »geringe Größe der beiden Johannesfiguren« im Schrein könnte damit zusammenhängen, dass ursprünglich Petrus und Paulus ihren Platz einnehmen sollten [2]. »Der ansprechendste Teil des Röthenbacher Werkes ist die Gruppe in der Staffel, die Geburt Christi.« [3] HENTSCHEL akzentuierte bei der vollplastischen Gruppe die Ruhe der Gewänder, die an den Heiligen Oswald aus Dobia erinnerten und die er dort als kalkuliertes Gegengewicht zur flatternden Spätgotik ausmachte.

Die beiden knienden Engelsfiguren, die andächtig einen gedrehten Leuchterschaft in beiden Händen halten und sich vorzüglich als Kerzenständer verstehen lassen, waren dies nicht schon immer. KÜHNE, der die Objekte wieder ans Licht geholt hat, hält mit Blick auf vergleichbare Stücke für sicher, dass es sich um alte Bekrönungen von Prozessionsstangen handelt [4].

Die Annenfigur zeigt das klassische Sujet: Anna, die das Christuskind und dessen Mutter Maria auf ihren Armen trägt. Bei Breuer tritt ein interessantes Motiv hinzu. Dem nackten Christusknaben hängt ein kleines Perlenkettchen um den Hals, an dem eine Koralle erkennbar ist. [5] Das ist nicht nur erstaunlich, weil die Vorstellung eines Sohnes Gottes, der ein Amulett zur Abwehr von Schaden trägt, theologisch befremdet. Vielleicht handelt es sich aber auch um eine Art Zahnbeißer für Kleinkinder. Auch sie sind in Korallen-Ausführung bezeugt! [6]

Breuer schätzte dieses Motiv. Er hat es geradezu zu einem Markenzeichen gemacht. Andere Kirchen im Vogtland, die eine Darstellung Christi aus der Zwickauer Werkstatt besitzen, weisen das

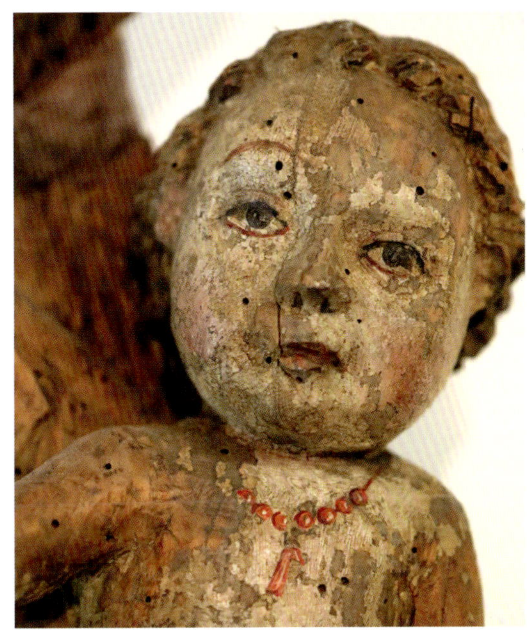

Das Christuskind mit aufgemaltem Zahnbeißer aus Korallen (Heimatmuseum Hohenleuben)

Gebetskettchen ebenfalls auf (etwa Stangengrün 1509). Es ist gut möglich, dass Breuer das Motiv von einem Großen der Zunft übernahm: dem etwa gleichzeitig arbeitenden Mathis Grünewald, der es auf dem ›Isenheimer Altar‹ (1506/1515) verwendete [7].

Anmerkungen
[1] HENTSCHEL, Breuer, S. 220; STECHE, Auerbach, sah den Zusammenhang mit Breuer noch nicht (S. 11).
[2] HENTSCHEL, Breuer, S. 165.
[3] HENTSCHEL, Breuer, S. 167.
[4] Vgl. AK Mühlhausen 2013, S. 275 f.; HENTSCHEL, Breuer, S. 169, 171, 221. Ein weiteres Beispiel für diese Umnutzung jetzt bei SLADECZEK, S. 165 f.
[5] AK Mühlhausen 2013, S. 136 f.
[6] Vgl. AK Mühlhausen 2013, S. 137.
[7] AK Mühlhausen 2013, S. 137. Ein Christusknabe mit (wohl sekundär aufgemaltem) Korallenamulett befindet sich auch im Heimatmuseum Hohenleuben. Die Figur (15. Jh.) stammt vielleicht aus der Kirche in Weckersdorf bei Zeulenroda.

DORFKIRCHE WALDKIRCHEN

Auf einem Bergsporn im Straßendorf befindet sich noch heute jene Kirche, die den namensgebenden Ausgangspunkt Waldkirchens darstellte. In der Substanz handelt es sich um eine vielfach überformte Saalkirche des 13. Jahrhunderts, an deren Westseite sich nicht nur ein vierfach gestaffeltes romanisches Rundbogenportal mit Tympanon, »sondern auch die Holztür mit dem spätromanischen Eisenbeschlag« erhalten hat [1]. Der Beschlag gleicht dem der Martinskirche in Thossen in auffälliger Weise [2]. Der Patronat über das Gotteshaus ging 1461 vom Landesherren an den Deutschen Orden zu Reichenbach über [3]. An alter Ausstattung hat sich noch ein Ziborium erhalten, in dem die konsekrierte Hostie aufbewahrt wurde, und ein Flügelaltar des 15. Jahrhunderts mit einer Marienkrönung [4]. Die Kirche gehört zu jenen Häusern, die nicht mit Besuchern rechnen.

Anmerkungen
[1] Bünz, Kulturgeschichte, S. 190; vgl. Steche, Auerbach, S. 12–14.
[2] Vgl. Steche, Auerbach, S. 12.
[3] Vgl. von Raab I, Nr. 651.
[4] Steche, Auerbach, S. 14.

Schlösschen Treuen (→ S. 300)
Schloss Netzschkau (→ S. 311)

VOM VOGTSBERG INS ASCHER LÄNDCHEN

SCHLOSS VOGTSBERG (OELSNITZ)

Das imposant über dem Oelsnitzer Stadtteil Voigtsberg aufragende Schloss ist ein Ergebnis seines Wiederaufbaus nach dem Dreißigjährigen Krieg. In seiner Substanz enthält es nur noch wenige gotische Versatzstücke. Die noch immer monumentale Festung hat früh schon die Phantasie beflügelt. Der Hofer Schulmeister Enoch Widmann überliefert in seiner Chronik Verse, die den Vogtsberg nicht nur auf den in Germanien kriegenden römischen ›Vogt‹ Drusus zurückführen, sondern ihn auch als namensgebend für das ›nach ihm‹ benannte Vogtland erachteten. Die Verse, die sich über dem Eingang der Burg befunden haben sollen, haben wir bereits einer kritischen Betrachtung unterzogen. Sie wurden in einer jüngeren Fassung, die der des Vogtsberger Amtserbbuchs von 1542 sehr nahe kommt, 2007 an der Wand des sog. Fürstensaals freigelegt [1].

Die Festung ging spät an die Vögte und entglitt ihnen früh. Erst 1327 übernahmen die Plauener die Burg von den ausgestorbenen Vögten von Straßberg (→ S. 130 f.). Zwar bemühten sich die Vögte noch 1349 einträchtig beim Kaiser um die Bestätigung ihres *ius feudale* am *castrum Woytsperg,* doch mussten sie die Burg 1357 an die siegreichen Wettiner abtreten. Denen sicherte

Kaiser Karl IV. zu, ihre neuen Rechte notfalls mit Waffengewalt zu schützen. 1362 überließ Markgraf Friedrich von Meißen seinem noch unmündigen Bruder Balthasar den *Voytsperg* [2]. 1378 wurde die Anlage Sitz eines kurfürstlichen Amtmannes. Sein Amt war als Lehen attraktiv ausgestattet. Allerdings wurde das Schloss damit Kulisse zahlloser Auseinandersetzungen, der Amtmann zur Instanz für sehr weitreichende Konflikte. Es bildeten sich zwei Landgerichte, die ihm unterstanden: Vogtsberg und Adorf. Erster Amtmann wurde 1383–1386 der Ritter Jan Rabe von Mechelgrün. Wir werden ihm als Amtmann auf Burg Thierstein (→ S. 293 f.) wieder begegnen. Um 1389 agiert Lupold von Wolframsdorf auf dem Vogtsberg, zwischen 1395 und 1400 Hans von Dolen. Sie und ihre Nachfolger hinterließen Rechnungsbücher, die für die Wirtschafts- und Rechtsgeschichte des Vogtlandes höchst aufschlussreich sind [3].

Der älteste Teil der noch vorhandenen Anlage datiert zwischen 1232 und 1249, als die Vögte von Straßberg und Eberhard von Vogtsberg die alte Burg errichteten. Hierher gehört der Bergfried mit einem Durchmesser von knapp 10 Metern im unteren Bereich. West- und Südturm traten um 1300 hinzu, die von außen an den gotischen Fenstern erkennbare zweistöckige

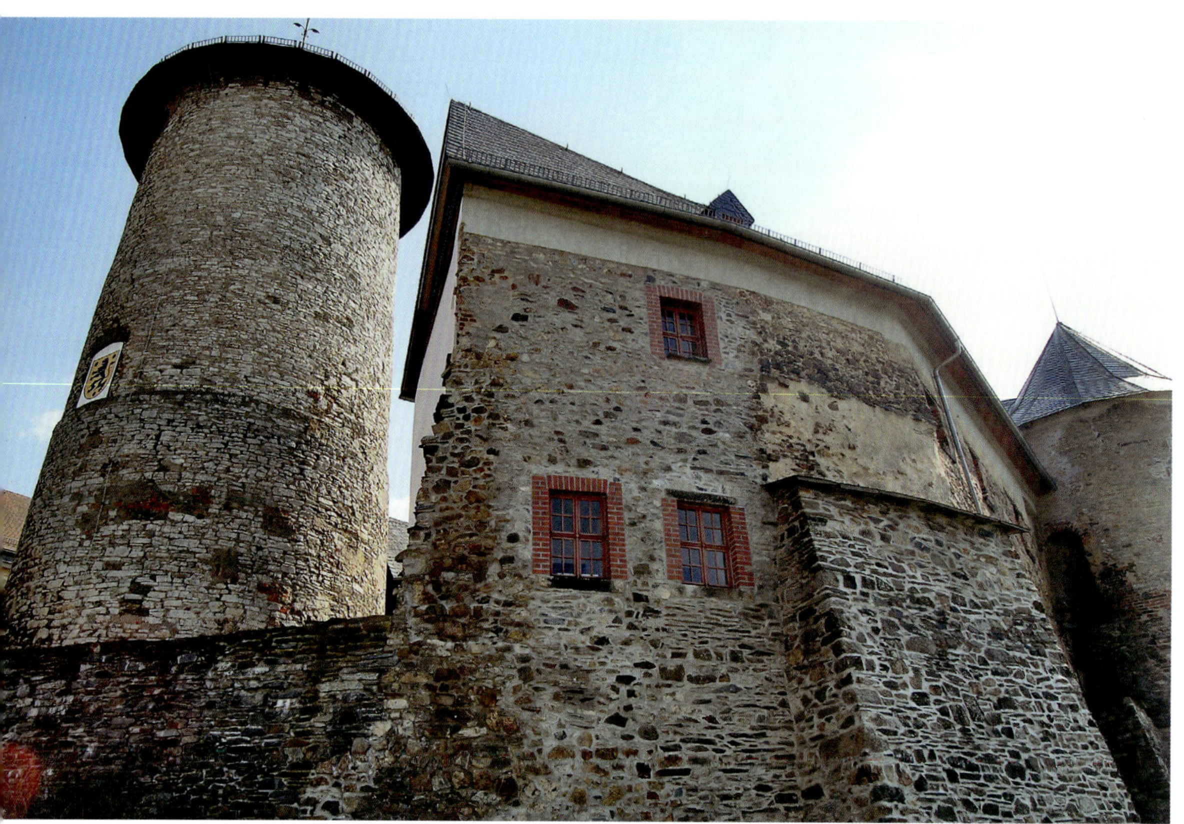

Schloss Vogtsberg mit dem alten Bergfried

Georgskapelle um 1330 unter den Plauenern [4]. Die Wettiner verstärkten die Burg mit fünf Bastionen und einem Zwinger an der Angriffsseite. Der Westflügel wurde um 1505 der Nordseite des frei stehenden Palas angesetzt.

Im Dreißigjährigen Krieg wurde die Anlage zerstört und ausgebrannt. Die Ab-Nutzungen des 19. und 20. Jahrhunderts (Strafanstalt, Hitlerjugend, Flüchtlingslager usw.) erforderten eine sehr aufwendige Sanierung [5]. In der Tat hat man den Geist eines mittelalterlichen Schlosses beschwören können, aber die Substanz (Holzdecke usw.) verweist ins 17. Jahrhundert. Nur wer genau hin-

sieht, entdeckt den Zwickel eines vermauerten gotischen Fensters. Wie mittelalterlich die stark eingedunkelte Trägervorrichtung ist, die als Relikt einer Außentoilette präsentiert wird, sei dahingestellt. Das Inventar der Schlosskapelle wurde, einschließlich der Georgsfigur, in neuerer und neuester Zeit zugekauft bzw. -gestiftet.

Anmerkungen
[1] Vgl. FASBENDER, Drusus-Spruch.
[2] Belege: UB Vögte I, Nr. 610; UB Vögte I, Nr. 915; UB Vögte II, Nr. 15; UB Vögte II, Nr. 109; UB Vögte II, Nr. 274.
[3] Eine erschöpfende Darstellung bietet VON RAAB, Erbbuch, S. 40–169.

[4] Vgl. DONATH, S. 89; STECHE, Oelsnitz, S. 29 f., der die Kapelle etwas früher ansetzt. Wieder ginge, wie in Greiz, eine zweistöckige Kapelle auf die Vögte zurück.

[5] Die neuere Besitzgeschichte bei DONATH, S. 89–91.

EICHIGT

In Eichigt stoßen drei Bistümer zusammen: Naumburg, Bamberg und Regensburg. Man hat diesem Faktum auf freiem Feld drei moderne steinerne Stelen gewidmet. Sie sind alle gleich groß, dabei aus verschieden farbigem Stein. Drei Bischofsstäbe symbolisieren in ihren Krümmen das Verbindende und das Trennende. Auf jeden Fall gesehen haben sollte man die kürzlich freigelegten spätgotischen Wandmalereien in der Kirche der Heiligen Katharina (→ S. 358).

ADORF

Als König Rudolf I. Adorf 1281 an Vogt Heinrich I. von Plauen (1238–1303) verpfändete, legte er den Grundstein für eine rasche Entwicklung des Dorfes zur Stadt. Um 1290 gründete Heinrich auf einem ins Elstertal vorspringenden Bergsporn eine kleine Stadt mit einem langgestreckten Marktplatz. Er verlieh Adorf das Stadtrecht. Die wesentlich jüngere Umfassungsmauer ist heute in Relikten erhalten als eine der seltenen vogtländischen Stadtmauern (→ S. 394 f.). Treiber der Entwicklung dürfte der Deutsche Orden gewesen sein, der sich vor 1290 in Adorf niederließ (→ S. 214) [1]. 1294 eigneten die Vögte auf Bitten ihres Kaplans Konrad, Priester in Asch, dessen Kurie dem Adorfer Gotteshaus [2]. Die alte Michaelskirche war Filialkirche von Asch und wurde

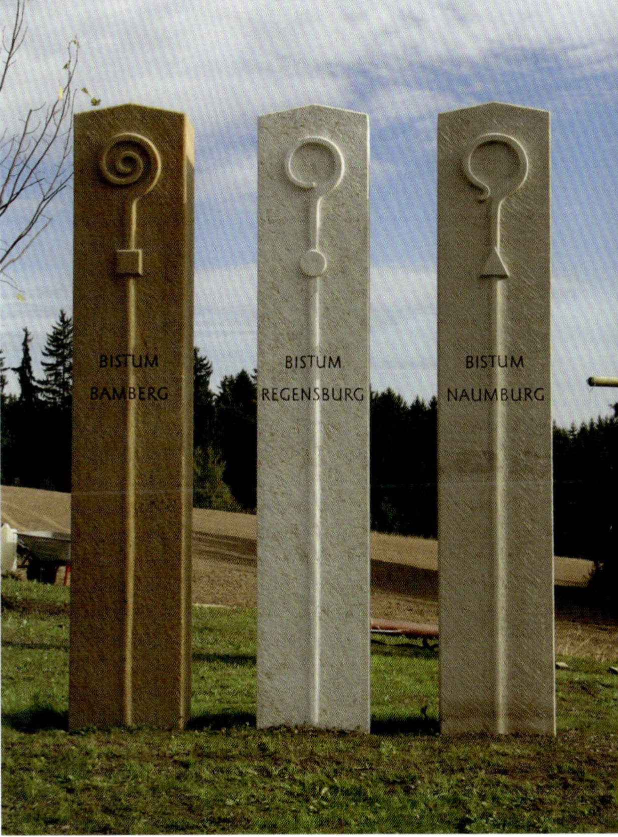

In Eichigt zeigen drei Stelen das Zusammenstoßen dreier Bistümer an

erst 1325 selbständige Pfarrei. Der Neubau von 1511 wurde Grundlage der Kirche von 1768, die im wesentlichen noch heute steht; nur der Turm stammt von 1904. An seiner Südseite hat man ein Sandstein-Relief nachträglich eingefügt. Es zeigt den Sündenfall »in Verbindung mit dem Stadtwappen« und datiert auf 1522. »Das Werk ist wegen seiner Formen der Frührenaissance bemerkenswert.« [3]. Etwas mehr Patina bietet die evangelische Kirche St. Johannis, die sich außerhalb der Stadtmauern befand.

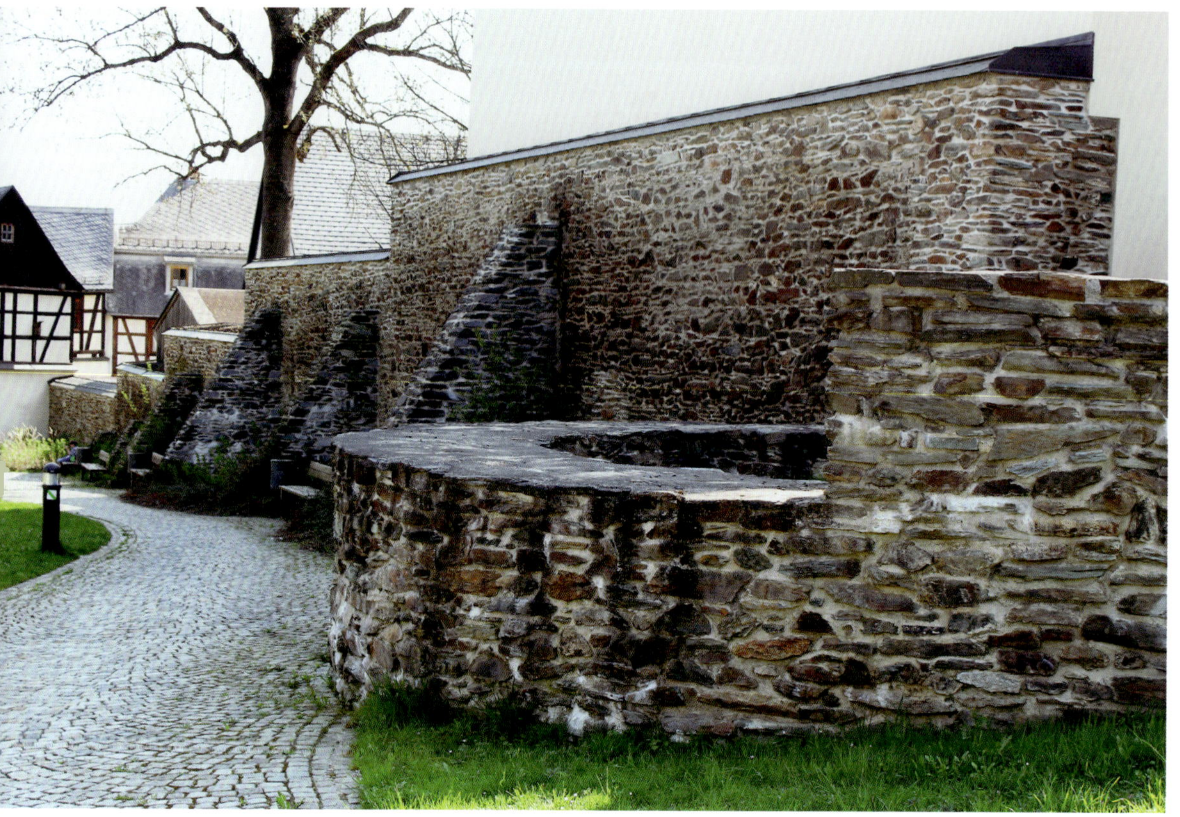

Rekonstruierte Reste der Adorfer Stadtmauer, im Vordergrund ein Rundturm

Anmerkungen
[1] Vgl. UB DO, Nr. 477.
[2] UB DO, Nr. 549.
[3] STECHE, Oelsnitz, S. 4.

MARKNEUKIRCHEN

Die Geschichte Markneukirchens ist komplex und reizvoll. In den wechselnden Bezeichnungen der Stadt spiegelt sie sich teilweise wieder. Um 1200 scheint ein im 19. Jahrhundert abgebauter Herrensitz der Familie Nothaft bestanden zu haben: das ›Alte Schlössel‹, eine Kleinwasserburg am nördlichen Auenrand der Kleinen Elster. Sie gehörte zu den *slossen und guten*, die Heinrich von Plauen nach dem Vogtländischen Krieg (1357) an die Wettiner abtreten musste [1].

Die Nothafte legten den zugehörigen Ort und den Pfarrsprengel um die Mitte des 13. Jahrhunderts an. 1274 erscheint er als *Newenkirchen*. Hundert Jahre später, 1378, hat der Ort noch nicht den Namen seiner Gründer abgestreift. Urkundlich erscheint er als *Nuwenkirchen dictum Nothafft*. Obwohl ihm die Vögte von Plauen um die Mitte des 14. Jahrhunderts das Stadtrecht verliehen hatten, blieb der Ort unbefestigt: ein

›Markt‹-Flecken eben. Daher der Name, dem – wie Neumark(t) – nicht die Bequemlichkeit der Sprecher, sondern königlich dresdnischer Unverstand (1858) das für das Verständnis so wichtige »t« entzog.

Die ursprüngliche Nikolaikirche von *Nuwenkirchen* macht in den Urkunden immer wieder von sich reden. 1340 zeugte der Pfarrer bei einer Streitsache zwischen der Kirche in Regnitzlosau und Konrad von Reitzenstein [2]. Große Aufmerksamkeit genoss der Altar der Heiligen Katharina. 1405 stiftete dort Nickel Thoss eine Frühmesse, 1412 widmete Sieghard von Falkenstein dem Altar einen Hof. Im selben Jahr gelobten Pfarrer und Stadtrat, die Stiftungen der Thosse und Falkensteiner ordnungsgemäß »auf ewige Zeiten« abzuhalten. 1455 kamen Güter und Zinsen aus Raun hinzu, die die Gemeinde dem Johannes Clebesattel abgekauft hatte, und 1458 tätigten die Neiperger zu Eschenbach eine ansehnliche Zustiftung zur Frühmesse für den Katharinenaltar [3]. Gerne wüsste man, wie der so gut dotierte Altar einmal aussah. Ausweislich der Regensburger Pfarreimatrikel gehörte die Kirche zu den bestdotierten Pfründen des böhmisch-sächsischen Grenzgebietes [4]. Leider brannte die gesamte Stadt 1840 nieder. Die am Marktplatz befindliche Nikolaikirche (1842–1848) ist daher neoromanisch.

Anmerkungen
[1] UB Vögte II, Nr. 12f.
[2] UB Vögte I, Nr. 824.
[3] Belege: VON RAAB I, Nr. 76; VON RAAB I, Nr. 105; VON RAAB I, Nr. 107; VON RAAB I, Nr. 568; VON RAAB I, Nr. 597.
[4] Vgl. BÜNZ, Kulturgeschichte, S. 180. Besser standen nur Asch, Eger und Schönbach.

SCHLOSS SCHÖNBERG AM KAPELLENBERG

Man muss schon genau hinsehen, will man am (1994) ansprechend sanierten Schloss Schönberg noch Elemente des 15. Jahrhunderts erkennen. Hierher gehört vor allem der achteckige, 20 Meter hohe Turm, der 1485 datiert und um den herum 1685 das dreigeschossige Herrenhaus errichtet wurde. Der Erker an der Südfront zitiert hingegen wohl nur die Spätgotik.

Die alte Wasserburg, die schon 1261 als Rittersitz diente, war die südlichste Wehranlage an der Grenze zum böhmischen Königreich. Da sie im Egerland lag, hatte sie spätestens mit dessen Verpfändung (1322) den prekären Status einer Enklave der Vögte von Plauen [1]. 1386 besaßen die Thosse Schönberg als Lehen der Egerer Burgpflege [2]. Mit der Zeit strategisch ohne Bedeutung, gelangte die Anlage 1485 in den Besitz der weit verzweigten Familie von Reitzenstein, die sie umbaute und bis 1945 kontinuierlich bewohnte [3]. Die Schönberger Reitzensteiner bildeten einen eigenen Stamm, dessen drei Linien in Schönberg, Konradsreuth und Regnitzlosau residierten.

Anmerkungen
[1] Vgl. STURM, S. 96.
[2] Vgl. STURM, S. 149.
[3] Vgl. STECHE, Oelsnitz, S. 20. Zur neueren Besitzgeschichte vgl. DONATH, S. 73–75.

Kapelle auf dem Kapellenberg (→ S. 259)

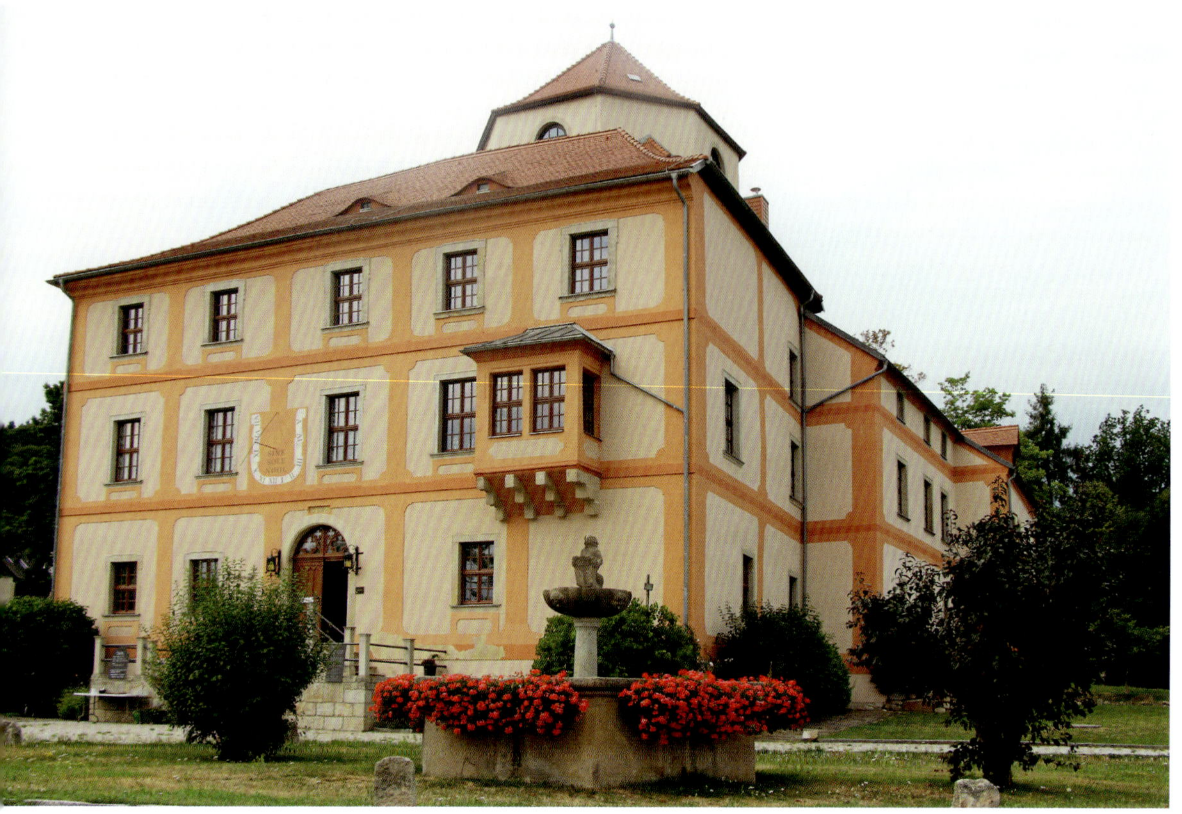
Das Schlösschen Schönberg ist gegenwärtig wieder herrenlos

ASCH

Asch ist altes vögtisches Terrain. Die Vögte von Weida galten als die ersten Lehensträger des Territoriums um Asch, des »böhmischen Vogtlands«. Bereits im ausgehenden 12. Jahrhundert besaß Heinrich II. »der Reiche« von Weida (1193–1209) die Pflege Asch, ohne indes vor Ort präsent zu sein. Nicht einmal hundert Jahre später sehen wir die Plauener im Ascher Ländchen: Heinrich I. von Plauen (1238–1303) erhielt das *forum* Asch von König Rudolf 1281 als Pfand [1]. Heinrich III. »der Lange« von Plauen (1303–1347), der mit Margarethe von Seeberg (um 1302) eine böhmische Adlige heiratete, brachte Asch 1306 bei der Erbteilung mit den Reußen an sich bzw. die ältere Linie Plauen. 1331 ging das Gebiet an den Luxemburger Johann von Böhmen (1296–1346).

Brände und Verwüstungen aller Art haben die historische Altstadt vollständig verschwinden lassen. Die Pfarrkirche St. Nikolai, deren Patronat sich der Orden bereits 1263 bei König Ottokar II. gesichert hatte, was dann durch die Vögte von Plauen 1270, 1289, 1290 und 1309 bestätigt wurde [2], ist ebenso verloren wie der um 1370 in Stein errichtete Nachfolgebau und das ihn ersetzende

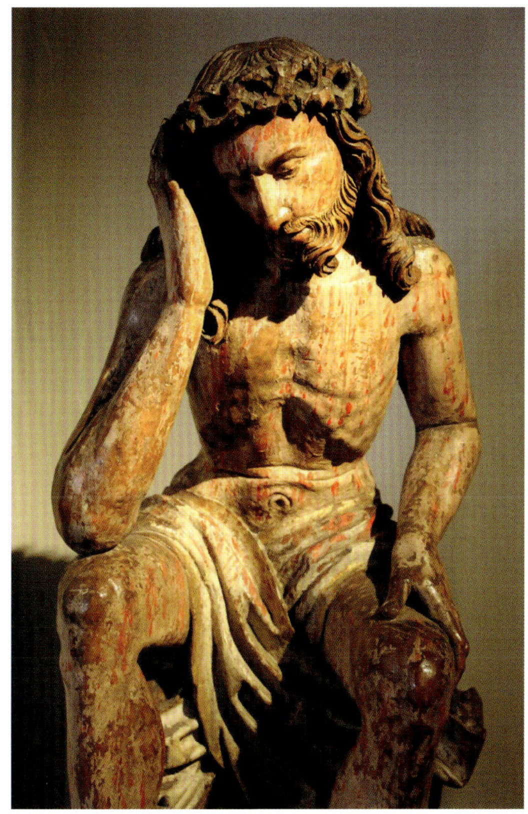

Der ›Christus in der Rast‹ wurde in der 1960 abgebrannten Trinitatiskirche gefunden (Städtisches Museum Asch)

Barockgebäude von 1747 [3]. Um 1350 gehörte die Kirche neben Eger zu den attraktivsten Pfründen im böhmisch-sächsischen Grenzgebiet [4]. Auch von der Kommende (→ S. 215) fehlt jede Spur.

Wie durch ein Wunder hat sich im Städtischen Museum eine gotische Plastik des ›Christus in der Rast‹ erhalten. Sie befindet sich dort, allein unter Jüngerem, eigentlich ganz passend in einem geschützten Winkel. Gefunden wurde sie in der Trinitatiskirche. Auf ihrem Sockel wurden, keineswegs nachlässig, Namen eingraviert, die, obwohl verstümmelt, noch lesbar scheinen.

Auch ein Datum, eine »16«, die man in 1516 auflösen darf, befindet sich darunter. Die Figur, die einen in der Region breit nachweisbaren Typus repräsentiert, besticht nicht zuletzt durch die gut erhaltene originale Farbgebung [5].

Anmerkungen
[1] Vgl. HHS Böhmen und Mähren, S. 9.
[2] Belege: UB DO, Nr. 174; UB DO, Nr. 219; UB DO, Nr. 462; UB DO, Nr. 477; UB DO, Nr. 733; UB Vögte I, Nr. 409.
[3] Vgl. BLASCHKE/JÄSCHKE, S. 100.
[4] Vgl. BÜNZ, Kulturgeschichte, S. 180.
[5] Vgl. OTTOVÁ/MUDRA, S. 198 f. Weitere Repräsentanten ebd., S. 192–197.

BURGRUINE NEUBERG (PODHRADÍ)

Weithin sichtbar ragt noch der Rundturm der Burgruine Neuberg ins Ascher Ländchen: namengebender Stammsitz eines alten vogtländischen bzw. böhmischen Adelsgeschlechts. Die Neuberger kamen als Reichsministeriale in die Region. Sie erwarben Streubesitz im Vogtland und im Egerland, außerdem die Märkte Selb und Asch. Die Art des Erwerbs führte immer wieder dazu, dass die Burg zerstört wurde.

Die Familie gehörte zu den regionalen Unruhestiftern. 1324 musste sie sich mit Eger wegen der Ermordung eines Gerichtsboten vergleichen [1]. 1330 ließ Konrad von Neuberg die Herren von Haslau ächten. Der Niedergang der Neuberger wurde durch drei Fehden, die die Region in der zweiten Hälfte des 14. Jahrhunderts erschütterten, beschleunigt. 1361 stritten sie mit den Sparneckern, mit denen sie vervettert und zugleich verfeindet waren. In der Guttenberger Fehde (1380–1383) stand Hans von Neuberg, ein berüchtigter Placker, auf Seiten der Vögte. Kurz

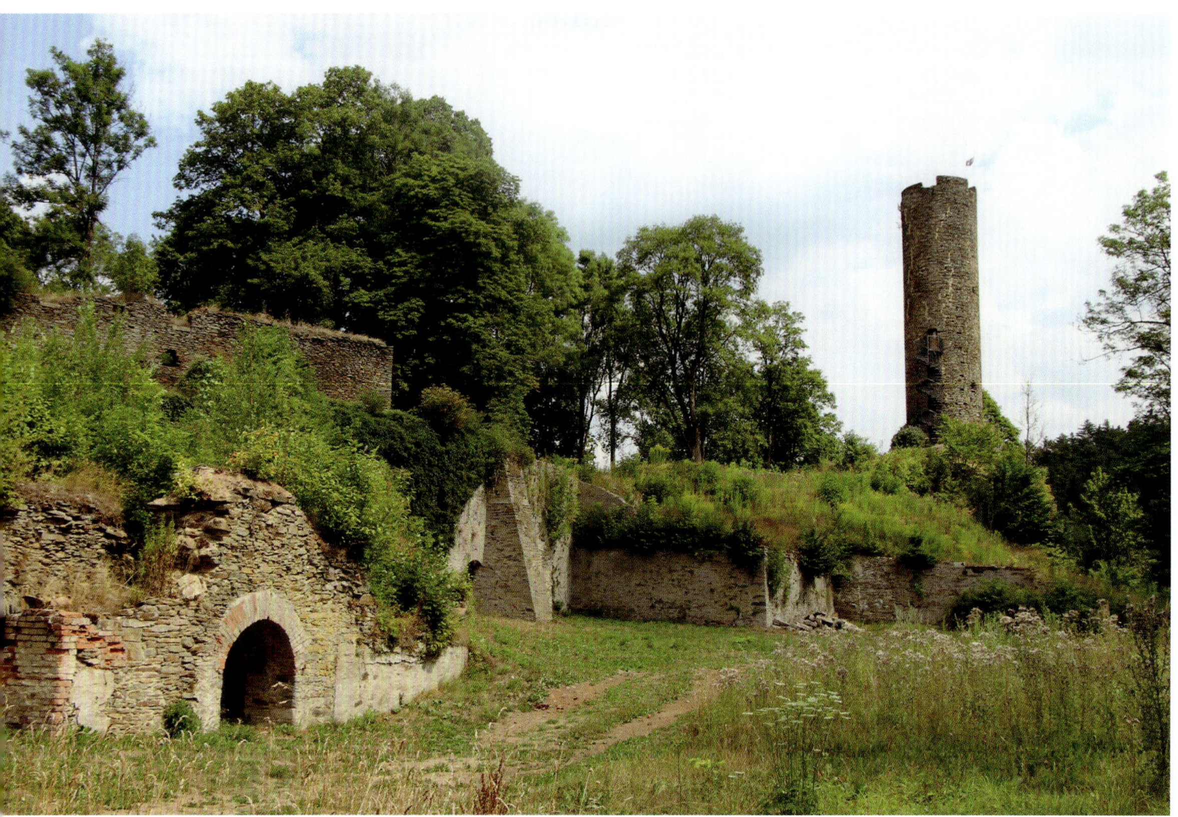

Blick über das Areal der Burgruine in Neuberg

darauf kam es zur sogenannten Adelsfehde mit der Reichsstadt Eger, in deren Verlauf Friedrich von Neuberg, der Sohn Konrads von Neuberg, bei einem Entführungsversuch selbst gefangen genommen und wahrscheinlich (1382) hingerichtet wurde. Vor 1412 (1390/92) ging die Herrschaft Neuberg mit dem gesamten Besitz der Neuberger an die von Zedtwitz über [2].

Man sieht dem weitläufigen, gut begehbaren und atmosphärischen Areal noch heute seine lange Besitzgeschichte und seine stetigen Überformungen an. Zum ältesten Bestand gehört gewiss der auf steiler Klippe ragende, noch ins 14. Jahrhundert datierbare vierstöckige Rundturm, dessen nur über eine Leiter zugänglicher schmaler Eingang sich in 8 Metern Höhe über dem Boden befand. Wirtschaftsgebäude wie die Brauereikeller am Fuß des Turms gehören zur Schlossanlage des 16. Jahrhunderts. 1610 fegte ein Großfeuer die Anlage aus. Alte Laubbäume trennen das Areal von der evangelischen Kirche Zum Guten Hirten (15. Jh., barocke Innenausstattung) (→ S. 233).

Anmerkungen
[1] Zum Folgenden vgl. Lullies, S. 80 f.
[2] Vgl. HHS Böhmen und Mähren, S. 393 f.

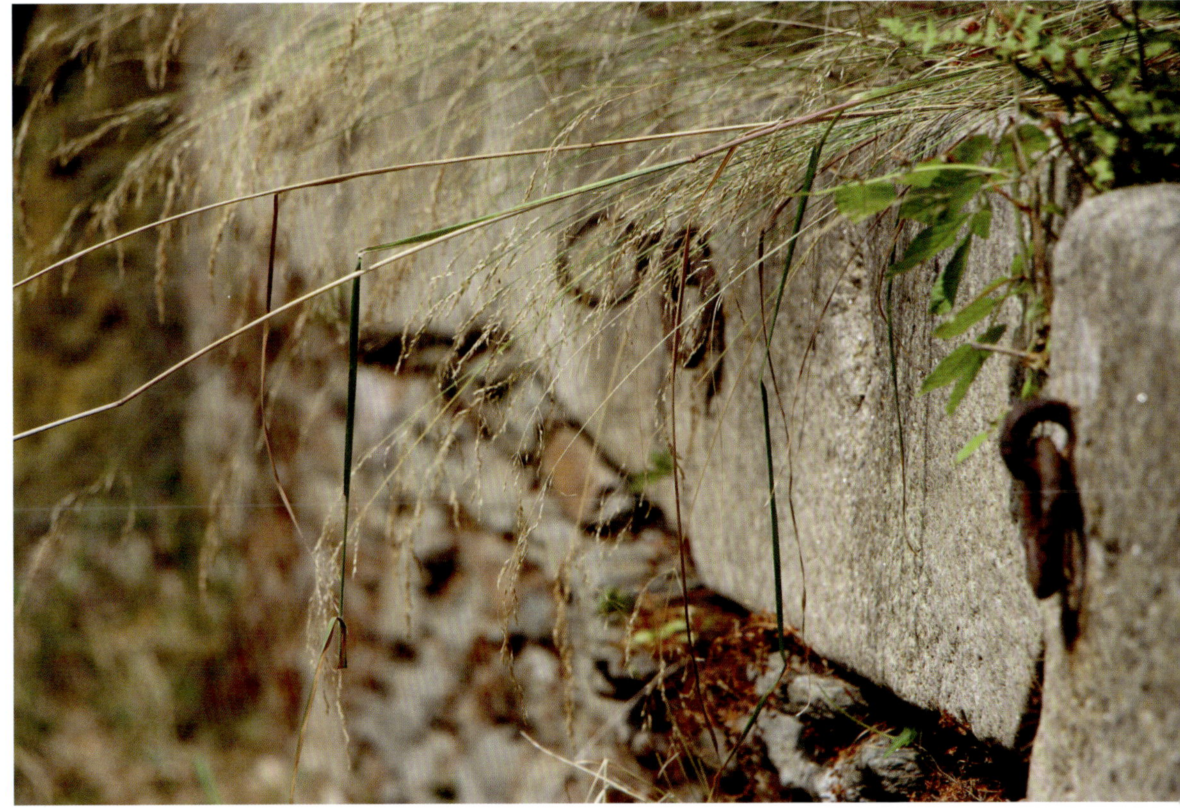

An den Ringen in den Neuberger Stallungen ließen sich die Nutztiere festmachen

SCHLOSS GRÜN (DOUBRAVA)

Die im Ascher Ländchen begüterte Familie von Zedtwitz erwarb Schloss Grün von denen von Neuberg. Im 15./16. Jahrhundert dürfte das Schloss ein Herrensitz gewesen sein. Der letzte bauliche Zustand geht auf den neogotischen Umbau von 1783 zurück. Das über dem Eingang platzierte Wappen mit der Jahreszahl 1760 stammt von Schloss Krugsreuth (→ S. 166). Die Anlage verfällt und ist nicht zugänglich.

Die von Zedtwitz waren ursprünglich reichsfreie Ministeriale aus dem Regnitzland. Namensgebend war die Herrschaft Zedtwitz, die später (1502) an die von Feilitzsch über- und im Ort Feilitzsch aufging. Ein Teil des Erfolges der Familie beruhte auf handfester Straßenräuberei. Jörg von Zedtwitz machte sich damit einen Namen. Aber schon Heinrich von Zedtwitz, Lehensmann der Burggrafen von Nürnberg, betätigte sich zwischen 1382 und 1412 als Placker im Egerland; 1411 plünderte er Nürnberger Kaufleute auf der Straße nach Bärnau aus. In der Guttenberger Fehde (ca. 1380–1383) stand Heinrich (gest. 1413) gegen die Vögte auf Seiten der Guttenberger. Heinrich ist zu trennen von seinem

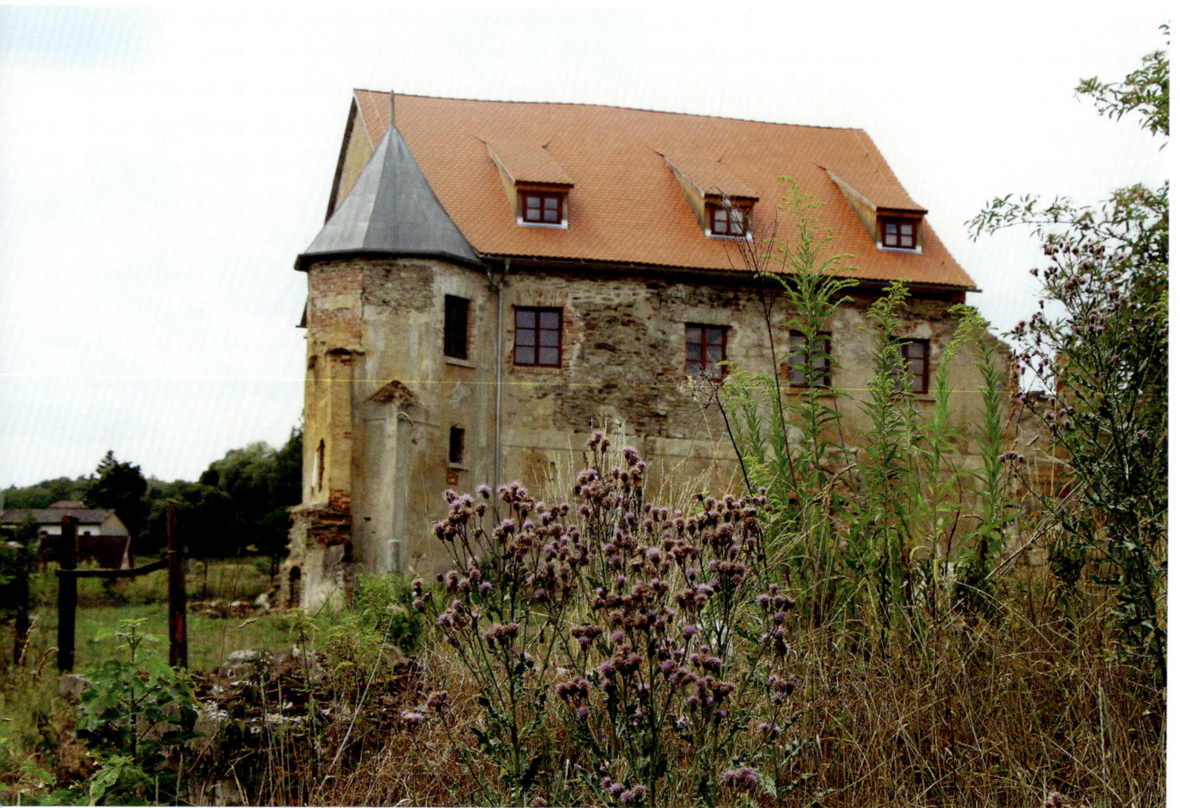

Dem Schlösschen in Krugsreuth droht der Verfall

gleichnamigen Oheim [1], dessen Stamm seit dem 13. Jahrhundert im Gefolge der Vögte von Gera urkundete und der 1363 in Angelegenheiten des Klosters Saalburg zeugte [2].

Anmerkungen
[1] Vgl. LULLIES, S. 64 f.
[2] Vgl. RONNEBERGER, S. 65.

KRUGSREUTH (KOPANINY)

Über Jahrzehnte verfiel in Krugsreuth ebenso langsam wie stetig ein altes Rittergutsschloss, das der im Ascher Ländchen begüterten Familie von Zedtwitz gehörte. Das 1537 erstmals erwähnte Gebäude wurde mehrfach überbaut. Der Umbau zum Schloss erfolgte wohl erst 1612. Mit Peter von Zedtwitz, der 1377 als Rat der Burggrafen von Nürnberg die Herrschaft in Böhmen ausbaute, finden wir den ersten Besitzer von Krugsreuth. Die Familie hielt sich bis zur Enteignung 1945 auf ihrem Schloss. Erst in diesen Tagen scheint es einer Bürgerinitiative zu gelingen, vom alten Schlösschen zu retten, was noch zu retten ist.

DIE VÖGTE IN BÖHMEN

Auf böhmischem Terrain waren die Vögte seit dem ausgehenden 12. Jahrhundert unterwegs. Heinrich II. »der Reiche« von Weida (1193–1209) besaß unter anderem die Pflege Asch. Um die Mitte des 14. Jahrhunderts noch im Besitz des Landrichteramts in Eger (1344–1351), ging für die Weidaer mit dem Vogtländischen Krieg (1354–1357) das böhmische Kapitel zu Ende. Inzwischen hatten es die Plauener aufgeschlagen: Heinrich II. »der Böhme« (1274–1302) hatte 1283 Katharina von Riesenburg geehelicht. 1301 wurde Heinrich II. von König Albrecht von Habsburg zum Hauptmann von Eger ernannt; er starb indes im Folgejahr. Im Amt folgte ihm 1304 sein Sohn Heinrich III. »der Lange« (1303–1347), der mit Margarethe von Seeberg (um 1302) seinerseits eine böhmische Adlige heiratete. Bei der Erbteilung mit den Reußen erhielt Heinrich 1306 unter anderem Asch und Graslitz. Schon vor Heinrichs »des Langen« Tod (1347) scheint der böhmische Faden der Plauener vorübergehend abzureißen. Wieder aufgegriffen wurde er erst mit Heinrich IX., der 1387 die Herrschaft Königswart an sich brachte, und dann vor allem seinem Sohn Heinrich X. (I.), dem Burggrafen von Meißen, der seine Herrschaft in Petschau errichtete. Über vier Generationen residierten die Plauener Burggrafen von Meißen, die ihre namengebende Herkunftsstadt 1482 endgültig aufgeben mussten, in Böhmen.

GRASLITZ (KRASLICE)

Graslitz, das »Greselein« oder Nadelwaldstückchen im Tal der Zwota, gehörte, obwohl es in den fraglichen Urkunden des 12. Jahrhunderts nicht erscheint, dem reichsunmittelbaren Kloster Waldsassen. Die kaiserlichen Vögte waren daher nicht weit. Heinrich I. von Plauen (1238–1303) erhielt 1272 das *castrum Greklis* auf dem Hausberg mit allem Zubehör von König Ottokar II. von Böhmen geschenkt. Dieses »Zubehör« war, zumindest auf dem Pergament, attraktiv: Gold- und Silbergruben gehörten dazu [1]. Nach Heinrichs I. Tod teilten sein Enkel Heinrich III. »der Lange« (1303–1347) und dessen Cousin Heinrich II (1303–1350) den Besitz. Asch und Graslitz fielen dabei an Heinrich »den Langen«, den Sohn Heinrichs II. »des Böhmen« (1274–1302).

Die Besitzverhältnisse in der Region änderten sich grundlegend, als der Grundherr Waldsassen das Schönbacher Ländchen 1348 an die Herren von Sparneck verkaufte, die es der Böhmischen Krone als Lehen antrugen. Offenbar aber sind es 1370 die Plauener, die Karl IV. dazu bewegen,

Graslitz mit Elbogener Stadtrecht zu begaben [2]. Erst 1401 wurde Graslitz den Vögten endgültig entzogen und der Familie der Reitenbacher verliehen [3]. Bald darauf soll auch der mächtige Pfandherr Kaspar Schlick Graslitz besessen haben, doch um die Jahrhundertmitte sehen wir die Plauener erneut vor Ort, nunmehr als Burggrafen von Meißen. Nach 1466 verlor Heinrich II. Burggraf zu Meißen (1446–1482) auf Grund seiner Fehde mit Plauen auch Schloss Graslitz, mit dem der böhmische König die Wettiner belehnte. Doch kehrten die Plauener ein drittes Mal zurück. Heinrichs II. Enkel Heinrich IV., der zu den Gewinnern des Schmalkaldischen Krieges (1546/47) zählte, gewann das inzwischen zur »freien Bergstadt« erhobene (1541), auf nahezu 6000 Einwohner angewachsene Graslitz [4].

Anmerkungen
[1] UB Vögte I, Nr. 167.
[2] Vgl. Böhm, S. 22; HHS Böhmen und Mähren, S. 170.
[3] Vgl. Böhm, S. 22; von Raab, Nachtr. 9.
[4] Vgl. Böhm, S. 23.

SCHÖNBACH (LUBY)

Schönbach liegt am Fuße des Erzgebirges, keineswegs aber an einem Bach. Der »Bach« kam, wie in Brambach (»Brandbuche«), durch die Mundart (»-bich«) hinzu. Auch »schön« war Schönbach eigentlich nicht, eher schon eine »Schonung«. Das alles aber war bereits vergessen, als Schönbach 1165 in einer Urkunde als Besitz des Klosters Waldsassen erscheint. 1319 hatte sich das Städtchen so weit emanzipiert, dass es vom Kaiser Stadtrecht nach Egerer Vorbild erhielt. Im selben Jahr einigten sich die Vögte von Plauen mit Waldsassen, dass sie »das Kloster beschützen

und dem Aufbaue der Stadt Schönbach (*Schönpach*) kein Hindernis in den Weg legen wollen.« [1]. Beachtliche Ausmaße hat Schönbach gleichwohl nie erreicht. Eine Stadtmauer wird 1409 en passant erwähnt. Neben dem Hauptmarkt gab es einen Töpfermarkt und einen Rossmarkt.

Noch vor der Mitte des 14. Jahrhunderts stieg Waldsassen für eine stattliche Abfindung als Grundherr aus. Für Schönbach begann ein unruhiges Jahrhundert. Von den Zisterziensern erwarben es die Sparnecker, die es 1356 mit allen anderen Besitztümern von der böhmischen Krone zu Lehen empfingen. König Wenzel IV. setzte 1389 Günther von Schwarzburg als Statthalter seiner vogtländischen Besitzungen in Böhmen ein. Nachdem sich Schönbach 1422 vorübergehend im Besitz der Markgrafen von Meißen befand, sicherte erst die lange Regierungszeit der Schlick (1434–1547) eine dauerhafte Zugehörigkeit zu Böhmen [2]. Da die Schlick Amtleute auf Schloss Schöneck waren, kamen die Schönbacher Angelegenheiten zumeist dort, später dann in Elbogen und Eger zur Verhandlung.

Wir besitzen nur wenige Nachrichten zum Schönbacher Kirchenwesen. Bereits um 1118 soll hier eine kleine Pfarre bestanden haben, die zum Bistum Regensburg gehörte. Eine regelrechte Kirche wurde erst ausgangs des 12. Jahrhunderts gebaut. Sie war dem Heiligen Andreas geweiht und erscheint 1184 als Eigentum Waldsassens. Noch 1286 war sie zuständig für das gesamte Schönbacher Ländchen. Ihre Dotierung war entsprechend gut [3]. 1410 gestattet Heinrich IX. von Plauen zu Plauen (1373–1412) als Patron von Königswart den Pfründentausch des Plebans in *Schonbuch* [4]. Der barocke Umbau (1734) hat das Innere der Kirche tiefgreifend verändert. Aus

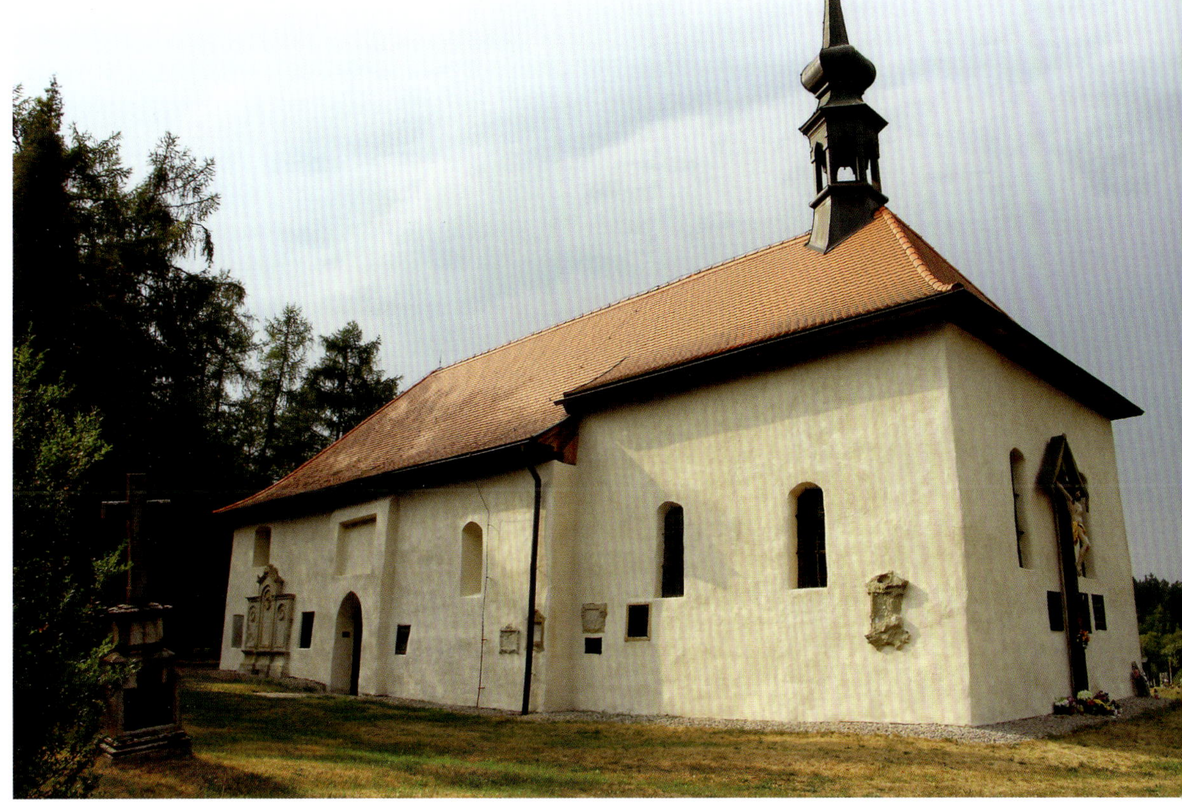

Die Friedhofskirche des Heiligen Sebastian

romanischer Zeit ist nur der Kirchturm geblieben. Hochaltar, Seitenaltäre, Beichtstühle usw. entstammen dem 18./19. Jahrhundert.

Anmerkungen
[1] UB Vögte I, Nr. 501; vgl. Mädler, Geschichtsforschung, S. 9; Mädler, Allerlei, S. 50 – 52.
[2] Eine alte Burg scheint es nie gegeben zu haben; vgl. Mädler, Geschichtsforschung, S. 10; HHS Böhmen, S. 553.
[3] Vgl. Bünz, Kulturgeschichte, S. 180.
[4] UB Vögte II, Nr. 523.

Burg Wildstein (Skalná) (→ S. 294)

FRIEDHOFSKIRCHE DES HEILIGEN SEBASTIAN IN WILDSTEIN (SKALNÁ)

Die Friedhofskirche in Wildstein, eine Saalkirche mit Dachreiter und flacher Balkendecke, entstand in ihrer jetzigen Form erst ausgangs des 17. Jahrhunderts. Sie geht indes auf einen Vorgängerbau zurück, der noch ins 14. Jahrhundert datiert. Im Gegensatz zu vielen anderen Kirchen der Region ist die Barockisierung nicht vollständig durchgeführt. Sie findet sich vor allem in dem dem Patron Sebastian geweihten Hochaltar, der von Figuren aus der Zeit um 1500 umstanden wurde, in der Kanzel und in den Seitenaltären. Die Kirche bewahrt noch ein Kruzifix der Zeit um 1500 auf [1].

Anmerkungen
[1] Vgl. HAMPERL, Topographie, S. 635.

Kirche Johannes des Täufers in Wildstein (Skalná) (→ S. 213)

BURGRUINE ALTENTEICH (STARÝ RYBNÍK)

Um 1360 erbaute Jan Rabe von Mechelgrün acht Kilometer nördlich von Eger auf einem Hügel eine Wasserburg, die ihren Namen von den beiden sie umgebenden Teichen beziehen sollte. Der Grundriss war nahezu rechteckig (ca. 33 × 15 m), das äußere Mauerwerk ca. 1,50 m dick. Zwei Türme, die wie zwei Hörner vorragten, verstärkten einst die schmale Angriffsseite. Der Palas befand sich zunächst im Norden, der Angriffsseite entgegengesetzt. In ihn mündete wohl eine Brücke. Die nachträglich vergrößerten Fenster lassen erkennen, dass die Wehrhaftigkeit der Anlage, die ohnedies keine sonderlich widerstandsfähige gewesen sein kann, irgendwann nicht mehr im Vordergrund stand [1].

Die Steuerregister von 1391 weisen Altenteich der Pfarrei Wildstein zu. Nach 1400 kamen immer wieder Egerer Bürger und Kleinadlige in den Besitz der Anlage. Sie rissen die Burg ab und brachten das Hauptgebäude in seine endgültige Form. 1550 geriet Altenteich in die Hände der Wirsberger, danach der Trautenberger. Nach einem Brand 1792 wurde die Anlage nicht mehr genutzt [2]. Nennenswerte Reste ragen pittoresk in den Abendhimmel. Sie lassen sich freilich nur über den Teich beobachten. Die dem Verfall preisgegebene Anlage ist abgeriegelt.

Die Raben von Mechelgrün treten 1302 in Gestalt des *Iohannes Corvus de Mechtildegrune* erstmals im Gefolge der Vögte von Plauen auf. Jan Rabe zeugt 1367 für Heinrich VIII. von Plauen (1357–1373) direkt neben dem reichen Plauener Bürger Heinrich Hund. 1388 zeugt er gemeinsam mit Heinz Rabe für Heinrich IX. von Plauen (1373–1412). Letztmalig erscheint Hans Rabe *von Mechtildengrune* 1413 in einer Zeugenreihe des Plaueners [3]. 1414 scheint er gestorben zu sein. Anders als sein Sohn Albrecht Rabe, der 1381/82 als Placker im Egerland wirkte, sowie seine Verwandten Heidenreich, Eberhard und Konrad Rabe, die den Placker Hans von Neuberg unterstützten [4], verstand es Jan Rabe, sich durch Diplomatie und Loyalität weitgehend aus den Händeln im Egerland heraus zu halten.

Anmerkungen
[1] WEINELT, S. 46.
[2] Vgl. WEINELT, S. 45; HHS Böhmen und Mähren, S. 5 f., HAMPERL, Topographie, S. 616.
[3] Belege: UB Vögte I, Nr. 346; UB Vögte II, Nr. 159; UB Vögte II, Nr. 324; UB Vögte II, Nr. 567.
[4] Vgl. LULLIES, S. 95 f.

SCHLOSSRUINE HASLAU (HAZLOV)

An der alten Handelsstraße, die von Hof über Rehau nach Asch und Eger führte, bildete sich wohl noch im 12. Jahrhundert eine Marktsiedlung aus. Sie wurde dominiert vom alten Herrensitz der Haslauer. Der mit einem Graben umzogene Bau befand sich auf einem Hügel innerhalb der Ortschaft. Die romanisch begonnene und gotisch umgebaute Burg besaß eine Kapelle, die

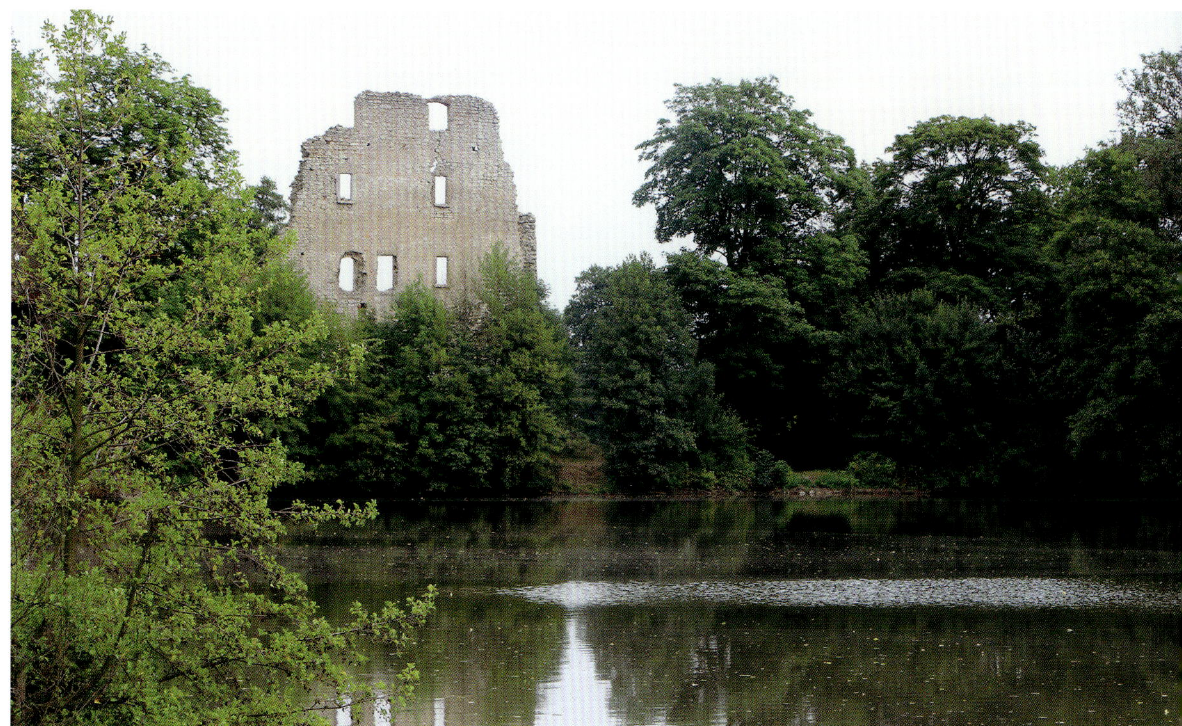

Blick auf die Burgruine Altenteich

heute wiederhergestellt ist. Einsturzgefährdete Mauern aus allen Jahrhunderten, die inzwischen gesichert werden, umstehen den weiß leuchtenden Sakralbau. Die Inneneinrichtung reicht nicht hinter das 17. Jahrhundert zurück [1].

Die Haslauer aus dem Ascher Ländchen treten urkundlich erstmals 1224 in Erscheinung. Ob und wann sie aus Österreich nach Böhmen eingewandert sind, muss offen bleiben. Der Zusammenhang mit dem Geschlecht derer von Haslau an der Leitha (Niederösterreich) ist schwer zu konkretisieren.

1310 muss sich Vogt Heinrich III. »der Lange« von Plauen (1303–1347) wegen der Ermordung seines Richters Konrad von Haslau zu Bärnau mit dem Kloster Waldsassen auseinandersetzen. Der *miles* Konrad besaß Güter in Leuthen, die Heinrich dann 1314 Waldsassen zusprach. Im selben Jahr zeugt *Bertholdus de Hasela* für den Vogt in Angelegenheiten des Deutschen Ordens. Von den Haslauer Haslauern sind wenigstens die Haslauer aus Wilkau-Haßlau (Zwickau) zu trennen. Dietrich von Haslau, der 1356 bei einer Grenzberichtigung für Vogt Heinrich V. »den Jüngeren« von Gera (1311–1377) zeugte, dürfte diesem Zweig der Familie entsprossen sein. Über ihn (oder einen gleichnamigen Nachfahren) wurde 1390 als Anhänger Heinrichs XVI. von Weida (1374–1404) auf Betreiben der Greizer Reußen die Reichsacht verhängt [2].

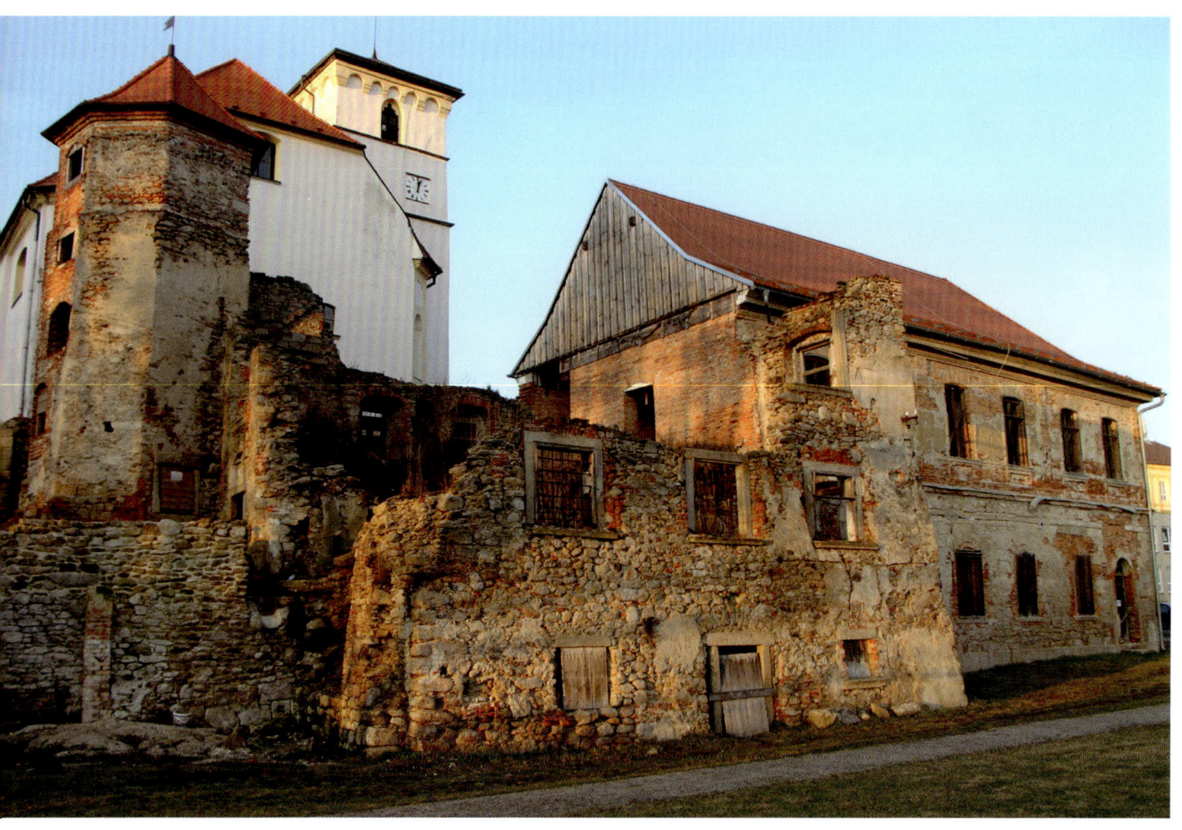

Das verfallende Schlösschen in Haslau

Auch die Ascher Haslauer waren an den großen Fehden, die das Egerland in der zweiten
Hälfte des 14. Jahrhunderts überzogen, beteiligt.
Friedrich von Haslau, der sich in der Guttenberger Fehde auf Seiten der Guttenberger positionierte, war 1381 ebenso Placker wie sein Sohn
Michael (1385) [3].

Anmerkungen
[1] Vgl. Hamperl, Topographie, S. 620.
[2] Belege: UB Vögte I, Nr. 423; UB Vögte I, Nr. 449; UB Vögte
     I, Nr. 451; UB Vögte I, Nr. 972; UB Vögte II, Nr. 340.
[3] Vgl. Lullies, S. 22 f.

BURG SEEBERG (OSTROH)

Nur acht Kilometer nordöstlich von Eger bestand
um 1200 ein Ministerialensitz, um den sich eine
Siedlung bildete. Hier dürften die Herren von
Seeberg ihr Stammhaus besessen haben. Sie
standen bereits im ausgehenden 13. Jahrhundert
den Vögten von Plauen nahe.

1297 trat Albrecht von Seeberg (1279–1312)
seine Rechte an Schloss Tachau an die Böhmische Krone ab. Unter den *Fideiussores* nominierte
er *Henricus advocatus de Plawe*. Das kann nur der
alte Heinrich I. Vogt von Plauen (1238–1303)

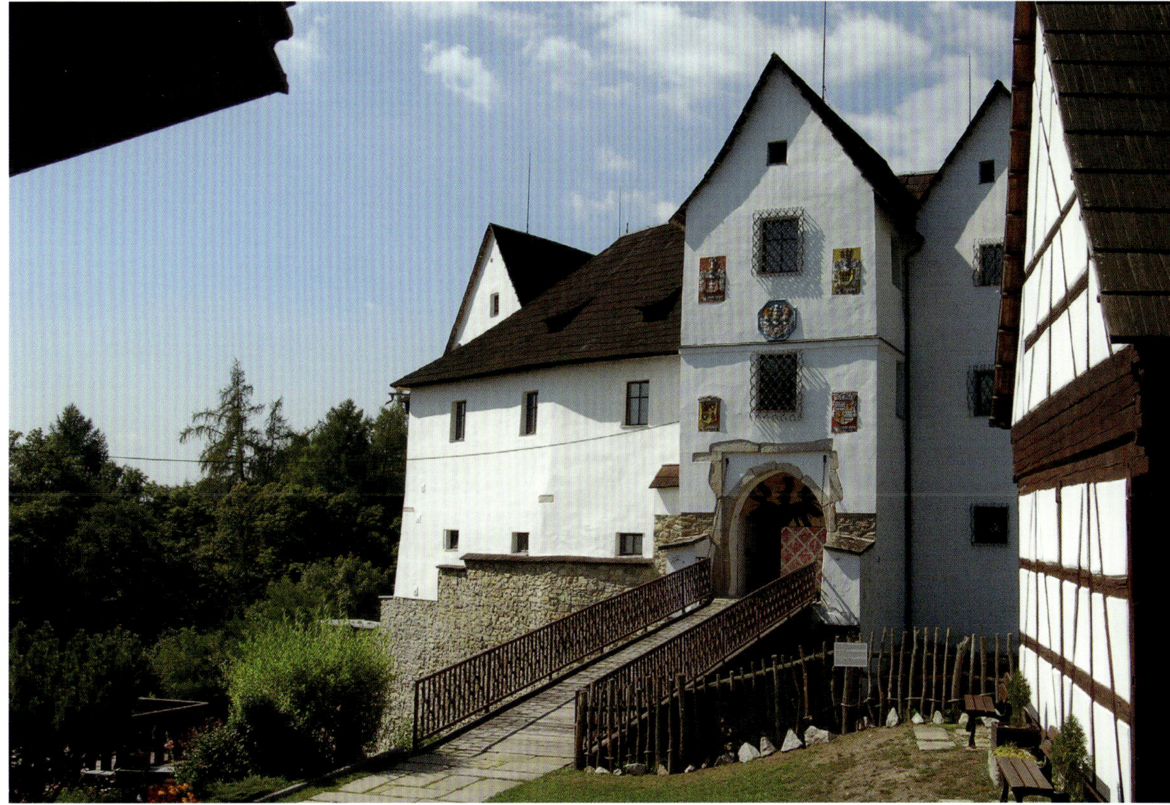

Den Eingang zur Kernburg schmücken Phantasiewappen ehemaliger Besitzer

gewesen sein. Die beiden kannten sich schon eine Weile. Bereits 1279 zeugten sie gemeinsam in Prag in einer Angelegenheit des Deutschordenshauses in Zwätzen. 1302 heiratet dann sein Enkel, Heinrich III. »der Lange« von Plauen (1303–1347), Albrechts Tochter Margarethe von Seeberg (um 1302). Gemeinsam mit seinem Schwiegervater verkaufte Heinrich III., seit 1304 Hauptmann von Eger, 1312 dem Kloster Waldsassen die Festung Bärnau [1].

Von einer Burg Seeberg ist erstmals 1322 die Rede, als das Egerland an die Böhmische Krone verpfändet wurde [2]. Seit 1349 unterstand See-

berg der Stadt Eger. 1434 gingen Burg und Herrschaft an die mächtigen Grafen von Schlick. 1461 verkaufte die Witwe Wilhelm Schlicks die Burg an Caspar Juncker, einen reichen Egerer, der eine Schlick geheiratet hatte. 1463 erhielt Caspar Juncker Seeberg zu Lehen, bot es aber kurz darauf zum Verkauf an [3]. 1470 begann er mit dem Bau der Wolfgangskirche, den erst seine Witwe Anna gegen 1478 vollenden konnte. 1485 kaufte Nikolaus III. Schlick die Burg zurück, veräußerte sie aber 1497 an die Brüder Konrad und Jost von Neuberg. Der letzte Neuberger, Johann Albrecht, verkaufte die Anlage nach 1580 an Georg Wolf von Brand. 1648 brannten die Schweden sie nieder.

Auch Seeberg wurde über die Jahrhunderte immer wieder umgebaut. Wohl noch aus dem 12. Jahrhundert stammen der nördliche romanische Palas, in dem die staufischen Ministerialen residierten, und die alte Umgebungsmauer mit dem Portal. Vor der Mitte des 14. Jahrhunderts entstand der südliche Trakt. Nun legte man auch die Vorburg an; Reste der Umgebungsmauern sind noch an der Scheune und am Gesindehaus erhalten. Ein gotisches Ausfalltürlein, das nun mit Graben und Zugbrücke gesichert wurde, führt noch in den ehemaligen Burggarten. Dieser Bauphase gehört auch der Zwinger an, der freilich in der Renaissance, als die Burg unter den Neubergern ihre Wehrfunktion aufgeben musste, mit neuen Gebäuden zugemauert wurde. Die Umgestaltungsprozesse waren vor dem Dreißigjährigen Krieg abgeschlossen.

Nach Eingriffen im 19. Jahrhundert und Zerstörungen seit den 1950er Jahren ist die Anlage heute ansehnlich hergerichtet, die Front (im frühen 20. Jahrhundert) mit den Wappen ehemaliger Besitzer (teilweise Phantasiewappen) zünftig mediaevalisiert. Man betritt sie über eine Brücke, die die alte Verteidigungsfunktion nur noch zitiert. Im Burggraben weiden ein paar Ziegen. Der volkskundlich orientierte Museumsbereich in der Scheune rechter Hand präsentiert die rurale Kultur des Egerlandes und gibt interessante Hinweise auf ihre frühe Erforschung.

Anmerkungen

[1] Belege: UB Vögte I, Nachtr. 4; UB Vögte I, Nr. 191; UB Vögte I, Nr. 430.
[2] Vgl. SIEGL, Seeberg, S. 212 f.
[3] Vgl. HHS Böhmen und Mähren, S. 566 f.; SIEGL, Seeberg, S. 214 – 221.

KIRCHE ST. WOLFGANG IN SEEBERG (OSTROH)

Ganz in der Nähe der Burg befindet sich die Kirche des Heiligen Wolfgang. Sie wurde 1470 von Caspar Juncker von Eger, der die Burg zu Lehen trug, begonnen und um 1478 von seiner Witwe Anna vollendet. Nach 1485 fanden beide in der Kirche ihre letzte Ruhestätte. Spätere Herren barockisierten das Gotteshaus und bauten es 1721 erneut um. Nach der Mitte des 20. Jahrhunderts setzte eine weitgehende Zerstörung des Innenraumes ein. Den ehemals spätgotischen Charakter bewahren nur die Außenwände des Schiffes und des Chores.

Zwei qualitativ recht ungleiche Werke, die für die Wolfgangskirche oder die Burgkapelle geschaffen wurden, befinden sich heute in zwei Museen der Stadt Cheb. Ein Meister aus Eger, der vermutlich in jener Werkstatt arbeitete, der wir auch eine Madonnenfigur aus einem der Häuser im Egerer ›Stöckl‹ verdanken, schuf 1498 ein Altarrelief mit einer vielfigurigen Beweinung Christi: »Dargestellt ist der Moment nach der Kreuzabnahme, als Maria den Leichnam Jesu in ihren Schoß bettet und ihn gemeinsam mit den beiden Bürgern Josef von Arimathia und Nikodemus, mit Maria Magdalena, Johannes und zwei Frauen beweint.« [1] Das Besondere an dieser Art der Darstellung ist, dass der Andachtsbild-Typus Pietà, der sich im 14. Jahrhundert herausbildete und der der individuellen Versenkung des Gläubigen in das Leiden dienlich war, über die Ko-Präsenz der anderen Figuren in den narrativen Zusammenhang der Passionsgeschichte gestellt erscheint [2].

Größere Aufmerksamkeit noch verdient der Seeberger Marienaltar in der ›Galerie der Bilden-

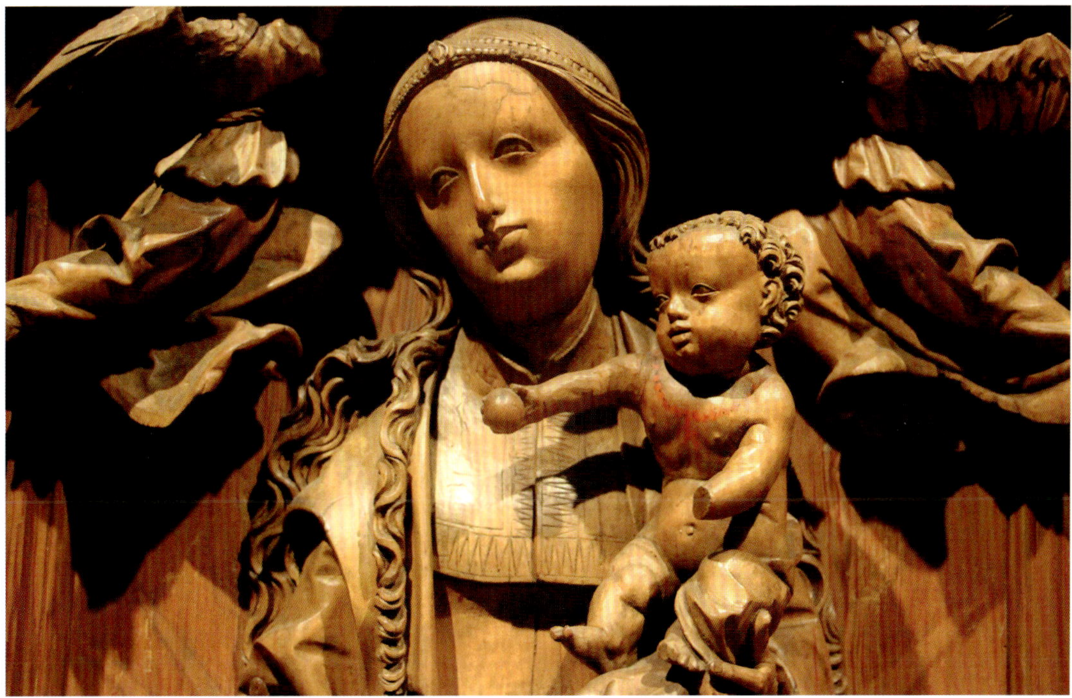

Marienkrönung (Detail) aus Seeberg in der Galerie der Bildenden Künste (Cheb)

den Künste‹, der um 1520 angesetzt und einer aus Landshut oder Regensburg beeinflussten Werkstatt zugesprochen wird [3]. In der Mitte steht, gerahmt von zwei Bischöfen und umflattert von zwei Engeln, denen die Krone, die sie halten sollten, abhanden gekommen ist, die Madonna mit Kind auf der Mondsichel. Wieder trägt der Jesusknabe ein Korallenamulett um den Hals! In den Flügeln stehen Anna Selbdritt und der Heilige Christophorus, der den Stamm, an dessen unterem Ende eine Stifterfigur kauert, mit beiden Händen greifen muss, während ihm ein Winzling die Locken krault. Besonders in den ausdrucksstarken Gesichtern der Bischöfe, die man nicht abschließend als die Wanderbischöfe Erhard und Burkhard identifiziert hat, zeigen sich die Quali-

tät des Künstlers und der oberdeutsche Einfluss, den man Tilmann Riemenschneider, vor allem aber Hans Leinberger zugeschrieben hat [4].

Der kurze Fußweg zur Kirche führt neben der Burg vorbei an einer kleinen Mühle und einem Teichlein herab durch ein dicht bewachsenes Tal und dann wieder herauf über eine marode Brücke.

Anmerkungen
[1] TIETZ-STRÖDEL, Plastik, S. 281.
[2] Vgl. TIETZ-STRÖDEL, Plastik, S. 281; OTTOVÁ/MUDRA, S. 213 – 215.
[3] TIETZ-STRÖDEL, Plastik, S. 284 – 287, setzt den Altar in die dreißiger Jahre; OTTOVÁ/MUDRA, S. 259 – 273, mit Korrektur der kolportierten Provenienz »St. Jodokus«.
[4] TIETZ-STRÖDEL, Plastik, S. 285; OTTOVÁ/MUDRA, S. 264 – 266.

Burg Liebenstein (Libá) (→ S. 295)

IN DER ALTEN REICHSSTADT EGER

Unter allen Etappenorten am ›Kulturweg der Vögte‹ ist die alte Reichsstadt Eger derjenige, der die meisten sehenswerten Relikte der Vormoderne birgt. Von der Romanik bis zur Renaissance sind alle Epochen und Stilrichtungen, von der Architektur bis zur Goldschmiedekunst alle Genres, von der Kaiserpfalz bis zum Bürgerhaus alle Lebensbereiche der vormodernen Stadt im Stadtbild präsent. Bestimmen wir in diesem beeindruckenden Ensemble weltlicher und geistlicher Mächte zunächst noch kurz den Platz der Vögte.

Wo Kaiser, Könige, Klöster und Kaufleute ihren Beitrag leisteten, fiel der Beitrag der Vögte vergleichsweise gering aus. Dass sie in Eger präsent waren, ergab sich aus ihrem Status als Verweser der Zentralgewalt. Im Juni 1214 sehen wir die Weidaer erstmals als Zeugen für Friedrich II. in Eger: *Heinricus de Widah et frater suuus* heißt es am 2. Juni, *Henricus et duo fratres eius advocati de Wida* eine Woche später [1]. Alle drei Söhne Heinrichs II. »des Reichen« (1193–1209), die Brüder Heinrich III. »der Ältere« (1209–1219), der Weida und Ronneburg verwaltete, Heinrich IV. »der Mittlere« (1209–1238), der in Plauen und Gera herrschte, und Heinrich V. »der Jüngere« (1209–1240), der die Ämter Greiz und Reichenbach regierte, befanden sich am Ende

dieser Juniwoche in Eger. Sinnenfälliger ließ sich Staufertreue nicht ausstellen.

Im Dezember 1257 ernannte Herzog Ludwig II. von Bayern als Vormund des letzten Staufers Konradin Heinrich VII. »den Roten« von Weida (1254–1260) zum Landrichter über das Egerland [2]. Vielleicht war das ein glücklicher Schachzug des Regenten, der durch das im selben Jahr geschlossene Schutz- und Trutzbündnis der Vögte mit den Markgrafen von Meißen hellhörig geworden war, vereinbarten die Bündnispartner doch einvernehmliches Handeln im Falle einer Besetzung Egers. Durch das Amt des Landrichters war der Weidaer nun mit dem Reich und Eger verbunden; die Gefahr, so sie denn bestand, war abgewehrt [3].

Der »Rote« war der erste Weidaer, der das einflussreiche Amt übertragen bekam. Obwohl es mit der Verpfändung Egers (1322) an Einfluss verlor, setzte die Familie viel ein, um es in ihren Reihen zu halten: von 1323 bis 1340 hatte es Heinrich XI. »der Ältere« (1293–1363), von 1344–1351 Heinrich XII. »der Jüngere« (1293–1357), 1349 auch sein Sohn Heinrich XV. »der Jüngere« (1322–1357) inne, bis der Vogtländische Krieg (1354–1357), in dem sich die Vögte gegen den Kaiser stellten, ihrer Landrichterei im Egerland ein Ende setzte. 1358, als die Weidaer das Forstmeister-Amt im Egerland an die Stadt Eger verkaufen, blicken sie zurück auf *die pflegnüz zu Eger*, die sie *inne hetten wol sechs und dreissig iar.* [4] Nach einer langen Pause traten dann noch die Plauener für wenige Jahre auf den Plan (1413–1416), doch entsagte Heinrich X. von Plauen (1412–1426), der nachmalige Burggraf von Meißen, dem Amt, um (erfolglos) in einer Allianz gegen König Wenzel IV. von Böhmen zu streiten.

Anmerkungen
[1] UB Vögte I, Nr. 41, 42.
[2] UB Vögte I, Nr. 109, 110.
[3] Vgl. STURM, S. 59.
[4] UB Vögte II, Nr. 20.

STAUFISCHE KAISERPFALZ

Die Pfalz Kaiser Barbarossas zu Eger, das einzige Bauwerk in Böhmen aus staufischer Zeit, entstand an der Stelle einer Burg, die Markgraf Diepold II. von Vohburg wohl eingangs des 12. Jahrhunderts errichtet hatte. Das war für die staufische Politik nicht ungewöhnlich: »Barbarossa pflegte seine Pfalzen stets auf alten feudalherrschaftlichen Burganlagen zu errichten, deren Bedeutung als Macht- und Wehrplatz er übernahm.« [1]. Auch Diepold II. war der erste nicht, der den strategisch günstigen Felsen besetzte. Eine slawische Anlage dürfte vorausgegangen sein, und ihr eine Wallburg, die vielleicht noch ins 9. Jahrhundert zurückreicht.

Der Baubeginn der Pfalz ist unter Kunsthistorikern umstritten. Als Barbarossa Diepolds II. Tochter Adelheid 1149 zur Frau nahm, nächtigte er im Rathaus. Zwar trennte sich Barbarossa

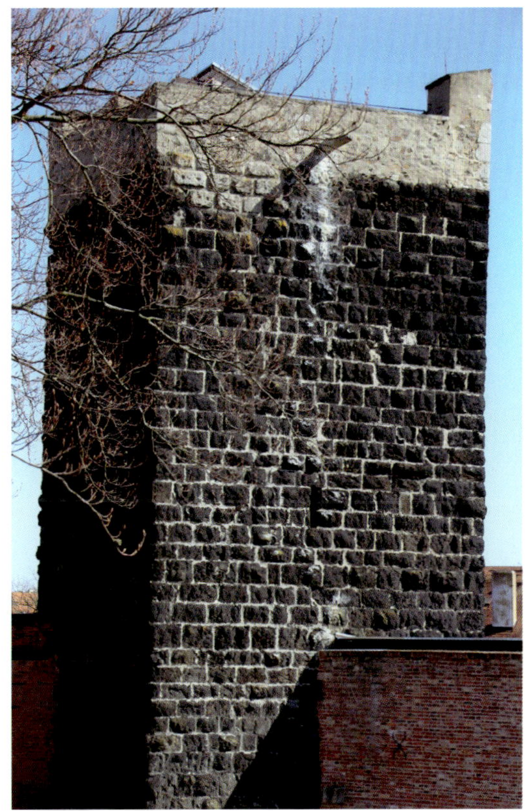

Der ›Schwarze Turm‹ der staufischen Kaiserpfalz in Eger

bereits 1153 wieder von Adelheid, doch scheint er die ihm durch die Heirat zugefallenen Güter nicht umstandslos zurückgegeben zu haben. (Wir erinnern uns: auch Heinrich »der Reiche« von Weida heiratete mit Bertha eine Vohburgerin!). Offiziell fiel Barbarossa das Egerland erst 1167 zu als Teil des Erbes seines Vetters Friedrich von Rothenburg. Als sich der Kaiser 1179 in Eger aufhielt, übernachtete er noch *in curia sua apud Egaram*, womit vielleicht die Burg seines Ex-Schwiegervaters gemeint war. Man wird daher den Baubeginn der Pfalz sinnvoll erst in diese Jahre, jedenfalls nicht vor 1167 setzen. 1183, als

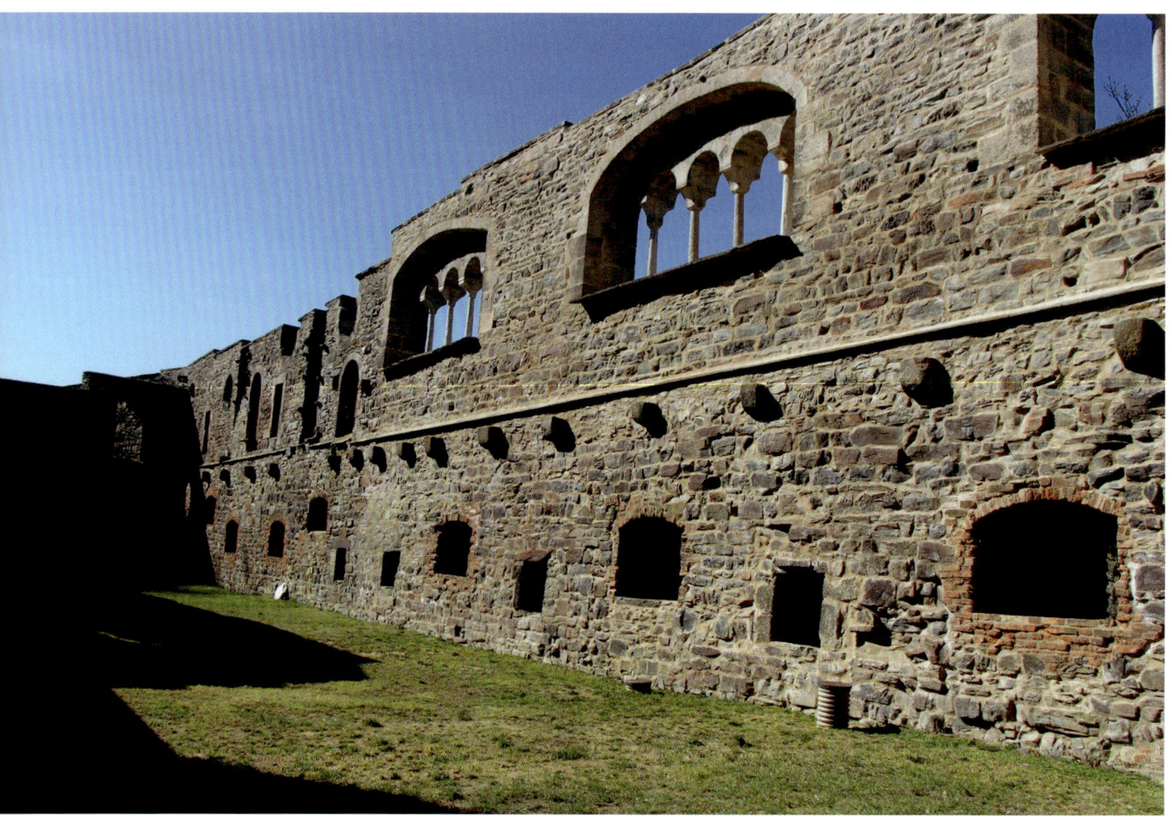

Der alte Palas der Kaiserpfalz

Friedrich sich erneut in Eger aufhielt, war dann bereits von einem *castrum imperatoris Egere* die Rede.

Nähert man sich der Burg von der Stadt her, stößt man sich sofort am Schwarzen Turm im Süden der Anlage. Der Bergfried, »ganz in Buckelquader größeren Formats gehüllt« [2], will in Farbe, Größe, Monumentalität und Position, also eigentlich in keinerlei Hinsicht in sein Umfeld passen. Man ist geneigt, ihn für besonders altertümlich zu halten. In der Tat existieren zahllose Spekulationen über den quadratischen Turm aus schwarzem Basalt, dessen keilförmig

aus der Wehrmauer hervorstoßende Kante den Eindruck des Archaischen verstärkt. Richtig ist, dass er nicht etwa zur Vorgängerburg gehörte, sondern gleichzeitig mit den anderen Gebäuden der Pfalz entstand. Eine Mauerstärke von nahezu 3 Metern im Erdgeschoss macht seine Verteidigungsfunktion überdeutlich, die Stellung quer zum Mauerverlauf »verringerte die Ansatzstelle für feindliche Sturmleitern und verbesserte die eigene Schießposition.« [3]. Die fortdauernde Nutzung unterstreicht eine »im 16. Jahrhundert aus Backsteinen aufgemauerte Plattform für Artillerieverteidigung.« [4].

Ein Gegengewicht zum düsteren, klobigen Wehrturm bildete einst der staufische Palas, der die gesamte östliche Hälfte des Felsens einnimmt. Erhalten haben sich kaum mehr als die Grundmauern, die immerhin zwei Stockwerke hoch reichen und damit die prächtigen Fensterarkaden an Nord- und Ostseite erhalten haben: »drei gleichmäßig hoch gesetzte Fünffenstergruppen in der langen Nordwand und ein Doppelfenster im Osten« [5] ließen einst Licht in einen repräsentativen Saal, der eine Größe von ca. 25 mal 10 Metern aufwies. Westlich des Saales, in der Nordwand, folgen einige unregelmäßige Fenster, die auf mehrere angrenzende Räume deuten. Sie gelten der Forschung als Wohnräume des Kaisers. Geritzte Kreuze im westlichen Doppelfenster der Nordwand deuten auf eine kleine Hauskapelle. An sie schlossen wohl zwei Wohnräume an, beide mit Kamin und Aborterker versehen. Insbesondere die Kamine waren unumgänglich, galt die Residenz doch zumal in den Wintermonaten als beliebter Aufenthaltsort. Daraus, dass der hintere der Wohnräume kein Doppelfenster besitzt, mag man auf seine Nutzung als Schlafgemach schließen. Im Süden muss diesem Trakt eine Galerie vorgelagert gewesen sein, die Kaisersaal und Wirtschaftstrakt verband und einen direkten Zugang zu den Priваträumen ermöglichte [6]. Vielleicht als Zugeständnis zum Vorgängerbau schließt der Palas dort, wo die Burgmauer einen leichten Knick macht, mit einer schrägen Mauer ab.

Im 15. Jahrhundert hat man zwei Fachwerkgeschosse auf den Palas aufgesetzt. Der staufische Glanz war längst dahin. »Die kaiserliche Wehr- und Schaufront wurde jetzt zum Sockel für einen herrschaftlichen Wohnbau, dem das Fach-

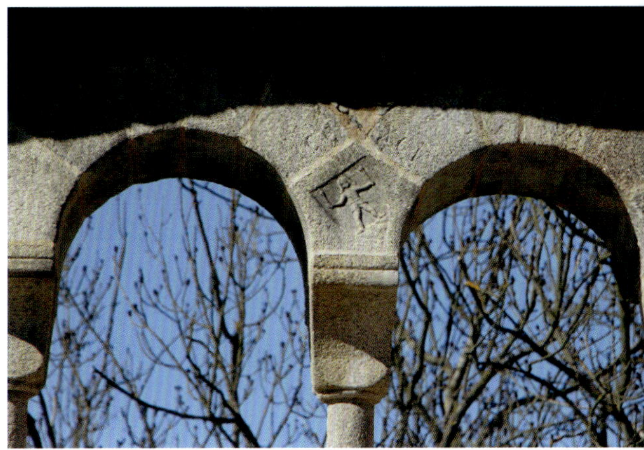

Ein Steinmetzzeichen am Überfangbogen

werk einen anheimelnd bürgerlichen Anstrich verlieh.« [7]. Kunsthistoriker stört es nicht, dass dieser Aufbau im Laufe der Jahrhunderte ebenso verfiel wie das »Kuchlhaus«, das 1485 an die Stelle des niedergebrannten alten Wirtschaftsgebäudes trat und im 17. Jahrhundert dem Kasemattenbau weichen musste. 1702 sollte der Palas noch einmal als Munitionsdepot hergerichtet werden, und man darf froh sein, dass er nicht explodierte. Nachdem er dann 1740 den Dachstuhl verloren hatte, nagte der Zahn der Zeit alles bis auf die staufischen Grundfesten herunter.

Anmerkungen
[1] Tietz-Strödel, Kaiserpfalz, S. 17.
[2] Hotz, S. 86.
[3] Tietz-Strödel, Kaiserpfalz, S. 19.
[4] Hotz, S. 86 f.
[5] Tietz-Strödel, Kaiserpfalz, S. 22.
[6] Vgl. Tietz-Strödel, Kaiserpfalz, S. 23.
[7] Tietz-Strödel, Kaiserpfalz, S. 25.

Kommende des Deutschen Orden (→ S. 215 f.)
Kirche St. Nikolaus und St. Elisabeth (→ S. 235)
Franziskanerkloster Eger (→ S. 276)
Klarissenkloster 278 (→ S. 278)
Kapelle der Heiligen Erhard und Martin (→ S. 365)

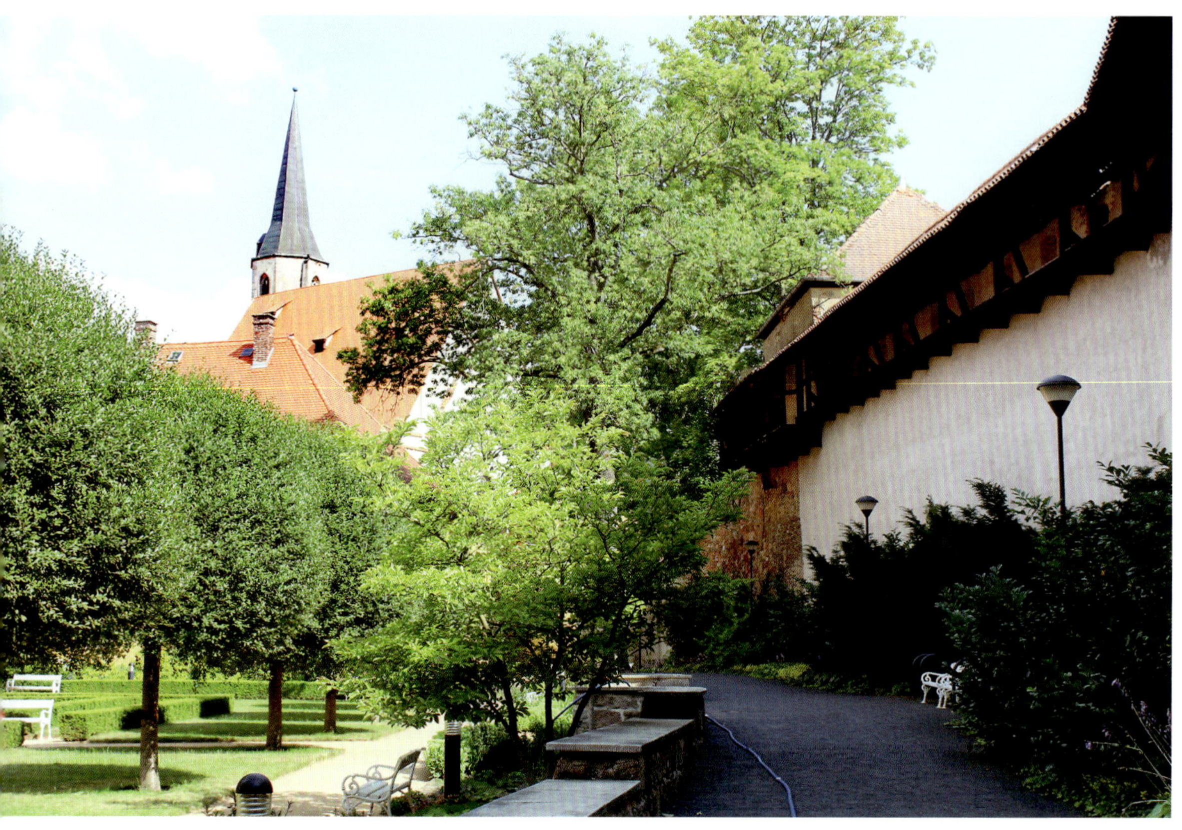

Reste der alten, gedeckten Stadtmauer hinter dem Franziskanerkloster

Gablerhaus (→ S. 368)
Stöckl (Marktplatz) (→ S. 414)
Lateinschule (→ S. 425)
Hospital der Heiligen Jungfrau mit Spitalkirche
St. Bartholomäus (→ S. 435)

ALTE STADTMAUER

Nach dem großen Brand von 1270 widmete man sich auch dem Aufbau eines Verteidigungssystems. Die Architekten orientierten sich dabei an süddeutschen Vorbildern. Ein Graben von 25 bis 30 Metern Breite und 8 Metern Tiefe umlief die Stadt. Stadtseitig war die Fütterung des Grabens gemauert und bis auf den anschließenden Wall hochgezogen. Zwischen dem Wall und der eigentlichen Stadtmauer entstand somit ein Zwinger. Die Mauer selbst war bis zu zehn Metern hoch. In regelmäßigen Abständen durchbrachen sie rechteckige Türme, die mehrheitlich noch bis ins ausgehende 19. Jahrhundert den Eindruck einer bewehrten Reichsstadt vermittelten. Einige von ihnen wurden damals in bürgerliche Wohnhäuser umgemauert [1]. Der Stadtgraben hingegen wurde schon wesentlich früher auch in anderer Funktion genutzt: als Spielplatz für

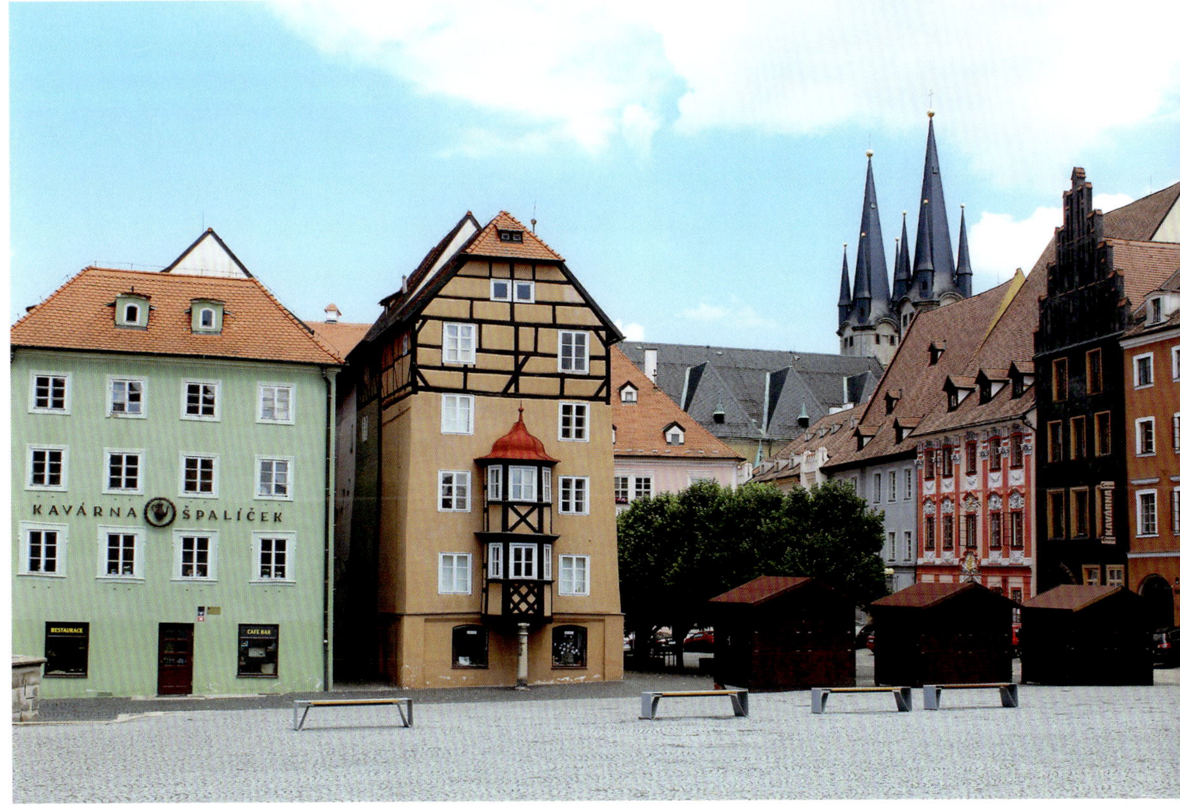

Der alte Marktplatz von Eger

Kinder ebenso wie als Ort, an dem Schießübungen abgehalten wurden (Ratsverordnung über Schießübungen von 1430). Eine parzellenweise Verpachtung an Bürger, die Buden errichteten, ist belegt [2]. Im 16. Jahrhundert legte man darin Fischteiche an [3].

Reste der alten Stadtmauer finden sich noch an verschiedenen Stellen der Stadt. Hinter dem Franziskanerkloster hat sich, dessen alten Garten begrenzend, ein pittoresker Abschnitt der inneren Mauer mit gedecktem Wehrgang aus dem 15. Jahrhundert erhalten. Ein schlanker Turm mit Schießscharten schließt es ab.

Anmerkungen

[1] Vgl. Tietz-Strödel, Entwicklung, S. 95 – 97.
[2] Vgl. Sturm, S. 193.
[3] Vgl. Sturm, S. 185.

HISTORISCHE DACHSTÜHLE RUND UM DEN MARKT

Die Häuser, die rund um den historischen Marktplatz von Cheb stehen, bilden gemeinsam eine geschlossene Front. Allerdings deuten die Fassaden auf ein unterschiedliches Alter. Der Eindruck kann indes täuschen. Er verrät vor allem, wo man

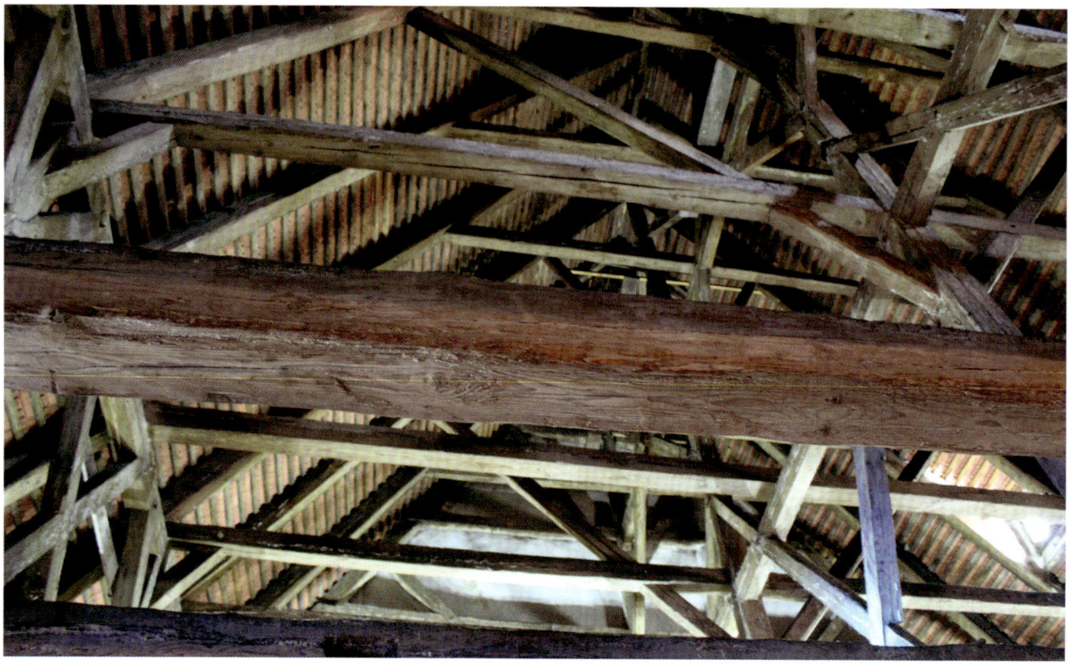

Die teilweise bis ins 14. Jahrhundert zurückreichenden Dachstühle rund um den Marktplatz sind begehbar

in späteren Jahrhunderten stilistisch Anschluss suchte. Ein untrügliches Zeichen für das Alter der Häuser kann indes das Alter ihrer Dachstühle sein. Die Stadt hat die wichtigsten Objekte daher kürzlich für einen Rundweg zusammengefasst und begehbar gemacht. Wer sie mit wachem Blick abgeht, erhält einen guten Eindruck der komplexen Dachstuhlarchitektur zwischen dem 14. und dem 20. Jahrhundert.

In unserem Zusammenhang interessieren vor allem die Dachstühle des 14.-16. Jahrhunderts. Die ältesten Objekte (Nr. 3, Nr. 506), die sich dendrochronologisch genau datieren lassen (1373/74, 1389/90), befinden sich an den Enden der Ostseite des Marktplatzes. Hier fallen die vom First herabgehenden Hängesäulen mit ihren paarweise angeordneten, ein »V« ausbildenden Schrägstre-

ben auf. Gemeinsam mit Riegeln und ›Andreaskreuzen‹ bilden sie die Längsverstrebung. Das sog. ›Bindergespärre‹ gliedert den Dachstuhl in drei Höhen. Konstruktionen der Zeit zwischen 1419 und 1538, wie sie insgesamt zehn rund um den Markt gestreute Objekte bieten (v. a. Nr. 2, Nr. 476, Nr. 507, Nr. 511), unterstützen hängende Konstruktionen stärker durch Streben und Stühle an den Seiten. Sie formen so, im Längsschnitt gesehen, ein gestuftes ›Dach‹ im Dach aus. Das war erforderlich, denn die Grundflächen der Häuser wurden größer. Zugleich ermöglichten die horizontalen Verstrebungen den Einbau von Dielenböden und damit eine zusätzliche Nutzung. Die östlichen Häuser am ›Stöckl‹ (→ S. 414 f.) sind fast durchweg mit diesen stehenden, um 1450 datierbaren Konstruktionen bedacht.

DIE PLAUENER IM EGERLAND

KÖNIGSWART (KYNZVART)

1387 erwarb Heinrich IX., Herr von Plauen zu Plauen (1373–1412), die Herrschaft Königswart von Johann von Leuchtenberg zunächst als Pfandbesitz [1]. 1392 verpfändete Heinrich die Herrschaft an Borso von Riesenburg, der sie seinerseits an zwei reiche Brüder aus Eger verpfändete, bis Heinrich sie 1401 endgültig kaufte. Sein Sohn, Heinrich X. (I.), Burggraf zu Meißen (1412–1446), trat nach dem Tod seines Vaters und der Eheschließung mit Katharina von Sternburg die Herrschaft in Plauen und den böhmischen Ländern an. Seine Residenz verlegte Heinrich nach Petschau (→ S. 187 f.); Königswart ließ er von seinem Vogt Nickel Fraß verwalten, hielt sich aber dennoch gelegentlich hier auf und urkundete auch. Dass Heinrich sich 1425 beim Egerer Patrizier Peter Juncker dafür entschuldigen muss, dass Nickel Fraß seinen Befehl nicht ausgeführt habe, muss nicht zwangsläufig auf Kommunikationsstörungen mit dem Vogt deuten. 1426 mobilisierte Fraß in Eger, Tachau und Petschau gegen die sich in Mies sammelnden »Ketzer« [2]. Das half freilich wenig. Königswart wurde 1430 von den Hussiten ebenso zerstört wie Plauen und das ganze Gebiet. Heinrich musste um 1440 mit seiner Schwester Margarethe von Schwamberg, die die Herrschaft als Mitgift erhalten hatte, um Königswart streiten.

Über der Ortschaft, die 1448 Marktrecht und 1464 Braurecht erhielt, stakt eine weitläufige Burgruine: die alte, von König Wenzel I. um die Mitte des 13. Jahrhunderts errichtete Burg Königswart. Als König Wenzel IV. 1387 Heinrich IX. von Plauen (1373–1412) den Besitz der Herrschaften Würschengrün und Königswart bestätigte, gehört *die mawt zu Kunigswart* explizit dazu. Mauer, Verlies und Wachturm sind in Relikten erhalten. Gegenüber der Zugbrücke stand einmal ein Zollhaus. Von der einstigen Funktion der Burg als Nadelöhr zwischen Westböhmen und Egerland zeugt noch die ›Mautwiese‹ (*Mýtná louka*). Der Königswarter Ast der weit verzweigten Familie von Hertenberg, die hier im 13. Jahrhundert saß, legte sich das Wappen zu, das ihm der Standort nahelegte: einen Schlagbaum. 1506 wurde Heinrich III. Burggraf von Meißen (1482–1519) von den Gutensteinern aus Königswart vertrieben. Den Gutensteinern folgten die Pflugk zu Rabenstein. Noch im Dreißigjährigen Krieg muss die Festung wehrtauglich gewesen sein. Am Ende des Krieges ging das Gebäude in Flammen auf.

Trotz der seinerzeit einsetzenden Erosion ist die imposante, wenn auch kaum gesicherte und kaum ausgeschilderte Anlage im Umriss gut

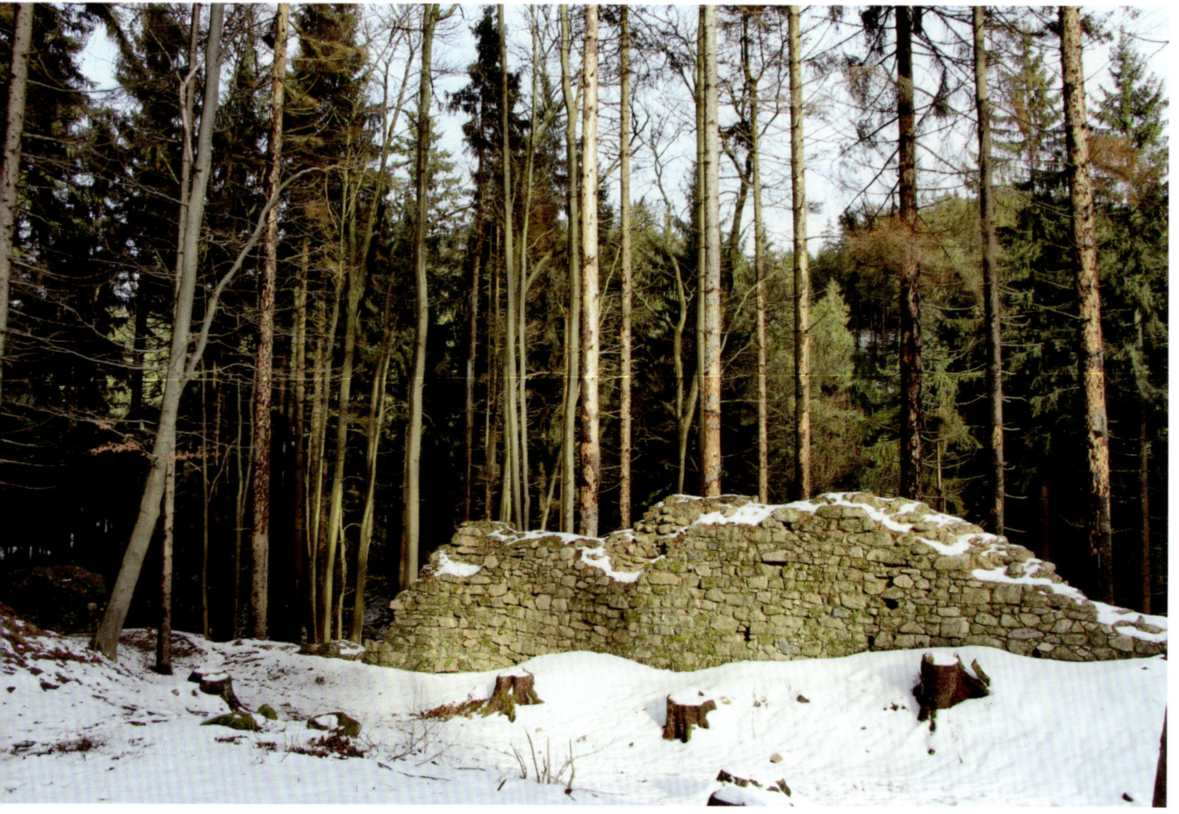

Mauerreste der Vorburg in Königswart

nachvollziehbar. Ein Abschnittsgraben trennt die Vorburg von der Kernburg. Von der Vorburg haben sich lediglich ein paar symbolische Mauerreste erhalten. Die Kernburg flankiert ein wuchtiger Eckturm.

Wenige Kilometer unterhalb der Stadt hatten bereits seit 1547 die Herren von Zedtwitz und Liebenstein ein Renaissanceschloss errichtet. Unter den Herren von Metternich wurde das Schloss unter Verwendung von Steinen der alten Burgruine zunächst barock (1681–1691), später dann klassizistisch (1821–1836) umgebaut. [3] Das Schloss beherbergt eine berühmte Adelsbibliothek, die auch mittelalterliche Manuskripte enthält. Die Codices entstammen freilich nicht der Region, sondern wurden mehrheitlich zusammengekauft.

Anmerkungen
[1] Vgl. UB Vögte II, Nr. 320.
[2] Belege: UB Vögte II, Nr. 611, 651; UB Vögte II, Nr. 714; UB Vögte II, Nr. 736.
[3] Vgl. HHS Böhmen und Mähren, S. 21.

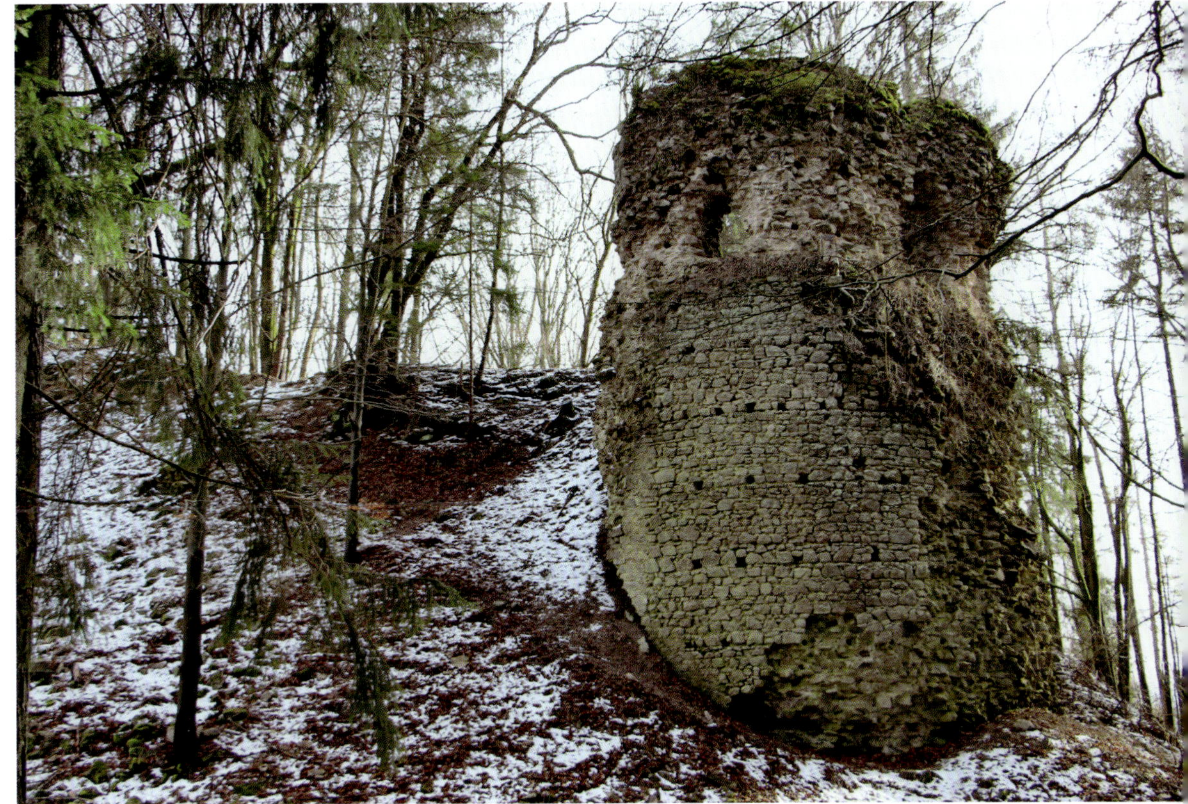

Ein Eckturm der Kernburg

KIRCHE DER HEILIGEN MARGARETHE IN KÖNIGSWART

Im Ort befand sich eine alte Kirche der Heiligen Margarethe. Sie könnte schon im 13. Jahrhundert bestanden haben. Pfarrer sind in den Jahren 1317 und 1372 bezeugt. Im Juni 1408 setzte Kirchenpatron Heinrich IX. von Plauen zu Plauen den Egerer Altaristen Sigismund als Pfarrer für den verzichtenden Nikolaus ein. In diesen Jahren herrschte ein munterer Wechsel auf der vielleicht weniger attraktiven Pfründe. Schon 1410 quittierte Sigismund den Dienst, und Heinrich

setzte einen Konrad aus *Brazecz* ein. Doch bereits 1417 tauschte ein Pfarrer Peter von Königswart mit dem Pleban Johannes aus Sandau [1].

1476/77 sehen wir den Pleban Wenzel Scherffan in Königswart. Er erwarb nach eigenen Angaben 1476 eine Handschrift mit dem verbreiteten ›Vocabularius Ex quo‹, einem lateinisch-deutschen Wörterbuch, aus dem Nachlass des Elbogener Predigers Michael Rötel, der in Leipzig studiert hatte [2]. Scherffan versah den Codex mit mehreren hundert Gelegenheitseinträgen: deutschen und lateinischen Spottversen gegen Völker, Städte, Kirche und Klerus, Frauenschelten und Anstandsregeln, Vagantenversen (darunter Liedern der ›Carmina Burana‹), Erotica, Rätseln, Wortspielen, Merkversen zur Grammatik, Medizin und Botanik. Wahrscheinlich wird er das Material mehrheitlich für die Würze seiner Predigt benötigt haben. Wertvoll sind seine Aufzeichnungen zum Wetter des Jahres 1477. In diesem Jahr gab es sehr viel Schnee im Gebirge und das Futter für die Tiere wurde so knapp, bis Schafe und Rinder vor Hunger starben. Wie lange es Scherffan in Königswart ausgehalten hat, wissen wir nicht.

Das Kirchengebäude selbst wird erst 1460 mit der Stiftung eines Margarethenbildnisses auf dem Hauptaltar durch Margarethe von Schwamberg, die Tochter Heinrichs IX., erwähnt. Als die Plauener 1506 vertrieben wurden, brannte auch die Kirche ab, aber bereits 1509 stand eine neue. 1856 fiel auch sie einem Stadtbrand zum Opfer. Der nach einem weiteren Brand nach 1869 gestemmte Wiederaufbau bescherte dem Gotteshaus ein vollständig neugotisches Inneres.

Anmerkungen
[1] Belege: UB Vögte II, Nr. 489; UB Vögte II, Nr. 523; UB Vögte II, Nr. 635.
[2] Die Handschrift befindet sich heute in der UB Frankfurt, Ms. Barth. 136.

SCHLAGGENWALD (HORNÍ SLAVKOV)

Schon vor 1300 war der Abbau von Zinnerz in der Region am Rande des Kaiserwaldes ein Wirtschaftsfaktor. Die Neuanlage der Stadt Schlaggenwald (1300) durch den Namengeber Slackko von Riesenburg und ihre Ausstattung mit dem Luditzer Stadtrecht (1341) ließ die Region pro-

sperieren. Um die Jahrhundertwende traten dann die Vögte von Plauen auf die Bühne. Unter Heinrich II. (1446–1482) 1454 in den Besitz der Petschauer Bergherrlichkeit gelangt, förderten sie den Ausbau der Stadt. Heinrich III., Burggraf von Meißen (1482–1519), verlieh Schlaggenwald 1489 das umfassende Stadtrecht von Eger. Sechs Jahre später verloren die Plauener die goldene Zinngrube an die Pflugk von Rabenstein. Unstrittig waren es die Pflugk, die Schlaggenwald »seiner höchsten baulichen und kulturellen Blüte« zuführten [1]. Sie scheinen sowohl die Hospitalkirche der Heiligen Anna in der Neustadt (um 1500), als auch die Pfarrkirche des Heiligen Georg (1518–1520) errichtet bzw. neu erbaut zu haben. Beide Kirchen befinden sich heute in einem höchst unbefriedigenden Zustand.

PFARRKIRCHE ST. GEORG IN SCHLAGGENWALD

Natürlich bestand in Schlaggenwald schon vor 1520 eine Pfarrei, und es wird auch schon eingangs des 14. Jahrhunderts eine Pfarrkirche gegeben haben. Als die Riesenburger 1357 den Pfarrer Ulrich für Schlaggenwald präsentieren, soll der auch die Filiale in Petschau mitversorgen. In der Folgezeit hatten dann die Plauener als Patrone von Schlaggenwald mit ständig wechselnden Altaristen und Pfarrern zu tun [2].

Das Gotteshaus, das die Pflugk von Rabenstein ab 1517 errichteten, war 36 Meter lang und 16 Meter breit. Es liegt heute malerisch vor einem verfallenen Friedhofsgelände, bedrängt freilich von Nadelbäumen, die man zurückgeschnitten hätte, wenn die Kirche noch in irgendeiner Weise

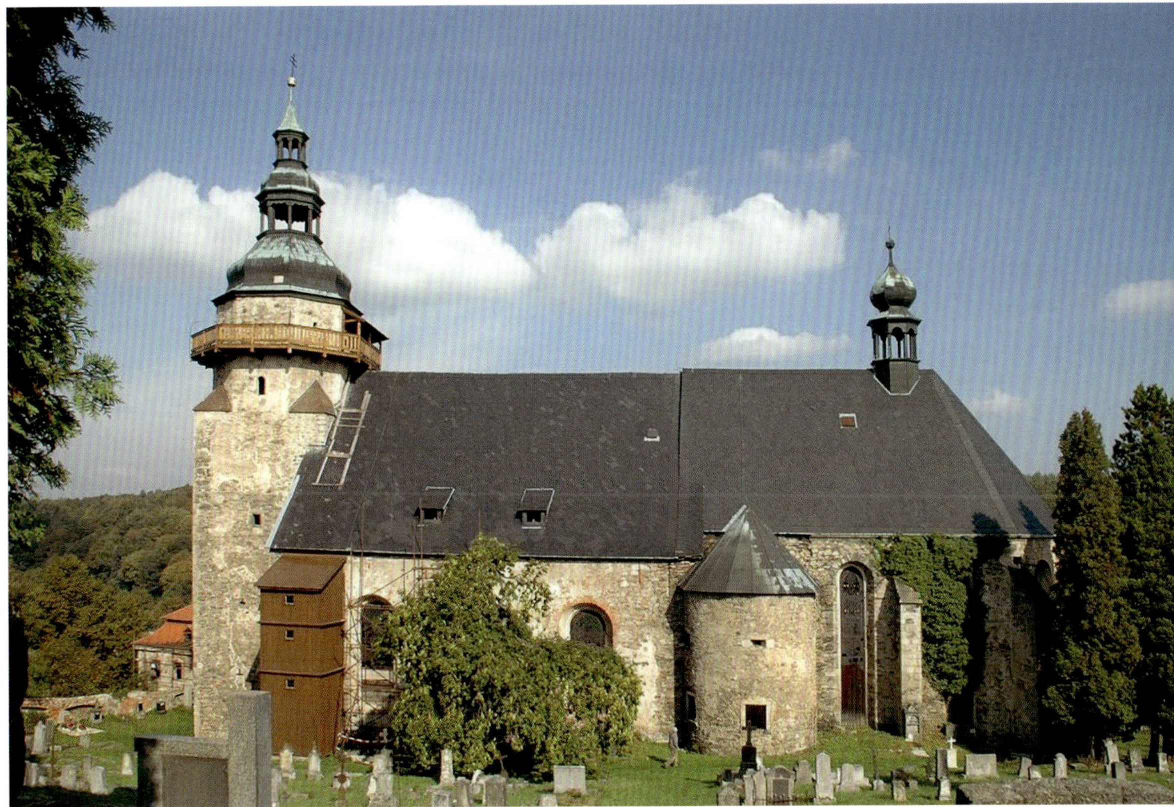

Die eingangs des 16. Jahrhunderts errichtete Pfarrkirche St. Georg in Schlaggenwald

gepflegt würde. Die Türen sind verrammelt, die Fenster haben Löcher. Als der Dachstuhl 1964 ausbrannte, waren dem Verfall Tür und Tor geöffnet. Der Turm, in dem einst ein Türmer wohnte, musste 1593, 1785 und 1847 renoviert werden, da er auf porösem Untergrund steht. Immerhin wurde die Aussichtsplattform wieder eröffnet.

Anmerkungen
[1] HHS Böhmen, S. 549.
[2] Vgl. UB Vögte II, Nr. 509; UB Vögte II, Nr. 597; UB Vögte II, Nr. 632; UB Vögte II, Nr. 689; UB Vögte II, Nr. 691.

BURG PETSCHAU (BECOV NAD TEPLOU)

An der Kreuzung zweier wichtiger Verkehrsstraßen, die von Elbogen nach Pilsen bzw. von Tepl nach Schlaggenwerth führten, errichteten die Herren von Ossek und Riesenburg auf einem Felsen über dem Flüsschen Tepl eine Spornburg. Urkundlich tritt sie erstmals 1349 in Erscheinung. Früh schon entwickelte sich in ihrem Schatten eine Siedlung. Im angrenzenden Kaiserwald trieben die Herren schon um die Mitte des 14. Jahrhunderts Bergbau auf Silber und Zinn. Es wun-

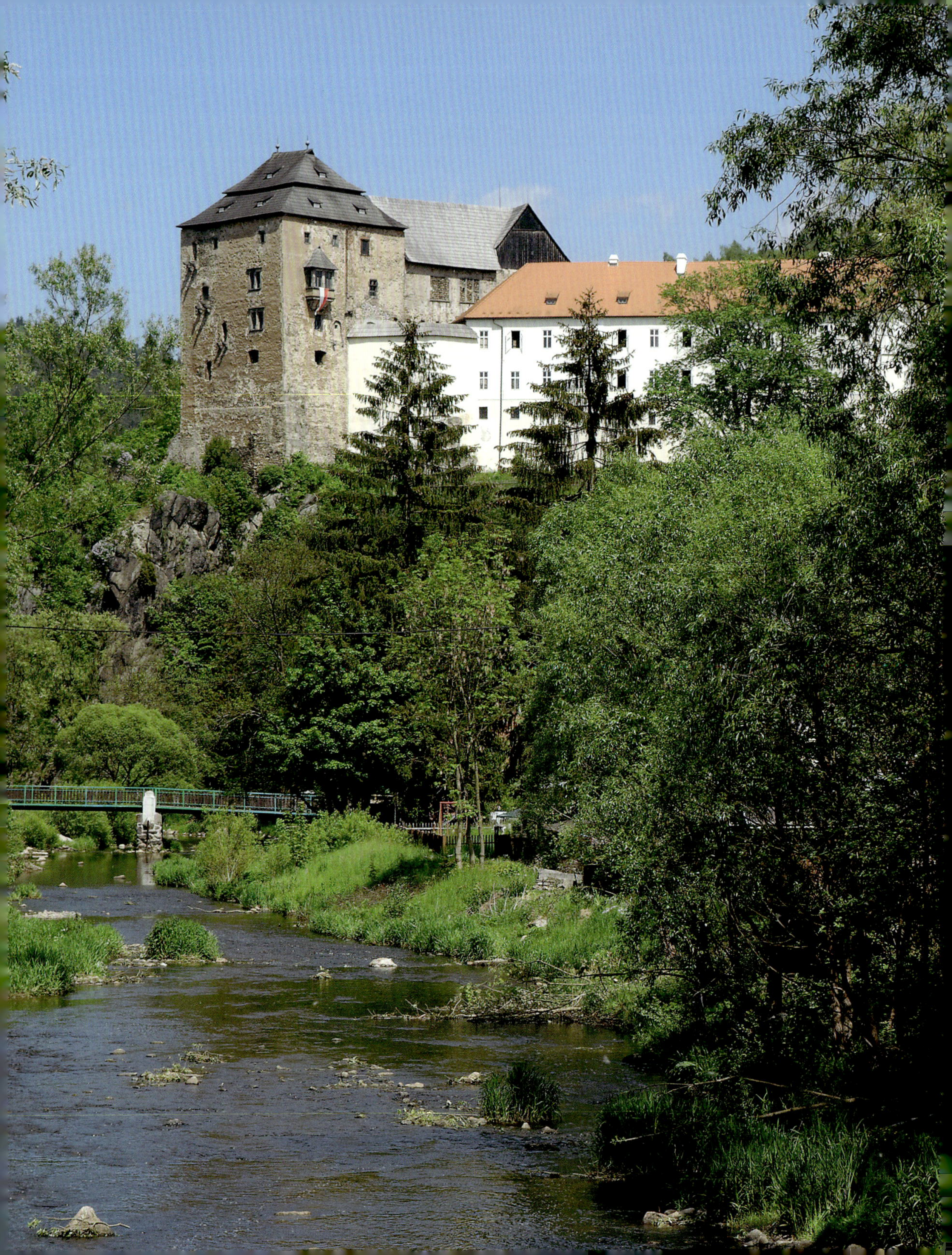

dert nicht, dass die von Ossek und Riesenburg Burg und prosperierende Siedlung zu ihrem Herrschaftsmittelpunkt wählten. Sie statteten Petschau 1399 mit weitreichenden Privilegien aus: Freizügigkeit, Erbrecht, Freiheit von Frondiensten, Brau-, Holz-, Rode- und Jagdrechte [1].

Die Herrschaft Petschau war also eine ausgesprochen attraktive Immobilie, als Heinrichs IX., Herr von Plauen zu Plauen (1373–1412), sie durch seine Eheschließung mit Anna von Riesenburg (1383) an die Plauener brachte. Zur Residenz erhoben wurde sie freilich erst durch Heinrich X. (I.), Burggrafen von Meißen (1412–1446), der 1412 Katharina von Sternberg geehelicht hatte. Heinrich führte nun den Zusatz *dominus in Betschaw*, wo er ab 1412 auch Urkunden ausstellte. 1424 urkundete er *residentis in castro Beczaw*. 1426 herrschte bereits große Beunruhigung wegen der sich in Mies zusammenrottenden Hussiten. Die Organisation der Verteidigung gelang nicht, so dass Burggraf Heinrich nach 1430 den Wiederaufbau ins Werk setzen musste [2]. Wie einst die Riesenburger, privilegierten auch die Plauener den Marktort. 1482 erwirkte Heinrich II. Burggraf von Meißen (1446–1482) bei König Wladislaw II. Petschaus Erhebung zur Stadt mit Befestigungsrecht, Marktrecht und Elbogener Stadtrecht [3]. 1495 erwarben die Pflugk von Rabenstein die attraktive Stadt, bauten die Burg zu ihrer Residenz aus, verloren indes beides wieder nach 1547 an die Plauener und die Grafen von Schlick.

Und so, als ehemalige Residenz vieler Herren, tritt uns die bewehrte Anlage noch heute

Burg Petschau an der Tepl

entgegen. Sie ist im Laufe der Jahrhunderte mehrfach überformt und erweitert worden. Zur ältesten Substanz, ins frühe 14. Jahrhundert, dürfte der Unterbau des runden, im 17. Jahrhundert beträchtlich gekappten Burgturms am Südende des Felsens gehören. Auch der vierstöckige, viereckige Wohnturm stammt aus dieser Zeit. An ihn schließt im Osten die massive Mauer der Vorburg an, während die im Westen angrenzende Mauer einen Wohnkern abschließt. Die Burgkapelle im Untergeschoss des Wohnturms stammt aus der Zeit um 1400. In die Mitte des 18. Jahrhunderts verweist das blassrosafarbige Barockschloss der Herren von Kaunitz, das jeglicher Fortifikation entbehrt. 1760 gingen Burg und Stadt in Flammen auf. Die große Zeit Petschaus war vorüber. Sie kam auch im Zeitalter der Industrialisierung nicht zurück. Immerhin spülte die spätere Besitzgeschichte der Burg den wertvollen Maurusschrein, eine rheinische Goldschmiedearbeit, nach Petschau. Sie wird im Burgmuseum gezeigt.

Anmerkungen
[1] Vgl. HHS Böhmen und Mähren, S. 443.
[2] Belege: UB Vögte II, Nr. 674; UB Vögte II, Nr. 625, 674, 701; UB Vögte II, Nr. 701; UB Vögte II, Nr. 736.
[3] Vgl. HHS Böhmen und Mähren, S. 443.

THEUSING (TOUZIM)

Das an der alten Handelsstraße von Eger nach Prag gelegene Theusing ist eine späte Errungenschaft der Plauener. Sie übernahmen die Herrschaft unter Heinrich III. erst 1490. Da war Theusing, das von der Zerstörung des nahe gelegenen Städtchens Uitwa profitierte, bereits zur Stadt ausgebaut und mit königlichem Privileg ummauert worden (um 1469) [1]. Den Kern der Siedlung bildete wohl einst die zur Mühlhausener Niederlassung gehörige Prämonstratenserpropstei, die 1354 urkundlich greifbar wird, in der Ordenschronistik allerdings ohne Abdruck blieb. 1420 flohen die Mühlhausener vor den Hussiten in die befestigte Propstei, doch standen die Hussiten schon bald darauf (1427) auch vor deren Tor. Jakubek von Wresowitz nahm den Ort ein, den ihm der König 1437 verpfändete. Im selben Jahr errichtete Johannes von Wresowitz hier eine Burg.

Theusing blieb den Plauenern eine Weile. 1519 übernahm Heinrich IV. die Herrschaft von seinem Vater, 1538 erwarb er sie als erblichen Besitz und baute ab 1544 das Untere Schloss. Als Heinrich V. (1554–1568) kinderlos verstarb, fielen neben Theusing auch Buchau, Graslitz und die Engelsburg an die Lobkowitz und Hassenstein.

Die Stadt hatte immer wieder unter Bränden zu leiden. Spätgotische Substanz findet man nur noch im Kern des Oberen Schlosses, der auf das alte Prämonstratenserkloster aufsetzte, nach Bränden im 17. Jahrhundert jedoch zunehmend verwahrloste. Der Gebäudekomplex ist gleichsam als Allegorie der Vergänglichkeit lesbar. Während sich das Untere Schloss in mattem Gelb ansprechend in den Hügel schmiegt, muten die überwachsenen Stadtmauern unterhalb des bröckelnden Oberen Schlosses in ihrer Kargheit geradezu mediaeval an.

Anmerkungen
[1] Vgl. HHS Böhmen und Mähren, S. 614.

STIEDRA (STEDRÁ)

Stedrá ist seit dem frühen 13. Jahrhunderts Sitz eines gleichnamigen Rittergeschlechts. 1321 gelangte das Dorf durch Schenkung an das alte Prämonstratenserinnenkloster Chotesov, die alte Burg Stedrý hrádek im Ortsteil Borek durch Verkauf an die Riesenburger. 1417 nahm Heinrich X. (I.), Burggraf zu Meißen (1412–1446), Burg und Stadt und führte von hier aus 1418/1419 seine wenig glücklichen Kämpfe mit König Wenzel [1]. 1506 gelangte Stedrá aus dem Besitz der Guttensteiner an Heinrich III. Burggrafen zu Meißen, der es mit den Gütern in Schlößles (Prohor) vereinte (→ S. 331).

Anmerkungen
[1] Vgl. UB Vögte II, Nr. 644.

BURGLIN (STEDRÝ HRÁDEK)

Das alte Burglin, das im Ortsteil Borek liegt, ist heute Teil der Gemeinde Psov (Schaub). Der Name Burglin deutet bereits darauf, dass sich hier eine kleine Befestigung befand. Die Plauener befanden sich erstmals 1417 hier, als der seit 1412 in Petschau residierende Heinrich X. (I.), Burggraf zu Meißen (1412–1446), die Burg für Feldzüge gegen König Wenzel nutzte. Die Unternehmung (1418/1419) verlief indes unglücklich: Wenzels Truppen besetzten die Burgen Hassenstein und Stedrý hrádek, Heinrich von Plauen wurde vorübergehend in Prag gefangen gehalten [1].

Anmerkungen
[1] Vgl. UB Vögte II, Nr. 644.

LUDITZ (ZLUTICE)

Luditz liegt an der wichtigen Handelsstraße von Eger nach Prag. Im 12. Jahrhundert gehörte der Ort vermutlich dem Benediktinerkloster Kladrau. Seinen Ausbau erlebte Luditz unter den Riesenburgern, die es seit 1280 besaßen. Unter Karl IV. erhielt Luditz 1375 das Egerer Stadtrecht. Bald darauf dürften die Plauener an der von Luditz kommenden Handelsstraße ein Mautrecht erwirkt haben. Karls Nachfolger Wenzel bestätigte es im Dezember 1387 Heinrich IX. von Plauen (1373–1412) *und seinen erben* [1].

Die Freude über die zahlreichen Privilegien, mit denen die Herren von Elsterberg die Stadt ab 1415 ausstatteten, währte nicht lange. 1422 nahmen die Hussiten Luditz, verwüsteten es und richteten unter Jakubek von Wresowitz einen Mittelpunkt ihrer Herrschaft ein. Von Luditz aus überfielen die Hussiten Theusing und Petschau [2]. In den Besitz der Plauener gelangte die Stadt erst 1537, als Heinrich IV. sie durch Kauf erwarb. Just in diese Zeit fällt ein kunsthistorisch nicht unbedeutendes Werk: das prächtig illuminierte tschechische Hymnar von Zlutice (1552). Mit dem Ende der Plauener in Böhmen fiel Luditz um 1560 an die Lobkowitz zu Hassenstein.

Anmerkungen
[1] UB Vögte II, Nr. 320. In Bad Sooden-Allendorf (Hessen) agiert ein rühriger Geschichtsverein von Luditzer Heimatvertriebenen. Seine Publikationen weichen allerdings vom wissenschaftlich Gesicherten ab; vgl. FLEISSNER. Die Plauener etwa kommen darin überhaupt nicht vor!
[2] Vgl. HSS Böhmen und Mähren, S. 347 f.

BUCHAU (BOCHOV)

Die kleine Stadt Buchau, günstig am Handelsweg von Prag nach Elbogen gelegen, wurde um die Mitte des 14. Jahrhunderts angelegt. Stadtrecht erhielt sie 1349, 1366 das Luditzer und 1375 das Egerer Stadtrecht. Bereits 1352 bestand eine Pfarrei. Bis 1406 befand sich Buchau in den Händen der Riesenburger [1]. 1410 kaufte dann der auf Petschau residierende Heinrich X., Herr von Plauen zu Plauen (1412–1426), die Stadt. Folgerichtig trat er in den kommenden Jahren als Patron der Kirche von Buchau auf [2].

Als 1426 die Burggrafen von Meißen ausstarben, belehnte Kaiser Sigismund Heinrich X. mit der Burggrafschaft. Als Heinrich I., Burggraf von Meißen (1426–1446), erhielt er die Grafschaft Hartenstein zu Lehen. Sein Sohn, Heinrich II. Burggraf von Meißen (1446–1482), wandte sich nach 1459 vom utraquistischen Böhmenkönig Georg von Podiebrad ab. Der ließ Buchau und die Burg am Hungerberg (→ S. 193) niederbrennen, doch unterstützte sein Nachfolger Wladislaw II., dessen Ambitionen Heinrich II. befördert hatte, den Wiederaufbau der Stadt (1471). Anstelle der Burg auf dem Hungerberg wurde vis a vis die Burg Neuhartenstein (→ S. 193) errichtet.

Die Plauener blieben noch eine ganze Weile in Buchau. Mit der namengebenden Stadt, die 1430 von den Hussiten überrannt worden war, gab es zunehmend Querelen. 1466 geriet Heinrich II. sogar in eine Fehde mit der Stadt, die sich ausgerechnet bei Georg von Podiebrad über den Stadtherren beschwerte. Der belehnte die Wettiner mit Stadt, Schloss und Herrschaft Plauen. Bei dem Versuch, Plauen anzugreifen, wurde Heinrich II. 1473 festgesetzt und erst 1476 frei-

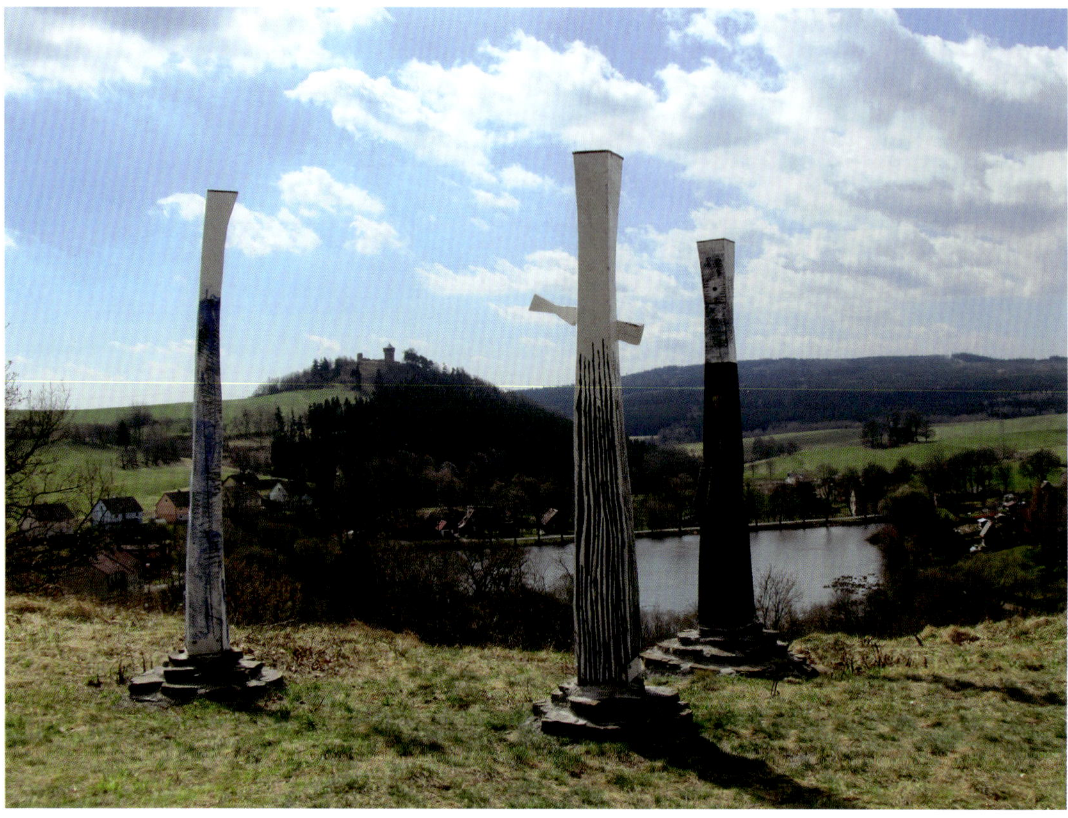

Der Burgstall Hungerberg, im Hintergrund Neuhartenstein

gelassen. Sein Sohn Heinrich III., Burggraf von Meißen (1482–1519) und Herr über die böhmischen Besitzungen seines Vaters, verzichtete nach dessen Tod 1482 endgültig auf Plauen.

1501 heiratete die Tochter Heinrichs III., Margarethe, Jaroslaw II. von Lobkowitz und Hassenstein in Buchau. Erst 1532 verlegte Heinrich IV. (1519–1554) seine Residenz von Neuhartenstein nach Engelhaus, vereinigte aber beide Herrschaften zur neuen Herrschaft Neuhartenstein-Engelhaus. Unter Heinrich V. (1554–1568) ging 1567 auch Buchau verloren.

Mit dem großen Stadtbrand von 1666 verschwand auch die spätgotische Kirche des Erzengels Michael. Historische Substanz findet sich in Bochov eigentlich nur noch in der außerhalb der Stadt gelegenen Ruine der Jakobskapelle. Sie scheint 1356 errichtet worden zu sein, wurde im 18. Jahrhundert barockisiert, liegt jetzt aber, mit notdürftigen Maßnahmen gestützt und durch die sie umgebenden Bäume den Blicken ein wenig entzogen, als Trümmerhalde da.

Anmerkungen
[1] Vgl. HHS Böhmen und Mähren, S. 81 f.
[2] UB Vögte II, Nr. 558; vgl. Nr. 637, 649.

BURGSTALL HUNGERBERG (HLADOVY VRCH)

Nachdem sich Heinrich II. 1459 vom utraquistischen Landesherrn Georg von Podiebrad abgewandt hatte, ließ der König die Stadt Buchau und den alten Burgstall Hungerberg niederbrennen. Beim Wiederaufbau (1471 f.) ließ Heinrich den Burgstall in Trümmern liegen und errichtete vis a vis die Burg Hartenstein.

Ein tschechisches Hinweisschild gibt einen matten Eindruck von der alten Anlage. Als Besucher der steinigen Kuppe sollte man eine Vorstellung von Burgarchitektur und Freude am Entdecken auch winziger Details mitbringen. Mehr gibt es nicht zu sehen.

BURGRUINE NEUHARTENSTEIN (HRAD HARTENSTEJN)

Um 1473 ließ Heinrich II. (1446 –1482) nicht den zerstörten Hungerberg restaurieren, sondern vis a vis die Burg Hartenstein errichten. Das Zeitalter der Burgen war indes vorüber, die alten Wehranlagen wehrten der modernen Artillerie nicht mehr. Bereits 1573 galt die Burg Neuhartenstein als wüst gefallen, nach 1609 wurde sie endgültig aufgegeben.

Von der alten Burg des Plaueners sind nur noch wenige prominente Gebäudeteile erhalten. Ein Turm wurde als Aussichtsturm zugerichtet, doch ist er meist verschlossen. Der aufgebrochene Berg gibt die Sicht auf unterirdische Gebäudeteile frei. Das durchaus malerische Terrain ist frei zugänglich, aber ungesichert.

BURGRUINE ENGELHAUS (ANDELSKÁ HORA)

Von der ehrwürdigen gotischen Festung Engelhaus, die gegen Ende des 14. Jahrhunderts wohl von den Riesenburgern erbaut und 1402 erstmals urkundlich erwähnt wurde, ragen noch heute imposante Reste von Gebäuden und Mauern in den Himmel über dem kleinen Ort. Sie lassen bereits erahnen, warum den Plauenern die Eroberung der Festung über lange Zeiten ein Bedürfnis war. Eine akademische Analyse der Anlage bestätigt den Eindruck: »Die mittelalterliche Burg gliederte sich in 2 Teile, die ein mehrfach gesicherter Befestigungsring umgab. Von dem aus 2 Trakten bestehenden Palas mit trapezförmigem Grundriß führte eine mit einer halbrunden Bastei versehene Mauer zum höchsten Punkt des Felsens. Hier erhob sich ein viereckiger Donjon, dessen Entstehung vermutlich in die älteste Bauphase der Burg fällt. Ihre geographische Lage bot [...] ein Höchstmaß an Schutz.« [1]. 1467 eroberte Heinrich II. Engelhaus, konnte sich aber dort nur ein Jahr halten. 1480 dann setzte sich Heinrich III. auf Engelhaus fest und baute die Burg zur Nebenresidenz auf. Residenz wurde Engelhaus erst unter Heinrich IV. (1519 –1554), der 1532 von Neuhartenstein nach Engelhaus umsiedelte, beide Herrschaften jedoch zur neuen Herrschaft Neuhartenstein-Engelhaus vereinte.

Mit dem erbenlosen Tod Heinrichs V. fiel die Festung nach knapp einhundert Jahren Plauener Herrschaft (1567) an die Lobkowitz von Hassenstein. 1635 machten sie randalierende Schweden kaputt, ein Feuer tat 1718 sein übriges.

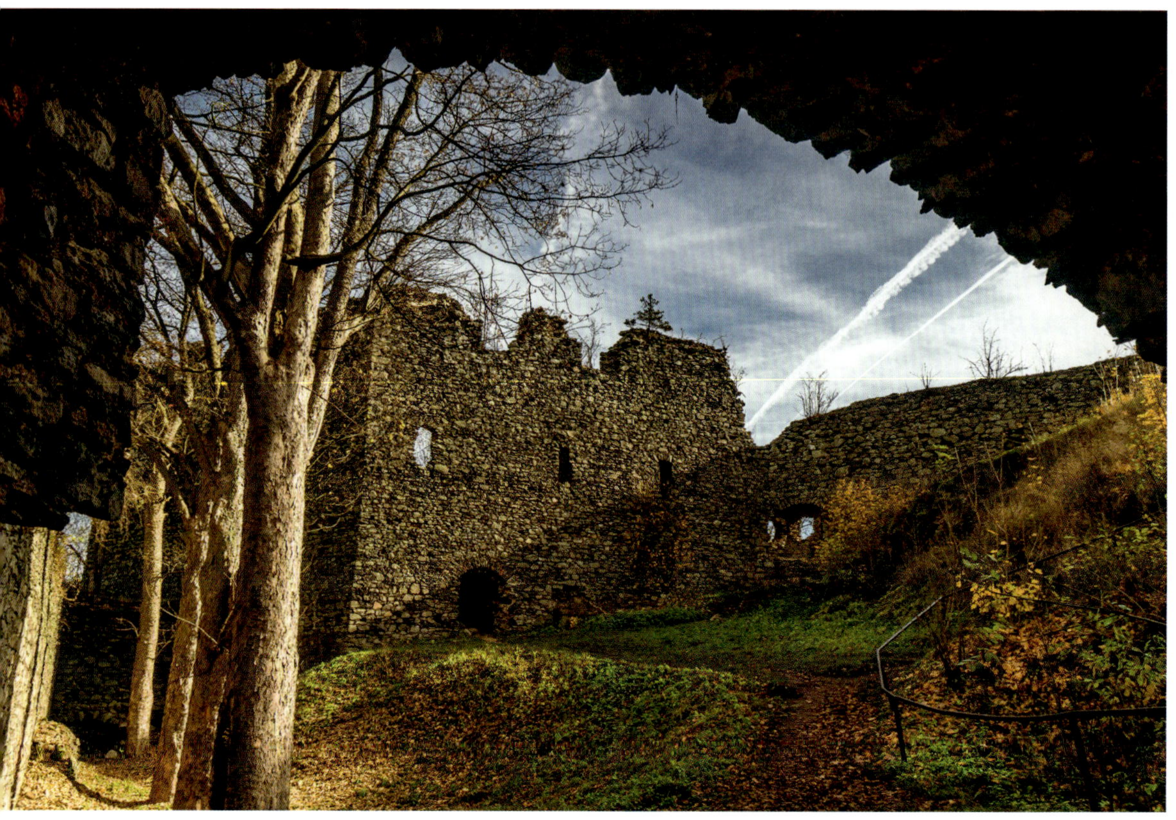

Die Ruine von Burg Engelhaus

KIRCHE ST. MICHAEL IN ENGELHAUS

Die St. Michaelskirche in Engelhaus entstand zwischen 1487 und 1490. Obwohl später barockisiert, erkennt man noch das Werk eines bedeutenden Baumeisters: des aus Eichstätt stammenden Architekten Meister Erhard Paur. Erhard Paur scheint in der Bischofsstadt gemeinsam mit seinem Bruder Hans Paur gewirkt zu haben. Von Hans, der das Mortuarium des Eichstätter Domes schuf, stammt auch die Nürnberger Lorenzkirche (1458–1462). Erhard Paur, der mindestens auch in Regensburg und Amberg Erfahrungen sam-

melte, stand 1472 in Diensten der Stadt Eger, die nach einem neuerlichen Brand einen Ausbau ihrer Verteidigungsanlagen erstrebte. 1476 bemühte sich König Wladislaw II., der in Prag eine neue Burg errichten wollte, persönlich um Paur. Als sich der Rat von Leipzig 1481 für den Umbau der Thomaskirche um Meister Erhard bemühte, lehnte der Rat von Eger die Entsendung seines *statmaisters* ab [2].

Anmerkungen
[1] HHS Böhmen, S. 136.
[2] Vgl. TIETZ-STRÖDEL, Entwicklung, S. 130.

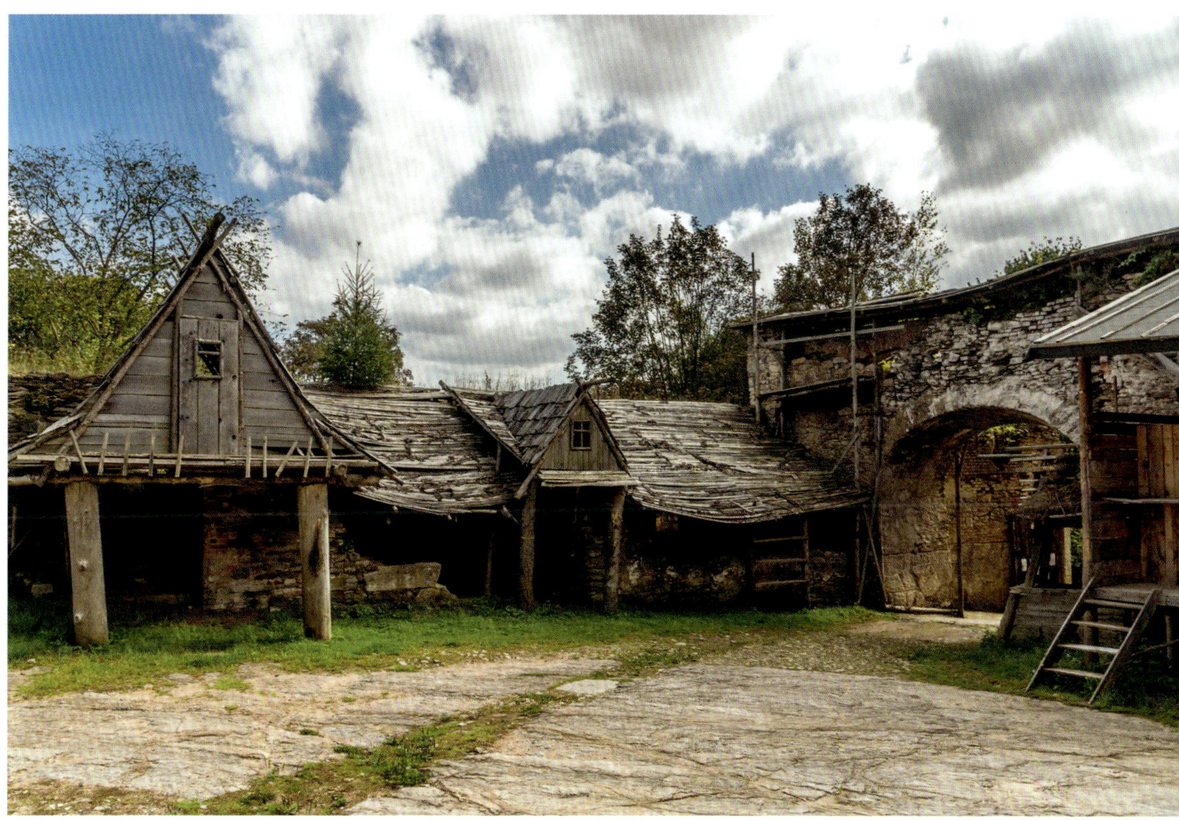

Der Eingang zur Schlossruine Hartenberg

SCHLOSSRUINE HARTENBERG (HREBENY)

Im Gegensatz zur Bergfeste Engelhaus hat die alte, wohl ausgangs, wenn nicht schon Mitte des 12. Jahrhunderts errichtete Burg Hartenberg die Überführung in ein Renaissanceschloss erlebt. Viele Baumeister und viele Herren haben indes nicht verhindern können, dass auch sie heute als Ruine dasteht. Hartenberg ist im besten Sinne ein Palimpsest: eine im buchstäblichen Sinne über-baute Anlage, die noch einen guten Einblick in die Vorgängerschichten erlaubt.

Bereits 1169 setzte Friedrich Barbarossa zu Eger Dienstmannen in Hartenberg ein. Im selben Jahr soll bereits eine den Heiligen Drei Königen geweihte Burgkapelle bestanden haben. Das Patrozinium könnte darauf deuten, dass der Dienstmann den Kaiser auf dessen Italien-Feldzug begleitet hatte, hatte doch Barbarossa die Reliquien der Könige 1162 in Mailand aufgetan und nach Köln überführt [1]. 1196 sind dann die Hartenberger, ein aus Franken eingewandertes Adelsgeschlecht, auf der Burg greifbar. Sie suchten die Nähe zum Kloster Waldsassen, dem sie in vielen Stiftungen verbunden waren [2]. 1350 zog

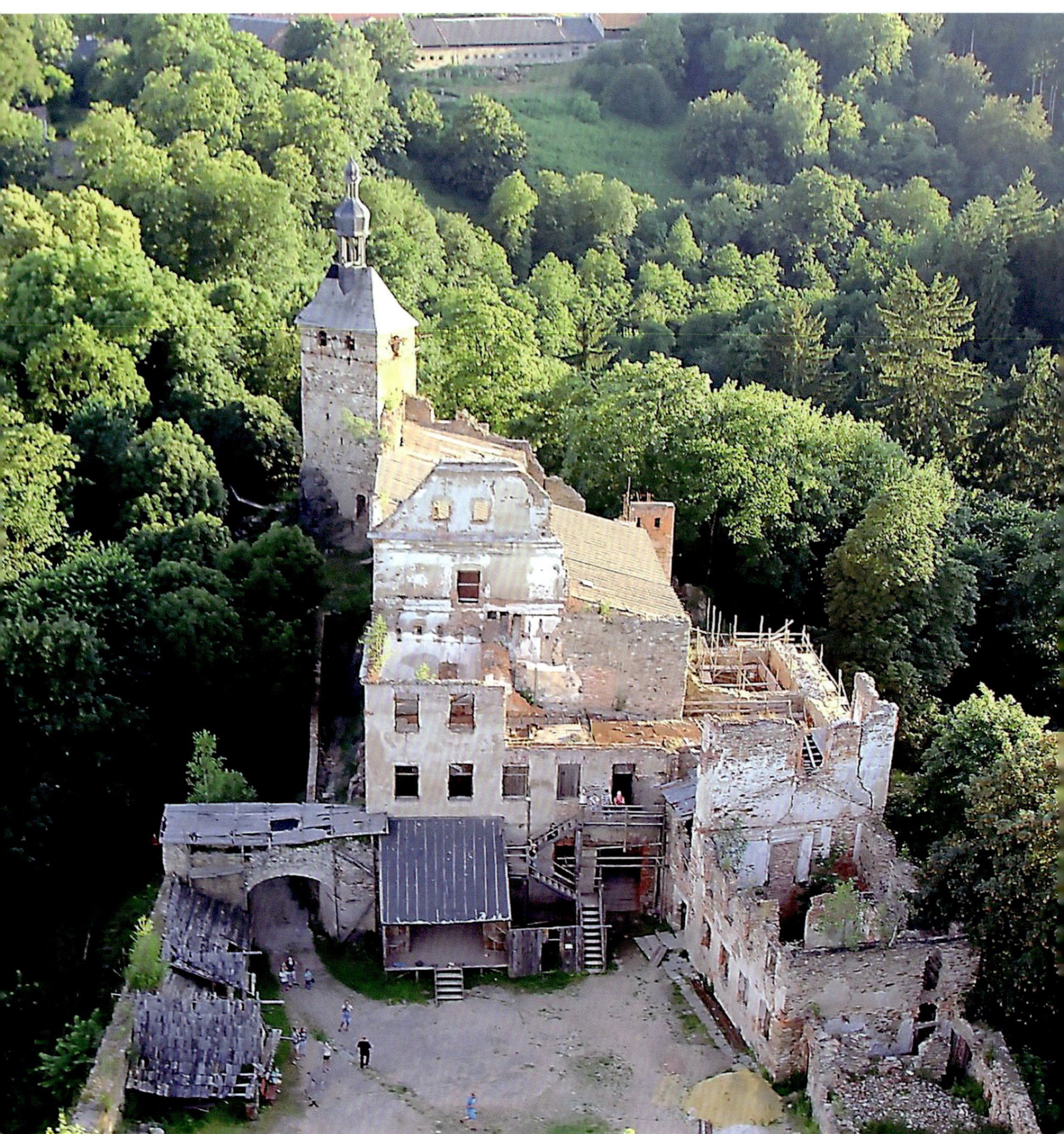

Im 17. Jahrhundert wurde Burg Hartenberg in ein Renaissanceschloss umgebaut

Karl IV. Hartenberg an die böhmische Krone. Es folgte die in der Region übliche Besitzgeschichte, in die die Schlick 1462 einstiegen.

Aus dem 13. Jahrhundert stammt gewiss noch der massive Turm, der den langgestreckten, zweiflügeligen Palas abschließt. Der Palas selbst, der seinen Grundriss dem 14. Jahrhundert verdankt, ruht auf altem gotischem Gemäuer, unter dem sich weitläufige Tonnengewölbe erstrecken. Mit dem Palas dürfte auch der Zwinger entstanden sein. Im 15. Jahrhundert wurde dem Palas unter den Schlick eine zweite Etage aufgesetzt. Fortschreitende Waffentechnik machte den Bau einer vorgeschobenen Bastion erforderlich. Auch wurde jetzt ein Tor mit Hängebrücke über den Burggraben errichtet.

1551 erhielten die Plauener das Schloss pfandweise von König Ferdinand I., nachdem die Schlick protestantisch geworden waren [3]. Im 17. Jahrhundert, als die Burg endgültig nicht mehr zu Verteidigungszwecken hinreichte, begann der Umbau in ein Renaissanceschloss. Der Dreißigjährige Krieg hinterließ auch hier Spuren. 1668 brannte die Anlage nieder. Trotzdem fand Goethe, der sich hier 1821 aufhielt, rühmende Worte für die Ruine [4]. Im 19. Jahrhundert schnitten die Herren von Auersperg die Elemente der mittelalterlichen Befestigung weiter zurück.

Anmerkungen

[1] Vgl. Theisinger, S. 599f. Die Kapelle wurde 1471 grundlegend erneuert. Der Episode von der Auffindung der Drei Könige hat sich liebevoll Umberto Eco im ›Baudolino‹ angenommen.
[2] Vgl. Theisinger, S. 599.
[3] Vgl. Theisinger, S. 601.
[4] Ausführlich Theisinger, S. 602–604.

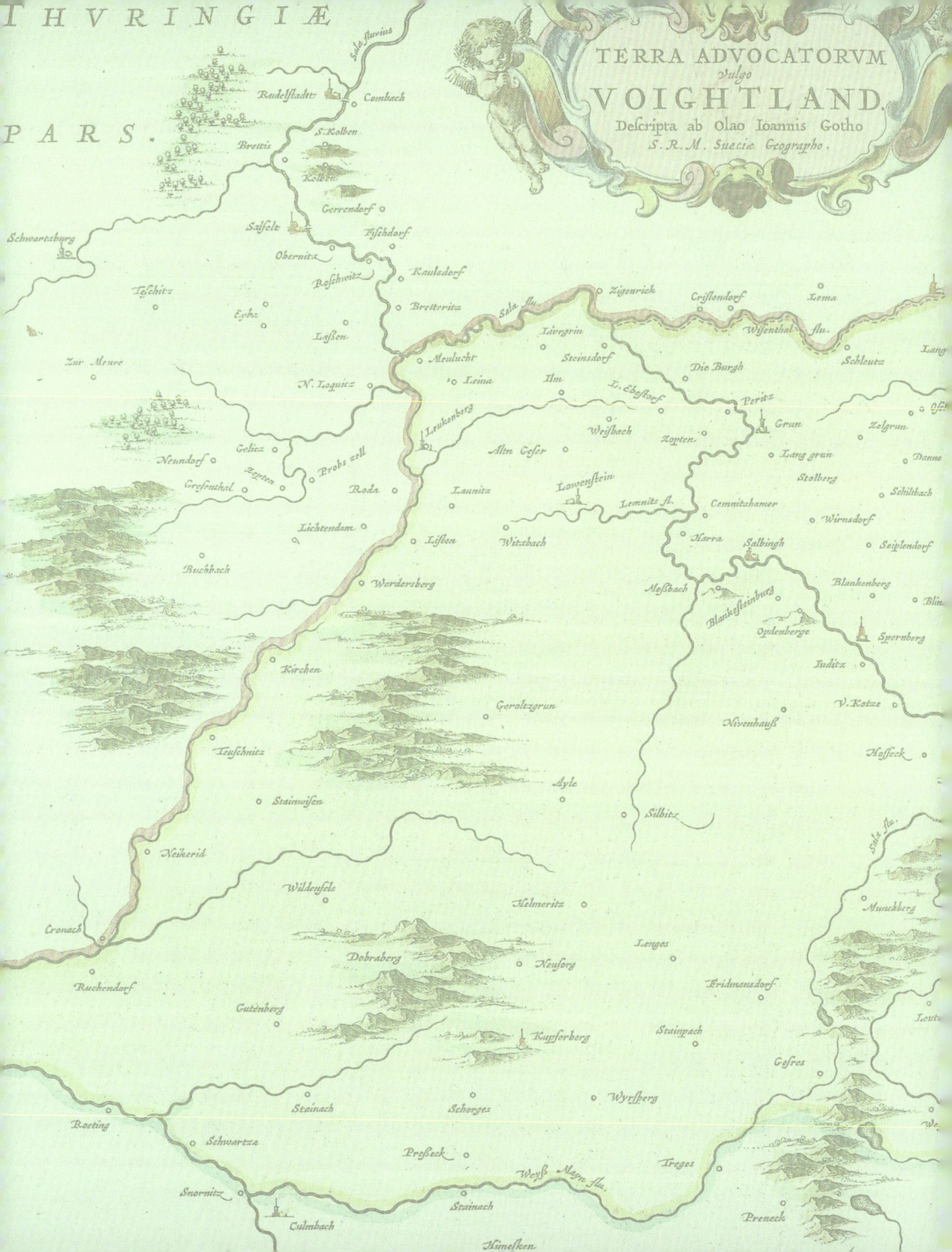

THVRINGIÆ
PARS.
TERRA ADVOCATORVM
vulgo
VOIGHTLAND.
Descripta ab Olao Ioannis Gotho
S. R. M. Sueciæ Geographo.
Sala fluvius
Schwartzburg
Radelstadt
Combach
Brettis
S. Kolben
Kolben
Gerrendorf
Salfelt
Fischdorf
Obernitz
Kauladorf
Reschwitz
Teschitz
Zigeurick
Crislondorf
Lema
Bretteritz
Sala flu.
Wisenthal flu.
Eyba
Laurgrin
Schleutz
Lang
Laßen
Meulucht
Steinsdorf
Die Burgh
Zur Meure
N. Loquitz
Leina
Ilm
L. Ebesdorf
Peritz
Of
Leukenberg
Weißbach
Zopten
Grun
Zelgrun
Gelitz
Altn Gefer
Lang grun
Danne
Neundorf
Zepten
Probs zell
Lowenstein
Stolberg
Grefenthal
Roda
Launitz
Lemnits fl.
Cemnitzhamer
Schiltbach
Lichtendam
Liflen
Witxbach
Harra
Wirnsdorf
Buchbach
Salbingh
Seiplendorf
Werdersborg
Moßbach
Blankenberg
Blankesteinburg
Blin
Opdenberge
Spernberg
Kirchen
Iuditz
Geroltzgrun
Nivenhauß
V. Kotze
Teuschnitz
Ayle
Hoffeck
Stainwisen
Silbitz
Sala flu.
Neikerid
Wildenfels
Helmeritz
Munchberg
Cronach
Lenges
Dobraberg
Neuforg
Fridmansdorf
Ruchendorf
Gutenberg
Kupforberg
Stainpach
Leut
Gefres
Stainach
Schorges
Wyrsberg
Roeting
Schwartza
Proßeck
Treges
We
Snornitz
Weyß Mayn flu.
Preneck
Culmbach
Stainach
Himefken

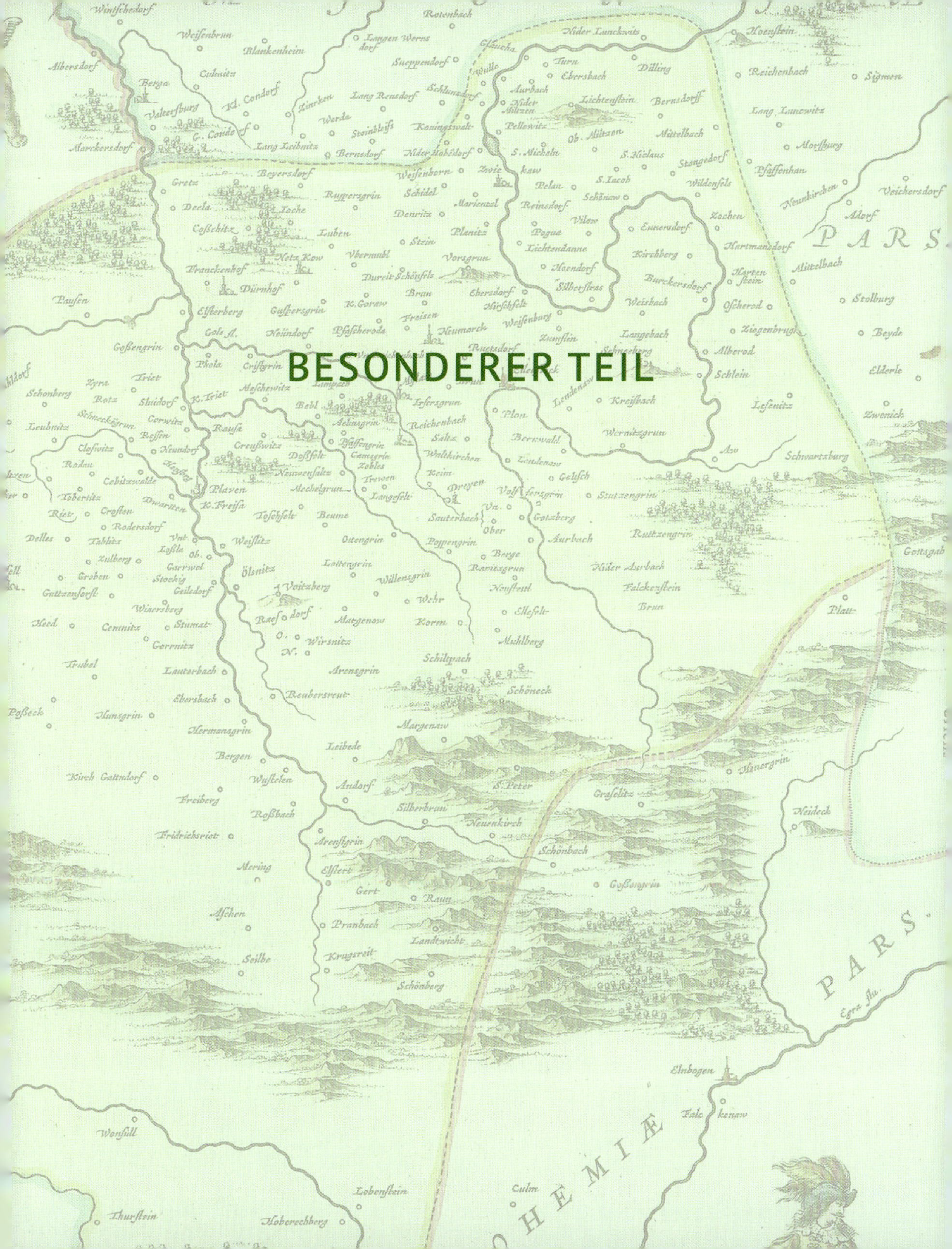
BESONDERER TEIL

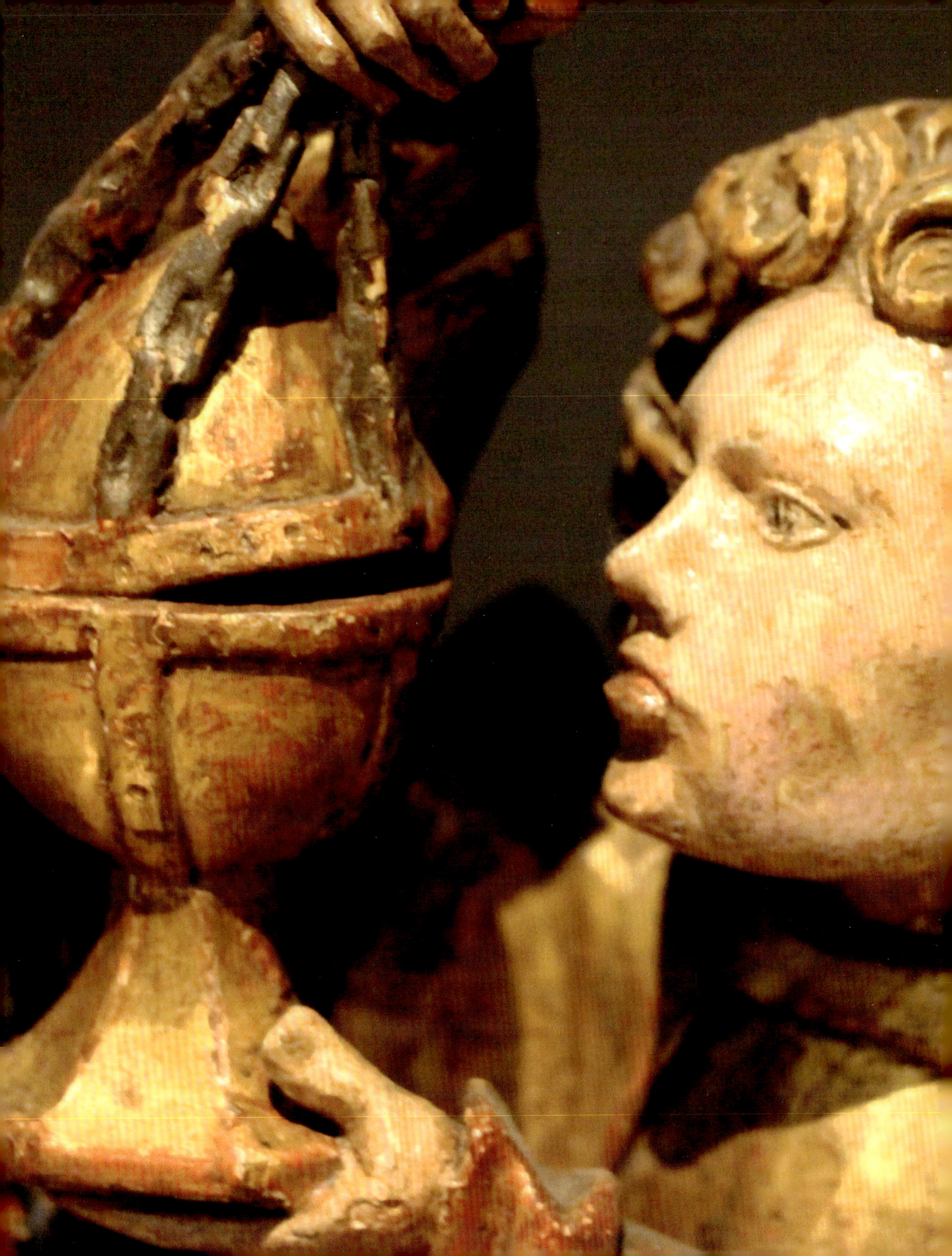

Im ersten Teil dieses Buches sind wir topographisch vorgegangen. Auf allen Strecken waltete das Prinzip des historischen Zufalls, der die Kulturlandschaft des Vogtlandes heute noch strukturiert. Hier blieb über Jahrhunderte eine Burg stehen, dort wurde eine Kirche von Bränden verschont; hier verfiel ein Schloss über Besitzstreitigkeiten, während man dort eine alte Mühle liebevoll restaurierte; in einer Stadt radierte ein vorübergehender wirtschaftlicher Aufschwung alle historische Substanz aus, während in einer anderen der Anschluss verpasst wurde und ein historischer Kern glücklich bewahrt blieb. Die Überraschungen, die sich beim Betrachter auf dem Weg durch eine solchermaßen strukturierte Landschaft einstellen, sollte man sich auf keinen Fall entgehen lassen.

Im zweiten Teil dieses Buches weichen wir dennoch vom topographischen ›Zufalls-Prinzip‹ ab. Die folgenden Kapitel sprechen Interessierte an, die etwa gezielt Burganlagen eingehender miteinander vergleichen möchten, die ihre Kenntnisse spätmittelalterlicher Sakralkunst vertiefen, klösterliche Skriptorien im Geiste durchstöbern oder in aller Stille auf den alten Pilgerwegen durchs Vogtland wandern möchten. Solche ›Spezialisten‹ nehmen für ihre eingeschränkte Perspektive das Reisen gern in Kauf. Mitunter genügt ihnen ein belanglos scheinendes Relikt, um einen ganzen Kosmos in geistige Bewegung zu setzen. Die Routen sind weiträumiger gesteckt, ihre Höhepunkte dafür aber zumeist im wissenschaftlichen Fachgespräch verankert. Die Darstellung versucht, diesen Diskurs wenn nicht zu bereichern, so doch zumindest in Umrissen zu vergegenwärtigen.

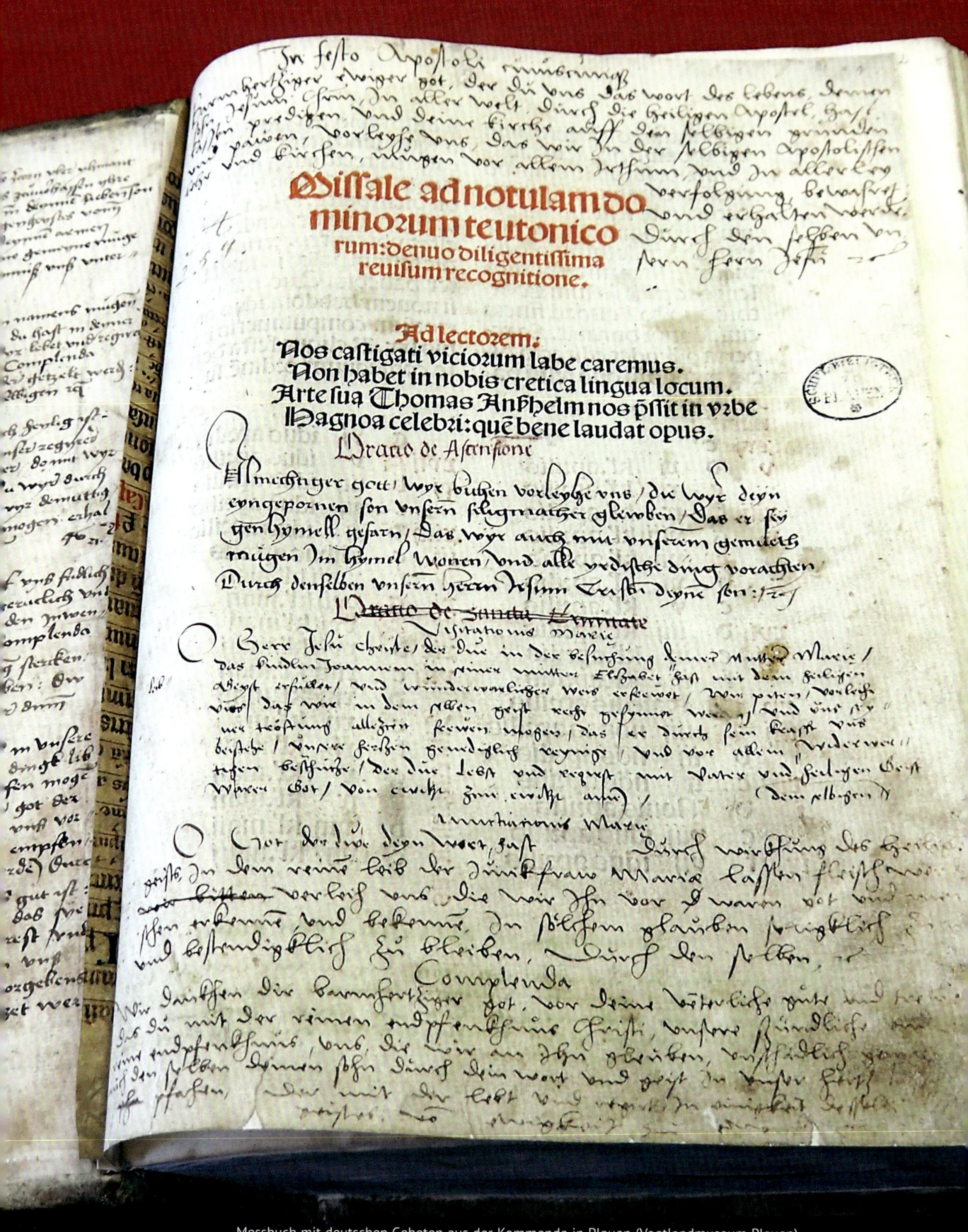

barmhertziger ewiger got, der du vns das wort des lebens, durch
deynen Jhesum Christum, in aller welt durch die heiligen Apostel, hast
lassen predigen vnd deine kirche auff die selbigen grunden
lassen bawen, vorleyhe vns, das wir in der selbigen Apostolischen
vnd kirchen, mugen vor allem irthum vnd in allerley
verfolgung bewaret
vnd erhalten werden
durch den selben
den Herrn Jesu —

Missale ad notulam do
minorum teutonico
rum: denuo diligentissima
reuisum recognitione.

Ad lectorem:
Nos castigati viciorum labe caremus.
Non habet in nobis cretica lingua locum.
Arte sua Thomas Anshelm nos pssit in vrbe
Hagnoa celebri: quē bene laudat opus.

Oratio de Ascensione

Almechtiger gott, wyr bitten vorleyhe vns, du wyr deyn
eyngepornen son vnsern seligmacher glewben, das er sy
gen hymell gefarn, das wyr auch mit vnserm gemuete
mugen Im hymel wonen, vnd alle yrdische ding vorachten.
Durch denselben vnsern Herrn Jhesum Cristi deyne son ꝛc.

~~Oratio de sancta Trinitate~~ Visitationis Marie

O Herr Jhesu christe, der du in der besuchung deiner Mutter Marie,
das kindlin Joannem in seiner mutter Elizabeth leib mit dem heiligen
Geyst erfullet, vnd wunderwerliger weis erfrewet, vom peter vorleyh
vns das wir in dem selben geist recht gezimer werden, vnd vns by
ner trostung allzeit ferren mogen, das sie durch sein krafft vnd
beystehe, vnser kirchen hemdiglich reynige, vnd vor allem widerwer-
tigen beschutze, der du lebst vnd regest mit vater vnd heiligen Geist
warer got, von ewickeit zu ewicke amen. dem selben ꝛc

Annunciationis Marie

Got der du dein wort hast … durch werckung des heiligen geist, in dem reine leib der Junckfraw Maria lassen fleisch werden ~~lassen~~ vorleih vns die wir ihn vor ȷ waren got vnd man
ihsen erkennen vnd bekennen, in solchem glauben seliglich
vnd bestendiglich zu bleiben. Durch den selben ꝛc

Complenda

Wir dancken dir barmhertziger got, vor deine veterliche gute vnd das
das du mit der reinen entpfenckniss Christi vnsers sundlich
vns entpfenckniss, vnd die wir an Ihn gleuben, vnschedlich gewor-
mit dem selben deinen son durch dein wort vnd geist in vnser fleisch
ihn pflegen, der mit dir lebt vnd regirt in einigkeit des ꝛc
geistes ꝛc

AUF DEN SPUREN DES DEUTSCHEN ORDENS

Der am Strand von Akkon im Heiligen Land ins Leben gerufene Spitalorden, der sich mit päpstlichem Privileg in den folgenden Jahrhunderten als Deutscher Ritterorden in Europa ausbreitete, hatte einen frühen Schwerpunkt in Thüringen. Seine Ansiedlung im Vogtland sollte die Geschichte der Region in mehrfacher Hinsicht prägen. Wo immer der Deutsche Orden hinkam, organisierte er mit straffer Hand. Am Anfang stand in der Regel die Übertragung einer Pfarrkirche, was mit dem Bau einer klosterähnlichen Anlage (Kommende), der ein Komtur vorstand, und dem Ausbau ihrer Wirtschaftskraft einherging. Mit der Kirche ging zumeist die Schule unter die Hoheit des Ordens. Befand sich ein Hospital in der Nähe, legte der Orden eingedenk seiner pflegerischen Traditionen die Hand auch auf das Gesundheitswesen. Nicht zu vergessen waren schließlich seine militärischen Traditionen. Der Deutsche Orden stand für ein Kriegswesen auf gehobenem Niveau. So monopolisierte und formte er wesentliche Lebensbereiche der Stadtgemeinschaft. Wer den Ritterbrüdern die Tore öffnete, holte sich einen starken Partner in die Stadt.

Die Vögte von Weida, Gera und Plauen waren auf einen starken Partner angewiesen. Wo sie das erste Mal mit dem Orden in Kontakt kamen, ist unklar. Aber seit 1214 bahnt sich die Beziehung an. Als Friedrich II. den Deutschrittern im Juni 1214 zu Eger das Armenhospital in Altenburg schenkte, waren *Heinricus de Widah et frater suus* unter den Zeugen. Ein halbes Jahr später, im Februar 1215, schenkte der Kaiser dem Orden eine Kapelle im fernen Vintschgau, und wieder zeugte ein *Heinricus de Widach*. 1219 dann bestätigt Friedrich dem Orden das Dreifaltigkeitskloster im noch ferneren Palermo, und auch hier ist *Henricus de Widach* dabei. Im selben Jahr trat Heinrich III. (1209–1219), ältester Sohn Heinrichs II. (1193–1209), dem Deutschen Orden bei. 1224 dann bestätigte sein jüngerer Bruder Heinrich IV. (1209–1238) dem Orden die ihm von Heinrich III. übergebene Johanniskirche in Plauen [1]. Damit legten die Vögte den Grundstein für eine Kommende in Plauen. Sie wurde Ausgangspunkt einer ebenso produktiven wie wechselvollen, sich über mehr als zwei Jahrhunderte erstreckenden Verflechtung

Zahlreiche Mitglieder aus allen Zweigen der Vögte traten im Laufe der Jahrhunderte in den Deutschen Orden ein: Heinrich IV., der sich 1237 von seiner Frau trennte und eine Ämterkarriere in Preußen absolvierte; Heinrich von Gera, der bis 1314 Großkomtur war und noch um 1326 als Komtur von Engelsburg zu greifen ist; Heinrich

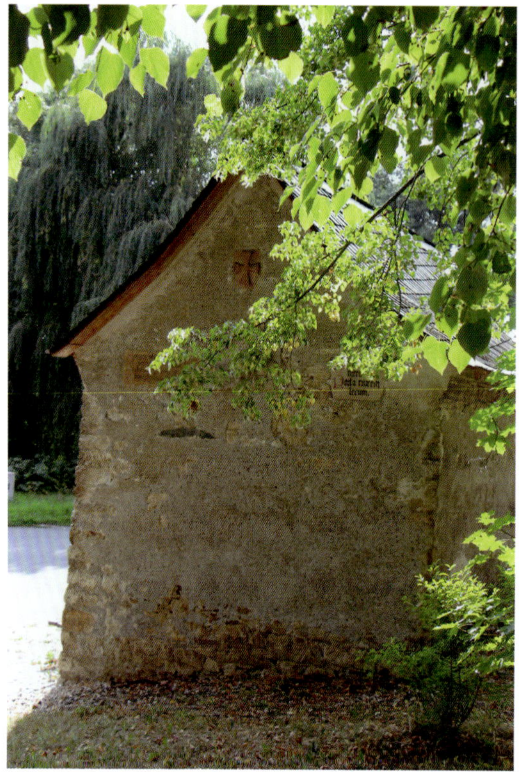

Deutschordenskreuz am Giebel der Wolfgangskapelle in Schleiz

die Geschichte der Vögte im Deutschordensland eine durchaus bewegte, neben der sich die Geschichte des Deutschen Ordens im Vogtland vergleichsweise geruhsam ausnimmt. Es ist wichtig, sich diese ungleichen Geschichten bewusst zu halten. Die Vögte waren Ritterbrüder in Preußen. In den Niederlassungen im Vogtland gab es dagegen nur wenige Ritterbrüder.

Die Plauener Kommende, die resthaft im Areal um das alte Konventsgebäude (›Komturhof‹) greifbar wird, ist historisch das Herzstück des Deutschen Ordens im Vogtland. Hinzu treten zahlreiche Kirchen, die der Orden sukzessive zugesprochen bekam. Von den Schulen und den Hospitälern ist heute nicht mehr viel zu sehen.

Anmerkungen
[1] Belege: UB Vögte I, Nr. 41; UB Vögte I, Nr. 43; UB Vögte I, Nr. 47; UB Vögte I, Nr. 50.
[2] Vgl. HELMS, S. 28, 60, 147.

Reuß von Plauen, der 1335 als Kulmer Landkomtur abgelöst wurde [2]; Heinrich der Ältere von Plauen zu Mühltroff, der dem Orden 1391 beitrat und 1410, nach einer taktischen Meisterleistung, zu dessen Hochmeister gewählt wurde; ihm folgte sein Bruder Heinrich der Jüngere, der 1410 Komtur in Danzig wurde. Beiden wurde von Michael Küchmeister übel mitgespielt. Heinrich Reuß, der mittlere Sohn Heinrichs VII. von Greiz-Vorderschloss, kam nach der Abdankung Küchmeisters nach Preußen, war Heerführer im Dreizehnjährigen Krieg (1454–1467) und wurde gegen seinen Willen 1469 zum 32. Hochmeister des Ordens gewählt, starb jedoch schon ein Jahr später. So ist

REICHENBACH

Die Frühgeschichte der Pfarrkirche St. Peter und Paul zu Reichenbach (→ S. 30) und ihrer Übertragung an den Deutschen Orden ist kompliziert. Die Forschungslage ist noch immer beeinträchtigt durch die so genannten ›Reichenbacher Fälschungen‹, die ein Notar in Eger anfertigte [1]. Urkunden, die die Kirche in Reichenbach betreffen, treten seit 1263 bzw. 1271 auf. Die Urkunde, mit der der Landkomtur im Juni 1271 dem Bischof von Naumburg ein Dokument von 1140 zur Bestätigung der Rechte des Ordens vorlegte, ist nicht nur ihres Inserats wegen verdächtig. Der *patronus* der Pfarrkirche in Reichenbach soll *Heynricus advocatus de Plawe dictus Ruthe-*

nus gewesen sein. »Reußen« freilich gab es erst, seit Heinrich I. »der Reuße« (1274–1295) 1289 eine ›russische‹ Prinzessin heiratete. Wir können trotzdem festhalten, dass der Orden die Kirche um diese Zeit bereits besaß. Im Oktober 1271 vermachte Heinrich von Plauen ihr Einkünfte in der Stadt [2]. Eine Kommende, deren Standort man beim nachmaligen Archidiakonatsgebäude vermutet, scheint nach Lage der Dinge indes erst im 14. Jahrhundert eingerichtet worden zu sein. Immer wieder urkunden Mitglieder der Vogtsfamilien als Komture der Niederlassung: 1323/24 Heinrich von Gera, 1336 Heinrich von Plauen, 1344 erneut ein Heinrich von Gera. Bei der Niederlassung befand sich auch eine Schule (1315). Die Kommende blieb immer klein. Bei der Visitation 1411 zählte man nur einen Bruder, 1451 einen Komtur und drei Brüder, die sämtlich Geistliche waren [3]. Der Kirchenbau wurde mehrfach umgestaltet, so dass man Relikte der Ordenszeit vergeblich sucht. Eine 1302 erbaute Kapelle, die die Vögte von Plauen reichlich bedachten, ist nicht mehr zu verorten [4].

Anmerkungen
[1] Vgl. FLACH, S. 209–222; SOMMERLAD, S. 16.
[2] Vgl. UB DO, Nr. 174 (1263); UB DO, Nr. 226 (1271); UB DO, Nr. 228 (1271).
[3] Vgl. Visitationen I, Nr. 62; Visitationen II, Nr. 175.
[4] Vgl. UB DO, Nr. 668.

SCHLEIZ

1284 erhielt der Deutsche Orden von Otto IV. von Lobdeburg-Arnshaugk (1232/52–1289) den Patronat über die Pfarrkirche zu Schleiz [1]. Sie wird in allen Dokumenten *ecclesia parrochialis in Slewiz* genannt, ein Patrozinium erscheint nicht.

Es muss sich freilich um die seit 1232 nachweisbare Pfarrkirche St. Nikolai gehandelt haben [2]. Zur Ausstattung der Niederlassung überwiesen die Arnshaugker dem Orden schon im nächsten Jahr das Dorf Grün. 1290 stellten Heinrich II. und Heinrich III. von Gera (beide 1274–1311) die Pfarrkirche St. Andreas in Tanna, die sie bereits 1279 dem Orden übergeben hatten, unter den Patronat des Hauses zu Schleiz.

Rasch legten die Ritterbrüder ihre Hand auf alle Gotteshäuser der Stadt. Nach 1284 gründeten sie die dem Drachentöter gewidmete Neustadtkirche St. Georgen, in deren Nähe sie ihre Kommende errichteten. Hinzu trat die über der Stadt gelegene Bergkirche, die eine ältere Annen-Kapelle ablöste. Vielleicht erwarb der Orden auch die 1394 bezeugte Allerheiligenkapelle. Sicher hat er sein Kreuz in den Giebel der Wolfgangskapelle am Wisentaübergang geprägt (→ S. 245). Komture sind urkundlich seit 1297 bezeugt [3]. Herren von Gera oder Plauen scheinen sich nicht darunter befunden zu haben. Mit Peter von Feilitzsch (1365) und Dietrich von Flurstädt (1392) lässt sich aber der vogtländische Adel greifen. Anlässlich der Visitation von 1411 zählte die Kommende *fratres 6, quorum 3 presbiteri*, was bedeuten würde, dass sich immerhin drei Ritterbrüder in Schleiz befanden. Bei der Begehung von 1451 wurden insgesamt fünf Priesterbrüder gezählt [4]. Seit 1367 lässt sich eine Schule unter Verwaltung des Deutschen Ordens nachweisen (→ S. 421).

Anmerkungen
[1] UB DO, Nr. 404; vgl. UB DO, Nr. 405.
[2] Vgl. BLASCHKE/JÄSCHKE, S. 198 f.; anders ALBERTI, Geschichte, S. 52 f.
[3] Vgl. ALBERTI, Geschichte, S. 14 f.
[4] Vgl. Visitationen I, Nr. 62; Visitationen II, Nr. 175.

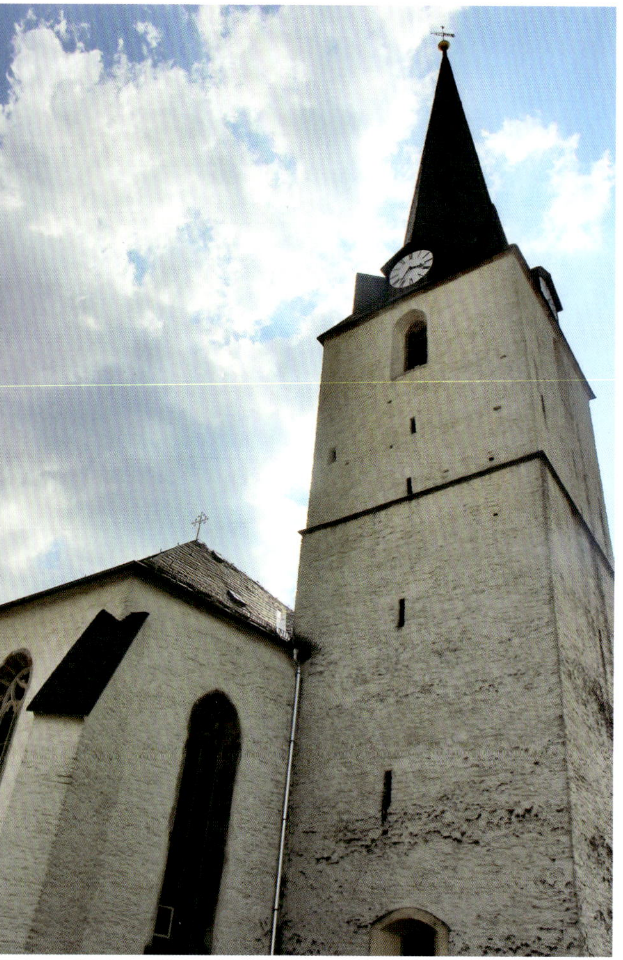

Der alte Turm der Schleizer Bergkirche

BERGKIRCHE UNSER LIEBEN FRAUEN IN SCHLEIZ

Die Gründungsgeschichte der Bergkirche über Schleiz ist kompliziert. Alte Dokumente fehlen. Im Dezember 1359 übergab Heinrich V. »der Jüngere« von Gera (1311–1377) dem Deutschen Orden die von den Geraern errichtete *kapellen uf dem berge zu unsir vrouwen zu Sleuwicz* unter der Voraussetzung, dass sie die Kapelle nicht *abe lasen gen.* Sieht man genau hin, möchte man meinen, es sei der Berg, der »Marienberg« oder »Frauenberg« heißt, nicht aber die Kapelle. So mag man auch eine Urkunde von 1377 verstehen, der gemäß die Geraer Zinsen tauschen, *di wir hattin gegeben czu sente Annen cappellen uf unszer vrouwen berge.* SCHMIDT behalf sich damit, dass er eine »Annenkapelle in der Bergkirche« postulierte [1]. Das könnte das Richtige treffen, wiewohl seinerzeit noch nicht von einer »Bergkirche« die Rede sein konnte. Allerdings hat sich an der Südseite des mit einem Polygonalchor abgeschlossenen Langhauses der nachmaligen Bergkirche, wie ein kleineres Beiboot, die ebenfalls mit einem kleinen Polygonalchor abgeschlossene Annenkapelle erhalten. Wie es scheint, stammt der Vorgängerbau noch aus romanischer Zeit. Das einschiffige Langhaus wurde, wohl unter Beibehaltung des romanischen Westportals, vielleicht ab der Mitte des 14. Jahrhunderts hochgezogen. Die Wandpfeiler, die das Netzgewölbe des Schiffs tragen, verweisen stilistisch ins 15. Jahrhundert.

Günstig ist die Quellenlage erst ab dem ausgehenden 15. Jahrhundert. Es ist die Zeit, in der nach neuerlicher Erbteilung (1482) Heinrich XII. »der Mittlere« (1482–1500) Schloss und Stadt Schleiz erhielt. Just in dieser Zeit (1484) verspricht Eberhard von Brandenstein zu Ranis Material zum Bau der Schleizer Bergkirche, »insbesondere zu Chor, Turm und Altar.« [2]. 1489 schloss der führende Baumeister, Hans Karl aus Ranis, Verträge über die Einrüstung ab, 1492 wird ihm für die Herstellung der Chorfenster und einiger Gesimsstücke eine beachtliche Summe in

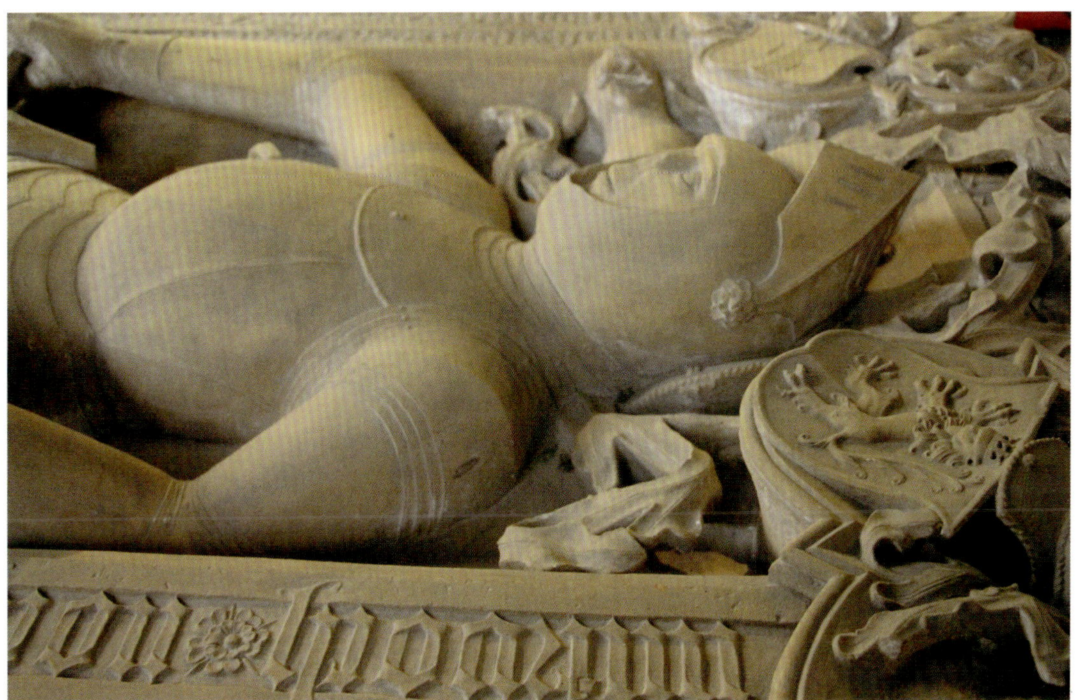

Heinrich XII. von Gera (gest. 1500) fand in der Turmkapelle der von ihm erbauten Bergkirche seine letzte Ruhestätte

Aussicht gestellt. Der Vorgang wiederholt sich mit den Pfeilerdachungen 1494 und mit der Choreinwölbung, für deren Abschluss 1499 aber bereits sein Nachfolger Nickel Panhorn von Ranis entlohnt wurde. Heinrich XII. ließ sich die runderneuerte Bergkirche etwas kosten. Vielleicht hoffte er, hier eine Grablege seiner Familie zu begründen. Die Vollendung der Baumaßnahmen erlebte er nicht mehr. Noch 1506 wurden Steine aus Ranis herbeigeschafft, 1507 die Glocke in einer Schleizer Werkstatt gegossen. Heinrichs Söhne teilten die Herrschaft 1501 erneut, und so blieb es bei der aufwendig gestalteten Sandsteintumba Heinrichs XII. in der Turmkapelle. In der Annenkapelle wurde der 1505 verstorbene Erhard von Kospoth beigesetzt. Der um 1670 über-

malte Kanzelkorb stammt noch aus den Zeiten des großen Umbaus (ca. 1490) [3]. Im Übrigen wurde die Bergkirche nach Kräften barockisiert.

Anmerkungen
[1] Belege: UB Vögte II, Nr. 61; UB Vögte II, Nr. 239.
[2] Weiss, Bergkirche, S. 9.
[3] Vgl. Weiss, Bergkirche, S. 12.

Wolfgangskapelle Schleiz (→ S. 245)

TANNA

Heinrich I. von Gera (1238–1269) erwarb als erster Vogt von Gera Besitz im oberen Saaletal: neben Mühltroff wohl Lobenstein, Stelzen, Pausa und Tanna. Seine Söhne, Heinrich II. und

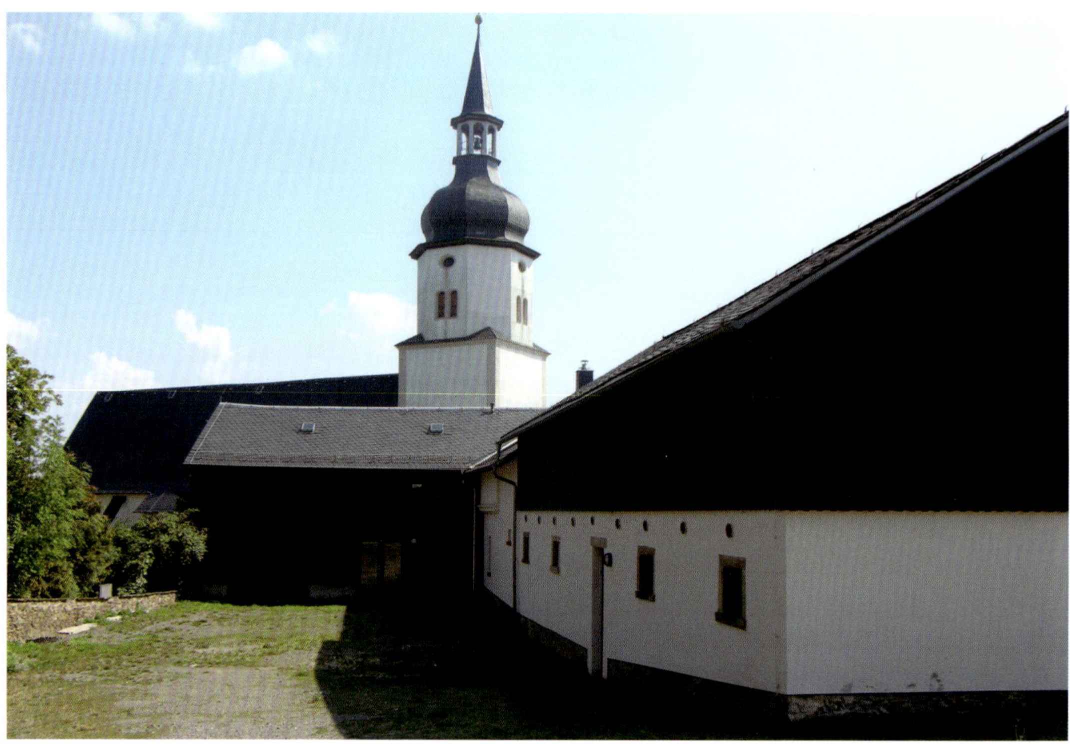

Hinter der Andreaskirche in Tanna befanden sich die Gebäude der Komturei

Heinrich III. (beide 1274–1311), verliehen dem Deutschen Orden 1279 den Patronat über die Pfarrkirche St. Andreas in Tanna. Der Patronat scheint zunächst in Plauen, nach 1290 in Schleiz gelegen zu haben [1]. Offenbar aus erfahrungsgesättigter Vorsicht ließen sich die Brüder diesen Patronat in regelmäßigen Abständen bestätigen. 1343 vidimierten Heinrich III. »der Lange« von Plauen (1303–1347) und sein Sohn bereits fünf der bisher in dieser Sache ausgestellten Urkunden! Gleichwohl wurde die Pfarrkirche zu Tanna vor 1349 durch die Vögte von Gera dem Zisterzienserinnenkloster bei Saalburg inkorporiert (→ S. 271 f.). Der Streit schwelte eine ganze Weile. 1349 versprach Heinrich von Töpen, der früher Pfarrer in Tanna war, den Saalburger Schwestern, ihnen bei der Durchsetzung ihrer Ansprüche behilflich zu sein. Später (1358) werden Heinrich V. »der Jüngere« (1311–1377) und Heinrich VII. von Gera (1377–1420) behaupten, sie hätten bei der Einverleibung der Pfarrkirche in das Kloster in gutem Glauben gehandelt, seien aber durch die Vorlage einschlägiger Dokumente eines Besseren belehrt worden. Die Schwestern in Saalburg erhielten nunmehr den Patronat über die Kirche in Gera-Tinz (→ S. 218). Die Kirche lag freilich ungünstig weit entfernt. Besser machten es die Brüder vom Deutschen Hause: sie kauften den Zisterzienserinnen Wüstendittersdorf ab, das heute ein Stadtteil von Schleiz ist [2].

Die Niederlassung in Tanna war nicht groß. Als 1410/1411 eine Begehung erfolgte, notierte man: *Thann frater unus.* Anlässlich der Visitation von 1451 wurden dann immerhin fünf Priesterbrüder gezählt. Von einem Komtur ist nicht die Rede. Dazu kam Herr Bartholomäus, *eyn gromenteler* [3].

Die heutige Andreaskirche wurde nach dem Stadtbrand von 1640 neu errichtet. Außer dem Haupteingang, über dem sich eine naive spätgotische Kreuzigung erhalten hat, verweist vor allem das Kreuzgewölbe auf den Vorgängerbau. Die Kirche ist eine ›offene Kirche‹. Der Besuch der das

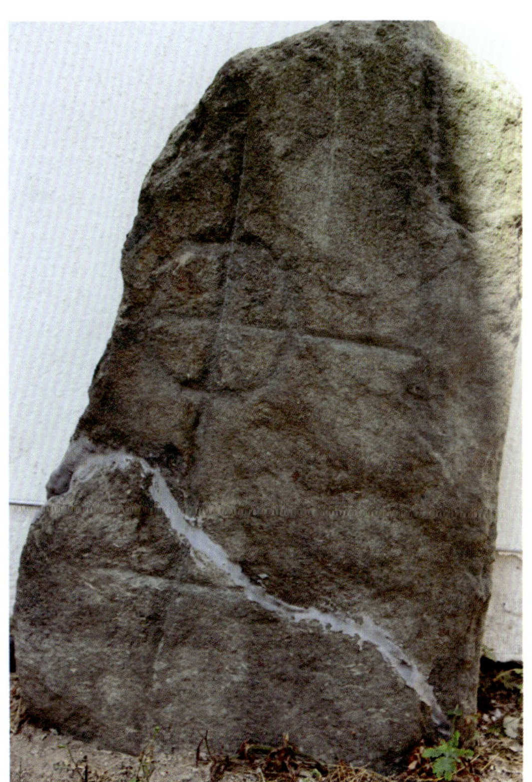

Vor der Andreaskirche befindet sich ein alter Güterstein aus Seubtendorf

Gotteshaus umgebenden Außenanlage, die mit einigem Aufwand gestaltet wurde, lohnt sich. Hier befindet sich auch der Torso eines von Seubtendorf her versetzten Kreuzsteins, der vielleicht einmal als Güterstein den 1503 bezeugten Ordensbesitz einer Wüstung, der ›Kämmera‹, markierte [4].

Anmerkungen
[1] Vgl. SOMMERLAD, S. 17.
[2] Vgl. RONNEBERGER, S. 38.
[3] Vgl. Visitationen I, Nr. 62; Visitationen II, Nr. 175.
[4] Vgl. HUMMEL, Kreuzsteine, S. 197–200.

KONVENTSGEBÄUDE (›KOMTURHOF‹) PLAUEN

1224 überwies Heinrich IV. »der Mittlere« in Plauen und Gera (1209–1238) dem Deutschen Orden die Kirche zu Plauen, deren Patronat der Orden 1244 erwerben konnte. Sogleich begannen die Deutschherren mit der Errichtung einer Kommende. Diese scheint sich zunächst im Bereich des Neustadtplatzes befunden zu haben [1]. Entscheidend für die Entwicklung des Ordens in Plauen wurde indes die Verlegung der Kommende an ihren heutigen Ort.

Es wäre verfehlt, das alte Konventsgebäude, das wir in neuem Glanz erstrahlen sehen, für die gesamte Kommende zu halten. Der weitläufige Komplex teilte sich in einen oberen und einen unteren Bereich. Das Konventsgebäude schloss an die innere Mauer der Altstadt an und füllte gleichsam den Zwinger auf. Unterhalb des Konventsgebäudes, zur Syra hin, breitete sich der Wirtschaftshof der Deutschherren mit Brauerei, Gärten usw. aus. Die Wohngebäude der Brüder befanden sich rund um den heutigen Kirchhof, wo sie wie Kurien von Domherren eine geschlossene

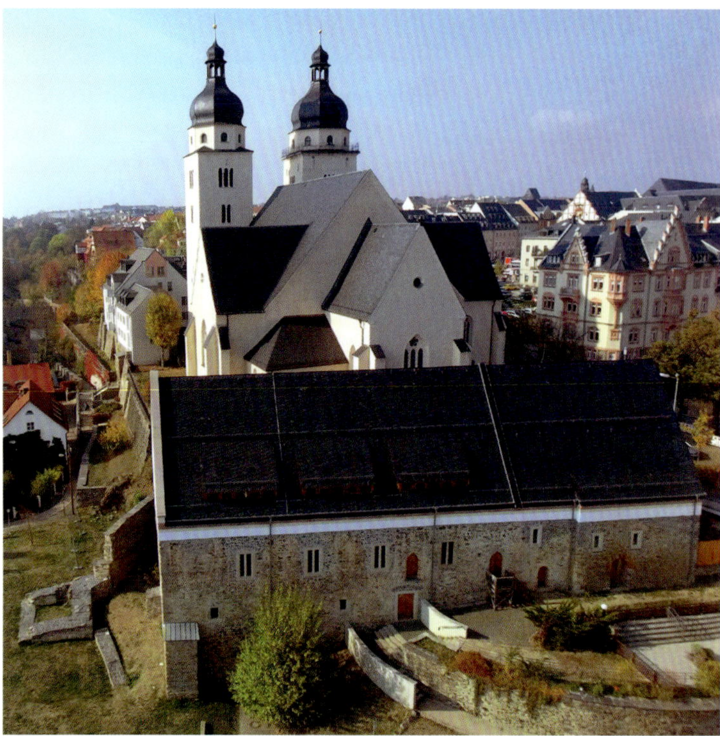

Blick auf das Konventsgebäude
des Deutschen Ordens in Plauen
(sog. Komturhof), im Hintergrund
die Johanniskirche

Der vorgezogene Turm
der Plauener Stadtmauer
(›Dansker‹) diente den
Deutschherren als Abort

Einheit bildeten. Das Wohnhaus des Komturs stand gleichsam auf der Stadtmauer. Daneben führte ein bis heute als »die Pforte« bekannter Durchgang aus der Stadt heraus: vielleicht ein Geheimausgang für den Orden, der seine Gäste nicht durch die Stadtwachen kontrolliert wissen wollte. Als um 1500 ein Stück Mauer just an dieser Stelle abstürzte, erwirkte die Stadt das Zugeständnis eines eigenen Schlüssels und der gemeinsamen Schlüsselgewalt [2].

Vor dem Konventsgebäude befand sich ein Turm, ein Eckpunkt der neuen, seit 1244 parallel zum Mühlgraben verlaufenden Stadtbefestigung, von dem noch wuchtige Reste in der Erde zu stecken scheinen. Dieser Turm, später als ›Turm der

Deutschen Herren‹ apostrophiert, wird heute als ›Dansker‹ ausgewiesen. 1336 erlaubte Heinrich III. »der Lange« von Plauen (1303–1347) seinem Vetter, dem Großkomtur, *Reusze genant*, den Bau eines Zugangs zum Turm, der über die Stadtmauer führte: *daz sy sullen obir dy statmueren eynen gank zcu yrem heymlichen gemache buewen so sy best mogen* [3].

Damit war das Areal, das dem Orden gehörte, noch immer nicht abgesteckt. Es erstreckte sich hinunter bis zur alten Elsterbrücke, wo Heinrich von Plauen 1332 *vor unserer stat zu Plawe bei der steinern brücken* das Hospital der Heiligen Elisabeth *gebawet vnd gestiftet* und dem Orden übergeben hatte (→ S. 429 f.). Gegenüber dem (1949

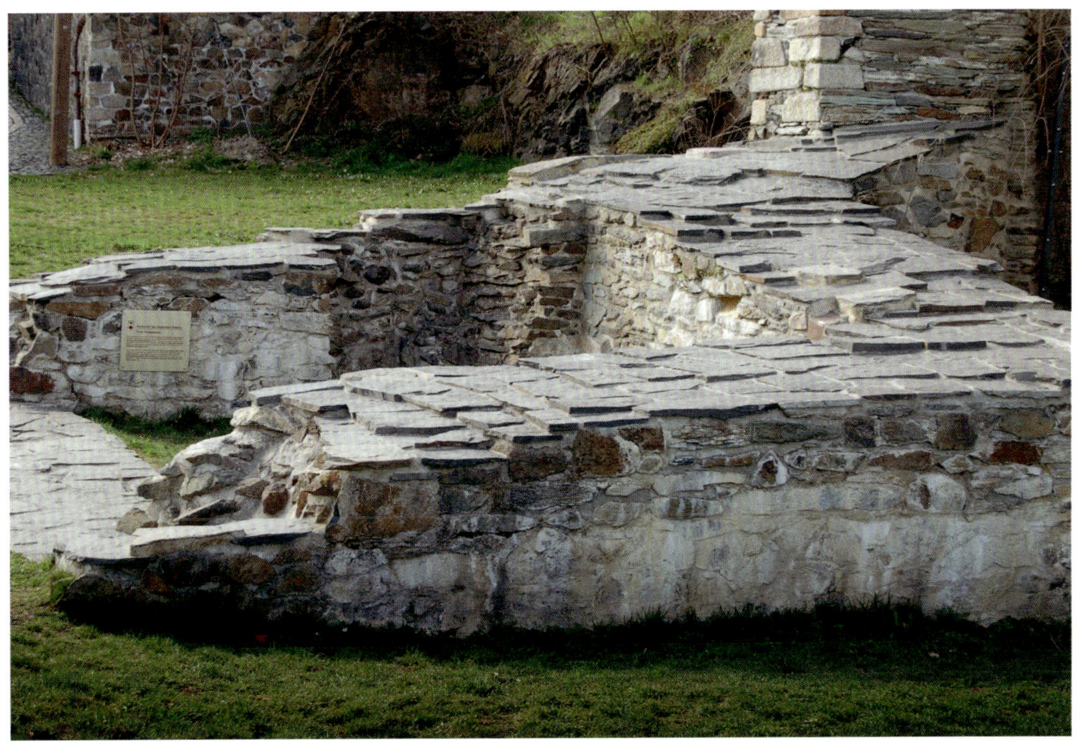

abgetragenen) Hospital befand sich die (1939 abgebrochene) Untere Mühle, die der Orden bereits 1224 zur geteilten Nutzung erhalten hatte, bis ihm Heinrich I. von Plauen (1238–1303) 1244 seinen Rechtsanteil übergab (→ S. 406 f.). Weiterhin besaß der Orden »bei der Pfarrkirche an der Elster« (*que iuxta parrochialem* […] *ecclesiam in Alestra ad meridiem est locata*) eine Badestube (*stuba balneari*), für deren Einrichtung ihm Heinrich IV. »der Mittlere« in Plauen und Gera (1209–1238) im Mai 1236 großzügige Zehnt-Einkünfte überließ (→ S. 408) [4].

Die Plauener Niederlassung gehörte zu den größeren der Ballei Thüringen. Sie blieb indes immer eine Priesterkommende ohne weltliche Ordensritter. Als ranghöchster Geistlicher mit Aufsichtspflicht war zunächst ein Prior eingesetzt. Ab etwa 1265 trat das Amt des Komturs an die Stelle des Priorats [5]. Bei der Visitation von 1410/11 wurden in Plauen *fratres 8 presbiteri*, 1451 dann sieben geistliche Brüder und der Komtur gezählt [6].

Über das geistige Leben in der Kommende existieren so gut wie gar keine Nachrichten. Eine Urkunde von 1291 erregte daher einige Aufmerksamkeit. In ihr verfügt der Landkomtur von Thüringen, dass die Bücher des verstorbenen Priesterbruders Petrus in die Ordensniederlassung Zschillen bei Rochlitz zu überstellen seien. KARL HEINRICH LAMPE nahm an, dass dieser *frater*

Petrus sacerdos aus der Plauener Niederlassung stammte [7]. Unter den 13 Titeln, die die Urkunde verzeichnet, fallen zahlreiche Predigtsammlungen als Hilfsmittel für Seelsorger auf. Der Landkomtur bestimmte, dass die Bücher dem Hause nicht entfremdet werden sollten, sondern zum Nutzen der Geistlichen gereichen möchten [8].

Anmerkungen
[1] Vgl. LUDWIG, S. 35.
[2] Vgl. BACHMANN, S. 23.
[3] Vgl. UB Vögte I, Nr. 776; BACHMANN, S. 28.
[4] Belege: UB Vögte I, Nr. 714; LUDWIG, S. 44; UB Vögte I, Nr. 64; vgl. LUDWIG, S. 37 f.
[5] Vgl. MILITZER, S. 204 f., 272.
[6] Vgl. Visitationen I, Nr. 62; Visitationen II, Nr. 175.
[7] Vgl. UB DO, Nr. 506, Anm. 2.
[8] Vgl. MENTZEL-REUTERS, S. 332 f.

STATUE HEINRICHS VON PLAUEN AM RATHAUS (1923)

Heinrich der Ältere, erstgeborener Sohn Heinrichs VII. von Plauen zu Mühltroff, trat 1391 in den Deutschen Orden ein. Er wandte sich ins Ordensland Preußen. Von 1399 bis 1402 war er Komtur des Hauses in Danzig, 1402 bis 1407 in Nessau und Morin, 1407 bis 1410 in Schwetz. 1410 erlebte der Orden das Debakel der Schlacht bei Tannenberg, bei dem an die 40.000 Mann auf Ordensseite ihr Leben ließen, darunter auch der Hochmeister. Die Katastrophe wurde unverhofft zum Ausgangspunkt für den Ruhm des Plaueners. Heinrich, der an der Schlacht nicht teilgenommen hatte, führte die versprengten Truppen zurück zur Marienburg, dem Haupthaus des Ordens. Er verteidigte es über neun Wochen gegen die nachsetzenden polnisch-litauischen Truppen, denen der historische Moment bewusst war.

Eine Stürmung hätte das Ende des Ordensstaates Preußen bedeutet. Dass Heinrich die Marienburg halten konnte, bedeutete dagegen die rasche Wiederherstellung der Ordensherrschaft in Westpreußen. In Anerkennung seiner Verdienste wählte das Generalkapitel Heinrich von Plauen zum 27. Hochmeister.

Die Wahl war, wenn man so will, eine symbolische Entscheidung. Den neuen Hochmeister drückten nach dem Frieden von Thorn (1411) erhebliche Reparationszahlungen. Um finanzielle Unterstützung angegangen, speiste der livländische Ordenszweig den Hochmeister mit dem Hinweis auf seine notorische Armut ab. Dass Heinrich in den reichen Städten Thorn und Danzig, die sich nach Kriegsende als ›Steuerflüchtlinge‹ der polnischen Krone angedient hatten, hart durchgriff und in Danzig sogar drei Ratsherren hinrichten ließ, ist wohl zuletzt Beleg seiner »autokratischen« Herrschaft [1]. Vielleicht in Überschätzung seiner Möglichkeiten, jedenfalls aber der Treue seiner Gefolgschaft, entschloss sich der Plauener 1413 zu einem Offensivschlag gegen Polen. Doch der Ordensmarschall Michael Küchmeister ordnete den Rückzug der Truppen an, und als ihn Heinrich auf der Marienburg abzusetzen suchte, war das Komplott gegen den Plauener bereits eingefädelt. Heinrich von Plauen wurde als Hochmeister abgesetzt und erhielt die Komturei Engelsburg. Dass sein Bruder mit einigen Getreuen eine Intrige spann, von der Heinrich Kenntnis haben musste, machte den Plauener nunmehr untragbar [2].

Von 1414 bis 1422 saß Heinrich von Plauen gemeinsam mit seinem Bruder, dem zum Pfleger von Lochstädt degradierten ehemaligen Komtur von Danzig, zunächst in leichter Haft auf Burg

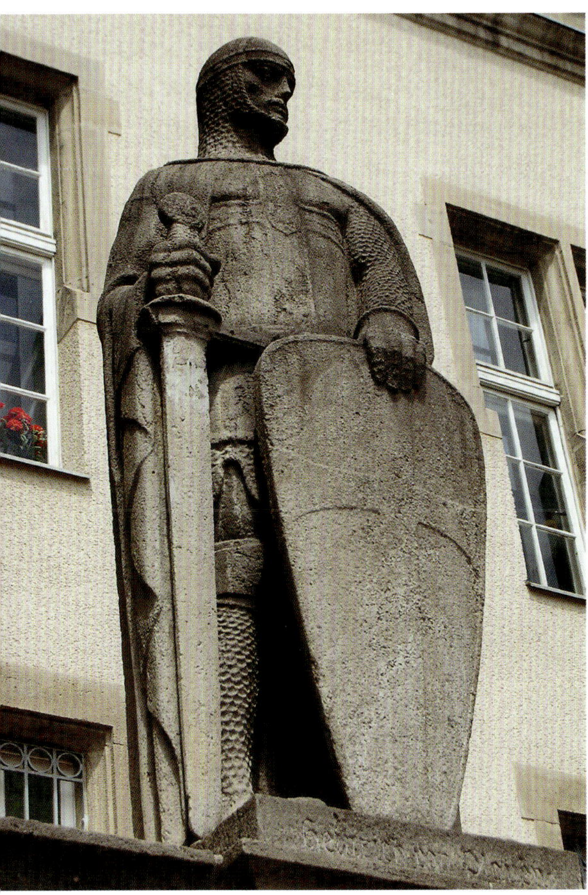

Statue des Hochmeisters (1410–1413) Heinrich von Plauen vor dem Plauener Rathaus

Brandenburg (Haff), nach weiteren Interventionen der Plauener jedoch in Danzig im Gefängnis. Begnadigt wurde er erst von Küchmeisters Nachfolger Paul von Rusdorf, der ihm das Amt des Pflegers von Lochstädt zuwies. Dort starb der Held der Marienburg 1429. Er wurde in der Kirche zu Marienwerder beigesetzt, wo sich seine Grabplatte noch heute befindet.

Heinrichs von Plauen Schicksal faszinierte über Jahrhunderte. Unschwer erkannten spätere Generationen im Retter der Marienburg einen Helden im Kampf gegen eine ›Bedrohung‹ aus dem Osten: einen in aussichtsloser Lage erfolgreich durchhaltenden Deutschritter. Deutsche und polnische Nationalisten schenkten sich hier nichts. Was dem einen die Marienburg war, war dem anderen Tannenberg. Kein Geringerer als der romantische Dichter Joseph von Eichendorff, der als Verwaltungsbeamter in Danzig und Königsberg zu tun hatte, verfasste 1830 ein Trauerspiel ›Der letzte Held von Marienburg‹. Heinrich erscheint darin »als große, tragische, von den Seinen am Ende nicht verstandene Heldengestalt, die ihrem eigenen Gesetz folgt.«[3]. Verständnis findet der Ordensmann allein bei den Frauen, die zu begehren ihm allerdings versagt ist [4]. Weniger differenziert wäre wohl das nur geplante, jedoch nicht realisierte Drama des Historikers Heinrich von Treitschke ausgefallen [5].

Die an der Ostseite des Plauener Rathauses platzierte Statue aus Muschelkalk, die 1923 nach einem Entwurf des Dresdener Bildhauers Selmar Werner ausgeführt wurde, steht also in einer langen Tradition.

Anmerkungen
[1] So BISKUP, S. 125.
[2] Vgl. NÖBEL, S. 65–67.
[3] BOOCKMANN, S. 452.
[4] Vgl. KIRCHBERGER, S. 163f.
[5] Vgl. BOOCKMANN, S. 455.

KIRCHE ST. JOHANNIS DES TÄUFERS IN SKALNÁ (WILDSTEIN)

Die Kirche St. Johannis des Täufers in Skalná (Wildstein) war eine Gründung des Deutschen Ordens. Vermutlich wurde das Gotteshaus von

Eger aus besetzt. Die Herren Nothaft, die seit geraumer Zeit auf Burg Wildstein (→ S. 294) saßen, spielten wohl ebenfalls eine Rolle. In der Folgezeit hatten die Nothaft und der Orden immer wieder mit einander zu tun.

Das genaue Alter der Gründung ist nicht bekannt. Doch bereits 1281 zeugt ein *plebanus in Wiltstein*, als Ekkehard Nothaft von Wildstein dem Deutschen Orden in Eger das Patronatsrecht über einen Zehnthof in Oberndorf verlieh. Als Engelhart von Wildstein 1295 ein Waldstück an Kloster Waldsassen veräußert, besiegelt Komtur Meinhard von Eger den Verkauf. Als die Wildsteiner ihre Burg 1298 zurückkaufen, zeugt der Egerer Komtur Heinrich von Kürbitz. 1307 schließlich schenkt Heinrich von Wildstein, Sohn des Ekkehard Nothaft, der Kommende in Eger Zehnt in Lindau und Hirschfeld. Unter den Zeugen befindet sich der Wildsteiner *plebanus Dominus Henricus* [1]. Aus der schlecht dokumentierten Frühgeschichte der Kirche ist ansonsten nur noch ein Beinahe-Ereignis erwähnenswert. Im Mai 1382 konnte ein groß angelegter Anschlag auf das Wildsteiner Kirchweihfest, den der vogtländische Ritter Heinrich von Döhlen, Placker im Egerland und Gefolgsmann der Vögte während der Guttenberger Fehde, mit einer beträchtlichen Mannschaft am 18. Mai plante, vereitelt werden [2].

Die karge Urkundenlage lässt keine weiteren Schlüsse auf die Existenz einer Niederlassung oder gar einen Einfluss der Vögte zu. Obwohl die Kirche gemeinsam mit der alten Burg die Stadt dominiert, lohnt ein Besuch nur, wenn man sich auf die Burg konzentriert oder mit barocker Sakaralarchitektur des frühen 18. Jahrhunderts etwas anfangen kann [3].

Anmerkungen
[1] Belege: UB DO, Nr. 355; UB DO, Nr. 568; UB DO, Nr. 612; UB DO, Nr. 709.
[2] Vgl. LULLIES, S. 70.
[3] Zur Ausstattung: HAMPERL, Topographie, S. 635.

KOMMENDE ADORF

Um 1270 fasste der Deutsche Orden auch in Adorf Fuß. Im Februar 1290 erscheint die Kirche St. Johannis des Täufers als Filialkirche von Asch, das zuvor an den Orden gegangen war [1]. Selbständig wurde die Niederlassung, die etwa am Standort des heutigen Pfarrhauses gelegen haben dürfte, nach 1323 und vor 1328 [2]. Sie gehörte, wie Asch und Eger, zur Ballei Thüringen. Mit vier Priesterbrüdern blieb sie überschaubar. Dass der Volksmund die Johanniskirche auch als »Spitalkirche« kennt, deutet womöglich auf eine alte Zugehörigkeit. Sie bildet sich indes nicht in den Urkunden ab.

Seit etwa 1400 lassen sich Stiftungen für das Ordenshaus belegen. 1407 erhielten die Brüder vom Stadtrat, der zugleich für sich eine ewige Messe stiftete, die Kapelle zum Heiligen Kreuz zugewiesen. Komtur war 1419 mit Hans Gumerauer ein Mitglied einer einflussreichen Familie aus Eger [3]. Bei den Visitationen von 1410/11 und von 1451 gehörten jeweils drei Priester dem Hause an [4]. Nichts deutet darauf, dass die Vögte die Adorfer Niederlassung für strategische Ziele ausersehen hatten.

1498 wurde der Kapelle eine Spitzbogenpforte eingesetzt. Trotz mehrfacher Zerstörung im Schmalkaldischen und Dreißigjährigen Krieg überdauerte die Pforte bis heute: freilich nicht als Portal der Kreuzkapelle, sondern als Ein-

gangstor der 1856 neu gebauten Johanniskirche .
Die Pforte ist, recht besehen, das einzige historische Relikt des Ritterordens in der von Bränden
und Kriegen geschüttelten Stadt, in der bereits
1521 die Reformation einzog.

Anmerkungen
[1] Vgl. UB DO, Nr. 477. Der Übergang von Asch ist strittig.
[2] Vgl. SOMMERLAD, S. 17.
[3] Belege: VON RAAB I, Nr. 64 (1404); Nr. 241 (1419); VON
     RAAB I, Nr. 83.
[4] Vgl. Visitationen I, Nr. 62; Visitationen II, Nr. 175.

KOMMENDE ASCH

Die Niederlassung in Asch dürfte nur etwas älter sein als ihre Filiale in Adorf. Sie muss im Zusammenhang mit der Übernahme einer Kirche
erfolgt sein. In dieser Sache kollidieren freilich
gleich drei einander ausschließende Urkunden.
1) Bereits 1263 sichert sich der Deutsche Orden
bei König Ottokar II. das Patronatsrecht für die
Kirchen in Plauen, Reichenbach und Asch. 2) 1270
schenkt Vogt Heinrich I. von Plauen (1238–1303)
dem Deutschen Orden die Parochie und das Patronatsrecht der Kirche in Asch. Die Zeugenreihe
eröffneten die Komture Johannes aus Plauen und
Herrmann aus Eger. 3) Im Februar 1290 überträgt
Heinrich von Plauen dem Orden Asch mitsamt der
Filiale Adorf. Darüber hinaus bestätigt der Plauener der Niederlassung die Besitztümer in Asch,
die ihr sein *avunculus* Heinrich von Weida zugewiesen hatte. 1309 bestätigte Heinrich III. »der
Lange« dann noch einmal das Patronatsrecht [1].

In der Folgezeit sucht man Spuren der Vögte
vergeblich. Anders als in Reichenbach oder
Plauen finden sich auch keine Angehörigen der
Familien unter den Brüdern. Ohnehin dürfte die

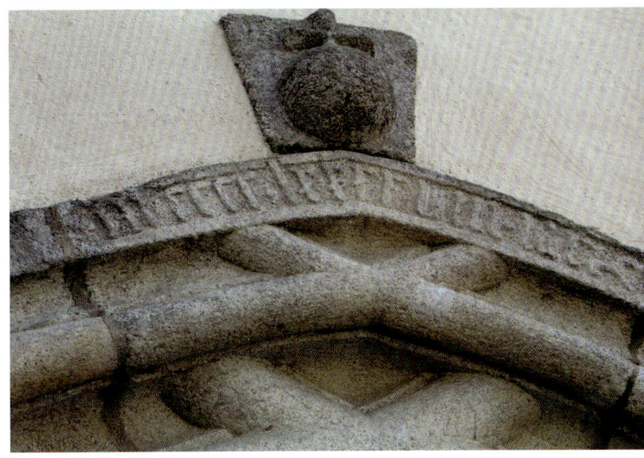

Das Portal der Johanniskirche in Adorf stammt aus der alten
Kapelle Heiligkreuz (1498)

Niederlassung, wie ihr Adorfer Abzweig, nicht
mehr als drei, vier Priesterbrüder beherbergt haben. Bei der Visitation von 1451 taucht sie überhaupt nicht mehr auf [2]. Sie ging dann mit der
gesamten historischen Stadt Asch (→ S. 162 f.)
im Zuge etlicher Überbauungen verloren. Nicht
einmal der um 1370 in Stein neu errichtete Kirchenbau überdauerte die Zeiten. 1747 entstand
ein Gotteshaus im Geist des Barock, das 1960
endgültig niederbrannte.

Anmerkungen
[1] Belege: UB DO, Nr. 174 (1263); UB DO, Nr. 219 (1270); UB
     DO, Nr. 477 (1290); UB DO, Nr. 733 (1309); vgl. SOMMER-
     LAD, S. 16.
[2] Vgl. Visitationen II, Nr. 175.

EGER

Die Anfänge des Deutschen Ordens in Eger datieren wohl noch in die Ära des Stauferkaisers
Friedrich II.. LAMPE setzt sie nach 1214 bzw. um
1236 an [1]. Vermutlich ließen sich die Deutsch-

herren auf einem Grundstück nieder, das König Heinrich um 1234 den Herren von Liebenstein abgekauft hatte. Die Anlage der Kommende erfolgte planmäßig unterhalb der Pfarrkirche und nahe am Wasser [2]. Urkundlich greifbar werden die Ritterbrüder 1256, als der Bischof von Regensburg dem Spital der Deutschherren eine Zuwendung macht. 1258 und 1259 dann bestätigen Konradin als Sohn des Staufers und Papst Alexander IV. dem Orden den Patronat über die Nikolauskirche. Jetzt fließen die Quellen reichlich. Sie führen uns eine wirtschaftlich starke und politisch einflussreiche Kommende vor Augen, die nicht nur über ihre Angehörigen eng mit dem Vogtland und den Ordenshäusern zu Plauen und Schleiz verwoben erscheint. Auch die Vögte haben immer wieder mit den Komturen zu tun.

1264 muss der Papst die Zehntpflichtigen der Kommende ermahnen, ihre Einkünfte und Güter ordnungsgemäß anzugeben. Aufs Ganze gesehen flossen die Zuwendungen aber regelmäßig. Wir finden einige bedeutende Wohltäter des Hauses. 1279 übertrug Heinrich I., Pfalzgraf bei Rhein und *dux Bawarie*, dem Ordenshaus ein Gut in Moschwitz, was 1283 sein Nachfolger Ludwig Pfalzgraf bei Rhein (gest. 1294) bestätigt, und Burggraf Friedrich III. von Nürnberg bestätigt den Brüdern 1290 Besitz in Au. Die Nothafte auf Burg Wildstein begünstigten den Orden seit 1281 wiederholt. 1292 kaufte der Orden zwei Dörfer aus dem Besitz Albrecht Tullingers [3]. In diesen Jahren war mit Dietrich von Colditz ein thüringischer Ministerialer Komtur (1296–1298), der später Oberster Trappier in Venedig (1304) werden sollte [4].

Aus einem Güterverzeichnis des Jahres 1448 wird das Ausmaß der Besitzungen deutlich. Das

Haus war denn auch eines der größten in der Ballei Thüringen. Bei der Visitation von 1410/11 lebten hier *fratres 19, quorum 16 presbiteri*: das war ein Fünftel der gesamten Belegschaft der Ballei Thüringen (*Summa fratrum 98°*), der nach Franken (198) zweitgrößten Ballei im Reich und Italien. 1451 waren es immer noch vierzehn Brüder, von denen offenbar nur einer *eyn ritterbruder* war. Darüber hinaus scheint man, wie in Plauen, noch zwei inkorporierte Pfarrer beherbergt zu haben [5].

Konflikte mit dem Kloster Waldsassen waren für alle Akteure in der Region unvermeidlich. Im Frühjahr 1265 vermittelte der Plauener Prior eine Schlichtung. Kurz darauf scheint man aber wieder einträchtig Geschäfte gemacht zu haben. Einhundert Jahre später, im Juli 1360, muss der Vogt von Plauen selbst eingreifen, um einen Streit zwischen dem Ordenshaus und der Stadt Eger zu schlichten. Dass es mit den Kreuzherren vom Roten Stern, die seit 1270 ein eigenes Spital betrieben, nicht öfter zu Konflikten kam, verwundert geradezu [6].

Anmerkungen
[1] UB DO, Nr. 142.
[2] Vgl. TIETZ-STRÖDEL, Entwicklung, S. 84.
[3] Belege: UB DO, Nr. 135; UB DO, Nr. 142, 145; UB DO, Nr. 178; UB DO, Nr. 304; UB DO, Nr. 382; UB DO, Nr. 489; UB DO, Nr. 352, 355; UB DO, Nr. 514.
[4] Vgl. MILITZER, S. 399.
[5] Vgl. Visitationen I, Nr. 62; Visitationen II, Nr. 175.
[6] Belege: UB DO, Nr. 184, 185; UB DO, Nr. 212f.; UB Vögte II, Nr. 74; UB DO, Nr. 585 (Schlichtung von 1296).

Hauptpfarrkirche St. Nikolaus und St. Elisabeth (→ S. 235)
Bibliothek des Deutschordenshauses (→ S. 338)
Lateinschule (→ S.425)
Deutschordens-Hospital der Heiligen Jungfrau (→ S. 434)

KIRCHEN IM VOGTLAND

Dass das Vogtland in kirchengeschichtlicher Hinsicht keine historische Größe darstellt, kann nicht verwundern. Seine kirchliche Entwicklung im Mittelalter hat Teil an den allgemeinen Entwicklungen der Zeit, vorzüglich aber an denen in der Diözese Naumburg. Ihren Bischöfen unterstanden die Kerngebiete des thüringischen und sächsischen Vogtlandes, die überwiegend in einem Archidiakonat zusammengefasst waren. Der Archidiakonat gliederte sich wiederum in sechs Dekanate, von denen vier das Vogtland strukturierten und ihre Sitze in Gera, Weida, Greiz und Schleiz hatten. Der Nordosten mit Schmölln und Crimmitschau befand sich bereits im Archidiakonat Altenburg. Das bayerische Vogtland gehörte kirchlich teilweise zur Diözese Bamberg (Hof, Rehau), teilweise zur Diözese Regensburg (Adorf, Asch).

Die Verwaltungsstruktur bildet natürlich nicht immer die historisch wirksamen Schwerpunkte der regionalen kirchlichen Entwicklung ab. Diese wurde von den so genannten Altpfarreien aus geprägt. Dabei handelt es sich um frühe Kirchen, die für die geistlichen Handlungen in einem relativ weit gespannten Netz von Tochter- oder Filialkirchen (zu lat. *filia*, ›Tochter‹) verantwortlich zeichneten. Die Veitskirche in Wünschendorf war so eine Altpfarrei, auch St. Lorenz in Hof, St. Laurentius in Elsterberg oder die Pfarrei Berg im ›Berger Winkel‹. Dass die Geschichte der Altpfarreien immer auch eine Geschichte der Dezentralisierung ist, versteht sich von selbst. Dabei ging es nicht einmal so sehr um die Einkünfte, die der Altpfarrei für die verantworteten Dienste zuflossen, sondern um die Mitbestimmung der Gemeinden in der Fläche. Mildenfurth, dem die Veitskirche gehörte, hat solche Bestrebungen immer wieder zu spüren bekommen.

Mit der kirchengeschichtlichen Entwicklung ist die architektur- und kunstgeschichtliche auf eine eigentümliche Weise verbunden. Am ›Kulturweg der Vögte‹ finden sich romanische, gotische, barocke und klassizistische Gotteshäuser. Der heutige Aspekt ist indes kein Indikator für das tatsächliche Alter einer Kirche. Viele romanische Bauwerke befinden sich in kleinen und kleinsten Dörfern (etwa rings um Gera). Sie bezeugen nicht in erster Linie, aber doch auch, dass vor Ort Mittel und Möglichkeiten für Neubauten fehlten. Im Verhältnis schwächer repräsentiert als die Romanik scheint, was die Architektur betrifft, die Hochgotik. Erst gegen 1500 setzt ein spätgotischer Bauboom ein, der Vorgängiges überformte (u. a. in Neumark). In den Städten, in denen es oft brannte, finden sich oft neuere oder wesentlich erneuerte Kirchenbauten (u. a.

in Berga, Gera, Greiz, Ziegenrück). Hier spielte nicht nur der Einzug der Reformation, sondern auch der Gestaltungswille und das finanzielle Vermögen der Obrigkeit eine gewichtige Rolle. Kunstgeschichtlich bedeutet das, dass, wer in die Kirchenlandschaft der Vögte eintauchen will, auf den Dörfern mitunter mehr findet, und das gilt nicht allein für die Bauformen. So manche Dorfkirche beherbergt seit dem Spätmittelalter Kunstwerke ersten Ranges (u. a. Dobia, Münchenbernsdorf, Röthenbach). Der folgende Weg durch die sich im Vogtland entfaltende Sakrallandschaft musste daher versuchen, zwischen historischer und architektonischer bzw. kunsthistorischer Bedeutsamkeit zu vermitteln.

Kirche St. Marien in Gera-Untermhaus (→ S. 52 f.)

DORFKIRCHE ST. MARGARETHEN IN GERA-TINZ

Die Margarethenkirche in Gera-Tinz gehört zu den ältesten Gotteshäusern im Raum Gera. Ihr Pfarrer war Kaplan der Vögte auf Schloss Osterstein (→ S. 52). Den ersten Geistlichen greifen wir 1315 als Zeugen der Vögte von Gera. 1320 vertritt der *plebanus in Tintz* seinen Herren Heinrich von Gera als *procurator* in einem Streit mit dem Kloster Waldsassen [1].

Architektonisches Relikt noch des frühen 13. Jahrhunderts ist das Turmuntergeschoss [2]. Unter den zahlreichen Umgestaltungen war der Abbruch des Langhauses (1838) der folgenschwerste. Freilich: das Langhaus war eine Baumaßnahme des 15. Jahrhunderts, die sich aus der Beliebtheit der Kirche als Wallfahrtsort der Heiligen Margarethe erklärte, an deren Jahrestag

(13. Juli) Ablass gespendet und ein Jahrmarkt gehalten wurde. Die Kirche besaß damit eine hohe Attraktivität auch als Pfründe. 1359 übereigneten sie die Vögte Heinrich V. und Heinrich VII. von Gera dem wirtschaftlich kränkelnden, allerdings weit entfernten Kloster Saalburg. Das führte zu Unzuträglichkeiten für alle Seiten, doch erst 1496 tauschte Heinrich XI. »der Ältere«, Herr von Gera zu Lobenstein (1489–1508), die Kirche zu Tinz gegen die Pfarrei Friesau, die nun an Saalburg ging, zurück [3].

Aus der Zeit um 1400 stammt ein bemerkenswertes Dokument. Heinrich, Pfarrer in Tinz, und sein Bruder Friedrich, Pfarrer in Berga, vermachten dem Stift Mildenfurth für ihr Seelenheil eine ganze Reihe von Büchern [4]. Die Titel verweisen auf das klassische Profil von Pfarrgeistlichen. Da Mildenfurth mit der geistlichen Versorgung des Umlandes beauftragt war, kam die Schenkung des Pfarrers von Tinz gewiss gut an.

Um 1500 schöpft die Kirche aus dem Vollen. Nun entstehen eine Reihe sakraler Kunstwerke, und auch das liturgische Gerät wird aufpoliert. 1503 leistet man sich eine neue Kirchenfahne; 1505 erwirbt man einen Kruzifix, 1513 einen Altar des Heiligen Valentin. Im gleichen Jahr wird ein Zimmermann für einen neuen Predigtstuhl bezahlt [5]. Mit vollen Segeln steuert die Kirche in Tinz der Reformation entgegen, die der Landesherr immerhin bis 1540 zurückzudrängen vermag. Mit dem Einzug des neuen Glaubens verblieb von der Innenausstattung außer dem Kruzifix nur der 1497 datierbare Flügelaltar des Zeitzer Meisters Matthias Plauener, eine »hervorragende Arbeit« [6]. Im geöffneten Zustand (Festtagsseite) zeigt er in der Mitte die Gottesmutter als Mondsichelmadonna, zu ihrer Rech-

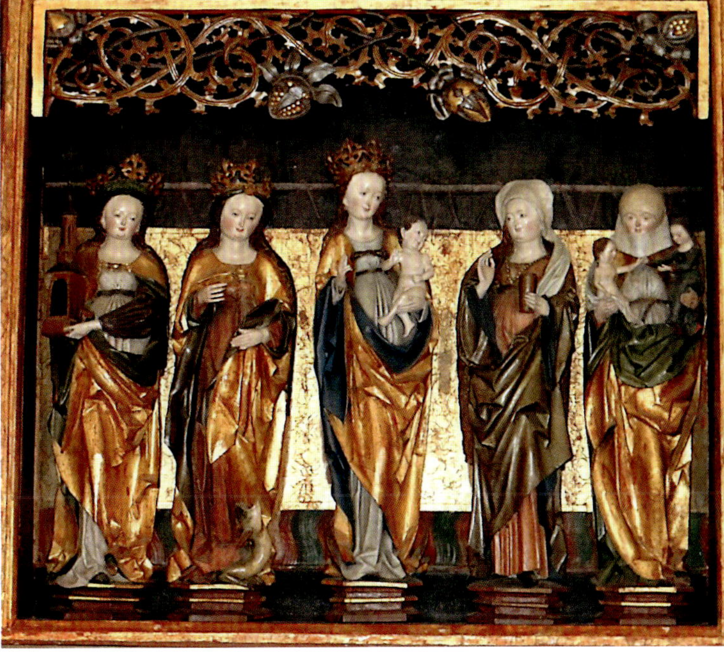

Um 1400 schenkte Heinrich, Pfarrer in Tinz, einige Bücher nach Mildenfurth (ThULB Jena, Ms. El. f. 31, f. 101r)

Der Mittelschrein des Margarethenaltars in Gera-Tinz (1497)

ten die Heilige Margarethe mit dem Drachen und, außen, die Heilige Barbara, zu ihrer Linken Maria Magdalena mit dem Salbgefäß und die Heilige Anna Selbdritt. »Bemerkenswerth ist folgender Zug: alle fünf heiligen Frauen erscheinen freundlich lächelnd; dieses die himmlischen Fürbitterinnen charakterisierende Lächeln ist aber von dem Künstler nicht stereotyp den Gesichtern aufgeprägt, sondern erscheint jedem einzelnen Charakter entsprechend anders gebildet, bei Maria hoheitsvoll, bei Barbara mädchenhaft unschuldig, bei Magdalena kokett.« [7] Im rechten Flügel stehen die Bischöfe Wolfgang und Valentin von Terni, im linken die Märtyrer Andreas (mit Kreuz) und Sebastian. Auf der Alltagsseite, deren linker Flügel verloren ist, rahmen Johannes der Täufer und Laurentius (mit dem Rost) die Heiligen Odilia von Hohenburg, die ein Buch mit einem Augenpaar darauf trägt, und Lucia von Syrakus, der ein Schwert im Hals steckt.

Anmerkungen
[1] UB Vögte I, Nr. 463; UB Vögte I, Nr. 502.
[2] Zu den Veränderungen LEHFELDT, Gera, S. 110f.
[3] Vgl. RONNEBERGER, S. 115.
[4] Die Liste der Titel hat sich glücklich in einer Jenaer Handschrift erhalten. Vgl. TÖNNIES, S. 316f.
[5] Vgl. SLADECZEK, S. 165, 160.
[6] LEHFELDT, Gera, S. 111. Nur aus Kirchenrechnungen wissen wir, dass 1493 ein Maler für Wandmalereien entlohnt wurde; vgl. SLADECZEK, S. 210.
[7] LEHFELDT, Gera, S. 112.

Ruine der Widenkirche in Weida (→ S. 63)
Stadtkirche St. Marien in Weida (→ S. 270, 352)
Neustadtkirche St. Peter in Weida (→ S. 67)

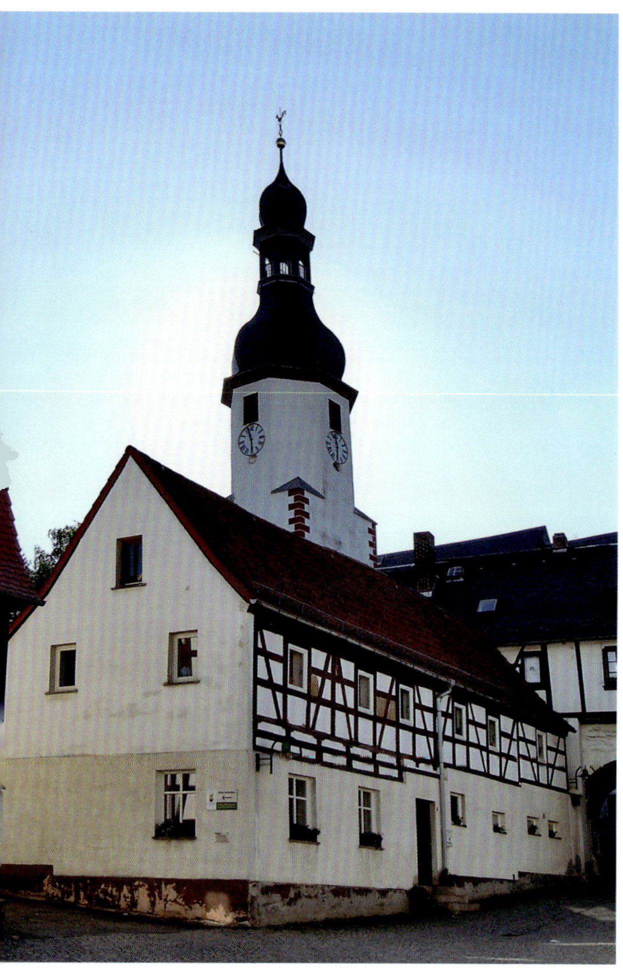

Die Kirche in Neumark (1498)

KIRCHE NEUMARK

In Neumark, wo gewiss schon im 12. Jahrhundert eine Kirche gestanden hat, befindet sich ein sehr gut erhaltenes, im Inneren ansprechend restauriertes und überlegt präsentiertes Gotteshaus, das 1498 in der heute noch weitgehend gültigen Form errichtet wurde.

Zu den wertvollsten Stücken der Inneneinrichtung gehören zwei erhaltene Teile des verlorenen Marienfensters mit Stifterfiguren und Geistlichen [1]. Über beiden sind lateinische Spruchbänder angebracht, die die Gebete zur Gottesmutter herauftragen: »Löse den Sündern die Fesseln und bringe den Blinden das Licht« bitten die Stifter, während der Pfarrer betet: »Maria, Mutter der Gnade und Mutter der Barmherzigkeit, beschütze und empfange uns in der Stunde des Todes«. Es handelt sich, wie schon RICHARD STECHE entdeckt hatte, um Versatzstücke aus dem Vesperhymnus des Marienoffiziums. »Die Malereien sind von einem tüchtigen Meister gefertigt und umso werthvoller, weil dergleichen im Lande nur wenige erhalten sind.« [2]. Die Fenster werden neuerdings dem berühmten Meister Hans Hesse (ca. 1470–1539) zugeschrieben.

Weiterhin beachtenswert ist ein Kruzifix, das dem Zwickauer Peter Breuer als Frühwerk zugesprochen und in die Jahre um 1498–1500 datiert wird [3]. Die ältere Kunstgeschichte war des Lobes voll für die in diesen Jahren entstandenen Kruzifixe Breuers: »Wie selbstverständlich entsprechen sie noch heute, nach allem Wechsel des Bekenntisses und des Geschmacks, der Aufgabe des religiösen Andachtsbildes! Wie sicher stehen sie zwischen den Extremen einer übertriebenen Leidens- und Elendsdarstellung und einer schönen, aber kühlen Aktfigur! Und wie überzeugend verbindet sich in ihnen das gültige Christusideal mit dem persönlichen Menschentypus Breuers!« [4]. Der Gekreuzigte hing bis 1844 im gotischen Triumphbogen [5] und kam nach fünfundzwanzig mageren Jahren auf dem Kirchboden an seinen jetzigen Platz an der Südwand des Chores neben der 1869 errichteten Kanzel.

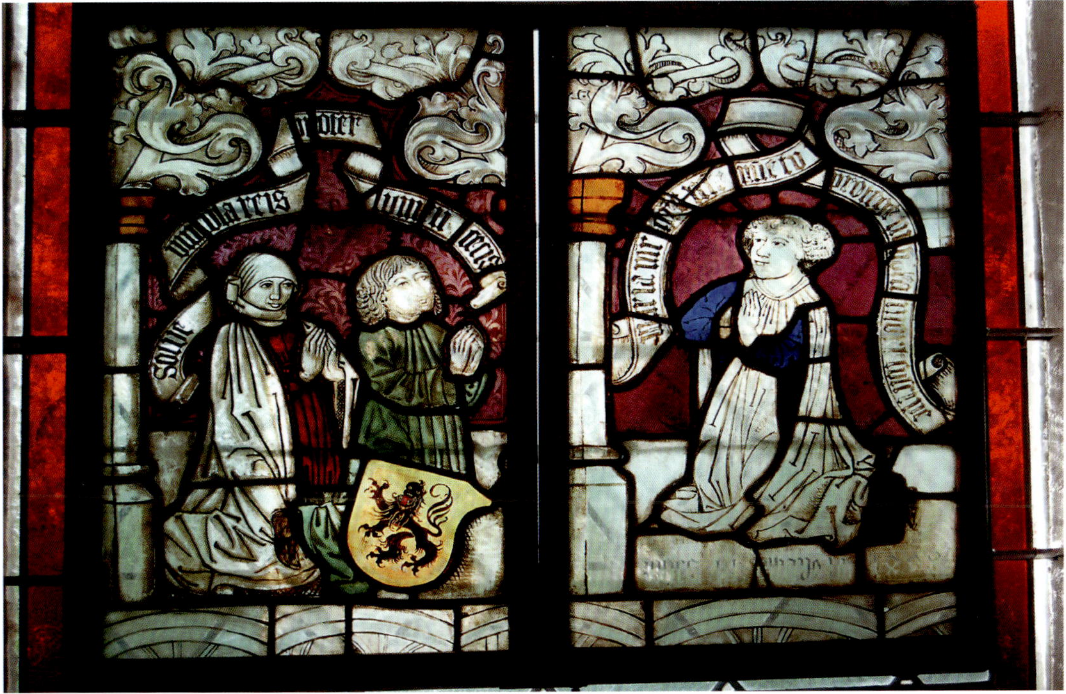

Die Glasfenster der Kirche in Neumark mit Stifterfiguren und Geistlichem

Anmerkungen
[1] Abbildung auch in AK Mühlhausen 2013, S. 41.
[2] STECHE, Plauen, S. 45.
[3] Vgl. HENTSCHEL, Breuer, S. 107, 195 f.
[4] HENTSCHEL, Breuer, S. 107.
[5] Vgl. STECHE, Plauen, S. 45.

Kirche St. Annen in Ruppertsgrün (→ S. 31)

KIRCHE LANGENHESSEN

Halbwegs zwischen Werdau und Crimmitschau liegt das alte Kirchdorf Langenhessen. Die dortige Kirche ist in ihrer Substanz alt. Sie dürfte durch die Augustinerchorherren von St. Martin in Crimmitschau (gegr. 1222), die 1270 von Vogt Heinrich VIII. »von Orlamünde« (1254–1279)

den Patronat über die *parrochia in Hessen* übertragen bekamen, maßgeblich vorangetrieben worden sein [1]. STECHE datierte die »Bildung der zwei Gewölbejoche« des Chores in diese Zeit [2]. Auf welchen Wegen der Patronat bereits um 1285 bzw. 1289 an die Zisterzienserinnen in Frankenhausen kam, ist undeutlich. Bischof Bruno von Naumburg (1285–1304), in dessen Amtszeit die Übersiedlung der Schwestern aus Grünberg erfolgte, könnte mitgeholfen haben [3].

Im Chor befindet sich ein vierflügeliger Schnitzaltar. RICHARD STECHE, der die Figuren und Motive als erster beschrieb, hat sie nicht durchweg entschlüsseln können. Bei geöffneten Flügeln zeigen sich Schnitzfiguren eines Papstes mit Buch, der Anna Selbdritt und des Drachen-

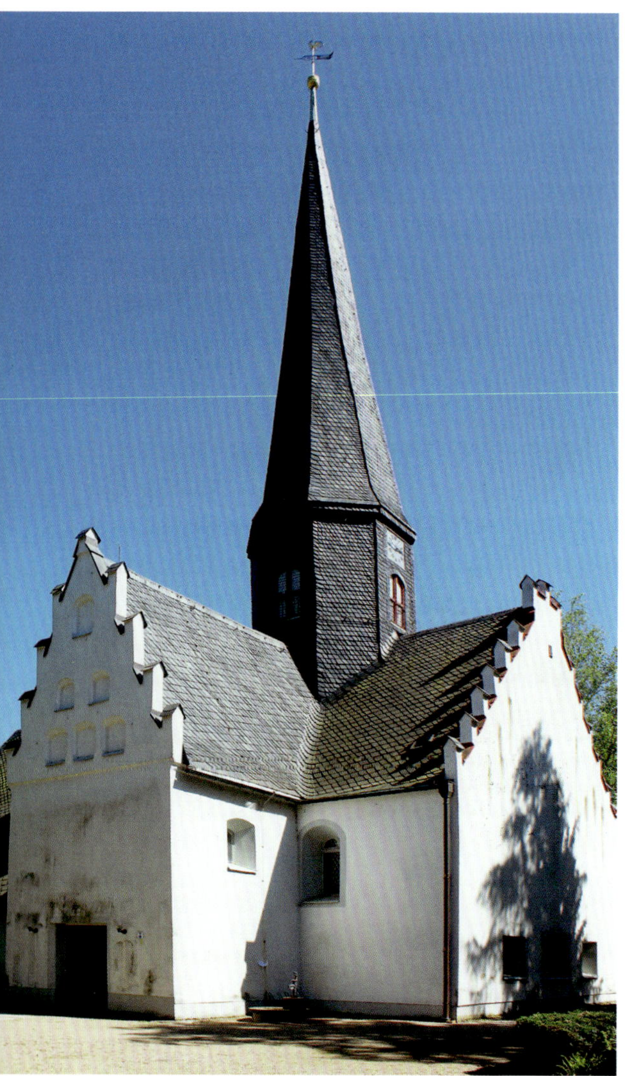

Staffelgiebel an der Kirche in Langenhessen

töters Georg, darunter Margarethe, Johannes der Täufer, zentral Maria mit Kind und die Heilige Katharina. In der Predella, die mittig die geschnitzte Grablegung zeigt, ist linker Hand ein gemalter Mönchsheiliger, rechter Hand Laurentius zu sehen. Bei geöffneten Flügeln tritt ein

Zyklus mit Bildern aus dem Leben des Täufers Johannes zum Vorschein. Beachtung verdienen die unteren Darstellungen, die STECHE wie folgt beschrieb: »Ein Augustiner-Mönch in weissem Untergewande und schwarzem Ueberwurf bringt einem zweiten das Haupt [des Täufers]«, bzw.: »Ein Priester in rothem Untergewande und weissem Ueberwurf beschwört durch eine Reliquie das ein Schiff gefährdende Ungewitter.« [4].

Die vermeintliche Präsenz der Augustiner ist angesichts der Datierung des Altars erstaunlich. Neben dem Apostel Petrus findet sich die Jahreszahl 1507, neben dem Monogramm des Künstlers die Jahreszahl 1508. Bereits 1480 war das abgewirtschaftete Stift St. Martin jedoch an den Orden der Kartäuser übergegangen, so dass die Darstellung von Augustinern nicht recht einleuchtet. Angesichts der großzügigen Unterstützung des Ordens durch die Kurfürstin Margarethe und den reichen Zwickauer bzw. Crimmitschauer Amtmann Hans Federangel ist der aufwendige Altar sehr gut als Werk für die Kartäuser vorstellbar. STECHE, der ihn »nicht über gleichzeitige ähnliche Arbeiten« stellen wollte, verglich »die sorgfältige Behandlung«, die »den starken Einfluss der fränkischen jüngeren Schule« zeige, immerhin mit den Stücken in St. Veit (Wünschendorf) und dem Altar zu Ulm [5]. HENTSCHEL machte deutlich, dass der Langenhessener Altar nicht von Peter Breuer stammte, sondern dem Zwickauer Schnitzer Leonard Herrgott (gest. um 1540) zugewiesen werden müsse [6].

Anmerkungen
[1] UB Vögte I, Nr. 158.
[2] STECHE, Zwickau, S. 34.
[3] Vgl. WIESSNER, S. 818.
[4] STECHE, Zwickau, S. 35.

[5] STECHE, Zwickau, S. 35 f.
[6] Vgl. HENTSCHEL, Breuer, S. 228.

Kirche St. Jodokus in Rödersdorf (→ S. 243)
Bergkirche Unser Lieben Frauen Schleiz (→ S. 206)

PFARRKIRCHE ST. MARIEN IN SAALBURG

Die Saalburger Marienkirche ist alt. Genaueres über ihre Gründung wissen wir aber nicht mehr. Es gibt Gründe, die dafür sprechen, dass sie bereits vor 1223 existierte. Der erste Geistliche, ein *plebanus de Salburc,* tritt uns allerdings erst 1302 entgegen [1]. Nun aber verdichten sich die Belege rapide: 1310 agiert der Pleban Konrad, und 1311 wird in einem Ablassbrief förmlich die *ecclesia parrochialis in Salburg* genannt. Die wichtigste Wendung in der Geschichte der Marienkirche folgt 1325. In dem Bestreben, das Zisterzienserinnenkloster Saalburg (→ S. 271 f.) gut auszustatten, überantworteten die Vögte von Gera ihm 1325 die Pfarrkirche St. Marien. Fortan mussten sich Stadt und Kloster nicht nur die Räumlichkeiten, sondern auch das geistliche Personal teilen. Das war, wie sich zeigen sollte, keine gute Idee. 1361 vermittelten die Vögte von Gera zwischen den Saalburgern und dem Kloster, weil der Pfarrer nicht in der Stadt, sondern beim Kloster wohnte. Auch fehlte es der Kirche an geistlicher Gerätschaft und an liturgischen Büchern. Erst 1387 konnte eine Stelle für einen Messner geschaffen werden, der die Stadtbevölkerung regelmäßig versorgte.

Der Kirchenbau selbst verweist noch ins 14./15. Jahrhundert, wobei der Turm dem 14., Chor und Langhaus aber dem 15. Jahrhundert zugehören. Ausgangs des 15. Jahrhunderts scheint

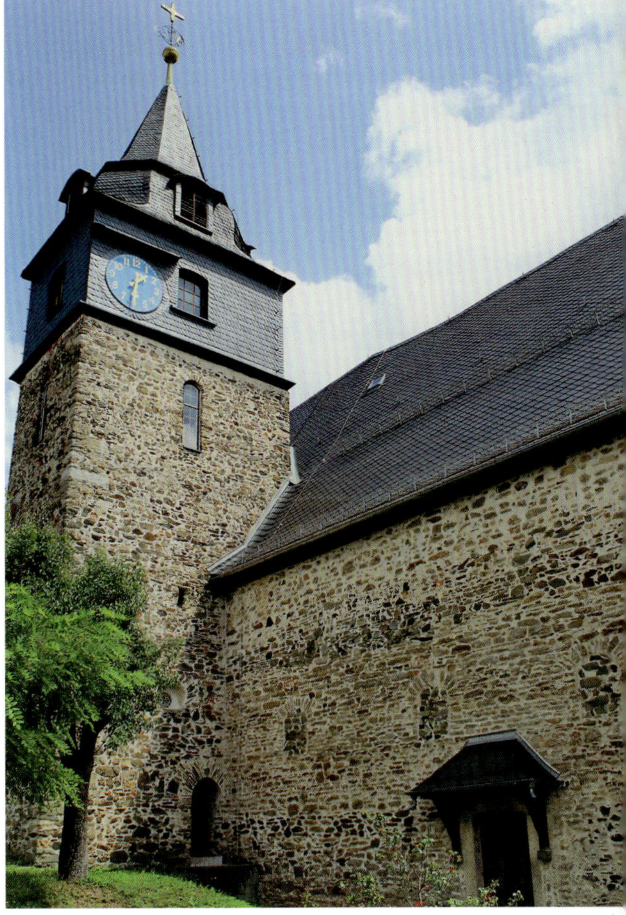

Die Marienkirche in Saalburg wurde aus Feldsteinen errichtet

die Kirche schwer beschädigt worden zu sein. Vielleicht hat sie gebrannt, vielleicht ist sie eingestürzt. 1476, 1480 und dann noch einmal 1487 wurde großzügig Ablass zu Gunsten der Kirche gewährt. Das Memorienbuch erinnert 1490 an all jene, die für das Gotteshaus Steine stifteten. An der Kirche bildete sich nun eine Fronleichnams-Bruderschaft, und 1491 investierten Katharina und Margarethe von Blankenberg respektable Beträge für ihr Gedächtnis.

Die Marienkirche scheint um diese Zeit wenigstens drei Altäre besessen zu haben. Neben dem Hauptaltar der Patronin bestand seit 1361 ein Katharinenaltar. Ein dritter, ebenfalls der Gottesmutter geweihter Altar, befand sich wohl in einer Kapelle im Glockenturm. Wer im Erdgeschoss des Turmes steht, erkennt noch heute ein vermauertes Fenster, das zu dieser Kapelle gehörte. Ansonsten gehört die Ausstattung weitestgehend ins 17. Jahrhundert.

Anmerkungen
[1] Alle Belege bei RONNEBERGER, S. 105–107.

KIRCHE ST. LEONHARD IN FRIESAU

Vielleicht schon im 11. Jahrhundert, jedenfalls sehr lange vor der Gründung des gleichnamigen Ortes, wurde von Benediktinern aus Saalfeld eine kleine Kapelle in Friesau angelegt. Auf hohes Alter deutet zumindest das fischgrätartige Mauerwerk am unteren Teil des Kirchturms. Ein erster Umbau scheint im 12. Jahrhundert vorgenommen worden zu sein, als Friesau Wallfahrtsstätte wurde. Weitere Umbauten erfolgten in der Zeit zwischen 1408 und 1440; offenbar wurden hierfür Ablassbriefe ausgestellt [1]. Wer heute vor der mit Schießscharten wehr-ertüchtigten, burgähnlich-gedrungenen Anlage steht, erblickt ein Gebäude des 15. Jahrhunderts. Heinrich XI. »der Ältere«, Herr von Gera zu Lobenstein (1489–1508), gab die attraktive Pfarrkirche 1496 an das unweit gelegene Kloster Saalburg im Tausch gegen die Margarethenkirche zu Gera-Tinz [2]. Friesau blieb bis zur Reformation Lehen des Klosters.

Der Innenraum der Kirche ist ungewöhnlich reich mit spätgotischen Kunstwerken ausgestattet. Im Zentrum der Aufmerksamkeit sollten die drei Altäre stehen. Der 1447 datierte Hauptaltar ist fränkischer Herkunft. Er besitzt bemalte Flügel und geschnitzte Figuren im Mittelschrein, darunter die Patrone der Kirche, Nikolaus und Leonhard [3]. Ein Seitenaltar des Heiligen Michael mit spätgotischen Figuren und Schnitzwerk stammt aus der Saalfelder Werkstatt des Hans Gottwald und datiert auf etwa 1515. »In dem ziemlich zerstörten Fialen- und Bogen-Gerüst des Aufsatzes steht der heilige Michael mit der Wageschale, in welcher eine Seele, als Kind gestaltet, gegen Kirche und Hostie abgewogen werden soll, wobei Teufel sich vergeblich bemühen, die Seele leichter als ihr Gegengewicht erscheinen zu lassen.« [4]. Die Kirche besitzt schließlich noch einen dritten Altar gleicher Herkunft und gleichen Alters. »Er ist das Gegenstück des vorigen, so dass also die beiden Altäre ehemals zusammengehörige Seitenaltäre gewesen sein müssen.« [5] Beachtung verdient hier vielleicht die gemalte Gregorsmesse auf dem rechten Seitenflügel: »man erkennt noch rechts den heiligen Gregor im rothen Mantel vor einem Altar betend, während hinten die Cardinäle mit der Papstkrone harren, links die Erscheinung von Christi Haupt hinter dem Altar.« [6]. Das Motiv ist selten geworden (Kirche St. Marien in Weißdorf → S. 361 f.).

Zu den wenigen mittelalterlichen Glasmalereien, die sich im Vogtland erhalten haben, zählt die um 1430 angesetzte Friesauer Strahlenkranzmadonna. Sie befindet sich, gerahmt von jüngeren Butzenscheiben, im Chorscheitelfenster. Die vom Strahlenkranz umgebene Jungfrau der Apokalypse müsste eigentlich auf einer Mondsichel, nicht auf gefliestem Boden stehen. Eng schmiegt

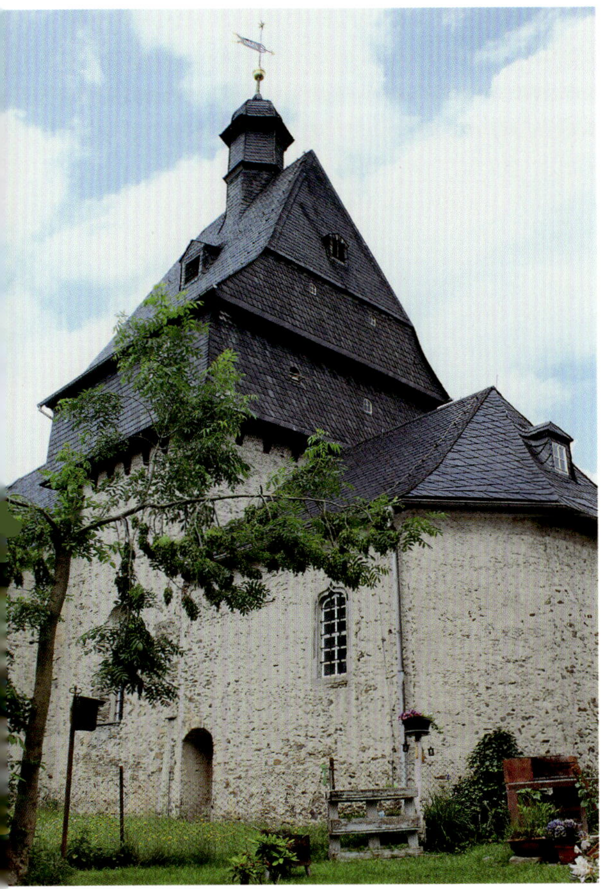

Turm, Chor und Apsis der Leonhardskirche in Friesau

seltenster Art« [8]. Eckhart hatte vor 1500 seinen Wohnsitz auf Drängen Heinrichs XII. aus der Geraer Residenz nach Schleiz verlegt. 1503 privilegierten ihn Heinrich XIV. »der Ältere« und Heinrich XV. »der Jüngere« dergestalt, dass sie die Niederlassung eines weiteren Goldschmiedes in der Alt- und Neustadt Schleiz untersagten [9]. Aus Eckharts Wirken haben sich zwei Abendmahlskelche erhalten. Der ältere der beiden datiert 1496. Auf dem Stehrand ist die Stifterin *Juncfrav Marthe ferbers* genannt, die ihn vermutlich der Schleizer Georgskirche übereignete, in deren Besitz er sich noch heute befindet [10]. Auch der Friesauer Kelch trägt eine Inschrift, die ihn als Stiftung des ehemaligen Schleizer Bürgermeisters Johann Verber ausweist. Dessen erkrankte Tochter konnte 1509 durch eine Wallfahrt nach Friesau geheilt werden. Indem mit den Heiligen Leonhard und Nikolaus auf den Feldern des Kelchfußes die Patrone der Kirche zitiert werden, wurde das Objekt für immer an die Friesauer Kirche gebunden. Vielleicht darf man in der betenden jungen Frau zu Füßen des Kreuzes die genesene Tochter des Stifters erkennen.

sich, wie in der Schleizer Wolfgangskapelle, der Jesusknabe an seine Mutter. »Das lange Gewand mit seinen locker herabrieselnden Falten, deren Enden auf dem Boden drapiert sind, lässt Elemente des Bildtypus der Schönen Madonna erkennen.« [7] Stilistisch orientiert sich die Darstellung eher am böhmischen als am thüringischen Stil der Zeit.

Zur Ausstattung der Kirche gehört schließlich noch ein Abendmahlskelch des Goldschmiedes Andreas Eckhart von 1509, ein »Prachtstück

Anmerkungen

[1] Vgl. Lehfeldt, Schleiz, S. 50.
[2] Vgl. Ronneberger, S. 115.
[3] Vgl. Lehfeldt, Schleiz, S. 51.
[4] Lehfeldt, Schleiz, S. 53. Lehfeldt kannte die Werkstatt noch nicht.
[5] Lehfeldt, Schleiz, S. 53.
[6] Lehfeldt, Schleiz, S. 54. Vgl. zu den Altarbildern Meier, S. 119–182.
[7] CVMA, S. 162.
[8] Lehfeldt, Schleiz, S. 54, erkannte die Herkunft und den Stifterzusammenhang nicht.
[9] Vgl. Werner, Abendmahlskelche, S. 125.
[10] Vgl. Werner, Abendmahlskelche, S. 114–120.

Kirche St. Martin in Thossen (→ S. 135)

KIRCHE ST. JOHANNIS IN PLAUEN

Umgeben von kleineren Kirchhof-Gebäuden, deren Vorgängerbauten einst zur Kommende des Deutschen Ordens gehörten, ragt die doppeltürmige, weiß gekalkte Johanniskirche weithin sichtbar am Eingang der Plauener Altstadt. Wer, von Südosten kommend, den südlichen der beiden Türme erblickt, identifiziert die schlanken gekoppelten Rundbogenfenster als romanisch und die mit sehr dezentem Maßwerk versehenen Fenster im Langhaus immerhin als gotisch. Es steckt viel Geschichte in dieser lutherisch purgierten Kirche, die zu den ältesten im Dobnagau gehört. Im Kern war sie 1122, als Bischof Dietrich von Naumburg (1111–1123) sie in Gegenwart Erkenberts von Weida bestätigte [1], gewiss noch ein kleines, aus Fachwerk errichtetes Missionskirchlein, das die Deutschherren um 1230 mit zwei großen Türmen an der Westseite der geosteten Anlage gleichsam zudeckten. Von hier aus wuchs eine mächtige Pfeilerbasilika heran, deren Ausführung sich im Detail insbesondere an der Basilika des Deutschen Ordens in Zschillen (Wechselburg) zu orientieren schien [2]. Auffallend kurz fiel das Langschiff aus. Die Strebepfeileranbauten am Chor deuten auf eine Vollendung nach 1240. Auf eine gewisse Dauer der Bauzeit weist zudem ein gotisches Fenster im nördlichen Kreuzarm des Chores, das beim Anbau der ›Kapelle der Vögte‹ 1322 vermauert und erst bei Wiederherstellungsarbeiten 1951/52 freigelegt wurde.

Die Plauener Johanniskirche ist, wie fast alle alten Kirchen, ein Palimpsest: Gebäudeteile wurden immer wieder funktional umgewidmet, architektonisch überschrieben. Wo sich die Kapelle des Evangelisten Johannes befunden ha-

ben könnte, in der sich 1264 die Cronschwitzer Nonnen Kunigunde und Emicha beisetzen lassen wollten, ist vollkommen unklar [3]. Oder war die Kirche selbst gemeint? Dort, wo sich heute die völlig schmucklose Sakristei der Kirche befindet, könnte sich bereits um 1265 eine Kapelle der Gottesmutter befunden haben. Ihr korrespondierte zur linken Hand des Chores die erst um 1322 angelegte ›Kapelle der Vögte‹; beide Kapellen gehörten demnach nicht zum Grundriss der alten Kirche. »Ehe die beiden Kapellen angelegt wurden, sind sehr wahrscheinlich zu beiden Seiten des Altarchores und in Verlängerung der Seitenschiffe der Basilika zwei kleine Rechteckräume vorhanden gewesen, über die sich jedoch nicht mehr viel aussagen läßt.« [4].

Anders als die Marienkapelle, die lediglich archivalisch bezeugt ist, hat sich die ›Kapelle der Vögte‹ über die Jahrhunderte erhalten. Die Ähnlichkeit ihrer Anlage mit der etwa gleichzeitigen Kapelle auf Schloss Vogtsberg dürfte keine zufällige sein. Ihr Umriss ist, hier wie dort, polygonal. Ein siebenteiliges Sterngewölbe teilt die Decke; seine einfach gekehlten Rippen laufen in den Ecken der Wand aus. Im Gewölbeschlussstein winden sich zwei Greifen um gotisches Laubwerk.

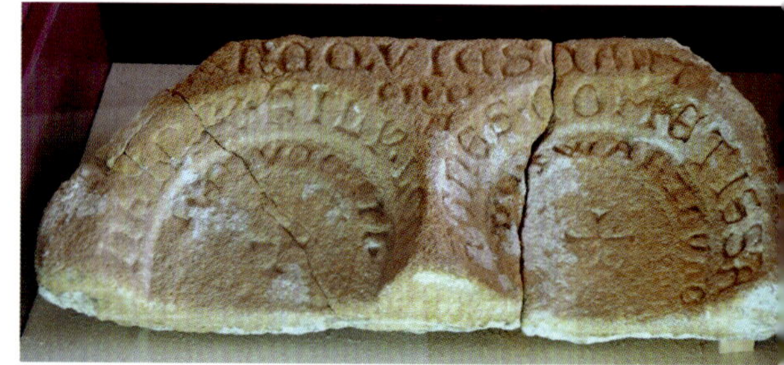

Der Kopfstein der Grabplatte für Vogt Heinrich den Langen (gest. 1347) und seine Gattin Anna von Schwarzburg wird im Vogtlandmuseum gezeigt

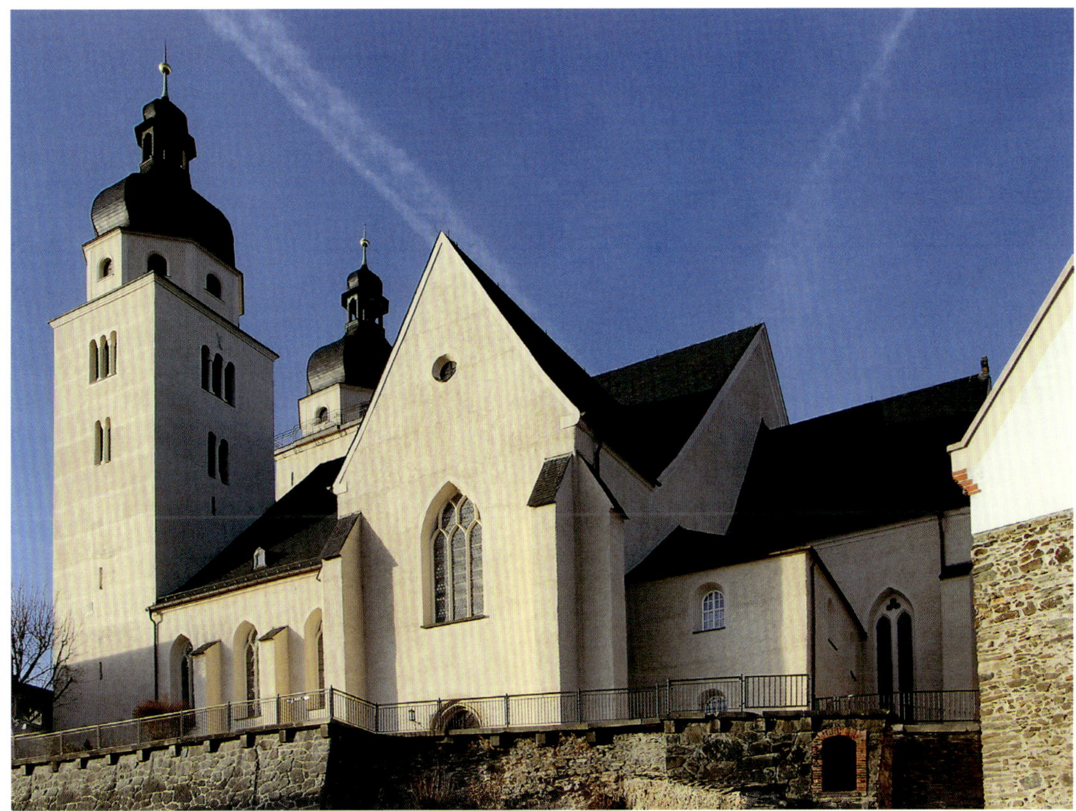

Die Johanniskirche erhebt sich direkt über der alten Stadtmauer

Ansonsten ist die Kapelle schmucklos. Der Altar, den Heinrich »der Lange« (1303–1347) und seine Söhne hier 1322 stifteten und dessen Einkünfte sie ihrem Notar auf Lebzeiten vermachten, ist in irgendeinem Feuersturm (1430, 1548) zu Grunde gegangen.

Ihre eigentliche Bedeutung erhielt die Kapelle über die Gruft, die unter ihr angelegt worden war. Bei Freilegungsarbeiten im Winter 1952/53 entdeckte man hier, inmitten der völlig zerstörten Anlage, den Kopfstein einer Grabplatte für Heinrich »den Langen« (gest. 1347) und seine zweite Frau Agnes, Gräfin von Schwarzburg. Heinrich

hatte den Altar in der Kapelle 1322 für sein eigenes Gedenken und das seiner verstorbenen Frau Margarethe von Seeberg bestimmt, mit der er seit etwa 1302 verheiratet war [5]. Die Johanniskirche in Plauen war also, wie es scheint, als Grablege der Vögte von Plauen ausersehen. Leider ließ der Zustand der Gruft einstweilen keine weiteren Aussagen über die Verstetigung dieses Projekts zu. Allerdings wurden später nachweislich Angehörige der Familie in der Kirche beigesetzt: als berühmtester der letzte große Burggraf von Meißen, Heinrich IV. (gest. 1554), dessen 1562 gemaltes und 1567 aufgestelltes Epitaph

1815 entfernt wurde, sowie seit 1607 die Witwe des Burggrafen Heinrichs V. (1554–1568), Katharina Markgräfin von Brandenburg-Ansbach (gest. 1604 in Theusing) [6].

Beim Hussitensturm von 1430 blieb die Kirche ebenso wenig ungeschoren wie bei der lutherischen Säuberung. Zwischendrin brach 1473 der Nordturm teilweise zusammen, für dessen Rekonstruktion die Stadt einen Baumeister in Eger anfragte. Noch 1530 wurde am Turm gewerkelt. Nach dem Stadtbrand von 1548 entstand die jetzige Form: Lang- und Querhaus wurden zu einer dreischiffigen Hallenkirche verschmolzen. Die alte Innenausstattung der Kirche wurde 1815 rücksichtslos entfernt und durch fremde Stücke ersetzt.

Anmerkungen
[1] Vgl. UB Vögte I, Nr. 1.
[2] Vgl. BACHMANN, S. 77.
[3] Vgl. THURN, S. 48 f.
[4] BACHMANN, S. 77.
[5] Vgl. UB Vögte I, Nr. 518.
[6] Vgl. WEISS, Plauen, S. 18.

KIRCHE THEUMA

Etwa 6 Kilometer südöstlich von Plauen liegt das alte Kirchendorf Theuma. Der wuchtige Kirchenbau gehört in der Substanz noch in die Zeit um 1400. Er stand unter dem Patronat des Deutschen Ordens. Urkundlich tritt er erstmals 1267 zutage, als Heinrich I. von Plauen (1238–1303) der Kirche einen Hof in Theuma und zwei Höfe in Bergen schenkt sowie die Schenkung von Getreide, die Bauern aus den umliegenden Dörfern zur Verbesserung des Gottesdienstes getätigt hatten, bestätigt [1]. 1500 stiften die Einwohner

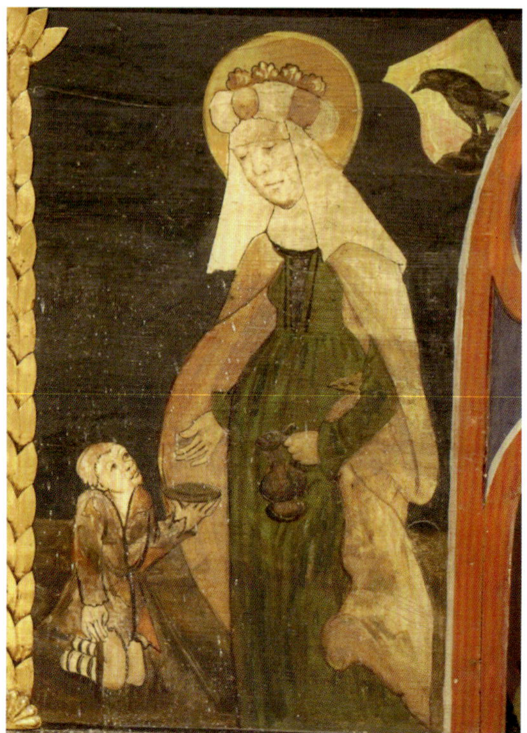

Der kleine Rabe verweist auf die Stifterfamilie der Rabe von Mechelgrün

Theumas zwanzig Gulden für eine Frühmesse [2]. Noch 1322 war Theuma keine selbständige Pfarre, sondern eine Kapelle, die das Patrozinium der Maria Magdalena trug. Als Pfarrkirche wird das Gotteshaus erst 1483 benannt. In den Hussitenkriegen soll es zerstört worden sein [3].

Aus dem frühen 16. Jahrhundert hat sich ein im Inneren geschnitzter, auf den Rückseiten der äußeren Flügel bemalter Altar erhalten (dat. 1512). Die Innenseite ist dem Thema Auferstehung gewidmet: zentral die Erscheinung Jesu am Ostermorgen im Garten des Joseph von Arimathia vor Maria Magdalena; zur linken Seite die Erweckung des Lazarus, des Bruders der Maria Magdalena; zur rechten die Himmelfahrt der behaarten

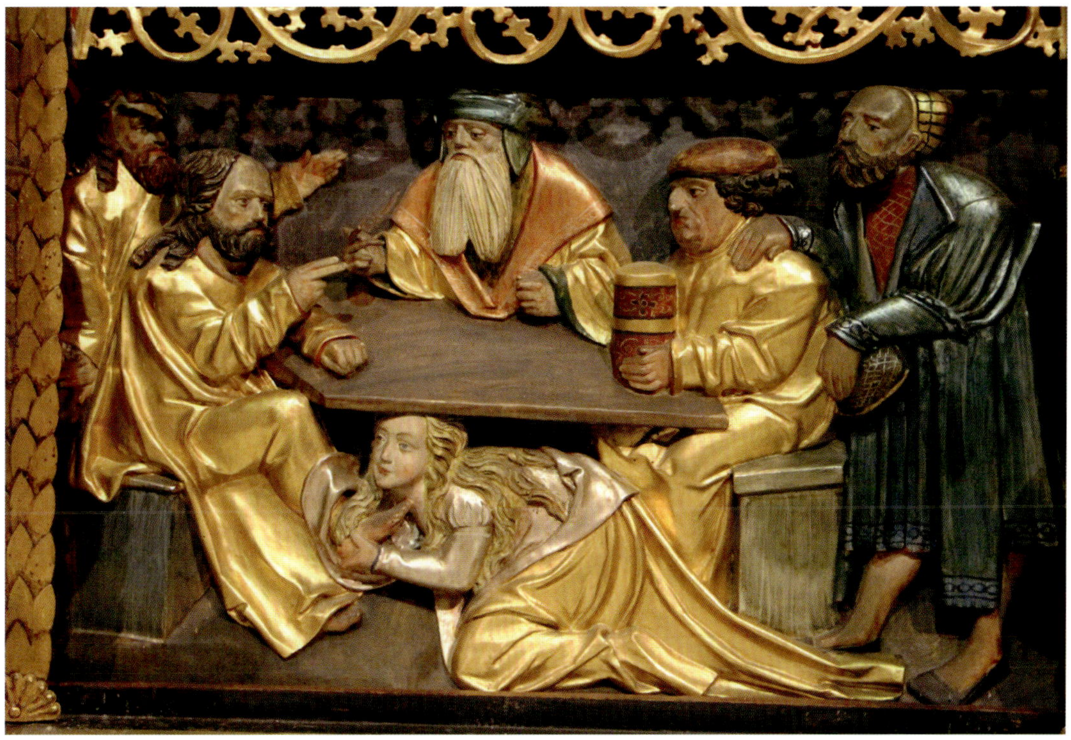

In der Predella des Theumaer Altars salbt Maria Magdalena die Füße Jesu, der mit seinen Jüngern zu Tisch sitzt (vgl. Joh 12, 3).

Büßerin; in der Predella die Fußsalbung. Neben der Predella hat sich, wohl als Hinweis auf den Auftraggeber, ein kleiner Rabe ins Bild geschlichen. Bei geschlossenen inneren Flügeln werden Verkündigung und Geburtsgeschichte sichtbar, während die Rückseiten der äußeren Flügel die Passionsgeschichte transportieren. Auf der Rückseite des Mittelschreins ist das Schweißtuch der Heiligen Veronika abgebildet [4]. WALTER HENTSCHEL bündelte die Werke dieses bis etwa 1525 nachweisbaren Künstlers aus »Plauen oder Elsterberg«, dessen Handschrift er u. a. in Einzelfiguren der Kirchen in Syrau, Reinsdorf und Oelsnitz erkannte. Seine Spitzenleistung dürfte der Altar in Thossen sein [5] (→ S. 135 f.).

Anmerkungen
[1] UB Vögte I, Nr. 139.
[2] Vgl. VON RAAB II, Nr. 189.
[3] Vgl. GARMS, S. 9, 24.
[4] Vgl. STECHE, Plauen, S. 83; GARMS, S. 30 f.
[5] HENTSCHEL, Plastik, S. 47.

Kirche St. Lorenz in Hof (→ S. 102)
Kirche St. Michael in Hof (→ S. 104)

HOSPITALKIRCHE UNSER LIEBEN FRAU IN HOF

Um 1260 wurde am unteren Tor außerhalb der Stadtmauern Hofs ein Heilig-Geist-Hospital gestiftet: ein Armenhaus und Hospiz für Alte (→ S. 432). Die allfällige Erfahrung von Krank-

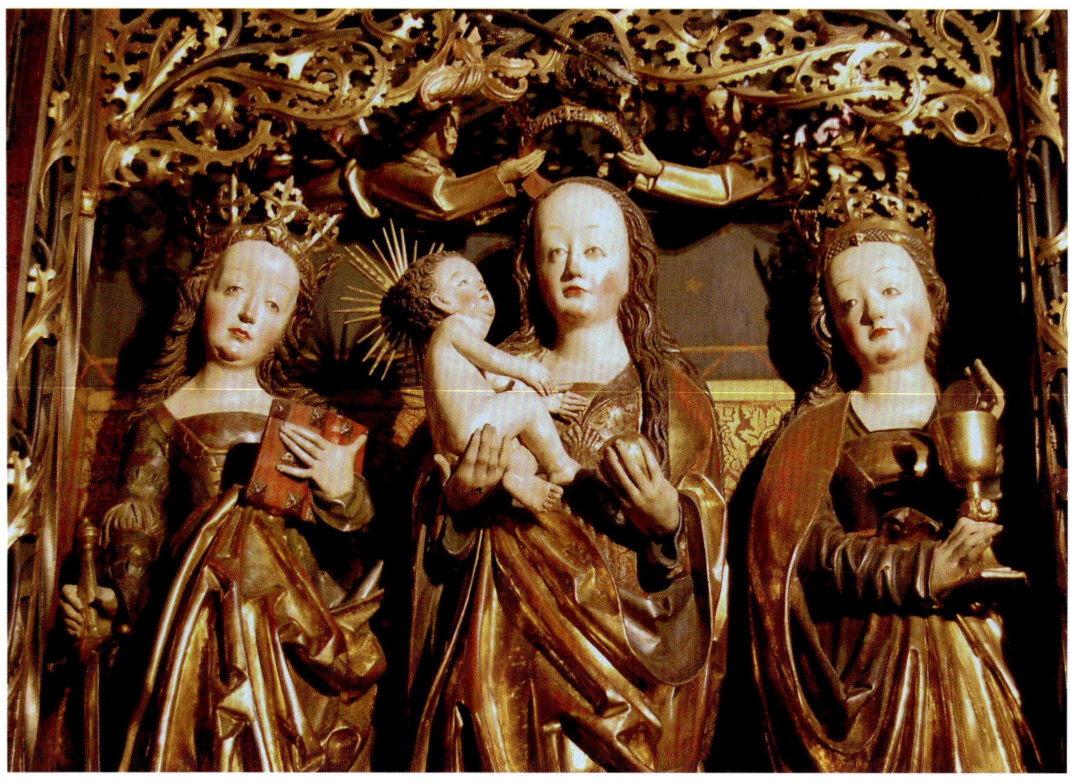

Der von Michael Heuffner 1511 geschnitzte Altar der Hofer Spitalkirche stand bis 1557 in der Michaelskirche

heit, Schmerz und Tod machte eine assoziierte geistliche Stätte ebenso erforderlich wie ökonomische Erwägungen. Vom Hospital aus konnten die Bewohner durch einen eigenen Durchgang in die der Gottesmutter geweihte Hospitalkirche schlüpfen. 1268 wurde der Friedhof in Betrieb genommen. Die Vögte begleiteten die Einrichtung von Anfang an, ja sie waren »während des ersten Jahrhunderts seines Bestehens die Hauptdonatoren des Hospitals.« [1]. 1367 stifteten Heinrich von Gera (*der elter*) und sein Sohn Heinrich in der Hospitalkirche ein Seelgerät: *uns und unnern vordern und nachkommling seelen willen zu trost und hülff* [2]. In diesen Jahren war der streitbare

Lorenzpfarrer Konrad von Weisselsdorf (1366 – 1374) Spitalmeister.

1430 überrannten die Hussiten Hof und ließen auch die Hospitalkirche nicht ungeschoren. Es war die einzige Katastrophe in der Geschichte der Kirche, die ihrer Lage wegen von den Stadtbränden verschont blieb. Sie wurde 1464 erneuert. Seinerzeit verpflichtete sich die Hofer Bruderschaft der Müller- und Bäckergesellen, für die Einrichtung der Kirche zu sorgen [3]. Die ›Becken‹ waren, neben den Insassen des Hospitals, die einzigen Kunden des Pfarrers. Eine eigene Gemeinde gab es noch nicht.

Die Kirche wurde 1529 evangelisch, beherbergt aber heute einige Zeugnisse vormoderner Sakaralkunst. Michael Heuffner, ein 1483 in Eger geborener und im Umkreis des Zwickauers Peter Breuer wirkenden Bildhauer und Maler, setzte sein Monogramm (MH) unter das Prunkstück des Kirchenraums: den farbig gefassten Schnitzaltar (1511), in dessen Mittelschrein die Gottesmutter von den Heiligen Katharina (mit Schwert und Buch) und Barbara (mit Kelch und Hostie) flankiert wird. Die geöffneten Seitenflügel zeigen vier Szenen (Reliefs) aus der Weihnachtsgeschichte: Verkündigung, Geburt, Anbetung der Könige und Darbringung im Tempel. Im geschlossenen Zustand bieten sich vier scheinbar unzusammenhängende Gemälde: die Erscheinung des Auferstandenen vor Maria Magdalena, der Tod der Heiligen Ursula, das Martyrium der Zehntausend und die Enthauptung des Heiligen Georg. In der Predella scharen sich die Jünger um das Bett der sterbenden Maria [4]. Auf Heuffner geht, was erst kürzlich entdeckt wurde, auch das ›Heilige Grab‹ in Zwickau zurück. Der Altar, 1557 aus St. Michael abgegeben, wurde 2005 restauriert und 2007 mit einer modernen Beleuchtung versehen. 2015 wurde zudem der Kirchenvorplatz umgestaltet. Die Hospitalkirche ist Ausgangspunkt für Wanderer auf dem Jakobsweg.

Anmerkungen
[1] KLUGE, S. 22.
[2] UB Vögte II, Nr. 157. Die Selbstbezeichnung Heinrichs als »der Ältere« passt nicht zu den Angaben bei GEHRLEIN, S. 17–19.
[3] Vgl. HOFMANN, S. 14 f.; KLUGE, S. 23.
[4] Vgl. GEBESSLER, S. 16 f.

PFARRKIRCHE KIRCHGATTENDORF

Ein Besuch der alten, um 1250 auf dem Grund einer spätromanischen Vorgängerkapelle errichteten Pfarrkirche in Kirchgattendorf, das gleichsam im Weichbild Hofs liegt, lohnt in jedem Fall [1]. Trotz Barockisierung ist die gotische Substanz noch in mehreren Elementen gut greifbar. Hierher gehört nicht nur der sternengewölbte Chorraum aus dem 14. Jahrhundert. Hierher gehören auch die Elemente der spätgotischen Innenausstattung: ein lebensgroßer Echthaar-Kruzifix aus dem dritten Viertel des 15. Jahrhunderts [2], eine Reihe von Fresken sowie das 1509 von den Herren von Sparneck als Kirchherren gestiftete Chorgestühl.

Die 1938 entdeckten und 1977 wieder hergestellten Fresken verdienen einige Beachtung. An der Nordwand trägt ein übergroßer Christophorus das der Legende nach immer schwerer werdende Christuskind übers Wasser. In seiner Nähe lagert die Heilige Agnes mit dem Lamm. Im Chorraum befindet sich ein wohl noch in die Mitte des 15. Jahrhunderts datierbarer Zug der Heiligen drei Könige. Zwei von ihnen laufen, während Bedienstete auf Kamelen hinterdrein traben. Voran schreitet der älteste. »Erkennbar am langen Gewand erscheint der mittlere der drei Weisen, mit der rechten Hand deutend, mit dem Haupt sich dem jungen König zuwendend. Dieser ist, typisch für die Ikonographie des Spätmittelalters, ein elegant-modisch gekleideter Jüngling mit Schnabelschuhen, eng anliegendem Beinkleid und kurzem, geschlitztem, mehrfarbigen Obergewand. Eilenden Schrittes, den Kelch als Goldgabe vor sich haltend, folgt er dem Älteren.« [3].

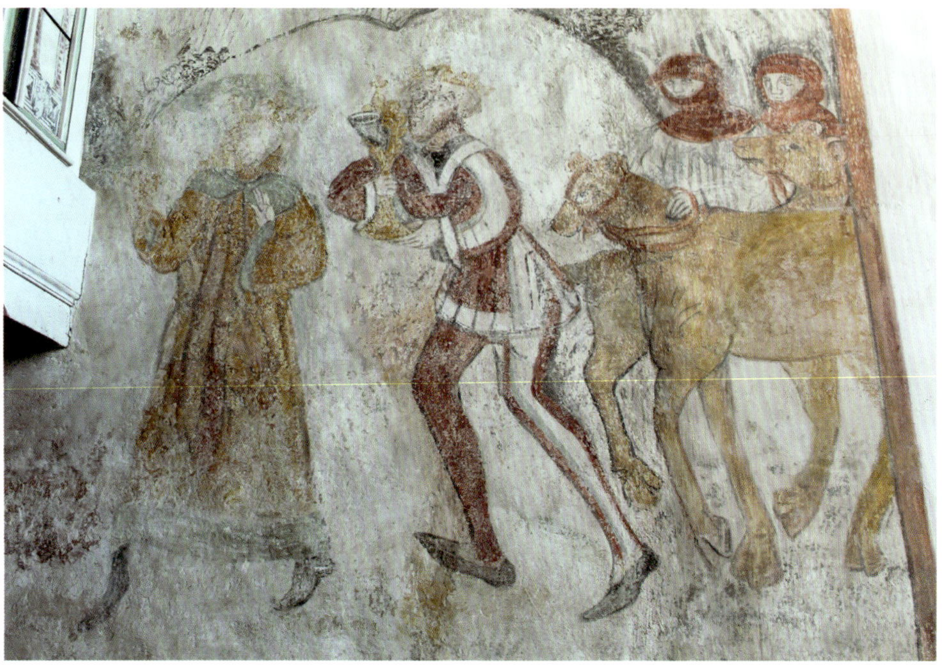

Dem Zug der Drei Könige in der Kirche von Kirchgattendorf folgen Bedienstete auf Kamelen

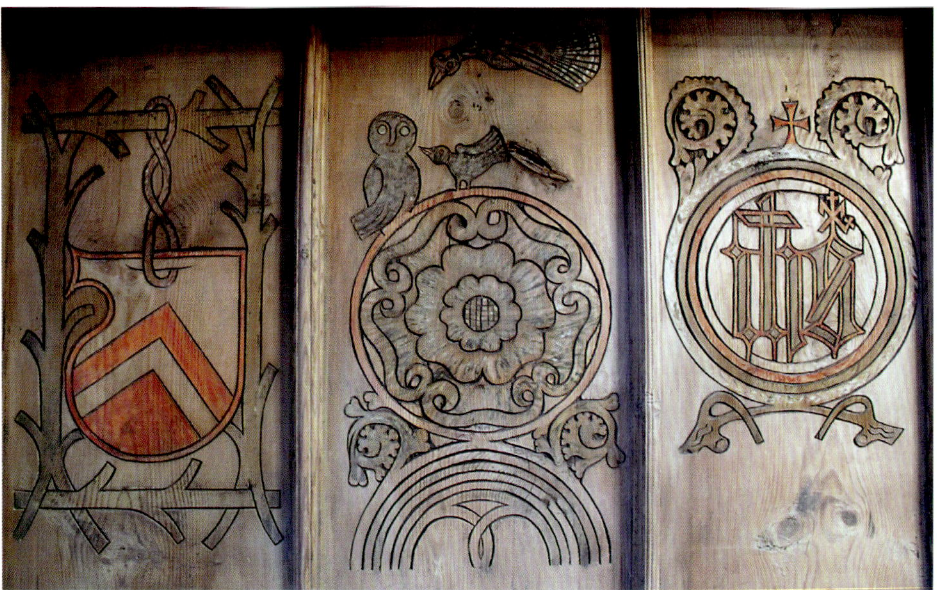

Auf dem mit Schablonenmalerei reich verzierten Chorgestühl findet sich auch der Sparren, das Wappen der Herren von Sparneck

Auch das nicht übermäßig aufwendig geschnitzte, jedoch mit reicher Schablonenmalerei verzierte Chorgestühl lohnt näherer Betrachtung. Seine bloße Existenz ist mit unserem Wissensstand eigentlich nicht zu harmonisieren. Chorgestühle finden sich gewöhnlich in Kirchen, denen ein Stift angeschlossen ist. Jeder Chorherr hat seinen Sitzplatz. Von einem Stift kann freilich in Kirchgattendorf um 1510 keine Rede sein. Oder griffen die Herren von Sparneck einer möglichen Etablierung vor? Stammt das Gestühl gar aus einer anderen Einrichtung? Schließlich bleibt die Möglichkeit eines Kalands: des Zusammenschlusses mehrerer Pfarrer zu einer schlagkräftigen Interessengemeinschaft. Auch sie müsste freilich Spuren hinterlassen haben. Unter den farbig getönten Flachschnitzereien, die die Rückwand eines jeden Chorstuhls zieren und Werkzeuge vorzustellen scheinen, gewärtigen wir den ›Sparren‹, das Wappen der Sparnecker [4]. Ein Flügelaltar aus der Zeit um 1510, der 1708 abgegeben wurde, befindet sich heute im Bamberger Dom.

Anmerkungen
[1] Zur Baugeschichte vgl. GEBESSLER, S. 45 – 48.
[2] Die Datierungen schwanken. GEBESSLER, S. 48, setzt den Kruzifix um 1470/80 an.
[3] ROTH, S. 61.
[4] GEBESSLER, S. 48, verweist auf einen Schild mit Panther, der die Jahreszahl 1593 trage. Sie kann sich unmöglich auf die Entstehung des Gestühls beziehen. Der Panther ist Christussymbol.

Kirche St. Jobst in Rehau (→ S.111)
Kirche St. Erhard in Pilgramsreuth (→ S. 360)
Kirche St. Katharina in Eichigt (→ S. 358)

KIRCHE ZUM GUTEN HIRTEN IN NEUBERG (KOSTEL V PODHRADI)

Die auf einem Berg über dem Ort Neuberg gelegene Kirche Zum Guten Hirten wurde zwischen 1470 und 1490 unter dem Egerer Burggrafen Heinrich von Zedtwitz als Begräbniskapelle derer von Zedtwitz erbaut. Aus dieser Zeit stammt noch das sockelartige Fundament, auf dem die Kirche aufruht. Auch der Turm verweist noch ins 15. Jahrhundert. Der Saalbau wurde um 1677/82 barockisiert. Er erhielt 1710 ein hölzernes Tonnengewölbe, einen blau-gelben Himmel voller Engel, der in illusionistischer Weise mit rötlichbraunen Wolken ausgemalt wurde. Vielleicht greifen wir ein letztes Stück Gotik und zudem ein bemerkenswertes Zeugnis weiblicher Stiftertätigkeit aus Neuberg in einer hölzernen Figur des ›Christus in der Rast‹, die sich heute in der ›Galerie der Bildenden Künste‹ in Cheb befindet [1]. Zu Füßen des auf seinem Kreuzweg Ausruhenden befindet sich das Wappen derer von

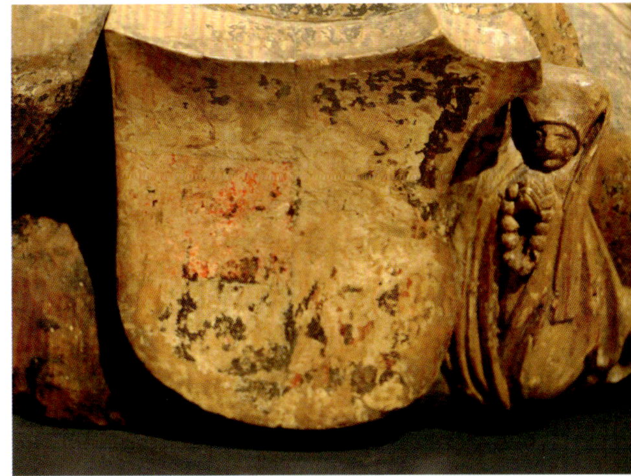

Zu Füßen des Christus in der Rast kniet Magdalena Sack, verwitwete von Zedtwitz (1509), neben dem Wappen ihres Mannes

Zedtwitz. Daneben kniet eine den Rosenkranz betende Witwe. Neuere Forschung identifiziert sie mit Magdalena Sack von Mühldorf, der zweiten Frau des 1509 verstorbenen Veit von Zedtwitz. Die Skulptur gelangte über Burg Seeberg und das Museum in Franzensbad nach Cheb.

Anmerkungen
[1] Vgl. OTTOVÁ/MUDRA, S. 194–196; TIETZ-STRÖDEL, Plastik, S. 278.

KIRCHE IN ROSSBACH (KOSTEL HRANICE)

Die einschiffige Kirche in Rossbach, die sich auf einem Felsen erhebt, ruht auf einer Kapelle des Heiligen Martin auf. Das Patrozinium des fränkischen Heiligen verweist auf ein gewisses Alter. Ob zurück bis ins 9. Jahrhundert, wie verschiedentlich angenommen wurde? Im 14. Jahrhundert befand sich hier jedenfalls ein hölzerner Kapellenbau, der 1430 von den Hussiten niedergebrannt wurde, 1432 aber wieder geweiht werden konnte. Die Kapelle war Filiale von St. Ägidien in Reg-

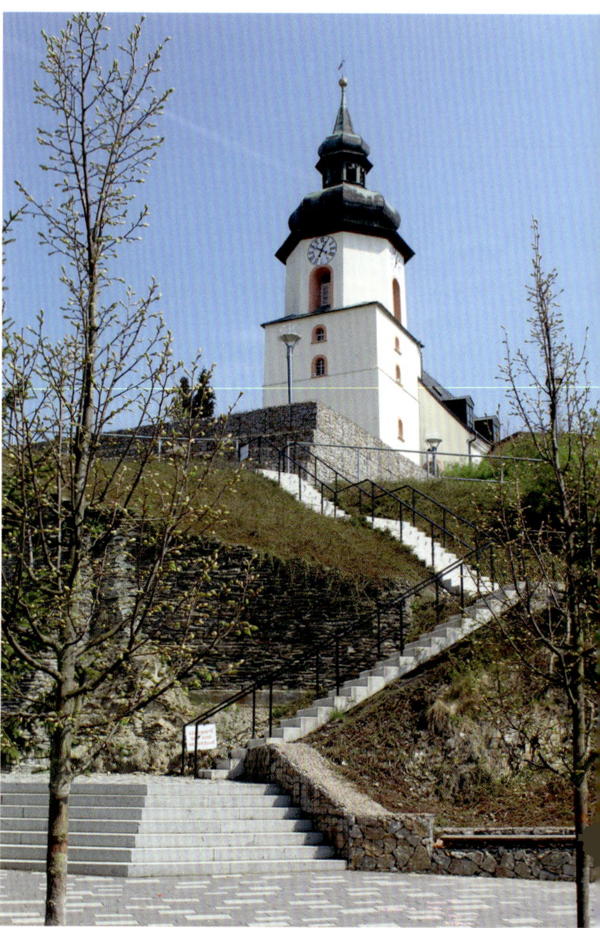

Der Vorplatz der Rossbacher Kirche wurde neu hergerichtet

nitzlosau (→ S. 257); gemeinsame Mutterpfarre war die St. Lorenzkirche in Hof (→ S. 102 f.). Selbständige Pfarrkirche wurde Rossbach erst 1502. 1719 wich die alte Kirche einem barocken Gotteshaus. 1928 fand man die Heiligenfiguren Pankratius, Katharina und Anna des ehemaligen Altarwerks (ca. 1520).

Das Gelände rund um die Kirche ist ansprechend saniert. Eine Installation mit einem an einem Bachlauf trinkenden Ross erklärt die Her-

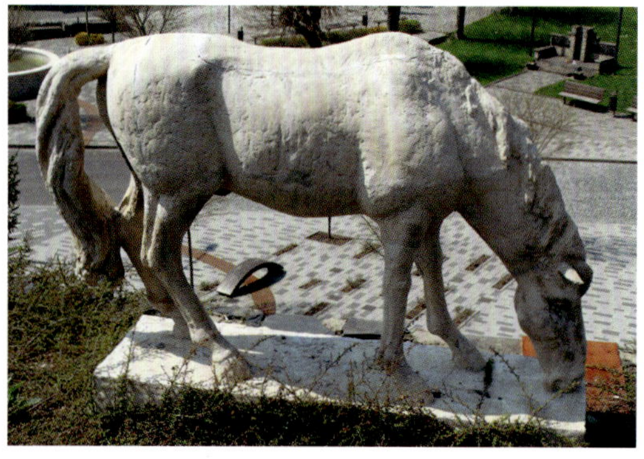

Das trinkende Pferd zu Füßen der Kirche verweist auf den alten Namen der Stadt

kunft des alten, in seiner tschechischsprachigen Umgebung nicht mehr ohne weiteres erkennbaren Ortsnamens.

Friedhofskirche des Heiligen Sebastian in Wildstein (Skalná) (→ S. 169)
Kapelle der Heiligen Erhard und Martin in Eger (Cheb) (→ S. 365)

HAUPTPFARRKIRCHE ST. NIKOLAUS UND ST. ELISABETH IN EGER (CHEB)

1258 und 1259 bestätigten der *electus* Konradin als Sohn des Staufers und Papst Alexander IV. dem Deutschen Orden den Patronat über die Nikolauskirche [1]. Mit dieser Übernahme, die allenfalls zwanzig Jahre zurückliegt, tritt die für die Erweiterung der Stadt Eger eingangs des 13. Jahrhunderts geplante, wohl zunächst zwischen 1220 und 1230 erbaute Kirche der Heiligen Nikolaus und Elisabeth ins Licht der urkundlichen Überlieferung.

Weithin ragen die beiden hohen Türme ins Land. In ihren unteren drei Stockwerken haben sich Reste der romanischen Anlage erhalten: einer dreischiffigen Basilika mit vier Jochen und gebundenem Gewölbesystem, die Anklänge an den Bamberger Dom (1201–1237) verrät [2]. Der Stadtbrand von 1270 bot immerhin die Gelegenheit, die alte Basilika durch ein moderneres Gotteshaus zu ersetzen. Der steil aufschießende Langchor ist ein Werk dieser Zeit. Vielleicht haben die Architekten dabei zur moderneren Franziskanerkirche herübergeschaut, von der sie gewiss die lanzettförmigen schmalen Fenster übernahmen. Auch die angebaute Sakristei im Norden des Chores verweist auf den Kreuzgang der Minoritenkirche. »In der Außenansicht

nimmt die Kirche als Spiegel des Bürgerstolzes nun reichere Formen an« [3].

Etwa zweihundert Jahre später war die Kirche in die Jahre gekommen. Der durch die Hussitenkriege anschwellende Zuzug aus dem Umland vergrößerte die Stadtgemeinde und machte neue Baumaßnahmen erforderlich. Sie wurden zwischen 1456 und 1475 in schwierigen Zeiten, da der königliche Stadtherr als Ketzer geächtet war, unter Beteiligung namhafter Künstler durchgeführt. Das städtische Ausgabenbuch lässt jeden einzelnen Schritt der Baugeschichte nachvollziehen. In nur vier Jahren zog eine Bauhütte den Rohbau hoch. 1460 setzte man den Dachstuhl auf. Nicht so glatt ging es mit der Wölbung. Noch 1470 suchte die Stadt Hilfe bei externen Fachleuten, da Risse aufgetreten waren. 1473 versprach ein Eichstätter Architekt, das Problem binnen dreier Jahre zu lösen. Das scheint auch passiert zu sein, da 1476 mit der Bemalung des Gewölbes begonnen werden konnte [4]. Es entstanden Heiligenfiguren auf grünem Grund, die bei der Restaurierung 1890 zerstört wurden. Der vor der Westfassade geplante mächtige Turm, den zu bauen man bereits begonnen hatte, wurde nicht mehr realisiert. Dagegen legte man an der zum Marktplatz weisenden Südseite eine Vorhalle an, deren Portal von einem spitz zulaufenden Bogen gekrönt und von schlanken Fialen flankiert wird.

Obwohl man sich bemühte, ältere Elemente wie den frühgotischen Langchor oder das romanische Westportal zu erhalten, schluckte der Umbau zu einer spätgotischen Hallenkirche einiges Geld. Zu den eifrigsten Stiftern gehörte der Wunsiedler, seit 1444 in Eger beheimatete Weißblechunternehmer Sigmund Wann. Hatte er sich 1456 noch zum Zuschuss von 70 Gulden ver-

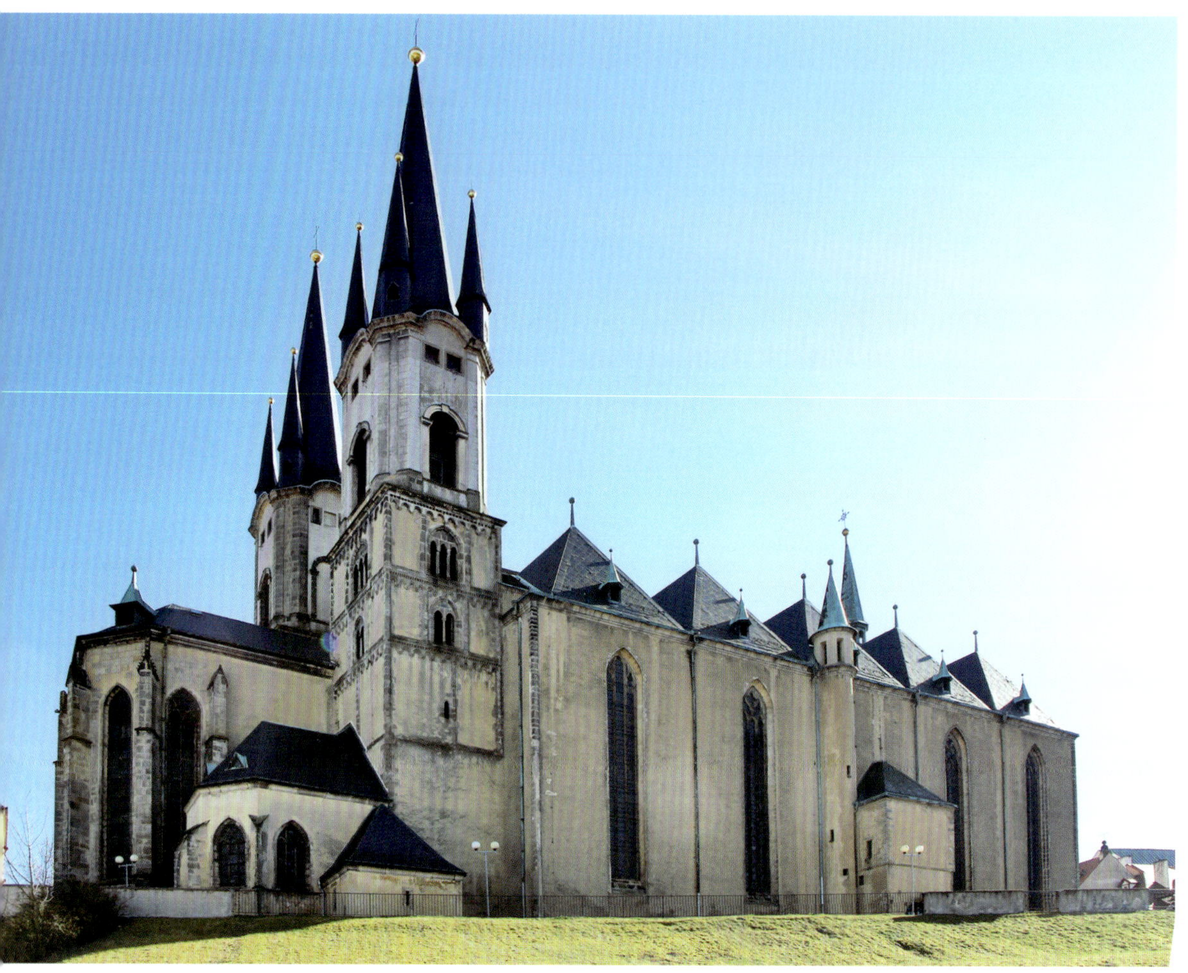

Die Hauptpfarrkirche der Heiligen Nikolaus und Elisabeth in Cheb (Eger)

pflichtet, erhöhte er die Summe 1461 auf sagenhafte 1800 Gulden. In den Inventaren von St. Nikolaus erscheint Wann als »Kirchenvater« und »Bauvorsteher«. Der kinderlose Unternehmer, dem wir noch als Stifter des Hospitals in Wunsiedel begegnen werden (→ S. 437 f.), vermachte der Kirche testamentarisch einen großen Teil seines Vermögens. Sigmund Wann wurde in der Gruft der Nikolauskirche beigesetzt, der Leichnam 1823 auf den Egerer Friedhof umgebettet.

Die Nikolauskirche hat nicht zuletzt für die deutsche Literaturgeschichte des späten Mittelalters eine gewisse Bedeutung erlangt. Hier stiftete Nikolaus Czychner im Jahre 1401 einen Altar für den Heiligen Hieronymus, den Übersetzer der griechischen Bibel ins Lateinische, dessen Kult

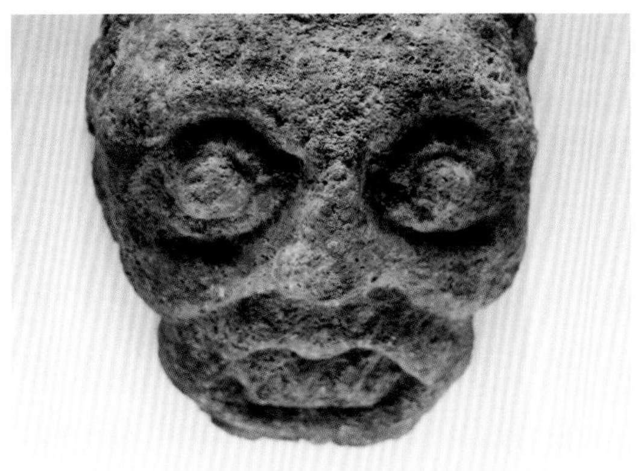

Fragmente der alten gotischen Ausstattung verwahrt das Städtische Museum in Cheb

sich im 15. Jahrhundert weit ausbreitete. Für die Verehrung an seinem Altar ließ Czychner, offenbar im Verbund mit dem Egerer Bürger Nikolaus Hasenzagel, ein lateinisches Hieronymus-Offizium dichten. Als Verfasser des Offiziums guckten sie sich keinen Geringeren als den Rektor der Lateinschule in Saaz aus: Johannes von Tepl, kaiserlichen Notar und späteren Stadtschreiber zu Prag, den Urheber des rhetorisch ausgefeilten Dialogs ›Der Ackermann aus Böhmen‹, in dem ein Bauer mit dem Tod über den Verlust seiner Ehefrau rechtet. Das Offizium ist in einer Prager Handschrift überliefert. Es ist nicht kunstlos, verrät aber natürlich nichts über den Individualstil des ›Ackermann‹-Dichters. Das Bild am Blattrand stellt sicher den betenden Stifter dar, weniger sicher den Johannes von Tepl [5].

Das Innere der hohen, kühlen Kirche ist mit der Zeit barockisiert worden. 1742 und 1809 brannte sie aus. Bereits zuvor und dann besonders nach 1890 wurden gotische Relikte weitestgehend zurückgedrängt. Das gilt auch für die vielen von der Bürgerschaft gestifteten Altäre. 1464 sollen es insgesamt 14 gewesen sein. Sie wurden zum Teil seit dem 15. Jahrhundert künstlerisch verändert, bis sie im 19. Jahrhundert schließlich wertlos waren. In einer Formel: Bürgerstolz und lebendige Frömmigkeit haben der Kirche im Inneren alles Museale, aber auch alle künstlerische Substanz genommen. Fragmente der spätgotischen Ausstattung finden sich im Städtischen Museum.

Anmerkungen
[1] Vgl. UB DO, Nr. 142, 145.
[2] Die Details hierzu bei Tietz-Strödel, Entwicklung, S. 76 f.
[3] Tietz-Strödel, Entwicklung, S. 93.
[4] Ausführlich Tietz-Strödel, Entwicklung, S. 123 f.
[5] Abbildungen von Offizium und Stifterbild bei Krogmann, nach S. 16; zum Text S. 34–37.

Pfarrkirche St. Georg in Schlaggenwald (→ S. 186)

HEILIGE UND WALLFAHRTEN

Das späte Mittelalter gilt als eine Epoche gesteigerter Volksfrömmigkeit. Nie zuvor waren die Menschen so intensiv auf der Suche nach ihrem Heil; nie zuvor investierten sie so viele Kräfte, Zeit und Geld in alles, was ihnen dieses Heil versprach. Die Ausdifferenzierung und Zuständigkeit der Heiligen für jeden möglichen Lebensbereich, in dem sie den Gläubigen Hilfe spenden konnten, erreichte einen Höhepunkt. Wo diese Hilfe auf wundersame Weise manifest wurde, entstanden Stätten intensivierter Verehrung. Gläubige bereisten, auf Linderung ihrer Gebrechen hoffend, die Kapellen wunderwirkender Heiliger. Dazu gehörten im Übrigen auch die Vögte selbst, die nicht nur ins Heilige Land pilgerten. 1520 besuchten Heinrich XIV. von Gera zu Schleiz (1500–1538) und seine Frau Anna die Wallfahrtskirche im hennebergischen Grimmenthal. Ein nicht weiter spezifizierter Heinrich *Edeler von Plauwen, der wart gestochin czu Aldenborg jn syn houbit,* suchte und fand Linderung in der Kapelle der Gottesmutter in Elend (Harz).

Es ist heute nicht immer mehr deutlich, wo man von einer mittelalterlichen »Wallfahrt« sprechen kann. Das hat verschiedene Gründe. Wunderwirkende Heiligenfiguren, Heiligenbilder oder Reliquien tauchten auch an bereits existierenden Kapellen und Kirchen auf, und ebenso

konnte ihre Verehrung nach kurzer Zeit wieder zusammenfallen. Man tut nicht gut daran, das Wallfahrtswesen als einen frommen Betrug des Klerus abzutun. Keine Wallfahrt konnte sich lange halten, wenn sie nicht erfolgreich war.

Etwas anderes kommt hinzu. Zum einen ist die Reformation besonders intensiv gegen Wallfahrtsorte vorgegangen. Etliche Orte waren so bereits im 16. Jahrhundert verschwunden. Zum andern erfanden protestantische Geschichtsschreiber alle möglichen Wallfahrtsorte, um den mittelalterlichen Katholizismus zu verunglimpfen. Das Vogtland war davon nicht ausgenommen. Es kannte ephemere Wallfahrtsorte ebenso wie vollkommen getilgte und frei erfundene. Mit Maria Kulm im Egerland kennt es aber auch einen Ort, an dem ein Bild der Gottesmutter bis heute verehrt wird. Die im folgenden vorgestellten Orte repräsentieren das gesamte Spektrum. Sie schließen den kürzlich ins Leben (zurück?) gerufenen vogtländischen Jakobsweg mit ein.

Der Heilige Jodokus als Pilger in der Kirche zu Rödersdorf um 1500 (vgl. S. 244)

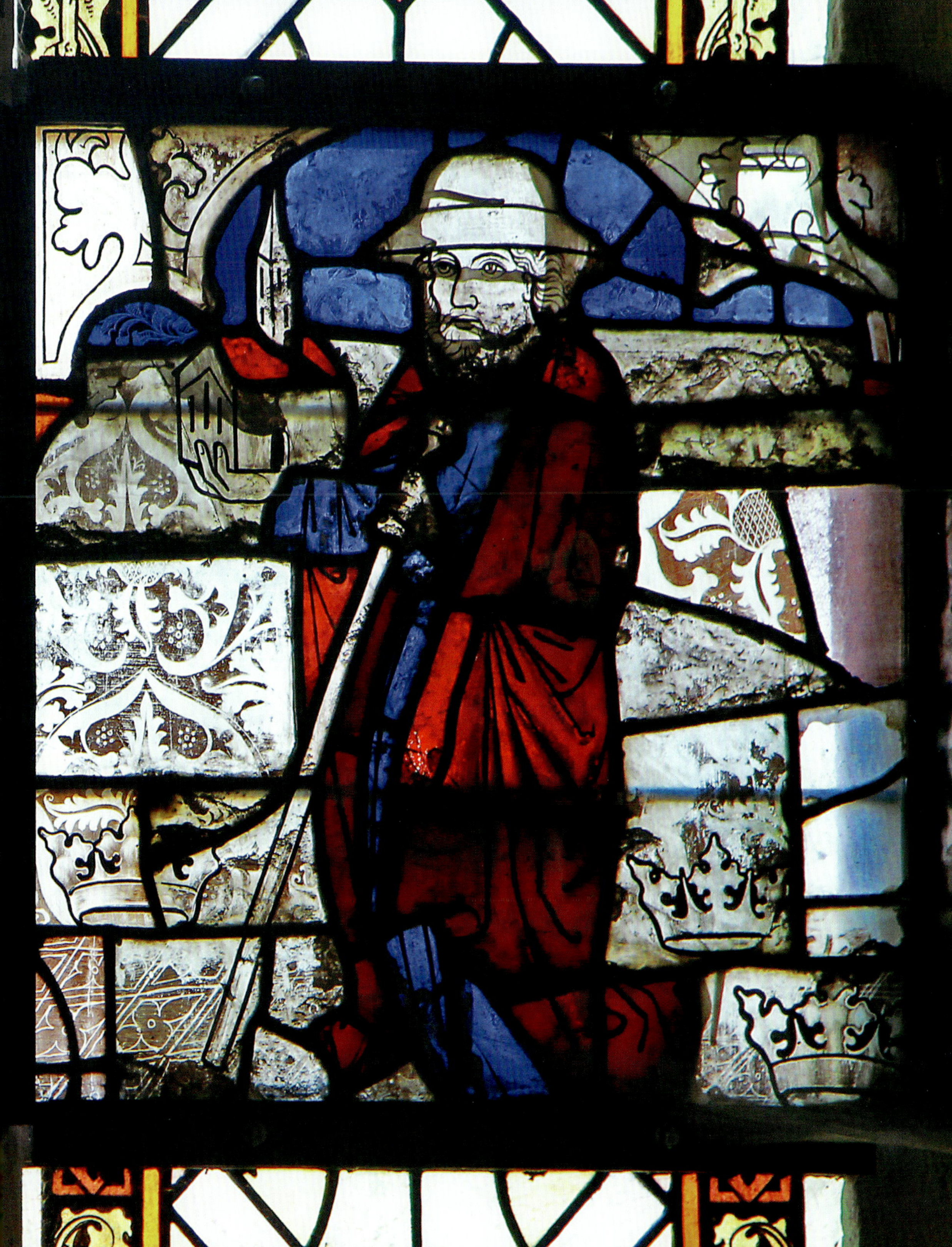

MARIEN- UND MARTINSKAPELLE AUF DEM PFEFFERBERG BEI SCHMÖLLN

Über die Wallfahrtskapellen auf dem Pfefferberg bei Schmölln, der vielleicht einmal ein ›Pfaffenberg‹ war, herrscht Unklarheit. Sichere Nachrichten über eine Marienkapelle finden sich erst ab 1328. 1352 gewährt der Weihbischof von Constantia allen, die das Kloster in Cronschwitz oder die Marienkapelle auf dem Berge zu Schmölln besuchen, einen Ablass [1]. Eine Urkunde, die der Provinzial des Dominikanerordens, Bruder Dietrich, im Dezember 1397 in Halle ausstellte, gibt ein Doppelpatrozinium an: der heiligen Jungfrau und des heiligen Martin [2]. Auch diesmal werden die Cronschwitzer Nonnen eingebunden, doch ist es nunmehr die Teilhabe an allen kirchlichen Handlungen des Ordens in der Provinz Saxonia, an der Kapelle und Kloster partizipieren [3]. Die Kapelle gehörte demnach zum Kloster. Die Nonnen müssen sich sehr intensiv um ihre Beförderung bemüht haben. 1406 wurde erneut großzügiger Ablass für den Besuch der Kapelle gewährt [4]. Die geistliche Rechnung schien aufzugehen. Bereits 1387 bestellte Salome von Auschwitz, geborene Reuß von Plauen, ein sehr umfangreiches Seelgerät in der Kapelle, dessen ordnungsgemäße Durchführung vier Schmöllner Bürger überwachen sollten [5]. Über die frommen Hintergründe der Wallfahrten auf den Marienberg und den Gegenstand der Verehrung wissen wir nur sehr wenig. Der Sage nach stand ein »überaus wunderthätiges Marienbild, das später in's Schmölln'sche Stadtwappen übergegangen ist«, im Mittelpunkt der Verehrung [6].

Die Kapelle auf dem Pfefferberg ging 1525 im Volkszorn unter. Allerdings übernahm der Stadtrat die Wertgegenstände, wie sich 1528 anlässlich der landesherrlichen Kirchenvisitation herausstellte. Angesichts ihrer wirklich »hervorragenden Ausstattung« kann man wohl »auf eine besonders weiträumige Attraktion der Wallfahrt schließen.« [7]. Wir gedenken ihrer vor der im 19. Jahrhundert gepflanzten Reformationslinde. Auf der sich neben der Linde erstreckenden Rasenfläche dürfen wir die alte Wallfahrtskirche vermuten. Der Sage nach geht der Schmöllner ›Mutschenmarkt‹ auf die Wallfahrt zurück [8].

Anmerkungen
[1] Vgl. UB Vögte I, Nr. 934; THURM, S. 75; SEYFARTH, S. 143.
[2] Bruder Dietrich ist Dominikaner, nicht Franziskaner, wie KÜHNE, S. 30 meint.
[3] Vgl. UB Vögte II, Nr. 386; THURM, S. 76.
[4] Vgl. UB Vögte II; THURM, S. 76.
[5] Vgl. THURM, S. 79.
[6] EISEL, Nr. 967. Die Nachricht vom Marienbild geht offenbar auf Johannes Lindner, den Dominikanerchronisten aus Pirna (gest. um 1530), zurück.
[7] KÜHNE, S. 30. Details zur Ausstattung bei SEYFARTH, S. 144.
[8] EISEL, Nr. 967.

WALLFAHRTSKAPELLE DER HEILIGEN ADELHEID IN SCHÖNFELD (GREIZ)

Am Fuße des Berges, der sich hinter dem ehemaligen Rittergut Schönfeld erhebt, befand sich bis zu ihrer Zerstörung 1535 eine Wallfahrtskapelle. Sie soll der Heiligen Adelheid gewidmet gewesen sein, doch kannte die Volksüberlieferung andere, ähnlich klingende Patrozinien [1]. Noch 1723 erinnerte ein Haufen Steine an sie. Als der ›Reußische Kalender‹ 1914 berichtete, waren die »vor nicht langen Jahren« sichtbaren Relikte vollständig beseitigt worden [2].

Das Adelheid-Patrozinium befremdet mit Blick auf den Ort und die Zeit. Beide Heilige, die den Namen Adelheid tragen, entstammen dem Frühmittelalter. Dabei kommt Adelheid von Vilich (ca. 970 – ca. 1018), Äbtissin in Vilich bei Bonn bzw. St. Maria im Kapitol (Köln), nicht in Betracht, obwohl regelmäßige Pilgerfahrten zu ihrer Kapelle in Pützchen veranstaltet wurden. Adelheid, Helferin gegen Augenleiden, wurde erst 1966 heilig gesprochen. Das Schönfelder Adelheid-Patrozinium geht also wohl auf Adelheid von Burgund (um 931 – 999) zurück, die als Gemahlin Ottos des Großen von 951 – 973 ostfränkische Königin bzw. von 962 – 973 Kaiserin des ostfränkisch-deutschen Reiches war und 1097 wegen ihrer Mildtätigkeit gegenüber dem Volk heilig gesprochen wurde. 968 gründeten Adelheid und ihr Mann das Bistum Meißen. Zu den bekanntesten Kunstwerken deutscher Hochgotik gehört die vollplastische Darstellung des Herrscherpaares im Meißner Dom: mit einer breit grinsenden Königin Adelheid (um 1260). Auch im Magdeburger Dom befand sich eine Darstellung Adelheids als Herrscherin (um 1235).

Vor ihrem Tod zog sich Adelheid in das von ihr gegründete Kloster Seltz im Elsass zurück, das bis zur Reformation ein rege besuchter Wallfahrtsort blieb. Der selbst heilig gesprochene Odilo, fünfter Abt von Cluny (ca. 961–1049), der Adelheid persönlich kannte, verfasste ihre Legende (›Epitaphium dominae Adelheidae augustae‹). Im deutschen Raum wurde Adelheid vor allem im Ostfränkischen verehrt. Eine Version des ›Epitaphium‹, die zwischen 1454 und 1468 in Nürnberg entstand, weist darauf hin, dass man Adelheid *am Reyn in grossen eren hat* [3].

Die Zusammenhänge mit der Schönfelder Adelheidswallfahrt werden nicht gleich transparent. Greiz gehörte nicht zum Bistum Meißen, und auch der Weg nach Magdeburg war weit. Zudem verehrte man dort die Königin und Bistumsgründerin, nicht die Wundertäterin. Allerdings soll die Schönfelder Kapelle »schon vor der Errichtung einer Kirche in Greiz« bestanden haben [4]. Da die Vögte von Weida erst 1225 mit den Lobdeburgern um die Errichtung einer Kirche in Greiz stritten, da Greiz zuvor von Elsterberg aus geistlich versorgt wurde, könnte die Kapelle immerhin noch ins 12. Jahrhundert zurückreichen. Es bleibt, geht man von Adelheids Heiligsprechung um 1100 aus, ein verschlossenes Zeit-Fenster von bis zu einhundert Jahren.

Odilos ›Epitaphium‹ hält sich mit Wunderberichten zurück. Im letzten Absatz heißt es lediglich: »An ihrem Grabe erhalten Blinde das verlorene Augenlicht, vom Schlage Gelähmte den Gebrauch ihrer Glieder zurück, Fieberkranke werden dort geheilt.« Diese Heilungswunder stehen durchweg nicht im Zusammenhang mit dem Leben Adelheids. Sie dokumentieren vielmehr ihre »Heiligmäßigkeit«. Dass die Wunder unspezifisch sind, machte Adelheid zu einer gut einsetzbaren Patronin. So auch in Schönfeld: »Der Adelheidquelle, die hinter der Kirche, einem Gebäude mit hohem Turm, entsprang, legte man ehemals die größte Heilkraft bei. Bei der Zerstörung der Kirche, die im Innern sehr prachtvoll verziert und mit vielen Heiligenbildern ausgestattet war, fand man viele Krücken und Körbe voll Zähne von Genesenen, da die Quelle besonders bei Zahnschmerzen helfen sollte.«[5].

Die Siedlung St. Adelheid hat sich aus drei Bauerngütern formiert und ist heute eine Art Gewerbegebiet von Greiz. Es gibt noch einen Kapellenweg. In der Nähe des Wohnhauses Nr. 1 dürfte sich die alte Adelheidskapelle befunden haben.

Anmerkungen
[1] Vgl. EISEL, Nr. 641, wo ein »Appollonia«-Patrozinium unterstellt wird.
[2] Nach THOSS, S. 133.
[3] Nach WILLIAMS-KRAPP, Sp. 18.
[4] THOSS, S. 133.
[5] THOSS, S. 133. Die Sage weiß, dass die heilsame Quelle »der dort beerdigten heiligen Appollonia, der Helferin gegen das Zahnweh, durch die Ohren« lief: EISEL, Nr. 641. Vgl. die angebliche Appollonia-Quelle in der Kapelle auf dem Kapellenberg (→ S. 259 f.).

Kirche St. Veit in Wünschendorf (→ S. 56)

WEIDAER LAUFEN ZUM WILSNACKER WUNDERBLUT (1475)

Die Jenaer Handschrift Ms. Sag. f. 9, die sich in der Mildenfurther Stiftsbibliothek befand, enthält eine Nachricht über Vogtländer, die sich dem großen ›Wilsnack-Laufen‹ des Jahres 1475 anschlossen. Wilsnack in der Prignitz war seit dem ausgehenden 14. Jahrhundert ein prominenter Wallfahrtsort. Der Pfarrer hatte dort 1383 in der eingestürzten Kirche drei blutende Hostien gefunden, bereits 1384 erteilte der Papst Ablass. Viele große Gelehrte des 15. Jahrhunderts versuchten, die Massenwallfahrten als frommen Schwindel zu enttarnen. Das änderte nichts daran, dass es 1475 und 1484 zum Phänomen des Wilsnack-Laufens kam: einer Bewegung zumal der Unterschicht. Die Mildenfurther Handschrift weiß von einer Laufgruppe aus Weida, die wahrlich schlecht organisiert war: *de weydischen lagen vf eym plan uf dem velde vnd hatten ken gelt vnd nicht van speyse*, als eine Frau hinzutrat, der es

Ein Zeitzeuge aus Mildenfurth weiß von den Pilgerreisen der Weidaer nach Wilsnack zu berichten (ThULB Jena, Ms. Sag. f. 9)

gelang, alle zu sättigen. Wunderberichte wie dieser beförderten das Laufen. Ein Junge aus Gera wollte nach Wilsnack, doch der Vater sperrte ihn ein: am nächsten Morgen war der Knabe tot. Wieder ein Zeichen Gottes! Dagegen gelang es fünf Nonnen aus Weida *vmme sancte franciscen dage*, sich nach Wilsnack abzusetzen. Ein anderer Weidaer, Prunzeler mit Namen, schickte seine Tochter zum Bierholen. Als sie ausblieb, schickte er die *ander dochter* hinterher … Der Bericht bricht hier ab, aber dass wenigstens Prunzelers Älteste das Bier Bier hat sein lassen und nach Wilsnack aufgebrochen war, steht außer Frage.

KIRCHE ST. JODOKUS IN RÖDERSDORF

Ein Kleinod am Rande der alten Handelsstraßen von Auma bzw. Zeulenroda nach Schleiz ist die Jodokuskirche in Rödersdorf. Sie ist nicht nur im Inneren noch weitestgehend spätgotisch geprägt. Sie weist auch eine lange, gut dokumentierte Geschichte auf, die mit einem Ablassbrief von 1340 einsetzt. Der an der Kurie in Avignon ausgestellte Brief bezieht sich auf die Pfarrkirche des Heiligen Jakobus im benachbarten Göschitz und ihre Filiale, die damalige Kapelle des Heiligen Jodokus in Rödersdorf. Linguistische Spekulation hat dazu geführt, dass man den Ortsnamen in der neuzeitlichen Abschrift der Urkunde misstraute: der Name Göschitz könne nur von Jodocus abgeleitet, der Ort müsse aus der Kirche hervorgegangen sein [1]. So ›tauschten‹ Göschitz und Rödersdorf vorübergehend ihre Patrozinien.

Der Brief gewährt Ablass vor allem für Frömmigkeitshandlungen an beiden Gotteshäusern: »Welche beim Abendläuten kniefällig drei Ave Maria sprechen, oder welche zum Bau, Geleucht, Schmuck oder zu anderen der genannten Kirche und Kapelle Notwendungen hilfreiche Handarbeit leisten, oder welche in ihrem Testamente oder sonst Gold, Silber, Kleidung oder irgendwelche andere Wohltaten der genannten Kirche und Kapelle zuwenden oder letztwillig vermachen, oder die Friedhöfe derselben besuchen, um für die Seelen aller verstorbenen Gläubigen zu beten oder ihr Begräbnis daselbst wählen und für den Ausbringer dieser Indulgenz und dessen Vater und Mutter zu Gott beten etc. bewilligen wir einen Ablass von vierzig Tagen für alle ihnen auferlegten Bußen etc.« [2]. Eine Wallfahrt

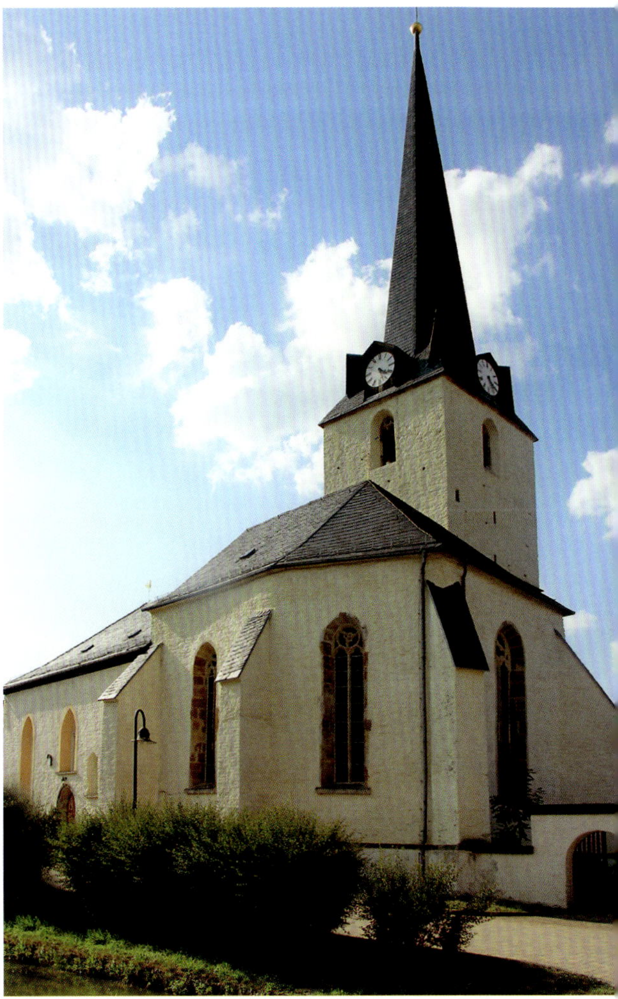

Die spätgotische Pfarrkirche des Heiligen Jodokus in Rödersdorf

kennt und fördert der Ablassbrief von 1340 noch nicht, und es ist auch fraglich, ob der Brief, der ja eher nicht auf regen Zuspruch für das Gotteshaus deutet, in einen Zusammenhang damit gestellt werden kann. Sicher ist, dass sich die Kapelle des Heiligen Jodokus in Rödersdorf im folgenden »zu einem vielbesuchten Wallfahrtsort« entwickelte [3]. Zu dieser Entwicklung soll insbesondere ein Marienbildnis beigetragen haben [4]. Die Umnutzung machte Umbauten erforderlich, die ab 1480 in Angriff genommen wurden.

Das schlichte, einschiffige Kirchengebäude ist auch in der Neuzeit mehrfach substantiell umgestaltet, aber nie auf eine irreversible Weise ›modernisiert‹ worden. 1957 wurde sogar die unpassende Empore entfernt. Der Kirchturm mit seinen Schlitzscharten mag alt sein. Es ist aber kaum vorstellbar, dass er als alleinstehender Wehrturm den Nukleus der Anlage bildete. Das über dem Turmfenster im Untergeschoss eingefügte Sandsteinkreuz verweist über seine spezifische Form auf den Deutschen Orden, der in Rödersdorf begütert war, allerdings nie den Patronat über das Gotteshaus inne hatte [5]. Wer genau hinsieht, erkennt indes die nachträgliche Einmauerung in die Bruchsteinmauer. Sie soll auf den kunstsinnigen Schleizer Superintendenten Gabriel Hartung d. J. (1692–1701) zurückgehen.

Sicher seit etwa 1490 am Ort befinden sich dagegen zwei Glasfenster. Sie scheinen innerhalb der Kirche verschiedentlich umgesetzt worden zu sein, zuletzt ins zentrale Ostfenster. Es sind zwei kompositorisch auf das Wesentliche reduzierte Darstellungen der Kreuzigungsgruppe einerseits und des Heiligen Jodokus anderseits. Jodokus wird hier als Pilger dargestellt: eine weitere Gelegenheit, ihn mit dem Pilgerapostel Jakobus d. Ä. zu verwechseln. In seiner Rechten hält er ein Kirchenmodell. Beides, Pilgerkostüm und Stiftermodell, gehört zur Ikonographie des Jodokus [6]. Wie die anderen Figuren hat auch er einen großen Kopf im Verhältnis zum Körper; allein der Gekreuzigte wirkt schlank. Auffällig ist die Ähnlichkeit des Rödersdorfer Johanneskopfes

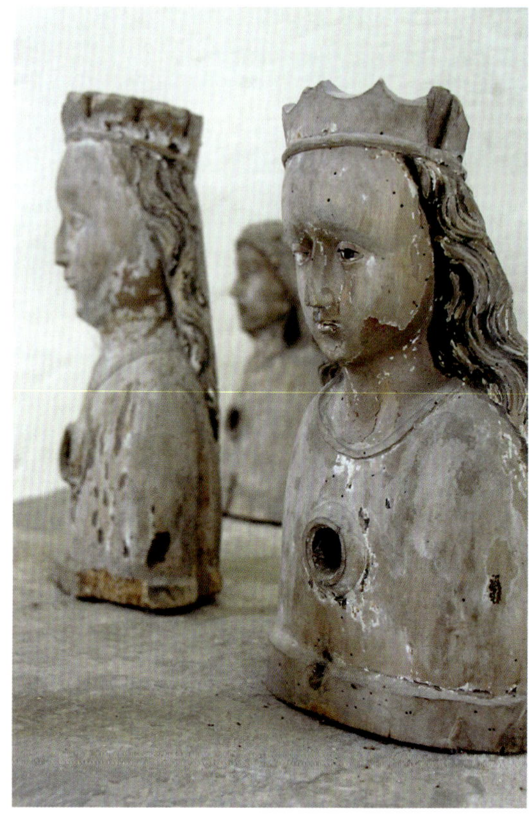

In die Büsten der Heiligen konnte man kleine Reliquien einführen

mit der Marienfigur in der Schleizer Wolfgangskapelle. »Nicht nur die charakteristischen Gesichtsmerkmale wie die kräftigen Nasen, großen Augen und vollen Lippen ähneln sich, auch die Haltung der Figuren im Dreiviertelprofil mit dem unter den Arm geklemmten, formelhaft gefalteten Obergewand.« [7]. Im Untergeschoss des Turmes werden verstreute Figuren und Reliquiare ausgestellt. Die spätgotischen Altäre im Chor sind keine Meisterwerke, bezeugen aber den regionalen Stil. Auffällig sind die teilweise brachial anmutenden Übermalungen und Neufassungen.

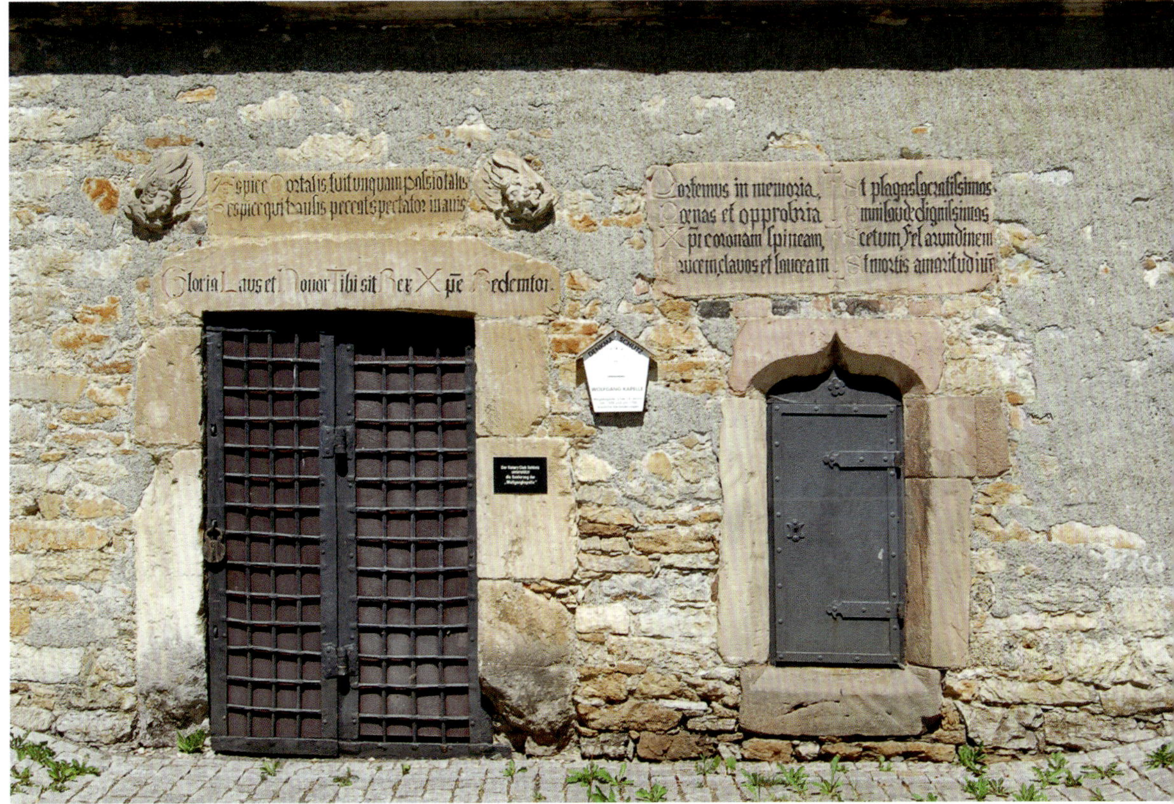

An der Wolfgangskapelle in Schleiz sind zahlreiche Inschriften erkennbar

Anmerkungen

[1] So noch TRIER, S. 172. Ein Besuch des Gotteshauses in Göschitz lohnt nicht.

[2] Übersetzung: SCHMIDT.

[3] CVMA, S. 200.

[4] Vgl. CVMA, S. 200.

[5] Vgl. HUMMEL, Kreuzsteine, S. 195–197; UB Vögte I, Nr. 346
(v. J. 1302).

[6] CVMA, S. 203.

[7] CVMA, S. 202.

KAPELLE DES HEILIGEN WOLFGANG IN SCHLEIZ

Wie bei allen möglichen und unmöglichen Wallfahrtskapellen, hat auch bei der kleinen Wege-
kapelle des Heiligen Wolfgang am Wisentaübergang die Urkundenlage zu sehr unterschiedlichen
Deutungen geführt. Im Anschluss an vorgängige
Publikationen hielt es noch RONNEBERGER für
gesichert, dass eine Wallfahrtskapelle »an der
Straße Regensburg-Hof-Saalfeld« bereits 1150
bestand [1]. Andere vertreten die Ansicht, das

Wolfgangspatrozinium sei erst im 17. Jahrhundert auf eine ehemalige Salvator-Kapelle, an der das ›Sondersiechenhaus‹ der Pestkranken lag, übergegangen. Eine wieder andere Theorie bindet die Wolfgangskapelle und die oberhalb gelegene Bergkirche der Heiligen Maria zusammen. Gemeinsam bildeten sie Ausgangs- und Endpunkt eines heute verschwundenen Kalvarienberges. Zwischen den Gebäuden hätten sich demnach Stationen gefunden, die den Leidensweg des kreuztragenden Christus für den nachvollziehenden Gläubigen simulierten. Zielpunkt des leidenden Nachvollzugs wäre dann das wunderwirkende Marienbild in der Bergkirche gewesen. Eine solche Anlage befand sich einst auch in Hof (→ S. 257 f.).

Wer vor dem kleinen, zweijochig kreuzgratgewölbten Rechteckbau steht, erkennt leicht, dass die uns unvertrauten, widerständigen Momente des Hauses Anlass für mannigfaltige Spekulationen über seine Funktion geben konnten. Dabei ist zu beachten, dass das Kirchlein mehrfach verändert wurde (zuletzt 1750, 1820 und 1911) und dabei Stücke abhanden gekommen oder neu hinzugetreten sein können [2]. So verhält es sich auch mit dem Fragment eines Glasfensters, das die Muttergottes mit Kind zeigt und das auf 1490 datiert wird. Das Fenster wurde wohl um die Zeit gefertigt, als der Meister Hans Karl zu Ranis den Auftrag zur Ausschmückung der Bergkirche erhielt. Aus diesem Zusammenhang wurde es 1911 in die Wolfgangskapelle umgesetzt. In der Kunstgeschichte wird die Marienfigur nicht sonderlich hoch veranschlagt: »Insgesamt erscheint die Darstellung durch die Verwendung von dicken Pinselstrichen für die Konturen etwas derb. [...] Das breite, melancholische Gesicht Marias lässt

an fränkische Darstellungen denken [...]. Doch ist die Auffassung weniger feinlinig, sondern wird durch die starke Akzentuierung der Gesichtsmerkmale bestimmt. Markant sind die großen Augen mit schweren Lidern und tiefen Ringen, die kräftige Nase und die vollen Lippen.« [3]

Ansonsten bietet die Kapelle von Außen wie von Innen genug Lesestoff. Zahlreich sind die Aufschriften an der Außenseite, die 1982 wieder hergestellt wurden. Sie dürften mehrheitlich im frühen 16. Jahrhundert angebracht worden sein, wobei die Datierung des Altars (1505) und stilistische Erwägungen zusammenspielen. Zwischen zwei jüngeren Engelsköpfen steht: »Schau an, Sterblicher, so groß war einst das Leiden. Schaue zurück, der du vorübergehst. Es sündigt ein gleichgültiger Betrachter.« Darunter, über der mit schmiedeeisernem Gitter verschlossenen Pforte, prangt der erste Vers des alten, auf Theodulf von Orléans (9. Jh.) zurückgehenden Prozessionshymnus‹: *Gloria, Laus et Honor Tibi sit Rex Christe Redemtor* (»Ruhm, Preis und Ehre sei Dir, Christus, König und Erlöser«). Der Hymnus wird in der katholischen Kirche bei der Palmprozession am Palmsonntag angestimmt.

Auch die anderen Verse, die die Kapelle schmücken, dürften ihre Entsprechungen im liturgischen Gut der Kirche finden. Über dem Fenster steht: »Lasst uns im Gedächtnis tragen die Strafe und Schande Christi, die Dornenkrone, Kreuz, Nägel und Spieß und die heiligsten Wunden, den Essig und das Rohr und die Bitterkeit des Todes.« Am Ostgiebel der Kapelle befindet sich dann noch ein Kreuz des Ritterordens und darunter ein Relief, das Christus unter dem Kreuz zeigt, neben dem geschrieben steht: »Komm uns zu Hilfe, Herr, die du mit deinem Blut erkauft

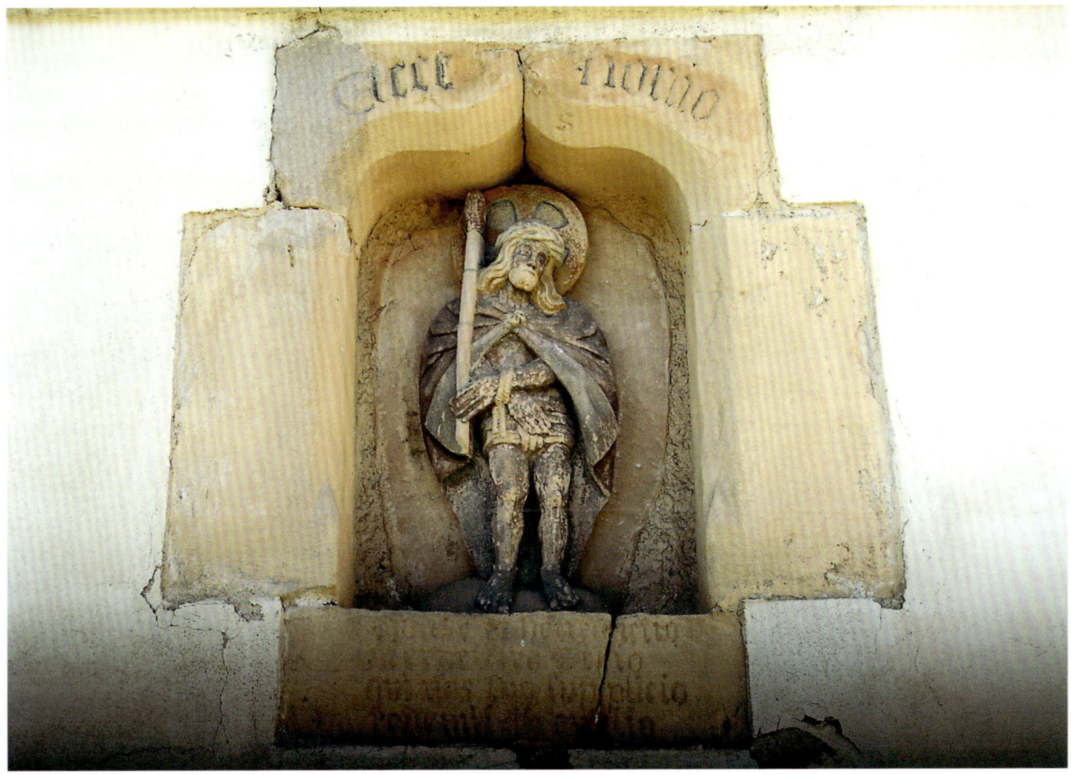

Mit den Worten ›Ecce homo‹ (Joh 19, 5) übergab Pilatus Jesus den Juden. An der Schleizer Bergkirche könnte sich eine Station eines alten Passionswegs befunden haben

hast, und führe uns zu den lieblichen Freuden des ewigen Lichts.« Rechts daneben schließlich ein Vers, der sich auch in der ›Imitatio Christi‹ des Thomas von Kempen findet, dem weltweit erfolgreichsten Werk spätmittelalterlicher Passionsfrömmigkeit (1441). Im 56. Kapitel des III. Buchs wendet sich Christus direkt an den Menschen, um ihn zu Selbstverleugnung, Kreuztragung und Nachfolge einzuladen: »Willst du herrschen mit mir, so trage auch das Kreuz mit mir.« (III, 56, 2).

Das Innere der Kapelle überrascht mit gut erhaltenen spätgotischen Figuren und Wandbemalungen. Neben der Tür befindet sich rechter Hand ein alter, aus Eiche gehauener und mit dem Ordenskreuz beschlagener Opferstock. Er ist beschriftet mit Loci classici zum ersten und vierten Werk der Barmherzigkeit (Reihenfolge nach Mt 26, 35 f.): *Et pauperi porrige manum tuam ut perficiatur propitiatio et benedictio tua* (Jesus Sirach 7, 36: »Reiche den Armen deine Hand, auf dass du reichlich gesegnet werdest.«); *Et vir si [...] panem suum esurienti dederit et nudum operuit vestimento [...] hic iustus est vita vivet* (Hes 18, 5, 7–9: »Wer mit dem Hungrigen sein Brot teilt und den Nackten kleidet, ist ein Gerechter und soll das [ewige] Leben haben.«). Über dem Opferstock bewachen die Heiligen Stephanus und Laurentius das Almosen.

Zur Linken der Tür steht der Heilige Wolfgang. Unter seiner Skulptur steht geschrieben: »Der Armen Sache ist das Bitten, der Reichen Sache das Geben, Gottes Sache das Vergelten.« Links vom Fenster: »Das gesegnete Leiden Christi sei unsere Erlösung, damit uns dadurch himmlische Freuden bereitet werden.« An der Altarplatte: »Der du tot im Felsengrab lagst, ein unschuldiger König, lass uns in dir ruhen und ein heiliges Leben führen.« Über dem Altar schließlich: »Der du A und O genannt wirst, bist selbst Quell und Abschluss all dessen, was ist und war und später sein wird.« Darunter befindet sich die Jahreszahl 1505. Die Nische, in der der große Kruzifix einmal stand, ist leer. Über ihr thront das Lamm Gottes, das auf einem aufgeschlagenen Buch steht und die Siegesfahne mit der Aufschrift »Erlösung der Welt« hält. Darunter wurde noch ein Spruch aufgetragen: »Verweile ein wenig und blicke mich an, der ich unschuldig für deine Sünden gelitten habe. Nimm mich auf in deine Seele, bewahre mich in deinem Herzen.«

Die begründete Ansicht, dass die Wolfgangskapelle der Ausgangspunkt eines Passionsweges war, bindet sie eng mit der Bergkirche zusammen. Man sollte sich daher die Zeit nehmen, den verschwundenen ›Kalvarienberg‹ zumindest aufmerksam abzugehen. Mit einiger Sicherheit bildete die Figur ›Ecce homo‹, die sich an der Außenwand der Kirche befindet, einmal eine Station. Die Bergkirche selbst ist weitgehend entgotisiert. Ihre barocke Pracht deutet darauf, dass sie noch als lebendige Kirche fortlebte, als die Wolfgangskapelle ihren Betrieb eingestellt hatte.

Anmerkungen
[1] RONNEBERGER, S. 18: »wahrscheinlich als Frucht Regensburger Missionstätigkeit«.
[2] Zu erinnern wäre an das Steinkreuz im Turm der Jodokuskirche zu Rödersdorf, das um 1700 dort vermauert wurde und das, wie BERTHOLD SCHMIDT vermutete, aus der Wolfgangskapelle stammen könnte. Vgl. SCHMIDT.
[3] CVMA, S. 244. Eine Abbildung ebd., S. 243.

Zur Leonhardskirche in Friesau gelangt man fast unweigerlich über **Saalburg**. Gelegentlich ist zu lesen, dass das Kloster sich an oder aus einer Wallfahrtskirche zum Heiligen Kreuz entwickelt habe [1]. In der Bestätigungsurkunde, die Bischof Heinrich I. von Naumburg (1316–1335) den Gründern ausstellte, findet sich in der Tat der Passus, dass das Heilige Kreuz »in der genannten Kirche viele und glorreiche Wunder an der Gemeinschaft wie an Einzelnen, ja sogar an unseren Widersachern und Feinden gewirkt« habe [2].

Anmerkungen
[1] Vgl. WIESSNER, S. 388.
[2] UB Vögte I, Nr. 585.

Kirche St. Leonhard Friesau (→ S. 224)

AUF DEM VOGTLÄNDISCHEN JAKOBSWEG

Historische Forschung begegnet dem erst vor wenigen Jahren eröffneten ›Vogtländischen Jakobsweg‹ mit Skepsis. Sie verweist auf die etablierten Handelsstraßen als Pilgerwege. Diese Straßen waren bewacht, auf ihnen bewegten sich die frommen Wanderer gleichsam im Schatten der Wagen der Fernhändler: »Die Pilger konnten in Gesellschaft darauf vertrauen, daß sie geschützter waren und die richtige Richtung eingeschlagen hatten.« Einen eigenen Pilgerweg habe es darüber hinaus kaum gegeben. Das würde freilich bedeuten, dass die Pilger »nicht jedes Jakobspatrozinium ansteuerten.« [1].

Diese Vermutung lenkt die Aufmerksamkeit auf die nachweisbaren Jakobs-Patrozinien. Wir können sie in Zwickau und dann weiter in Chemnitz nachweisen: zwei Knotenpunkten an der von Oberfranken über Freiberg nach Dresden heraufführenden Handelsstraße. An der Nordgrenze des Vogtlandes, entlang der West-Ost-Verbindung von Erfurt nach Altenburg, finden wir in Schmölln ein Jakobsspital. Die Nord-Süd-Verbindung, die von Zeitz direkt durch das Vogtland nach Hof führt, führt über Gera, wo eine Jakobsbruderschaft wirkte, nach Weida. Auch in Weida lässt sich eine Jakobskapelle mit Hospital nachweisen. Nach Weida gabelt sich die Straße: südöstlich führt sie nach Greiz, südwestlich nach Schleiz. Auf dem Weg nach Greiz befand sich Lunzig, das bis 1533 eine Jakobskapelle gehabt haben soll. Am Weg nach Schleiz liegt Göschitz, dessen Jakobs-Patrozinium wir bereits kennengelernt haben. Die Greizer Verbindung schwenkte nun bald auf die große Handelsstraße von Hof nach Dresden ein. Hier war Plauen die nächste Station, für das sich bemerkenswerter Weise kein Jakobspatrozinium nachweisen lässt; wohl aber besaß das Kirchlein in Krebes Reliquien des Heiligen Jakobus (1432). Der Weg von Plauen führte, wie ein Leipziger Ratsvermerk (1471) über die Fernstraßen notierte, entweder direkt, oder über Oelsnitz, wo seit etwa 1240 eine Jakobikirche stand, nach Hof [2]. Wer den direkten Weg von Schleiz zur *Curia Regnitz* wählte, kam kurz vor Hof in Berg vorbei, dessen Kirchlein ebenfalls ein Jakobspatrozinium trägt. Man kann also zunächst festhalten, dass, wer über die Handels-

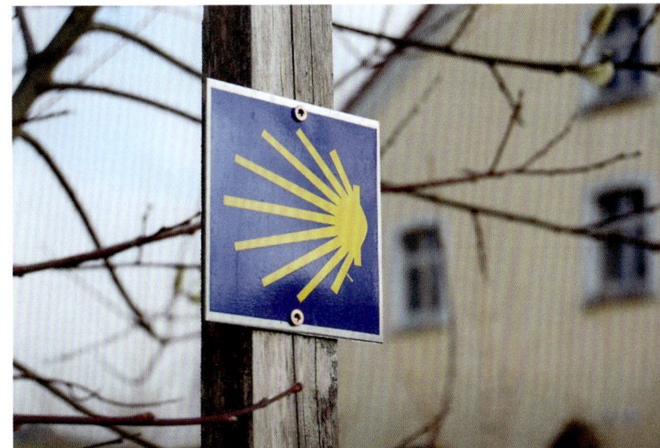

Überall im Vogtland verweist die Jakobsmuschel auf den Jakobsweg

wege durchs Vogtland nach Santiago pilgerte, am Wege reichlich Jakobs-Stationen vorfand.

Umgekehrt muss man konstatieren, dass die bisher bekannten Alternativen dem Pilger kaum spezifische Infrastruktur boten. Dies gilt etwa für die Strecke, die von Nordwesten aus Erfurt über Lobenstein (und über Berg?) nach Hof führte oder für die 1460 statuierte Verbindung aus Zwickau *gein Francken*, die über den *Vogtsberg* geleitet wurde [3]. Zudem ist festzuhalten, dass sich beim gegenwärtigen Kenntnisstand so gut wie gar keine Jakobs-Patrozinien finden lassen, die nicht irgendwie in das Verkehrswegenetz eingebunden wären. Das aber bedeutet, dass wir in der Tat davon auszugehen haben, dass der ›Vogtländische Jakobsweg‹ weitgehend mit dem Netz der durch das Vogtland führenden Verkehrsstraßen identisch war [4]. Das wäre ein Ergebnis, das die Bedeutung der Jakobspilgerei durchs Vogtland keineswegs herabsetzte. Es wirft freilich ein Licht auf die Neufassung des ›Vogtländischen Jakobsweges‹. Er erscheint, einmal so ausge-

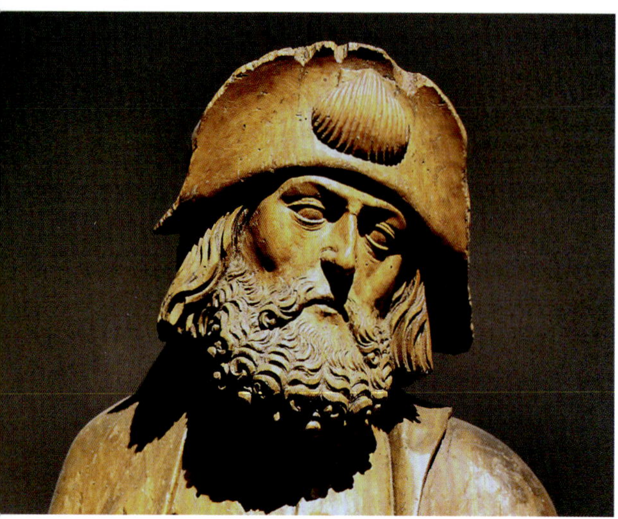

Der Pilgerapostel Jakobus mit der Jakobsmuschel am Hut
(Galerie der Bildenden Künste in Cheb)

leuchtet, als quasi symbolische Strecke: eine für naturliebende Fußgänger ›vernünftige‹ Alternative zur historischen Wirklichkeit.

Anmerkungen
[1] Wissuwa, S. 51.
[2] Vgl. Straube, S. 265.
[3] Straube, S. 268, 265.
[4] Vgl. Wissuwa, S. 47.

KAPELLE DER HEILIGEN KÜMMERNIS IN TREUEN

Die Pfarrkirche in Treuen trägt das alte Patrozinium des Heiligen Bartholomäus. Das könnte darauf deuten, dass hier schon im ausgehenden 12. Jahrhundert ein Kirchlein stand. 1514 wurde das Kirchenschiff erweitert. Der gegenwärtige Baukörper ist indes, mit Ausnahme des noch romanischen Turm-Untergeschosses, Ergebnis eines gemäßigten klassizistischen Wiederauf-

baus nach dem Stadtbrand von 1806. Nach spätgotischen Einrichtungsgegenständen sucht man vergeblich.

Verschwunden ist auch eine Kapelle *zu Sant gehulfen*, die noch im November 1533 anlässlich der Kirchenvisitation erwähnt wurde. Das Patrozinium deutet auf den Kult der Heiligen Kümmernis (auch: ›Heilige Hülfe‹), der sonst in Sachsen nicht bezeugt ist [1], dem wir aber in Pilgramsreuth (→ S. 360) wiederbegegnen werden. Die Verehrung der Kümmernis, die seit 1506 im römischen Martyrologium unter dem Namen Wilgefortis geführt wird und deren Legende der bekannte Augsburger Bildschnitzer Hans Burgkmair schon kurz darauf (1507) auf einem Einblattdruck verbreitete, ist im deutschen Sprachraum ein typisch spätmittelalterliches Phänomen.

■ Die Kümmernis-Legende erzählt von einer schönen Frau, deren Vater sie zur Heirat mit einem Heiden drängt, während sie selbst sich den himmlischen Bräutigam erwählte. Im Gefängnis bittet sie Gott darum, er möge sie so umgestalten, dass sie keinem Mann auf Erden mehr gefalle. Gott schenkt ihr das gebartete Antlitz seines Sohnes. Ihr erboster Vater vollendet ihre *christiformitas*, indem er sie kreuzigen lässt.

Es lässt sich rückverfolgen, dass die Legende einen Versuch darstellt, einen bestimmten Typus der plastischen Christusdarstellung, der sich den Gläubigen nicht mehr erschloss, umzudeuten. Es ist ein triumphierender Christus am Kreuz, aus dessen Antlitz alles Leid gewichen ist, dem die Dornenkrone fehlt und der zudem mit einer Tunika bekleidet ist. Dieser Darstellungstypus war seit dem Hochmittelalter durch den nackten, gepeinigten Gekreuzigten verdrängt worden. Die

Kümmernis-Legende half nun, den älteren Typus zu erklären. Die längst verschwundene Kapelle *zu Sant gehulfen* in Treuen muss eine Kümmernis-Darstellung, vielleicht sogar einen Christus alter Prägung besessen und ausgestellt haben.

Anmerkungen
[1] Vgl. CLEMEN, »Sant gehülfen capeln«, S. 120 – 124; CLEMEN, Volksfrömmigkeit, S. 292.

KIRCHE ST. JAKOBI IN OELSNITZ

Die Jakobskirche in Oelsnitz ist gewiss seit ihrer Gründung, jedenfalls seit der Errichtung des steinernen Kirchenbaus unter Vogt Eberhard von Straßberg (um 1240) Station auf dem Pilgerweg, der die Verkehrsstraße von Plauen nach Hof nutzte. Über die ersten Jahrhunderte wissen wir indes nicht viel. Der erste Pfarrer wird 1225 greifbar. Seine Nachfolger zeugten häufiger bei Rechtsakten der Plauener mit dem Deutschordenshaus [1]. 1479 waren die Türme so baufällig, dass die Oelsnitzer den Baumeister Donatus aus Eger beriefen [2]. Offenbar in Folge eines Brandes wurde die Kirche um 1499 als spätgotische Hallenkirche neu errichtet. Im selben Jahr erhielt die Kirche eine neue Orgel, die aber durch das Unvermögen des Organisten beschädigt wurde, so dass der Rat der Stadt die Besetzungsrechte für ein Altarlehen (Maria Magdalena) erhielt, um einen qualifizierteren Organisten auf einer attraktiveren Dauerstelle halten zu können [3]. Die Kirche stand, wie wiederholte geistliche Stiftungen beweisen, bei den Oelsnitzern hoch im Kurs [4]. Als sich 1524 der offenbar reformatorisch

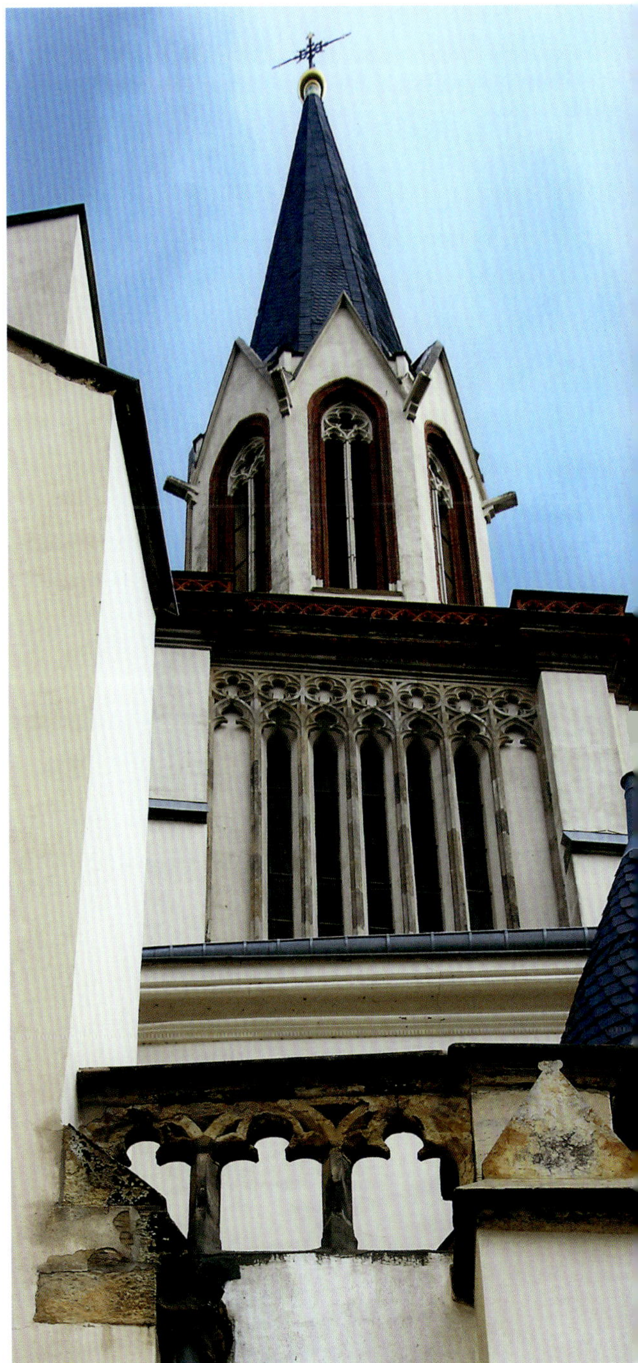

An der Jakobskirche in Oelsnitz finden sich nur wenige Fragmente gotischer Architektur

gesinnte Pfarrer Bartholomäus Kraus zu weit vorwagte, wurde er auf Befehl des Landesherren entfernt [5].

Das Gebäude ist so oft architektonisch überschrieben worden, dass man sich nicht leicht zurechtfindet. Mittelalterlich sind, außer der Grundanlage, nur noch bedeutungslose Reste: der Unterbau des Nordturms aus spätromanischer Zeit, ein frühgotisches Dreipassrelief außen an der Südseite des Chores und ein um 1515 datierbarer Kruzifix, der wohl der alten Hospitalkirche entstammt (→ S. 431). Alle weiteren Elemente (Altar, Glasfenster, Taufstein, Kanzel, Orgel) sind Schöpfungen des 17.-20. Jahrhunderts und repräsentieren entsprechend die vorherrschenden Richtungen (Neugotik, Klassizismus).

Anmerkungen
[1] UB Vögte I, Nr. 51; UB Vögte I, Nr. 514, 714.
[2] Vgl. WILD, Beziehungen, S. 184.
[3] Vgl. VON RAAB II, Nr. 185.
[4] Vgl. VON RAAB II, Nr. 261 (1511).
[5] Vgl. VON RAAB II, Nr. 358.

KIRCHE IN PLANSCHWITZ (OELSNITZ)

An dem Kirchlein in Planschwitz, das einst vom Deutschen Orden verwaltet wurde, ist an sich nichts hervorzuheben. Der spätgotische Flügelaltar war schon im 19. Jahrhundert zerschlagen [1], an seiner Stelle steht eine barocke Scheußlichkeit. Ein Relikt des alten Marienaltars scheint die linker Hand in einer Nische eingestellte Figur der Gottesmutter mit Kind zu sein. Sie stand dort einmal im Mittelschrein, umgeben von den Heiligen Katharina und Maria Magdalena. STECHE, der noch die Reste des Ensembles gesehen zu

haben scheint, machte darauf aufmerksam, dass die Figuren viereckige Öffnungen in der Brust besaßen. Brustreliquiare, wie wir sie aus Rödersdorf kennen, beherbergten Reliquienkästchen. Dergleichen ist an sich für ein mittelalterliches Kirchlein selbstverständlich. Bedeutung erlangte die Planschwitzer Kirche dadurch, dass man hier um die Mitte des 19. Jahrhunderts bei Renovierungsarbeiten im Unterbau des Altars ein hervorragendes Zeugnis der mittelalterlichen Reliquienverehrung bergen konnte: die ›Planschwitzer Reliquienkapsel‹. In dem dünnwandigen Bleikästchen befanden sich Reliquien vom Kreuzesholz, des Märtyrers Petrus von Mailand und der Jungfrau Margaretha, außerdem Urkunden und ein intaktes Siegel des Naumburger Weihbischofs Gerhard (1434–1435). Das wertvolle Objekt, das 1924 aus der Kirche entfernt wurde, befindet sich heute im Vogtlandmuseum in Plauen. Es wurde zuletzt mehrfach ausgestellt und in qualitätvoller Abbildung veröffentlicht [2].

Anmerkungen
[1] Vgl. STECHE, Oelsnitz, S. 18.
[2] Vgl. POPP, S. 65f.

RUINEN DER WALLFAHRTSKAPELLEN BURGSTEIN

Zwölf Kilometer südlich von Plauen, im landschaftlich reizvollen Nichts zwischen Ruderitz und Krebes, liegen zwei Sakaralgebäude, die mit der Reformation verfielen, im deutsch-deutschen Sperrgebiet weiter verkamen und erst seit der Wiedervereinigung wieder zugänglich sind. Prominente Reste beider Kapellen lohnen den Besuch.

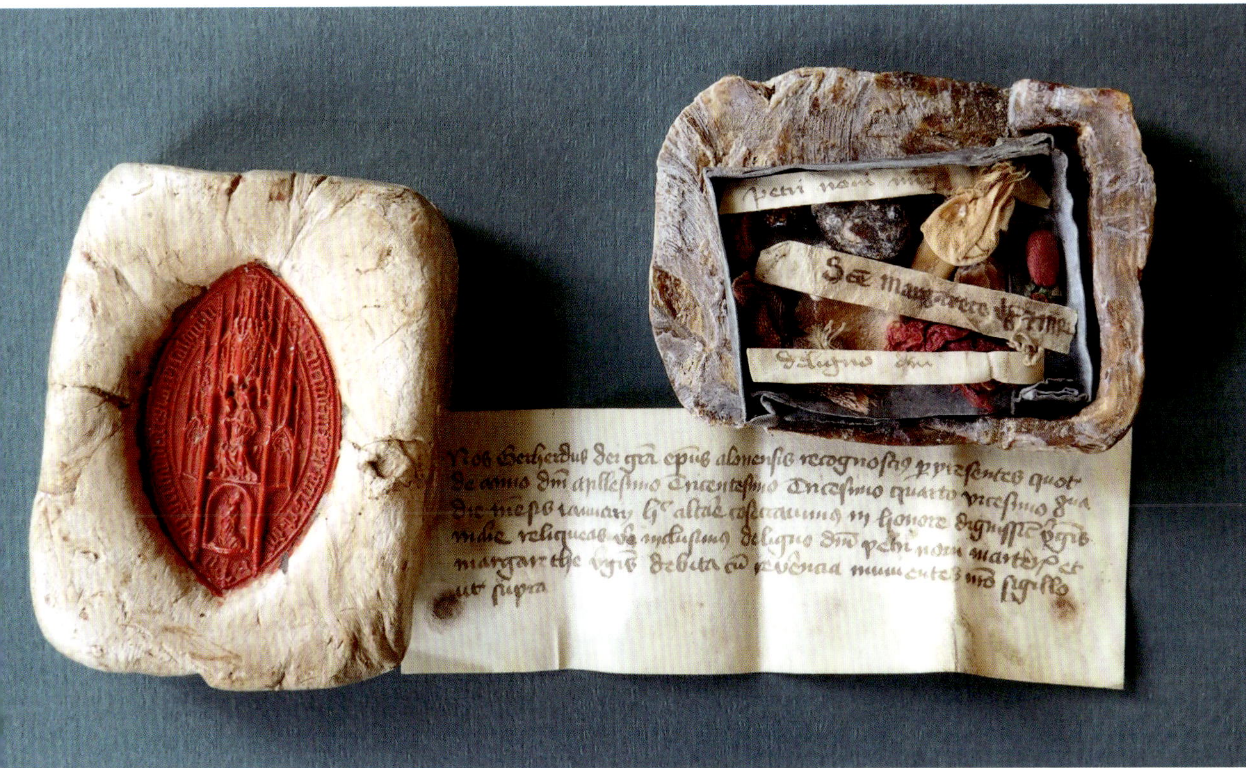

Die Reliquienkapsel aus Planschwitz wird heute im Vogtlandmuseum in Plauen aufbewahrt

Eine Marienerscheinung von 1474 war Anlass für die Einrichtung einer Wallfahrtskapelle. Vielleicht wurde sie vom Naumburger Bischof Heinrich II. von Stammer (1466–1481) ins Leben gerufen. 1486 jedenfalls erhob Bischof Dietrich IV. (1481–1492) Ansprüche auf die Einnahmen aus der Pilgerfahrt, die von Bamberg streitig gemacht wurden. 1487 einigte man sich noch auf eine Teilung [1]. Bald aber entstand neben der nach Krebes eingepfarrten (1486) in nur zwölf Metern Abstand eine zweite Kapelle. »Die westliche Kapelle [...] erhebt sich unmittelbar auf dem zu Tage liegenden Felsen und besteht aus zwei gesondert aufgeführten Theilen. Das unregelmäs-

sige, thurmähnliche Schiff, aus Thonschiefer errichtet, bildet den ältesten Theil und scheint sich aus einem früheren Wartthurme [...] entwickelt zu haben«. Diese Herleitung könnte den sonst nicht nachvollziehbaren Namen der Stätte erklären. Die östliche Kapelle scheint die jüngere gewesen zu sein. »Die Anordnung der Süd- und Nordpforte des Schiffes lässt auf Benutzung dieser Kapelle für Wallfahrtszwecke schliessen.« [2].

Über die Innenausstattung der Kapellen wissen wir nur sehr wenig. HARTMUT KÜHNE machte auf eine Stiftung aufmerksam, die Friedrich der Weise 1512 der Marienkapelle zukommen ließ. Dabei handelte es sich um ein Mess-

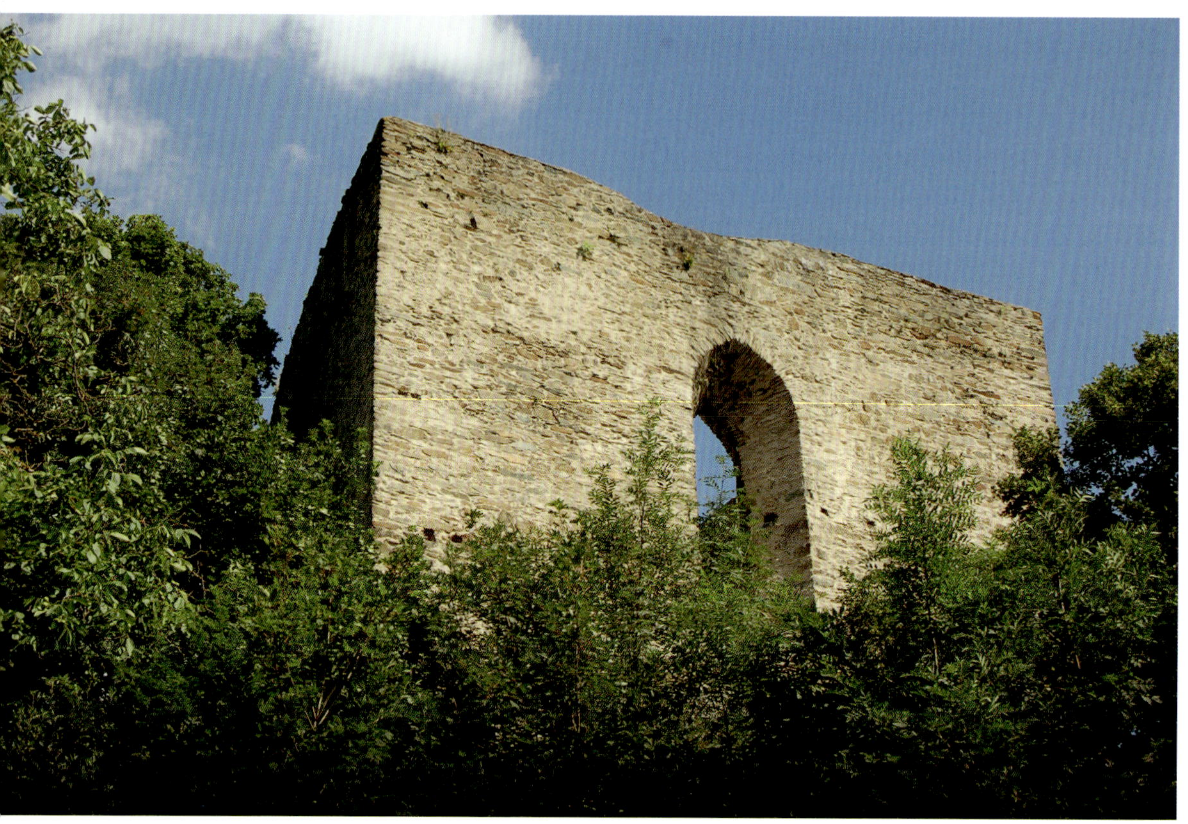

Blick auf die ältere (westliche) Wallfahrtskapelle auf dem Burgstein

gewand und einen *furhang*, beides versehen *mit meins gnedigsten hern wapen.* Offenkundig hatte die wettinische Landesherrschaft ein Interesse, ihre Präsenz »an diesem exponierten Heiligtum zu demonstrieren.« [3]. Wird aber der Landesherr seine Wappen in eine baufällige Kapelle gehängt haben? Man darf der Bestandsaufnahme, die 1529 bei der Kirchenvisitation in Plauen durchgeführt wurde, gewiss mit Vorbehalten begegnen – es sei denn, bei dem baufälligen Objekt handelte es sich um das der Bamberger: *Nachdem es zwu kirchen zum Burckstein hat und die eine bereit an zum teil zurfallen, ist unser bedenken, das man die zerbrochen kirch abbreche und die ander in bewlichen wesen erhalden. Ist auch also bewilligt durch Nickel sack, als des orts erb und lehenherr* [4]. Der von Nickel Sack zu Geilsdorf betriebene Abbruch scheint indes nicht vollständig vollzogen worden zu sein. Die Geilsdorfer Kirche, der die noch 1546 bestehende Pfarrei Burgstein inkorporiert wurde, trägt die Ruinen der beiden Kapellen im Siegel.

Anmerkungen
[1] Vgl. Wiessner, S. 116f., 705; von Raab II, Nr. 9, 14.
[2] Steche, Plauen, S. 6f.
[3] Kühne, S. 49f.
[4] Steche, Plauen, S. 4 – 6.

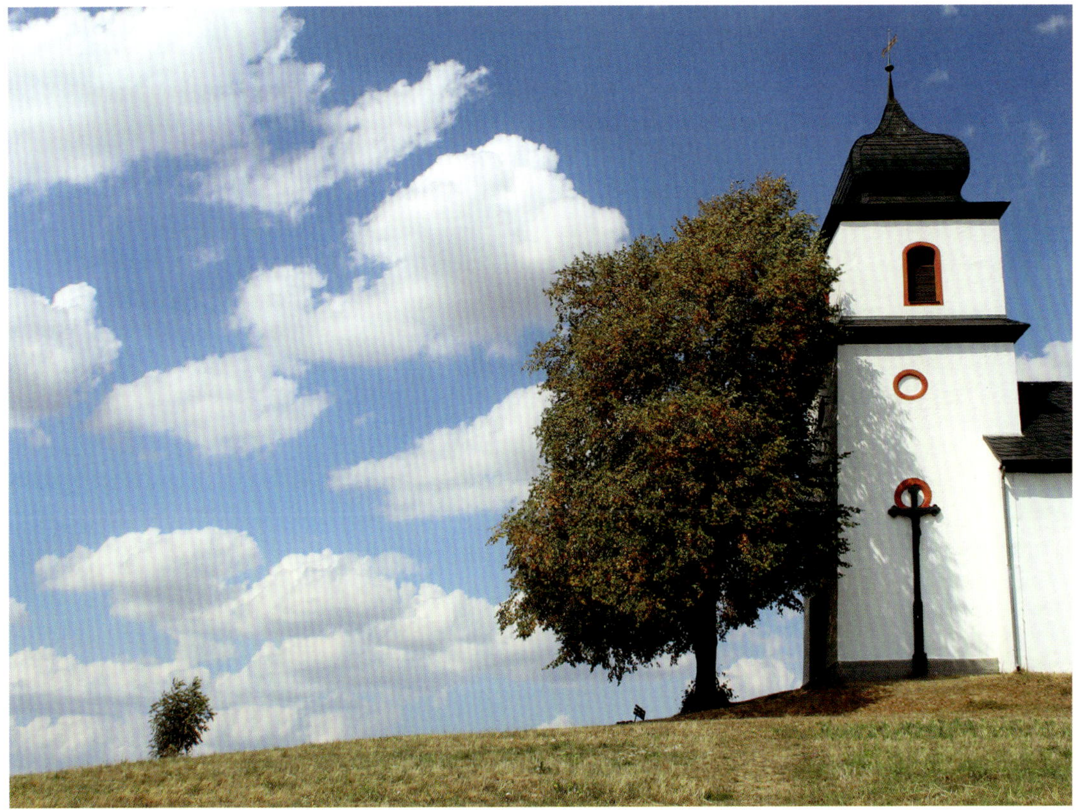

Über Heinersgrün erhebt sich, weithin sichtbar, die Kapelle der Heiligen Klara von Assisi

KAPELLE ST. KLARA IN HEINERSGRÜN

Von Burgstein ist es nur ein kleiner Abstecher zur atmosphärischen Kapelle St. Klara bei Heinersgrün. Die Überlieferung geht von einer Gründung bald nach 1200 aus. Bis heute hält sich die Erklärung, dass die Kapelle eine Gründung der Klarissen zu Hof sei, die dorthin Wallfahrten unternahmen. Das ist immerhin möglich, insofern das Klara-Kloster wenigstens zwei Höfe in Heinersgrün besaß. Über den Gegenstand der Verehrung ist freilich nichts bekannt. Der Ansicht, dass die drei Kreuze neben der Kapelle eine Station auf dem Weg nach Golgatha markierten, sollte man mit Zurückhaltung begegnen. Die einsame Lage auf dem Hügel macht St. Klara als Wallfahrtskapelle nicht unwahrscheinlich, doch wird sie erst 1529 in anderer Funktion, als Begräbniskapelle der Herren von Feilitzsch, fassbar [1]. Das Innere der Kapelle enthält nichts Wesentliches.

Anmerkungen
[1] Vgl. STECHE, Oelsnitz, S. 8. Es haben sich keine Grabmonumente erhalten.

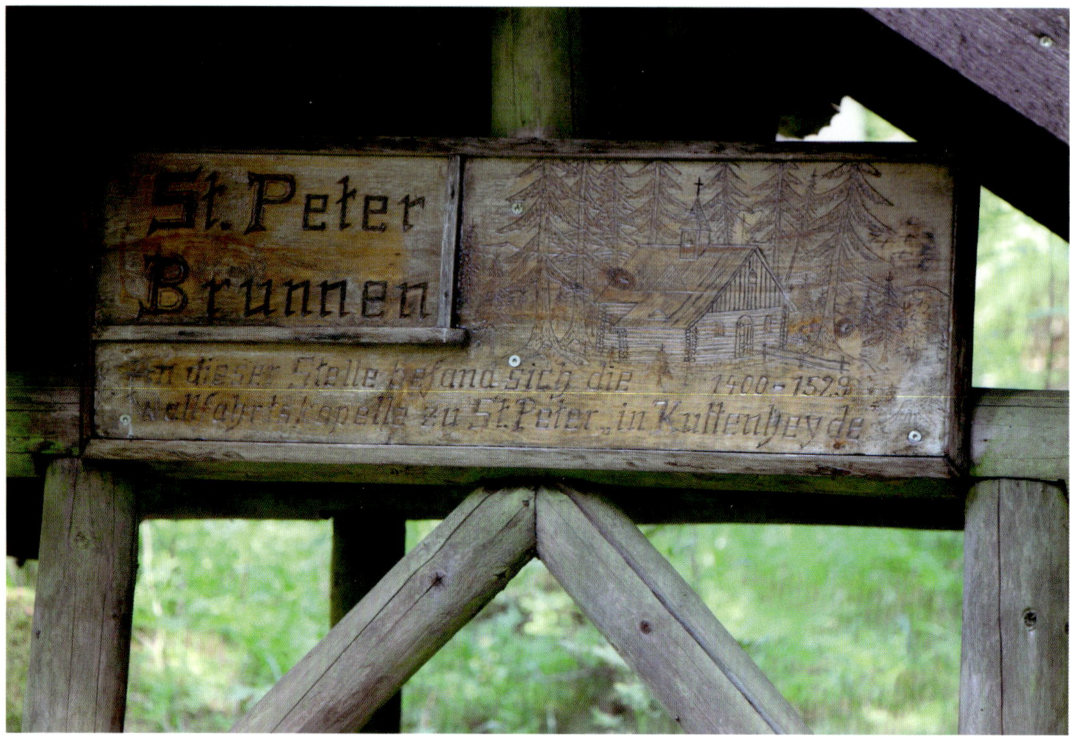

Auf die alte Peterskapelle bei Kottenheide verweist nur ein Brunnen auf einer Waldlichtung

KAPELLE ST. PETER IN KOTTENHEIDE

Um das Walddorf Kottenheide, das auf halber Strecke zwischen Schöneck und Klingenthal liegt und heute nach Schöneck eingemeindet ist, ranken sich einige Mythen. Die Goldsucher aus Italien, die dort fündig geworden sein sollen, werden uns noch ebenso beschäftigen wie die Erzählung vom Gottesgericht über den Bergbau, die der Humanist Paul Schneevogel aus Plauen um 1485 hier platzierte (→ S. 412 f.). Von der Kapelle, die bis zur Reformation in Kottenheide gestanden haben soll, dann aber verwüstet wurde, hat sich – der Überlieferung nach – nur noch der Schlüssel erhalten. Er wird heute im (meist geschlossenen) Heimatmuseum in Schöneck gezeigt. Auf der atmosphärischen Waldlichtung selbst hat man über der von den Pilgern aufgesuchten Quelle einen sichernden Verschlag errichtet.

Wir wissen nicht viel Handfestes über die verschwundene Kapelle. Aus einer Streitsache, die 1487 entschieden wurde, geht allerdings hervor, dass der Pfarrer von St. Marien in Wohlbach gemeinsam mit dem Kollegen zu Schöneck über die Verwendung von Einnahmen entscheiden soll, die *an sant peterstag, do vare* [Wallfahrt] *kenn der kottenheide ist*, aufkommen [1].

Anmerkungen
[1] VON ZEZSCHWITZ, S. 67.

KIRCHE ST. MARIEN
IN WOHLBACH

In Wohlbach, Teil der Gemeinde Mühlental, steht eine nur mit Dachreiter versehene Dorfkirche, die das Patrozinium der Gottesmutter trägt. Die Kirche lässt sich erstmals in einer Seelmessen-Stiftung 1411 nachweisen [1], ist in ihrer Substanz jedoch älter. Sie weist nicht nur romanische, sondern auch frühgotische Elemente auf. Mitte des 15. Jahrhunderts erscheint Peter Thoss zu Marieney als Wohltäter: er verkauft 1447 eine Liegenschaft bei St. Marien *unser lieben Frauen Maria der Himmelskönigin zu gutt und der Pfarrkirchen daselbst* an die *alterleutte* [2]. Die Thosse hatten das Kirchlehen inne: 1504 urkunden die Thosse zu Erlbach, 1515 Kaspar Thoss zu Breitenfeld [3]. Die ältere Forschung plädierte mit Vehemenz dafür, dass die Kirche Zielpunkt von Marien-Wallfahrten gewesen sei [4]. Davon sollte bereits der Ortsname zeugen, der als »Wallbach« gedeutet wurde. Urkundlich lässt sich belegen, dass der Pfarrer von Wohlbach gemeinsam mit dem von Schöneck 1487 über die Verwendung von Einnahmen entschied, die *an sant peterstag, do vare* [Wallfahrt] *kenn der kottenheide ist*, aufkommen [5]. Das könnte bedeuten, dass die Peterskapelle in Kottenheide, zu der an St. Petri Wallfahrten stattfanden, eine Filiale der Marien-Pfarrkirche in Wohlbach war; nicht aber, dass auch Wallfahrten nach Wohlbach erfolgten.

Anmerkungen
[1] Vgl. VON RAAB I, Nr. 99.
[2] VON ZEZSCHWITZ, S. 65; vgl. VON RAAB I, Nr. 484.
[3] Vgl. VON ZEZSCHWITZ, S. 65.
[4] Vgl. STECHE, Oelsnitz, S. 32.
[5] Vgl. VON ZEZSCHWITZ, S. 67 f.

KIRCHE ST. ÄGIDIEN
IN REGNITZLOSAU

Zur Stiftung der Kirche des Heiligen Ägidius in Regnitzlosau, die urkundlich erstmals 1224 erscheint [1], wird eine Sage aus dem ausgehenden 13. Jahrhundert überliefert. Der von schwerer Krankheit gezeichnete Bauer Michel aus dem Dorf Prex genas auf Geheiß eines Engels am wiederholten Baden im Wiesenbrünnlein, was der Pfarrer dem geheilten Landmann als göttlichen Hinweis auf den Bau einer Kapelle übersetzte. Freilich fand man das beigeschaffte Baumaterial jeden Morgen nicht am Wiesenbrünnlein, wohin es gebracht worden war, sondern an der Stelle der nachmaligen Pfarrkirche des Heiligen Ägidius zu Regnitzlosau: ein neuerlicher Hinweis Gottes, doch nun auf den richtigen Bauplatz [2]. Im Zusammenspiel der Kräfte entstand so das rechte Gotteshaus am rechten Ort. Später wurde es protestantisch, mehrfach erweitert und barockisiert. Außer der frommen Sage über ihre Ursprünge hat die Kirche nichts Mittelalterliches mehr zu bieten.

Anmerkungen
[1] Vgl. HHS Franken, S. 433.
[2] Das wunderbar fortgeschaffte Baumaterial, das den richtigen Ort für den Kirchenbau weist, ist ein auch im Vogtland verbreitetes Motiv; vgl. etwa EISEL, Nr. 321.

Pfarrkirche Kirchgattendorf (→ S. 231)
Pfarrkirche St. Lorenz in Hof (→ S. 101)

DAS HEILIGE GRAB IN HOF

Kaspar von Geilsdorf stiftete 1509 in Hof *ein schönes kirchlein über der Saal allhie*. Die Kapelle bildete den Endpunkt eines Passionsweges, der

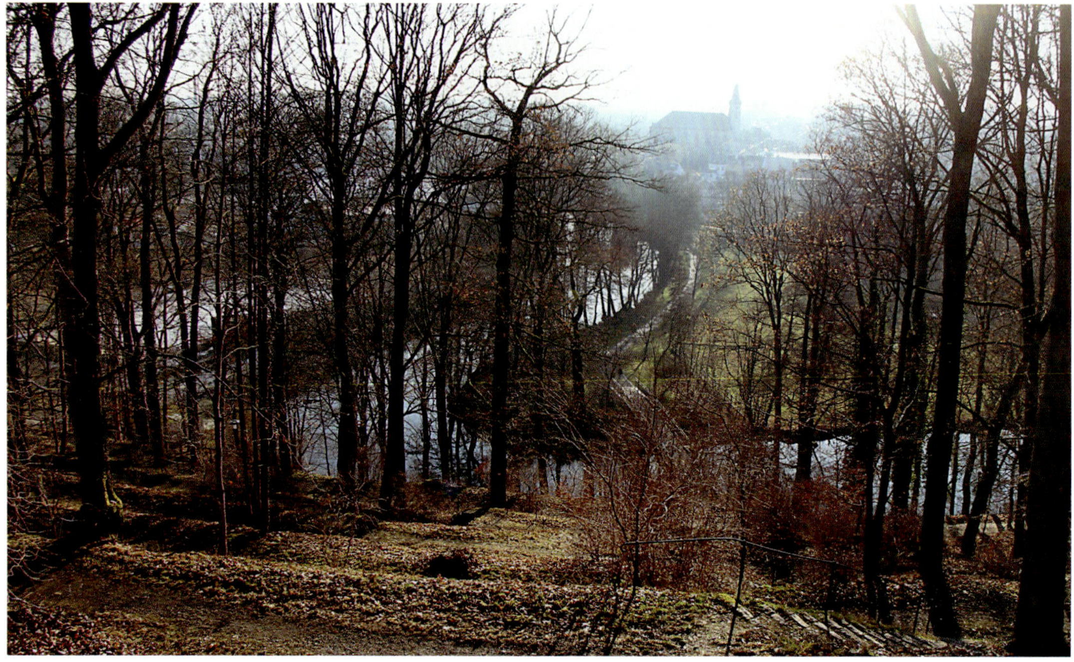

Vom Theresienstein aus kann man den alten Passionsweg, der zum 1509 errichteten Heiligen Grab führte, erahnen

in sieben Stationen Christi Leidensweg nachbildete: von der Kreuznahme über die Via Dolorosa über den Berg Golgatha hin zum Felsengrab. Wer diesen Weg abschritt, hielt an den einzelnen Stationen inne. Auf steinernen Pfeilern befanden sich, wie Enoch Widmann erinnert, die *fälder, an denen iderm ein stuck des passions Christi zu oberst in holtzwerck, unter einem dächlein, artlich und meisterlich ist geschnitzt gewesen.* Es war ein Weg des österlichen Mitleidens, der Compassio, auf dem die Gläubigen manche Träne vergossen. Erreichten sie die Kapelle, wurde ihr Mitleiden durch den Anblick der klagenden drei Marien am Grabe Christi, wie sie der Altar vorstellte, noch einmal gesteigert: *Die weißßbilder waren so kunstlich geschnitzt und gemahlet, daß man gemeinet, sie weineten heiße zeer* (›Tränen‹) [1].

Die Anlage des Kreuzweges zur Kapelle des Heiligen Grabes war alles andere als willkürlich. »Entfernung und Gestalt des Ganzen sollte der Angabe eines Mönchs entnommen sein, von dem man sagte, er habe eine Abbildung des heiligen Grabes von Jerusalem mitgebracht.« [2]. Das Felsengrab befand sich, wie in Jerusalem, auf einem kahlen Felsenhügel, und die Länge des Leidensweges Jesu sollte ganz genau der Entfernung zwischen der Kapelle und der Kirche St. Michael entsprechen. Stiftungen von Heilig-Grab-Kapellen und Kreuzwegen waren um diese Zeit nichts Ungewöhnliches. Mitunter erfolgten, wie in Görlitz (um 1500), Pilgerreise und Stiftung als vereinbarte Sühneleistung.

Kaspar von Geilsdorf hat *alle freitag das gantze jhar, so lang es bäbstisch gewesen, eine meß in der ehr des leidens Christi in gemeltem kirchlein halten lassen.* [3] Mit der früh in Hof einsetzenden Reformation verlor der Kreuzweg schnell an Bedeutung. Seine Stationen verfielen sukzessive. Die Kapelle wurde 1553 niedergerissen, um Feinden eine Unterkunft außerhalb der Stadtmauern zu erschweren. Die vierte Station beim ›hohen Steg‹ wurde in eben dem Krieg abgerissen. 1565 spülte ein Hochwasser die dritte Station hinfort. Dietsch hat im 19. Jahrhundert noch Überreste sichten können: »Die erste [Station], fast unter der Sacristei, zwischen dem obersten Michelsthürlein und der Mauer gegen die Kapellmühle, sowie die zweite, unten bei der Neumühle vor dem hohen Steg stehend, blieben noch verschont«.

Das Schicksal des Hofer Kreuzweges ist kein Einzelfall. In protestantischen Landesteilen dürfte es sogar den Regelfall darstellen. Ein sehr gut erhaltenes Beispiel für ein spätmittelalterliches Heiliges Grab, das die konkrete Landschaft in die Gestaltung des Kreuzweges einbindet, befindet sich noch in Görlitz. Man kann den Hofer Weg von St. Michael (→ S. 104) ausgehend noch heute abschreiten. Zielpunkt ist nicht der ausgeschilderte Theresienstein, auf den man durch den Stadtpark zugeht, sondern der rechter Hand davon befindliche Pavillon, der sich direkt über der Brücke erhebt. Zu Füßen des Pavillons, von dem aus man die zurückliegende Strecke überblicken kann, könnte sich die Kapelle in felsiger Bucht befunden haben. Jede Erinnerung daran wurde freilich geflissentlich getilgt.

Anmerkungen
[1] Rösler, S. 267.
[2] Alle folgenden Zitate bei Dietsch, S. 131.
[3] Rösler, S. 267.

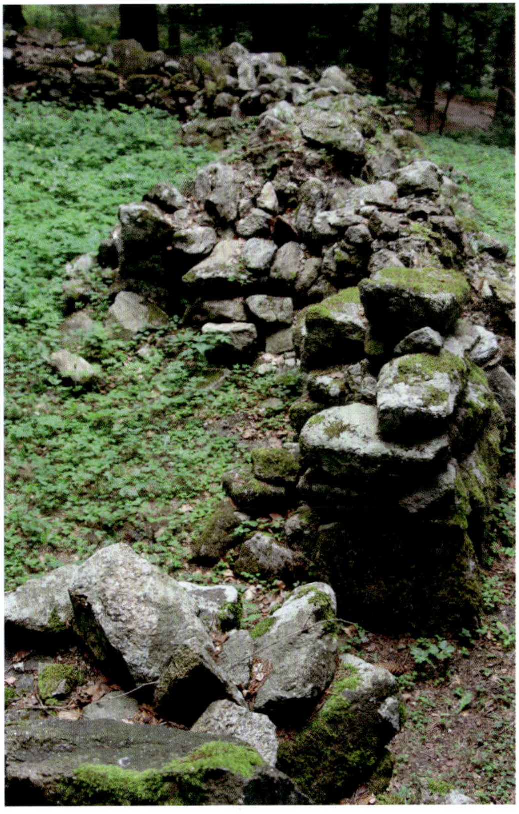

Die rekonstruierten Umfassungsmauern der Kapelle auf dem Kapellenberg

DIE KAPELLE AUF DEM KAPELLENBERG

In der Nähe der Ortschaft Schönberg finden sich, kaum ausgeschildert, auf einer Waldlichtung die wieder aufgehäufelten Reste der Grundmauern einer alten Kapelle. Das mörtelverputzte Kirchlein, dessen Fußboden mit Ziegeln gepflastert war, scheint annähernd quadratisch gewesen zu sein (Länge 7,50 m), eine fünfeckige Apsis (Länge 5,50 m) schloss es ab. Bau und Anlage verweisen ins ausgehende 13. Jahrhundert. Rechnungen belegen Stiftungen noch im 15. Jahrhundert. Unter dem Boden hat man bei Grabungen (1916) acht Bestattungen freilegen können. Ein Brünnlein quillt unter einer Baumwurzel hervor. Auf der Steinplatte daneben vermag man, trotz fortschreitender Verwitterung, zwei Ritzzeichen zu erkennen: das Rundkeuz des Deutschen Ordens und, darunter, einen Pfeil, der auf das Kreuz verweist. Eine Sage, die nicht allzu alt sein dürfte, weiß um ihre Herkunft [1]. Die Kapelle soll die Gründung eines adligen Fräuleins Brunhilda gewesen sein, das mit seinen beiden Schwestern Anna und Maria auf dem Schlosse zu Eger lebte.

◼ Alle drei hatten den Freuden des Lebens abgeschworen, bis eines Tages Ritter Kuno, der ein Turnier für sich entscheiden konnte, eine der Schwestern als Preis forderte. Dies vereitelte ein heransprengender Lanzenträger, der zunächst den frechen Kuno und dann sein eigenes Begehren besiegte, das Ordenskreuz nahm und die ihm geneigte Brunhilda zurückließ. Die Schwestern besiegelten nun ihr entsagungsvolles Leben: Anna baute die Kapelle auf dem Grüneberg bei Eger, Maria die Kapelle in Kulm und Brunhilda die Kapelle auf dem Kapellenberg. Dort lebte sie noch als Greisin, als sich ein hochbetagter Pilger, dessen Mantel und Gürtel von einem Sarazenenpfeil zusammengehalten wurden, der Quelle näherte. Brunhilda erkannte sogleich ihren Ritter und sank in seine Arme. Ein Sturm fegte über sie hinweg, und am nächsten Morgen fand man nur noch das Kreuz und den Pfeil.

Die Sage muss zu einer Zeit entstanden sein, als das alte Patrozinium der Heiligen Ursula und ihrer 11000 Jungfrauen nicht mehr bekannt war [2]. Gewiss einer Aktualisierung entstammen die mediävalisierenden Namen Kuno und Brunhilda. Die Verbindung von Kreuz und Pilgerschaft

könnte auf einen älteren Zusammenhang mit dem Deutschen Orden verweisen. Tatsächlich sehen die Ritzzeichnungen auf dem Stein den Zeichen auf dem Güterstein von Seubtendorf nicht unähnlich, der sich heute vor der Kirche in Tanna befindet (→ S. 209). Der Tannaer Stein markierte einst alten Besitz der Ordenskommende [3].

Anmerkungen
[1] Vgl. Graesse, Nr. 699.
[2] Eine spätere Sage lässt das Brünnlein durch eine wunderwirkende Reliquie, einen Zahn der Heiligen Appollonia, zur Wallfahrtsstätte für Zahnleidende werden. Vgl. Graesse, Nr. 700. Ähnliches behauptete man auch für St. Adelheid in Schönfeld bei Greiz (→ S. 240 f.).
[3] Vgl. Hummel, Steine, S. 197 f.

WALLFAHRTSKAPELLE CHLUM-SVATÉ MARI (MARIA KULM)

In Chlum-Svaté Mari befindet sich noch heute eine der Gottesmutter geweihte Wallfahrtskapelle. Wenn man will, kann man das Alter ihrer Vorgängerbauten ins erste Drittel des 14. Jahrhunderts datieren. Die Wallfahrt, die sie begründete, soll noch ins 13. Jahrhundert zurückreichen.

Bis tief ins 20. Jahrhundert wirkte eine durchaus lebendige Erzähltradition. Novellen und epische Gedichte, aber auch Bühnenstücke aller Art legten Sagen rund um die wunderwirkende Marienstatue zu Grunde [1]. Zum ältesten Bestand gehört die knappe Gründungslegende.

◼ Ein Fleischergeselle, der einst durch unwirtliches Gebirg im Egerland zog, fand ein Marienbildnis in einem Haselstrauch und nahm es mit. Als er den Findling am nächsten Morgen betrachten wollte, war das Bild verschwunden. Als er es just in dem Haselstrauch wiederfand, in dem er es aufgelesen hatte, ließ er es dort und baute einen Bretterverschlag drum herum. Aus dem Verschlag erwuchs eine hölzerne Kapelle.

Sie stand noch, als der in Eger geborene Humanist Paul Schneevogel um 1494 mit der Novelle ›Historia occisorum in Culm‹ seinen Beitrag zur Tradition lieferte. Schneevogels Novelle, die von der Überwindung einer die Gegend erschütternden Räuberbande handelt, setzt nicht nur die Existenz, sondern auch das Wunderwirken der Gottesmutter als bekannt voraus. Freilich wirkt die Kapelle in Schneevogels Erzählung allenfalls wie Staffage. Als eine junge Frau darin nächtens von einem Räuber festgehalten und schließlich getötet wird, hilft ihr auch das Gebet zum Marienbildnis nichts. Und auch der Umstand, dass die heimlich sich in die Bank drückende Magd eines Ritters, die die Greueltat miterlebt, unentdeckt bleibt, wird von Schneevogel nicht dem Wirken der Gottesmutter angerechnet. Der Humanist schreibt keine Mirakelerzählung. Selbst die Verhaftung des Räubers vor der Kapelle mittels eines weiblichen Lockvogels beruht auf Kalkül und entschlossenem Handeln des Adligen. Man kann die Ereignisse natürlich geistlich ausdeuten, kann auf den heiligen Ort verweisen, der als Bühne für den Triumph des Guten seine Heiligkeit unter Beweis gestellt hat. Aber Schneevogels Erzählung endet nicht mit dem Lobpreis der Gottesmutter, sondern mit Details der Martern, die die Verbrecher zu erleiden haben, und der Restituierung der entwendeten Güter. Dass man die Novelle in einen Zusammenhang mit Petrarca und Boccaccio gebracht hat, verdankt sie neben den geschliffenen Reden ihrer Protagonisten nicht zuletzt dem, was sie an Naheliegendem ausließ [2].

Urkundlich erscheint der Ort, der sich am Fuß des Kapellenberges bildete, erstmals 1341. 1384 stiftete der Richter von Königsberg etliche Grundstücke. Um 1400 sind die Kreuzherren mit dem Roten Stern auf dem Berg präsent. Der erste Pfarrer von Maria Kulm war 1401 ein Ordensbruder. 1405 hören wir von einer Glocke, die aber wohl 1429 von den Hussiten eingeschmolzen wurde. Spenden flossen reichlich, und der Orden tat sein Teil, um die Kirche gut auszustatten: 1480 erwarb der Großmeister das Rittergut, Teichwiesen und einen Wald [3].

In der Wallfahrtskapelle befindet sich noch heute eine etwa lebensgroße ›Schöne Madonna‹ aus Sandstein, die im Stilvergleich mit der Krumauer um 1410 datiert wird. Aufrecht und hoheitsvoll sitzt das Jesuskind auf dem linken Arm der stehenden Mutter, die in der Rechten ein Szepter hält: Elemente eines hieratischen Stils. Der Hüftschwung der Gottesmutter ist kaum ausgeprägt. Während sie ihr Kind gedankenvoll von der Seite ansieht, blickt der Knabe am Betrachter (und wohl auch am ihm zugeneigten Szepter) vorbei. Das »weithin berühmte Andachtsbild muß für die Bildhauer des Egerlandes von großer Wirkung gewesen sein.« [4] In einem Gewölbe unterhalb des Kreuzganges, der ›Mördergrube‹, sollen die Gebeine der sagenhaften Räuberbande liegen.

Anmerkungen
[1] Dazu Rupp, S. 75–77. Es überrascht nicht, dass die Sage über die Gründung der Kapelle auf dem Kapellenberg (→ S. 259f.) keine Rolle spielt, obwohl sie die Gründung von Maria Kulm der adligen Schwester Maria zudichtete.
[2] Vgl. Rupp, S. 65–75. Theisinger referiert eine ähnliche Erzählung (S. 528), als handelte es sich um eine historische Tatsache.
[3] Vgl. Theisinger, S. 529f.
[4] Tietz-Strödel, Plastik, S. 267.

DIE KLÖSTER DER BETTELORDEN

Das Vogtland hat als Klosterlandschaft ein eigentümliches Profil. Es lässt sich mit »Bettelorden und Ritterorden« zusammenfassen. Niederlassungen der Benediktiner, Augustinerchorherren oder Augustinereremiten sucht man vergeblich. Ausschließlich im nördlichen Grenzgebiet, zwischen Crimmitschau und Schmölln, finden wir andere, im übrigen aber durchaus bewegte Verhältnisse vor. In Crimmitschau wurde ein wenig erfolgreiches Stift der Augustinerchorherren ausgangs des 15. Jahrhunderts von Kartäusern eingenommen. In Schmölln muss sich zwar noch im 11. Jahrhundert ein Benediktinerkloster und bis ins 12. Jahrhundert eine Zisterze befunden haben, doch wurden beide Häuser aufgegeben bzw. ebenso verlegt wie die 1212 nachweisbaren Zisterzienserinnen in Triptis (nach Zwickau bzw. Eisenberg). Im nördlich Crimmitschaus gelegenen Frankenhausen siedelten ausgangs des 13. Jahrhunderts Frauen, die nach den Gewohnheiten der Zisterzienserinnen lebten. Einziger ›Fremdkörper‹ im Kernland der Vögte bleibt das Prämonstratenserstift Mildenfurth; weniger gewichtig erscheinen die vermeintlichen Zisterzienserinnen in Saalburg. Ihnen stehen Franziskaner in Weida, Hof und Eger, Klarissen in Hof und Eger, Dominikaner in Plauen und Eger und Dominikanerinnen in Cronschwitz, Weida und Plauen sowie die Karmeliter in Sparneck gegenüber.

Über die genaue Zuordnung einiger Frauenklöster zu den geistlichen Gemeinschaften ist (mit Recht) diskutiert worden. Man kann durchaus über den Status der Häuser in Frankenberg und Saalburg oder der Magdalenerinnen in Plauen uneins sein. Richtig bleibt indes, dass die Nonnen in Saalburg wahrscheinlich nie einen Zisterziensermönch gesehen haben, sondern wie die Schwestern in Plauen vom Plauener Dominikanerkloster betreut wurden. Diese Betreuungsregelung hat nichts mit dem inneren Zustand der Klöster im Vogtland zu tun. Dass die Klarissen in Weida oder die Dominikanerinnen in Cronschwitz mehr oder weniger offen gegen die Ordensregeln verstießen, dass in ihren Niederlassungen ein Geist wehte wie in adligen Damenstiften, der ihnen von einem entsprechenden Personal eingehaucht wurde – dies alles ist für die Zuordnung zunächst einmal irrelevant. Das klösterliche Vogtland ist dort, wo nicht die Schwertbrüder regierten, seit dem 13. Jahrhundert eine Bettelordenslandschaft.

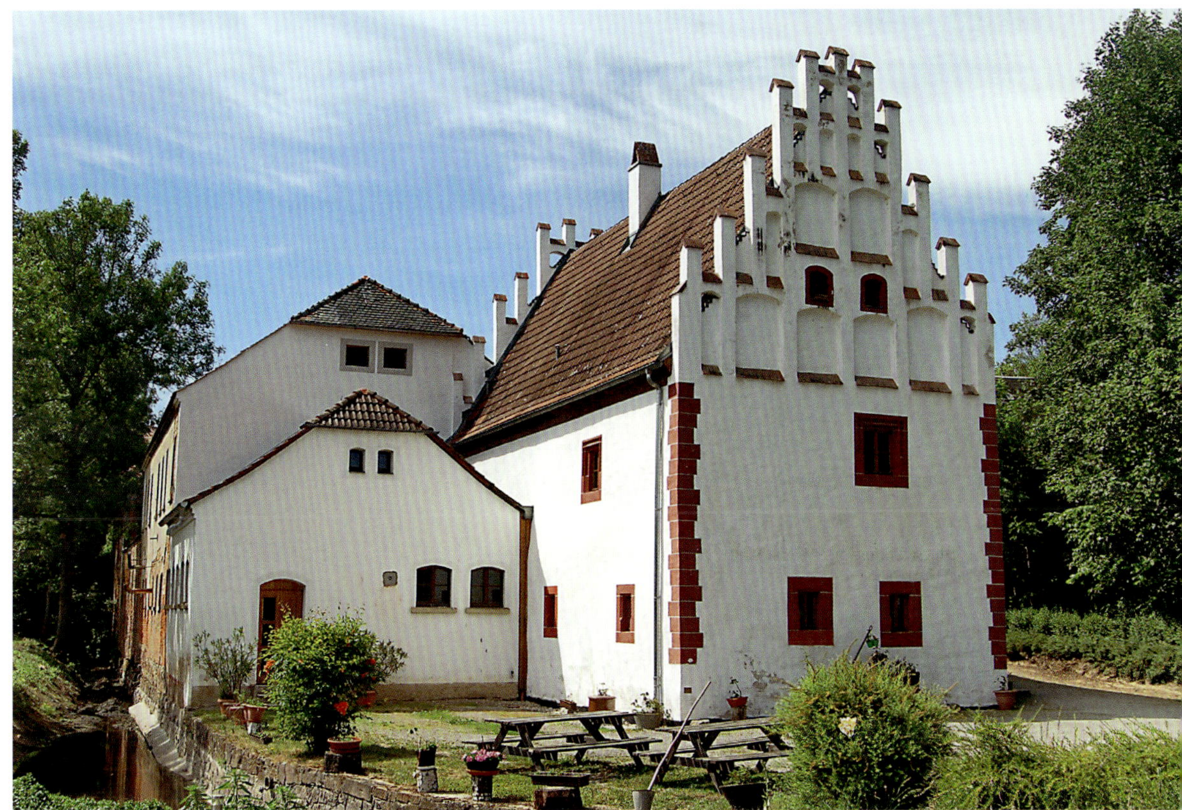

Mit Zinnen gekrönte Staffelgiebel zieren die sog. ›Schule‹ des Klosters Frankenhausen

ZISTERZIENSERINNENKLOSTER FRANKENHAUSEN

Zwischen Schmölln und Meerane liegt, in Rufweite zur Autobahn, ein durch Sanierungsmaßnahmen inzwischen in einen erfreulicheren Zustand versetzter, auf den ersten Blick gleichwohl noch ›verwunschener‹ Gebäudekomplex. Das alte Rittergut, das hier 13. Jahrhundert bestand, wurde mit Zisterzienserinnen besiedelt. Für die Nonnen bedeutete Frankenhausen eine Umsiedlung. Das Kloster war nach 1260 in Grünberg gestiftet worden, wurde nach 1276 jedoch in das *castrum* Frankenhausen verlegt. Der Vorgang war 1292 abgeschlossen. In diesem Jahr zeugte ein Heinrich von Plauen bei der Übertragung der Gerichtsbarkeit auf das Kloster [1]. Mit Kunigunde von Haugwitz begegnen wir 1286 einer Äbtissin aus dem sächsischen Hochadel. Um diese Zeit scheint das Kloster auch Laien als Mitglieder der Gemeinschaft aufgenommen zu haben [2].

Hinsichtlich der Ordenszugehörigkeit der Niederlassung herrschte lange Unklarheit. Für Frankenhausen gilt, was auch für Saalburg gel-

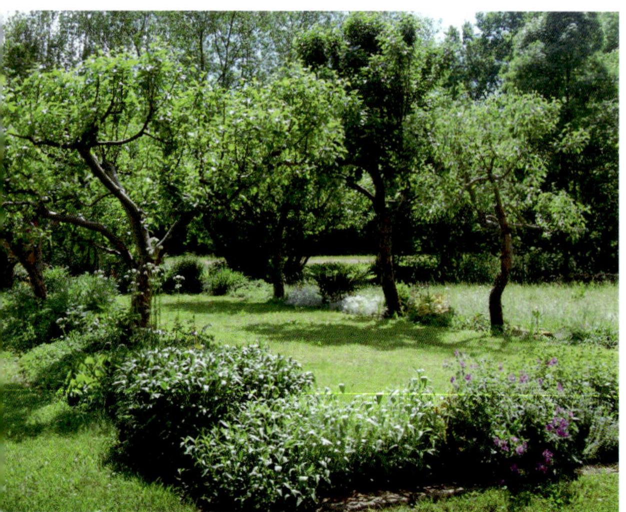

Der Klostergarten lädt zum Verweilen ein

ten wird: »Das Kloster befolgte Zisterzienserinnengewohnheit, ohne dem Orden anzugehören.« [3]. Das erklärt, warum die Schwestern in keiner nachweisbaren Verbindung etwa nach Saalburg standen. Die Aufsicht über das Kloster hatte der Bischof von Naumburg.

Über das geistige Leben wissen wir nicht viel. Die Annahme einer Klosterschule ist plausibel, und eine ›Klosterschule‹ wird auch gezeigt. Es wird allerdings, wie so oft bei Zisterzienserinnen (u. a. in Jena, Quedlinburg), eine offene Schule gewesen sein, aus der das Kloster Einnahmen bezog. Sicher hatte die Niederlassung daneben eine Kantorin, die die Gesangsausbildung der Novizinnen leitete. Zu Beginn des Jahres 1444 tätigte Jahn von Dohlen, der eben erst das Rittergut in Jößnitz (→ S. 128 f.) erworben hatte, eine größere Stiftung für das Kloster [4]. Da der Stifter auch einen Gulden »zur Reparatur der Bücher« einsetzte, mag man daraus auf das Vorhandensein

einer kleinen Bibliothek schließen [5]. 1480 verabredeten Landesherrschaft und Bischof einen Termin für die Visitation des Konvents [6].

Der Klosterbesitz war nie sehr weitläufig. Um 1360 besaßen die Zisterzienserinnen fünf Dörfer um Grünberg. Im Laufe der Zeiten trat Streubesitz in rund 30 Ortschaften hinzu. 1365 verlieh Heinrich IV. »der Mittlere« Reuß zu Ronneburg (1359–1370) dem Kloster einen Zins in Zschernitz [7]. Als das Gebäude 1410 niederbrannte, erteilte Bischof Gerhard II. von Naumburg einen Ablass für einen raschen Wiederaufbau [8]. Bei der Auflösung des Konvents 1531 lebten noch sechs Nonnen im Kloster. Nicht Mathes von Wallenrod, der Mildenfurth erwarb und auch an Frankenhausen interessiert war [9], sondern Wilhelm von Thumshirn kaufte die leergezogene Anlage. Zum Komplex, dessen historische Reste ausgangs der 1970er Jahre unter Denkmalschutz gestellt wurden, gehören heute das ehemalige Haus des Priors, die ›Klosterschule‹, ein etwas modriger Wassergraben und die Dorfkirche mit Pfarrhaus und Kantorei. Beachtenswert ist die offenbar alte Apsis der Kirche, zu der durchzudringen man entschlossen sein muss. Im Sommer lädt der ansprechende Klostergarten zur Rast.

Anmerkungen
[1] Vgl. UB Vögte I, Nr. 270.
[2] Vgl. WIESSNER, S. 417.
[3] SCHLESINGER, S. 282.
[4] Vgl. VON RAAB I, Nr. 450.
[5] POENICKE, S. 37.
[6] Vgl. WIESSNER, S. 257.
[7] Vgl. UB Vögte II, Nr. 141.
[8] Vgl. WIESSNER, S. 401.
[9] Vgl. DIEZEL, S. 102.

Kartause Crimmitschau (→ S. 333 f.)

DOMINIKANERINNENKLOSTER CRONSCHWITZ

Unmittelbar hinter Wünschendorf, am Ufer der Elster, liegt das ruhige Straßendorf Cronschwitz. Bauliche Relikte des alten Dominikanerinnenklosters finden sich an zwei Stellen: Reste der Klostermauern, der Klosterkirche und ein paar Kreuzgrabsteine am Ortseingang zur Rechten, oberhalb der die Straße begleitenden Mauer, und, nach ein paar Kurven der engen Straße, das spätgotische ›Gästehaus‹ des Klosters und heutige Pfarrhaus. Die Entfernung zwischen beiden Punkten lässt die Ausmaße des ehemaligen Klosterareals nur ungefähr erahnen. Cronschwitz war, an seinem Besitz gemessen, »das bei weitem reichste Kloster des Vogtlandes.« [1].

Der Gründung des Klosters haftet nichts Spektakuläres an. 1238 ließen sich Heinrich IV. von Weida und Gera und Jutta, seine Gemahlin, in Mildenfurth, dem Hauskloster der Vögte, öffentlich scheiden, um – jeder für sich – ein geistliches Leben führen zu können. Heinrich trat in die Niederlassung des Deutschen Ordens in Plauen ein, der er 1224 das Patronat über die Kirche St. Johannis übertragen hatte. Jutta wurde die erste Priorin ihrer Gründung Cronschwitz. Eine Scheidung zu diesem Zwecke war nicht unüblich. Die anwesende Menschenmenge scheint trotzdem von dem Ereignis sehr ergriffen gewesen zu sein, wie die Gründungslegende zu berichten weiß: *Do wurde so mancher heysszer thranen vergosszen, gros weinen, weclagen, iammer und betrubnys gesehen* (»Da wurden viele heiße Tränen vergossen, großes Weinen, Wehklagen, Jammer und Betrübnis gesehen«). Um die Tränen der Anwesenden recht zu verstehen, muss

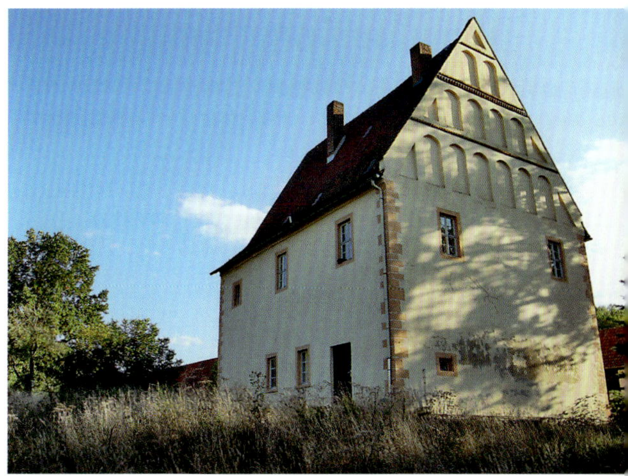

Das sog. ›Gästehaus‹ und spätere Pfarrhaus ist das letzte intakte Gebäude des weitläufigen Cronschwitzer Areals

man den Satz aber weiter lesen: *von sulcher furhyn nymals gehorth nach erfharnn, willicher ehelicher sunderungen, die gotts krafft und eynsprechung des heiligen geysts aldo eygensichttigklich wirckte* (»wegen solch vorher nie gehörter oder erlebter einvernehmlicher Ehescheidung, die die Kraft Gottes und der Rat des Heiligen Geistes dort nach göttlichem Ratschluss wirkten«; *eygensichttigklich* ist anders nicht übersetzbar). Es ist Rührung angesichts der Einvernehmlichkeit der Trennung, die man nur dem unmittelbaren Wirken Gottes zuschreiben kann.

Jutta versah ihr Kloster mit der Augustinerregel. Das hat später zu Missverständnissen geführt. Man nahm an, Cronschwitz habe ein adliges Damenstift werden sollen. Das war insofern nicht abwegig, als das Kloster »als Unterkunft für die Töchter der Vögte und des vogtländischen Adels gedacht« war [2] und sich auch so entwickelte. Freilich lebten auch die Dominikaner nach der Regel des heiligen Augustinus. Tatsäch-

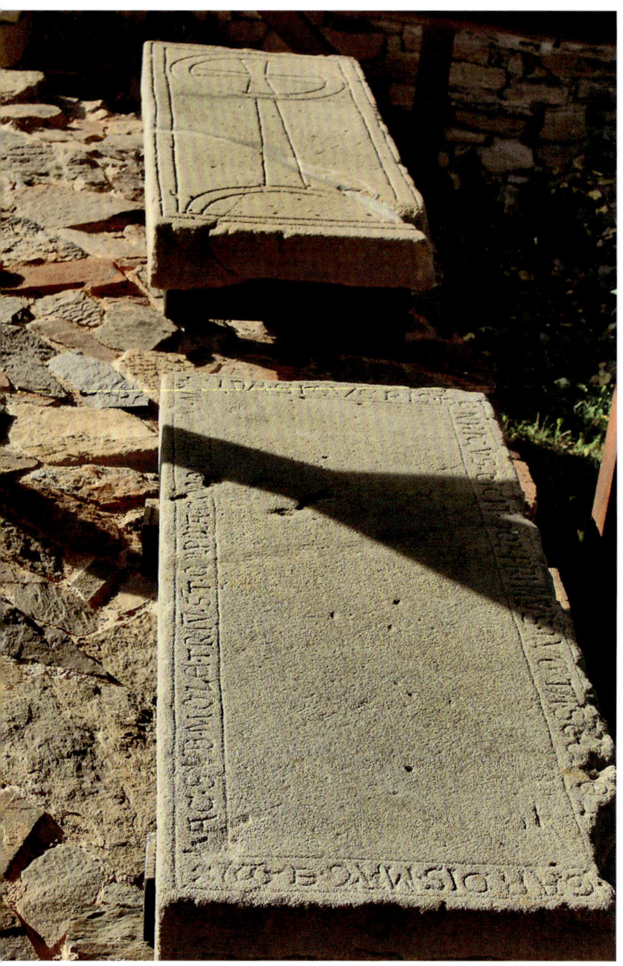

Grabplatten in der Ruine der Klosterkirche

falls nicht. Nach 1246 unterstand Cronschwitz allein dem Dominikanerorden. Der Deutsche Orden scheint zu diesem Zeitpunkt aus der Verwaltung des Klosters ganz verdrängt zu sein. Symbolisch erscheint da, dass der bei den Ritterbrüdern zu hohen Würden gelangte Heinrich IV. 1249 auf einer Reise von Preußen nach Mergentheim in der Gründung seiner geschiedenen Frau verstarb.

Ob Heinrich in Cronschwitz begraben wurde, ist nicht bekannt. Die Stiftung als Hauskloster der Heinrichinger ist zwar offenkundig, doch hat sich kein Totenbuch erhalten, das über Fürbitten für die adligen Stifter Auskunft gäbe. Wenn man ihn ein wenig presst, lässt sich ein Brief Heinrichs des XI. »des Älteren« zu Gera von 1487 als Hinweis auf eine Grablege der Vögte verstehen [3]. Die von BERTHOLD SCHMIDT 1905 ausgegrabenen Skelette lassen jedenfalls keine Rückschlüsse zu. Auch der in Resten geborgene männliche Torso aus Stein, der sich noch auf dem Gelände befindet, gab Anlass für entsprechende Mutmaßungen.

Die Reihe der Priorinnen, die über drei Jahrhunderte dem Kloster vorstanden, liest sich wie ein Verzeichnis des vogtländischen Adels: eine Agnes von Plauen (urkundlich 1301) ist früh darunter, Sophie von Altenburg (1333), Elisabeth von der Planitz (1369), Anna von Gera (1376–1406), Elisabeth von Tannrode (1377–1389), Barbara von Plauen (1391–1406), Mechthild von Gera (1415–1420), Agnes von Miltitz (1462–1468), Margarethe von Wolfersdorf (1487–1533), Margarethe von Bockwitz (1503–1532), schließlich Anna von Meusebach (1526–1549). Erstaunlich ist, dass wir so gut wie nichts über das geistige Leben in dem hochkarätig besetzten Konvent wissen [4]. Dass es existierte, geht aus einer kri-

lich bestand zunächst eine Doppellösung: für die Seelsorge der Nonnen waren die Dominikanermönche, für die Verwaltung und Bewirtschaftung der Deutsche Orden zuständig. Man muss dies als Kompromiss verstehen. Ein vollständiger Übergang an den Dominikanerorden hätte die Besitzverhältnisse tangiert, waren die Mitglieder des Ordens doch zu persönlicher Besitzlosigkeit verpflichtet. Lange bestand das Arrangement jeden-

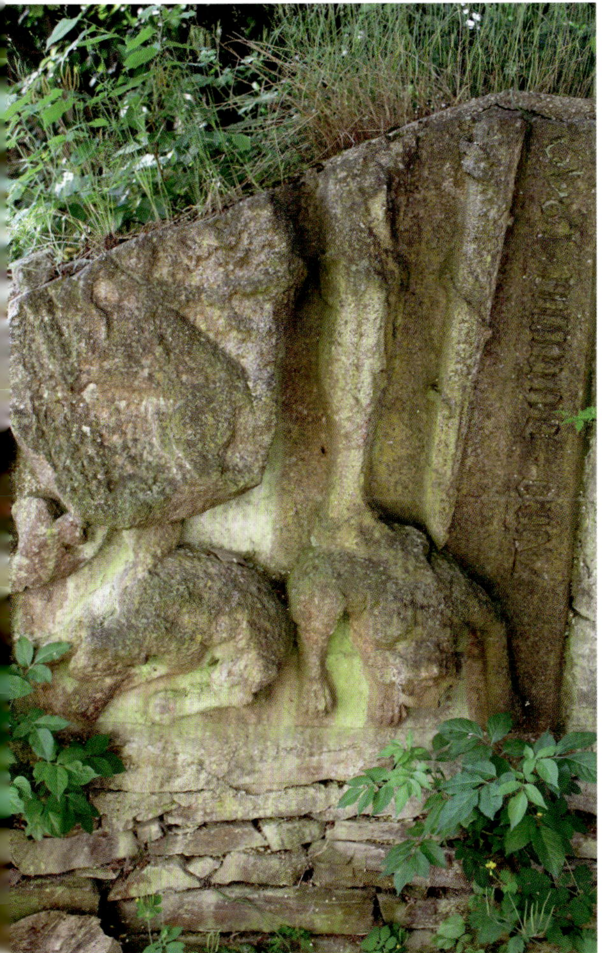

Fragment der Grabplatte eines auf zwei Wölfen stehenden Ritters (von Wolfersdorf?), der einen springenden Wolf im Schild führt, datiert 1419

tischen Bemerkung im Zeitalter der Reformation hervor. Hier werden die Nonnen getadelt, dass sie in ihrer »Schule« weiterhin altgläubige Ansichten verbreiteten. Es wird also wenigstens ein Unterricht der Novizinnen vorgenommen worden sein, wie man ihn beim gelehrten Dominikanerorden voraussetzen darf. Verwaltungsschrift-

tum haben die Schwestern geführt oder führen lassen; Gebet- und Gesangbücher besaßen sie in jedem Fall. Rätselhaft ist das völlige Fehlen einer kleinen Bibliothek. Auch die Reformatoren erwähnen sie nicht. Das darf indes nicht zu der Annahme verleiten, dass keine Buchbestände existierten. Vielleicht haben die Bücher mit ihren adligen Besitzerinnen bei der Aufhebung des Klosters (1544) die Zellen verlassen.

Das Areal rund um die Reste der Klosterkirche wurde in den 1990er Jahren Privatbesitz. Es gehört nunmehr zum Garten der Anwohner. Diese freilich haben die Überreste der Mauern mit Liebe und Sachverstand zu bewahren versucht. So wurden etwa die erhaltenen Grabplatten durch einen Überbau gesichert. Erhalten hat sich auch ein größeres Fragment der Grabplatte eines Herren von Wolfersdorf. Anderes harrt noch der Erschließung.

Anmerkungen
[1] Thurm, S. 34. Thurms Buch ist noch immer die maßgebliche Monographie zur Sache.
[2] Thurm, S. 39. Ich bereite eine Neuausgabe der Gründungserzählung vor.
[3] Vgl. Thurm, S. 40.
[4] Zur Sage von der adligen Nonne ›Jutta‹ von Lohma, die Kloster Cronschwitz mit ihrem Geliebten, Herzog Sigismund von Sachsen (1417–1471), verlassen haben soll, vgl. Fasbender, Herzog Sigismund, bes. S. 29–34.

DOMINIKANERINNENKLOSTER WEIDA

Durch das alte Weida zog sich eine geistliche Achse. Sie beginnt am Kloster der Dominikanerinnen und führt über die Kirche St. Peter, die dem Kloster zugeordnet war, und die Niederlassung der Franziskaner mit der heutigen

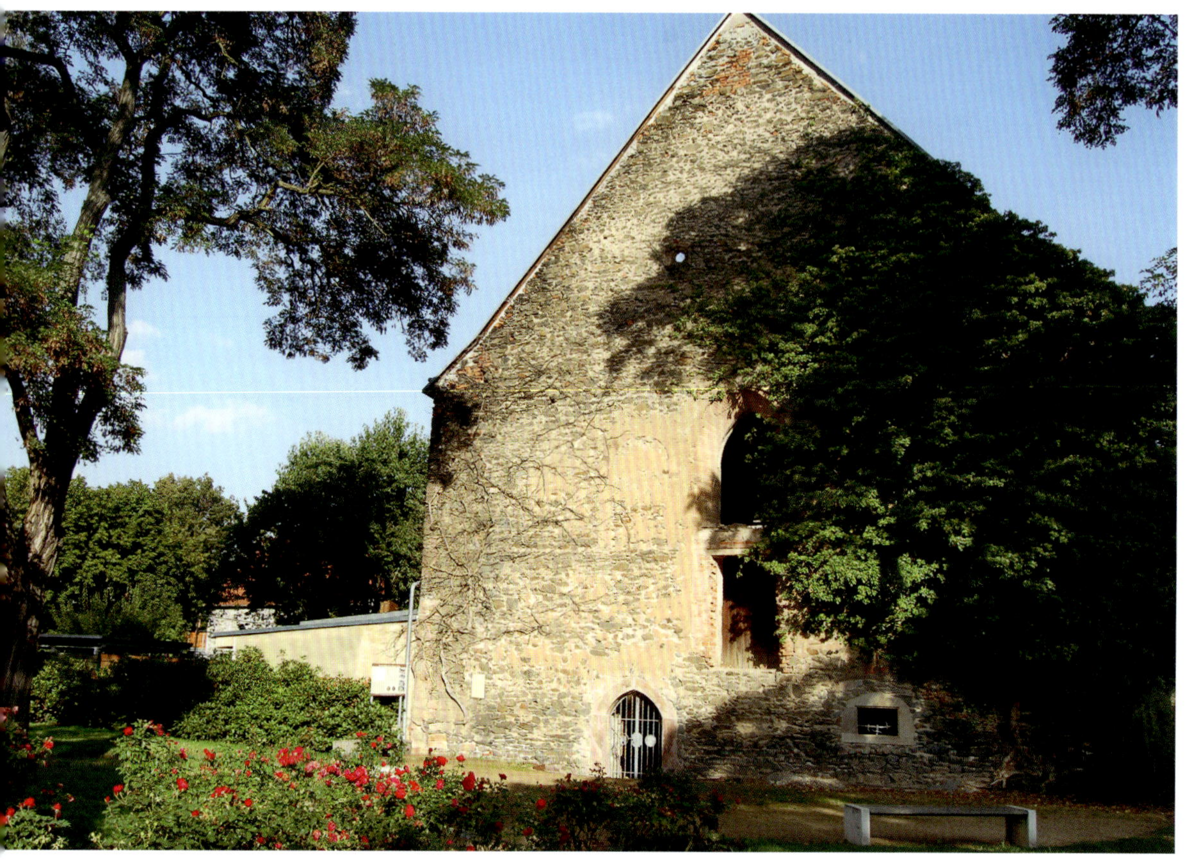

Von der Kirche des Weidaer Dominikanerinnenklosters stehen nur noch die Umfassungsmauern

Stadtkirche hinauf zur Ruine der Widenkirche. Die einzelnen Punkte auf dieser Achse sind (mit Ausnahme der Stadtkirche) verkümmert. Wir sehen durchweg Ruinen in mitunter bedenklichem Zustand. Umso deutlicher legen sie Zeugnis ab von einer Klosterlandschaft, die der Stadt ihren Stempel aufdrückte.

Der bauliche Zustand der ehemaligen Kirche der Dominikanerinnen ergibt sich aus vielfältigen Umnutzungen im Laufe der Jahrhunderte. Im 16. Jahrhundert wurde sie als Kornspeicher verwendet. Die Nutzung für Sozialwohnungen im Sozialismus wurde durch den Einsturz der Decke beendet. Dem pittoresken Anblick des efeubewachsenen Giebels, der sich vom kleinen Park davor ergibt, korrespondiert eine unlängst ansprechend sanierte Rückseite. Neubauten haben sich auf dem Areal breit gemacht, die alte Klostermauer wurde in die Begrenzung eines modernen Anwesens integriert. Die Niederlassung, die 1292 erstmals greifbar wird, war der Heiligen Maria Magdalena geweiht. Es könnte sich demnach um Büßerinnen gehandelt haben: Schwestern vom dritten Orden der Dominikaner,

Magdalenerinnen, wie sie auch in Plauen angesiedelt worden waren.

Verfassung und Organisation der Drittorden sind nicht immer leicht zu durchschauen. Schon im Mittelalter schwankten Sache und Begriffe. Mal ist von frommen Frauen die Rede, mal von Beginen, von Büßerinnen oder Magdalenerinnen. Mit den Orden verband sie, dass es eine Priorin gab, sich die Schwestern einer Regel unterwarfen, die ihnen Buße und Enthaltsamkeit auferlegte, und sie von den benachbarten Männerorden geistlich betreut wurden. Mit der Welt verband sie, dass sie weder ihrer Familie »sterben«, noch einen möglichen Beruf aufgeben mussten. Eine solche Konstruktion passte gut in die Logik der vogtländischen Frauenklosterlandschaft, die zur Versorgung von Töchtern des Adels beitrug.

Wo wir eine Priorin greifen, ist sie denn auch gleich adliger Abkunft wie Margarethe von Minkwitz (1409–1420), unter deren Führung 1419 ein großes Feuer ausbrach, das nicht zuletzt die Buchbestände vernichtet zu haben scheint. Aus demselben Jahr sind Buchspenden von Niederlassungen in Prag, Halle und Stralsund überliefert: Psalter, Gebetbücher und ein Legendar, die essentiellen Gebrauchsbücher für die frommen Verrichtungen der Schwestern, wie sie im Chor oder in den Zellen der Schwestern verwahrt wurden [1]. Eine regelrechte Studienbibliothek dürfte nicht aufgebaut worden sein. Allerdings scheinen, wie in Cronschwitz, wenigstens die Novizinnen Unterricht erhalten zu haben [2]. Nachteilig wirkte sich aus, dass sich für die geistliche Betreuung der Schwestern kein Dominikanerkloster am Ort befand. Daher inkorporierte man dem Kloster die Pfarrkirche der Neustadt,

St. Peter, eigens für diese Aufgabe. Die Pfarrer der Peterskirche, zunächst ›normale‹ Geistliche, erscheinen in Urkunden des 14. Jahrhunderts als *fratres*. Zur Niederlassung in Cronschwitz lassen sich, etwas überraschend, »nur wenige Beziehungen feststellen« [3].

Im ausgehenden Mittelalter drängten auch die Dominikaner der sächsischen Ordensprovinz auf Reformen in ihren Konventen. Besorgt um das geistliche Wohl seiner Klosterlandschaft, initiierte Kurfürst Friedrich der Weise Maßnahmen. Da die Reformierung eines Konvents meist mit der Versetzung von Schwestern aus reformierten Konventen einherging, waren Konflikte absehbar. Dass es sich in Weida durchweg um Damen adligen Standes handelte, erleichterte die Situation keineswegs. Der Konvent schien in Auflösung begriffen. Priorin Margarethe von Pöllnitz hatte 1510 das Kloster kurzerhand verlassen, 1511 wurde ihre Nachfolgerin abgesetzt. So stießen Margarethe von Hutten und Martha Spenglerin, als sie 1513 aus Bamberg nach Weida versetzt wurden, auf Widerstände. Um die Schwester des angesehenen Nürnberger Stadtschreibers Lazarus Spengler entspann sich in den Jahren 1515–1517 ein unersprießliches Gezerre. Einflussreiche Verwandte und Freunde forderten beim Kurfürsten vehement eine angemessenere Unterbringung Marthas, während der Ordensprovinzial Hermann Rab den Landesherren auf die Dringlichkeit einer Reform des Konvents verwies [4]. Martha Spengler verblieb bis zu ihrem Austritt aus dem Kloster im Jahre 1525 in Weida [5].

Dies sind keine für die Zustände in den Klöstern repräsentativen Vorgänge. Im Grunde offenbaren sich konzeptionelle Probleme eines

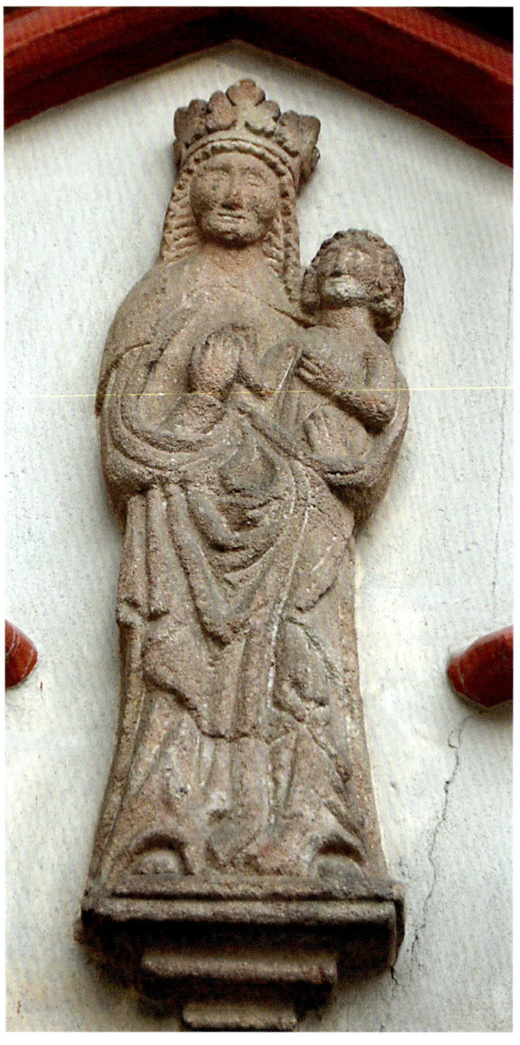

Marienstatue vor der Weidaer Marienkirche, der ehemaligen Kirche des Franziskanerklosters

Bettelordenklosters mit der Funktion eines adligen Damenstiftes. Neu ist um 1500, dass sich das Patriziat, wo es um seine persönlichen Angelegenheiten zu gehen scheint, aus seinem Selbstbewusstsein heraus nicht anders aufführt als der Adel.

Anmerkungen
[1] Vgl. UB Vögte II, Nr. 657.
[2] Vgl. THURM, S. 42.
[3] THURM, S. 45.
[4] Zu Rab, seiner Karriere und seinem Schrifttum, unter dem sich auch Predigten für Nonnen finden, vgl. HONEMANN, Sächsische Fürstinnen, S. 146.
[5] Vgl. WESTPHAL, S. 65.

FRANZISKANERKLOSTER WEIDA

Auf der Achse zwischen dem Dominikanerinnenkloster und der Widenkirche befindet sich die 1527/28 zur Stadtkirche erhobene Marienkirche. Dass sie keinen richtigen Kirchturm, sondern nur einen Dachreiter aufweist, enttarnt sie als ehemalige Bettelordenskirche. Dass sie freilich der Gottesmutter geweiht war, ist kaum zu belegen und steht zudem im Widerspruch zum Marien-Patrozinium der Widenkirche. Die eingemauerte Marienstatue über dem Portal wird jedenfalls nicht immer schon hier gestanden haben.

Neben der Kirche befanden sich einmal die Gebäude eines Franziskanerklosters. Viel Raum haben sie nicht gegriffen. Bettelorden besaßen keine Ländereien, die sie bewirtschafteten. Trotzdem: einen Kreuzgang gab es, ein Dormitorium, einen Speisesaal, und im ausgehenden 15. Jahrhundert gab es sogar eine kleine Bibliothek.

Bei der Spurensuche sind wir auf wenige Indizien angewiesen. Dass sich hier im 13. Jahrhundert überhaupt Franziskaner niedergelassen haben, erfahren wir aus ihrer beiläufigen Erwähnung in einer Urkunde von 1267. Es gibt gute Gründe, mit dem ›Pirnischen Mönch‹ Johannes Lindner (gest. um 1530) die Vögte von Weida als Gründer anzusetzen [1]. Völlig im Dunkel liegt die Frühzeit. Erst ab der Mitte des 14. Jahrhunderts wird eine Einbindung in den Ordensverband erkennbar. Weida gehörte, wie Hof und Eger, zur Kustodie Leipzig. 1345 und 1352 tagte hier das Provinzialkapitel. Just in diesen Jahren ist ein Familienmitglied der Vögte, Heinrich von Weida, Guardian des Klosters [2]. Vielleicht handelt es sich bei ihm um den Sohn Heinrichs XII. von Weida, Heinrich XV. »den Jüngeren«, der noch 1349 Landrichter in Eger war. Mehrfach zeugte Heinrich in Urkunden seiner Niederlassung. 1350 war er Zeuge bei einer Stiftung für Salome und Heinrich von Plauen, die die Brüder wöchentlich in der Marien-Kapelle zu halten sich verpflichteten. Heinrich von Weida verstarb 1358. Bald danach bricht die Überlieferung weitgehend ab.

In der zweiten Hälfte des 15. Jahrhunderts galt der Konvent als dringend reformbedürftig. 1480 verschaffte sich der Bürgermeister Zutritt, um die Kleinodien inventarisieren zu lassen; 1487 soll ein neuer Rempter gebaut werden [3]. Um 1500 sehen wir das Kloster wieder im geistlichen Aufwind. In der Kirche versammelten sich die Innungen der Gerber und Schuster, auch die Schützenbruderschaft [4]. Nun wollten die Brüder auch eine eigene Krankenstation (*firmerey*) einrichten, für die sie bereits ein Baugrundstück erworben hatten [5]. Als die Reformation einzog, wurden die Mönche, die sich in der städtischen Seelsorge und Predigt engagiert hatten, offenbar noch eine Weile von der Landbevölkerung wohlwollend unterstützt [6].

Anmerkungen
[1] Vgl. FRANCKE, Weida, S. 5.
[2] Vgl. AK Mühlhausen 2008, S. 257.
[3] Die Urkunden bei FRANCKE, Weida, S. 69f.

[4] Vgl. MICHEL, S. 241. Die Urkunden bei FRANCKE, Weida, S. 72f.
[5] Urkunde bei FRANCKE, Weida, S. 71. Der Bau wurde bis 1529 nicht ausgeführt.
[6] Vgl. MICHEL, S. 240f. Eine neuere Monographie des Klosters fehlt.

HEILIG-KREUZ-KLOSTER SAALBURG-EBERSDORF

Das ehemalige Heilig-Kreuz-Kloster in Saalburg sieht heute kaum anders aus als das Weidaer Dominikanerinnenkloster. Eine von Efeu überwucherte, nicht einmal notdürftig gesicherte, auf Privatgrundstücken von DDR-Buden und Garagen umzingelte und keineswegs ausgeschilderte Giebelwand im Ortsteil ›Kloster‹ (linker Hand auf dem Weg zur Talsperre) erinnert an den 1544 aufgehobenen Konvent.

Gegründet wurde die Niederlassung im ersten Jahrzehnt des 14. Jahrhunderts bei einer *ecclesia sancte crucis* [1]. 1313 ist bereits von einem *monasterium* bei Saalburg die Rede. Vielleicht handelte es sich, wie in Plauen, zunächst um eine Ansiedlung frommer Frauen an einer Kirche, an der das Heilige Kreuz Wunder wirkte: einer Wallfahrtskirche also, die günstig an der Handelsstraße von Nürnberg über Saalburg, Schleiz und Gera nach Leipzig lag. Die Niederlassung bestand jedenfalls schon in irgendeiner Form, als die Vögte Heinrich IV. (1311–1343) und Heinrich V. von Gera (1311–1377) 1325 eine Bestätigungsurkunde ausstellten. Nun wurde das Kloster ausdrücklich an die Regel und die Ordenstracht des Heiligen Bernhard gebunden. Das bedeutete faktisch: die Befolgung der Benediktinerregel und der spezifizierenden Zisterzienserkonstitutionen. Zu einem Zeitpunkt, als die Welle zister-

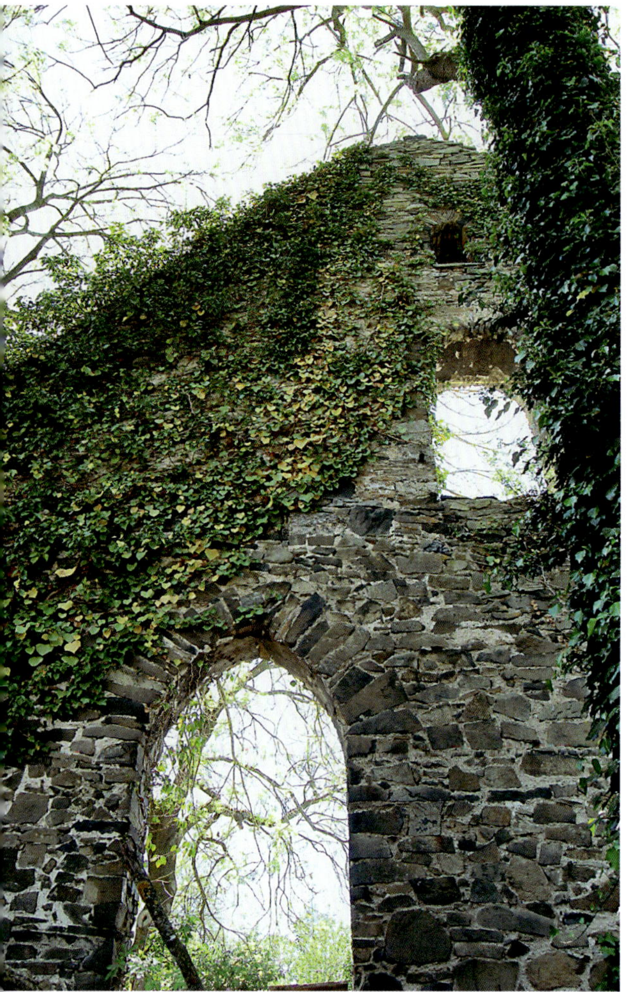

Giebelwand der Saalburger Klosterkirche

ziensischer Gründungen längst ausgelaufen und von den Gründungen der Bettelorden überspült worden war, griffen die Vögte zur Versorgung adliger Töchter auf Bewährtes zurück. Der Preis dafür bestand darin, dass das Kloster vom Zisterzienserorden, der die Aufnahme neuer Nonnenkonvente bereits 1220 und 1228 verboten hatte, rechtlich nicht anerkannt wurde.

Nicht weit entfernt, in Schleiz, hatte schon vor einiger Zeit der Deutsche Orden seine Kommende errichtet (→ S. 205 f.). Besitzungen der Ordensritter in den umgebenden Dörfern stießen nun direkt an solche der neuen Nachbarinnen. Um der neuen Abtei aufzuhelfen, inkorporierten die Vögte ihr freilich auch die attraktive Kirche in Tanna (→ S. 207), die seit 1279 dem Deutschen Orden unterstellt war. Über zehn Jahre währte der Zank. 1358 mussten die Vögte ihren Plan aufgeben. Die Kirche blieb beim Ritterorden.

Freilich hatten die Schwestern bereits 1325 die Marienkirche zu Saalburg zugesprochen bekommen (→ S. 223). Auch das war keine ideale Lösung, da der Konvent die Kirche mit der Stadt teilen musste, dabei aber für die Verrichtung sämtlicher Aufgaben einer Pfarrkirche einstehen musste. Das gefiel niemandem. 1361 mussten die Vögte zwischen den Saalburgern und dem Kloster vermitteln, weil der Pfarrer nicht in der Stadt, sondern beim Kloster wohnte. Erst 1387 wurde eine Stelle für einen Messner geschaffen, der die Stadtbevölkerung versorgte.

Für ein Zisterzienserinnenkloster, das der Orden nicht anerkannte, gab es im Prinzip keine Betreuung, die auf die Einhaltung einer bestimmten Programmatik geachtet hätte. Die Schwestern wählten einen Propst, aber der musste kein Zisterzienser sein. Lediglich zwei Pröpste standen in lockerer Verbindung zum Zisterzienserinnenkloster Oberweimar [2]. Nach Waldsassen fehlt jede Spur. Das Verhältnis zum Deutschen Orden bestimmten besitzrechtliche Themen. Ganz punktuell sind die Beziehungen zum Dominikanerkloster in Plauen.

Ausgangs des 15. Jahrhunderts scheint die Kirche schwer beschädigt worden zu sein. Vielleicht hat sie gebrannt, vielleicht ist sie eingestürzt. 1476 jedenfalls, 1480 und dann noch einmal 1487 wurde großzügig Ablass zu Gunsten der Kirche gewährt, und das Memorienbuch erinnert 1490 an all jene, die Steine für das Gotteshaus gestiftet hatten. An der Kirche bildete sich nun eine Fronleichnams-Bruderschaft, und 1491 stifteten die Schwestern Katharina und Margarethe von Blankenberg respektable Beträge für ihr Gedächtnis. Der neue geistliche Ernst in Saalburg führte 1496, unterstützt durch die Herren von Gera, zu einer Reformierung durch die oberservanten Benediktiner von Bursfelde. Doch trat just im Kontext der Reform das konzeptionelle Grundproblem der Niederlassung zutage. Die Konflikte zwischen den Oberen und der übrigen Belegschaft brachen offen aus; Verleumdungen und Extravaganzen, die womöglich der Durchsetzung der Reform dienten, führten 1522 zu einer Klagschrift der Nonnen an den Landesherren und 1523 zur einstweiligen Absetzung der Äbtissin Helena von Dobeneck (1506–1523), die freilich ihre Absetzung nicht anerkannte und ab 1529 bis zur Aufhebung des Klosters (1544) neben ihrer Schwester Ottilia von Dobeneck (1527–1544) als »alte« Äbtissin in einer Art Doppelspitze auftrat.

Eine Bibliothek ist uns nicht überliefert. Die Annahme, sie sei zur Gänze makuliert worden, könnte das Richtige treffen. Man sollte dem Hinweis RONNEBERGERS auf die Akteneinbände in Schleiz unbedingt nachgehen [3]. Zisterziensische Handschriften sind auf Grund einiger Eigentümlichkeiten recht gut zu erkennen. Auch scheint zeitweise eine Klosterschule bestanden zu haben (→ S.422). Schließlich wird man nach verlorenen Kunstwerken Ausschau halten müssen. Prominentes Beispiel ist der im November 1519 beim Maler Joachim in Schleiz in Auftrag gegebene Flügelaltar, der bis in Details aus einem Vertrag zwischen den Parteien bekannt ist [4]. Mit aufwendigem Goldschmuck sollten auf seinen Innenflügeln u. a. die Heiligen Benedikt von Nursia und Bernhard von Clairvaux dargestellt werden.

Anmerkungen
[1] Grundlegend ist noch immer die Darstellung von RONNEBEGER.
[2] Vgl. RONNEBERGER, S. 38 f.
[3] Vgl. RONNEBERGER, S. 47.
[4] Abdruck bei RONNEBERGER, S. 201 f.

DOMINIKANERKLOSTER PLAUEN

1266 schenkte ein Plauener Bürger namens Hund (lat. Canis) aus Sorge um sein Seelenheil einen umfangreichen Bauplatz innerhalb der Stadtmauern her. Er reichte vom Syrauer Tor entlang der Mauer bis fast zu deren Eckturm (»Nonnenturm«). Auf diesem Areal errichteten Dominikaner aus Leipzig, unterstützt von den Vögten und der Familie Canis, zwischen 1273 und 1285 ein Kloster. Trotzdem ging es langsam voran. Der Bau der Kirche war noch 1309 nicht abgeschlossen. 1430 wurden die Todesopfer auf dem Kirchhof des ramponierten Klosters beigesetzt.

Das städtische Kloster war ein Wirtschaftsfaktor. 1478 gestattete man den Mönchen, ihren Garten in den nahen Zwinger auszudehnen [1]. An der Syra betrieben die Brüder neben einer Mühle eine Ziegelhütte, die ab 1490 für die Renovierung des Schlosses wertvolle Dienste leistete [2]. 1487 ging eine Badestube an der Syra an das Klosters über, 1492 der sogenannte »Siechenteich« im Amt Plauen, 1493 kamen noch zwei wüste Teichstätten vom Rittergut Altensalz hinzu [3]. Obwohl die Stadt 1495 an höherer Stelle erwirkte, dass die Brüder eine ihrer beiden Badestuben verkaufen mussten [4], stand die Plauener Niederlassung am Vorabend der Reformation voll im Saft.

Im Mai 1525 wurde das Kloster vom Pöbel gestürmt, geplündert, schließlich aufgehoben und sein Besitz zerschlagen, ohne dass damit das Gedächtnis an die Einrichtung getilgt worden wäre. Im Gegenteil. Noch über Jahrhunderte hießen die Gebäude, Plätze und Wege des Areals Klostermühle (erbaut 1504, abgetragen 1872), Klosterteich (angelegt 1285, zugeschüttet vor 1919), Klostermarkt oder Klostergasse, ja: das verwinkelte Wohnviertel, das 1538–1541 an Stelle der Konventsgebäude entstand, hieß noch bis 1844 »im Kloster«. Ob sich in solcher Begrifflichkeit protestantischer Triumph oder respektvolle Scheu artikulierten?

Das Leipziger Dominikanerkloster war eine intellektuell bedeutende Niederlassung, nach Magdeburg und Erfurt vielleicht die wichtigste in Mitteldeutschland überhaupt. In der Leipziger Universitätsbibliothek finden sich ansehnliche Restbestände der ehemals reichen Studienbibliothek, von der sich ein Bestandsverzeichnis anlässlich der Aufhebung des Klosters erhalten hat. Über das geistige Leben der Plauener Tochtergründung weiß man dagegen nur sehr wenig. Das überrascht, da der Dominikanerorden ein Studienorden ist, die Brüder also nicht nur Manuskripte besessen, sondern auch geschrieben haben werden. Freilich: die Bibliothek ist seit dem Klostersturm 1525 zum Teufel [5]. Aber auch die Urkunden verraten nicht allzu viel.

Auffällig ist, dass in Cronschwitzer Dokumenten nur ein einziger Bruder aus Plauen erscheint [6]. Nicht viel anders sieht es in Saalburg aus: 1318 ist Prior Heinrich von Gera Zeuge in einer Saalburger Urkunde, und 1350 bedenkt Elisabeth von Kospoth die Brüder bei ihrer Seelgerätstiftung [7]. Und auch hinsichtlich der Büßerinnen beim »Nonnenturm«, die sicher von den Brüdern seelsorgerisch betreut wurden, sind die Quellen karg.

Obwohl sich nicht wenige Predigten in mittelalterlichen Handschriften erhalten haben, ist die Forschung doch vorsichtig, sie als Dokumente realer Predigtpraxis einzuordnen. Die meisten Texte lesen sich wie Abhandlungen, die in die persönlichere Predigtform gebracht wurden. Nur in außerordentlichen Glücksfällen haben Prediger in ihren persönlichen Handschriften vermerkt, dass, wann und wo sie eine Predigt hielten. Ein solcher Glücksfall scheint mit dem Dominikaner Johannes Weltz aus Jena gegeben. Weltz legte eine Sammlung mit Materialien seiner Predigttätigkeit an, die sich in der Universitätsbibliothek in Jena erhalten hat [8]. Aus seinen Beischriften wissen wir, wann Weltz wo predigte. Dabei scheint er Predigten, die er in Jena hielt (u. a. 1488, 1492, 1498), zeitversetzt auch in Plauen gehalten zu haben (1492, 1502, 1503). An einer Stelle verweist er auf »folio 211« einer Plauener Textsammlung: eine indirekt bezeugte Handschrift der Dominikaner? Nur in einem einzigen Fall vermerkt Weltz, wo genau er predigte: 1502 in der Wolfgangskapelle auf dem Dobenaufelsen (→ S. 285 f.).

Über das Kirchengebäude, das zum Kloster gehörte, wissen wir nichts. 1309 war es, wie gesagt, noch nicht vollendet. Etwas besser sieht es hinsichtlich der Innenausstattung aus. Wir haben, wie in Saalburg, zumindest ein Zeugnis über einen Auftrag. Ausweislich des Zwickauer Stadtbuches bestellte der Plauener Terminierer Jakob 1405 bei Jakob dem Maler zu Zwickau eine Tafel mit Bildern: *Dieselbe soll geschickt seyn mit aller irer fassunge in der formen alz die tafel in unserer* Pfarrkirchen [Zwickau] der Himmelskönigin Maria, *sunder unden under der tafel scholl er machen einen sarg* [Predella] *mit brustbildern alz in senthe Katharinen kirchen* [Zwickau] *in dem kore uff dem altar dy tafel under ir hat.* [9] Sollte der Altar ausgeführt worden sein, dürfte er schon kurz darauf dem Hussitensturm zum Opfer gefallen sein. Ähnliches ist für einen 1369 errichteten Altar zu Ehren aller Apostel und den 1426 von Konrad Röder, dem Hauptmann zu Mühltroff, erbauten Altar zu vermuten. Gleichwohl transportierte der 1525 als Treuhänder eingesetzte Amtmann Daniel von Feilitzsch »drei Fuder Bilder und Tafelgemälde« auf seinen Stammsitz nach Trogen [10]. Ihrer geistigen und materiellen Grundlagen beraubt, flohen die letzten Brüder nach Leipzig, wo sie einst hergekommen waren, und sie verblieben dort bis zur endgültigen Auflösung auch der Leipziger Niederlassung (1540).

Anmerkungen

[1] Vgl. BACHMANN, S. 112; VOGEL, Kloster, S. 125. Eine Monographie zur Geschichte des Klosters fehlt.
[2] Vgl. BACHMANN, S. 115.
[3] Belege: VON RAAB II, Nr. 4, 7, 10; VON RAAB II, Nr. 56, 58; VON RAAB II, Nr. 71.
[4] Vgl. VON RAAB II, Nr. 117.
[5] Hinweise zur Zerstreuung bei HILPERT, S. 10.
[6] Vgl. THURM, S. 44, 48.
[7] Vgl. RONNEBERGER, S. 37 f.
[8] Zu Weltz vgl. künftig OTT.
[9] BACHMANN, S. 114.
[10] BACHMANN, S. 114; HILPERT, S. 10.

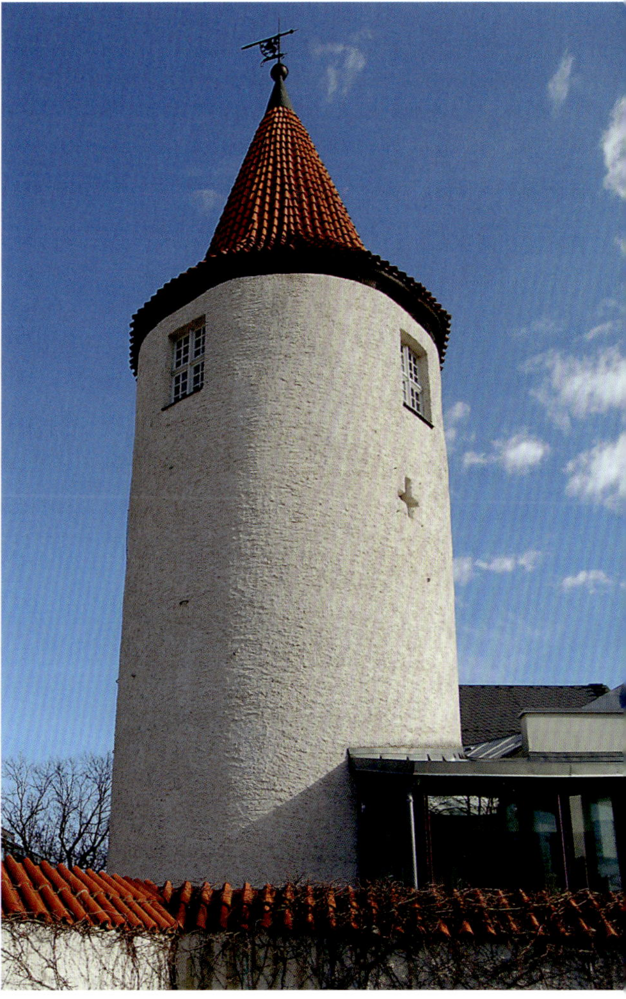

Der ›Nonnenturm‹ gehörte zur alten Plauener Stadtbefestigung

SCHWESTERN DER DRITTEN REGEL ZUR BUSSE DES HEILIGEN DOMINIKUS IN PLAUEN

Der »Nonnenturm« zu Plauen trägt seinen Namen (seit 1536) nur dann zu Unrecht, wenn man annimmt, dass Nonnen in dem ehemaligen Eckturm der Stadtbefestigung lebten. Beides stimmt nicht. Allerdings schloss an den Turm das Haus der ›Schwestern der dritten Regel zur Buße des heiligen Dominikus‹ an. Ein Turm »bei« frommen Schwestern also!

Die Stellung des Drittordens zu den männlichen und weiblichen Zweigen des Ordens ist an sich nicht kompliziert. Erschwert wird eine gerechte Einordnung der frommen Frauen aber nicht nur durch die schwache Überlieferungslage, sondern auch durch eine häufig unsichere Forschung. Man behilft sich mit dem Modell, dem zufolge Sammlungen geistlich lebender Frauen (oft als »Beginen« tituliert) mit der Zeit die Organisationsform der Drittorden übernehmen. So könnte es auch in Plauen gewesen sein. Nach allem, was wir über Cronschwitz wissen, ist die Annahme, die Plauener Niederlassung sei von dort aus lanciert worden, weniger wahrscheinlich [1]. Um 1300 ist die Niederlassung frommer Frauen in Plauen als Beginenhaus gekennzeichnet, eingangs des 16. Jahrhunderts als Tertiarinnenhaus [2]. Um 1500 lieferten sie »regelmäßig die Wachskerzen für die Kapelle auf dem Schlosse« [3]. Dazwischen liegen zwei Jahrhunderte der Quellenarmut. Man darf aber mit Zutrauen schließen, dass die Schwesten von den direkt angrenzenden Dominikanern betreut wurden.

Anmerkungen
[1] Vgl. LUDWIG, S. 8.
[2] Vgl. RONNEBERGER, S. 27f.
[3] BACHMANN, S. 115.

Die Franziskaner- und Klarissenklöster in Hof und Cheb bieten reiches Material zur vergleichenden Betrachtung. Alle Klöster gehören zur Ordensprovinz Saxonia, in beiden Städten liegen die Niederlassungen direkt neben einander, und das Hofer Klara-Kloster wurde von Eger aus besiedelt. Man sollte versuchen, beide Städte direkt nach einander zu besuchen. Cheb bietet dabei wesentlich mehr erhaltene Substanz.

Franziskanerkloster Hof (→ S. 106 f.)
Klarissenkloster Hof (→ S. 107 f.)

Auf engstem Raume, als lehnten sie sich an einander an, befinden sich die mehrfach architektonisch überformten Klostergebäude der Franziskaner und Klarissen zu Cheb. Beide Zweige des Ordens teilten, verbunden durch das Gotteshaus zwischen ihnen, von Beginn an ihre Schicksale. Die Franziskaner mögen bereits in den 1250er Jahren vor Ort gewesen, die Klarissen vor 1270 hinzugetreten sein. Der Stadtbrand von 1270, bei dem die Gebäude vernichtet wurden, bedeutete ebenso einen Neustart wie die Klosterreform, die in beiden Häusern 1465 initiiert wurde. Kulturgeschichtlich bedeutsamer wurde die Niederlassung der Klarissen.

FRANZISKANERKLOSTER EGER

Für die Weihe der nach dem Brand wiederhergestellten Kirche Mariä Verkündigung wählte der Regensburger Bischof Heinrich mit einem Fürstentag (1285), zu dem neben Rudolf II. sieben Bischöfe und zahlreiche Herzöge und Adlige geladen waren, einen guten Zeitpunkt [1]. Schon kurz darauf wurde in der Kirche die Eheschließung des fünfzehnjährigen Königs Wenzel II. mit der vierzehnjährigen Judith, Tochter Rudolfs II. abgehalten [2]. Es waren die glücklichen Jahre, in denen die Vögte von Plauen im Egerland Fuß fassten. Heinrich II. »der Böhme« (1274–1302) hatte 1283 die Tochter des mächtigen Adligen Borso von Riesenburg geheiratet. 1301 ernannte ihn König Albrecht von Habsburg zum Hauptmann von Eger, doch verstarb Heinrich schon im folgenden Jahr. Ihm folgte sein ältester Sohn, Heinrich III. »der Lange« (1303–1347), 1304 als Hauptmann und Landrichter zu Eger. Mit dem Vogtländischen Krieg (1354–1356) veränderten sich die Verhältnisse grundlegend. Als Heinrich IX. (1373–1412) genau 100 Jahre nach Heinrich II. mit Anna eine geborene von Riesenburg heiratete (1383), musste er sich mit Besitz in Petschau und Buchau begnügen.

Dem prächtigen Auftakt folgte ein reichliches Jahrhundert unspektakulärer Betriebsamkeit, aus dem ein einziges Ereignis herausfällt. Am Gründonnerstag des Jahre 1350 predigte ein Franziskaner zu Eger, dass die aufkommende Pest ebenso ein Werk der Juden sei wie die Kreuzigung Christi. Das war nichts, was nicht auch andernorts gepredigt wurde, doch schloss sich der Predigt zu Eger unmittelbar ein Massaker an der jüdischen Gemeinde an. Karl IV., dem dadurch die Abgaben der Juden entgingen, verlangte von der Stadt beträchtliche Reparationen, vergab ihr aber den Frevel [3]. Das Ereignis wirkte noch lange im kollektiven Gedächtnis nach. Ein Meistersänger widmete ihm noch 1624 drei Strophen in einer Melodie seines Egerer Kollegen Kaspar Singer (um 1500), worin allein auf die von den Juden zu verantwortende Kreuzigung, nicht aber auf die Pest abgehoben wird. Die Schuld am Pogrom wird zudem nicht dem predigenden Mönch, sondern der Torheit seiner Hörer zugeschrieben, die irrig verstanden, Christus sei in

Eger gekreuzigt worden. Das könne unmöglich Gottes Wort gewesen sein!

1394 und 1397 fanden zwei Provinzialkapitel in Eger statt, was man (wie in Weida 1345 und 1352) als Zeichen für einen guten Zustand der Niederlassung wertete [4]. Die Machtübernahme der Utraquisten nach 1400 versauerte der katholischen Gemeinde die Existenz, erschwerte den öffentlich predigenden Bettelorden das Auskommen. Einen Lichtblick bedeutete der Auftritt des italienischen Franziskanerpredigers Johannes de Capestrano 1451 [5]. Capestran riss in ganz Europa die Gläubigen mit. Zuweilen wird sein eifriges Predigen als entscheidend für das Reformstreben eines Klosters ausgegeben. 1453 hielt sich Capestran erneut in Eger auf, wo er einen giftigen Traktat gegen die Utraquisten verfasste. Es war eine unruhige, von Konflikten und Exzessen geprägte Zeit.

Nicht unberührt scheinen die Brüder zu Eger von den apokalyptischen Visionen einer Gruppe gewesen zu sein, die sich um Johann und Levin von Wirsberg formierte. Die Brüder predigten, von besten reformerischen Absichten beseelt, gegen die kirchliche Hierarchie, den Ablass und den Güterbesitz der Geistlichkeit. Ihre Resonanz brachte einen Stein ins Rollen, der bis nach Rom und in Gestalt einer päpstlichen Bulle wieder zurückrollte. Pius II. forderte den Übertritt der Niederlassung zur strengen Oberservanz. Der Anschluss erfolgte 1465, stieß aber auf Widerstand. 1467 musste das verlassene Kloster mit sächsischen Brüdern neu besetzt werden [6]. Danach lassen sich auch wieder fromme Stiftungen der Bürgerschaft nachweisen [7].

Die gotische Hallenkirche wurde im Barock im Inneren weitestgehend überformt. Nur hier

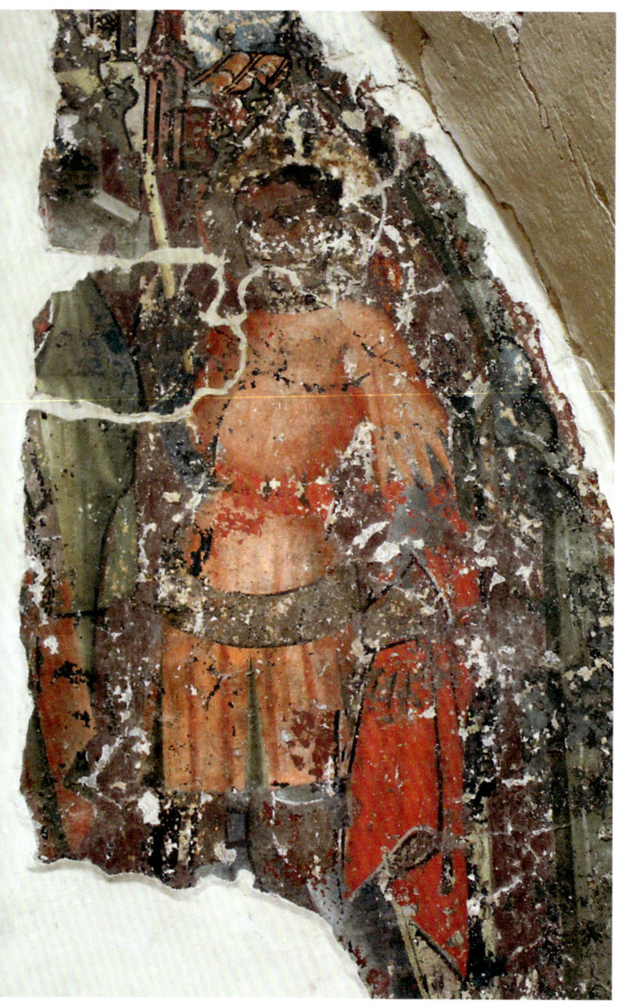

In der Kirche des Franziskanerklosters finden sich Reste der alten Wandmalerei (15. Jh.)

und da entdeckt man noch ein gotisches Wand-dienstkapitell (etwa vor dem Chorpolygon) oder Gewölbekonsolen. Vielleicht stammen die ins 15. Jahrhundert datierten Fresken, die im 20. Jahrhundert freigelegt werden konnten und u. a. einen Christus in der Rast in der Sakristei zeigen, aus der Zeit der geistlichen Erneue-

rung [8]. Der hochgotische Kreuzgang, der nach 1310 begonnen und vielleicht um 1375 fertig-gestellt wurde, weist im nordöstlichen Bereich noch respektable Reste alter Bemalung auf [9]. Das Haus überstand die Reformation, alle weiteren Katastrophen durch die Jahrhunderte und verblieb bis 1950. Kirche und Kloster sind heute wieder frei zugänglich. Der Zustand des Kirchenraums lässt indes bei jedem Besucher die Frage aufkommen, wie man künftig mit dem gewaltigen Gebäude und seinen geretteten spätgotischen Relikten verfahren soll.

Anmerkungen
[1] Ich folge TIETZ-STRÖDEL, Entwicklung, S. 87, die Kirchweihe und Hochzeit auseinander hält. Detaillierte Beschreibung des Kirchenbaus und des Kircheninneren bei TIETZ-STRÖDEL, Entwicklung, S. 87–93.
[2] Vgl. FILIP, S. 176.
[3] Vgl. FILIP, S. 176f.; STURM, S. 260f.
[4] Vgl. FILIP, S. 177.
[5] Grundlegend jetzt DIETL, S. 192-201. Vgl. FILIP, S. 177; STURM, S. 278f.
[6] Vgl. FILIP, S. 178; STUM, S. 279. Ein Verzeichnis der Guardiane des Hauses, das empfindliche Lücken zwischen 1450 und 1540 aufweist, bei STURM, S. 398–400.
[7] Vgl. VON RAAB II, Nr. 260 (1511).
[8] Vgl. TIETZ-STRÖDEL, Entwicklung, S. 90.
[9] Vgl. TIETZ-STRÖDEL, Entwicklung, S. 91 f.

KLARISSENKLOSTER EGER

Die wohl schon vor 1270 am Ort befindlichen frommen Frauen, die nach dem Stadtbrand der Asche als Klarissen entstiegen, nahmen 1287 offiziell die Regel Klaras von Assisi an [1]. Aus dem glücklich erhaltenen Besitzverzeichnis (1470) geht der beträchtliche Eigentumszuwachs des Klosters über zwei Jahrhunderte hervor. Wohl gemerkt: auch die Klarissen von Eger waren zu individueller Besitzlosigkeit verpflichtet. Doch hatte das von der wohlhabenden Stadtbevölkerung getragene Kloster keine Probleme, seinen ungewöhnlich reichen Status zu legitimieren. Es passte daher, dass der Konvent um 1348 Gründungsschwestern in die neue Niederlassung nach Hof entsandte. An der weiteren Geschichte der beiden Häuser kann man ablesen, wie stark Ideal und Wirklichkeit der Bettelorden auseinandertraten. Während der Konvent in Hof eine Versorgungsstätte adliger Töchter blieb, die mit den Folgeerscheinungen hinlänglich beschäftigt war, trieb die Reform in Eger geistliche Blüten.

Entscheidend dafür wurde der Wunsch der Schwestern, vom Nürnberger Klara-Kloster reformiert zu werden. Zwischen August 1465 und Oktober 1469 hielten sich regeltreue Nürnberger Schwestern in Eger auf. Sie brachten Handschriften mit frommen Texten mit, die abgeschrieben wurden. In ihren Inhalten und ihrer Gestaltung spiegelt sich die enge Bezogenheit der beiden Konvente noch heute wieder; eine Beziehung, die eigentlich eine Dreiecksbeziehung war, bezogen doch die Nürnberger Klarissen nicht wenig Literatur aus der Nürnberger Niederlassung der Dominikanerinnen, dem Katharinenkloster. Nun erhielten die Schwestern in Eger endlich eine eigene Kirche, nachdem sie bis dahin nur eine Empore und eine kleine Kapelle im Kreuzgang der Franziskaner nutzen durften [2].

In der Folgezeit ist immer wieder zu beobachten, dass sich Geistliche von Rang der Schwestern annahmen. Bereits 1466 verfasste der Minorit Hennig Sele deutsche Statuten für die Egerer Klarissen, und noch 1534 widmete ihnen Augustin von Alveldt, Provinzial der Ordensprovinz Saxonia (1529–1532), einen Kommentar zur Klarissenregel. Täuscht die lückenhafte Überlieferung nicht, waren die Klarissen von Eger vielleicht das einzige Bettelordenskloster am ›Kulturweg der Vögte‹, das zu einer regelkonformen Spiritualität fand. Sie machte die Niederlassung aufs Neue attraktiv. Aus dem Spätmittelalter liegt eine Fülle von Aufnahme-Anträgen vor. Im Januar 1502 versucht der Amtmann von Vogtsberg beim Stadtrat von Eger, die Aufnahme der Clara Beyerin zu erwirken. Im April 1502 verwenden sich Hans und Fabian von Hermannsgrün zu Schönfels für Katharina Preuß und Veronika Forster aus Zwickau. Aus der Antwort des Rates von Eger im Juli 1502 geht hervor, dass die jungen Frauen eine Eignungsprüfung absolvierten und festgestellt wurde, dass sie *mit singen, lesen etc. noch nicht als sich geburt geubt* waren und es zu einem späteren Zeitpunkt noch einmal versuchen sollten [3]. Im März 1503 setzt sich der Rat von Zwickau erneut für die Preußin und die Forsterin ein: der Rat möge die Äbtissin Katharina von Seeberg von deren Aufnahme überzeugen [4].

Anmerkungen
[1] Vgl. Filip, S. 178 f.
[2] Vgl. Filip, S. 180 f.
[3] Belege: Wild, Nr. 361; Wild, Nr. 363; Wild, Nr. 364.
[4] Vgl. Wild, Nr. 365. Ein Verzeichnis der Äbtissinnen bei Sturm, S. 400.

DOMINIKANERKLOSTER ST. WENZEL IN EGER

Mit den Dominikanern holte König Wenzel II. 1294 (1296) den dritten Bettelorden in die reiche Stadt. Von der Kirche, die noch ausgangs des 13. Jahrhunderts begonnen und gegen 1303 fertiggestellt wurde, ist bis auf ein Portal keine alte Substanz erhalten geblieben. Ein Besuch des

Klosters und seiner Kirche lohnt nur, wenn man die barockisierende Überformung (nach 1674) wertschätzen kann. Die Museen der Stadt bewahren einige großartige Skulpturen der Spätgotik auf, die im jetzigen Zusammenhang besser zur Geltung kommen.

Die Niederlassung breitete sich auf der öden Fläche, die der Brand mitten in der Stadt gerissen hatte, rasch aus. Getragen von der Bürgerschaft, entwickelte sich das Kloster, gemessen an seiner Ausdehnung, zum größten Kloster der Stadt [1]. Fromme Stiftungen finden sich durch alle Jahrhunderte [2].

Die angesprochenen Bildwerke, insbesondere das Vesperbild (Pietà) aus dem Mitte des 14. Jahrhunderts, stimulierten die mystische Frömmigkeit der Brüder. Ganz gewiss wird der Orden aber auch, seinem Profil gemäß, wissenschaftliche Studien getrieben und sie in der Predigt genutzt haben. Wir wissen leider nur wenig darüber. In München hat sich eine Handschrift des 15. Jahrhunderts mit Predigtmaterial erhalten, die dem Egerer Konvent zu entstammen scheint.

Verschiedentlich wurde das Kloster zum Austragungsort geistlicher Zusammenkünfte. 1387 versammelte sich die Ordensprovinz Saxonia in Eger [3]. 1432 boten die Mauern nicht mehr als eine Kulisse für Verhandlungen des Basler Konzils mit den Hussiten, die kurz zuvor, im August 1431, wieder einmal das Reichsheer vernichtend geschlagen hatten [4]. Heinrich Toke war dabei, der bedeutende Konzilstheologe, und er hielt am 9. Mai eine Rede über ›Pax vobiscum‹. Viel haben die Verhandlungen nicht bewirkt. Toke hinterließ dem Egerer Bürgermeister Nikolaus Gumerauer 1434 ein Fass mit Büchern zur Aufbewahrung.

Krisen, von denen es in den 1470er Jahren einige gab, bekommen zuerst die Armen zu spüren. Missernten, Seuchen und Heuschreckenplagen sorgten dafür, dass die vom Almosen lebenden Dominikaner ihre Niederlassung vorübergehend verließen. Sie kamen wieder, richteten sich im 17. Jahrhundert völlig neu ein und blieben bis 1936 ununterbrochen in der Stadt.

Anmerkungen
[1] Vgl. FILIP, S. 170, 182.
[2] Vgl. VON RAAB II, Nr. 260 (1511). Ein Verzeichnis der Prioren bei STURM, S. 397 f.
[3] Vgl. FILIP, S. 182.
[4] Vgl. FILIP, S. 182. Zu den Hussitenkämpfen im Egerland ausführlich STURM, S. 265 – 276.

BURGEN UND BURGRUINEN

Das Vogtland war eine Burgenlandschaft. Dass die Vögte sich in alle Richtungen übermächtiger Feinde zu erwehren hatten, motivierte sie und ihre Getreuen früh schon zum Bau und zur Übernahme von Verteidigungsanlagen. Im Norden kann man einen solchen Riegel gewärtigen, im Westen entlang der Saale, im Osten vor dem Erzgebirge, im Süden rund um die Curia Regnitz. Man baute freilich nicht auf einem Hügel, der gerade noch frei war. Die existentielle Bedeutung von Burganlagen wird uns bewusst, wenn wir einen Bergfried sehen, dessen alte Eingangsluke wie in Posterstein zwölf Meter über dem Boden liegt. Das gewählte Areal musste das Überleben der Burgbewohner und der Menschen, die in der Burg Schutz suchten, gewährleisten. Aber es musste auch mit sich verändernden waffentechnischen Gegebenheiten Schritt halten. Das war nicht immer zu bewerkstelligen. Manche Bautypen ließen sich nicht umbauen. In Liebau etwa finden sich, etwas entfernt von der erhaltenen Ruine, Reste einer weiteren Anlage, die weniger günstig lag und irgendwann aufgegeben wurde. Dass ein gut gewählter Ort nicht nur seinen Erbauern nützen konnte, zeigt die Übernahme durch den siegreichen Gegner. Wenn Burganlagen indes ›uneinnehmbar‹ schienen, war eine dauerhafte Zerstörung angeraten. Nach dem Vogtländischen Krieg ordnete Karl IV. an (1357), mehrere Häuser für immer einzuebnen. Wer einmal die Burgruine Gattendorf oder den Großen Waldstein erklommen hat, versteht das sofort. Die vielen Übergriffe, die gerade in den Fehden im Egerland von den Burgen aus unternommen wurden, rechtfertigten irgendwann deren Zerstörung durch ein Reichsheer (1523). Zu dieser Zeit hatte so manche Wasserburg bereits das Wasser aus dem Graben gelassen. Der Adel zog vom zugigen Berg hinab in die Ortschaft, wo ein behagliches Schlösschen allerdings nur noch durch Diplomatie gesichert werden konnte. Die funktionslos gewordenen Höhenburgen verfielen.

BURG SCHÖNFELS

Vielleicht geht die alte Burg Schönfels auf einen Burgward aus dem frühen 10. Jahrhundert zurück. Ins Licht der Urkunden tritt sie wesentlich später als Stammsitz der Herren von *Schoninvels*. 1225 urkunden sie erstmals im Umfeld der Vögte von Weida [1]. Es braucht allerdings exakt einhundert Jahre, bis die Schönfelser sich erneut im Umfeld der Vögte zeigen: Markgraf Friedrich von Meißen und Heinrich Reuß der Jüngere von

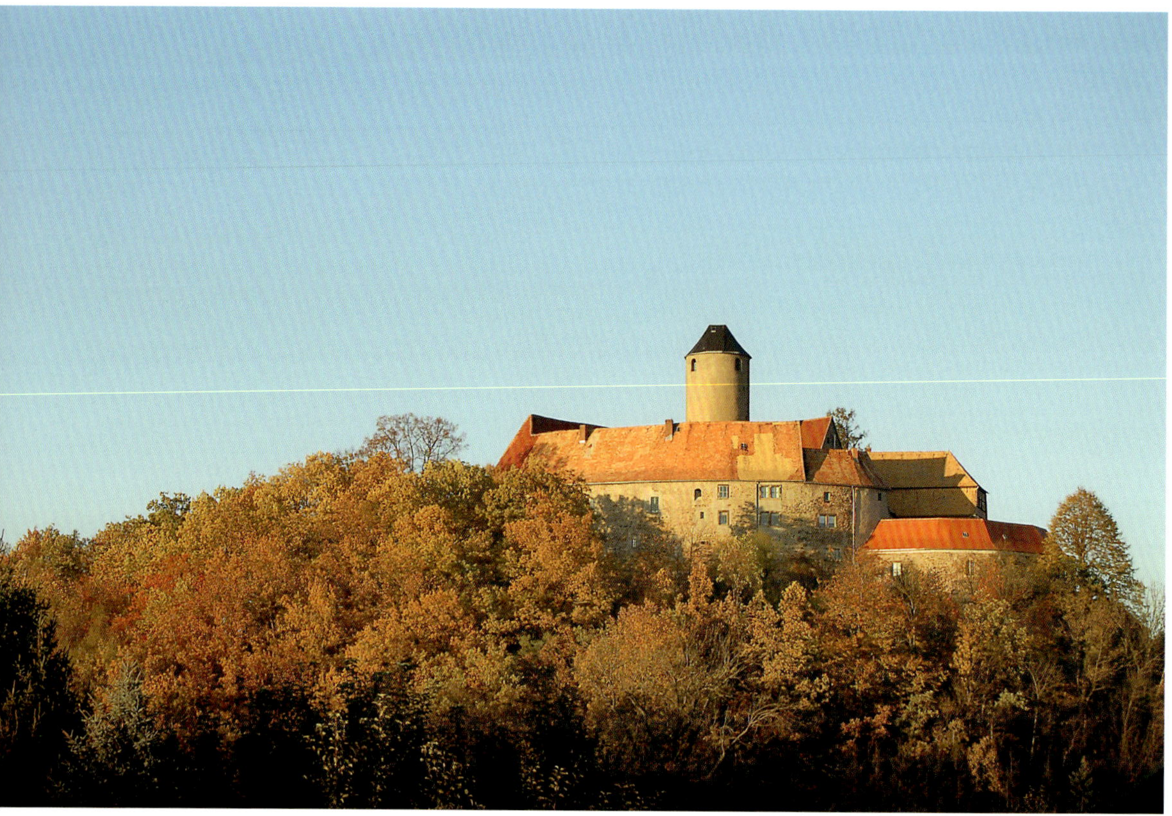

Burg Schönfels

Plauen verleihen dem Propst des Reglerklosters Altenburg, Wittiko von Schönfels, sowie seinem Bruder Johann von Schönfels Anteile eines Bergwerks (1326). Unter den Zeugen stehen auch Reinhold und Golnitz von Schönfels. Beim Erbteilungsvertrag der Reußen von 1359 geht Burg *Schonenvels* an die *iungern zcwen Ruzsen von Plauwen*, an Heinrich IV. »den Mittleren« (1359–1370) und Heinrich V. »den Jüngeren« (1359–1398) Reuß zu Ronneburg. Mit dem Tod des kinderlosen Heinrich V. fiel auch Schönfels an die Wettiner. Mitte des 15. Jahrhunderts begegnen wir daher einem Heinrich von Wilden-

fels als Burgherr (1454), 1474 einem Herrn von Weissenbach. Beide Burgherren, insbesondere aber die Weissenbacher, scheinen tiefgreifende Umbaumaßnahmen vorgenommen zu haben [2].

Das heutige Antlitz der Burg ist wesentlich geprägt durch die Maßnahmen der Zeit um 1500. Aufmerksamkeit verdient die Unterburg. Sie birgt ein Detail, das gleichsam der Schlüssel zum Kern des erhaltenen Baukomplexes sein könnte. 2008 wurde hier ein vermauertes romanisches Portal geöffnet, das Archäologen um 1200 datieren. Da es Teil der Ringmauer war, lässt sich deren Anlage um diese Zeit wahrscheinlich machen. In einer

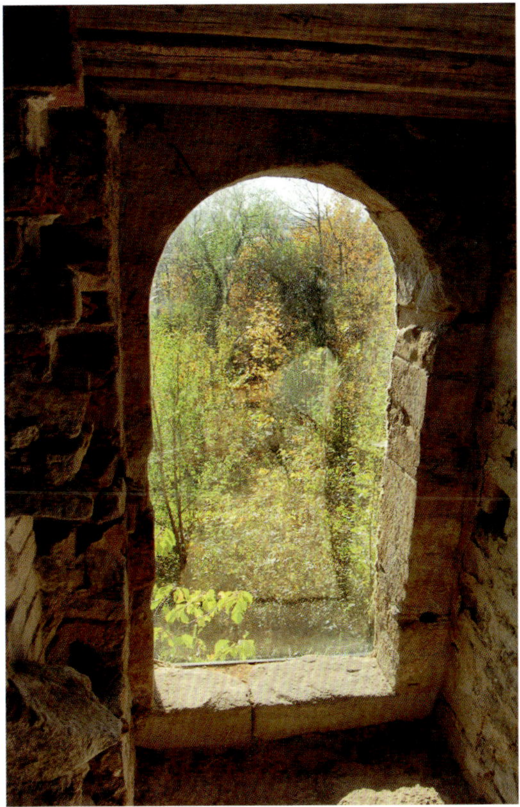

Freigelegtes romanisches Fenster auf Burg Schönfels

Flucht von Räumen, die mit drei Vorhangbogenfenstern aus der Zeit um 1500 geziert wurden, findet sich auch eine Art Küche mit Waschbecken. Nicht nur an den Wänden der Bohlenstube (um 1480) haben sich Reste von Wandmalereien erhalten. Die deutschen Bibelverse dürften freilich nicht vor Mitte des 16. Jahrhunderts aufgetragen worden sein.

Das Maßwerk der nahezu quadratischen Burgkapelle, die sich über der Einfahrt befindet, verweist noch in die erste Hälfte des 15. Jahrhunderts. Dem gegenüber weist ein Schlussstein des Kreuzrippengewölbes das Wappen derer von

Weissenbach auf. Die Pforte erschien Steche »spätestgothisch« [3]. Ansonsten ist die Ausstattung jüngeren Datums. Im Gegensatz zur Kapelle, die nur durch ein Sichtfenster aus dem ersten Stock einsehbar ist, ist der mächtige Turm inmitten der Anlage begehbar.

Anmerkungen
[1] Vgl. UB Vögte I, Nr. 51.
[2] Belege: UB Vögte I, Nr. 603; UB Vögte II, Nr. 54.
[3] Steche, Zwickau, S. 3.

BURG POSTERSTEIN

Bereits um die Mitte des 12. Jahrhunderts saß in der Ortschaft Nöbdenitz eine Familie, deren Vertreter zu den ältesten Reichsministerialengeschlechtern des Pleißenlandes gehören [1]. In Urkunden lassen sie sich bald als »von Nöbdenitz«, bald als »von Stein« ausheben. Ihr Stammsitz, ein von Wasser umzogener Siedelhof in Nöbdenitz, wurde von der strategisch günstigeren Burg abgelöst.

Die auf einem Felsvorsprung gelegene Höhenburg hieß bis ins 16. Jahrhundert nur »Burg Stein«, obwohl hier bereits 1329, als Heinrich II. Reuß von Plauen zu Greiz (1306–1350) die Herrschaft dem böhmischen König als Lehen auftrug, die Familie »Puster zum Stein« saß. Die Lehensauftragung wurde von den Wettinern als Verstoß gegen ihre Rechte gewertet. In der Tat scheint Heinrich I. »der Reuße« von Plauen (1274–1295) die Burg während seiner Zeit als Reichslandrichter im Pleißenland (1291) an sich gebracht zu haben. Freilich gehörte sie seinerzeit auch den Wettinern nicht. Im Ergebnis des Vogtländischen Krieges (1354–1357) ist es daher auf eine höhere

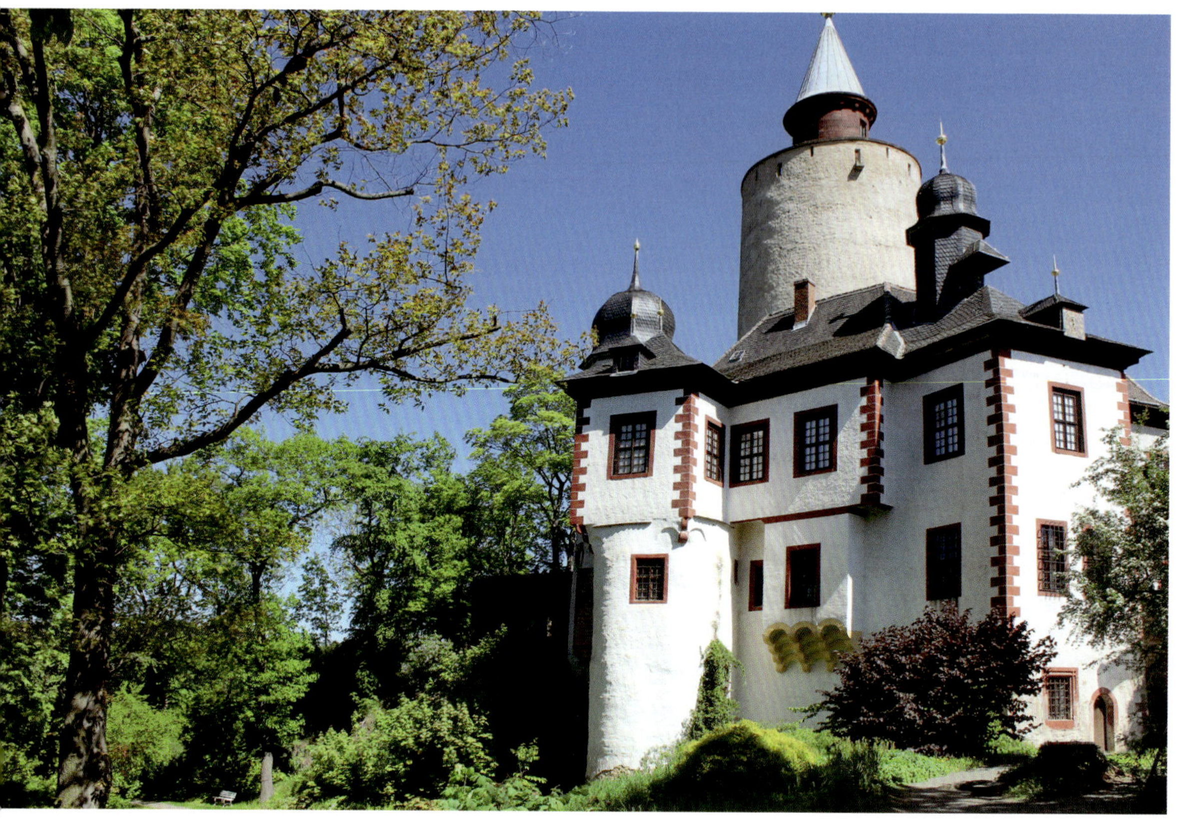

Burg Posterstein mit mittelalterlichem Rundturm und Renaissanceerker

Weise richtig, dass die Herrschaft Posterstein größtenteils an die Wettiner fiel, Burg Stein indes den Reußen blieb, die 1358 die Lehenshoheit Karls IV. über die *burg genant der Stein* anerkannten. Beim Erbteilungsvertrag der Reußen von 1359 geht *der Stein* an die *iungern zcwen Ruzsen von Plauwen*, faktisch an Heinrich IV. »den Mittleren« (1359–1370) und Heinrich V. »den Jüngeren« (1359–1398) Reuß zu Ronneburg [2].

Die Puster waren alte Parteigänger der Vögte. Bereits 1248 zeugt Heinrich Puster *senior* für die Weidaer. Von 1313 bis 1348 ist Heinrich Puster Richter der Weidaer in Hof. 1324 verleiht Hein-

rich von Weida *unserim liwin getruin Heinrich dem Wuster und sinin kindin* eine Wegefreiheit in Hof. Ab 1358 sehen wir Dietrich Puster zunächst noch im Umfeld der Weidaer, ab 1360 aber als Zeugen der Vögte von Gera, als deren Richter er *zu der zeit* (1362) erscheint. Dietrich und Hans Puster bleiben den Geraern über Jahrzehnte treu. 1412 gibt Dietrich, der inzwischen zu Rothenbach sitzt, dem Geraer einen Lehensrevers über Güter in Kraftsdorf [3].

1442 kauften Johann, Burgold, Dietrich und Nickel Puster von den Brüdern Heinrich, Nickel und Ulrich Stöncz für 800 Schock guter Freiberger Münze [4]. Die Gebrüder Puster besaßen Posterstein bis 1505. Ihnen folgte Nickel von Ende (1505–1528), der die Herrschaft 1528 an seine Vettern Julius, Haubold, Thammo, Andreas und Christoph von Pflugk veräußerte. Die Pflugk bauten die alte Burg in ein modernes Renaissance-Schloss um, trugen die Ringmauer weitgehend ab und errichteten 1575 den Treppenturm (Wendelstein).

Unter Georg Dietrich und seinem Sohn Georg Carl von Pflugk wurde zwischen 1684 und 1701 das Obergeschoss durch ein Fachwerkgeschoss ersetzt, der Innenhof überwölbt, das barocke Treppenhaus erbaut, die Fassade erneuert und mit neuen Fenstern versehen. Aus dieser Zeit stammen nicht nur die Brücke und das Portal, sondern auch die Inneneinrichtung der spätgotischen Burgkirche, die als Meisterwerk barocker Schnitzkunst gilt. Die Kreuzigungstafel des älteren Cranach, die vermutlich um 1516/17 die Kirche zierte, kann man sich in diesen opulenten Kontext nur schwer zurückdenken. Man sucht sie daher am besten im Museum in Gera auf. Die Kirche selbst befindet sich zwar auf dem Areal der Burganlage, hat aber, seit dem 16. Jahrhundert Filialkirche von Nöbednitz, ihre eigene Geschichte und Baugeschichte. Glockenturm und Sakristei wurden 1901 errichtet.

Gut mittelalterlich ist der weithin sichtbare Bergfried, der heute bis zur Spitze der Wetterfahne 42 Meter misst. Er wurde aus dem Gestein aufgetürmt, das man beim Bau des die Burg nach Süden sichernden, sechs Meter tiefen Halsgrabens aushob. Der Nordhang fiel steil zum Flüsschen Sprotte hin ab und bedurfte keiner weiteren Sicherung. Die mittelalterlichen Verhältnisse wurden bereits seit dem 15. Jahr-

hundert rückgebaut, durch die Zuschüttung des Grabens und den Bau der steinernen Brücke, die heute zum Eingang führt, im 18. Jahrhundert gänzlich verunklart. Auch besaß der Bergfried als letzter Rückzugsort keine bequeme Holztreppe. Ein Fenster in zwölf Metern Höhe verweist noch auf den alten Einstieg, den man nur mit einer Leiter erreichte. Die Aussichtsplattform war einst Wehrplattform. Sie dürfte entsprechend gedeckt und mit Zinnen gegürtet gewesen sein.

Anmerkungen
[1] UB Vögte I, Nr. 3; HHS Thüringen, S. 343.
[2] Belege: UB Vögte II, Nr. 41; UB Vögte II, Nr. 54.
[3] Belege: UB Vögte I, Nr. 86; UB Vögte I, Nr. 435, 896; UB Vögte I, Nr. 566; UB Vögte II, Nr. 14; UB Vögte II, Nr. 66, 70; UB Vögte II, Nr. 98; UB Vögte II, Nr. 559.
[4] Vgl. GEHRLEIN, S. 51.

Burg Mylau (→ S. 27)

BURGRUINE DOBENAU (PLAUEN)

Auf der Kuppe einer langen Felszunge, »die aus dem zum Syrabach langsam abfallenden Hanggelände allmählich heraussteigt« [1], befinden sich die nur in Ansätzen gesicherten Reste einer alten Wehranlage, die man als Burg ansprechen darf. Der Komplex bestand vermutlich einmal aus einer Vorburg, auf deren Gelände sich später ein Rittergut entfaltete, und der davon durch zwei Gräben abgetrennten Burganlage, an deren Stelle 1470 eine Kapelle des Heiligen Wolfgang errichtet wurde. Die Kapelle, die von drei Plauener Bürgern gestiftet worden und dem Dominikanerkloster (→ S. 273 f.) unterstellt war, scheint den Aufruhr von 1525 überstanden zu haben, wurde aber nach 1529 nicht mehr genutzt. Zwar sollte ihr Dach

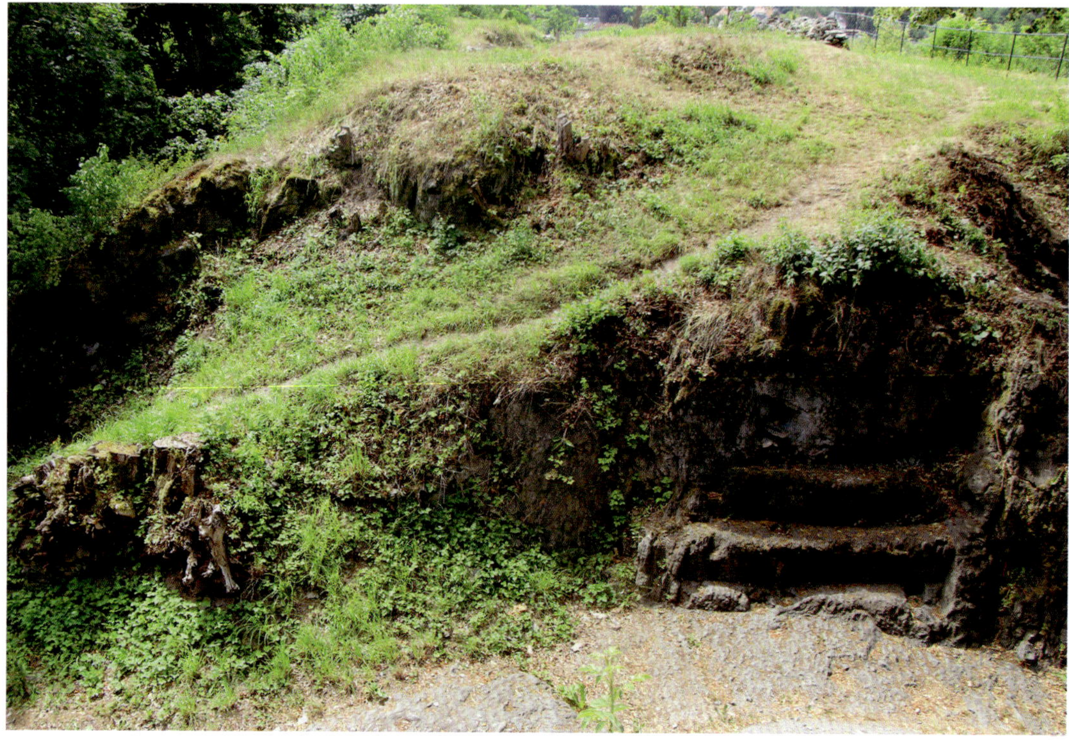

Auf dem Dobenaufelsen befand sich noch im 12. Jahrhundert eine bescheidene Burganlage

1532 neu gedeckt werden, doch verkaufte man bis 1539 das wertvolle Inventar [2].

Über das Alter der Burganlage gibt es keine Gewissheit. Von der Bauweise her handelt es sich um eine frühe Ovalringanlage ohne Turm oder Bastionen von 35 × 21 Metern Durchmesser. Die nicht sehr intensiven, durch den Krieg unterbrochenen Grabungen brachten Fundstücke des 14. Jahrhunderts ans Licht. Danach scheint die Anlage wüst gefallen zu sein. Eine alte Theorie geht dahin, die Burg als ersten Sitz der Grafen von Everstein zu betrachten, die sich erst im Anschluss daran eine Burg im Stadtbereich (das spätere ›Malzhaus‹) erbauten (→ S. 140 f.). Da die Stadtburg der Eversteiner bereits 1122 bestand, könnte ihr »Vorposten«

noch in die Zeit um 1100 zurückreichen. So oder so erhob sie sich seinerzeit »in tiefster Einsamkeit« [3]. Sie muss daher eine minimale Infrastruktur vorgehalten haben. Diese Anlagen werden alle ideologischen Wechselfälle überstanden haben und lediglich technisch aktualisiert worden sein. Die Rechnungen von 1536 wissen jedenfalls noch vom »Haus zu St. Wolfgang«: einem Meierhof, dessen Nachfolgebauten bis zu den Bombenangriffen von 1945 durchhielten.

Anmerkungen
[1] BACHMANN, S. 47. Es findet sich weit und breit kein einziges Hinweisschild auf die Anlage.
[2] Vgl. BACHMANN, S. 49; VOGEL, Kapellen, S. 159.
[3] BACHMANN, S. 46.

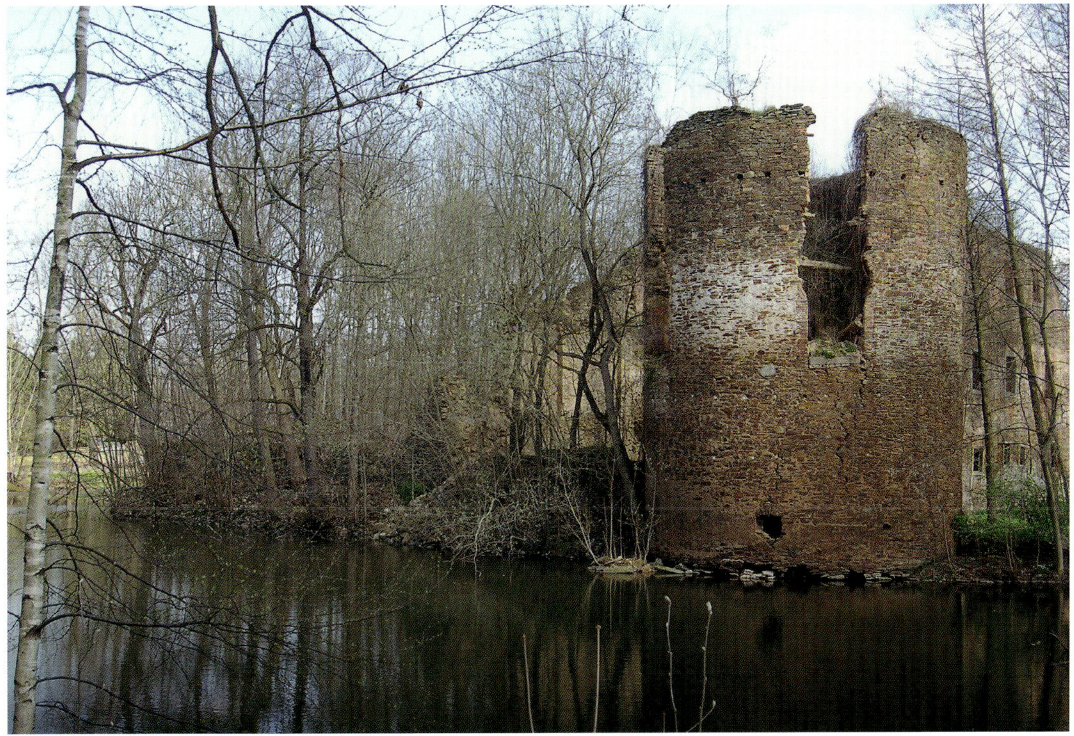

Die Wasserburg von Mechelgrün ist heute unzugänglich

RUINE DER WASSERBURG MECHELGRÜN

Die wohl im 12. Jahrhundert erbaute Wasserburg Mechelgrün erscheint erstmals 1267 als *Mechtildegrune*. Vielleicht wurde sie bereits von der Familie Rabe (lat. Corvus) errichtet. Die Raben jedenfalls besaßen die Anlage und die sie umgebenden Güter bis ins 15. Jahrhundert. Sie waren treue Parteigänger der Vögte bzw. Herren von Plauen. *Iohannes Corvus de Mechtildegrune* kaufte 1298 Burg Wildstein (bei Eger) von seinem Schwiegervater Engelhard Nothaft. Sein gleichnamiger Nachfahre erbaute nördlich von Eger um 1370 die Wasserburg Altenteich. Ab

1367 dominiert Johannes (Jan) Rabe die Urkunden. In diesem Jahr zeugt er für Heinrich VIII. von Plauen (1357–1373), 1388 für Heinrich IX. von Plauen (1373–1412), 1413 als *Hans Rabe von Mechtildengrune* für Heinrich X. (1412–1426), den nachmaligen Burggrafen von Meißen [1]. 1414 scheint er gestorben zu sein [2].

Die Wasserburg wurde bereits im 14. Jahrhundert schlossartig umgebaut. Nach ihrer Zerstörung 1465 erhielt sie vier Ecktürme. 1475 wurde im östlichen Turm eine Kapelle eingerichtet. 1670 brannte sie herunter, wurde aber erneut aufgebaut. Erst in der DDR und, schlimmer noch, in der Nachwendezeit verfiel das Gebäude auf eine nicht zu verantwortende Weise. Der Anblick

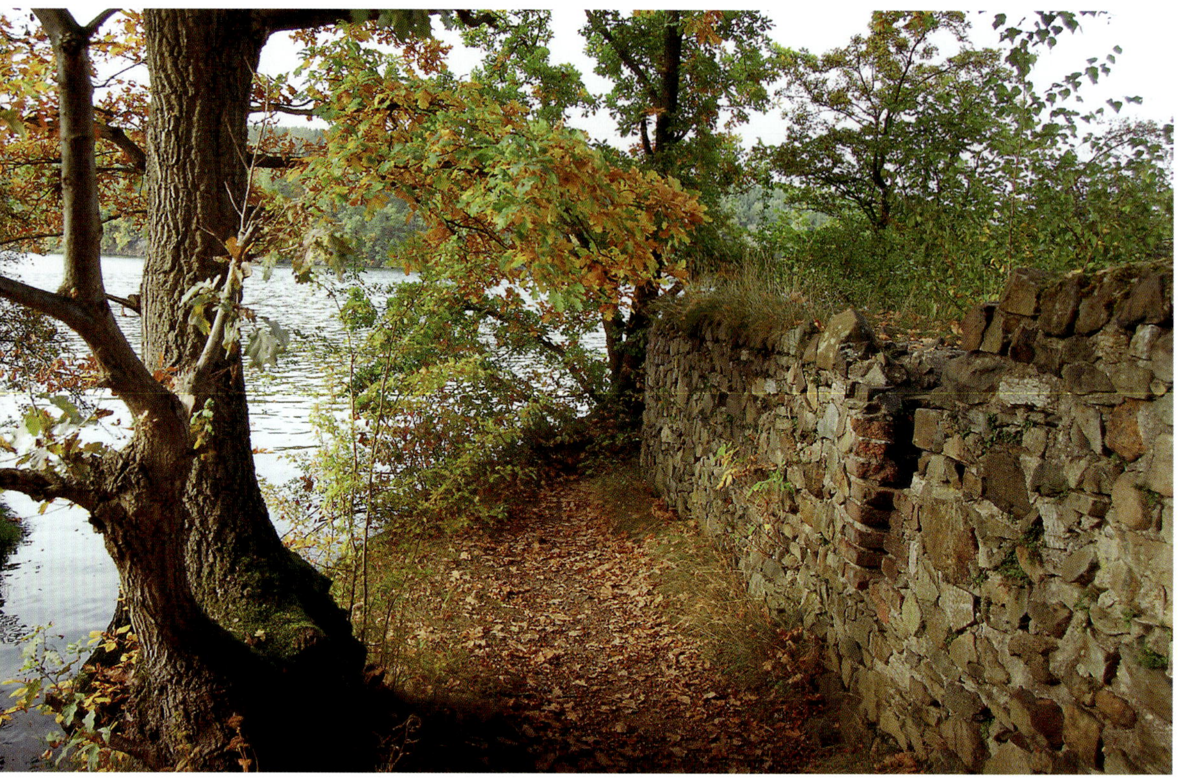

Die am Wasser gelegene Burg Stein war einst eine Höhenburg

der respektablen, teilweise mit Efeu überwachsenen Ruinen erfreut nicht jeden. Der auf dem Gelände wild gewachsene Baumbestand verbirgt das Gemäuer nur im Sommer.

Anmerkungen
[2] Vgl. UB Vögte II, Nr. 159; UB Vögte II, Nr. 324; UB Vögte II, Nr. 567.
[3] Vgl. LULLIES, S. 95 f.

BURGRUINE STEIN (OELSNITZ)

Die malerische Lage, in der wir die Burgruine Stein heute vorfinden, ist ein Resultat neuzeitlicher Landschaftsgestaltung. Die Wellen, die Teile der Burg überspülen, lassen nicht darauf schließen, dass sie sich einst auf einem Felssporn hoch über der Weißen Elster befand. Hier erbauten sie im 13. Jahrhundert die Vögte von Plauen. Nach mehreren Umbauten hatte die Anlage ein Ausmaß von 26 mal 22,5 Metern, einen zweiräumigen, teilunterkellerten Palas, einen Rundturm und eine Außenmauer mit Bastionen. Was sich davon erhalten hat, wirkt wie eine zitierende Miniaturausgabe. Gerne nimmt man die ins Wasser ragenden Mauerreste wie Landungsstege wahr.

1327 sehen wir das *municium lapis* im Besitz Heinrichs von Machwitz *dictus de Lapide*, eines

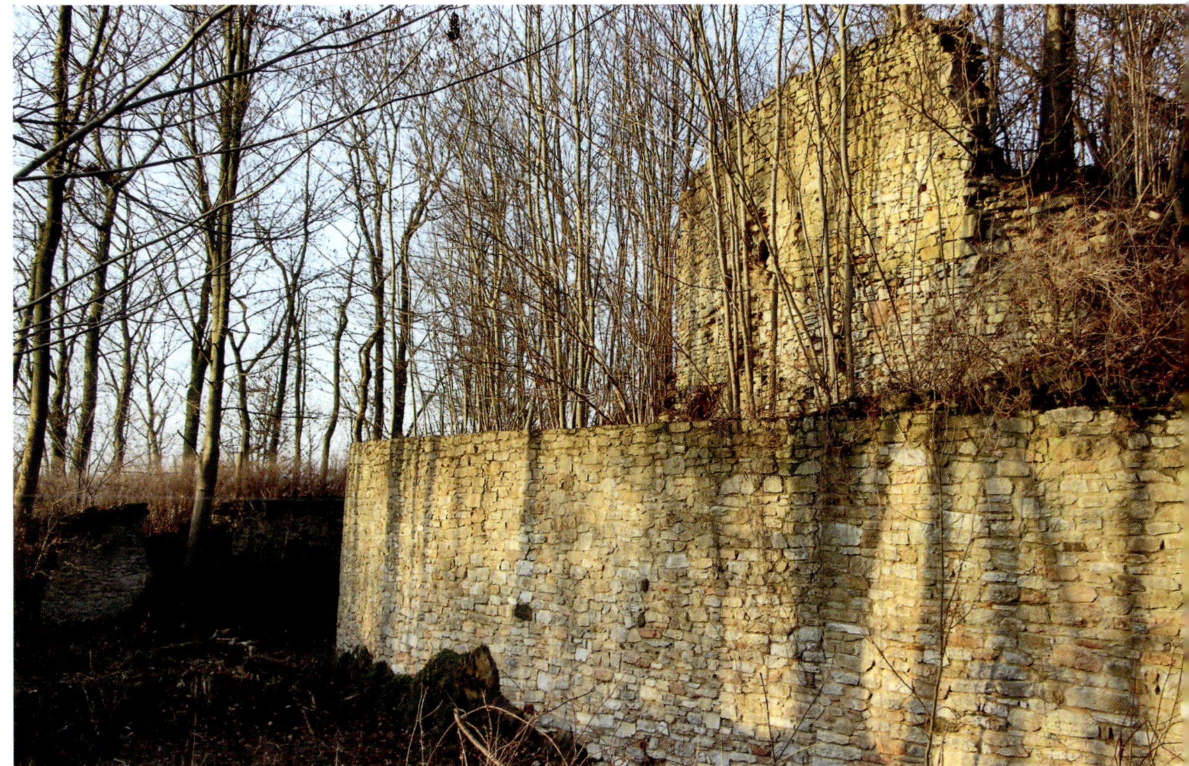

Ein breiter Graben schützte die schwer zugängliche Höhenburg über Gattendorf

der eifrigsten Parteigänger der Plauener [1], für die er zwischen 1289 und 1347 kontinuierlich urkundete. Nach dem Vogtländischen Krieg gewann die Anlage wieder an Bedeutung, bis sie 1466 mit dem Untergang der Herrschaft Plauen ihre strategische und gegen Ende des 15. Jahrhunderts ihre wehrtechnische Funktion endgültig verlor. 1519 wurde sie von den Wettinern an die Brüder von Zedtwitz verlehnt [2].

Anmerkungen
[1] Vgl. UB Vögte I, Nr. 675; DONATH, S. 49.
[2] Vgl. DONATH, S. 49.

Burgruine Wiedersberg (→ S. 115)

BURGRUINE GATTENDORF

Auf dem Gipfelplateau jenes steilen Hügels, der über dem Dörflein Schlossgattendorf wacht, befinden sich imposante, von unten nicht sichtbare und durch das verkümmerte Schloss (18. Jh.) unzugänglich gewordene Reste der alten Burg Gattendorf. Hat man sich durchgekämpft, steht man vor einer ovalen, von einem 5 Meter breiten Wallgraben geschützten Anlage, die einst nur über eine gemauerte Brücke im Osten zu erreichen war [1]. Die Gebäude der quadratischen Wohnburg, von denen nur noch die bröckelnden Umfassungsmauern stehen, weisen teils quadratische Fenster, nach Westen aber liegende Oval-luken auf: von hier aus also erwartete man den Angriff. Gattendorf war eine gut zu verteidigende Anlage an strategisch günstiger Stelle. Man versteht, dass sie eine lange Geschichte aufweist, die bis heute von Besitzerwechseln und Zerstörungen handelt.

Bereits 1234 ist die Burg im Besitz der in der Region begüterten Kotzauer, loyalen Gefolgsleuten der Weidaer. Ausgangs des Jahrhunderts besaßen die Moschler die Anlage. 1327 wird Gattendorf gemeinsam mit den Befestigungen erwähnt, die die Plauener unter Heinrich III. »dem Langen« (1303–1347) vom König von Böhmen zu Lehen nehmen [2]. Nach dem Vogtländischen Krieg liegt das von Egerern gestürmte Gattendorf in Trümmern. Karl IV. ist als König von Böhmen darauf bedacht, dass Gattendorf und andere *raupheuser* nicht wieder aufgerichtet werden [3]. Sie wurden es trotzdem. 1405 geht die Anlage als verpfändetes Reichsafterlehen der Schwarzburger an Erhard von Sparneck zum Waldstein (vor 1364–1419) [4], nach seinem Tod 1422 pfandweise an die Wettiner, die 1433 die hussitische Verwüstung dulden müssen. 1435 machen sich die von Feilitzsch in der ramponierten Ortschaft breit, während die Burg 1439 erneut an die Sparnecker fällt [5]. Einhundert Jahre später als ›Raubschloss‹ deklariert, zerstören Truppen des ›Schwäbischen Bundes‹ 23 Burganlagen, darunter auch Gattendorf (1523). Weitere einhundert Jahre später notiert der Hofer Chronist Enoch Widmann, in den Ruinen ereigneten sich *noch heutigs tags allerlei gespenst, furnemlich aber bei der nacht, da man in dem öden schloß leut hin und wider gehen sihet und es offtmals dort ansehen hat, alß brenne es alles lichterloh, henget auch*

bißweilen ein angezundete latern zum schloß heraus, die leut zu erschrecken und zu bethören ungeachtet einer solchen langen zeit. [6]

Anmerkungen
[1] Vgl. Gebessler, S. 59.
[2] Vgl. UB Vögte I, Nr. 611, 613.
[3] Wild, Nr. 7.
[4] Vgl. Lullies, S. 51.
[5] Belege: von Raab I, Nr. 278 (1422); von Raab I, Nr. 340; von Raab I, Nr. 395. Teilung unter den Sparneckern: von Raab I, Nr. 504 (1449). Weitere Veränderungen: von Raab I, Nr. 576 (1455); von Raab I, Nr. 689 (1464).
[6] Rösler, S. 41.

BURGRUINE EPPRECHTSTEIN

Auf dem Epprechtstein, 780 Meter über dem Ort Kirchenlamitz, ragt die Ruine einer alten, wohl schon in der zweiten Hälfte des 12. Jahrhunderts errichteten Burg. Mitte des 13. Jahrhunderts erscheint in einer Urkunde der Andechs-Meranier ein Eberhard von Eckebretstein. 1308 gingen drei Viertel der Burg an die Säcke Ulrich, Heinrich und Nikolaus, deren Anteile Heinrich III. »der Lange« von Plauen (1303–1347) 1337 erwarb [1]. 1338 kaufte Heinrich XII. »der Jüngere« von Weida (1293–1357) von Ulrich Sack das letzte Viertel [2]. Damit befand sich der Epprechtstein vorübergehend in den Händen gleich zweier Vogtsfamilien. Doch schon vor dem Vogtländischen Krieg (1354–1357) stürmten die Burggrafen von Nürnberg 1352 die Burg unter dem Vorwand, sie beherberge Raubritter. 1355/56 erwarben die Kotzauer Burg, Amt und Ort Kirchenlamitz. 1408 bzw. 1412 freilich verpfändeten bzw. verkauften die Burggrafen Epprechtstein und Kirchenlamitz an Graf Oswald von Truhendingen und seine Treuhänder Heinrich von Gera und Heinrich von Plauen [3]. Somit waren auch die Geraer auf dem Epprechtstein vertreten. 1463 erwirbt Burggraf Heinrich II. von Meißen Epprechtstein vom durch seine Kriegsführungen in Geldnot geratenen Markgrafen Albrecht Achilles, ist es aber fünf Jahre später, nachdem er mehrere bauliche Maßnahmen vorgenommen hatte, schon wieder los [4]. Epprechtstein wurde nun Teil der sogenannten markgräflichen ›Wartordnung‹: eines Frühwarn-Systems aus mit Wachposten bemannten Burgtürmen, mit dem Markgraf Friedrich II. von Brandenburg-Kulmbach Schlüsse aus der eben einreißenden zweiten Guttenberger Fehde (1497–1502) zog. Es ist nicht völlig ohne Ironie, dass ausgerechnet der Plauener Heinrich IV. Burggraf zu Meißen (1519–1554) die Burg 1553 zerstören ließ [5].

Die Anlage thront einsam und erhaben über einer Landschaft aus behauenen Felsen, die man anhand der Spuren, die klar auf eine Kultivierung deuten, allzu leicht als Vorburg missdeuten könnte. Malerisch fällt der terrassierte Hang zu einem kleinen See ab. Tatsächlich handelt es sich hier um die Hinterlassenschaft neuzeitlichen Granitabbaus.

Anmerkungen
[1] Vgl. UB Vögte I, Nr. 791; BERGMANN, S. 46f., 107f.
[2] Vgl. UB Vögte I, Nr. 805; BERGMANN, S. 47.
[3] Vgl. UB Vögte II, Nr. 554; BERGMANN, S. 59.
[4] Vgl. BERGMANN, S. 60.
[5] Vgl. BERGMANN, S. 62.

BURGRUINE GROSSER WALDSTEIN

Auf einem gut ausgeschilderten Waldwanderweg kann man von Epprechtstein bis zum Großen Waldstein vordringen (ca. 10 km). Ein impo-

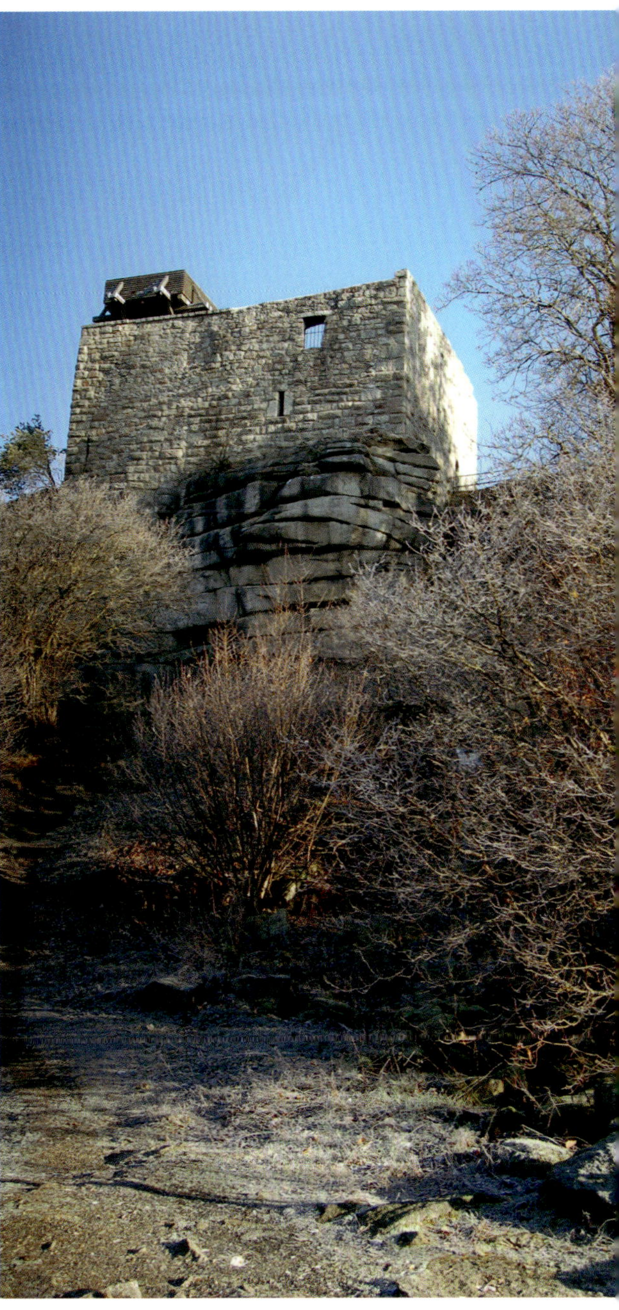

Rings um die Ruine der Burg Epprechtstein wurde Granit abgebaut

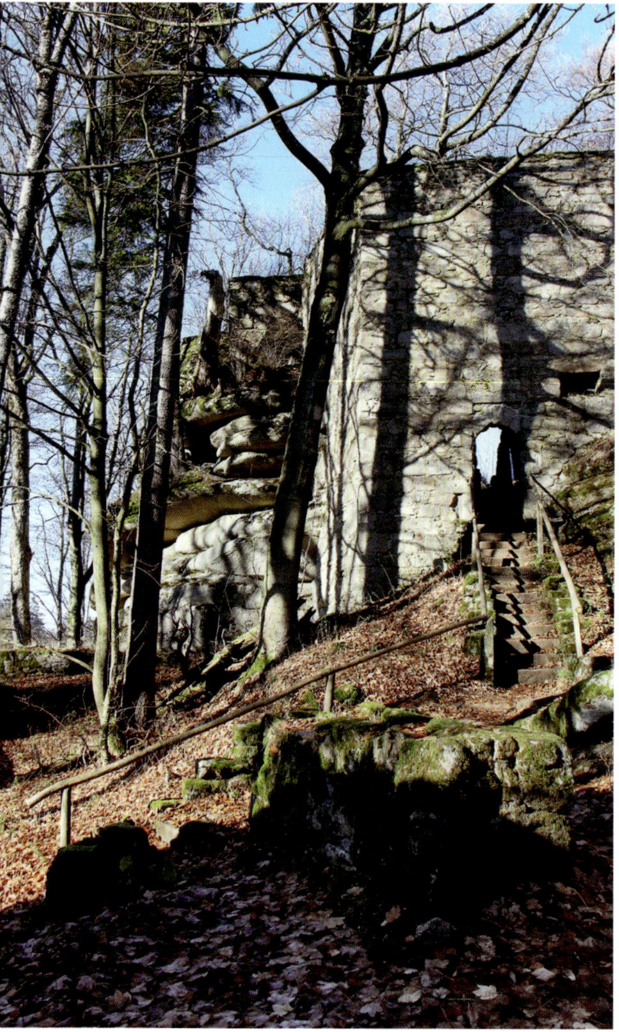

Der Aufstieg zum ›Roten Schloss‹ auf dem Waldstein

stein besetzte, gehört die ›Schüssel‹ mit der kleinen Aussichtsplattform. Am Aufgang zu ihr stand einst die Burgkapelle, durch deren letzte Wand, die Südmauer, man den Aufstieg nimmt. Am Ende der Mauer ist noch der Ansatz der Apsis zu erahnen [1]. Die westliche Burg dagegen, das ›Rote Schloss‹, ist im Grundriss gut zu erkennen. Man betritt sie von Osten her durch ein Torgebäude: »Von einem schiefwinkligen Bau haben sich die vier Umfassungsmauern erhalten.« [2]. Das Brockenmauerwerk der Südseite ist mit einigen Buckelquadern durchsetzt; auch in der Nordmauer wurden Buckelquader wiederverwendet [3]. Einige Flickarbeiten am ›Roten Schloss‹ dürften in der Folge der Zerstörung der Anlage durch die Hussiten (1430) getätigt worden sein, während die östliche Burg wohl nicht wieder aufgebaut wurde.

Aus den Urkunden geht hervor, dass die Vögte von Plauen Anteile des Waldsteins ausgangs des 13. Jahrhunderts (1298) von den Herren von Sparneck erworben hatten und an ihren Getreuen Ulrich Sack von Planschwitz weiterreichten [4]. Diese Situation ist spätestens nach dem Vogtländischen Krieg bereinigt. Der Waldstein tritt uns nur noch als Sitz der Sparnecker hervor. Die Brüder Erhart, Friedrich und Babo von Sparneck zum Waldstein, deren Vater Rüdiger (gest. vor 1368) ein Schwager Heinrichs XI. des Älteren von Weida war [5], ließen sich auf Seiten der Guttenberger in die Guttenberger Fehde verwickeln. Eine Aussöhnung mit den Vögten und dem Markgrafen von Meißen erfolgte 1376. 1397 empfingen die Brüder von König Wenzel die Reichslehen ihres Geschlechts [6].

Es gehört zu den bewährten Motiven des Erzählens vom Spätmittelalter, die adlige Ge-

santes geologisches Massiv legte den Bau einer sich auf die Felsen schmiegenden Burg geradezu nahe. Zwei Anlagen befanden sich einst auf dem Kamm. Sie werden erstmals gemeinsam 1373 erwähnt. Zur älteren, unteren bzw. östlichen Burg, die vielleicht schon 1166 ein Getto von Wald-

sellschaft in ›gute‹ Ritter und ›böse‹ Raubritter einzuteilen. Die Quellen geben solche Vereinfachungen eigentlich nicht her. Der ›Raubritter‹-Vorwurf traf viel weniger Adlige, als tatsächlich mit ihm hätten stigmatisiert werden können. Mitunter diente er zu nicht mehr, als fremde Besitzungen zu zerstören oder an sich zu bringen. Die in der Region so mächtigen Sparnecker waren hier keine Ausnahme. 1523 gestatteten sie dem als Raubritter verrufenen Thomas von Absberg, einen Gefangenen auf dem Waldstein zu verwahren. Das nach Oberfranken vorrückende Heer des ›Schwäbischen Bundes‹ hatte klare Anweisung: *die schlosser denn von sparneck zugehorig vor einnemenn vnnd zuuerbrennen unnd hin weg thun* [7].

Anmerkungen
[1] Vgl. BREUER, S. 51 f.
[2] BREUER, S. 53.
[3] Vgl. BREUER, S. 52 f.
[4] Vgl. UB Vögte I, Nr. 320. Die Situation ist der von Epprechtstein vergleichbar. Auch dort agieren die Plauener, die Sparnecker und die Säcke.
[5] Vgl. UB Vögte I, Nr. 903.
[6] Vgl. LULLIES, S. 48 – 53.
[7] VON REITZENSTEIN, S. 2.

BURGRUINE THIERSTEIN

Die Errichtung der Höhenburg Thierstein geht auf die im Egerland erfolgreichen Nothafte zurück. Ursprünglich auf Burg Wildstein (→ S. 294) gesesssen, wurden sie 1310 mit dem Amt des Reichsforstmeisters belehnt. Albrecht XI. Not-

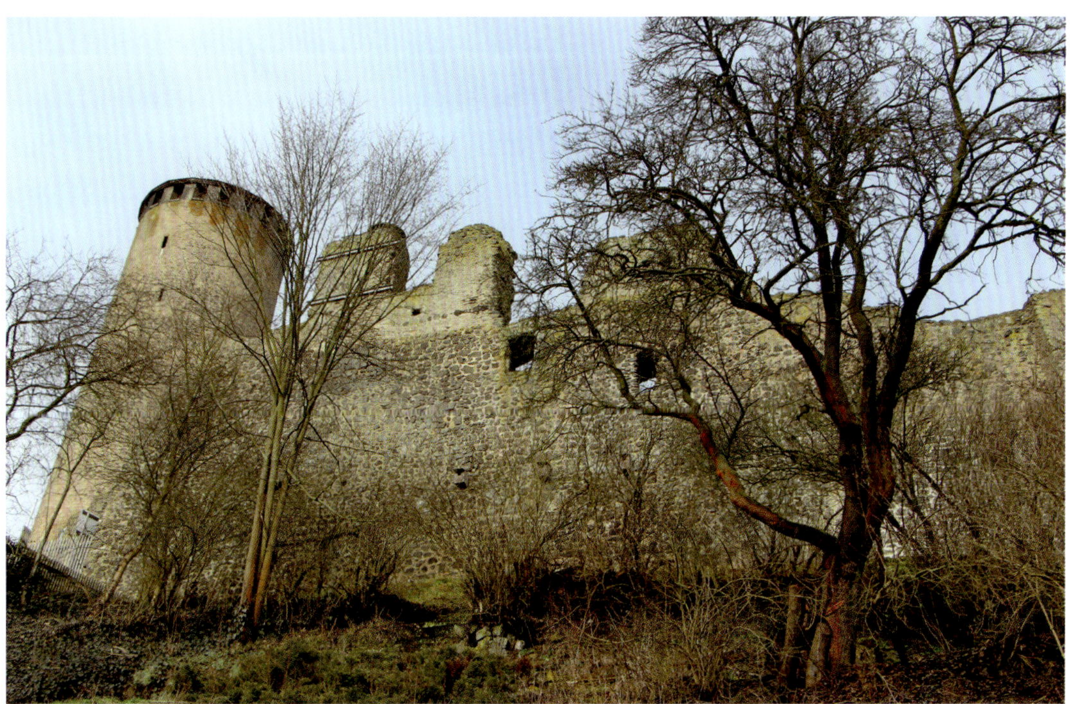

Die Ruine der Burg Thierstein

haft baute den Thierstein vor 1340 inmitten des seiner Familie anvertrauten Reichsforstes. Da just 1340 auch die Stadt Eger selbst vom König mit dem Amt betraut wurde, folgten langwierige Auseinandersetzungen, in denen die Nothafte unterliegen und (1393) an die Markgrafen von Meißen verkaufen mussten [1]. Zwischen 1395 und 1407 war der im Egerland einflussreiche Ritter Jan Rabe von Mechelgrün, der in den 1360ern eifrig für die Plauener gezeugt hatte, Amtmann der Meißener zu Thierstein [2]. Im Oktober 1415 erwarben die Burggrafen von Nürnberg von den Meißenern, die mit dem entlegenen Ort nichts anzufangen wussten, Thierstein und den zugehörigen Markt Thiersheim. Es entstand ein Amtssitz der Hohenzollern [3]. Trotz dessen Verlagerung im 17. Jahrhundert wurde die Burg in Schuss gehalten. Als allerdings 1725 ein Stadtbrand wütete, brach man weite Teile der Anlage für den Wiederaufbau herunter. So haben sich nur der monumentale Bergfried und einige Mauerreste der Wohngebäude erhalten.

Anmerkungen
[1] Vgl. HHS Franken, S. 528 f.; VON RAAB I, Nr. 41, 42.
[2] Vgl. LULLIES, S. 95 f.
[3] Vgl. HHS Franken, S. 528; VON RAAB I, Nr. 38; VON RAAB I, Nr. 108; VON RAAB I, Nr. 139.

Burgruine Neuberg (Neuberk bei Asch) (→ S. 163)
Burgruine Altenteich (Stary Rybnik) (→ S. 170)

BURG WILDSTEIN (SKALNÁ)

Ende des 12. Jahrhunderts scheinen die Nothafte, Ministeriale des mächtigen Klosters Waldsassen, denen wir schon in Markneukirchen und Thierstein begegnet sind, auf einem Granitfelsen über

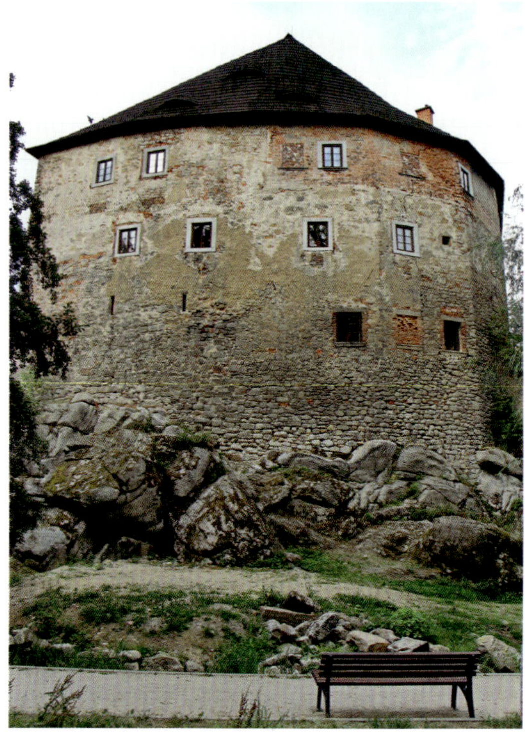

Burg Wildstein

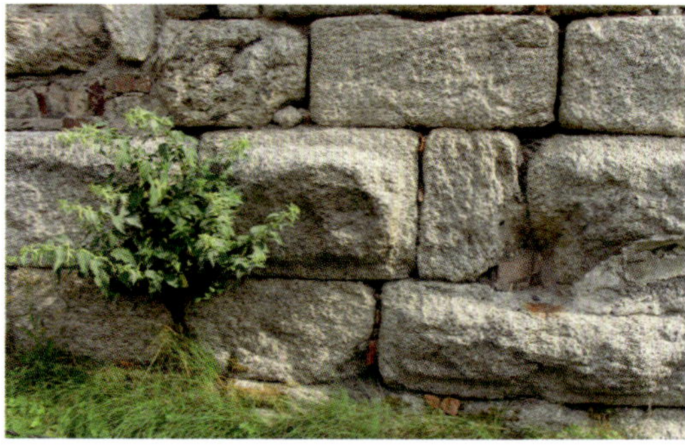

Im Sockelbereich der Burg finden sich noch die alten Bossenquader

einer alten Siedlung die Burg Wildstein errichtet zu haben. Hier, auf einer der ältesten Burgen des Egerlandes [1], waren sie auch zeitweise sesshaft. Bereits 1225 zeugt Albert Nothaft von Wildstein in einer Angelegenheit der Vögte von Weida. 1289 begegnen wir Albert von Falkenau *dictus Notaft*, in dessen Angelegenheit neben den Vögten von Plauen und von Weida die Herren Engelhard und Ekkehard von Wildstein in Eger zeugen. Vor 1298 scheinen die Nothafte Wildstein verloren zu haben. In diesem Jahr nämlich kauft Adelheid, die Gemahlin Engelhard Nothafts, die Burg zurück [2]. Nach den Nothaft scheinen die Rabe von Mechelgrün die Burg besessen zu haben.

Das wuchtige Mauerwerk aus Bossenquadern, das in Wildstein verbaut wurde, dürfte kaum hier entstanden, sondern zur Nachnutzung aus Eger herbeigeschafft worden sein. Überhaupt lässt sich auf Wildstein sehr schön die Gotisierung einer romanischen Anlage nachvollziehen. Das gilt für den ursprünglich romanischen Palas, über dem ein gotisches Gebäude errichtet wurde. Es gilt aber auch für die alte Burgkapelle, die erst in gotischer Zeit ihr Kreuzgewölbe erhalten haben dürfte. Zwei romanische Fenster über dem Krypta- und Kellereingang wurden zugemauert. Die Krypta birgt indes Reste des Altars und ein romanisches Fenster.

Anmerkungen
[1] Hamperl, Topographie, S. 634.
[2] Belege: UB Vögte I, Nr. 51; UB Vögte I, Nachtr. 3; UB DO, Nr 612.

BURG LIEBENSTEIN (LIBÁ)

Vieles am Barockschloss Liebenstein verrät die Abkunft des Gebäudes aus einer alten, etwa zehn Kilometer nordwestlich von Eger gelegenen Burg. Die Burg scheint eine Gründung der Herren von Liebenstein gewesen zu sein. Urkundlich fassbar wird sie erstmals 1264. Bereits 1292 starben die Liebensteiner aus. 1322 fiel die verwaiste Burg mitsamt dem ganzen Egerland unter die Pfandherrschaft der böhmischen Krone. Der Egerer Bürger Franz Gößwein ließ sie 1346–1349 erneuern. Im Beisein des Vogtes Heinrichs XII. »des Jüngeren« von Weida (1293–1357), Hauptmanns von Eger, gelobte er 1349, die Burg als offenes Haus zu halten und sie im Falle eines Verkaufs zuerst der Stadt Eger anzubieten [1].

1381 erwarb Landgraf Johann von Leuchtenburg die Herrschaft Liebenstein und setzte Erhart von Sparneck zum Waldstein (1364–1419) als Schlossvogt ein, was der bis zum Weiterverkauf der Herrschaft durch den Landgrafen im Mai 1400 auch blieb [2]. Erhart gehörte mit seinen Verwandten zu den unrühmlichen Protagonisten der Guttenberger Fehde (1378–1380), in deren Verlauf er einen Trupp anführte, der den Thossen, den von Jößnitz und vor allem den von Raschau, die alle auf der Seite der Vögte standen, schweren Schaden zufügte [3]. Auch in der Adelsfehde gegen Eger (1383–1386) war Erhart als Placker mit von der Partie, wurde allerdings gefangen genommen und saß noch im Frühjahr 1396 in Egerer Verwahrung [4].

Mit den Rudusch von Eger besaßen (1404) erneut Bürgerliche vorübergehend die Burg. Mitte 1423 sitzt dann Friedrich von Kolowrat auf Liebenstein [5], doch bereits zwei Jahre später geht die Burg an die auch im Ascher Ländchen begüterten von Zedtwitz über, die sich hier bis 1915 halten. An der weiteren Entwicklung Liebensteins lässt sich exemplarisch die Situation der wohlhabenden Bürger einerseits und des verarmten Adels anderseits aufzeigen. Während die Gößwein und Rudusch von Eger die Feste

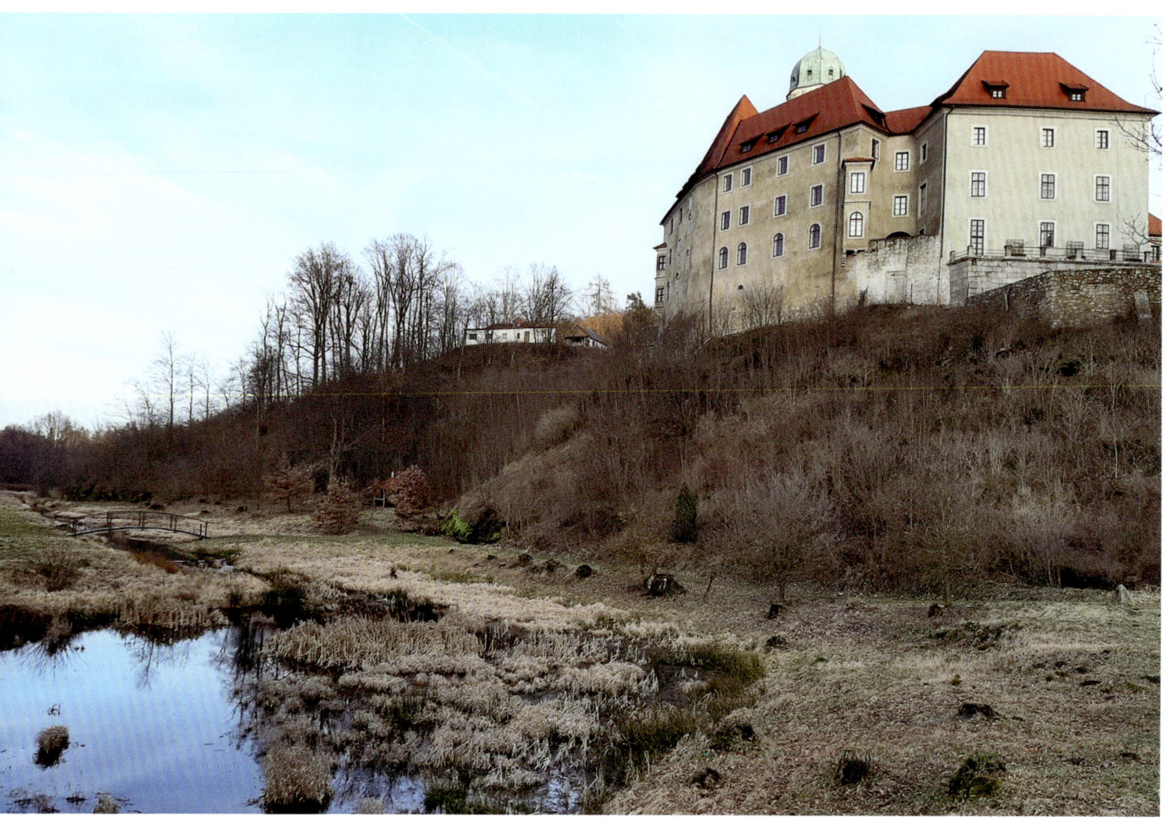

An Burg Liebenstein wurde bis ins 20. Jahrhundert gebaut

aus eigenem Vermögen erneuerten und pflegten, verkam sie unter Georg von Zedtwitz, der einer einschlägigen Placker-Dynastie entstammte [6], erneut zum Stützpunkt eines Unruhestifters. 1510 müssen die alten Vogtländer Caspar Röder von Rödersdorf und Oswald Rab von Schneckengrün als überführte und gefangene Helfer des Zedtwitzers den Egerern Urfehde schwören und diesen Schwur 1511 und 1519 erneuern [7].

Die malerisch gelegene Anlage ist bis ins 20. Jahrhundert immer wieder überbaut worden, bevor man sie dem Verfall preisgab. Der mit einer Blechhaube versehene Bergfried scheint zu den ältesten Bestandteilen zu gehören, während die mittelalterlich anmutenden Mauern jüngeren Datums sein dürften.

Anmerkungen
[1] Vgl. HHS Böhmen, S. 339; UB Vögte II, Nachtr. 81.
[2] Vgl. Lullies, S. 50 – 52.
[3] Vgl. Lullies, S. 7.
[4] Vgl. Lullies, S. 121.
[5] Vgl. UB Vögte II, Nr. 693.
[6] Vgl. Lullies, S. 64 f.
[7] Vgl. von Raab II, Nr. 250; von Raab II, Nr. 264, 327.

Burg Seeberg (Ostroh) (→ S. 172)
Kaiserpfalz Eger (Cheb) (→ S. 177 f.)
Waldruine Königswart (→ S. 183 f.)
Burg Petschau (Becov nad Teplou) (→ S. 187)

RITTERGÜTER UND VORWERKE

Über Jahrhunderte prägten Rittergüter das Profil der Kulturlandschaft Vogtland. Hier saßen die Vasallen und Günstlinge der Vögte: die von Machwitz, die von Wolfersdorf, die Trützschler oder die Thosse. Die Besitzer wechselten mitunter so rasch wie bei den Burgen. Dennoch blieb der Kreis der Kandidaten überschaubar.

Auf Rittergütern spielte sich das ländliche Wirtschaftsleben ab. Weniger gesichert als Burgen und Städte und wesentlich schwächer besetzt, waren sie freilich militärisch leicht zu überrennen. Man muss ihnen indes zugute halten, dass ihre landwirtschaftliche Ausrichtung sie noch attraktiv machte, als die zur Verteidigung errichteten, nutzlos gewordenen Burgen leergezogen wurden. Es nimmt nicht wunder, dass manches Rittergut sich bis ins 20. Jahrhundert retten konnte und eine Umwandlung zur Landwirtschaftlichen Produktionsgenossenschaft erlebte, die sich an der Wende zum 21. Jahrhundert in ähnlicher Absicht auf den freien Markt wagen und dort behaupten konnte. Glück, Geschick und Geschäftsidee halfen indes nicht allen ehemaligen Rittergütern wieder auf die Beine. Unser Weg berücksichtigt, wo es der historische Zusammenhang gebietet, auch Gebäude mit weniger repräsentativem Antlitz.

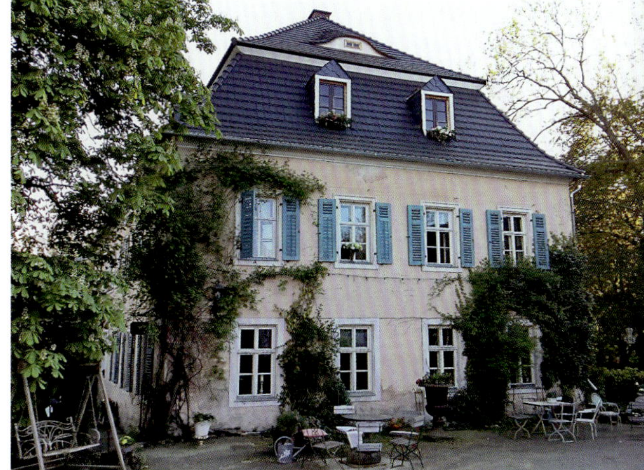

Das Haupthaus des Rittergutes Endschütz

RITTERGUT ENDSCHÜTZ (WÜNSCHENDORF)

Endschütz hat eine längere Geschichte, als die gepflegte Fassade des Haupthauses aus dem 18. Jahrhundert erahnen lässt. Es gehörte einst zur Pflege Berga, war aber nicht vom Bergaer Schlossherren abhängig. Das Rittergut hatte die Dörfer Endschütz, Rußdorf, Letzendorf und Teile von Hilbersdorf unter sich. Die Verhältnisse waren insofern kompliziert, als Endschütz im Amte Weida, die Dörfer aber mehrheitlich im Amte Ronneburg lagen, weswegen Endschütz (1445)

Herzog Wilhelm III., die Dörfer hingegen dem Kurfürsten unterstanden [1].

Um 1500 saßen mit den Herren von Wolfersdorf alte Parteigänger der Vögte auf Endschütz. Die Söhne des Hauses zeugten über Jahrhunderte bei Rechtsgeschäften ihrer Herren zu Weida, während die Töchter sich in den Klöstern Cronschwitz (Elisabeth 1328, Elisabeth 1341–1344) und Weida (Adelheid und Isengard 1320) nachweisen lassen. Hans von Wolfersdorf hielt den Vögten auch in der Guttenberger Fehde (ca. 1383–1386) die Treue [2]. Götz von Wolfersdorf musste das Gut 1529 Richtung Gera verlassen, da er beim alten Glauben bleiben wollte. In der Endschützer Saalkirche, die an sich keinen Besuch wert ist, ist noch das Wappen der bis 1869 vor Ort residierenden Familie zwischen den Patronatslogen zu sehen.

Anmerkungen
[1] Vgl. FRANCKE, Nachrichten, S. 42 f.
[2] Vgl. LULLIES, S. 89.

RITTERGUT CLODRA (BERGA)

Clodra ist alt. 1363 gaben die Brüder Konrad und Gottfried von Wolfersdorf das am Hainbach gelegene *forbergk im dorffe Cloderaw* an das Kloster Cronschwitz [1]. Sie scheinen es aber weiterhin besessen zu haben. »Eine Teilung des umfangreichen Besitzes unter die Glieder der Familie von Wolfersdorf hat mehrfach stattgefunden, aber es wurde sehr oft wieder vereinigt.« [2]. 1435 ist Georg von Wolfersdorf Grundherr, 1470 Götz von Wolfersdorf. Die Umfassungsmauer des alten Ritterguts schließt einen Rundturm mit Fachwerk ein.

Etwas abseits steht die wohl noch im Kern spätromanische Chorturmkirche, die freilich im 17. Jahrhundert schwer gelitten hat. Sie war Filiale des Stiftes Mildenfurth (→ S. 59–62). Dafür fand dessen Propst Johannes Göttingen (1462–1483) klare Worte: *Clodra ist ouch ein vilial, wann sie had nicht alle sacrament, so darff sie ouch der infestür als andere pharn nicht, sundern alleyne von mir adir eynen nochvolgenden probist die commission* [3]. Die Clodraer, voran die Herren von Wolfersdorf, scheinen indes mit der geistlichen Versorgung durch die Prämonstratenser nicht mehr uneingeschränkt zufrieden gewesen zu sein. Bereits vor 1445 musste Bischof Peter von Naumburg (1435–1463) intervenieren. 1449 erhielt noch der Mildenfurther Prior die Kapelle Clodra auf Lebenszeit. Doch scheint 1467 ein Weltpriester eingesetzt worden zu sein, der außer der Sonntagsmesse noch zwei Wochenmessen zelebrierte. Bischof Heinrich von Naumburg (1466–1480) fand einen Kompromiss: hat der Mildenfurther Propst keinen Priester parat, können die Clodraer einen vorschlagen. In Mildenfurth scheint man sich um 1470 gefügt und die Filiale geräumt zu haben. Allerdings ging eine Entschädigung an die Mutterkirche [4].

Anmerkungen
[1] UB Vögte II, Nr. 125; vgl. FRANCKE, Nachrichten, S. 38 f.; LEHFELDT, Neustadt, S. 264.
[2] FRANCKE, Nachrichten, S. 39.
[3] DIEZEL, S. 163.
[4] Vgl. DIEZEL, S. 165 f.

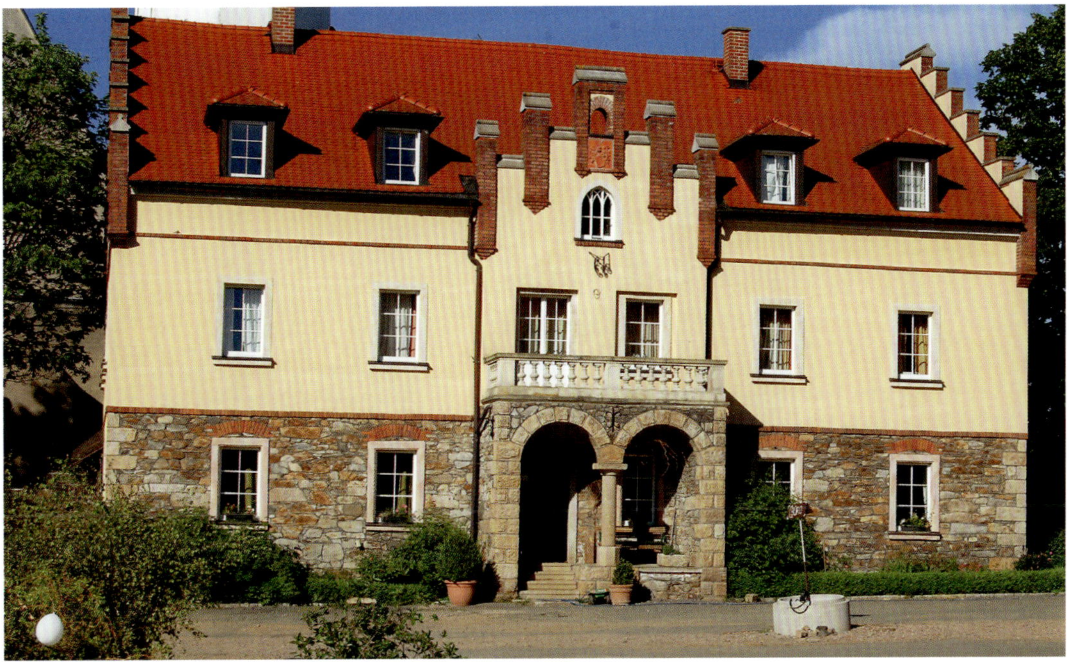

Das ›Verwalterhaus‹ des Rittergutes Neumark

RITTERGUT NEUMARK (REICHENBACH)

Das nordöstlich von Reichenbach gelegene Neumark ist alt. 1225 begegnet hier bereits ein *decan*, das heißt: Neumark war noch Sitz eines Erzpriesters [1]. Aus einer Aufstellung von Zahlungen (1331), die die Stadt Freiberg an Heinrich II. Reuß von Plauen (1306–1350) während seiner Vormundschaft (1324–1329) über Markgraf Friedrich »den Ernsthaften« von Meißen getätigt hatte, erfahren wir, dass Heinrich die Befestigung Neumarks vorangetrieben hatte [2]. Seit der Mitte des 14. Jahrhunderts treffen wir wiederholt auf Angehörige einer Familie *de novo foro* in Zeugenreihen der Vögte von Weida. Ritter Bruno von dem Neumark urkundete (1351–1363) mehrmals gemeinsam mit Leupold von Neumark, der zwischen 1340 und 1356 als Richter in Weida eingesetzt war. Die Neumarker blieben, wie es scheint, den Vögten auch über den Vogtländischen Krieg hinaus treu [3].

Zum *castrum* dürfte früh schon ein Gut gehört haben. Die Burg ging im Vogtländischen Krieg unter und wurde, von Karl IV. explizit als *rauphaus* stigmatisiert, nach 1355 nicht wieder aufgebaut. Das Hofgut verlieh Friedrich von Sachsen 1446 an die Brüder Grieß, die aber schon ein Jahr später in Folge des Sächsischen Bruderkrieges in Ungnade fielen. 1449 ging das Gut als Lehen an die Herren von Wolfersdorf. 1478 dann kaufte der mächtige Zwickauer Handelsherr Martin von Römer Burg, Gut und Ort Neumark. Ausweislich einer zerstörten Inschrift auf einem

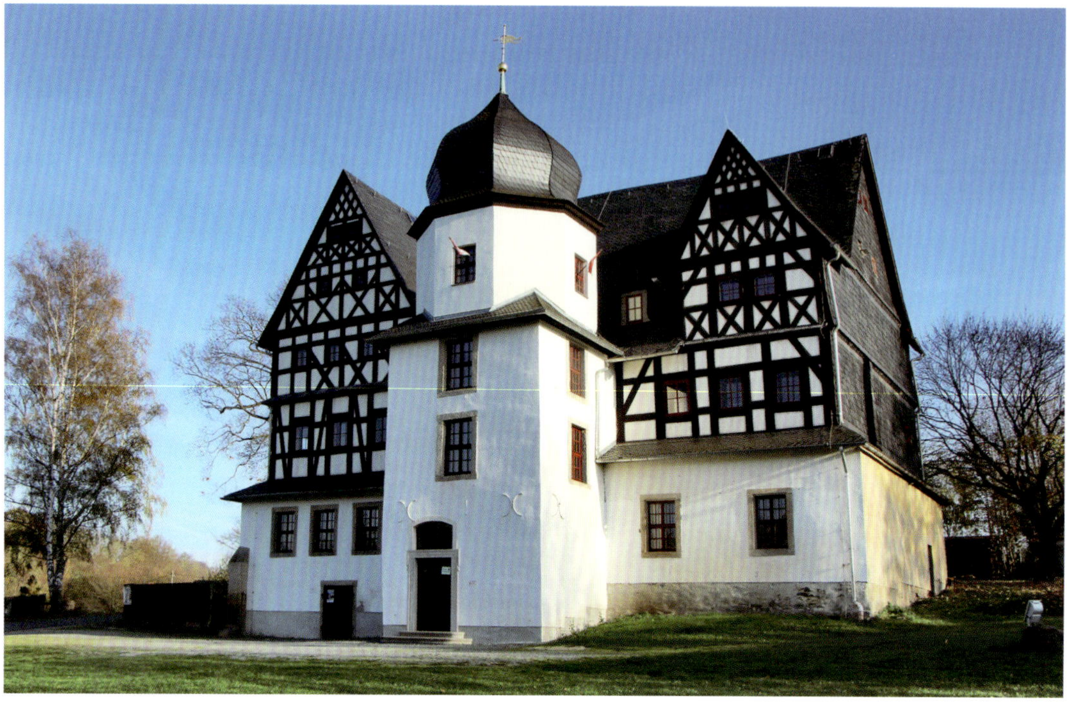

Das Schlösschen Treuen erwuchs aus dem Rittergut ›unteren Teils‹

Wappenrelief (1479) gehen die Gebäude der vier-flügligen Anlage auf diesen ersten Römer vor Ort zurück. Zerstört im Dreißgjährigen Krieg, wurde das Rittergut nach 1636 von Jobst Christoph von Römer und, im Inneren, von Georg Christoph von Römer (1653–1705) erneuert [4]. Die Familie blieb bis 1945 im Besitz der Anlage und erwarb sie, nachdem sie vielfach umgenutzt worden war, 1994 zurück.

Anmerkungen
[1] Vgl. UB Vögte I, Nr. 51. Die ansprechend renovierte, mit Glasfenstern des 15. Jahrhunderts gut ausgestattete Kirche verdient einen eigenen Besuch (→ S. 220 f.)
[2] UB Vögte I, Nr. 698.
[3] Vgl. UB Vögte II, Nr. 349.
[4] Vgl. Donath, S. 129–132.

SCHLÖSSCHEN TREUEN

Die Verhältnisse, die sich uns heute in Treuen darbieten, sind nicht gleich zu durchschauen, haben wir es doch mit zwei Anlagen zu tun. Eine Besitzteilung der Eigentümer, der Herren von Feilitzsch, eingangs des 17. Jahrhunderts machte die Unterscheidung in Treuen »oberen Teils« und Treuen »unteren Teils« erforderlich. Das durch seine Fachwerkgiebel und den behelmten Turm imponierende Schlösschen (»unteren Teils«) hat sich aus dem alten Rittergut bzw. Vorwerk ent-wickelt, das 1537 erstmals bezeugt, gewiss aber viel älter ist und auf dem die von Feilitzsch schon um 1500 saßen [1]. Das malerische Gebäude, das uns heute entgegentritt, steht auf dem Gelände

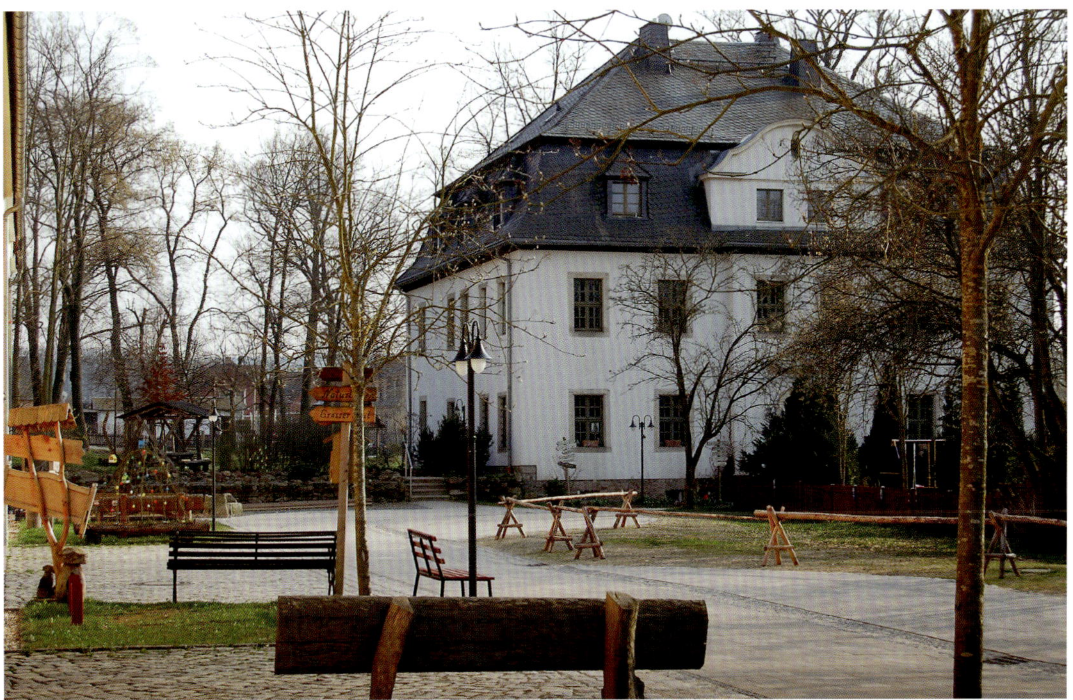

Das bereits 1511 errichtete Herrenhaus des Rittergutes Unterlauterbach wurde nach dem Brand von 1885 modernisiert

des Vorwerks. Es wurde 1608–1610 von Urban von Feilitzsch ins Werk gesetzt. Zu neuem Glanz verhalf ihm der Einsatz engagierter Bürger nach 1992.

Das Rittergut gehörte zum *castrum dictum Drewen* [2], das um 1200 von den Plauenern auf einer Erhebung über der Treba errichtet worden war und mit dem Kaiser Ludwig 1329 Heinrich II. Reuss von Plauen zu Greiz (1306–1350) belehnte. 1359 gehörte zu dem *castrum* noch eine *manschaft* [3]. Vom *castrum* hat sich nur noch das vielfach überformte, an seiner hangseitig vorgebauten Rotunde als solches erahnbare Herrenhaus (Treuen »oberen Teils«) erhalten.

Anmerkungen
[1] Vgl. DONATH, S. 111–113.
[2] UB Vögte I, Nr. 668. Vgl. DONATH, S. 110.
[3] UB Vögte II, Nr. 54.

Schlösschen Obergöltzsch (Rodewisch) (→ S. 153)

OBERLAUTERBACH UND UNTERLAUTERBACH (»ADLERSHOF«) (FALKENSTEIN)

Zum Komplex des Reichsgutes Treuen, den Heinrich II. Reuß von Plauen zu Greiz (1306–1350) 1329 von Kaiser Ludwig empfing, gehörten auch die alten, am Lauterbach gelegenen Rittergüter Ober- und Unterlauterbach in der Herrschaft Falkenstein. Seit 1400 besaßen die Trützschler die Vogtei Falkenstein. Die erste Erwähnung von Gütern in Oberlauterbach erfolgte 1421. 1449 belehnte Konrad Trützschler Hans Trunckel mit zwei Gütern zu Oberlauterbach; 1468 wiederholten Konrads Söhne die Belehnung. Als die Brüder 1469 die Güter zu Falkenstein teilten, ging Oberlauterbach an Hildebrand Trützschler [1].

Im Gegensatz zu Oberlauterbach ist das weitläufige Rittergut Unterlauterbach nie in Händen der Trützschler gewesen. Als erste Besitzer sind die von Hermannsgrün und die von Feilitzsch nachweisbar [2]. Mitte des 18. Jahrhunderts dann erwarb die Familie Adler das Gut. Das repräsentative Herrenhaus fällt in diese Zeit. Das Gut ist nach der Wende schrittweise einer optimalen Nutzung zugeführt worden. Im Flügel nistet eine Herberge, die sich als Station auf dem Jakobsweg ausweist. Im vollständig sanierten Herrenhaus, über dem ein steinerner Adler wacht, brachte man das Natur- und Umweltzentrum des Vogtlandes unter.

Anmerkungen

[1] Belege: VON RAAB I, Nr. 49; VON RAAB I, Nr. 256; VON RAAB, Nachtr. 41; VON RAAB, Nachtr. 61; VON RAAB, Nachtr. 64. Vgl. DONATH, S. 104.
[2] Vgl. DONATH, S. 105 f.

RITTERGUT MAGWITZ (OELSNITZ)

Das Rittergut in Magwitz, einem Stadtteil von Oelsnitz, war Stammsitz der Familie von Machwitz. Die Familie ist zuerst 1236 mit Konrad von Machwitz greifbar. Mit Blick auf zahllose Urkunden kann man schwer behaupten, dass ein den Vögten ergebeneres Geschlecht existierte. Die Töchter der Machwitze finden sich in den Klöstern Weida (Katharina 1324–1340, Margarethe 1340–1353, Kunigunde 1382–1420) und Cronschwitz (Agnes 1385–1402).

Nach dem Vogtländischen Krieg wechselten die Herren zu Magwitz. 1372 verliehen die Landesherren dem Henselin Bohemus alle Güter, welche Heinrich von Raschau zu Magwitz besessen hat [1]. Um 1400 befand sich das Rittergut in den Händen der allgegenwärtigen Thosse. 1410 urkundet Hans Thoss, Sohn des Aren Thoss, »zu Magwitz gesessen« [2]. Erst 1484 lag der Besitz wieder vollständig bei den Machwitzen, deren weit verzweigte Sippe nun auch im Regnitzland und in Preußen greifbar wird. Auch in dieser Hinsicht scheinen die Vögte stilbildend auf ihre Vasallen gewirkt zu haben.

Am Ortsausgang Richtung Planschwitz erkennt man im Turmhügel mit verfülltem Graben und Resten der alten Wehrmauer den »alten Hof«. Der zum Rittergut über dem Elstertal verlegte Herrensitz datiert ins 18. Jahrhundert, ist aber von seiner Nutzungsgeschichte gezeichnet [3].

Anmerkungen

[1] Vgl. VON RAAB I, Nr. 6.
[2] VON RAAB I, Nr. 97.
[3] Vgl. DONATH, S. 51.

RITTERGUT PLANSCHWITZ (OELSNITZ)

Auch das ehemalige Rittergut der Familie von Planschwitz ist heute Stadtteil von Oelsnitz. Ursprünglich befand sich eine Gipfelburg in der Mitte des Ortes. Sie wird 1327 erstmals als *municio Plonswicz* erwähnt, als die Plauener ihre Herrschaft vom König von Böhmen zu Lehen nehmen

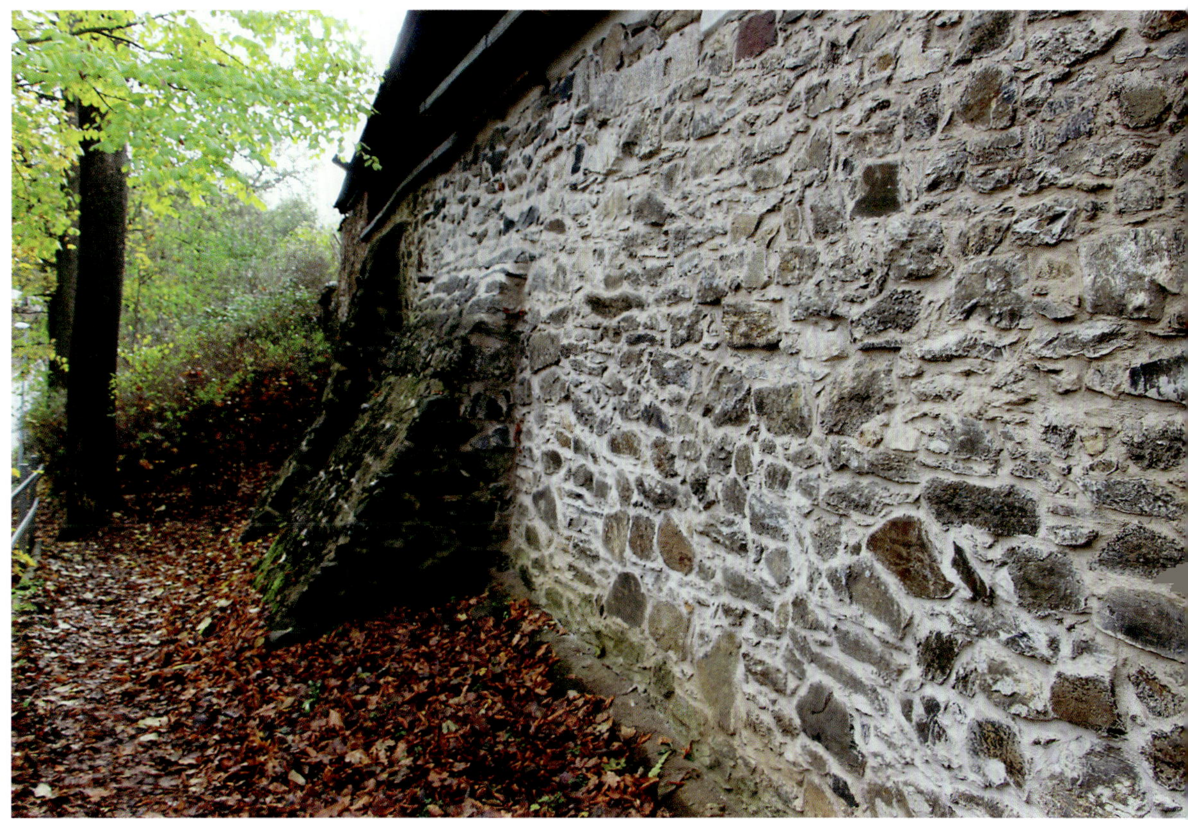

Hinter dem Rittergut Magwitz finden sich noch ältere Mauern

[1]. Doch schon früher, 1297, treffen wir Ulrich Sack als Inhaber von *Plonswitz*. Er zeugte in den Jahren 1297–1309 als *Ulricus Saccus de Plonswitz* intensiv für die Vögte von Plauen [2]. Das Rittergut könnte gleichzeitig bestanden haben, aber auch erst später eingerichtet worden sein. 1381 besaß es noch Konrad Sack der Ältere. 1392 erhielt Katharina, Ehefrau Günther Sacks, dessen Anteil am Schlösschen Planschwitz als Leibgedinge. 1407 verleiht der Burggraf zu Nürnberg das Schlösschen an Hans Sack [3]. Später befand es sich in den Händen der Familien von Zedtwitz, von Neuberg und von Falkenstein, bis es

die Trützschler 1758 an Bürgerliche verkauften. Danach erhielt der Hof seine heute noch charakteristische Form: ein langgestrecktes zweigeschossiges Gebäude, das teils als Herrenhaus fungiert, teils als Stall [4].

Thomas Joachim von Zedtwitz, der 1544 auf dem Rittergut saß, wurde am 13.8. Opfer einer verabredeten Auseinandersetzung. Am Vorabend hatte er bei der Hochzeitsabredung Georg Trützschlers zu Ellefeld mit Rebekka von Tettau zu Mechelgrün einen der jungen Trützschler beleidigt. Die Anwesenden verabredeten sich daraufhin für den nächsten Tag im *Hölzlein* vor Plauen.

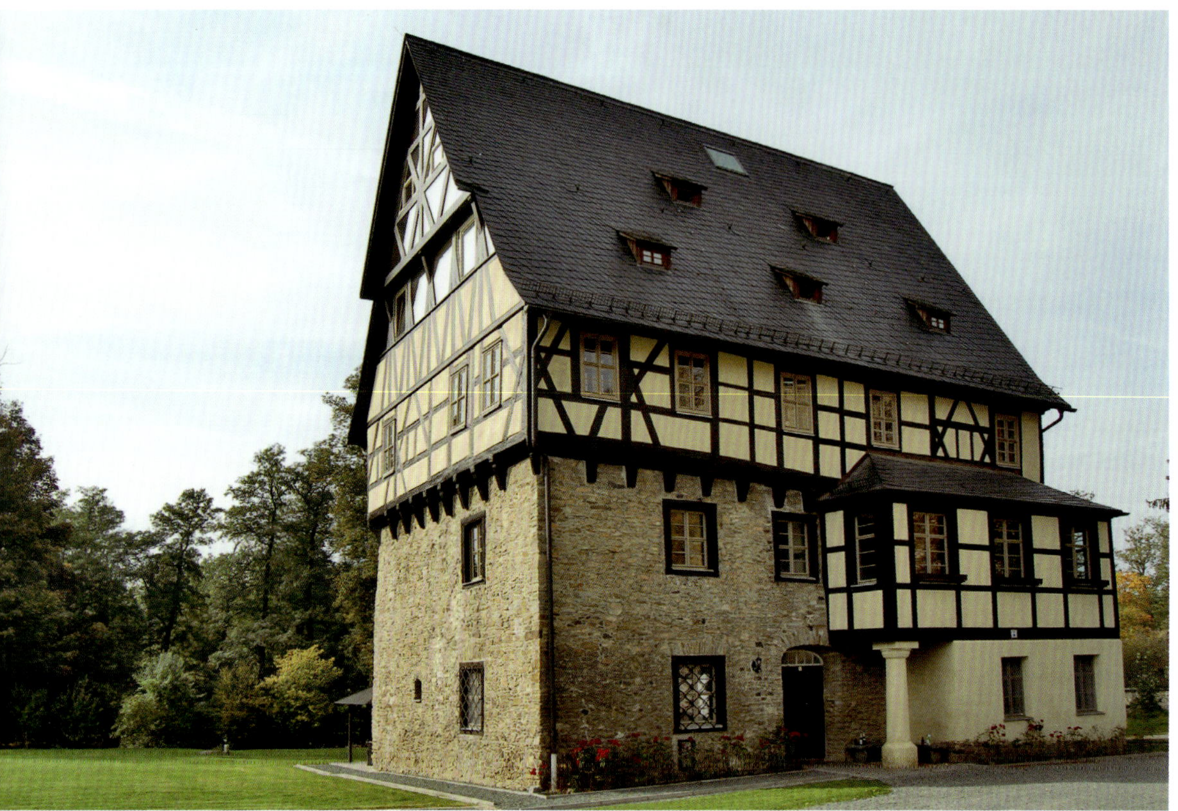

Das Herrenhaus des Kürbitzer Rittergutes wurde aufwendig saniert

Der Zusammenstoß kostete einige Trützschler und den Zedtwitzer das Leben. Zwar verfolgte der Kurfürst die *erbermichliche mortadt vor Plauen* nachdrücklich, doch brachte der Gerichtstag in Torgau (26.11.) keinen Rechtsspruch. Die Keilerei vor Plauen gilt als eine der letzten Anwendungen adligen Faustrechts im Vogtland [5].

Anmerkungen
[1] UB Vögte I, Nr. 611, 613.
[2] Vgl. UB Vögte I, Nr. 318–320; UB Vögte I, Nr. 338f., 409.
[3] Belege: VON RAAB I, Nr. 12; VON RAAB I, Nr. 29; VON RAAB I, Nr. 81.
[4] Vgl. DONATH, S. 50.
[5] Vgl. VON RAAB, Duell, S. 22–25.

RITTERGUT KÜRBITZ

Bis etwa um 1365 lassen sich urkundlich noch Herren von Kürbitz nachweisen [1]. Danach ging der Ort schrittweise an die weit verzweigte, mit den Vögten von Weida ins Vogtland gezogene Familie von Feilitzsch, die bereits im 13. Jahrhundert zu den lokalen Grundbesitzern gehörte. 1430 urkundet Hans von Machwitz zu Kürbitz [2]. Jobst von Feilitzsch, der 1493 Friedrich den Weisen auf seiner Pilgerfahrt ins Heilige Land begleitete, erwarb ausgangs des 15. Jahrhunderts die drei Vorwerke zu Kürbitz und begründete damit ein Rittergut, auf dem er 1511 verstarb. Seine Grabplatte befindet sich vis a vis in der Salvatorkirche. Die Wasserburg wurde zum Herrenhaus umgebaut, das die Familie tatsächlich über 700 Jahre innehatte.

Nach Krieg und Vertreibung begann ein sich bis in die jüngste Vergangenheit hinziehendes Trauerspiel. Verfall und Umnutzung einzelner Gebäude folgten eine Brandkatastrophe (1987), der Wiederaufbau durch einen Förderverein und die Veräußerung an einen Investor, der die Einrichtung von Privatwohnungen durchsetzte. An der Eingangspforte wurden vom Altertumsverein Hinweisschilder auf die Bedeutung des Monuments angebracht. Sie erwecken den Eindruck, dass man es mit einem begehbaren Objekt zu tun habe. Weithin strahlt die sanierte, mit gläsernen Giebeln transparent gemachte Fassade des alten Herrenhauses. Auch die im Hof befindlichen Taubenhäuser sind ein geschütztes Kulturdenkmal [3].

Anmerkungen
[1] UB Vögte II, Nr. 88, 121.
[2] Vgl. von Raab I, Nr. 321.
[3] Vgl. Donath, S. 39 – 41.

Die ehemaligen Höfe rund um Franzensbad bildeten eine Exklave der Plauener Herrschaft. Sie waren daher immer wieder Gegenstand von Besitzstreitigkeiten. Als die Burggrafen von Meißen 1482 endgültig auf die Herrschaft Plauen verzichten mussten, drohte neues Ungemach. Heinrich III. Burggraf von Meißen (1482 – 1519), der nur noch in Böhmen Besitz hatte, kämpfte 1489, unterstützt vom böhmischen König, um die Güter in Lohma und Kropitz.

Krugsreuth (Kopaninach) (→ S. 166)

HÖFLASGUT (DVORECEK)

Das alte Rittergut Höflas, das in den Quellen auch als *Höflein*, *Höfleins* erscheint, ist heute als Dvorecek Teil der Gemeinde Franzensbad. Seit Mitte des 15. Jahrhunderts sind hier die Wirsperger bezeugt. Im März 1487 empfängt Lorenz von Wirsperg vier Güter vom Hauptmann zu Zwickau, Friedrich von Reitzenstein, zu Lehen.

Nichts mehr erinnert heute noch daran, dass das Höflasgut zum sagenhaften Ausgangspunkt einer kühnen eschatologischen Spekulation wurde, die in den Jahren 1465/1466 offensiv verbreitet wurde und nicht nur Akademikern Kopfzerbrechen bereitete. Den ›Wirsperger-Prophezeiungen‹ zufolge sollte 1467 der Antichrist auftreten und sich das Weltende 1471 einstellen. Einen Grund dafür machen die Verfasser im falschen Verständnis der Heiligen Schrift aus: *Verflucht ist alles sechen, hören, erkennen, außlegen und sagen der geschrifft gottes zü menschlichem geschlecht selikait bißher gewessen!* [1]. Diese Nachricht wurde von Johannes und Levin von Wirsperg im Auftrag eines geistlichen Führers verbreitet. Ein vorangestellter Brief (1466) signalisiert, dass die Brüder ernsthaft auf Antwort aus Nürnberg, Eger und Regensburg hofften, und verhehlt nicht die Enttäuschung über deren Ausbleiben. Als Hintermänner der Prophezeiungen wurden die Franziskaner zu Eger verdächtigt. Im sich nun entspinnenden Briefwechsel versuchten alle Verdächtigten, sich vom Ketzerei-Verdacht zu reinigen. Die Minoriten und der Egerer Bürger Hans Schönbach kamen mit einer Verwarnung davon. Dagegen kam die von religiösem Eifer getragene Aktion die Brüder aus Höflas teuer zu stehen. Nicht genug, dass die akademische

Welt sich rasch an die Widerlegung der Thesen machte. Die Kirche fürchtete einen Aufruhr der angeregten Massen. Als im Juni 1466 der päpstliche Legat einschritt, gab es keine Rettung mehr: die Wirsperger wurden vorgeladen. Obwohl sie nicht erschienen, wurde Levin Wirsperger 1467 eingefangen und nach Regensburg verbracht. Er verstarb bald darauf im Gefängnis auf der Hohenburg bei Parsberg [2].

Anmerkungen
[1] Das Folgende nach HÄGELE, Sp. 1673–1677.
[2] Vgl. HÄGELE, Sp. 1677.

RITTERGUT KROPITZ (KRAPICE)

Das heute ansprechend zurechtgemachte Gut Kropitz ist alt. Bereits 1218 taucht ein Hof in Kropitz in einer Urkunde Friedrichs II. auf. Die besondere Situation des Ortes resultiert daraus, dass das Gut sächsisches Lehen und damit eine Enklave war. 1449 verleiht der Landesherr den Gebrüdern Delnitzer den Hof zu Kropitz [1]. 1460 verleiht der Hauptmann zu Vogtsberg einen Hof in Kropitz an Levin Wirsperger und dessen Frau. 1464 musste der Vogt zu Vogtsberg darauf dringen, dass die Egerer Ulrich Weißin *zu Kroppicz* nicht bedrängen bzw. *vor gedrencknusse* […] *schutzin* mögen [2]. Später, 1486, ist erneut von einem Hof in Kropitz die Rede, den der Markgraf von Meißen an Patrizier in Eger verlieh. Im ausgehenden 16. Jahrhundert scheinen die Wirsperger von Höflas in den Besitz von ganz Kropitz gekommen zu sein. Das Dorf gehörte 1322 zu den verpfändeten Orten im Egerland. 1392 saßen neun Bauern in Kropitz, die Viehbestand versteuerten.

Anmerkungen
[1] Vgl. VON RAAB I, Nr. 507.
[2] Belege: VON RAAB I, Nr. 624; WILD, Nr. 184.

GÜTER OBERLOHMA UND UNTERLOHMA (HORNÍ LOMANY UND DOLNÍ LOMANY)

In Oberlohma saßen bereits im 12. Jahrhundert Herren von Lohma (*de Luma*). Seinerzeit war auch schon eine Pfarrkirche des Pilgerapostels Jakobus vorhanden, die 1316 mitsamt dem Ort durch Schenkung an den Deutschen Orden fiel [1]. Die Kirche versorgte u. a. beide Lohma, Kropitz und Höflas. Der Ort entwickelte sich im 14. Jahrhundert günstig. Er zählte nun über dreißig Höfe, die allesamt der Burg, der Stadt und dem Klarissenkloster in Eger untertänig waren. Durch die Zusammenfassung von immerhin dreizehn Ortschaften entstand 1390 eine Grundherrschaft, zu der auch *Loman das ober* gehörte. Sie hatte bis 1848 Bestand.

Im Frühjahr 1489 versuchte Heinrich III. Burggraf zu Meißen (1482–1519), seine Ansprüche auf die Güter in Unterlohma, die territorial zu seiner Herrschaft Königswart gehörten, gegenüber Kurfürst Friedrich und Herzog Johann von Sachsen geltend zu machen. Die Sachsen argumentierten, dass Unterlohma nicht zu Königswart, sondern zur Herrschaft Plauen gehöre, die Heinrich III. 1482 endgültig an die Wettiner gegeben hatte [2]. Die Situation, die sich über viele Jahre hinzog, wurde offenbar von den Ansässigen ausgenutzt. Im Juni 1482 intervenierte Nickel Koppe zu Chrieschwitz beim Rat zu Eger, ihm gegen seine *widersetzigen pawern zu Loma hulfflich* zu sein; im August 1486 hören wir von

Übergriffen des Königswarter Amtmannes gegen die Adler zu *Niederlomaw,* die seinem *weibe zu yrem leibgute* gehörten und sächsisches Lehen seien; im Januar 1489 erneuern die Betroffenen ihre Klage; im September 1489 schaltet sich der Richter zu Adorf als Verwandter der betroffenen *alten Koppin* [...] *zu Niderlomaw* ein, und er erneuert seine Klage über das Vorgehen des Plaueners im Februar 1492 [3]. Burggraf Heinrich wurde in seinem Anliegen von König Wladislaus von Böhmen unterstützt, der am 17. April 1489 die Egerer wissen ließ, dass Heinrich von Plauen »vermöge seiner Lehnsregister die beanspruchten Lehen zu Unterloma nachweisen könne« [4].

Anmerkungen

[1] Dort blieb sie bis mindestens 1486; vgl. HAMPERL, Topographie, S. 627. Aus der später neu gebauten und durchbarockisierten Kirche stammt ein ›Christus in der Rast‹; vgl. OTTOVÁ/MUDRA, S. 197.
[2] Vgl. VON RAAB II, Nr. 24.
[3] Belege: WILD, Nr. 304; WILD, Nr. 310; WILD, Nr. 317; WILD, Nr. 318; WILD, Nr. 331.
[4] VON RAAB II, Nr. 28.

GUT THEIN BEI LANZ (LOMNICE)

Lanz, nördlich von Falkenau an der Eger gelegen, gehörte zum Einflussbereich der Plauener. Wiederholt musste Heinrich von Plauen in Angelegenheiten der Pfarrei agieren [1]. Sie gehörte zu den bedeutendsten im Falkenauer Kreis. Besitzer von Lanz war 1408 Wenzel von Thein [2].

Unweit von Lanz befand sich das Gut Thein. Es spielt in der Geschichte der Vögte an sich keine Rolle. Allerdings zeichnet unter einer Urkunde, die die bedeutungsvolle Belehnung Heinrichs von Plauen mit der Burggrafschaft Meißen

und der Grafschaft Hartenstein durch König Sigismund betrifft (Juli 1426), als Zeuge *Mathias Hisserell de Thein* [3]. Mathias war Angehöriger der adligen Familie von Thein. Was wir über diese Familie noch wissen, entstammt zu weiten Teilen der Autobiographie (1453–1516) des bis zum Landesverweser in der Krain aufgestiegenen Soldaten Christoph von Thein, der 1471 als Achtzehnjähriger in Thein aufbrach und *zu fuß biß gen Regenspurg* ging und weiter nach Wien, wo er eine Karriere als Söldner begann. Sie führte ihn nach 1500 als begüterten Mann zurück nach Böhmen, wo er mehrere Güter erwarb, darunter Schloss Altkinsperg (→ S. 312 f.).

Christophs Autobiographie, die seinen Söhnen als Richtschnur für ein ehrenwertes Leben dienen soll, »dokumentiert den typischen Aufstieg eines Niederadligen durch Kriegs- und Hofdienst wie diplomatische Tätigkeit« [4]. Eine besondere Beziehung unterhielt er zu den Zisterziensern in Waldsassen: *Vom stiefft Waltsassen hab ich in daz 18te jahr alle jahr 52 fl gehabt vnd dem auch treulich getient. vndt mein pitt vndt bevehl, meine söhne, ob die leben werden, dem stifft freund vnd gut sein, thun was sie können.* In einem Satz fasst der lebenserfahrene Mann die Situation des Klosters prägnant zusammen: *es ist ein stiefft, der viel anstöß habt vndt das nicht verursacht* [5].

Anmerkungen

[1] Vgl. UB Vögte II, Nr. 471; UB Vögte II, Nr. 439.
[2] Zu Lanz vgl. THEISINGER, S. 499–502.
[3] UB Vögte II, Nr. 732. Zu den Herren von Thein vgl. THEISINGER, S. 585 f.
[4] ULMSCHNEIDER, Christoph von Thein, Sp. 325; vgl. THEISINGER, S. 586.
[5] Alle Zitate nach WENZEL, S. 161.

SCHLÖSSER IM VOGTLAND

Ende des 15. Jahrhunderts war die Zeit der Burgen im Vogtland vorüber. Angesichts fortschreitender Waffentechnik taugten die auf Bergen oder in Seen gelegenen Anlagen nur noch bedingt zur Verteidigung. Natürlich gab es schon vorher unbefestigte Wohnbauten des Adels, und gewiss findet sich in den Quellen manche Burg, die als *sloss* bezeichnet wird. Gleichwohl wird man feststellen, dass um 1500 die Ära der Schlösser anbrach: repräsentativer, großzügiger und dauerhaft nutzbarer Wohnanlagen. Einige Burgen erlebten einen entsprechenden Umbau. Sie demonstrieren in Relikten mitunter ihre alte Wehrhaftigkeit. Daneben entstanden Anlagen von grundlegend neuer Konzeption.

SCHLOSS OBERKRANICHFELD

Im Dreieck zwischen Erfurt, Weimar und Rudolstadt träumt das Städtchen Kranichfeld. Zu seinen Eigentümlichkeiten gehört die Präsenz mehrerer Burganlagen: des Oberschlosses und der Niederburg einerseits sowie der Schleusen- und der Taubenburg anderseits. Weniger um den an sich bedeutungslosen Ort als um die beiden Herrschaften Ober- und Niederkranichfeld rangen die Mächtigen der Region im Prinzip von der Teilung

(1172) bis zur Zusammenführung 1912. Zwischen 1451 und 1615 beteiligten sich die Reußen von Greiz-Vorder- und Hinterschloss an diesem Ringen. Sie übernahmen 1451 die Herrschaft Oberkranichfeld von den Grafen von Kirchberg, die die ansässigen Kranichfelder 1383 abgelöst hatten.

Die Vögte unterhielten gute Beziehungen zu den Kranichfeldern. Sie schlugen sich in strategischen Verbindungen nieder. Heinrich VIII. von Plauen (1357–1373) heiratete 1360 Luitgard, Tochter Hermanns III. von Kranichfeld [1]. Die Brüder Hermann IV. und Volrad XII. von Kranichfeld erscheinen in den Urkunden als *ohme* Heinrichs V. von Gera (1311–1377) [2].

1398 wurde die Herrschaft Oberkranichfeld ein Lehen der Landgrafen von Thüringen. Burggraf Dietrich II. und sein Sohn Albrecht IV. verkauften sie 1451 an Heinrich X. »den Jüngeren« Reuß von Greiz-Vorderschloss (1449–1462). In der Folge alternierten die Greizer: auf Heinrich IX. zu Greiz-Hinterschloss (1462–1476) folgte sein mittlerer Sohn Heinrich XII. (1476–1529), der mit seinen Brüdern Heinrich XI. und Heinrich XIII. bis zur Landesteilung 1485 gemeinsam, danach lange allein regierte. 1529 übergab er die Herrschaft Oberkranichfeld seinem Bruder Heinrich XIII. »dem Stillen«, der 1535 verschied. Dessen Söhne musste ihre Herr-

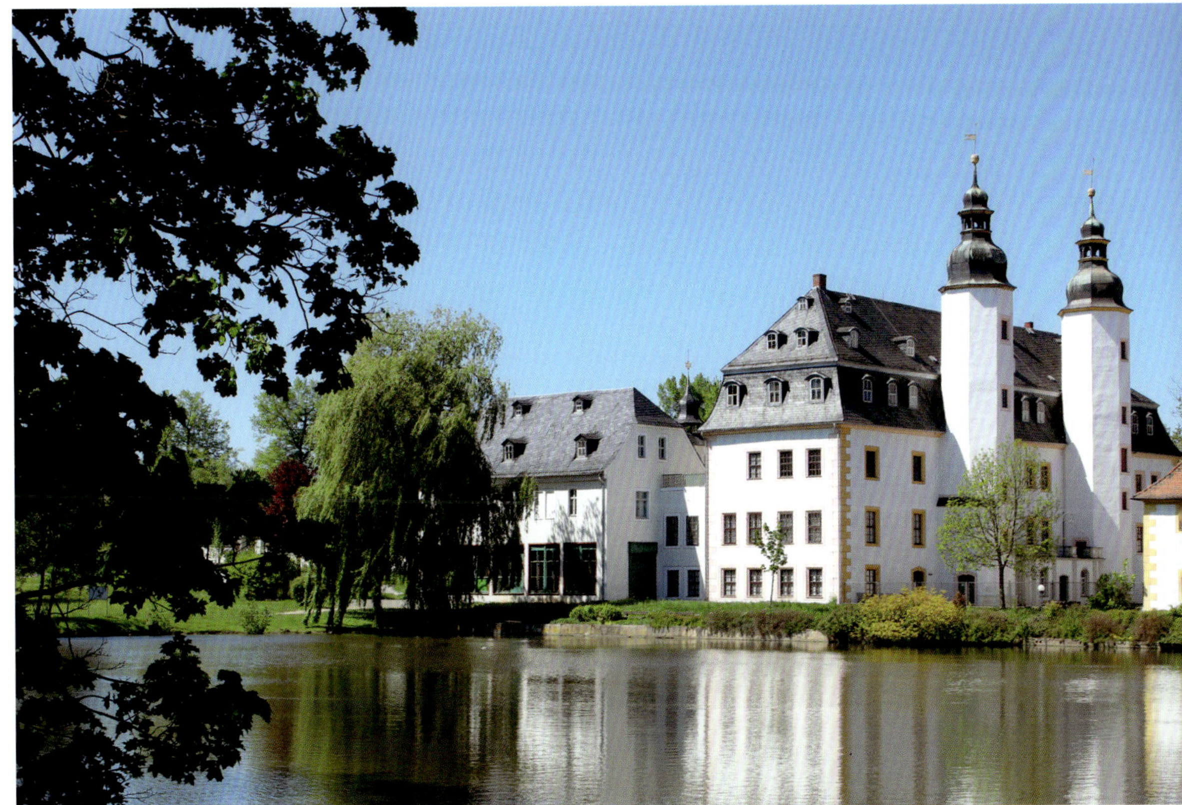

Blick auf Schloss Blankenhain

schaft nach der Schlacht von Mühlberg und dem Verlust von Greiz (1547–1562) ganz auf Oberkranichfeld konzentrieren, das sie zum mächtigen Schloss ausbauten. Niederkranichfeld gehörte während des gesamten Zeitraums den Grafen von Gleichen-Blankenhain.

Das Oberschloss liegt, »trotzig und malerisch aufragend«, auf einer zur Ilm abfallenden Höhe [3]. Die Zweckbauten, die den oberen und den mittleren Hof umgeben, sind jüngeren Datums. Ältestes Gebäude des Ensembles ist der ›dicke Turm‹, der in der Substanz wohl noch ins 12. Jahrhundert zurückreicht. Er ist nicht sehr

hoch, aber »beherrschend durch seine gewaltige Mauermasse.« [4] Die im Südflügel befindliche Kapelle, die im Inneren noch einige romanische Elemente aufweist, wurde in ein Depositen- und Grundbuchzimmer umgewidmet. Die Außenwand hingegen wurde um 1530 im Stil der italienischen Renaissance neu gegliedert [5].

Anmerkungen
[1] Vgl. UB Vögte II, Nr. 63.
[2] Vgl. UB Vögte II, Nr. 61, 146.
[3] LEHFELDT, Saalfeld, S. 150.
[4] LEHFELDT, Saalfeld, S. 157.
[5] Vgl. LEHFELDT, Saalfeld, S. 153–155.

Schloss Ronneburg (→ S. 42).

SCHLOSS BLANKENHAIN

Berührungen der Vögte mit den Blankenhainern werden erstmals 1316 erkennbar. Man traf sich öfters als Zeugen in Angelegenheiten der Landesherren. Ein *her Ludewik von Blankenhain* zeugt im Vergleich einer Streitsache zwischen Markgraf Friedrich von Meißen und Heinrich IV. »dem Älteren« von Gera (1311–1343). 1335 treffen wir Ludwig und Heinrich von Blankenhain neben Vogt Heinrich »dem Langen« (1303–1347) und Vogt Heinrich II. Reuß von Plauen zu Greiz (1306–1350) bei der Beilegung einer anderen Streitsache. Ähnlich steht es 1379, als Heinrich, Herr zu Gera, und Ludwig, Herr zu Blankenhain, für die Markgrafen von Meißen bürgen. 1398 sind es erneut ein Ludwig und Heinrich von Blankenhain, die neben den Reußen zu Greiz bei einem Seelgerät für einen Schönburger bei den Dominikanern in Jena urkunden [1].

Schloss Blankenhain beherbergt heute ein weitläufiges agrarhistorisches Museum, das sich auf das 19. und 20. Jahrhundert spezialisiert hat. Das repräsentative Gebäude wurde seit dem Brand im ausgehenden 17. Jahrhundert mehrfach umgenutzt und architektonisch verändert. Die kleine Kirche, die sich auf dem Areal befindet, ist alt, aber unzugänglich [2].

Anmerkungen
[1] Belege: UB Vögte I, Nr. 472 f.; UB Vögte I, Nr. 749, 754; UB
      Vögte II, Nr. 256; UB Vögte II, Nr. 390.
[2] Vgl. Steche, Zwickau, S. 7.

Oberes Schloss Greiz (→ S. 25)
Schloss Burgk (→ S. 85)

SCHLOSS WILDENFELS

Die alte Herrschaft Wildenfels hatte ihren Mittelpunkt in der gleichnamigen, unweit der Zwickauer Mulde gelegenen Festung. Vom frühen 12. bis ins frühe 15. Jahrhundert residierten dort die Herren von Wildenfels. Mit den Vögten teilten sie das Los ständiger Bedrohung durch die übernahmebereiten Wettiner. 1407 gaben die Wildenfelser auf. Wildenfels gelangte zunächst in den Besitz der Herren von Tettau (1407–1422), dann in den der Pflugk (1422–1450). Heinrich II. Burggraf von Meißen brachte Wildenfels 1450 an die Plauener, von denen es 1454 an die Weidaer überging, die es bis 1531 halten konnten. 1536 kehrten dann, nach über hundert Jahren der Abwesenheit, die Wildenfelser zurück und behaupteten sich bis 1602.

Heinrich XIX. »der Jüngere« von Weida (1454–1462) sollte der letzte Vogt der Weidaer Linie bleiben. Er hatte das letzte Drittel der Weidaer Herrschaft 1427 an die Wettiner abgegeben und dafür das bedeutungslosere Berga eingetauscht. Wildenfels erwarb er aus den Ausgleichszahlungen der Wettiner sowie der letzten Tranche des Geldes, das den Weidaern aus dem Verkauf des Regnitzlandes (1373) zustand und das 1447 tatsächlich aus Nürnberg eintraf. Sein Sohn, Heinrich XXI. (1462–1480), herrschte ab 1462 über Berga und Wildenfels, sah sich aber 1466 zur Veräußerung Bergas genötigt. Nach gutem Weidaer Brauch regierten seine drei Söhne Heinrich XXII. »der Ältere« (1480–1507), Heinrich XXIII. »der Mittlere« (1480–1510) und Heinrich XXIV. »der Jüngere« (1480–1531) ab 1480 gemeinsam. Der ältere und der mittlere Heinrich verschieden unverheiratet, so dass Wildenfels

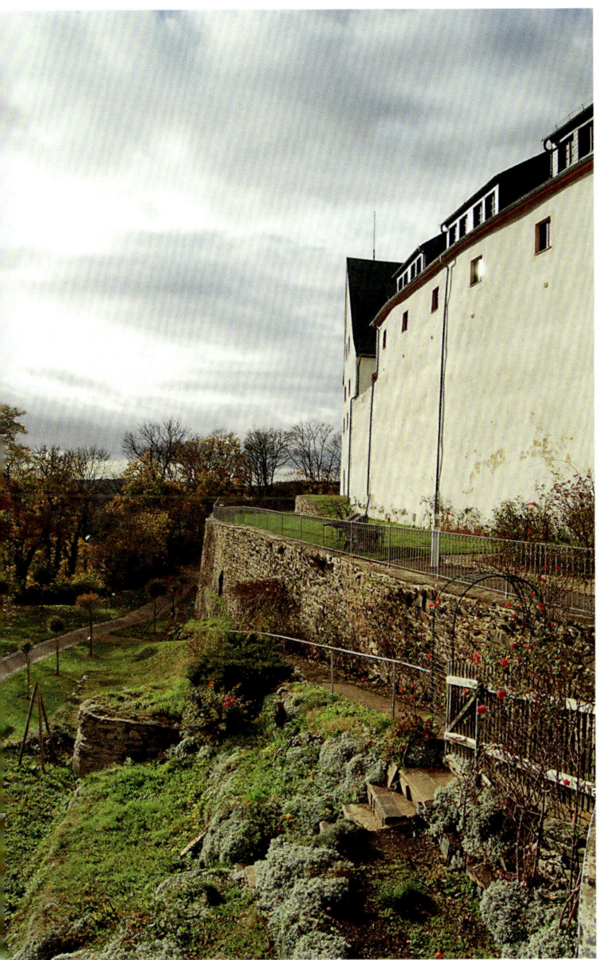

Schloss Wildenfels mit dem Schlossgarten

ab 1510 für immerhin zwei Dekaden dem letzten Herren von Weida gehörte. Ihre auf dem Schloss geborene Schwester Elisabeth wurde 1504 Äbtissin im Damenstift Gernrode im Harz, das sie mit Augenmaß durch die frühe Reformation führte. Die letzte Regentin sollte Margarethe, Heinrichs XXIV. einzige Tochter und Erbin, werden. 1536 gab sie, gemeinsam mit ihrem Mann Johann Heinrich von Schwarzburg-Leutenberg,

Wildenfels an seine alten Besitzer zurück. Ausweislich der Urkunden hatten die Weidaer und die Wildenfelser nicht viel mit einander zu tun. Zwischen 1309 und 1317 urkundete ein Heinrich von Wildenfels als Deutschordensbruder in Plauen [1].

Die Schlossanlage Wildenfels, die 1806 an das Königreich Sachsen abgegeben werden musste, erstrahlt weithin in hellem Glanz. Das hatte seinen Preis. Neben einem Museum sind auch Privatleute eingezogen. Die Einrichtung der begehbaren Räume ist der in Greiz oder Burgk nicht unähnlich; das Interieur verweist ins 17.-19. Jahrhundert. Mit großer Spendenbereitschaft wurde der umgebende Garten gestaltet.

Anmerkungen
[1] Vgl. UB Vögte I, Nr. 411, 477.

SCHLOSS NETZSCHKAU

Die Herrschaft Netzschkau befand sich um die Mitte des 15. Jahrhunderts im Besitz der Familie von Metzsch, die sich um das Gedeihen ihres Besitzes eifrig mühte. 1464 belehnte Kurfürst Ernst von Sachsen Peter von Metzsch mit dem nicht unbedeutenden Rittergut [1]. 1491 erwirkten Caspar und Jobst Metzsch bei Kaiser Friedrich III. das Recht, Netzschkau zur Stadt zu erheben »und dieselbe mit Mauern, Thürmen, Gräben und andern Gebäuden zu befestigen«, was ihnen die Landesherren 1492 auch bestätigten [2]. Zur Erbauung des ›Schlosses‹ erstrebte Peter von Metzsch 1462 eine ausdrückliche Genehmigung des Kurfürsten. In der Tat war der Rittersitz zunächst ein durchaus burgmäßiger, fester Sitz. Der Bau, der ihn nach 1490 ergänzend umman-

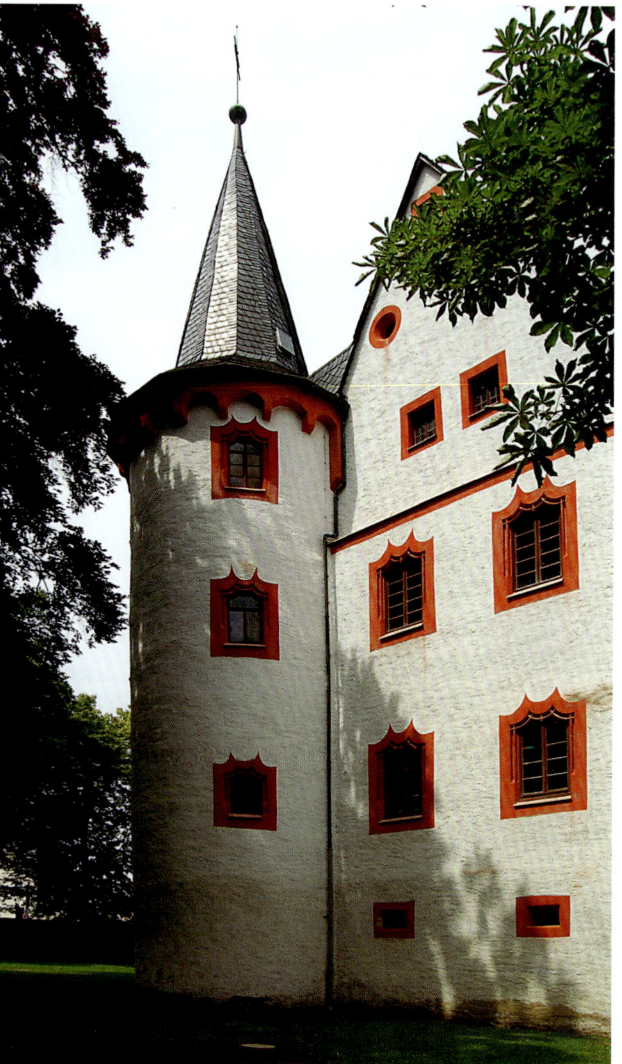

Vorhangbogenfenster an Schloss Netzschkau

telte, gilt dagegen als eines der ersten ›reinen‹ Schlösser im Vogtland.

In der westlichen Hälfte des Schlosses steckt noch viel vom alten Rittersitz. Sie enthält einige bemerkenswerte spätgotische Elemente: Staffelgiebel aus gestuften Blendbögen, Vorhang-

bogenfenster, wie man sie am Plauener Rathaus beobachten kann, Türgewände im Außen- und Innenraum. Sie gelten als Merkmale jenes Stils, der sich als sächsische Spätgotik mit dem Namen des Baumeisters Arnold von Westfalen verbindet, auf den der 1471 begonnene Bau der Albrechtsburg zu Meißen zurückgeht [3]. Dass die Netzschkauer Fenster und Türen den Meißener gegenüber an kunstgeschichtlicher Bedeutung gewinnen, weil sie etwas älter als jene zu sein scheinen, mag nachfolgende Forschung korrigiert haben. Notieren darf man immerhin, dass an anderen Bauten »kein so zierliches Werk verwandten Zweckes, wie die genannte Thürumrahmung, ausgeführt ist.« [4].

Anmerkungen

[1] Vgl. POENICKE, S. 12. Die weitere Besitzgeschichte bei DONATH, S. 143–145.
[2] Vgl. VON RAAB II, Nr. 42; VON RAAB II, Nr. 59.
[3] Vgl. DONATH, S. 143.
[4] STECHE, Plauen, S. 41.

Schloss Vogtsberg (Oelsnitz) (→ S. 157)
Schloss Schönberg am Kapellenberg (→ S. 161)
Schloss Haslau (→ S. 171 f.)

SCHLOSS ALTKINSPERG (STARY HROZNATOV)

Christoph von Thein (geb. 1453), der seine Karriere als Söldner, Feldhauptmann und Diplomat auf dem Rittergut Thein bei Lanz (→ S. 307 f.) begonnen hatte, erwarb nach seiner Rückkehr von der großen politischen Bühne (nach 1494) das nahe ›seinem‹ Kloster Waldsassen gelegene *schloß Kinsperg* [1]: die alte, südlich der Reichsburg Eger gelegene Burg Altkinsberg. Bei ihrer Ersterwähnung 1217 gehörte sie Heinrich von

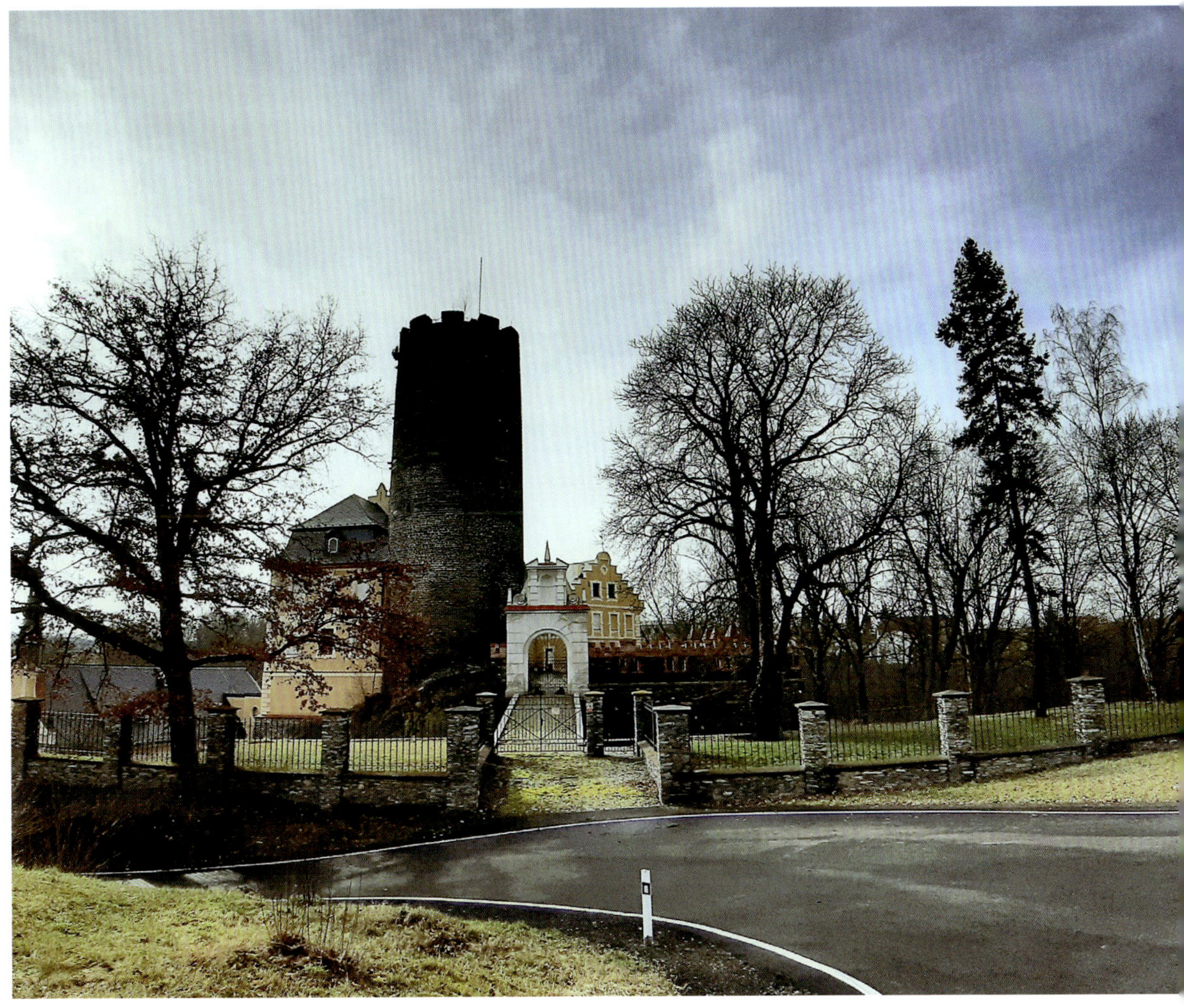

Schloss Altkinsperg mit dem Schwarzen Turm

Kinsperg als Reichslehen, wechselte aber öfter den Besitzer [2]. Als Christoph von Thein sie erwarb, war sie ziemlich in die Jahre gekommen. Das verursachte mehr Kosten, als der neue Besitzer erwartet hatte, und das beschäftigte ihn auch in seiner nach 1516 verfassten Autobiographie. Acht Jahre, nachdem er die Anlage erworben hatte, ließ er nicht nur den *packoffen*

machen: *Des achten jahrs vmb S. Jacobs tag hab ich das viehhauß alß von neuem mit ziegeln decken lassen, das war für* [vorher] *gedeckt mit stro vndt da* [seinerzeit] *nicht gar gedeckt.* Auf den Mauern befanden sich Wehrgänge, die gedeckt werden mussten. Auch der Fischteich war in beklagenswertem Zustand: *Die fischbech* [-becken] *waren so öde an fisch, do ich Kinsperg kauffet, daß ich zu Papenreut anterhalb hundert vndt etliche schock fohren* [Forellen] *ließ kauffen, herüber fuehren vndt in den mielpach setzen ließ.* Überhaupt musste die Wasserzufuhr wieder in Gang gebracht werden: *do ich Kinsperg kauffet, ging daß wasser in den röhren nicht herein, hatten die röhren abgehen lassen, must das mit vielen kosten vndt mühe einherrichten, alß es auch allweg mit grossen kosten vndt mühe muß gehalten werden.* Als Christoph 1508 das Schloss in politischer Mission verließ, fiel er Lösegelderpressern zum Opfer, wurde gefangen gelegt, befreite sich auf abenteuerliche Weise, kam nach Kinsperg heim und stiftete der Gottesmutter und dem Heiligen Leonhard, *dem ich alle mein tag von jugent auff gedient,* in der Schlosskapelle *ein ewige meß* [3].

Das Schloss Christophs von Thein wurde, sozusagen in dessen Geist, von späteren Besitzern *mit vielen kosten vndt mühe* in Stand gehalten. Die Jesuiten, die sich der von den Schweden 1648 niedergebrannten Anlage bemächtigten und eine Wallfahrtskapelle einrichteten, fügten barocke Elemente hinzu. Ein Relikt aus ältesten Tagen ragt neben dem zierlichen Schlösschen in den Himmel: der weitgehend im ursprünglichen Zustand belassene Burgturm. Kein Geringerer als Goethe hat diesen wuchtigen Turm in den Rang eines Kulturdenkmals ersten Ranges erhoben: »Ich sage nicht zu viel! Stünde dieser Turm in Trier, so würde man ihn unter die vorzüglichsten dortigen Altertümer rechnen; stünde er in der Nähe von Rom, so würde man auch zu ihm wallfahren.« [4]. Die freundliche Übertreibung sichert dem in Privatbesitz befindlichen Schlösschen noch heute seine Betrachter.

Anmerkungen
[1] Zitate bei WENZEL, S. 162.
[2] Vgl. HAMPERL, Topographie, S. 616 f.
[3] WENZEL, S. 162 f.
[4] Nach STURM, S. 56.

KULTUR DER RESIDENZEN

Für einen ›Kulturweg der Vögte‹ ist die Frage nach einer Hofkultur der vögtischen Residenzen, nach kulturellem Engagement der Familien im engeren Sinne, ebenso unvermeidlich zu stellen wie unbefriedigend zu beantworten. Alles, was wir über die Vögte noch wissen, spricht nicht dafür, dass sie herausragende Förderer höfischer Kultur waren. Fahrende Lyriker, die sie als Gönner priesen, sucht man ebenso vergeblich wie Epiker, die ihnen ihre Werke dedizierten, oder Musiker, die ihnen Kompositionen widmeten. Kein Hofgeistlicher hat sich schriftlich an die Vögte gewandt, weil sie den Glauben eifrig beförderten, kein Bettelmönch hat mahnend seine Predigt wider sie erhoben, kein Rechtsgelehrter hat ihnen eine praktische Abhandlung gewidmet, kein Humanist mit Epigrammen gegen sie gestichelt, und es hat auch kein Chronist versucht, den Vögten die Geschichte als Richtschnur des Lebens schmackhaft zu machen. Wir wissen von keinem Tanzmeister, der die Residenzen in Schwung gehalten hätte, ja: wir hören nicht einmal das Säbelrasseln eines Fechtmeisters. Waren die Burgen der Vögte freudlose Verließe, ihre Residenzen kahl und klanglos? Lag es in den Genen, als der Hochmeister Heinrich Reuß von Plauen 1469 den Buchbestand der preußischen Kommende Tapiau entwendete und in Italien zu Geld machte? [1]

Wer die kargen Überlieferungsbefunde in Händen hält, mag für einen Moment am ›Kulturweg der Vögte‹ zweifeln. Aber er wird auch mit einigem Zutrauen an den Befunden zweifeln dürfen, war doch der Weg der Vögte von seinen Anfängen an aufs Engste einerseits mit den Staufern und der staufischen Ministerialität (Andechs-Meranier), anderseits mit den Landgrafen von Thüringen und den Markgrafen von Meißen verbunden. Hinzu treten die böhmischen Verbindungen und die Verwurzelung der Familien im Deutschordensstaat. Sollten sich die Vögte von all ihren Nachbarn über Jahrhunderte gerade dadurch unterschieden haben, dass sie überhaupt nicht in Hofkultur investierten? Und wie ist der Befund zu erklären, dass bedeutende Söhne der Region (man denke etwa an den Leipziger Dominikaner Markus von Weida) oder gar der Familie der Vögte selbst (man denke an den Leipziger Dominikaner Heinrich von Weida) ausschließlich außerhalb des Vogtlandes in Erscheinung traten? Auf der Suche nach Antworten beginnen wir im nördlichen Vogtland, im Einflussbereich der Weidaer und Geraer.

Anmerkungen
[1] Vgl. den Krimi bei MENTZEL-REUTERS, S. 287–291.

BURG OSTERSTEIN (GERA)

Zwischen 1262 und 1280 urkundet im thüringischen Raum ein Ritter Heinrich von Kolmas. Er gilt als Verfasser von vier Strophen Minnesang, die als Randnotizen in einer Rechtshandschrift überdauert haben. Heinrich stammte aus Culmitzsch. Aus seiner Stellung in den Zeugenreihen der Urkunden darf man vermuten, dass er ein aufstrebender Dienstmann war. Man geht davon aus, dass Heinrich von Kolmas 1262 Dienstmann des Vogtes Heinrich I. von Gera (1238 – 1274) war [1]. In diesem Jahr zeugte er zwei Mal in Angelegenheiten des Klosters Cronschwitz: einmal für Vogt Heinrich, einmal für Albrecht den Entarteten von Thüringen. Heinrich von Kolmas muss nunmehr in den Dienst des Landgrafen eingetreten sein, und in der Tat verlagert sich sein Wirkungskreis zunehmend in den Dunstkreis der Wartburg. Im Mai 1267 urkundet Heinrich von Kolmas bei einem Geschäft des Vogtes Heinrich VIII. von Weida (um 1238 – 1279), und im selben Jahr zeugt er für den Landgrafen bei der Stiftung des Katharinenaltars in St. Peter (Neustadt Weida). Ab 1269 bis 1280 ist Heinrich dann aber nicht mehr als Zeuge oder Akteur im Vogtland aktiv [2].

Bei dem vierstrophigen Lied handelt es sich um eine »geistlich getönte Altersklage« [3]. Strophe 1 stellt die Unabänderlichkeit des Alterns vor Augen, Strophe 2 die notwendige Hinwendung zum Jenseits; in Strophe 3 folgt eine Anrufung der Gottesmutter. Die 4. Strophe fordert die Menschen zur Umkehr auf. Das sind ganz allgemeine Motive, und es wäre unzulässig, das Lied als ein Alterswerk zu deklarieren. Trotzdem darf man annehmen, dass Heinrich erst im Umkreis

der Wartburg, wo einst Walther von der Vogelweide für den Landgrafen sang, vertieft mit der höfischen Liebes- und Spruchdichtung konfrontiert wurde. Der soziale Aufstieg vieler Ministerialer war im 12./13. Jahrhundert verbunden mit ihrem Engagement in der Dichtung, die diesen Aufstieg wiederum reflektierte. So wird Heinrich von Kolmas mehr als die vier unter seinem Namen überlieferten Strophen gesungen haben.

Anmerkungen
[1] MEVES, S. 701.
[2] Die Belege bei MEVES, Nr. 1, 2, 4, 6, 7 – 31.
[3] MERTENS, Sp. 39.

OSTERBURG WEIDA

Die Osterburg (→ S. 68 f.) war im Mittelalter kein Musensitz. Ob Heinrich von Kolmas 1267, als er für Vogt Heinrich VIII. von Weida urkundete, bereits von Minne sang, ist ungewiss. Für das 13. und 14. Jahrhundert schweigen die Quellen. Erst in der zweiten Hälfte des 15. Jahrhunderts fassen wir nennenswerte Zeugnisse von Schriftlichkeit im Umfeld der Weidaer Residenz, die freilich seit 1427 im Besitz der Wettiner war. Wie ein Nachruf auf die Vögte mutet daher eine phantastische Erzählung an, die in der ersten Hälfte des 15. Jahrhunderts in Leipzig niedergeschrieben wurde.

›Die Vögte von Weida‹ (→ S. 328 f.)

ÖKONOMIE, FÜRSTENLEHRE UND SPRUCHDICHTUNG

Eine der bekanntesten deutschsprachigen Handschriften des 15. Jahrhunderts ist der Göttinger

Codex Philos. 21. Er wurde von zwei Schreibern, Bernhard und Mathias, zu etwa gleichen Teilen geschrieben, jeweils 1463 datiert und gilt, trotz gewisser Unterschiede in der Ausführung der Teile, als von Anfang an einheitlich konzipiertes, »bedeutendes Sammelwerk des deutschen Spätmittelalters« [1]. Mathias Molitor, der bis Blatt 138v schrieb, setzte neben dem Datum ein *in Wyda completus est* unter seine Abschrift.

Werfen wir zunächst einen Über-Blick auf die Handschrift. Sie enthält im ersten Teil eine kurze ›Lehre vom Haushaben‹ und einen längeren Fürstenspiegel des Erfurter Augustinereremiten Johann von Vippach (bez. 1344–1375), der seine Adressatin, Markgräfin Katharina von Henneberg, im Titel als ›Katharina divina‹ feiert. Im zweiten Teil bietet die Handschrift 407 Spruchstrophen des bekannten mitteldeutschen Spruchdichters Heinrich von Mügeln (bez. um 1355–1369), dazu seinen elaborierten Zyklus ›Der Meide Kranz‹. Die wesentlichen Stücke des Bandes datieren also in die zweite Hälfte, näherhin vielleicht ins dritte Viertel des 14. Jahrhunderts. Als Bernhard und Mathias sie 1463 abschrieben, waren die Texte jedenfalls schon knapp hundert Jahre alt. Ein Autoren-Bezug ist als Sammlungsmotiv auszuschließen. Nicht zu übersehen ist die regionale, mitteldeutsche Komponente. Entscheidend aber für ihre Anlage ist die klare Ausrichtung des Textensembles an den Bedürfnissen adliger Nutzer.

Bei der eröffnenden ›Lehre vom Haushaben‹ (f. 2r–12v) handelt es sich um eine bearbeitende Übersetzung eines Bernhard von Clairvaux zugeschriebenen Werkes ›De cura et modo rei familiaris‹. Es geht im Kern auf die Ökonomik des Aristoteles zurück. Das weit verbreitete Werklein, das einen Ritter Raimund von Mailand adressiert, richtet sich nicht an den kleinbürgerlichen Privathaushalt. Es geht um praktische Lebensklugheit und gerechtes Verhalten des Hausvaters vor allem in wirtschaftlichen Angelegenheiten. »Den größten Raum nehmen die Ratschläge zum Verhältnis der Hausbewohner untereinander ein. Fragen zur Familie, zum Hausgesinde, zu den Amtleuten, zu Freunden und zu Feinden werden angesprochen.« [2]

Der Titel des folgenden Werkes, ›Katherina divina‹ (f. 12v–138v), ist missverständlich. Tatsächlich handelt es sich um eine Bearbeitung eines verbreiteten Fürstenspiegels, eines Lehrwerkes also für einen hochgestellten Adligen. Der ›Katherina‹ liegt der Text zugrunde, den der Augustinereremit Aegidius Romanus 1277–1279 für den französischen Kronprinzen Philipp den Schönen schrieb. Johann von Vippach hat insbesondere Schriften des Stoikers Seneca beigemischt, außerdem Aristoteles, Augustinus, Isidor von Sevilla und die ›Legenda aurea‹ [3]. Die in drei Bücher gegliederte ›Katherina‹ verhandelt im ersten Buch die Ethik, im zweiten die Ökonomik, im dritten die Politik. Sie zielt damit auf die einschlägigen Kompetenzbereiche eines Regierenden. Allerdings hob Johann von Vippach hervor, dass sein Spiegel der adligen Leserin vor allem *korzceweyle* bereiten solle. Man kann dies so verstehen, dass das Werk »kein praktisches Handbuch zur Fürstenerziehung« sein wollte: keine Handreichung für eine maßstabsgetreue Umsetzung also, sondern eher »ein philosophisches Lebens- und Weltbild für Katharina von Henneberg und die Wettiner« [4]. Die ›Katherina‹ wäre damit eher Referenztext und Inspiration für die Grundsätze politischen Handelns als ein wettinisches Weißbuch.

Zum Ensemble passt auch die Sammlung von 407 Spruchstrophen Heinrichs von Mügeln, die den zweiten Teil der Handschrift ausmacht (f. 144r-223r) [5]. Unter Spruchdichtung fasst man alles zusammen, was nicht Liebeslyrik war: in der Hauptsache ›politische‹, aber auch religiöse Gedichte. Der Gattung eignet ein belehrender, oft polemischer Gestus. Heinrich von Mügeln stammte gewiss aus dem sächsischen Raum. Er gilt als Schüler des großen Heinrich von Meißen, der den Künstlernamen ›Frauenlob‹ trug und mit seiner artistischen Lyrik die Szene um 1300 dominierte. Heinrich von Mügeln besaß, wie seine Texte verraten, eine fundierte Bildung. Dass er sich selbst als Laie bezeichnet, deutet vielleicht eher darauf, dass er für Laien schrieb. Die Widmungsträger seiner Werke sind alle von Adel und Hochadel: Herzog Rudolf IV. von Österreich gehört dazu, der Landesmarschall der Steiermark Hertnit von Pettau und sogar Kaiser Karl IV. Seine Spruchdichtung behandelt Themen wie Kosmologie, Astronomie, die Freien Künste, Fabeln und die Gottesmutter. In der Handschrift folgt dann noch ›Der Meide Kranz‹, in dem zwölf Künste gegeneinander antreten und um die Auszeichnung durch den Kaiser hoffen, der schlussendlich die Theologie bevorzugt (f. 223v-274v) [6]. Es ist also, hier wie dort, bei Heinrich ein Lobpreis der gelehrten Bildung, die sich der Frömmigkeit unterordnet. Die Wettiner wussten mit den Inhalten der Weidaer Handschrift gewiss etwas anzufangen.

Anmerkungen
[1] MENZEL, S. 45.
[2] ZIMMERMANN, Sp. 666.
[3] Vgl. MENZEL, S. 24–33.
[4] MENZEL, S. 41.

[5] Grundlegend STACKMANN, Sp. 815–827; das Biographische Sp. 815–817.
[6] Vgl. STACKMANN, Sp. 820f.

DER HOFNARR AUF DER OSTERBURG

Zur frühneuzeitlichen Hofkultur gehörte die Institution des Hofnarren. Eine der bekanntesten Persönlichkeiten war zweifellos Claus, der Hofnarr Friedrichs des Weisen. Populär wurde er durch die ›Historien von Claus Narren‹, die der in Oelsnitz um 1520 geborene Wolfgang Büttner 1572 erstmals im Druck erscheinen ließ und die mehr als 600 Schwänke überliefert, in denen der Narr Claus durch seinen Witz brilliert. Bis zum Ende des 18. Jahrhunderts wurde die Sammlung in fast dreißig Auflagen nachgedruckt. Viele Episoden fanden Eingang in andere Sammlungen, so dass man von einem »Volksbuch« sprechen konnte [1]. Für die Geschichte der Osterburg wurde ein Bericht bedeutungsvoll, den der 1522 ausgetretene Mildenfurther Bruder und Priester Petrus Ackermann abfasste. Der kurze Bericht (1536) enthält in der Hauptsache zwei Schwänke, die Ackermann als wahre Begebenheiten der Jahre 1514/1515 ausweist. Am Ende des zweiten Schwanks empfängt Claus Narr (1515) auf der Osterburg seine letzte Ölung.

Ackermanns Bericht setzt im Jahre 1514 ein. Friedrich der Weise hatte *das hoffelager zw Weyda* aufgeschlagen und ließ eine *stechpan zurichten in eins purgers gerten* [...], *darnach zcoge er gen Zwicka zur faßnacht vnd lis Clausen narren alhie* [2] Jobst von Lohma, den der Kurfürst während seiner Abwesenheit zum Burghauptmann gemacht hatte, lud zur Fastnacht den Priester Ackermann auf die Burg. Der wurde nun Zeuge einer Unterredung mit Claus, der sich darüber beschwerte, dass er keinen Wein bekam. Claus kommentierte diese Unterlassung zweideutig: *Her heuptman von Hilperg* [= Jobst von Lohma], *ir habt ein from weib, vnd doch vill huren in der stat, die weyle zum teyle daran, hub sich ein groß gelechter.*

Die zweite Episode fällt auf Pfingsten 1515. Ackermann wurde auf die Burg gerufen, weil Claus *sere krang* war, und bereitete ihn auf die letzte Ölung vor. Der Sterbende macht freilich seine Scherze: *was kan du vom ole sagen? ich pin yhme nie holt gewesen.* Claus lässt es über sich ergehen, lamentiert aber weiter. *Vnd do ich nun anfing zw olen sagette Er: hastu auch dregk darinne? wie stinckt es!* Als sich Ackermann schließlich entfernen möchte, geht es noch um seinen Lohn. *do fragete der Edelman: her, was gepurt euch? do antworte [ich]: ernuester iuncker, inder stat gibt man ii g. Als gebe er mir einen Schreckenperger, reichet ich den kirchner in seinen ansehen einen g., wie yhme der dritte teill gepurte. Do ich nun ginge, sprach Claues: hastu yhme gelonet? Sprach er: ia, Clauwes. Do sagette Clawes: ist es mer werdt so gibe yhme merh, als solde er sagen: es ist des nicht wert.* Claus Narr hat, wie es scheint, seine letzte Ölung überlebt. Er starb aber im selben Jahr und wurde (angeblich) in Altenburg begraben.

Anmerkungen
[1] Vgl. VON BERNUTH, Sp. 404–406.
[2] Alle Zitate nach SCHNORR VON CAROLSFELD, S. 181–183.

LANGENWETZENDORF

Im Straßendorf Langenwetzendorf, das urkundlich erstmals 1268 in einer Schenkung an Kloster Cronschwitz erscheint [1], wurde 1930 ein

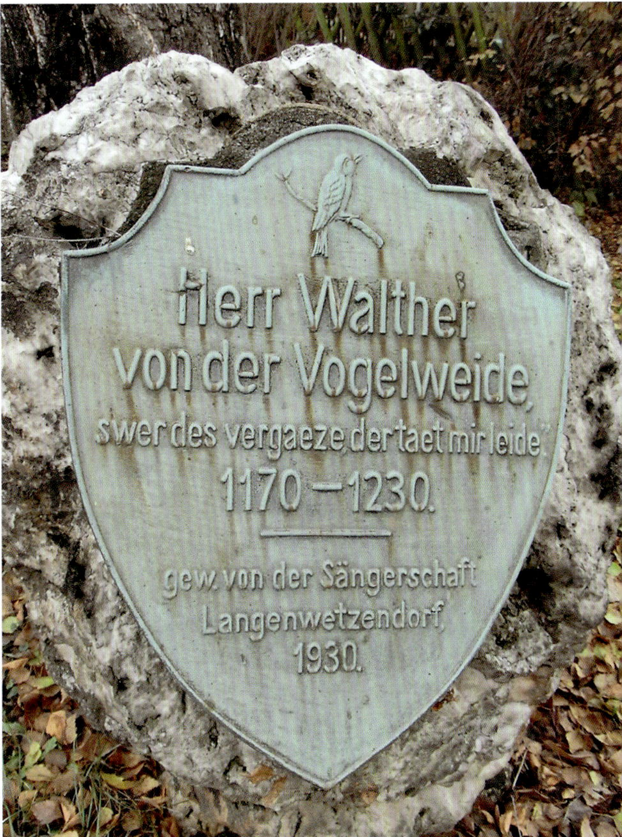

Die Gedenktafel für Walther von der Vogelweide in Langenwetzendorf

Gedenkstein aufgestellt, auf dem eine Plakette an den Tod des Sängers Walther von der Vogelweide »vor 700 Jahren« erinnern soll. Der Quarzit, der kaum einen Meter misst, befindet sich an der Abzweigung von der Hauptstraße nach Hirschbach. Initiiert wurde das Denkmal von der Sängerschaft Langenwetzendorf, dem Männergesangverein, dem Gesangverein ›Arion‹ und dem Gemischten Chor. Am frühen Nachmittag des 17. August 1930 marschierten die Chöre zum Gedenkstein. In zeitgemäßer musikalischer Rahmung wurde das Denkmal enthüllt. Die Triebeser Zeitung berichtete.

In die Plakette wurde ein mittelhochdeutsches Verspaar geprägt: *Herr Walter von der Vogelweide / swer des vergaeze der taete mir leide.* Die in der Graphie teils modernisierten, teils archaisierten Worte entstammen, ohne dass das nachgewiesen würde, dem ›Renner‹ (vollendet 1300) des Bamberger Domklerikers Hugo von Trimberg. Hugo lobte Walther als Lyriker, der durch seine Dichtung Einfluss auf den Lebensstil des Adels genommen hatte. Das Walther-Verspaar gehörte bald schon zu den geflügelten Worten. Walthers Lebensdaten, die die Plakette mit 1170–1230 angab, spiegeln die Vorstellungen der Zeit um 1930, sind aber fiktiv. Die Forschung hat sich darauf verständigt, Walther-Jubiläen am einzigen Datum, das wir sicher besitzen, zu feiern: der Notiz im Rechnungsbuch des Bischofs von Passau, der dem *Walthero cantori de Vogelweide* am 12. November 1203 Geld für einen Pelzrock auszahlen ließ [2].

An der gelehrten Welt ging das Lokalereignis spurlos vorüber. Selbst in modernen Spezialverzeichnissen taucht das Denkmal nicht auf. Dass die vogtländische Sängerzunft sich zu einem Patron von überregionaler Strahlkraft bekannte, muss nicht verwundern. Ob sie aber wusste, dass es sich seinerzeit um das einzige Monument für den vorübergehend auch in Thüringen wirkenden Walther handelte?

Anmerkungen
[1] UB Vögte I, Nr. 147. Vgl. Gerhold, S. 6 f.
[2] Vgl. Hahn, Sp. 669 f.

EIN TANZVERGNÜGEN IN HOF

Der fränkische Adlige Ludwig von Eyb der Jüngere zum Hartenstein (1450–1521), dem wir eine nach literarischen Mustern stilisierte Lebensbeschreibung seines Verwandten Willibald von Schaumberg (1446–1510) verdanken, überliefert in den ›Geschichten und Taten Wilwolts von Schaumberg‹ eine schwankhafte Episode von einem Tanzvergnügen *zum Hoff in der Voyt lanndt* [1]. Wilwolt besuchte einst die regelmäßig zur Kirchweih (10. August) bei St. Lorenz (→ S. 101 f.) stattfindende Veranstaltung, zu der sich *vill hübscher frauen, junckfrauen vnndt gutter gesellen* einstellten. Er fand sich dort, wie es ausdrücklich heißt, nur als Zuschauer ein. Doch die Spielleute nötigten ihn plötzlich, indem sie einen komplizierten Reigentanz anspielten, auf die Bretter. Augenzwinkernd bemerkt der Erzähler, dass der Soldat Wilwolt seine Verdienste eher im Sattel als auf dem Tanzboden erworben hatte, und so kam es, dass er, *der krumen dentz nit gantz woll bericht* (»unerfahren«), mit seiner Tanzpartnerin ins Stocken geriet: *Es wartt ein gros geschrey vnnd iuchtzen über in.* Den Anstoß dazu gab einer von Schirnding, ein Verwandter des vogtländischen Ritters Konrads von Lüchau, mit einer entsprechenden Bemerkung. Der Lüchauer, der eine handfeste Auseinandersetzung aufziehen sah, bat nun Wilwolt um seine Waffe, die der ihm auch tatsächlich aushändigte. Als der Schirndinger bald darauf mit seinen Leuten abzieht, treffen sie Wilwolt vor seiner Herberge – und attackieren den Unbewaffneten, der sich den Angreifern nur durch läppisches Fliehen rund um einen Wagen entziehen kann. Nun schlagen *ettlich Voyttlender* Alarm: das Stadttor wird verschlossen, der Schirndinger mit den Seinen gestellt. Wilwolt aber wendet sich an den Lüchauer: *Du hast mir heütt mein werh* [Schwert]*, die ich dier in treüen geben, abgeschwatzt, die dw yeztund wider mich hast gebrauchen wollen, aber ersyhe ich mein zeitt, ich will dirs gedencken* (wohl: »treffe ich dich, will ich dir das heimzahlen«). Schon bald darauf ergab sich *an dem höltzlein* zwischen Ansbach und Heilsbronn die Gelegenheit dazu. Wilwolt verfolgt den Lüchauer bis ins nahe Zisterzienserkloster, in das der flüchtet …

Die Episode vom Tanzvergnügen am St. Lorenztag, die der Erzähler als *lecherlichen handel* qualifiziert, ist in vielerlei Hinsicht aufschlussreich. Zum einen, weil wir es mit einer städtischen Veranstaltung zu tun haben, auf der sich mehrere Adlige tummeln. Wilwolt, dessen Ehre der Schirndinger massiv antastet, reagiert zunächst besonnen, indem er dem Lüchauer seine Waffe überantwortet. Wie es dann später zum Konflikt vor der Herberge Wilwolts kam, ist undeutlich. Der Erzähler erweckt den Eindruck, es handele sich um einen unmotivierten Angriff des Beleidigers auf den wehrlosen Wilwolt. Woher nun plötzlich Konrad von Lüchau kommt, ist unklar, doch richtet sich Wilwolts ganzer Zorn auf ihn, der ihn entwaffnete. Befriedigt berichtet der Erzähler von der sich kurz darauf ergebenden Jagd auf den fliehenden Lüchauer, die hinter dem Klostergatter sicher nicht läppischer endete als Wilwolts Tänzchen und seine Flucht um den Wagen [2].

Bei den Lüchauern, die ursprünglich wohl bei Ronneburg saßen, ist Konrad ein Leitname. Den ersten *miles* Konrad von Lüchau treffen wir 1282 in einer Zeugenreihe für Heinrich von Weida, und in der nämlichen Funktion begegnet

er noch 1304. Auf der Hofer Adelsversammlung von 1288, mit der die Vögte die planmäßige Besiedlung Hofs beschlossen, zeugte er gemeinsam mit seinem Bruder Mars Heinrich als Grundherr von Konradsreuth [3]. Im 14. Jahrhundert mischten die Lüchauer als Placker im Egerland mit [4]. Zwischen 1424 und 1469 saßen sie auf Burg Uprode. In der Ansbacher St. Gumbert-Kirche findet sich ein aufwendiges Epitaph Konrads von Lüchau, der Mitglied des Schwanenritterordens war. Dieser Konrad, markgräflicher Amtmann von Selb (1479–1482), dürfte der gewesen sein, der in Hof dem Ritter Willibald das Schwert *abschwatzte.*

Anmerkungen

[1] Zitate nach der neuen Ausgabe von Ulmschneider, Wilwolt, S. 170–172. Das Ereignis ist in die frühen 1480er Jahre zu datieren.
[2] Eine Analyse der wenig beachteten Szene bei Fasbender, Tänzchen, S. 167-176.
[3] Belege: UB Vögte I, Nr. 209; UB Vögte I, Nr. 363; UB Vögte I, Nr. 761.
[4] Vgl. Lullies, S. 118.

EGER

Im Frühjahr des Jahres 1289 weilte König Rudolf von Habsburg (1273–1291) in der Residenz zu Eger. Am 4. März erkannte er seinem Schwiegersohn, dem siebzehnjährigen Wenzel II., dort das Amt des Reichsschenken und die Kurwürde zu [1]. Das für die Literaturgeschichte unwesentliche Ereignis bekam dadurch Bedeutung, dass sich auch der fränkische Ministeriale Herdegen V. von Gründlach (urkundl. 1279–1306) in einer Rechtssache des Albrecht Nothaft von Falkenstein in Eger aufhielt [2]. Herdegen ist der gepriesene Mäzen eines erfolgreichen mitteldeutschen Spruchdichters: des so genannten Meißners. Da der Meißner in einer seiner Strophen zu erkennen gibt, dass er den mildtätigen König Rudolf gerade in Böhmen und die Frage des Reichsschenkenamtes zu Gunsten Wenzels II. vorentschieden weiß, zog man die Angaben im Sinne einer Zusammenkunft der drei Akteure im März 1289 zusammen [3]. Wir könnten dem entnehmen, dass Fürstentage nicht nur politische Ereignisse nach modernem Verständnis waren, sondern mit kultivierter Geselligkeit zu tun hatten und damit eine Plattform für Künstler waren, die neue Aufträge suchten, und für Auftraggeber, die sich von Künstlern inszenieren lassen wollten.

Anmerkungen
[1] Vgl. STURM, S. 80.
[2] Vgl. UB Vögte I, Nachtr. 3.
[3] Die Datierungsfragen ausführlich bei OBJARTEL, S. 32–36.

FABELN, NOVELLEN UND MIRAKEL

Eine Schreibstube, die neuere Forschung nicht mehr in Böhmen, sondern zwischen dem südlichen Vogtland und Eger sucht, fertigte im ersten Drittel des 14. Jahrhunderts zwei Handschriften an, die heute in Heidelberg und Genf aufbewahrt werden. Die beiden hängen auf das Engste zusammen; vermutlich wurden sie aus derselben Vorlage abgeschrieben. Beide enthalten, jede für sich, mit über 200 Nummern die umfangreichste und inhaltlich bedeutendste Sammlung hochmittelalterlicher Novellen, Fabeln, geistlicher Mirakel und Gedichte [1].

Die Handschriften sind ansprechend, aber nicht besonders repräsentativ gestaltet. Im gegenwärtigen Zustand offenbaren sie viele Lücken. Immer wieder wurden Lagen umgestellt, Blätter verbunden. Das Skriptorium muss dennoch in der Herstellung deutschsprachiger Handschriften geübt gewesen sein. Leider wissen wir noch nichts über diese Werkstatt. Die Hofer Klöster bieten zu wenig Vergleichsmaterial. Die Egerer Niederlassungen erwachen erst in der zweiten Hälfte des 15. Jahrhunderts. So sollte sich die Forschung auf Waldsassen konzentrieren, das um 1300 einen kulturellen Aufschwung erlebte [2].

Der Inhalt der Codices legt es nahe, dass der oder die Auftraggeber ein starkes Interesse an höfischer Kultur und einer gottgefälligen Lebensführung besaßen. Obwohl die Handschriften in einem Kloster geschrieben worden sein könnten, schließt ihr Programm einen klösterlichen Hintergrund der Auftraggeber aus. Residenzen geistlicher Würdenträger, die durchaus in Frage kämen, sucht man im Vogtland vergeblich. Wie sieht es mit den weltlichen Herren aus?

Zwischen 1322 und 1351 waren Heinrich XI. »der Ältere« (1293–1363; 1322–1342) und Heinrich XII. »der Jüngere« von Weida (1293–1357; 1344–1351) Hauptleute oder Pfleger der Egerer Burg. Die beträchtlichen Möglichkeiten, über die noch ihr Vorfahre Heinrich VII. »der Rote« (1254–1260) als kaiserlicher Landrichter (1257) verfügte, besaßen die Burgpfleger der an Böhmen verpfändeten Stadt zwar nicht mehr. Gleichwohl war der Vogt von Weida als Burgpfleger in Eger »der vom Pfandherrn eingesetzte ständige Vertreter und für Stadt und Land Eger zunächst die einzige zuständige Verbindungsstelle zwischen dem Pfandland und Böhmen.« Damit war freilich kein Zugriff auf die Stadt verbunden. Vielmehr

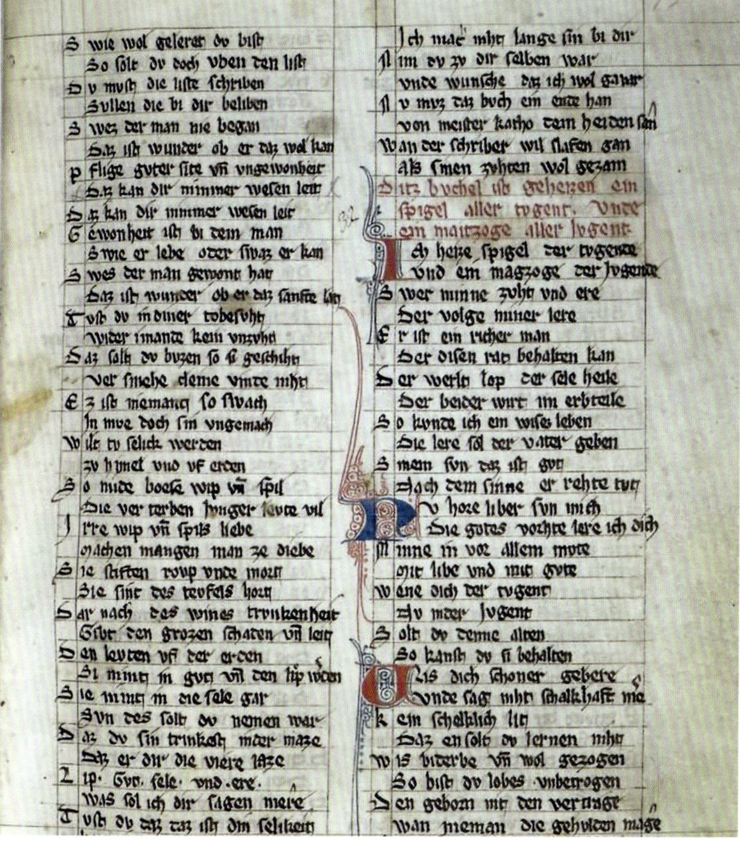

Die Heidelberger Kleinepikhandschrift 341 wurde vermutlich im Vogtland geschrieben (UB Heidelberg, Cpg 341, f. 75r)

achtete die Stadt penibel darauf, »daß der Burgpfleger in keiner Weise die Rechte ihrer Selbständigkeit schmälerte, und scheute sich nicht, bei Übergriffen durch ihn ihr Recht unmittelbar beim König selbst zu suchen. Dadurch erlitt die Stellung des Burgpflegers je länger je mehr immer stärkere Einbußen« [3].

Dass die Weidaer mit der Entstehung der Handschriften zu tun haben könnten, ist reine Spekulation. Eine Konzeption im Umkreis der Pfalz zu Eger ist allerdings immerhin denkbar.

Nicht auszuschließen ist aber auch, dass die Sammlungen von wohlhabenden Bürgern der aufstrebenden Städte (Hof, Eger?) in Auftrag gegeben wurden. Vergleichbar wäre der Fall einer Handschrift mit Novellen und Heldenepen, die nur etwas später (um 1350) von zwei Erfurtern finanziert und besessen wurde.

Anmerkungen

[1] Zu den Handschriften grundlegend STUTZ, S. 8–26.
[2] Vgl. HONEMANN, Johannes von Ellenbogen, Sp. 581 f.
[3] STURM, S. 143.

DIE FRAUEN DER VÖGTE

Über die weiblichen Mitglieder der Vögte-Familien ist noch so gut wie gar nicht geforscht worden. Vereinzelt unternahmen Historiker den Versuch, anhand der Heiratspolitik der Dynastie deren Selbstverständnis und Ambitionen nachzuverfolgen. Hierfür geben die Vögte über Jahrhunderte immerhin einige Hinweise. Voll Stolz auf eine Gattin aus dem mächtigen Hause der böhmischen Riesenburger (1283) nannte sich Heinrich II. von Plauen »der Böhme« (1274–1302). Das spektakulärste Bündnis schloss sicher Heinrich I. »der Reuße« von Plauen (1274–1295) 1289 mit Jutta von Schwarzburg-Blankenburg, die eine Urenkelin des Rurikiden Danilo, des ersten Königs von Galizien, war. Die an sich berechtigte Fragestellung beschränkt die Frauen indes auf ihren Objekt-Status im Zuge männlicher Bündnispolitik. Dabei gerät aus dem Blick, dass adlige Frauen in der Regel mindestens rudimentäre, mitunter aber ganz erstaunliche Kenntnisse im Schreiben und Lesen besaßen und als eigentliche Trägerinnen geistigen Lebens zu gelten haben. Weiterhin wird übersehen, dass sowohl Töchter, die nicht verheiratet wurden, als auch Witwen, die sich von den Regierungsgeschäften zurückzogen, in geistlichen Einrichtungen eine gewisse Aktivität entfalteten. Eine besonders auffällige Frau war hier gewiss Elisabeth von Weida, die 1504 Äbtissin von Gernrode wurde und ihr Damenstift umsichtig durch die Frühreformation steuerte. Schließlich lassen sich insbesondere im Umfeld adliger Frauen fromme Stiftungen nachweisen, durch die sie nachhaltig in ihr Territorium wirken konnten. Das alles dürfte im Land der Vögte nicht grundsätzlich anders gewesen sein als anderswo, auch wenn es hier viel schwerer zu fassen ist. So stellen wir die Frauen der Vögte, einstweilen thesenhaft, unter den Generalverdacht, ihr Scherflein für die Kultur der Residenzen und Klöster beigetragen zu haben. Das Folgende bleibt natürlich eine Skizze.

›DIE NEUE EVA‹ AUF DER OSTERBURG ZU WEIDA

Die Erzählung von der ›Neuen Eva‹, mit der sich die Vögte tief ins Gedächtnis der Mit- und Nachwelt prägen sollten, beruht auf einem internationalen Erzählstoff [1]. In christlicher Tradition bezieht er sich auf die Erzählung vom Sündenfall: Eva, verführt von der Schlange, veranlasste Adam zur Übertretung des göttlichen Gebotes, nicht vom Baum der Erkenntnis zu essen. Die Folge des Tabubruchs ist die Vertreibung aus dem Paradies und ein Leben in Kummer und Mühsal, das sich bis zum heutigen Tage fortsetzt. Dass eine vermeintliche Bagatelle derart gravierende Folgen haben sollte, beschäftigte die Menschen schon immer. Der rheinische Zisterziensermönch Cäsarius von Heisterbach (gest. nach 1240) hat einen kleinen Disput darüber unter Eheleuten in seinem ›Dialogus miraculorum‹ (um 1219–1223) festgehalten [2]. In Buch IV, das vom Thema ›Versuchung‹ handelt, lesen wir von der Unterredung Heinrichs von Weida, eines mächtigen und angesehenen Ritters und Dienstmanns Heinrichs von Sachsen, mit seiner Ehefrau. Die empört sich über die ungehorsame Eva: mit einem kleinen Apfel habe sie, um ihre Gier zu stillen, großes Leid in die Welt gebracht. Der Ehemann antwortet skeptisch: »Du hättest womöglich in einer solchen Versuchung ähnlich gehandelt.« Er kündigt an, seiner Frau ebenfalls ein Gebot aufzuerlegen, von dem er aber jetzt schon wisse, dass sie es brechen werde. Und er verbietet ihr, dass sie an dem Tag, an dem sie gebadet habe, hinterher mit nackten Füßen durch die Abwasserpfütze hinter dem Schloss laufe. Außerdem legt er noch eine Summe von vierzig Mark für den Gewinn der Wette fest.

Der weitere Verlauf ist absehbar. Obwohl die Frau zunächst ganz sicher ist, den Preis zu gewinnen, reizt doch gerade das ausgesprochene Verbot zur Übertretung: ›steige ich nicht in jenen Dreckpfuhl, so sterbe ich!‹ So tritt ans Licht, was Heinrich von Weida abgesehen hatte: kleinlaut muss seine Frau zugeben, trotz des Verbotes nach dem Bad in der Pfütze gewesen zu sein. Der Ritter tadelt seine Gattin, dass es nun erwiesenermaßen um ihren Gehorsam kein bißchen besser bestellt sei als um den Evas, und da sie die vierzig Mark Wetteinsatz nicht zahlen kann, nimmt er ihr die teuren Kleider fort und verschenkt sie.

Der Mönch Cäsarius hat die Geschichte seiner Sammlung von Beispielerzählungen, die für die Predigt taugen, wahrscheinlich ohne Rücksicht auf ihre psychologische Dimension einverleibt. »Das Exempel soll wieder einmal beweisen, daß die Frau sich nicht ändert, daß das weibliche Geschlecht seit Eva mit Schwächen und Lastern behaftet ist.« [3]. Er hat sie dann auch selbst in einer Predigt verwendet, dabei aber einen interessanten Zusatz zur Fassung des ›Dialogus‹ gegeben. Nachdem die Ehefrau in die Wette eingewilligt hat, heißt es: »sogleich nahte der Versucher«, und er flüsterte ihr an allen Badetagen so hartnäckig das Betreten der Dreckpfütze ein, dass sie schließlich nicht mehr widerstehen konnte. Die Rückbindung an biblische Darstellungskonventionen wird hier weit deutlicher. Cäsarius hat die Psychologie der Gebotsübertretung nach dem Vorbild des biblischen Gleichnisses externalisiert, um den psychischen Vorgang im schaubaren Einwirken des personifizierten Versuchers auf Heinrichs Gattin sinnenfällig zu machen: das immaterielle Verbot Heinrichs (Gottvaters) wirkt wie ein materieller Versucher (Schlange), der nur durch die materielle Abwesenheit Gottvaters zum Zuge kommen kann.

Die Frage, welcher der vielen Heinriche von Weida ursprünglich gemeint sein sollte, hat die Forschung nur sehr oberflächlich beschäftigt. Sie hängt an der Datierung des ›Dialogus‹, die mit 1219–1223 umrissen wird. Interessant ist, dass Cäsarius seinen Helden eingangs als zwar verstorben, aber noch vielen Zeitgenossen erinnerlich vorstellt, und dass sich unter ihnen noch mancher an den Vorfall selbst erinnere. Man mag nun zwar bezweifeln, dass das Ereignis stattgefunden hat. Dass der Weidaer indes nicht mehr lebt, gleich-

semp z ppetuo carebibis. Hoc cu crebzi ei i
culcaslz. z ille i pclaui ii se fcepislz. stati mlcis
ac diuerf cogitatoib y cepit fluctuare. varijs
ch tetatioib estuare. qd qd eslz i pixide scire de
sideras. Et sepi illa i ptes atz circuspiciens
ait itra se. qd si aperuero illa. sol su. nemo vi
det. introgat negaboo. no e testz q me puice
re possit. Uict tade teetatoe pixide aperuit.
z auicula q int erat cllausa euolauit. Tunc
trislz effect valo mystteriu itellexit. z ad oni
pedes pixide reqretz se psternes venia po
stulauit. sz no inuenit Ad que ons. Serue
negz z stumax tu pm u pzez nrm de inobe
dieria iudicas tuacz pstantia apo me come
das teipm pdemnasti. Recede g a me facie
meam de cetero no videbis.

XLV

Henric de wida miles fuit diues valde
hebat at vzoze nobile ac dilecta. Die qdam
cu kmo int eos bzek de culpa eue cepit illa
vt mos est mulierib eide maledicere zo in
costatia iudicare ani. eo ch p modico pomo
gule sue satisfacies tatis penis ac miserijs
ve gen buanu subdidislz. Lui marit rndit
Noli illa iudicare. tu fozte i tali tetatoe secil
ses sile. Egovolo tibi aliqd pcipe qd min e
zpt amoze meu mime poterz custodire illd
Rndete illa qd e madatum. subiuxit miles
Vt die illa q balneata fueris palude curie
nostre nudis pedib ii igrediarz. alijs diebz
si libet itres. Erat eim aq putes z fimosa ex
toti curie sozdibz collecta. Illa subzidete z
pcepti trasgressione abbozrescete subiuxit
heric Uolo vt pena addam. si tu obedies
fuerz qdragita marcas a me recipias. sinau
te totide mibi soluas. z bn placuit ei Illexo
ipa ignozate secretos custodef paludi adhi
buit. Mira res. ab illa boza matrona tam
honesta z vecuda nucz p curia trasire pote
rat nisi ad pdicta palude respiceret. et qties
balneabaf toties de eade palude teptabaz.
Die qda exies o balneo dixit pedissech sue.
Nisi igressa fuero palude illa mozriar. stati
ch succinges se cu circuspexilz z nemine vi
dere putaret. comitate ancilla aqua illa feti
da vsqz ad genu itrauit. z buc illucz deam
bulado bn pcupiscetie sue satissec. Qd stati
nuciatu e marito ei. ille gaudes mox ea vi
dit z ait. Quid e ona fuistz ne bodie bn bal
neata. Rndete illa. fui. Adiecit. in doleo vel
paludeAd qd ybu pfusa tacuit. scies eu suu
excellu no latere. Tuc ille ybi e ona mea co

statia vza. obedientia vza. iactatia vza. Eua
vilius tetate fuistz. tepid restiristz. turpius
cecidistz. Reddite g qd deb etz. Et cu no ha
beret illa qd solueret oia vestimeta eius p
ciosa tulit z p diuersas personas distribuit
sines ea p aliqd tps bn tozqueri.

XLVI

Miles qda sic audiui a qda viro religio
so mlta scelera pmiserat. tade duct pnia ve
nit ad sacerdote de comissis facta pfessione
pniaz suscepit. sz suscepta kuare no potuit.
Lucz ei h sepi actitaslz die qda dixit illi sa
cerdos. Nibil sic pficim. dic g mibi. Est ne
aliqd qd p pctis tuis possis custodire. Ru
dit ille. Est pom in possessioe mea tali. cui
fruct ta amar z pessim e vt nucz ex eo co
medere possim. Si videf vob bonuz pnia
mea sit. vt qadusch viua de eisde pomis no
guste. Scies sacerdos matie p phibitioez
excitate carne atch diabolo psurgere tetat
tione rndit. Pro oib pctis tibi iniungo. vt
nucz de fructu eiusde arboz scieter come
das. Abijt miles pniaz iniucta qsi p nibilo
reputas. Sic sita erat ipa arboz vt qtiens
curia sua exiret vl intraret eade arboze re
spicere possz. Respiciedo sp phibitonis re
cozdabaz. z recozdado mox guissime tepta
baz. Die qda an arboze eadem trasies z po
ma i eo psideras ab eo q pmu boiez p lignu
phibitu tentauit. z pstrauit ta valide tetat
e vt ad arboze qde veniret z ad pomu nunc
manu extedendo. nuc extesa retrabedo to
tu pene die Irijs nisib ptinuaret. Tandez
adiuuate gra triupbas intantu pcupiscen
tie restitit. vt cozde coangustato sub arboze
iacens spm exalaret.

XLVII

Scte recozdatiois ons benric albanec
eps z cardialis ano. M. clxxviij. missus a
clemete papa tpib frederici ipatoz pdica
re cruce in alemania z saracenos qfdaz fibi
terre nre moachos ozdis cistercienf assum
psit. Die qda cu sil eqtaret. z ipe diceret i ge
nerali. Quis vestz dicet nobis aliqd boni.
Rndit vnus. Ille demonstrato qdam con
uerso monacbo laico. cui nome excidit. Et
pceptu est ei stati a cardiale vt ybu ppone
ret exhoztatois Ille pmu se excusas dices.
laicu no debere lratz aliqd loq. Tade sic ex
ozsus e. Qn moztui fueri z oducti ad padi
su occurret nob sctus pz nr bndict vif no
bis moacbis cucullatz cu gaudio itroducz

wohl noch in der Erinnerung präsent ist, darf als Hinweis unverdächtig erscheinen. Wenn Cäsarius um 1180 geboren ist, kann er kaum Heinrich I. »den Tapferen« (1143–1193), der in Gera und Weida herrschte, meinen. Dessen Tod hätte er als Knabe und lange vor seinem Eintritt ins Kloster (1198) miterlebt. Es bleiben Heinrich II. »der Reiche« (1193–1209) und dessen ältester Sohn Heinrich III. »der Ältere« (1209–1219), der 1219 dem Deutschen Orden beitrat und gegen 1224 starb. Setzen wir den ›Dialogus‹ 1219 an, läge Heinrichs II. »des Reichen« Tod bereits eine Dekade zurück. Es spricht demnach viel für den Stifter Mildenfurths. Zu dem passt auch, dass Heinrich die Herrschaft Weida als Lehen der Landgrafen von Thüringen und Markgrafen von Meißen besaß. Dass er zunächst Dienstmann Heinrichs des Löwen war, nach dessen Ächtung aber zu den Staufern überging und, der Legende nach, den Hausnamen seines Geschlechts nach König Heinrich VI., der ihn zum Ritter schlug, wählte, muss nicht irritieren [4]. In jedem Fall, ob Heinrich I. oder Heinrich II., erhalten wir auch eine »Eva« hinzu. Heinrich I. war zweimal verheiratet: zunächst mit Lukardis, Tochter des Grafen Burchard von Lauterberg, danach mit Juliane, Tochter Sizzos III. von Schwarzburg. Sein Sohn scheint nur einmal verheiratet gewesen zu sein: mit Gräfin Bertha von Vohburg, durch die den Weidaern das Regnitzland zufiel [5]. Obwohl es, wie gesagt, nicht angeraten ist, das Exempel als historisches Ereignis zu buchen, wie Cäsarius das tut: die ›neue Eva‹ könnte Lukardis, Juliane oder Bertha heißen. Sie ist, dem Geiste des Exempels nach, keine

Das gedruckte ›Speculum exemplorum‹ überliefert als Kapitel XLV die Erzählung von der Neuen Eva (SA Greiz)

schlechte, sondern eine ganz gewöhnliche Frau, die glaubt, tugendhafter handeln zu können als Eva und die durch das Verbot ihres Mannes herausgefordert wird, die Sünde Evas zu wiederholen.

Die mythische Erzählung von der ›neuen Eva‹ interessiert uns, weil Cäsarius sie an einem Heinrich von Weida festmachte, den er als verstorben, dabei aber der Erinnerung noch zugänglich vorstellt. Die weitere Geschichte des Weidaer Hauses arbeitete ihrerseits der Mythenbildung zu. Wer in der ersten Hälfte des 15. Jahrhunderts eine Predigt des Nürnbergers Johannes Herolt hörte, die das Exempel Heinrichs von Weida enthielt, gewärtigte sofort einen Weidaer Vogt dieses Namens: etwa Heinrich XVII. (1404–1410), der 1410 seinen Anteil an der Herrschaft Weida an die Markgrafen von Meißen abtrat, Heinrich XVIII. (1404–1411), der ein Jahr später das zweite Drittel abtrat, oder Heinrich XIX. »den Jüngeren« (1404–1427), der 1427 das letzte Drittel abgeben musste. Man muss indes gar nicht mit der Verfallsgeschichte des Hauses vertraut sein, um die Geschichte je und je bei einem neuen ›Heinrich von Weida‹ und dessen Ehefrau zu verorten. Die Vögte von Weida waren längst ein Mythos. Die Erzählung von der Neuen Eva, die in der Folgezeit beständig in Exempelsammlungen wie dem ›Speculum exemplorum‹ nachgedruckt wurde, hielt ihn im Bewusstsein.

Wohl noch dem 14. Jahrhundert gehört eine andere Geschichte zu, die unter dem Namen der Vögte von Weida segelte. Auch sie war wahrscheinlich, wie die ›Neue Eva‹, »schon da«: eine Spukerzählung, wie sie Cäsarius gefallen hätte. Dass die Erzählung den Vögten gleichsam untergeschoben wurde, hat man früh schon entdeckt. Sie funktionierte, wie die ›Neue Eva‹, auch ohne die Vögte …

Anmerkungen
[1] Eine fundierte Übersicht über die Tradition bietet SCHWARZ.
[2] Eine Interpretation der Erzählung im Zusammenhang des ›Dialogus miraculorum‹ jetzt bei JURCHEN.
[3] SCHWARZ, S. 120.
[4] Vgl. SCHWARZ, S. 120.
[5] Zu ihr vgl. NEUMEISTER, S. 83–85.

DIE MUTIGE TOCHTER DER ›VÖGTE VON WEIDA‹

In einer deutschsprachigen Sammelhandschrift, die der Propst des Leipziger Thomasklosters um 1420 konzipierte, findet sich die folgende Erzählung: »Ein Ritter, der mit seinem Bruder die Vogtei Weida innehat, zieht mit dem König von *Aquitania* auf Kreuzfahrt. Nach siegreicher Rückkehr wird er beim König verleumdet und eingekerkert. Sein Bruder kann ihn nicht befreien, der Tochter des Gefangenen aber berichten, der König erfülle jede Bitte, wenn ihm jemand die *erschreglichen* Umstände auflöse, unter denen schon manch *küner geselle* nachts in einer verlassenen Klosterkirche seines Reiches umkam. Die Tochter zieht nach Aquitanien, läßt sich nach langen Bußübungen in die Kirche sperren und wird dort von einem Wiedergänger und seinen vier Leichenträgern heimgesucht. Der Tote, so erfährt sie, ließ einst als aquitanischer König auf Rat seiner vier Begleiter die Insassen der Abtei vergiften, um sich ihren Besitz anzueignen. Er muß nun so lange Pein leiden und umgehen, bis jemand das Kloster wiedererrichtet. Die durch ihre Frömmigkeit gegen die *grusamkeit* des Revenu gefeite Tochter berichtet alles dem König, der die Abtei mit dreifachem Vorbesitz restituiert und den Vater freigibt.« [1].

Textbeginn der Novelle ›Die Vögte von Weida‹ in der deutschen Handschrift (UB Leipzig, Ms 1279, f. 287r)

Eine spannende Geschichte ist das: ein frommer Vogt, der gemeinsam mit seinem Bruder Weida regierte, fällt trotz seiner Verdienste in Ungnade und muss von seiner Tochter gerettet werden. Wer hier historisches Substrat sucht, wird wohl bei der Herrschaft der Weidaer Brüder ansetzen. Sie erweist sich indes als kontinuierliche Größe: ab 1254 regierten Heinrich VII. und Heinrich VIII. gemeinsam, ab 1279 Heinrich IX. und Heinrich X., ab 1293 Heinrich XI. und Heinrich XII. usw. bis hin zu den letzten Weidaern, die zu dritt ab 1404 herrschten. Die ›beste‹ Spur verrät also nicht mehr, als dass der Verfasser die Tradition der Weidaer Doppelherrschaft kannte. Dass Heinrich II. 1189 am Feldzug Barbarossas nach Palästina teilnahm, macht ihn so wenig zu einem Kandidaten wie Heinrich XIII. und Heinrich XIV., die eine »Schutzleistung« für das 1363 von einem Raubritter bedrohte Cronschwitz erbrachten [2]. Alle Spekulationen über Zeitbezüge haben freilich mit der Entdeckung der lateinischen Vorlage, die GESINE MIERKE glückte, einen neuen Orientierungspunkt [3]. Die Erzählung wird bereits im Stifterbuch des Zisterzienserklosters Zwettl überliefert. Die Datierung des Stifterbuches (1310/1311–1314) verweist uns, was das Alter der Erzählung angeht, eher ins 13. Jahrhundert.

Im Zentrum der Handlung stehen indes, recht betrachtet, gar nicht die Vögte. Hier steht, ganz auf sich gestellt, die ebenso furchtlose wie tugendhafte Tochter eines Vogtes. Sie schreitet ein, als ihr Vater sich nicht zu helfen weiß und ihr Onkel versagt; sie verbringt viele Nächte allein in der Ruine und disputiert mit dem Untoten, und ihre Frömmigkeit bezwingt seinen Fluch, erlöst die Abtei und lässt den König sein Urteil revidieren [4].

›Die Vögte von Weida‹ sind, so gesehen, eine Antwort auf die ›Neue Eva‹. Sie rehabilitieren die gescholtene Ehefrau Heinrichs von Weida nicht; der Sündenfall ist damit nicht aus der Welt. Aber es ist eine junge Frau, die den erfahrenen Schwertträgern aus der Bedrängnis hilft: mit eben der Tugendhaftigkeit und Frömmigkeit, die man ihren weiblichen Vorfahren gleichsam über Jahrhunderte in der ›Neuen Eva‹ immer wieder abgesprochen hat. So scheinen ›Die Vögte von Weida‹ undenkbar ohne die ›Neue Eva‹, der sie respondieren.

Bisher unbekannt: die lateinische Fassung der Novelle in einer Handschrift des Klosters Zwettl (Archiv, Cod. 290, f. 261v)

Anmerkungen
[1] DICKE, Sp. 488.
[2] DICKE, Sp. 489.
[3] Vgl. MIERKE, S. 23–30.
[4] Luca Kirchberger brachte den Stoff (2019) für das Schülertheater in Form. Vgl. KIRCHBERGER, Vögte.

IRMGARD VON REUSS ZU ZWIRTZSCHEN (WERDAU)

Die Kirchengemeinde St. Marien in Werdau besitzt einen vergoldeten und mit Edelsteinen versehenen Abendmahlskelch aus dem 15. Jahrhundert. Das wertvolle Objekt wurde zuletzt mehrfach in Ausstellungen gezeigt [1]. Ein am Fuß des Kelches befindliches Wappen weist ihn als Stiftung der Reußen von Plauen aus. Stilistisch passt der Kelch ins erste Viertel des 15. Jahrhunderts [2]. HARTMUT KÜHNE setzte dem unter sozialgeschichtlichem Gesichtspunkt eine Datierung zwischen 1452 und 1466 entgegen. In der Stifterin sieht er Irmgard von Reuß, die zweite Frau Heinrichs VII. »des Jüngeren« zu Greiz-Vorderschloss (1368–1426) [3]. Heinrich, der 1426 in der Hussitenschlacht bei Aussig fiel, hatte die Tochter des Burggrafen Albrecht II. von Kirchberg 1414 geheiratet. 1452 soll die Witwe Stadt und Schloss Werdau von den Wettinern gepfändet und sich in Zwirtzschen, einem Ortsteil von Seeligenstädt, zur Ruhe gesetzt haben. 1462 stiftete Irmgard in Mildenfurth ein stattliches Seelgerät für ihre Familien. Eine Mess-Stiftung könnte es auch gewesen sein, bei der der Kelch gestiftet wurde [4].

Anmerkungen
[1] Vgl. u. a. AK Mühlhausen 2013, S. 234 f.; AK Chemnitz 2016, S. 124 f.
[2] Vgl. FRITZ, S. 347.
[3] AK Mühlhausen 2013, S. 235.
[4] Die Mildenfurther Urkunde bei DIEZEL, S. 292–294.

DIE ›FRAU VON PLAUEN‹ AUF SCHLOSS PLAUEN

Der Name ›Plauen‹ hat sich in die Geschichte des vormodernen Gesundheitswesens eingeschrieben. Ein in über 100 Handschriften verbreiteter Aderlass-Pestbrief, der zwischen 1375 und 1400 datiert wird, gibt sich als vom Arzt des römischen Königs verfasster Brief an die *edelen frawen von Plawen* [1], also an die Gemahlin eines Vogtes bzw. Herren von Plauen. In Frage kommen aus chronologischen Gründen nur Luitgard, Tochter Hermanns III. von Kranichfeld, die 1360 Heinrich VIII. von Plauen zu Plauen (1357–1373) heiratete, oder Anna, die Tochter Borsos von Riesenburg, die um 1383 Heinrich IX. von Plauen zu Plauen (1373–1412) ehelichte. Anna brachte die Herrschaft Petschau nebst Buchau mit in die Ehe, und Heinrich erweiterte ab 1387 seine Herrschaft durch den Erwerb der Schlösser Königswart und Würschengrün. Es gäbe also eine Reihe böhmischer Anknüpfungspunkte für den Brief [2].

Natürlich muss die Adressierung des Pest-Briefes an die ›Frau von Plauen‹ nicht auf einem tatsächlichen historischen Kommunikationsverhältnis beruhen. Die Widmung kann, wie BERNHARD SCHNELL meinte, »aus Gründen der Werbung für das Werk erfunden« worden sein. Man müsste dann freilich erklären, worin genau der ›Werbeeffekt‹ just dieser Adressatin bestanden hätte. Träte dieser offen zutage, besagte das immerhin, dass der Gebildete seinerzeit mit einer Frau des Vogtes von Plauen etwas anfangen konnte. Die Plauenerin repräsentierte dann die soziale Schicht und das Geschlecht, in dessen Händen man laienmedizinische Kompetenz vermutete. Der Fall wäre der produktiven Fama der Vögte von Weida vergleichbar.

Nimmt man den vermeintlichen Verfasser in den Blick, reduziert sich der Kreis ebenfalls auf zwei Kandidaten: Gallus von Prag, Leibarzt Karls IV. (bis 1378), und Sigismund Albich von Prag (um 1360–1427), Leibarzt Wenzels IV. (nach 1378). Dass einer der beiden berühmten Ärzte der Verfasser des Textes gewesen sein sollte, ist für Fachleute »schwer vorstellbar«. Der Brief stelle gegenüber älteren Werken einen Rückschritt dar. Er biete einen Katalog von Körperstellen, an denen der Pestkranke zur Ader gelassen werden könne, »und dies ohne jeden realen Bezug« [3]. Man mag die vernichtende Diagnose angesichts der Verbreitung des kurzen Briefes im 15. Jahrhundert nur bedauern. Die Angst vor dem Schwarzen Tod war seit der Epidemie der Jahre nach 1348/49 in ganz Europa mit den Händen zu greifen. So insuffizient der Pestbrief auch gewesen sein mag: die vielen Abschriften, die ab 1400 nachweisbar sind, zeigen, dass die Menschen nach allem griffen, was Schutz oder Linderung versprach [4].

Anmerkungen
[1] FRANKE, S. 108.
[2] Zu den Kandidatinnen vgl. FASBENDER, Pest-›Brief‹.
[3] SCHNELL, S. 495.
[4] Zur Überlieferung vgl. FRANKE, S. 65. Ergänzungen bei FASBENDER, Pest-›Brief‹.

DIE WITWE VON PROHOR (SCHLÖSSLES)

Die zweite Frau Heinrichs III., Barbara von Anhalt-Köthen (1487–1532/33), Mutter Heinrichs IV., hatte nach dem Tod ihres Mannes (1519) Johann »den Jüngeren« von Kolovrat auf Maschau geheiratet. Im Juni 1528 trennte sich Barbara jedoch vom Maschauer und nannte sich nun wieder Burggräfin von Meißen. Sie zog zunächst nach Theusing, 1529 dann aber auf ihren Witwensitz nach Schlößles. Obwohl Heinrich IV. seine Mutter brieflich ermunterte, zu ihm nach Neuhartenstein zu ziehen, blieb Barbara zunächst in Schlößles. Erst anlässlich seiner Hochzeit mit Gräfin Margarethe von Salm und Neuburg im August 1532 konnte Heinrich seine Mutter zur Übersiedlung auf die neue Residenz Engelsburg bewegen. Barbara verstarb jedoch kurz darauf. 1537 verleibte Heinrich den Witwensitz der Herrschaft Theusing ein.

AUS MITTELALTERLICHEN SCHREIBSTUBEN

Um unsere Kenntnis der Schreibstuben und Bibliotheken, die das Vogtland der Vormoderne einmal (wie jeder andere Kulturraum auch) in reicher Zahl besessen hat, ist es schlimm bestellt. Im Laufe der Jahrhunderte ist nahezu alles, was noch um 1500 vorhanden war, vernichtet oder entwendet worden. Die Ursachen dafür mögen verschieden sein. Im Ergebnis bleibt es indes gleich, ob die Hussiten (1430), die Stadtbürgerschaft (1525) oder schwedische Truppen (um 1640) eine Bibliothek in Brand steckten, ob Bomben darauf fielen oder Restbestände zur Sanierung eines maroden Staates veräußert wurden. Unser Wissen um die Skriptorien der Klöster, die Bibliotheken der Kirchen oder den Buchbesitz des vogtländischen Adels wie des Bürgertums nährt sich daher von Hochrechnung und Spekulation. Unsere Anhaltspunkte reichen von leidenschaftslosen Listen, die bei der Aufhebung eines Klosters aufgestellt wurden, über Ausleihvermerke und Bücherverzeichnisse bis hin zu glücklich erhaltenen Restbestandsgruppen.

Ich gebe nur wenige Beispiele. Von der Widenkirche in Weida wissen wir, dass sie noch um 1530 *eine kiste voll* Bücher barg. Bei der Visitation von 1531 besaß die Neustadtkirche St. Peter *in die xxx* Bände. Aus dem Franziskanerkloster hat sich ein detailliertes Verzeichnis erhalten. Wir wissen auch, dass sich der Prediger der Cronschwitzer Nonnen, der über keine eigene Studienbibliothek verfügte, dreizehn Bände bei den Franziskanern geliehen hatte. In Plauen ist die Lage dagegen dramatisch. Hier werden die Dominikaner eine Bibliothek besessen haben, die zuerst 1430 gefleddert, dann aber 1525 endgültig zerstört wurde. Auch sonst sind die Verluste verheerend. Ich kenne gegenwärtig nur eine einzige mittelalterliche Handschrift, die von ihrem Schreiber in Plauen lokalisiert wurde. Die liturgischen Handschriften, über deren Herstellung und Vorhandensein aus Gründen des Stiftungsrechts Nachrichten existieren, sind alle verloren. Allein die Wolfgangskapelle auf dem Dobenauberg besaß 1529/1539 vier, die Schlosskapelle (1506) immerhin zwei Messbücher. Dahin, dahin: in Hof musste der Chronist Enoch Widmann zusehen, wie der Mob die wertvollen Messbücher, die bereits aus der Michaelskirche in die Schulbibliothek gerettet worden waren, zerriss.

All dem stehen nur sehr wenige erhaltene Bände und Bestandsgruppen entgegen. Sie befinden sich freilich nicht mehr am Ort. Die Mildenfurther Bibliothek konnte in Jena gesichert werden, die Sammlung der Klarissen aus Eger sehr weitgehend in Prag. Jüngst hat man in Jena auch eine mehrbändige Bibel in die Kartause

Crimmitschau lokalisieren können. Das Folgende versteht sich als eine von wenigen Abbildungen geleitete ›Pilgerfahrt im Geiste‹.

DIE KARTÄUSER IN CRIMMITSCHAU

1477/78 übernahm der Kartäuserorden das in Bedeutungslosigkeit versunkene Chorherrenstift St. Martin (→ S. 35) bei Crimmitschau. Papst Sixtus IV. genehmigte 1478 den Ordenswechsel und übertrug alle Privilegien. Im Oktober 1479 besetzte Jodocus Christen, Prior in Erfurt, das Haus mit vier weiteren Brüdern. Die zum strengsten Schweigen verpflichteten Kartäusermönche bewohnten, jeder für sich, ein eigenes Häuschen. Sie schwiegen vierzig Jahre lang. Doch plötzlich bricht die Reformation herein. Unter dem Priorat des erfahrenen Thilemann Mosenus (1520–1525) verlieren die Kartäuser zunächst das Patronatsrecht über die Stadtpfarrei. Mit dem Verkauf des Hammerwerkes (1523) offenbart sich die materielle Notlage. Mit dem Abzug des Priors 1525 beginnt die Auflösung. 1531 wird das Haus säkularisiert.

Die Prioren Jodocus Christen und Thilemann Mosenus waren erfahrene geistliche Männer, aus deren Besitz sich einige typische Kartäuserhandschriften erhalten haben. Eigenes und Fremdes ist in solchen Bänden, die Materialsammlungen gleichen, schwer zu trennen. Für beide lässt sich keine Autorentätigkeit in Crimmitschau belegen. In einer Handschrift, die Christen als Lektor an der Kirche in Lößnitz (1458) besaß und die er bei seinem Eintritt in Erfurt (1465) dem Haus überschrieb, findet sich ein Eintrag, aus dem man schließen kann, er habe den Codex 1478/79 nach

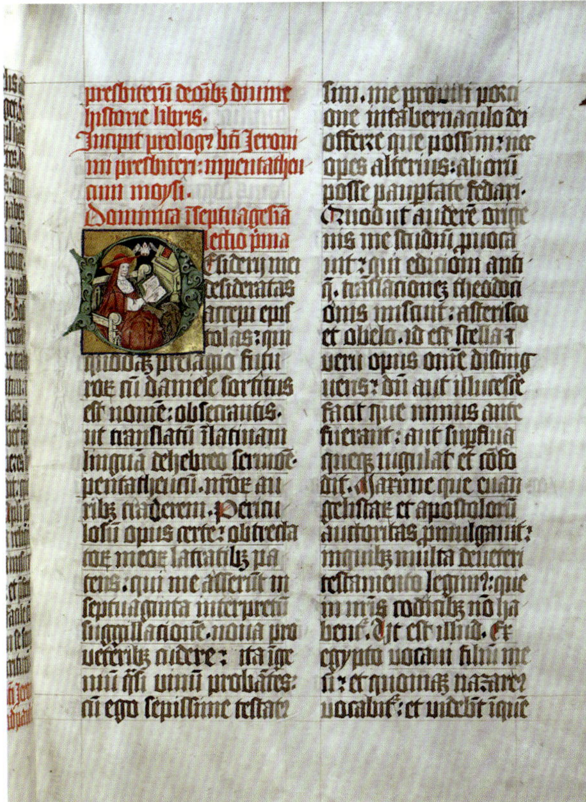

Die mehrbändige lateinische Bibel gehörte den Kartäusern in Crimmitschau (ThULB Jena, Ms. El. fol. 7-11)

Crimmitschau mitgenommen. Der Band enthält einige Passionstexte, Sonntagspredigten und Visionsliteratur [1]. Darüber hinaus hat sich fast nichts erhalten. Immerhin lässt sich ein Band mit italienischen Schuldrucken (von 1484/85), der sich im Besitz des Zwickauer Predigers Heinrich Seger (gest. 1502) befand, für die Kartause plausibilisieren [2].

Eine spektakuläre Zuordnung gelang jüngst JOACHIM OTT, der wahrscheinlich machen konnte, dass eine fünfbändige lateinische Pergamentbibel der Jenaer Universitätsbibliothek der

Kartause Crimmitschau entstammt [3]. Mit ihrer Anfertigung wurde offenbar kurz nach der Gründung des Hauses begonnen. Die Bände stammen von nur einem Schreiber, der seine Arbeit am Schluss des vierten Bandes auf 1481 datierte (f. 141ᵛ).

Anmerkungen
[1] Stiftsbibliothek St. Florian, XI. 83. B.
[2] Ratsschulbibliothek Zwickau, 24.5.3.
[3] Vgl. Ott, S. 135–142.

DIE BIBLIOTHEK DER PRÄMONSTRATENSER IN MILDENFURTH

Aus der Bibliothek des 1457 reformierten Prämonstratenserstifts Mildenfurth (→ S. 59f.) sind heute noch rund fünfundzwanzig Handschriften und eine Handvoll Drucke erhalten. Das ist, wenn man die Bücherverzeichnisse des 15. und 16. Jahrhunderts daneben legt, etwas mehr als ein repräsentativer Restbestand. Das Verzeichnis von 1478 enthielt 193 Titel, das Verzeichnis von 1531, das Georg Spalatin anlässlich der Sequestration anfertigen ließ, 187 Titel, wobei nur knapp die Hälfte der Titel (85) in beiden Verzeichnissen auftaucht [1]. Gleichwohl wird man nicht sagen können, dass die Bestände auf einen regen Studien- oder Schreibbetrieb hindeuteten. Immerhin scheint man bereits im 13. Jahrhundert eine kleine Bibliothek eingerichtet zu haben. Zwar tragen die älteren Bände keine Signatur, aber doch gelegentlich einen zeitgenössischen Besitzvermerk: »Buch der heiligen Jungfrau Maria in Mildenfurth« beginnt der Eintrag in Ms. El. q. 2. Der lateinische Vermerk wird fortgesetzt durch eine Inhaltsangabe: »über die

Dekrete der heiligen Päpste und über den Glauben.« Er schließt mit einem Bücherfluch: »Wer es stiehlt, sei verdammt!« Die Mehrheit der Bände trägt allein Spuren einer Verzeichnung und Erschließung im ausgehenden 15. Jahrhundert. Sie war zweifellos eine Frucht der Reform. Ob zuvor eine Schreibstube bestand, sei dahingestellt. Es war nicht unüblich, wertvolle Bücher durch Schenkung oder Tausch zu erwerben, und die Prämonstratenser waren kein klassischer »Studienorden«. Bei der Mehrheit der älteren Pergamenthandschriften ist eine Entstehung in Mildenfurth jedenfalls nicht zu sichern. Der älteste Codex, der Predigten des Hrabanus Maurus enthält und noch dem 10. Jahrhundert angehört (Ms. El. f. 32), könnte aus Quedlinburg stammen. Ein Band aus dem 12. Jahrhundert, der Bedas des Großen Auslegungen der katholischen Briefe enthält (Ms. El. q. 8), dürfte in Italien entstanden sein. Den Ursprung der prächtigen dreibändigen Bibel vom Anfang des 13. Jahrhunderts hat man im Benediktinerkloster Bosau bei Zeitz vermutet.

Aus der Zeit um 1400 stammt eine kleine Bücherschenkung zweier Geistlicher [2]. Der Priester Heinrich aus Gera-Tinz (→ S. 218f.) und sein Kollege Friedrich aus Berga stifteten Mildenfurth insgesamt zwölf Bände, von denen drei in den Jenaer Beständen überdauert haben: eine Legenden-Sammlung (Ms. El. f. 26), ein schmales Konvolut naturwissenschaftlich-medizinischen Inhalts und ein Codex mit Werken des Augustinus Triumphus (Ms. El. f. 31). Diese und alle anderen Bände orientieren sich am täglichen Bedarf des Pfarrgeistlichen. Gedenkt man der ur-

Die Zierinitiale der Mildenfurther Bibel wird von Tieren und Menschen bewohnt (ThULB Jena, Ms. El. f. 12, f. 1v)

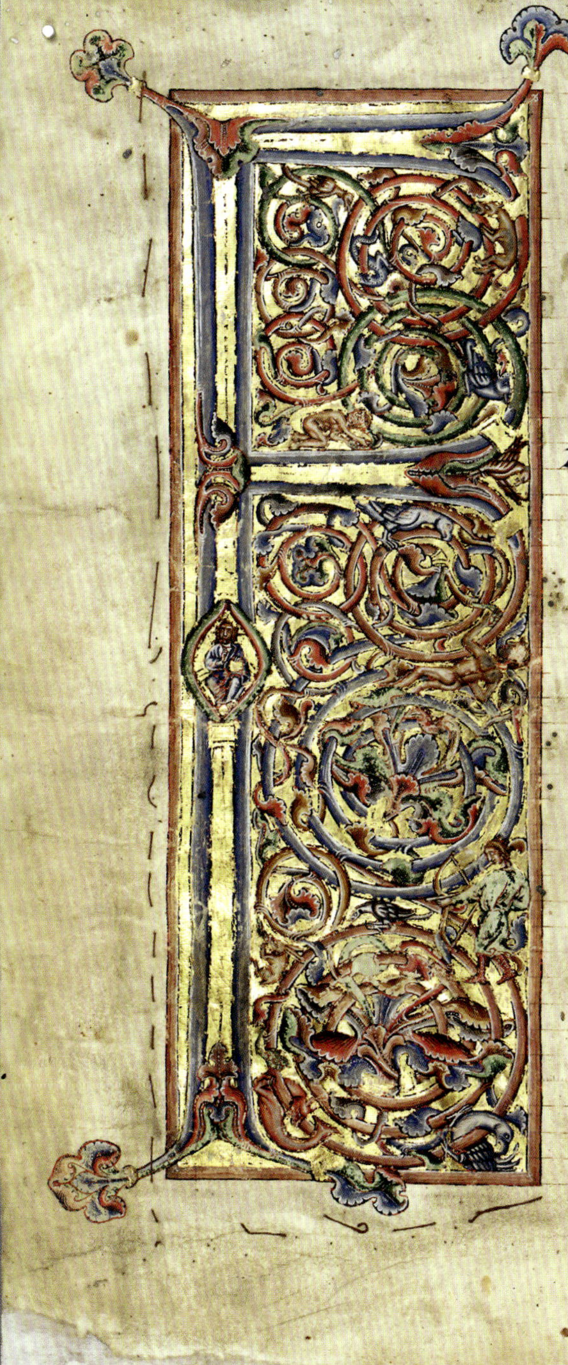

RATER AMBROSIVS TVA
MICHI MVNVSCVLA PER
FERENS DETVLIT

et suauissimas litteras! que in princi
pio amiciciarum fidem probate iam fidei
et ueteris amicicie preferebant. Vera
enim illa necessitudo est & xpi glutino
copulata! quam non utilitas rei familia
ris ñ presencia tantum corpoꝝ non sub
dola & palpans adulatio. sed dei timor
& diuinarum scripturarum studia coctiant
Legimus in ueteribus historijs quosdam
lustrasse puincias. nouos adisse ꝑplos.
maria transisse! ut eos quos ex libris no
uerant coram quoꝗ uiderent. Sic pi
tagoras memphiticus uates. sic plato e
giptum & architam tarentinum eandemꝗ
oram italie que quondam magna grecia
dicebatur: laboriosissime peragauit! ut
qui athenis magister erat & potens. cuiꝗ
doctrinas achademie gimnasia persona
bant. fieret pegrinus atꝗ discipulus! ma
lens aliena uerecunde discere. quam sua
impudenter ingerere. Deniꝗ cū litteras
quasi toto fugientes orbe ꝓsequitur. captus
apiratis & uenundatus! etiam tyranno cru
delissimo paruit. captiuus uinctus & ser
uus! tamen quia phylosophus maior
mente se fuit. Adtitum liuium lacteo elo
quencie fonte manante de ultimis hispa
nie galliarumꝗ finibus quosdā uenisse no
biles legimus! & quos ad contemplatio
nem sui roma ñ traxerat. unius hominis
fama perduxit. Habuit illa etas inauditū
omnibus seclis celebrandumꝗ miraculū!
ut urbē tantā ingressi aliud extra urbem
quererent. Apollonius siue ille magus
ut uulgus loquitur. siue philosophus
ut pitagorici tradunt. intrauit persas!
transiuit caucasum! albanos. scithas. mas

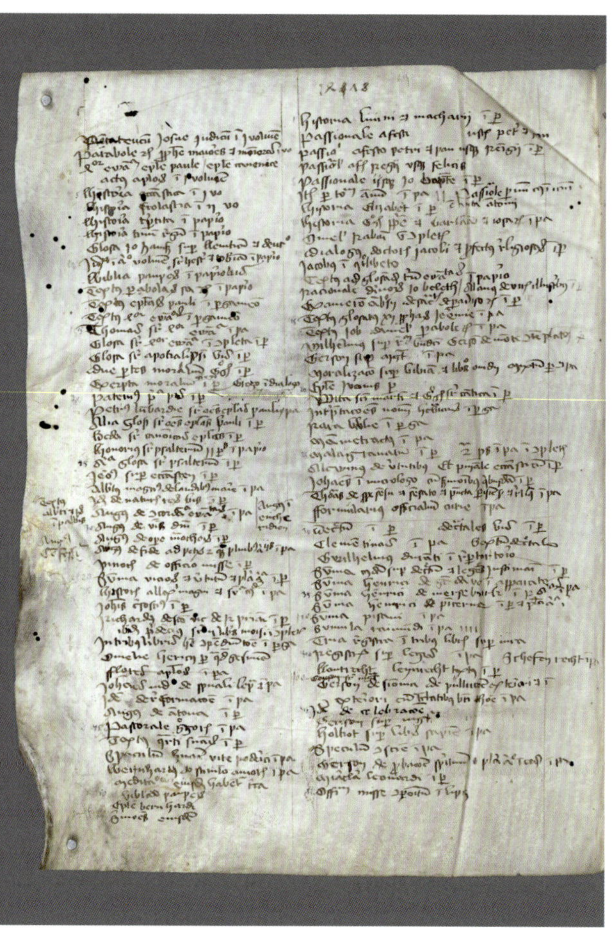

1478 verzeichnete ein Bruder die Mildenfurther Bücher
(ThULB Jena Ms. El. f. 30, f. 162va–163va)

sprünglichen Aufgabe der Prämonstratenser, die
Gemeinden mit Geistlichen zu versorgen, dürfte
die Schenkung der beiden Pfarrer ihre Adressaten nicht verfehlt haben. Ob sie im 15. Jahrhundert eifrig genutzt wurden, lässt sich aber nicht
erkennen.

Einen sicheren Nutzer greifen wir erst in den
Jahren um 1478, in denen ein Anonymus das
frühe Mildenfurther Bücherverzeichnis anlegte.

Seine markante Hand lässt sich über knapp vier
Jahre in zwanzig Handschriften und Druckwerken nachweisen, darunter auch im Augustinus-
Triumphus-Band aus der Schenkung der beiden
Pfarrer. Die Nachträge der markanten Hand zur
›Thüringischen Weltchronik‹ des Johannes Rothe
enden dann aber schon 1481 (Ms. Sag. f. 9), und
auch in der Bischofsliste von Zeitz/Naumburg
stammt das Todesjahr Heinrichs von Stammern
(1481) bereits aus einer fremden Feder. Obwohl
das Amt des Bibliothekars in den Urkunden nicht
auftaucht, muss der Bruder die Bibliothek in diesen Jahren mit Erlaubnis seiner Vorgesetzten
verwaltet haben. Propst war seit 1462 und bis
1483 Johannes Göttingen aus Magdeburg. Über
den Prior wissen wir nichts Sicheres, wie auch in
der Liste der Konventualen für die zweite Hälfte
des Jahrhunderts eine Lücke klafft [3].

Wenn man so will, sind erst mit dem Auftreten des »Bibliothekars« Ansatzpunkte für eine
innere Ordnung der Bestände zu erkennen. Sein
Schaffen ist in doppelter Hinsicht interessant.
Zum einen ist er als Redaktor aktiv. Er füllt Lücken in vorhandenen Codices, gibt erläuternde
Hinweise und verzeichnet den Gesamtbestand.
Zum andern ist er selbst Hauptschreiber einiger Bände. Dieser Teilbestand ist nun recht aufschlussreich für seine Absichten. Er kopierte
den ersten Teil eines Psalmenkommentars des
Honorius von Autun, Kommentarwerke des Erfurter Kartäusers Johannes Indagine zum dritten
und fünften Buch Mose (Ms. El. f. 40) sowie dessen Auslegungen der Bücher Tobias und Esther
(Ms. El. f. 41). Hinzu tritt Richards von St. Viktor
mystische Auslegung des 28. Psalms. Alle diese
Werke deuten auf Bibelstudien. Daneben fallen andere Grundlagenwerke auf: das ›Sophilo

gium‹ etwa des Jacobus Magni oder der Traktat über das Vertragswesen des Erfurter Kartäusers Jakob von Paradies (Ms. El. q. 7). Aus der Hinwendung zur Bibelexegese und dem Rückgriff auf die Erfurter Kartäuser ist zu erkennen, dass dieser Mildenfurther Bruder im Geist der Reformbewegungen operierte. Hier lässt sich auch seine weitere Arbeit als Redaktor und Korrektor einordnen. So hat er in der dreibändigen lateinischen Bibel ebenso Spuren hinterlassen wie im Kommentar zu den Paulus-Briefen des Hugo von St. Cher (Ms. El. f. 24), dem Sammelband mit Werken des Augustinus Triumphus, dem er ein Exzerpt aus des Honorius von Autun Psalmen-Auslegung vorsetzte (die er selbst abgeschrieben hatte!), oder einem schmalen Pergamentband mit Predigten des Kirchenvaters Augustinus, dem er eine Notiz Augustins über die Kraft der Psalmen als Schlussstein setzte (Ms. El. f. 34). Immer wieder also, auch in kleineren Portionen, im Ein- und Ausgang der Handschriften Beiträge zum Verständnis der Heiligen Schrift! Das Vorgehen des Redaktors ist programmatisch und zeugt zumindest von seiner persönlichen Frömmigkeit, die im Einklang steht mit den Forderungen der Kloster- und Kirchenreform, zu den biblischen Quellen, den frühen Kirchenlehrern und den Reformautoren der Gegenwart zurück zu kehren [4].

Anmerkungen
[1] Abdrucke: Tönnies, S. 292–306 und S. 306–316. Abbildung des Verzeichnisses von 1478 in AK Jena 2019, S. 33–35.
[2] Abdruck: Tönnies, S. 316f. Abbildung in AK Jena 2019, S. 27.
[3] Vgl. Diezel, S. 274f.
[4] Zur Bibliotheksgeschichte vgl. AK Jena 2019, S. 23–61.

DIE FRANZISKANER IN WEIDA

Anlässlich seiner Aufhebung 1525 wurde auch das Franziskanerkloster in Weida (→ S. 270f.) inspiziert. Dabei stellten die Visitatoren ein Bücherverzeichnis auf, das sich erhalten hat [1]. Das Verzeichnis erfasst 106 Bände, auf die sich 84 verschiedene Werke verteilen. Dieser Bestand ist an sich keineswegs bedeutend. Er scheint sich überhaupt erst in den Jahren seit 1480 aufgebaut zu haben. In diesem Jahr waren nämlich nur insgesamt 17 Bände vorhanden. Die Franziskaner zu Weida haben also ausgangs des 15. Jahrhunderts eine innere Reform erlebt, die sie zu dem zurückgebracht hat, was einmal ihre Bestimmung war: in Predigt und Seelsorge gelehrte Studien umzusetzten. Dieser Auftrag setzte immer eine Bibliothek voraus: eine Bibliothek, die freilich auf Grund ihres inhaltlichen Zuschnitts geringe Chancen hatte, in reformatorische Einrichtungen übernommen zu werden. Zum einen bot sie viel aus dem Bereich des katholischen Kirchenrechts [2]. Zum anderen bestand sie überwiegend aus gedruckten Büchern, und die waren überall leicht zu bekommen. Wenn das Verzeichnis von 1525 korrekt ist, befanden sich unter den 106 Bänden nur 7 Handschriften. Deutsche Werke sucht man vergeblich. Eine Ausnahme stellt der handschriftliche ›Vocabularius Ex quo‹ dar, das Basiswörterbuch des Mittelalters [3].

Die Bibliothek der Franziskaner von Weida ist heute verschwunden. Vieles dürfte vernichtet worden sein, einiges verkauft, weniges erhalten. So existieren vielleicht nur noch zwei Exemplare aus der Weidaer Franziskanerbibliothek: die lateinischen Predigten des Johannes Herolt in einem Druck von 1483 und die ›Sermones de tempore et de Sanctis‹ des sogenannten Meffreth in einem Basler Druck [4]. Dass die Bände einst für die Predigt-Vorbereitung genutzt wurden, geht aus den Marginalien und Unterstreichungen hervor. Die prächtige Ausmalung der Initialen deutet aber einmal mehr darauf, dass die Franziskaner in Weida ein besonderes Verständnis auch von ihren Büchern hatten. ›Franziskanisch‹ wären sie, sähen sie aus wie »ausgelatschte Schuhe« (Nigel F. Palmer).

Anmerkungen
[1] Staatsarchiv Weimar, Reg. O. O. 792. 560: *Weida das Barfusser Closter vnd pfarkirchen doselbst belangende,* f. 179 – 183.
[2] Vgl. Doelle, S. 1055.
[3] Schmidt, Nr. 23.
[4] Vgl. AK Mühlhausen 2008, S. 316 f., Nr. 42 f.

BIBLIOTHEK DER FRANZISKANER IN HOF

Die Franziskaner, die sich wohl ausgangs des 13. Jahrhunderts in Hof ansiedelten (→ S. 106 f.), scheinen spätestens im 15. Jahrhundert eine ansehnliche Bibliothek zusammengebracht zu haben. Sie befand sich im Sommerhaus, das im späteren Gymnasium aufgegangen ist, in einem Saal von 14 mal 9 Metern. Ihr Verbleib ist unbekannt. Was der Chronist Enoch Widmann über die Zerstörungswut des Pöbels zu berichten weiß, gibt indes wenig Anlass zu Optimismus. Pergamentfragmente, die sich noch heute in der Hofer Bibliothek befinden, könnten mit dem Kloster in Verbindung stehen. Dazu freilich fehlen substantielle Analysen.

Was erhalten ist, ist durch Zufall erhalten, und es bezeugt daher eher den Ausnahmefall als die Regel. In einer Prager Handschrift etwa finden sich Faszikel, die 1466 in Hof geschrieben und bei den Brüdern in Eger, bei denen sie auch verblieb, ergänzt wurden. Der Codex enthält Texte des Nikolaus von Dinkelsbühl und des Johannes von Frankfurt. Beide Autoren stehen für die große Reform des geistigen Lebens, die im 15. Jahrhundert angestoßen wurde. Eine Handschrift, die später nach Bamberg gelangte, enthält den dritten Teil der ›Summa Theologiae‹ des Thomas von Aquin. Sie wurde 1475 *in curia regnitz* geschrieben und dürfte ebenfalls mit dem Franziskanerkloster zusammenhängen. Das ist im Grunde alles, was wir wissen.

DIE BESTÄNDE DES DEUTSCHORDENSHAUSES ZU EGER

Im Jahre 1341 sollte die Kommende in Eger (→ S. 215 f.) eine kleine Bibliothek erhalten. Als deren Grundstock dachte sich Komtur Heinrich Klett von Lasan (1339 – 1341) den privaten Buchbesitz verstorbener Brüder. Deutschmeister Wolfram von Nellenburg (1330 – 1361) willigte ein und bestimmte, »daß der jeweilige Pfarrer diese Bücher fleißig sammeln solle.« [1]

Ob das Projekt gleich zustande gekommen ist und wie es reüssierte, wissen wir nicht. Aus einer Urkunde vom Juni 1413 geht indes hervor, dass die Niederlassung inzwischen eine Bibliothek besaß. In diesem Jahr schenkte Hans Hirnlos, Egerer Ratsherr und zwischen 1402 und 1419 mehrfach Bürgermeister, »der Bücherei der Kommende« zehn Handschriften [2]. Damit verbunden war die Verpflichtung, in der Hauptkirche jährlich den Tag des Heiligen Hieronymus festlich zu begehen. Die Bücher lassen sich überwiegend als Hilfsmittel des Predigers, teilweise aber auch als Klassiker des gelehrten Rechts oder der Theologie identifizieren. Das ›Malogranatum‹ des Abtes Gallus von Königssaal führt die Liste an. Es folgen die Predigtsammlungen *Soccum von der czeit an czweien puchern* und *Soccum von den heiligen* sowie die Predigten Jan Milics von Kremsier. Für jeden Prediger ausgesprochen nützlich waren die ›Proprietates rerum‹. Über den Verbleib der Bände im besonderen wie der Sammlung insgemein ist nichts weiter bekannt.

Anmerkungen
[1] DOZA II, Nr. 1722; vgl. Mentzel-Reuters, S. 334.
[2] DOZA II, Nr. 2935.

BIBLIOTHEK UND SKRIPTORIUM DER KLARISSEN IN EGER

Aus der Bibliothek der Klarissen in Eger (→ S. 278 f.) sind heute noch über zwanzig Handschriften erhalten. Damit gehört sie, gemeinsam mit Mildenfurth, zu den umfangreichsten Klosterbibliotheken am ›Kulturweg der Vögte‹. Alle Handschriften befinden sich in der Prager Universitäts- bzw. Nationalbibliothek. Da sie mehrheitlich deutschsprachige Texte enthalten, wurden sie relativ gründlich erforscht.

Profil und Eigenart der Klarissenbibliothek von Eger sind nur zu verstehen, wenn man die Beziehungen in den Nürnberger Raum berücksichtigt. Fast jeder deutsche Text findet sich auch bei den Klarissen und Dominikanerinnen von St. Katharina zu Nürnberg. Diese Beziehung ist unmittelbar: der Konvent in Eger wurde von Nürnberg aus reformiert. In einer Handschrift etwa findet sich eine Predigt, die die Äbtissin der Nürnberger Klarissen, Margarethe Grundherr (1470 – 1488), den Schwestern in Eger schickte. Der Nürnberger Konvent wiederum stand in engem Austausch mit den Dominikanerinnen, die am Ausgang des Mittelalters über die größte Bibliothek eines Frauenklosters überhaupt verfügten. So gelangten die Schwestern zu Eger an einige der wichtigsten Texte spätmittelalterlicher Frauenfrömmigkeit.

Es ist unmöglich, alles Erhaltene auch nur zu skizzieren. Am schnellsten ist man noch mit den Liturgica fertig: Schriften, die den Schwestern etwa beim gemeinsamen Chorgebet dienten. Hierher gehören Breviere mit deutschen Anweisungen für die Ausführung der lateinischen oder deutschen Gebete, ein lateinisch-deutsches Antiphonar mit Wechselgesängen, ein Responsionale und, offenbar aus der Krankenstube, ein Rituale, das Gebrauchstexte für den Umgang mit kranken und sterbenden Schwestern enthält [1].

Ein Grundbestand normativen Schrifttums war vorhanden: Franziskanerregel und Franziskanerkalender. Natürlich besaß man die Satuten für die Klarissen in Eger, die Henning Sele 1466 formulierte. Zur Orientierung an den großen Ordensheiligen dienten deren Legenden: das ›Leben des Heiligen Franziskus‹ ebenso wie das ›Franziskus-Buch‹ oder das ›St. Klara-Buch‹ mit der Vita Claras von Assisi nach Thomas von Celano. Hinzu traten besondere weibliche Heilige: Agnes von Böhmen, das Leben der Heiligen Elisabeth nach Johannes Rothe, Margaretha von Antiochien oder Katharina von Alexandrien [2]. Eine beliebte Gattung des Spätmittelalters war der geistliche ›Sendbrief‹. Ein Codex bietet

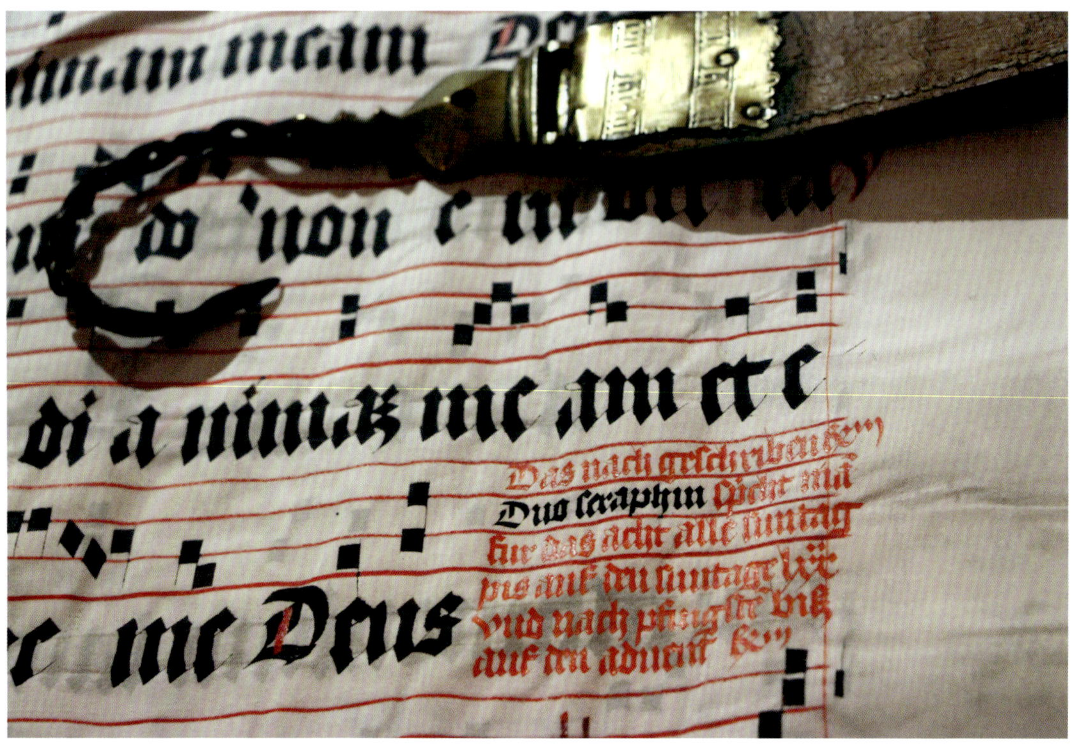

Deutsche Rubriken in einem liturgischen Codex der Klarissen von Eger (Städtisches Museum Cheb)

gleich mehrere Sendbriefe, darunter Eberhard Mardachs ›Sendbrief von wahrer Andacht‹ und den ›Sendbrief vom Betrug teuflischer Erscheinungen‹. Weitere Sendbriefe enthält der Prager Cod. XVI. G. 24. Eine dem Sendbrief ähnliche Funktion nimmt die verschriftete Predigt ein. War das Wort verklungen, konnten die Schwestern es doch immer wieder nachlesen: etwa die 1522 gepredigten Worte des geschätzten *peicht vatter* Johannes Vogel [3].

Natürlich fehlen die Klassiker spätmittelalterlicher Frömmigkeit nicht. Es ist eine Frömmigkeit der Passion, der Nachfolge Christi: der schmerzhafte Nachvollzug des Leidensweges in Worten und Taten, der im Kloster sicher auch

entsprechende Übungen hervorbrachte. Vorbildhaft wirkten hier Heinrichs von Sankt Gallen Passionstraktat, den die Schwestern in zwei Redaktionen besaßen, von denen eine noch den Besitzvermerk des Nürnberger Klarenklosters enthält, und die ›Imitatio Christi‹ des Thomas von Kempen [4]. Man muss sich diese Werke im Zusammenhang der aus dem Kloster überlieferten Bildkunst und Skulptur vorstellen. Intensives Gotteserleben wurde mit allen Sinnen gereizt.

In diesem Zusammenhang stehen auch die Schriften der deutschen Mystik. Die Dominikaner Meister Eckhart, Johannes Tauler und Heinrich Seuse gehören hierher. Sie sind sozusagen ein

Geschenk der Nürnberger Dominikanerinnen. Hinzu tritt der ›Frankforter‹, dessen ›Theologia deutsch‹ ebenso präsent ist wie der Straßburger Gottesfreund Rulman Merswin oder die Offenbarungen der Birgitta von Schweden [5]. Diese und viele weitere Texte gelangten mit den Reformschwestern aus Nürnberg nach Eger. Profil und Datierung der Handschriften lassen erkennen, dass das Skriptorium auch nach dem Rückzug der Nürnbergerinnen noch arbeitete und dass neue Texte neuer Autoren hinzu traten.

Anmerkungen
[1] Nachweise: Prag, NB/UB, Cod. VI. G. 16a, Cod. VII. G. 26; Cod. XIV. G. 51; Cod. VII. G. 19; Cod. XII. F. 14.
[2] Nachweise: Prag, NB/UB, Cheb MS. 147; Cod. XVI. G. 34; Cod. XVI. D. 16; Cod. XVI. E. 15; Cod. XVI. G. 19.
[3] Nachweise: Prag, NB/UB, Cheb MS. 45/330 [9]; Cod. XVI. G. 33/2; Cheb MS. 46/95 [29].
[4] Nachweise: Prag, NB/UB, Cheb MS. 46/127 [59]; Cod. XVI. G. 25.
[5] Nachweise: Prag, NB/UB, Cheb MS. 45/330 [9]; Cod. XVI. G. 24; Cod. XVI. F. 1.

DIE SCHAUBIBLIOTHEK WALDSASSEN

Das Zisterzienserkloster Waldsassen gehörte im strengen Sinne zu keiner Zeit zum Territorium der Vögte. Allerdings gab es zahlreiche Berührungen. Sie finden sich seit 1214 in Urkunden der Vögte von Weida und von Plauen, und sie ziehen sich kontinuierlich durch die Jahrhunderte. Substantiell werden sie ab etwa 1257. Heinrich VII. »der Rote« von Weida (1254–1260) ist in diesem Jahr als *iudex provincialis in Egra* gleich bei mehreren Übertragungen von Besitz an Waldsassen zugegen. In der Hauptsache bleiben es Rechtsakte, bei denen die Vögte von

Amts wegen zeugen, in deren Gefolge auch Kontroversen auftreten können, in die sie sich sogar selbst verwickelten. 1284 muss der Papst einen Besitzstreit des Klosters mit den Vogtsfamilien schlichten lassen [1].

Der gewichtigste Grund für die Einbeziehung Waldsassens ist freilich seine Bedeutung für Mildenfurth (→ S. 59f.). Eine Urkunde vom 1. April 1313 liest sich zunächst wie eine Fehlmeldung. Ihr zufolge hat sich das Prämonstratenserstift »nicht nur dem Schutz des Klosters Waldsassen unterstellt, es hat den Übertritt zum Zisterzienserorden vollzogen, die Benediktinerregel und die Zisterzeinsergewohnheiten angenommen.« Dieser Übertritt war natürlich viel mehr als eine geistliche Angelegenheit: »Das Kloster selbst, seine sämtlichen Güter und Rechte werden Waldsassen übertragen.« [2]. Diese Urkunde freilich steht ganz für sich allein. Im selben Jahr stellte der Bischof von Naumburg eine Urkunde aus, aus der nichts weiter über den Ordenswechsel zu erkennen ist, und ebenso wenig findet sich darüber in Urkunden der folgenden Jahrzehnte. Mildenfurth blieb bis zu seiner Aufhebung ein Prämonstratenserstift.

Gleichwohl kam die Urkunde vom April 1313 schwerlich aus dem Nichts. Die Verbindung der beiden Klöster muss in den voraufgehenden Jahrzehnten eine gute gewesen sein. Wir verdanken dieser Verbindung einige bedeutungsvolle Dokumente für die Geschichte Mildenfurths. Im Kopialbuch von Waldsassen findet sich etwa der einzige Textzeuge der Gründungslegende Arnolds von Quedlinburg, und auch ein früher Mildenfurther Nekrolog (1193–1280) hat in die Waldsassener Sammlung wichtiger Dokumente Eingang gefunden [3].

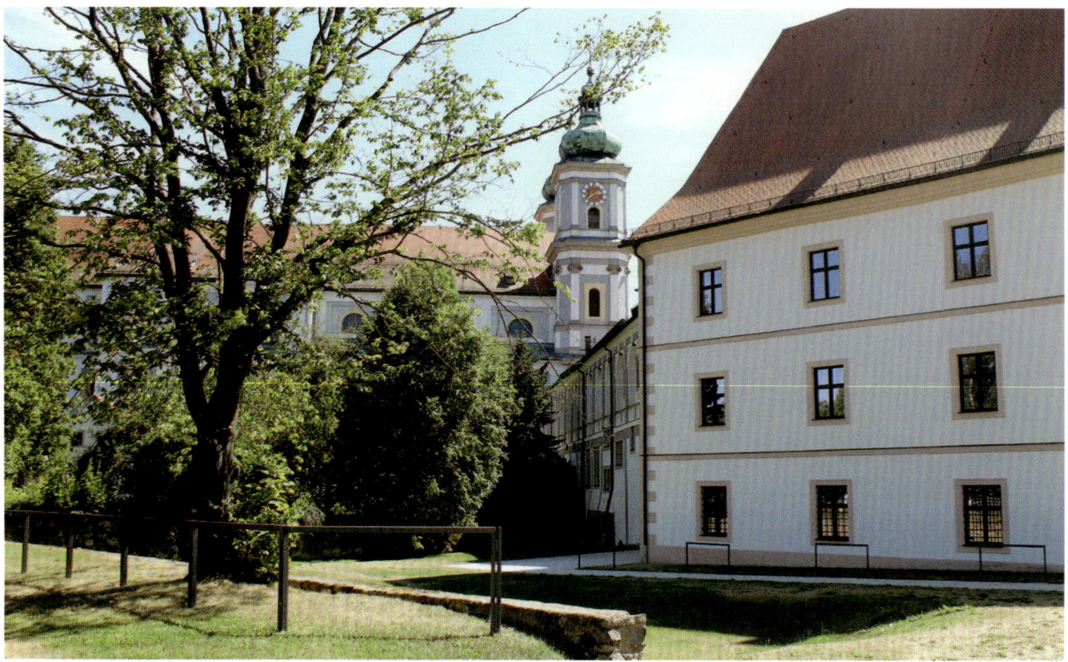

Im Kloster Waldsassen kann man die alte Schaubibliothek besichtigen

Waldsassen besaß bereits im späten Mittelalter eine Bibliothek. Sie erlitt freilich, wie das Kloster, mehrere Zerstörungen. Bedeutung erlangte sie erst nach der Rekatholisierung der Oberpfalz (1661). Sie befindet sich heute im Westtrakt des Klostergebäudes und zählt zu den bedeutendsten Schaubibliotheken der Welt [4]. Dafür sind keineswegs die Bestände verantwortlich. Sie wurden dem Kloster mehrheitlich im 20. Jahrhundert zur Verfügung gestellt, damit die Regale nicht leerstehen. Die Regale nämlich sind es vor allem, um die es in Waldsassen geht. Sie wurden umlaufend in dem 25 × 8 m großen, von einer flachen, mit Stuck und Bildschmuck verzierten Längstonne überwölbten Bibliothekssaal angebracht. Lebensgroße, kunstvoll geschnitzte Figuren stemmen die Empore, ohne sie wirklich zu tragen. Es sind raffiniert konzipierte Narrenfiguren, die sich unter Abt Eugen Schmid (reg. 1724–1764) zum Bibliotheksdienst einstellten. Der zornige Narr ballt die tragende Faust, der dumme und faule Narr mit seinen Eselsohren stützt die Empore nur mit seinen Fingern. Dem Eigenbrötler nisten Mäuse im langen Bart, und der Aufschneider zückt sinnenfällig ein Aufschneidemesser. Der Bibliothekssaal ist nur mit einer Führung zugänglich. Man sollte sie aber in jedem Fall nutzen.

Anmerkungen
[1] Belege: UB Vögte I, Nr. 42; UB Vögte I, Nr. 109, 110, 111; UB Vögte I, Nr. 173, 338, 392; UB Vögte I, Nr. 359; UB Vögte I, Nr. 217.
[2] UB Vögte I, Nr. 438; DIEZEL, S. 68.
[3] Vgl. DIEZEL, S. 53 f.
[4] Maßgeblich ist die kunsthistorische Monographie von HEIDRUN STEIN.

SAKRALKUNST DES MITTELALTERS

Das mittelalterliche Vogtland war keine eigene, in sich geschlossene Kunstlandschaft. Sie hatte nicht das eine Zentrum, in dem sich mit der Zeit ein spezifischer Stil hätte ausfalten können, der dann in die Peripherie abstrahlte. Sie stand vielmehr zu verschiedenen Zeiten unter dem Eindruck verschiedener Zentren, die man aus vogtländischer Sicht eher Ex-Zentren nennen sollte. Im Süden war Hof ein Impulsgeber, im Westen Saalfeld und, weiter nördlich, Erfurt, im Norden Altenburg, im Nordosten Zwickau, im Südosten Eger. Im Reformationszeitalter kommt dann noch der Wittenberger Einfluss hinzu. Dagegen scheinen sich in den Residenzen Gera, Greiz, Schleiz, Weida, Plauen oder Oelsnitz lange keine lokalen Kräfte entfaltet zu haben. Will man für das Vogtland auch kunsthistorisch am Begriff der »Durchgangslandschaft« festhalten, müsste man erkunden, wer hier seine Spuren hinterlassen hat.

Im Bereich der Architektur lässt sich nur ein sehr undeutliches Bild gewinnen. Zu viel ist überformt, zu viel vernichtet worden. Der von der Romanik geprägte Weidaer Raum ist dabei ein Gebiet für sich. Mildenfurth lässt bald nach 1200 Naumburger Einfluss erkennen. Gut dokumentiert ist das Wirken der Bauhütten, die sich im 15. Jahrhundert in Eger entfalteten. In Oelsnitz und Plauen griff man, wenn es um Reparaturen an den Kirchbauten ging, auf Werkstätten aus Eger zurück. Die sächsische Spätgotik, die gekennzeichnet ist etwa durch die Vorhangbogenfenster und Türlaibungen Arnolds von Westfalen, fand bevorzugt an Profanbauten ihren Ort.

Besser sieht es mit der Sakralkunst im engeren Sinne aus. Wie ein roter Faden ziehen sich Spuren des bedeutenden Zwickauer Bildschnitzers Peter Breuer (ca. 1472–1541) durch die Dorfkirchen des sächsischen Vogtlands. Wir finden seine Altäre und Kruzifixe etwa in Steinsdorf, Neumark, Rodewisch, Röthenbach, Stangengrün, Wernsdorf oder Kirchberg. Frühere Arbeiten (vor 1500) scheint er im Geraer Raum ausgeführt zu haben (Söllmnitz, Hirschfeld). In Thüringen dominierte um diese Zeit die Saalfelder Schule, deren wichtigstes Exponat im Vogtland der Münchenbernsdorfer Altar des Valentin Lendenstreich (1505) sein dürfte. Aus Breuers Umfeld stammte wohl Michael Heuffner aus Eger, der in Zwickau wirkte (1486–1511), den wir aber auch in Hof treffen. Hier gab es wichtigere Werkstätten, deren Fingerabdruck wir noch im südlichen Thüringer Vogtland finden. Einem namenlosen ›Vogtländischen Meister‹, der bis etwa 1525 in Plauen und Elsterberg wirkte, schrieb man Altäre und Einzelfiguren in Langenbuch, Theuma

(1512), Thossen, Syrau und Oelsnitz zu. Werkstätten von Rang, die etwa für die bedeutenden Skulpturen der Bettelordensklöster verantwortlich zeichnen, befanden sich dann vor allem in Eger.

Vieles ist durch die Reformation, durch Brände und Kriege verloren gegangen. Allein das fränkische Vogtland zeigt noch substantielle Reste jener alten Ausmalung der Kirchen, die in Sachsen und Thüringen weitgehend vernichtet wurden. Manches wurde der Region durch Verlagerung entzogen. Man denke etwa an den Altar, den Hertnid von Stein 1465 in St. Michael in Hof stiftete und der in der Alten Pinakothek in München ein wenig verloren wirkt, oder an den Altar von Kirchgattendorf, der sich heute im Bamberger Dom befindet. Anderseits gelangte manches von dem, was die Kirchen und Museen des Vogtlandes heute beherbergen, erst wesentlich später hierher. Ein gutes (und qualitätvolles) Beispiel ist der Schnitzaltar Erfurter Provenienz (um 1490) in der Lutherkirche in Plauen, der bis 1722 in St. Thomas in Leipzig stand. Aber auch im Kleinen wurde viel verlagert und getauscht, und dies keinesweg unter kunsthistorisch-antiquarischem Aspekt.

Kirche St. Marien in Gera-Untermhaus (→ S. 52)

LENDENSTREICH-ALTAR IN MÜNCHENBERNSDORF

Die St. Mauritius-Kirche in Münchenbernsdorf, romanisch gebaut und gotisch vergrößert, »stand, wie es scheint, trotz der Verschiedenheiten einheitlich, stattlich und schön da, bis Zerstörungen, welche namentlich das Langhaus

betroffen zu haben scheinen, sowie Veränderungen, dann Wiederherstellungen und Erneuerungen erfolgten.« [1] Unberührt von all dem blieb indes eine Spitzenleistung spätgotischer Schnitzkunst: ein am Schrein auf 1505 datierter, 1506 der Kirche übereigneter Flügelaltar des Saalfelder Bildschnitzers Valentin Lendenstreich [2]. Es ist, von seinem Thema her, ein Marienaltar. Auf den gemalten Außenflügeln korrespondieren die Gottesmutter und ihr Sohn. Beide haben die Arme verschränkt: die Mutter in Demut, der Sohn in Fesseln. »Im Mittelschrein kniet Maria zwischen Gottvater und Christus, welche die Hände segnend über sie halten, während die Krone ziemlich hoch über ihr von zwei Engeln gehalten wird; zu ihren Seiten in grossen Figuren heilige Bischöfe, links wohl Bonifacius mit einem Buch in der Linken ohne weiteres Abzeichen [...], rechts Benedictus mit dem Becher in der Linken, dem Schweisstüchlein [des abgebrochenen Bischofsstabes] in der Rechten.«[3] Auf den Innenseiten der Flügel befinden sich kleinere Reliefgruppen. Sie stellen die einschlägigen Etappen im Leben der Gottesmutter von der Verkündigung über die Heimsuchung und Anbetung der Könige bis hin zum Tod im Kreis der Apostel dar. Weil wir dem Marientod noch mehrfach begegnen werden, sei er kurz mit Lehfeldt charakterisiert: »Am wirksamsten ist das Relief vom Tode Marias, wo die Apostel in mannigfachen Stellungen thätig oder wenigstens theilnehmend dargestellt sind; zu Häupten der im Bett liegenden Maria wohl Johannes, ein Weihrauchgefäss öffnend, Jacobus der Jüngere mit dem Licht, der Sterbenden die Hand reichend, dahinter der ältere Jacobus, am Pilgerhut kenntlich, Petrus bereits mit der päpstlichen Krone, ein Gefäss in der

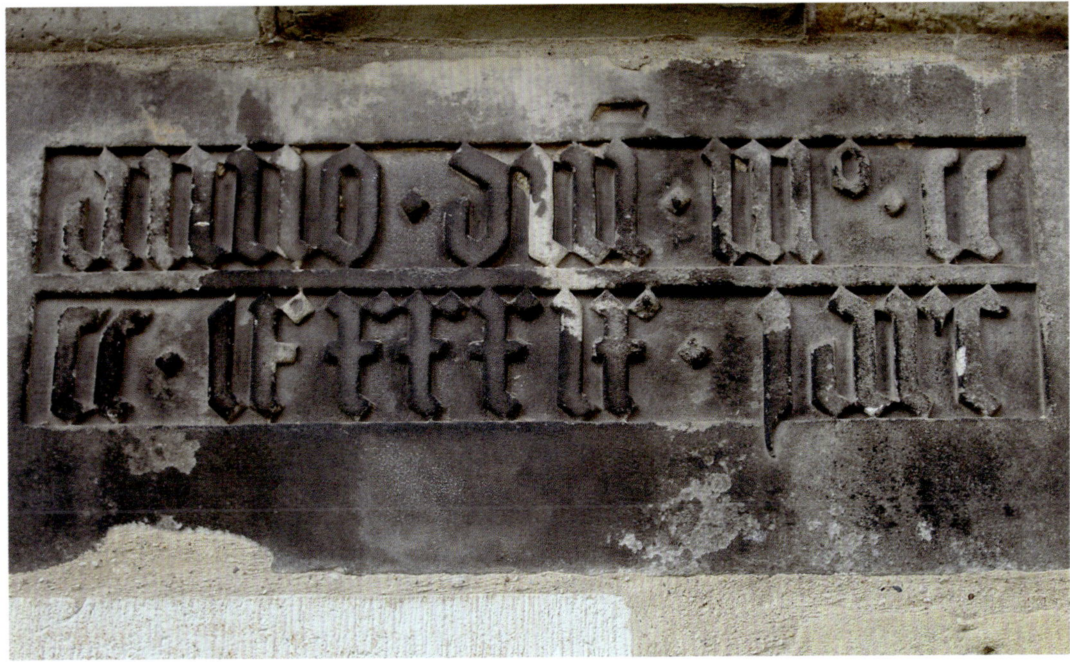

Bauinschrift (1499) an der Kirche in Münchenbernsdorf

Hand, wohl Matthäus am Fuss-Ende des Bettes, die anderen Jünger vertheilt, drei von ihnen aus einem Buch laut lesend.« [4]. Bereits LEHFELDT fand nur lobende Worte für die Heiligen: »Die Figuren, besonders die einzelnen, sind sehr schön und würdig, der Kopf der heil. Anna edel, der der Margaretha, wenn auch etwas schief modellirt, durch den innigen Ausdruck fesselnd. Die Männer sind individuell gehalten.« [5]. Insgesamt steht als Urteil über den Altar, dass er »mehr Verwandtschaft mit der Kunst Riemenschneiders als andere Altäre, die von Lendenstreich geliefert worden sind«, zeige [6].

Anmerkungen
[1] LEHFELDT, Neustadt, S. 305. Eine Bauinschrift an einem Strebepfeiler der Chorsüdseite datiert 1499.
[2] Seine Lebenszeugnisse sind zusammengestellt bei KOCH.

Für den Münchenbernsdorfer Altar wird neuerdings eine Zusammenarbeit mit Hans Gottwald erwogen; vgl. WERNER, Flügelaltar. Eine Abbildung bei MERTENS, S. 86. Analysen bei LEHFELDT, Neustadt, S. 307–310; MERTENS, S. 169f.; VON HINTZENSTERN, S. 15–20.
[3] LEHFELDT, Neustadt, S. 308.
[4] LEHFELDT, Neustadt, S. 310.
[5] LEHFELDT, Neustadt, S. 308.
[6] MERTENS, S. 170.

GLASFENSTER ZU ST. VEIT IN WÜNSCHENDORF

Die Kirche des Heiligen Vitus in Wünschendorf, die 1170 neu geweiht wurde, gehört zu den ältesten Kirchenbauten Thüringens. Sie beherbergt auch zwei der ältesten gläsernen Rundfenster Thüringens. Es handelt sich freilich um Reste

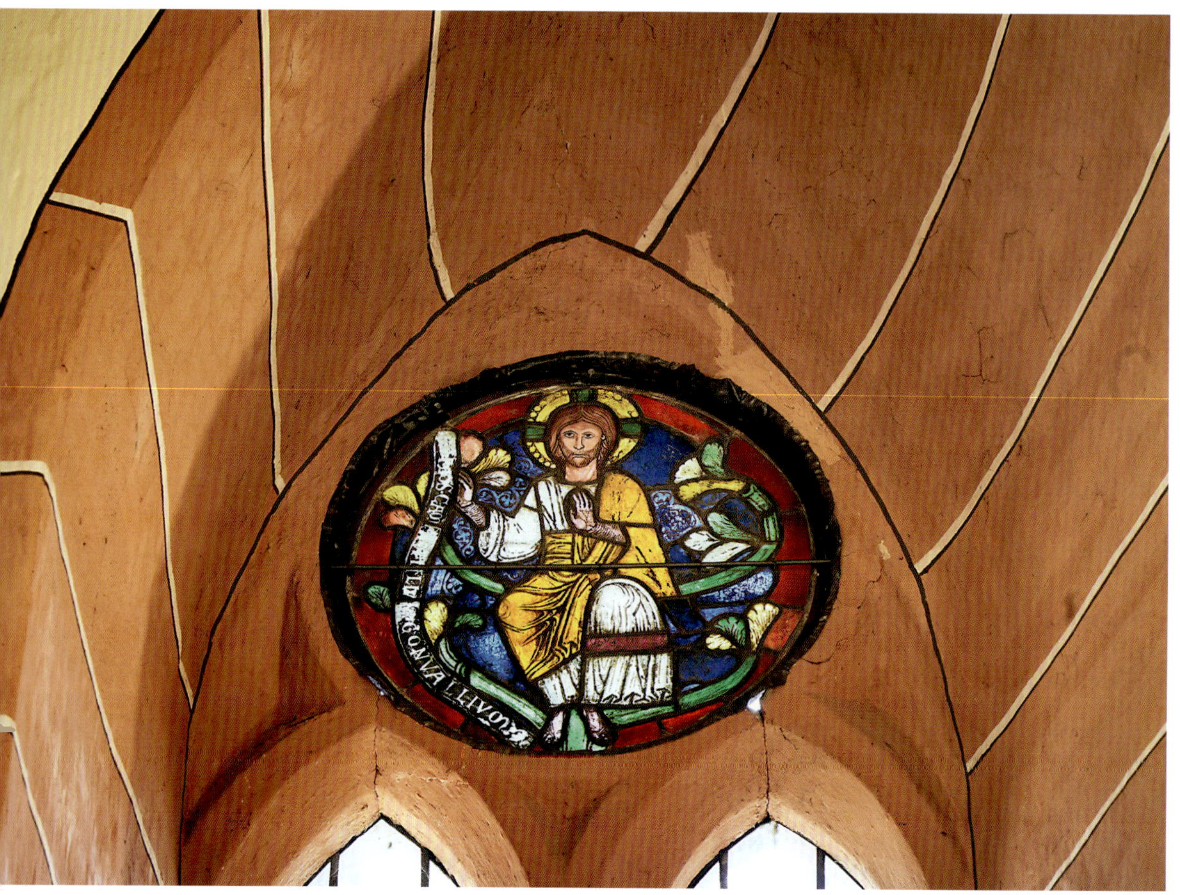

Das Rundfenster der Kirche in Wünschendorf gehörte im 12. Jahrhundert zu einer ›Wurzel Jesse‹

von Resten: Teilstücke aus einem um 1180 datierenden Fenster, das einst die ›Wurzel Jesse‹ vorstellte. Wir wissen, dass die Glasfenster der »Gründerzeit« um 1470 in den neuen gotischen Chor überführt wurden. Sie werden bereits im romanischen Chor ihren Platz gehabt haben, gehört die ›Wurzel Jesse‹ doch zu den zentralen christlichen Denkmustern, auf die beständig in Liturgie und Predigt verwiesen wurde [1].

Isai oder Jesse gilt den Evangelisten (Mt 1, Lk 3, 23–38) und der Apokalypse (22, 16) als Va-

ter König Davids und Begründer der Ahnenreihe Christi. Die Auslegung stützt sich auf die Verse Jes 11, 1–2: »Und es wird eine Rute aufgehen von dem Stamme Isais und ein Zweig aus seiner Wurzel Frucht bringen.« Sie schließt, wie es typologischem Denken vertraut war, an die klangliche Nähe des lateinischen *virga* (Rute, Zweig) und *virgo* (Jungfrau) an. Der Zweig, der da aus Jesse emporwachsen wird, ist den christlichen Deutern die Jungfrau Maria, die Frucht Christus. Damit war die doppelte, für das Christentum wichtige

Herleitung Christi als Sohn Gottes und Abkömmling König Davids gesichert. Ausgangs des 11. Jahrhunderts bildete sich dann ein Bildtypus heraus, der diese Genealogie versinnbildlicht: der Stammbaum Christi bzw. die ›Wurzel Jesse‹. Aus dem am Boden schlafenden Jesse wächst ein Baum empor, der in Maria und Christus kulminiert. Auf dem Astwerk tummeln sich mit der Zeit allerlei alttestamentliche Vorfahren Christi, die wiederum flankiert werden von Prophetenfiguren, die die Genealogie ›beglaubigen‹ (vgl. unten zu Bad Steben). Die Matrix ›Wurzel Jesse‹ erlaubte den Ausbau.

Die frühen Veitsberger Fenster, von denen sich nur König David und Christus erhalten haben, werden allerdings einen reduzierten Kanon geboten haben: Jesse, David, Maria und Christus. Man hat das aus den vergleichbar alten Fenstern in Soest (um 1160) und Arnstein/Lahn (um 1172) geschlossen [2]. In der Krone des Stammes thront der Sohn Gottes. Er hat damit, wie es heißt, »den Stuhl seines Vaters David« eingenommen (Lk 1, 32). In seiner Rechten trägt er ein Spruchband, das einen klassischen Vers des Hohen Liedes ziert: »Ich bin eine Blume des Feldes und eine Lilie der Täler« (Hl 2,1). Diese Worte, die im Hohen Lied die Braut spricht, sind hier typologisch zu verstehen als Worte des Bräutigams Christus an seine Braut, die Kirche. Als Element einer ›Wurzel Jesse‹ ist dieser Vers sehr selten anzutreffen. Er findet sich freilich im Evangeliar Heinrichs des Löwen (vor 1188). Es ist daher erwogen worden, dass die Weidaer, die zunächst als Ministeriale des Welfen am Braunschweiger Hof zugegen waren, die Ikonographie von ihrem alten Dienstherren importiert haben könnten [3]. Aus stilgeschichtlicher Sicht lassen sich keine

regionalen Anknüpfungspunkte aufzeigen. Bezugsgrößen bleiben Soest, Corvey, Arnstein und Helmarshausen bzw. Braunschweig [4].

Trotz aller Verluste schützte und restaurierte man über die Jahrhunderte, was irgend zu erhalten war. In den 1970er Jahren wurden Kopien angefertigt. Heute sieht der Betrachter den König in Kopie, Christus hingegen im Original.

Anmerkungen

[1] Vgl. CVMA, S. 273. Lehfeldt, Neustadt, erkannte die Ikonographie noch nicht. Für ihn ist David, den er nicht identifizierte, »ein langgelockter, bärtiger, ernst-milder Fürst mit goldener, mit Perlen etc. besetzter Mütze, einem quer schwarz und gelb (wettinisch) gestreiften, unten grünen Rock und rothem Mantel« (S. 354).
[2] CVMA, S. 279: »Beigeordnete Medaillons mit weiteren königlichen Vorfahren Christi oder Propheten […] sind für das dem älteren Kompositionsschema verpflichtete Veitsberger Fenster wohl auszuschließen.«
[3] CVMA, S. 283.
[4] Vgl. CVMA, S. 283–286.

PRÄMONSTRATENSERSTIFT MILDENFURTH

Wer Mildenfurth dezidiert unter kunsthistorischem Aspekt besucht, kann sich in diesem Palimpsest leicht staunend verlieren. Dreierlei klingt in der Anlage zusammen: die romanische Architektur der Stiftskirche, ihre Überschreibung durch das Schloss des 16. Jahrhunderts und ihrer beider »Bevölkerung« durch die Skulpturen Volkmar Kühns. Wer wenig Zeit hat, sollte sein Augenmerk auf einen Dreiklang besonderer Art richten: das alte Westportal der Kirche aus dem 12. Jahrhundert, das Portal am Schlossturm aus dem 16. Jahrhundert und, sozusagen zwischen beidem, Volkmar Kühns Plastik ›Eingesessen‹ aus dem frühen 21. Jahrhundert.

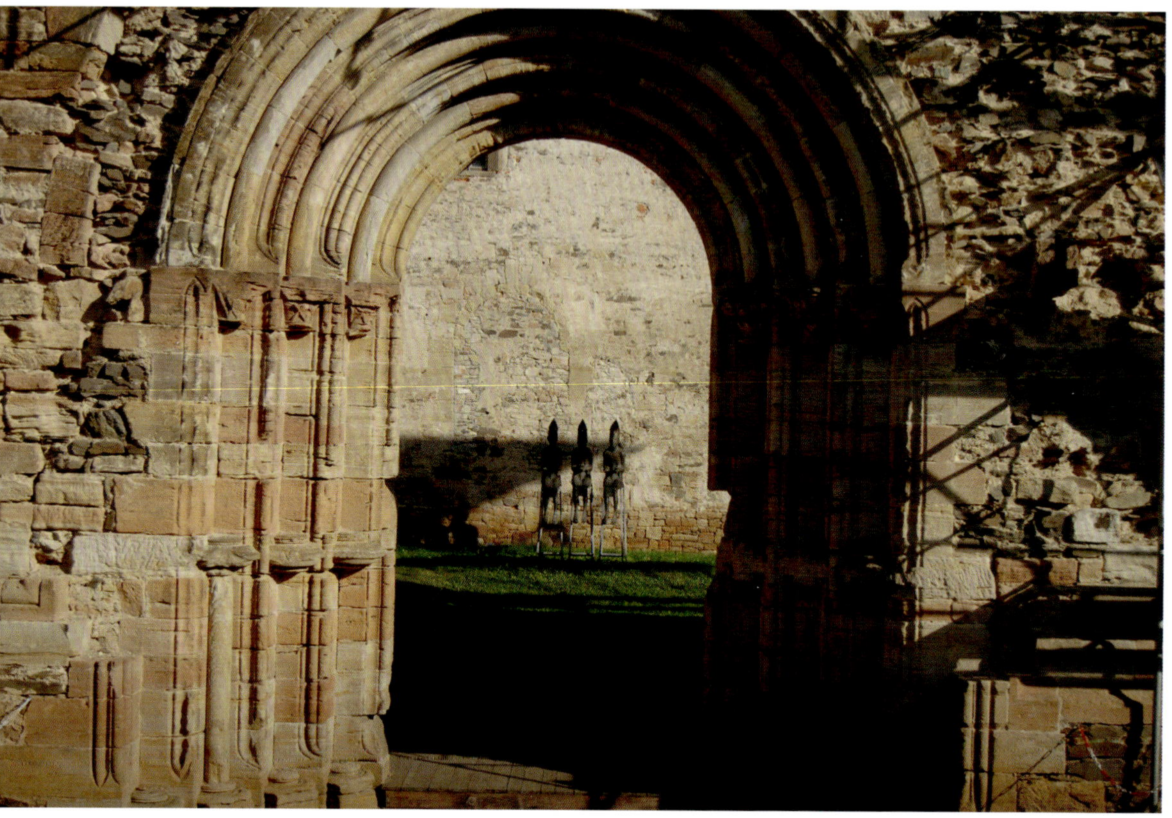

Das Westportal der verschwundenen Mildenfurther Stiftskirche

WESTPORTAL DER ALTEN STIFTSKIRCHE

Das erste, was der Besucher Mildenfurths heute gewärtigt, sobald er die Straße verlassen hat, sind die durch Gerüste gestützten und durch ein Dach geschützten Reste des rundbogigen Westportals. Es steht heute, wie ein Triumphbogen, quasi bezugslos in der Landschaft, oder besser: es stünde, wenn es nicht gleichsam als Rahmung der bronzenen Dreiergruppe (›Eingesessen‹, s. u.), die sich so dezent wie neckisch im Hintergrund hält, eine neue Funktion erhalten hätte.

Man muss im Geiste ganz ungeheure Ergänzungen vornehmen, um die alte Stellung des Portals als Eingang der Stiftskirche zu vergegenwärtigen [1]. Zu ergänzen sind die beiden Türme, die, wie in Prämonstratenserkirchen üblich, das Portal flankierten und mit denen es den Westriegel bildete. Zu ergänzen sind aber vor allem die Seitenwände des Langhauses, die, von den Türmen ausgehend, beträchtlich am noch erhaltenen Baukörper des Schlosses vorbeiführen. An der Südseite schlossen sie mindestens den jüngeren Treppenturm mit ein und reichten bis zur (erhaltenen) Apsis im Osten. Analog wäre

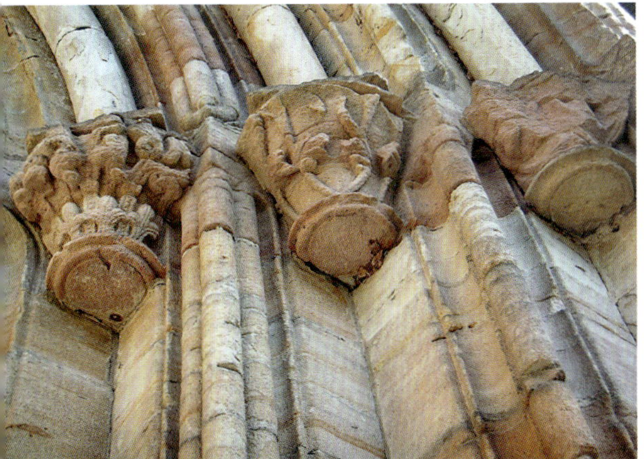

Kapitelle am Westportal

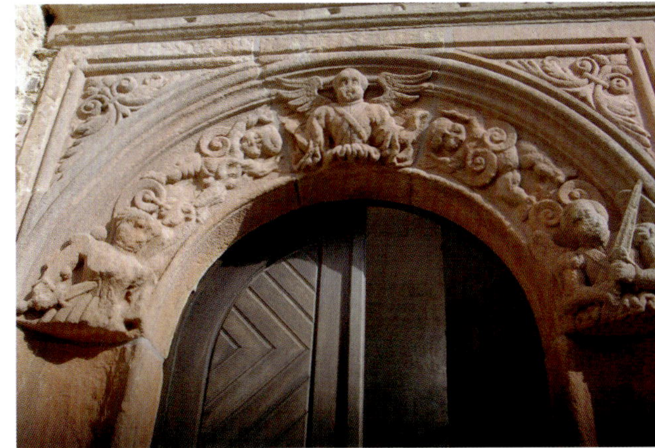

Lucretia führt den Dolch gegen sich selbst, Judith das Schwert gegen Holofernes

die nördliche Langhauswand zu denken, die ebenfalls durch eine (verlorene) Apsis beschlossen wurde [2]. All dies wurde beim Umbau zum Schloss abgerissen.

In der Laibung des Portals fallen die Kapitelle ins Auge. Sie wurden, wie man festgestellt hat, bereits im bearbeiteten Zustand eingesetzt, nicht in situ bearbeitet. So verschieden sie in ihrer Gestaltung anmuten, so sehr gehören sie doch als Block zusammen. Das wird deutlich, wenn man sie mit anderen Kapitellgruppen innerhalb der Anlage vergleicht. Verschiedene Indizien sprechen dafür, dass die Aufmauerung des Westriegels zu den ersten Baumaßnahmen am Stiftskomplex gehörte [3].

Anmerkungen

[1] Durch das »einst prächtige Hauptportal« (DIEZEL, S. 194) betraten aber vor allem die Laien die Kirche. Die Brüder hatten andere Zugänge.

[2] Rekonstruktionsversuche bei EICHHORN, S. 30, 34, 118 u.ö.

[3] Vgl. EICHHORN, S. 49.

JUDITH UND LUCRETIA-PORTAL AM SCHLOSS

Am Portal aus rotem Sandstein, das linker Hand ins Schloss, rechter Hand in den Schlossturm führt, befinden sich zwei Halbkörper-Figuren. Wind und Wetter haben ihnen arg zugesetzt. Dennoch ist das Wesentliche noch erkennbar. Auf der rechten Seite sehen wir, das Schwert in der Hand, die biblische Judith; auf der linken Seite Lucretia, die den Dolch gegen sich selbst führt. Festgehalten sind zwei Augenblicke äußerster Standhaftigkeit: die biblische Judith, eine fromme Witwe aus Bethulia, betört den die Stadt belagernden Feldhauptmann Holofernes, bevor sie ihm eigenhändig den Kopf vom Rumpf trennt und so ihre Stadt aus dem Würgegriff befreit. Die ob ihrer Keuschheit gerühmte Römerin Lucretia, die, verheiratet, vom Prinzen Sextus Tarquinius geschändet wurde, stößt sich vor Scham den Dolch in die Brust, was in der Konsequenz zum Sturz der Tarquinier und zur Abschaffung des Königtums führt.

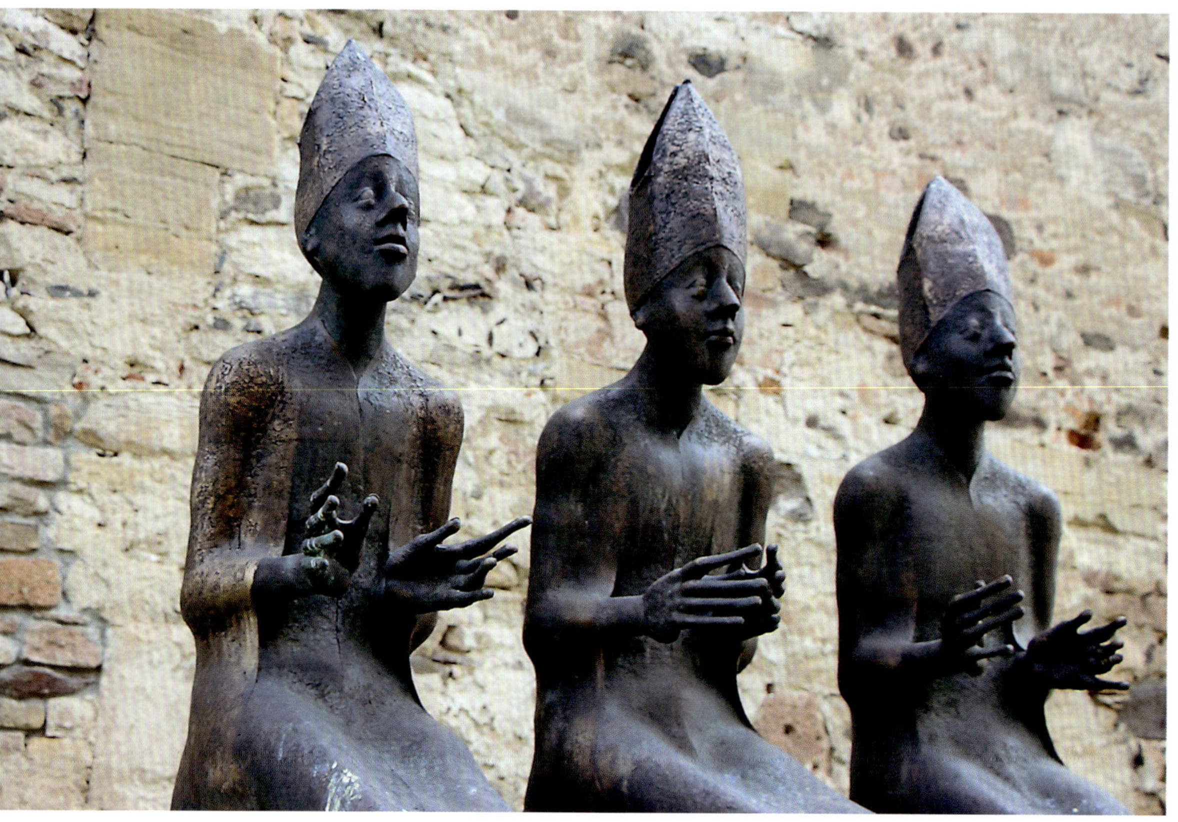

Durch das Westportal kann man drei verzückte Würdenträger (›Bischöfe‹) des Bildhauers Volkmar Kühn erblicken

Judith wie Lucretia gehörten im 15. Jahrhundert in eine Riege von neun außergewöhnlichen Frauenfiguren, die als Personifikationen der Keuschheit, Tapferkeit und Frömmigkeit galten. In der Hofkunst der Wittenberger wurden beide schon vorreformatorisch ins Bild gesetzt. Besonders die Cranach-Schule scheint Auswirkungen auf die mal mehr, mal weniger bekleidete Darstellung des Frauen-Doppels gehabt zu haben [1]. In der ersten Hälfte des 16. Jahrhunderts bildete sich das ungleiche Paar zum feststehenden Topos heraus. Judith und Lucretia flankierten die Eingänge nicht nur fürstlicher Residenzen, sondern auch von Bürgerhäusern in Görlitz oder in Chemnitz. »Es war nicht mehr das Privileg des Adels, sich auf diese Weise darstellen und porträtieren zu lassen. Das Bürgertum ergriff Besitz von der Renaissancebaukunst, damit auch von deren Bilderwelt.« [2].

Die Mildenfurther Portalfiguren stammen aus der Mitte des 16. Jahrhunderts. Sie fügen sich damit zwanglos in die Judith-Lucretia-Mode der Zeit. Deren Geschichte ist freilich noch nicht geschrieben. Sie erforderte eine breitere Materialbasis, die Anlass zur Differenzierung in der Ikonographie gäbe; sie hätte aber auch den Ansichten der Wittenberger Reformatoren über die Rolle(n) der verheirateten Frau nachzugehen [3].

Anmerkungen
[1] Vgl. WEINGART, S. 123f.
[2] WEINGART, S. 124.
[3] Die Mildenfurther Judith ist geflügelt, deswegen aber kein Erzengel Michael. Vgl. Nagel.

VOLKMAR KÜHN, ›EINGESESSEN‹ (2006)

Seit 1968 lebt der Skulpteur Volkmar Kühn (geb. 1942) in bzw. neben den Ruinen des Stiftes bzw. Schlosses. 1970 baute er sich die alte Stallung zu Atelier und Wohnung um. Seitdem ist Volkmar Kühn ›der Bewohner‹ des Areals. Seine Skulpturen halten Lebens-Geist in den geschundenen Mauern. Wer von der Straße aus Wünschendorf herankommt und neugierig durch das erhaltene Westportal der Kirche blickt, sieht in der Ferne, wie auf Barhockern, in einer Reihe drei bronzene Figuren sitzen, die durch die Mitra als ranghohe Geistliche, näherhin als Bischöfe chrarakterisiert sind. Kühn schuf die Dreiergruppe ›Eingesessen‹ 2006. Unter diesen dreien, die einander so ähnlich sind und doch durch die Gebärden ihrer Hände und die Haltung ihrer Köpfe nicht gleichen, ist der mittlere als Bischof von Naumburg anzusprechen. »Das Symbol seiner Bischofswürde, tief in die Stirn gezogen, formt, vollkommen geschnitten, das Oval seines Antlitzes. Während die Mitra die darunter liegende Schädelform verhüllt, zeigt die plastische Gestaltung des Ordenskleides ›die in etwa tatsächliche Dichte der Gliedmaßen … (wie bei) einem Engel, die man in dünne Gewänder gekleidet darstellt, welche sich durch den Wind

eng an ihre Glieder schmiegen.‹ (Leonardo da Vinci). Dem himmlischen Gesandten gleich, verkündet er die Botschaft eines artifiziellen Problems, das er gestisch mit gespreizten Fingern zu umschließen sucht. Die Anmutung blockhafter Geschlossenheit betont die irdische Gegenwart der erhabenen Gewandfigur. Der Naumburger Domherr avanciert so zum Prototyp für die Vorstellung kirchlicher Repräsentation, die Volkmar Kühn überlebensgroß für den Klostergarten und im kleinplastischen Werk gleich mehrfach modelliert.« [1].

Wer die Augen der bewegten Frommen sucht, folgt ihrem Blick in die Unendlichkeit. Erst beim zweiten Hinsehen fällt auf, dass die Kutten der Würdenträger weit hochgerutscht sind und der Bischof erstaunlich viel ›Bein zeigt‹. So mag man im Zusammenspiel von frommer Verzückung, missionierendem Ritual und gekürzten Gewändern einen Hinweis auf die »menschliche Fehlbarkeit« der Vertreter Gottes auf Erden erblicken [2].

Im Bann der Figuren-Trinität übersieht man leicht ein paar Unstimmigkeiten, die sich oft ergeben, wenn erläuternder Text hinzutritt. Die Mitra charakterisiert ausschließlich Bischöfe; unmöglich kann sie auch die Würdenträger niederen Ranges »zur Rechten und Linken« kennzeichnen. Anderseits ist das Nebeneinander gleich dreier Bischöfe, bei realistischer Auffassung, kaum vorstellbar. Dass dieser Bischof »Heinrich von Naumburg« heißen soll [3], beruht zudem auf Kontamination und Verwechslung. Zur Gründung Mildenfurths erteilte der Erzbischof Ludolf von Magdeburg seinen Segen, da die ersten Brüder aus Magdeburg kamen. »Heinrich« hieß der Vogt von Weida, der die Abtei ins

Leben rief. Bischöfe »Heinrich von Naumburg« hat es in der Naumburger Bistumsgeschichte zwar gegeben, doch standen weder Heinrich I. von Grünberg (1316 – 1355), noch Heinrich II. von Stammer (1466 – 1481) in einer nachweisbaren Beziehung zu Mildenfurth. So ist Volkmar Kühns ›eingesessener‹ Bischof in mehrfacher Hinsicht eine Kunstfigur.

Anmerkungen
[1] REINHÖFER, S. 48 f.
[2] REINHÖFER, S. 49.
[3] Vgl. REINHÖFER, S. 48.

HAUPTKIRCHE ST. MARIEN IN WEIDA

Zwischen September und Dezember 1934 wurde das letzte erhaltene Fragment einer weitgehend zerstörten Wandmalerei, die sich an einer Außenwand über dem inneren Portal des Westvorraums der Widenkirche (→ S. 63 f.) befand, fachgerecht abgetragen und in den Kirchenraum der Weidaer Hauptkirche St. Marien (→ S. 352 f.) überführt. Dargestellt ist der Tod Mariens und die Aufnahme ihrer Seele in den Himmel. Das Wandbild stand, wie Putzreste in der Widenkirche erkennen lassen, ursprünglich im größeren Zusammenhang. Ohnehin dürfte es Ausschnitt einer größeren Komposition gewesen sein.

Der Tod der Gottesmutter ist kein biblisches Ereignis. Allerdings bildeten sich seit dem 5. Jahrhundert Legenden heraus. Die ›Legenda aurea‹ weiß zu berichten, wie der alternden, von Sehnsucht nach ihrem Sohn bewegten Maria der Engel Gottes erschien und ihr den Palmzweig der Märtyrer brachte. Maria bittet ihn, »daß meine lieben Söhne und Brüder, die Apostel, allesamt

mögen um mich sein, aufdaß ich sie noch sehe mit leiblichen Augen ehe denn ich sterbe, und sie mich zu Grabe mögen leiten; denn sie sollen bei mir sein, wenn ich meine Seele Gott wiedergebe.« [1] Nun wurden die Jünger, wo immer sie in der Welt verstreut waren, gleichsam auf Wolken-Taxis abgeholt und an Marien Sterbebett gebracht, wo wir sie in der ikonographischen Tradition lesend und disputierend sehen – nicht aber trauernd, hatte doch der Lieblingsjünger Johannes vorgeschlagen, »daß niemand über sie weine, so sie tot ist, auf daß das Volk davon nicht verwirrt werde und spreche: sehet, sie fürchten selbst den Tod, die den Menschen die Auferstehung der Toten predigen.« Wohl aber hätten sie alle »zum Lobe Christi und der heiligen Jungfrau einen Spruch getan.« Im Dialog mit ihrem Sohn antwortete die Sterbende: »Siehe ich komme, denn in dem Anfang des Buches ist von mir geschrieben, daß ich deinen Willen, mein Gott, soll erfüllen, und mein Geist freuet sich in dir dem Gotte meines Heils.« »Also schied Marien Seele aus dem Leib, ohn alle leibliche Pein oder Leiden, gleich wie sie ohne Makel war gewesen in ihrem Leben; und flog in die Arme ihres Sohnes.« [2].

Im Zentrum des Weidaer Wandbildes steht diese Aufnahme der von einem Engel angereichten Seele Marias in die offenen Arme des Sohnes, während der Leib bereits friedlich entschlafen ist. Die Seele wird, wie üblich, als kleines Kind (*eidolon*) dargestellt. Umgeben ist das Bett der Gottesmutter von bewegt gestikulierenden Aposteln, die lebhaft Anteil am Geschehen nehmen, deren Blicke jedoch auf die entschlafende Gottesmutter, nicht auf die (ihrer Wahrnehmung unzugängliche) Himmelfahrt ihrer Seele gerichtet sind. Da sie mehrheitlich keine Attribute tragen, kann nur die Ikonographie weiterhelfen. Am Kopfende beugen sich zwei Apostel über das Bett, deren vorderer den runden, gebarteten Kopf mit schütterem Haupthaar des Petrus trägt. Man meint, der stets jugendlich bartlose, direkt hinter den Flügeln des Engels kniende Johannes raffe seinen Mantel vors Gesicht, um seine Tränen zu verbergen. An ihn tritt, ebenfalls über seinen Bart erkennbar, der Apostel Paulus heran. »Damit folgt die Anordnung dieser drei Apostel einem für Marientoddarstellungen gängigen Schema.« [3]

Der Weidaer Marientod ist der Forschung seit den 1860er Jahren bekannt. Er konnte früh schon dem sogenannten ›sächsischen Zackenstil‹ zugeordnet werden: einer um 1220 im ostmitteldeutschen Raum aufkommenden Maltradition, bei der die stark betonten Faltenwürfe in den Gewändern an byzantinische Traditionen erinnern. Älteste Zeugnisse dieses Stils sind der ›Landgrafen-‹ und der ›Elisabethpsalter‹, deren Miniaturen »gegenüber dem vorhergehenden Kunstschaffen in Sachsen eine jähe Zäsur« bedeuteten [4]. Das Weidaer Wandbild steht dem sog. ›Donaueschinger Psalter‹, der bald nach 1235 datiert wird, über die eher stämmigen Figuren der Apostel nahe, setzt sich aber durch Lebendigkeit des Faltenwurfes und die elegantere Behandlung der Gewandsäume qualitativ von der Buchmalerei ab [5]. Da es sich in stilistischer und motivischer Hinsicht klar dieser Tradition des Zackenstils verpflichtet zeigt und lediglich in »seiner kräftigen, ausdrucksstarken Formensprache« eine individuelle Prägung aufweist, dürfte es im zweiten Viertel des 13. Jahrhunderts, jedenfalls vor der Jahrhundertmitte entstanden sein [6].

Anmerkungen
[1] LA, S. 583 f.
[2] Zitate: LA, S. 585 f.
[3] GRÜGER, S. 31.
[4] GRÜGER, S. 36.
[5] Vgl. GRÜGER, S. 42 f.
[6] GRÜGER, S. 48.

HEIMATMUSEUM REICHENFELS-HOHENLEUBEN

Am Ende des Jahres 1825 konstituerte sich der Vogtländische Altertumsforschende Verein zu Hohenleuben. Die rege Sammeltätigkeit der Heimatforscher und das Bedürfnis der Dorfkirchen, ihren modernen Kirchenschmuck in bessere Hände zu legen, füllten die Asservatenkammern. 1938 wurde daher mit dem Bau eines eigenen Museumsgebäudes begonnen. In dürftiger Zeit (1945) erschien, ein Irrläufer geradezu, OTTOGERD MÜHLMANNS Abhandlung über ›Die Schnitzfiguren des Reichenfelser Museums und ihre Bedeutung für die Gegenwart‹ im Selbstverlag [1]. Sie hat nicht zur Popularität der Sammlung beitragen können, wie denn generell die in Hohenleuben eingelagerte und ausgestellte Sakralkunst einer gründlicheren Kenntnisnahme bedarf. Im Folgenden nur wenige Höhepunkte.

WILHELMSDORFER KUSSTAFEL

Aus der zweiten Hälfte des 15. Jahrhunderts hat sich in Hohenleuben eine so genannte Paxtafel oder Kusstafel erhalten [2]. Sie stammt aus der Dorfkirche von Wilhelmsdorf im Saale-Orla-Kreis. Paxtafeln hatten bei der kirchlichen Messfeier eine besondere Funktion. Der Priester, der

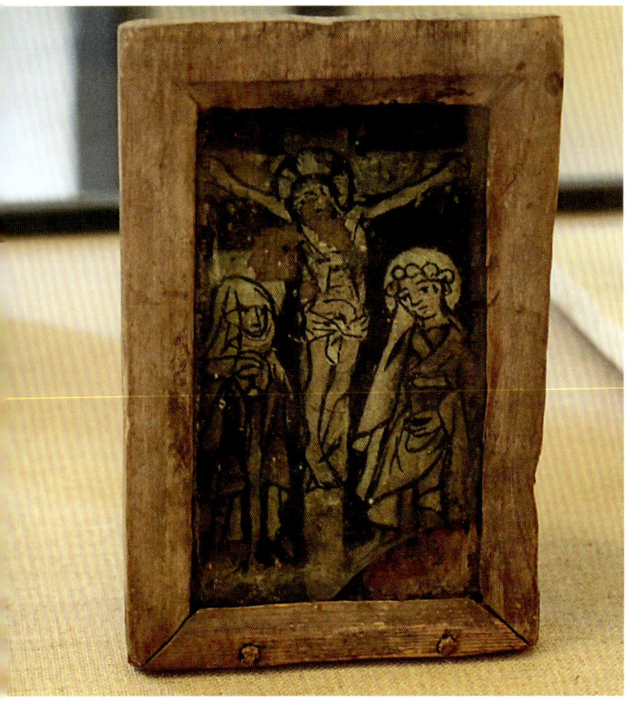

Die Kusstafel (Paxtafel) aus Wilhelmsdorf

der Gemeinde den Friedenskuss mit Umarmung und den Worten »Friede sei mit dir« (Pax tecum) reichen sollte, küsste statt dessen eine bemalte hölzerne, mit einer Glasplatte überzogene Tafel, die der Messdiener an die Gläubigen weiterreichte. Die Tafeln sollten »durch ein entsprechendes Bildprogramm auf den würdigen Empfang der Eucharistie vorbereiten.« [3] Im vorliegenden Fall ist das die Darstellung des Gekreuzigten mit Maria und dem Jünger Johannes unter dem Kreuz. Kusstafeln waren, wie die Wilhelmsdorfer Tafel, eher kleinformatig (16,5 × 10,8 cm). Der hölzerne Rahmen, an dem unten gut die beiden Holznägel zu erkennen sind, fixierte die Glasscheibe. Wegen der Schlichtheit des Bildprogramms hält HARTMUT KÜHNE eine

Entstehung der Wilhelmsdorfer Tafel »im dörflicher Kontext« für möglich [4]. Dass der Künstler einen Holzschnitt als Vorlage nutzte, ist wahrscheinlich [5].

Anmerkungen
[1] Vgl. TREBGE, S. 158. Die Ausführungen Mühlmanns hätten nach dem Ende der NS-Zeit nicht mehr gedruckt werden dürfen.
[2] Maßgeblich ist die Untersuchung von DEGEN, S. 4 – 11.
[3] AK Mühlhausen 2013, S. 61; vgl. DEGEN, S. 9f.
[4] AK Mühlhausen 2013, S. 62; vgl. DEGEN, S. 9.
[5] Vgl. DEGEN, S. 7f.

Bereits LEHFELDT hatte die wichtigsten Stücke des Museums kursorisch registriert [1]. Für den heutigen Betrachter sind sie von unschätzbarem Wert, will man sich wenigstens vorstellen, was einst die Dorfkirchen und Kapellen im Vogtland schmückte.

Aus der abgerissenen Spitalkapelle St. Wolfgang in **Gera** (→ S. 427 f.) entstammt ein Heiliger Wolfgang (103 cm), »eine der besten Figuren der Sammlung [...], mit charakteristischen Zügen, klug durchdringenden Augen in dem knochigen Gesicht, als gereifter Mann in ernst-würdiger Haltung, mit wenigen, aber stark gebrochenen Falten der Gewandung« [2].

Im Mai 1861 bot die Kirchengemeinde **Stelzendorf** dem Altertumsforschenden Verein »zwei Holzfiguren« an, »die höchst wahrscheinlich aus alter, katholischer Zeit stammen, von denen die eine die Jungfrau Maria mit dem Christkindlein auf dem rechten Arm vorstellt; die andere aber für uneingeweihte Augen bis zur Unkenntlichkeit verstümmelt ist.« [3] Die spätgotische Mondsichelmadonna (88 cm) mit Hüftschwung wurde »in einem länglichen Kasten« übergeben, der indes später entfernt wurde. HUMMEL verwies auf

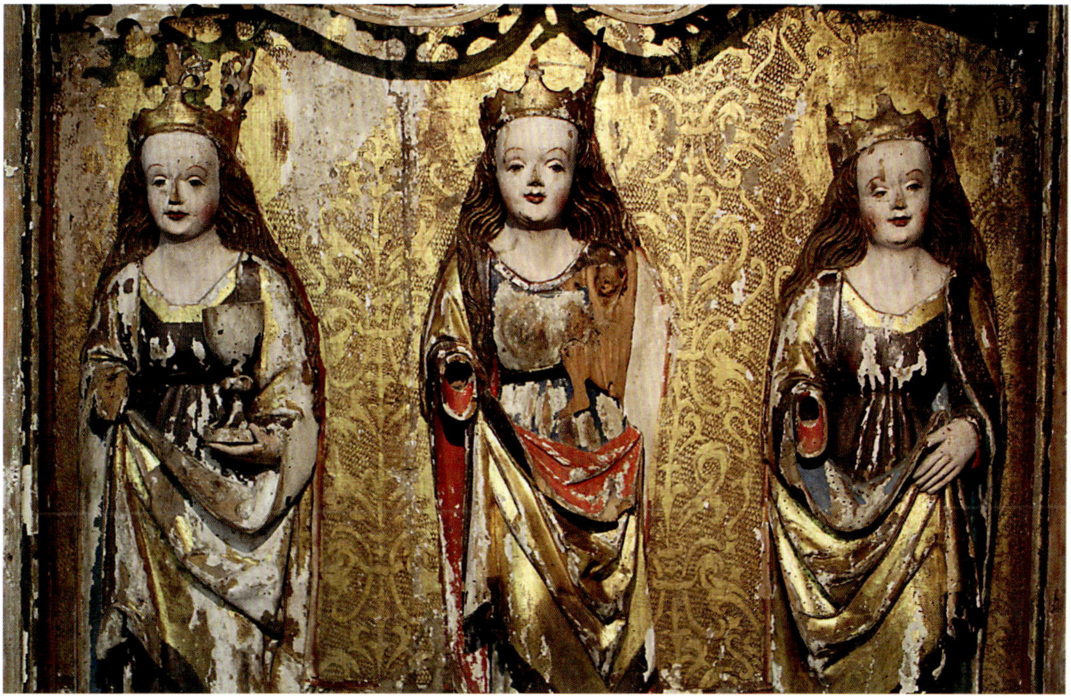

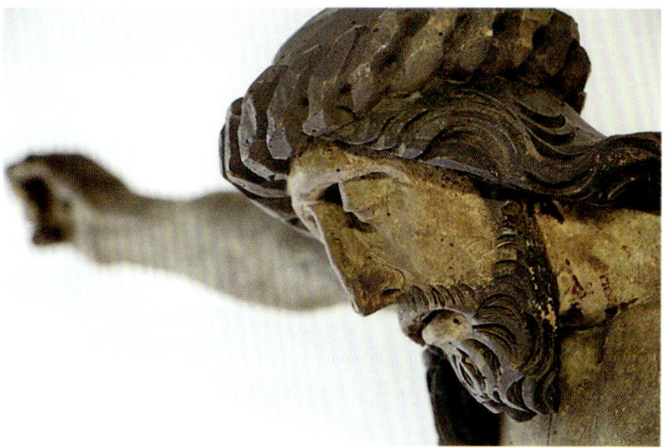

Die Mondsichelmadonna auf dem Leitlitzer Altar zwischen Barbara und Katharina

die Ähnlichkeit mit einer heute in Weimar befindlichen Madonna aus Windischleuba [4].

Im Juni 1862 vermeldete der Altertumsforschende Verein den Übergang von vier qualitätvollen Holzschnitzwerken aus der Kirchengemeinde **Leitlitz**. Es handelt sich um einen Altarschrein mit geschnitztem Laubgewinde und Goldbrokathintergrund, in dem die Mondsichelmadonna (79 cm) von den Heiligen Barbara (links, 77 cm) und Katharina (77 cm) flankiert erscheint, die LEHFELDT trotz ihrer abgeschlagenen Hände für »ganz niedlich« hielt. Der Leitlitzer Schrein wird mit einem Dutzend weiterer vogtländischer Altäre aus einer Schleizer Werkstatt in Verbindung gebracht [5]. Größere Aufmerksamkeit verdienen indes die schlanke, früh-

Spätgotischer Gekreuzigter

gotisch-reglose Frauengestalt (56 cm), die noch um 1300 angesetzt wird sowie ein ausdrucksstarker spätgotischer Gekreuzigter (ohne Kreuz; 92 cm), den LEHFELDT in der zweiten Hälfte des 16. Jahrhunderts sicher zu spät ansetzte.

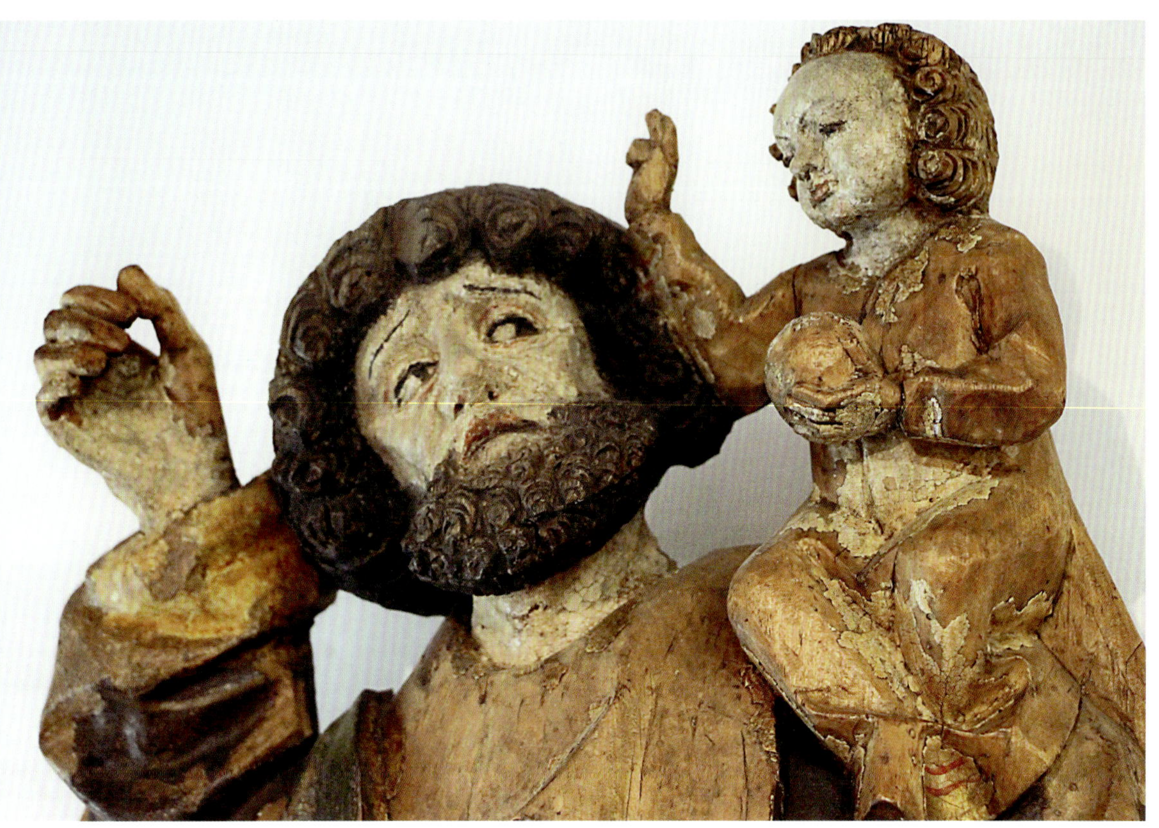

Besorgt blickt der Heilige Christophorus zum Christusknaben, der auf seiner Schulter immer schwerer wird

Eine bemerkenswerte Gruppe bilden fünf Figuren aus **Wittchendorf** bei Weida, die vielleicht der Werkstatt des Altenburger Bildschnitzers Franz Geringswalde (ab 1506) entstammen und ebenfalls 1862 nach Hohenleuben abgegeben wurden: ein Bischof (92 cm), der Heilige Christophorus mit dem Christusknaben (89 cm) , ein Heiliger Mauritius (87 cm), eine zu Tode restaurierte Maria Magdalena (85 cm) und eine Anna Selbdritt (86 cm) [6]. Ein Charakteristikum der Heiligen ist die hoch gewölbte, ›blasige‹ Stirn. Um den Schild, auf den sich der dunkelhäutige Mauritius stützt, hat es Kontroversen gegeben.

Weder die Form des Kreuzes noch die Farbgebung rechtfertigen es, den Heiligen als Deutschordensritter anzusprechen [7].

Anmerkungen
[1] Vgl. Lehfeldt, Gera, S. 165. Ich gebe die oft ebenso pointierten wie anachronistischen Urteile Lehfeldts in der Hoffnung wieder, dass sie den Blick des Betrachters herausfordern, nicht trüben. Eine Neubeschreibung der Objekte durch Sandra Kästner (Duderstadt) befindet sich in Vorbereitung.
[2] Lehfeldt, Gera, S. 165. Ähnlich Mühlmann, S. 5, 8.
[3] Zitiert nach Hummel, Madonna, S. 108.
[4] Vgl. Hummel, Madonna, S. 109 f.
[5] Vgl. Hummel, Flügelaltarschrein, S. 104 – 106.

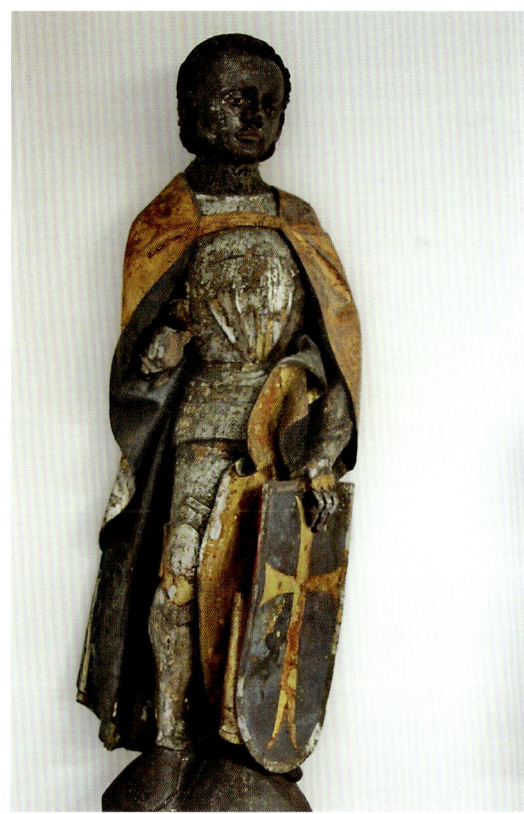

Der Heilige Mauritius war Anführer der Thebaischen Legion und
gilt als Schutzheiliger der Infantrie und der Waffenschmiede

[6] Vgl. AK Mühlhausen 2013, S. 189; HUMMEL, Flügelaltarrest,
     S. 137–148; MÜHLMANN, S. 9 f.
[7] Vgl. MÜHLMANN, S. 10.

Bergkirche Unser Lieben Frauen in Schleiz (→ S. 206)
Wolfgangskapelle Schleiz (→ S. 245)
St. Johannis Plauen (→ S. 226)

LUTHERKIRCHE PLAUEN

Die Lutherkirche, die bis 1883 Bartholomäuskir-
che hieß, wurde 1693 bis 1722 als Friedhofskirche
errichtet. Als protestantischer Zentralkirchen-
bau verdient sie in unserem Zusammenhang weniger Beachtung. Umso mehr lohnt der Besuch
wegen »eines der schönsten und bedeutendsten
Kunstdenkmäler der Spätgotik im mitteldeutschen Raum«: des Schnitzaltars eines Erfurter
Meisters (um 1490), der bis 1722 in St. Thomas
in Leipzig stand [1].

›Passion‹ ist das zentrale Thema des Altars.
In die Flügel wurden Szenen mit der Dornenkrönung, der Geißelung, der Darstellung vor dem
Volke und der Annagelung ans Kreuz eingesetzt.
Dabei sticht die extreme Spannung, unter der
die Figuren zu stehen scheinen, und die sich in
einer geradezu verschraubten Gewundenheit der
Körper und einer Verzerrung der Gesichter mani-
festiert, sofort ins Auge. »In jedem Schnitzwerk
Figuren, die ein Äußerstes an Ausdruck geben:
die beiden Folterknechte, die durch die vollkom-
mene Ergebenheit ihres Opfers in eine wahre Ra-
serei versetzt werden; die jedem Zuspruch, jedem
bittenden Blick unzugängliche Rückenfigur in der
Dornenkrönung; der mit bitterem Ausdruck auf
die beiden Priester schauende Pilatus; der Schreiber, der sich im Winkel der Kreuzbalken niedergelassen hat und unberührt von allem, was um
ihn herum vorgeht, die Buchstaben malt, die an
das Kreuz geheftet werden sollen.« [2]. Auf diese
Weise wird das unermessliche Leiden in den Flügeln für den Betrachtenden bis zum körperlichen
Nachvollzug gesteigert und, in der Beweinung
Christi im Mittelschrein, seiner Lösung zugeführt.

Nicht, dass hier, im Zentrum des Altars
(1,95 m × 1,60 m), aller Schmerz überwunden
wäre. Das ließe sich beim Sujet der Beweinung
und Grablegung schwerlich behaupten. Aber der
Künstler hat das Leiden seiner Figuren durch
seine Formensprache gebändigt und für den Betrachter erträglicher gemacht. Die sieben Perso-

nen, die den Leichnam Christi umgeben, bilden gemeinsam einen schützenden Halbkreis, der durch den gebogenen, noch nicht erstarrten Körper auf dem Leichentuch regelrecht geschlossen wird. Alle scheinen, wiewohl in individueller Trauer versunken, durch den um sie geschlagenen Bogen mit einander verbunden. Obwohl die Komposition die Geschichte Jesu weitererzählt, verlässt sie doch über einzelne Elemente den narrativen Rahmen. Am wenigsten fassbar werden dem Betrachter Maria, die mit eisigem Blick ihre Linke an den Ellenbogen ihres Sohnes gelegt hat, und der Lieblingsjünger Johannes, der, eine Szene vom letzten Abendmahl spiegelnd (Joh 13, 23), den Oberkörper Jesu wie etwas Zerbrechliches behutsam an sich zu ziehen scheint.

Alle übrigen Figuren sind dagegen nicht von gleicher Unmittelbarkeit zum geschundenen Gottessohn. Der Blick der (wie schützend) über Maria stehenden Maria Salome geht in die leere Ferne. Mit einem Tuch wischt sich die das Salbgefäß tragende, jugendlich hübsche Maria Magdalena bittere Tränen aus den Augen. Hinter Johannes kauert, mit zum Kreuz verschränkten Armen und geschlossenen, ja recht eigentlich verdeckten Augen, Maria Kleophas, die (im Wortsinne gesichtslos) vollständig in stummer Klage aufgeht. Ihr korrespondiert auf der anderen Seite der Gruppe ein knieender, ins Gebet versunkener Mann (Nikodemus oder Joseph von Arimathia). Den deutlichsten Hinweis auf die Funktion der Darstellung im Mittelschrein gibt indes die zweite Frau von links, die sich als einzige Figur dem Betrachter zuzuwenden scheint. Das aber »scheint« tatsächlich nur so, denn der Blick der Veronika, die das Schweißtuch mit dem Abbild Christi vor sich hält, ist vollumfänglich ins Innere gerichtet. Wer ihr

in die Augen schaut, gleitet gleichsam ab auf die »Vera Ikon«, das von ihr gehaltene wahre Abbild, dessen legendarischer Entstehung Vero-n-ika ihren Namen verdankt. Christus, der einst bei ihr zu Gast war, trocknete sein Gesicht in ihrem Handtuch, und davon blieb ein Abbild zurück. Dass Veronika sich der Gruppe angeschlossen hat, ist eine Besonderheit des Plauener Altars. Sie verweist überdeutlich auf die Funktion der Gruppe im Mittelschrein als einer Andachtsgruppe, in deren gebändigtem Leid der Betrachtende sein eigenes Leid meditieren und schließlich bändigen soll.

Anmerkungen
[1] Ludwig, S. 13.
[2] Bachmann, S. 124.

Kirche St. Martin in Thossen (→ S. 135)

KIRCHE ST. KATHARINA IN EICHIGT

Am äußersten Ende des Dorfes Eichigt befindet sich, auf einem Hügel und von einer Mauer umzogen, das alte Gotteshaus der Heiligen Katharina. Die Deutschordenskommende Plauen besaß in Untereichigt umfangreiche Güter, die sie 1304 von den Vögten von Plauen erwarb. Heinrich von Plauen bestätigte sie ihm 1328 [1]. In beiden Quellen erscheint der Ort unter dem Namen »Loch« (*zu dem Loche*). Ob dem Orden die Katharinenkirche inkorporiert war, ist dagegen fraglich. Eine Urkunde, die Konrad Sack zu Planschwitz 1381 ausstellte und mit der er seinen Zehnten im Ort der Kirche verkauft, spricht nicht dafür [2]. Die Ritter von Eichigt, die seit etwa 1333 im Umkreis der Vögte zeugen, entstammen einem gleichnamigen Ort bei Leutenberg (Schwarzburg-Rudolstadt).

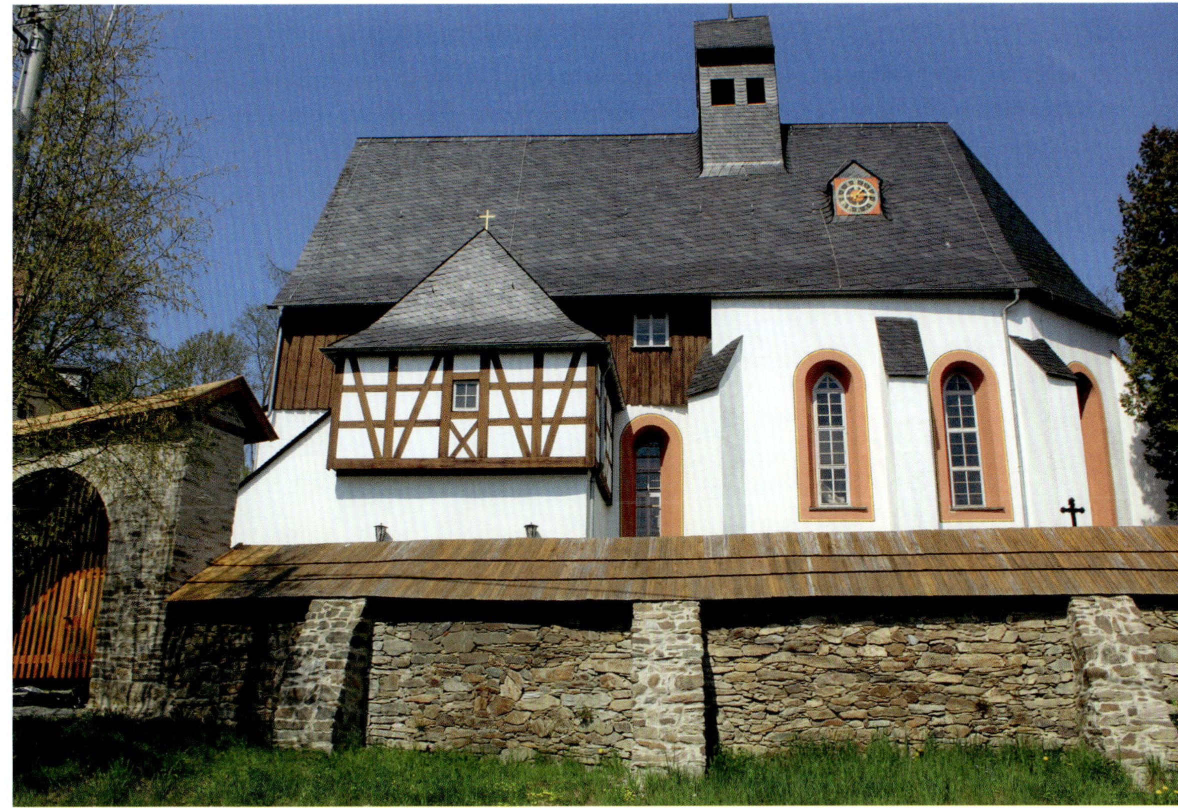

In der Kirche der Heiligen Katharina in Eichigt werden gegenwärtig Wandmalereien freigelegt

Die Kirche weist in ihrer Substanz teilweise bis ins 13. Jahrhundert zurück. Der westliche Teil besitzt eine Pforte, »welche der spätesten romanischen Zeit angehört. Die Laibung ist zweimal zurückgetreppt, der Kämpfer besteht aus zwei durch Hohlkehle verbundenen Wulsten und ist mit Platte geschlossen.« [3] STECHE wies zurecht auf die analoge Pforte der Kirche in Waldkirchen hin, die zeitgleich entstanden sein dürfte. Der Chor der Kirche, den einfache Strebepfeiler und spitzbogige Fenster strukturieren, gehört wohl ins 14. Jahrhundert [4]. Seit 2016 werden schrittweise Wandmalereien aus der Zeit um 1450–1500 freigelegt. Im Vorraum der Kirche wurde bereits eine Ölberggruppe mit schlafendem Petrus (mit Schwert) und Johannes und einem abseits betenden (kopflosen) Christus sichtbar. Neben der äußeren Tür findet sich der Heilige Andreas, neben dem romanischen Portal die Schutzpatronin Katharina.

Anmerkungen
[1] UB Vögte I, Nr. 368; UB Vögte I, Nr. 633.
[2] Vgl. VON RAAB I, Nr. 12.
[3] STECHE, Oelsnitz, S. 7.
[4] Vgl. STECHE, Oelsnitz, S. 7.

Kirchgattendorf (→ S. 231 f.)

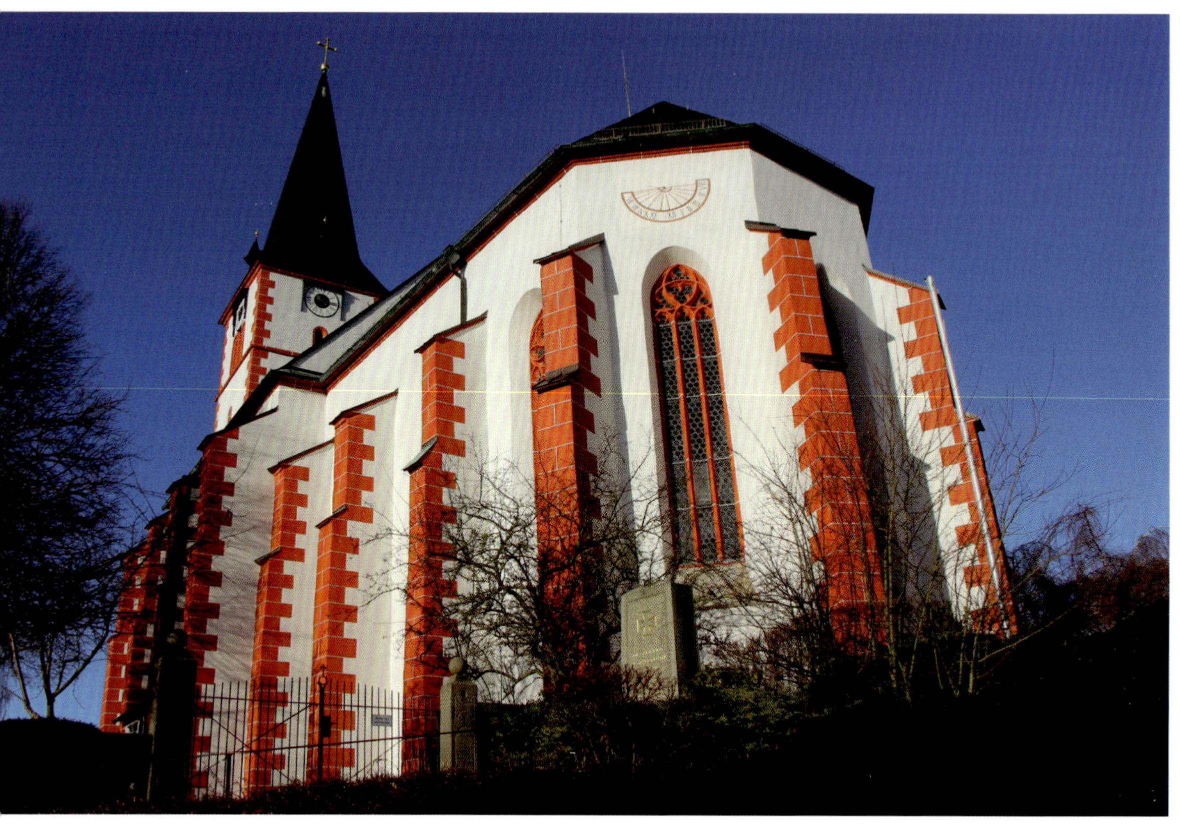

Wuchtig thront die Kirche des Pilgerheiligen Erhard über Pilgramsreuth

KIRCHE ST. ERHARD IN PILGRAMSREUTH

In jedem Fall lohnt ein Besuch der Dorfkirche St. Erhard in Pilgramsreuth. Das Gotteshaus, dessen Langhaus wohl um 1473 fertiggestellt wurde, wirkt für den Ort etwas überdimensioniert. Seit der Reformation ist es evangelisch, was eine wohltuende Reduktion auf die gehaltvollen Elemente der barocken Innenausstattung (um 1700–1720) nach sich zog. Es finden sich freilich noch spätmittelalterliche Elemente: neben einem Taufstein (15. Jahrhundert) die Figuren der Heiligen Katharina, Barbara und der Gottesmutter aus einem spätgotischen Flügelaltar, die man vergleichend mit dem Werk Heuffners in der Spitalkirche zu Hof betrachten sollte.

Von größerer Bedeutung scheinen aber die freigelegten Wandmalereien im Langhaus zu sein [1]. Sie dürften nicht viel jünger als 1473 sein. Unter den Heiligenfiguren sticht die Darstellung des Volto Santo hervor, eines zuerst in der Kathedrale von Lucca nachweisbaren Typus der Christusdarstellung (11. Jahrhundert). Der Gekreuzigte wird dabei nicht als Schmerzensmann mit Lendentuch, sondern in eine Tunika gekleidet, gegürtet und gekrönt, am Kreuz mehr stehend als hängend dargestellt. Man ist überrascht, wie oft der archaische Typus seit dem 12. Jahrhundert umgesetzt wurde, mehrheitlich freilich in Holz.

Der gemalte Pilgramsreuther Volto Santo bietet eine apokryphe Besonderheit, die dem Typus freilich schon seit dem 12. Jahrhundert legendarisch anhängt. Ein in Not geratener Spielmann hatte einst unter dem Kreuz gefiedelt, woraufhin ihm Christus einen goldenen Schuh zuwarf. Seine Unschuld konnte der des Diebstahls angeklagte Spielmann nur beweisen, indem er erneut vor dem Kreuz fiedelte – und Christus ihm auch seinen zweiten Schuh zuwarf. Der Stoff vermischte sich im Spätmittelalter mit der Legende der populären Heiligen Kümmernis (oder Wilgefortis), der wir bereits in Treuen (→ S. 250 f.) begegnet sind: einer sagenhaften Königstochter, die, als sie einen Heiden ehelichen soll, um einen sie entstellenden Bart bittet. Die Legende kennt nun Varianten [2]. Nach der einen wird Kümmernis in die Wildnis verstoßen, nach der anderen von ihrem Vater ans Kreuz genagelt, von wo aus sie dem armen Spielmann ihre goldenen Schuhe zuwirft. Der Übergang des Stoffes auf Kümmernis, die Volksheilige fraulicher Sorge und Abwehr, lag vermutlich in der nicht mehr verstandenen archaischen, als weiblich aufzufassenden Bekleidung Christi begründet. Verschiedentlich wurden Kruzifixe nachträglich zu Kümmernis-Darstellungen umgearbeitet [3].

Anmerkungen
[1] Vgl. ROTH, S. 73–75.
[2] Vgl. CLEMEN, »Sant gehülfen capeln«, S. 120–124; CLEMEN, Volksfrömmigkeit, S. 292.
[3] Vgl. LCI VII, Sp. 353.

KIRCHE ST. MARIEN IN WEISSDORF

Die evangelische Hallenkirche in Weißdorf, die um 1480 von den Herren von Sparneck errichtet wurde, erhielt bald darauf eine intensive Wand- und Säulenmalerei. Sie fiel beim Einbau der Emporen 1661 protestantischer Übertünchung zum Opfer, kam aber nach 1947 wieder zum Vorschein und wurde nach 1959 restauriert. Dabei entdeckte man auch Malereien an der Ost- und Nordwand des Langhauses, die aber teilweise wieder (und nun für immer) verdeckt wurden.

Trotz einiger Ergänzungen ist das Figurenprogramm »inhaltlich und funktional von großer Bedeutung.« [1]. Dies gilt zumal für die Säulenmalerei. An den vier Säulen des Schiffes entstanden Andachtsbilder im Geiste christozentrischer Leidenstheologie, die dem kontemplierenden Betrachter ebenso dienlich gewesen sein dürften wie dem Prediger: eine Kreuzigung (datiert 1483), Christus in der Rast, der Schmerzensmann und der Auferstandene. Zwei Bilder sind der Gottesmutter gewidmet: Pietà und Madonna im Strahlenkranz.

Im Langhaus finden sich zwei Sujets von unterschiedlicher Popularität. An der Nordwand teilt der Heilige Martin von Tours seinen Mantel mit einem Bettler. An der Ostwand, links vom Triumphbogen, ist dagegen ein vergleichsweise selten noch zu findendes Sujet dargestellt: die Gregorsmesse. Die Überlieferung, die sich ab 1450 verdichtet, besagt, dass Christus Papst Gregor dem Großen (590–604) als Schmerzensmann erschien, während der das Messopfer zelebrierte. Einen Referenztext für diese Bildtradition, die das unblutig erneuerte Opfer in der Eucharistie hervorhebt, scheint es nicht zu geben [2].

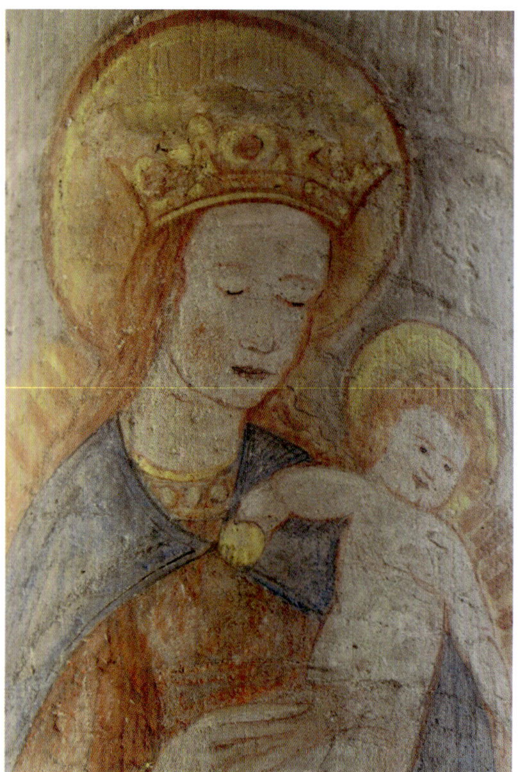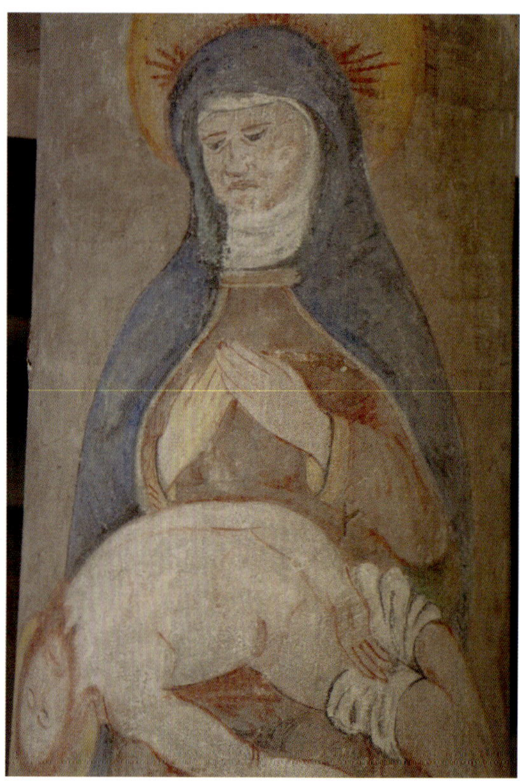

Maria als junge Mutter im Strahlenkranz und mit dem toten Körper ihres Sohnes auf den Pfeilern der Kirche in Weißdorf

In der rechten Bildhälfte kniet Gregor, ausgezeichnet durch einen Nimbus, vor dem Altar, über dem ihm Christus als Schmerzensmann erscheint: umgeben von den Marterwerkzeugen und der »Vera Ikon«, dem Schweißtuch der Veronika. Dem durch die Schau beglückten Papst, an dessen Erscheinung der gläubige Betrachter Anteil hat, assistieren zwei Kardinäle in der linken Bildhälfte. Hinter ihnen stehen, etwas gedrängt, weltliche Personen; vielleicht darf man in dem Schwertträger den Stifter Hans von Sparneck vermuten [3]. Neben den Marterwerkzeugen erscheinen, ohne organisch in den Bildzusammenhang eingefügt zu sein, Figuren und Symbole,

die auf den Kreuzestod hinweisen: ganz rechts, auf einer Sanduhr stehend, der Hahn aus der Verleugnung durch Petrus; ganz links, mit abgewandtem Blick und einem Geldsäckel um den Hals, der Verräter Judas, daneben der Hohepriester Kaiphas, mit aufgeblasenen Backen wohl Pontius Pilatus, metonymisch zwei Hände, die auf die einschlägige Szene nach der Verurteilung Jesu verweisen (Mt 27, 24), des Pilatus Frau und (vielleicht) Herodes Antipas, der Gebietsherr von Galiläa, »den nur Lukas (23, 5–7) im Zusammenhang mit der Verurteilung Jesu erwähnt und der auch seltener dargestellt ist.« [4]. Dies alles setzt, gerade in seiner verkürzten Darstellung, die erklärende Predigt des Pfarrgeistlichen voraus, wie das gesamte Sujet der Gregorsmesse ein der Erläuterung bedürftiges Glaubensgeheimnis darstellt. Im späten Mittelalter hat man sich durchaus um die Vulgarisierung des Themas bemüht. Zeugnisse finden sich beim Kupferstecher Israel von Meckenem, der 1495 einen Stich brachte, der auf das ›Original‹ der Grabeskirche in Jerusalem bzw. ihrer ›Stellvertreterkirche‹ Santa Croce Gerusaleme in Rom zurückgehen soll, und 1511 bei Albrecht Dürer [5].

Anmerkungen
[1] Roth, S. 89.
[2] Vgl. Meier. In ihrer Besprechung der Weißdorfer Gregorsmesse forciert Meier die Platzierung »am Triumphbogen«, »so dass bereits beim Betreten der Kirche der Blick auf die Darstellung fällt. Die Personen der Gregorsmesse wenden sich nach rechts, denn dort erscheint Christus hinter dem Altar. Mit ihrer Blickrichtung wird der Betrachter über die gemalte Darstellung hinaus zum Altar der Kirche geführt, wo die reale Messhandlung stattfindet.« (S. 182).
[3] Vgl. Roth, S. 89
[4] Roth, S. 89.
[5] Vgl. Roth, S. 18.

KIRCHE ST. BARTHOLOMÄUS IN SCHAUENSTEIN

Die Kirche, die heute in Schauenstein steht, wurde ausweislich einer Inschrift an der Wand hinter dem barocken Altar nach einem Brand von 1414 errichtet. Um 1910 legte man an ihrer Chorstirnwand ein kolossales Wandbild aus dem frühen 16. Jahrhundert frei: den Heiligen Christophorus, der das Jesuskind über das Wasser trägt. »Der mächtige Riese, gekleidet in einen blaßroten Rock und einen gelben Mantel, schreitet durch Wasser dem Ufer zu, an dem ein Einsiedler steht. Dessen Gestalt überragt der Heilige um das Vier-

fache, so das Verhältnis zur menschlichen Proportion verdeutlichend. Christophorus umfaßt mit der rechten Hand einen gelben Baumstamm, die Linke rafft den Mantel hoch. Sein bärtiges Gesicht wendet sich mit ernst nachdenklichen Augen dem Betrachter zu. Auf der linken Schulter des Heiligen sitzt der kleine, nackte Jesusknabe mit übereinander geschlagenen Beinchen, die Rechte zum Segensgestus erhoben, mit der Linken die Weltkugel haltend.« [1]. Die Verehrung des Heiligen nahm im ausgehenden 15. Jahrhundert einen neuen Aufschwung. Graf Wilhelm von Henneberg gründete 1480 eine Christophorus-Bruderschaft in Franken [2]. Am ›Kulturweg der Vögte‹ treffen wir Verwandte des Schauensteiner Christophorus in Kirchgattendorf (→ S. 231 f.) und in Sparnberg (→ S. 97 f.) [3].

Anmerkungen
[1] Roth, S. 78.
[2] Vgl. Rosenfeld, S. 315 (Nr. 619e).
[3] Rosenfeld kannte den Schauensteiner Christophorus 1937 noch nicht. Der Köditzer Christophorus ist heute zerstört.

WEHRKIRCHE ST. WALBURGA IN BAD STEBEN

Die alte Wehrkirche in Bad Steben gehört zu den imposantesten Kirchenbauten des bayerischen Vogtlandes. Vielleicht reicht der schlanke, turmähnliche, von einem Dachreiter gekrönte Bau noch ins 13. Jahrhundert zurück. Sein heutiges Aussehen verdankt er der Zeit nach 1430 bzw. 1444, als erst die Hussiten und dann ein Nürnberger Heer auch Steben nicht verschonten [1]. Danach wurde das Wehrgeschoss aufgesetzt. Um 1470/80 wölbte man den Chor. Das Sakramentshaus

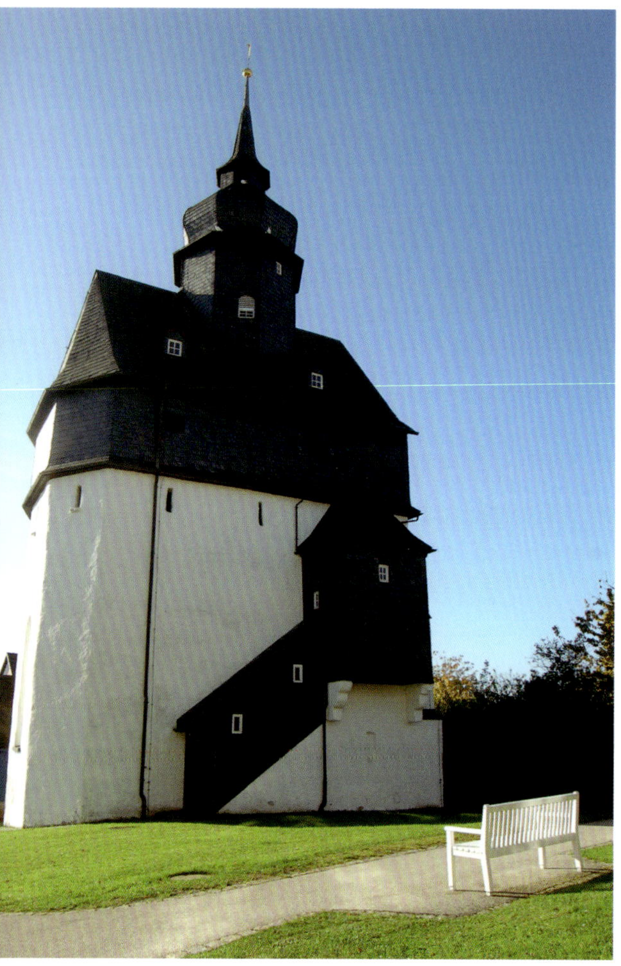

Die um das Langhaus verkürzte Kirche der Heiligen Walburga in Bad Steben

trägt die Datierung »1498«. Als die Kapazitäten nicht mehr hinreichten, riss man 1910 das Langhaus weg und baute nebenan eine neue Kirche.

Im 14. Jahrhundert war Steben eine Filialkirche der Hofer Lorenzpfarrei. Anlässlich des Hofer Kirchenstreits (1374), der sich an der Besetzung der Lorenzpfarrei mit einem Bamberger Domherren entzündete, lösten die Burggrafen

von Nürnberg Steben aus der Zugehörigkeit zu St. Lorenz. Im Chorgewölbe finden sich Schlusssteine mit dem Wappen der Herren von Waldenfels, die sich als Patronatsherren im Kirchenbau eingebracht haben werden.

Die Instandsetzung nach dem Abriss des Langhauses hatte aus kunsthistorischer Sicht etwas Gutes. Die seit 1666/67 übertünchten Seccomalereien, die den Chorraum seit etwa 1490 schmückten, traten zutage. Sie gelten als gelungene Symbiose figürlicher und dekorativer Malerei, wie sie vergleichbar in keiner Kirche Oberfrankens realisiert werden konnte: »phantasiereiche Ranken und Blüten, dazu ornamentale Spruchbänder umgeben die Gestalten in den Gewölbefeldern, verwandeln den Kirchenraum in eine Laube, lassen den hortus coeli, den himmlischen Garten erahnen.« [2].

Integratives Element des himmlischen Gartens ist die realisierte Metapher der Wurzel Jesse (→ S. 346). Das Stammbaum-Modell ermöglicht bildlich eine organische Entfaltung in die Höhe und die Fläche gleichermaßen: jedes Element der Ahnenreihe hängt mit den anderen zusammen. In der Stebener Kirche wachsen sechs Paare von Königs- und Prophetengestalten aus Blütenkelchen. Zwischen dem Chorbogen und dem westlichen Schlussstein sprosst Jesse selbst hervor. Ihm korrespondiert in der östlichen Gewölbekappe Maria mit dem Jesusknaben, die, »Rose ohne Dorn«, aus einem mit Dornen besetzten Blütenkorb erwächst, ausgestattet mit Szepter und Krone. Auf der Gegenseite gewärtigen wir, wieder einmal, ›Anna Selbdritt‹. Den Heilsversprechen korrespondiert in der Chorbogenlaibung und im westlichen Joch der Nordwand die Verheißung des Gerichts, hier versinnbildlicht durch das Gleich-

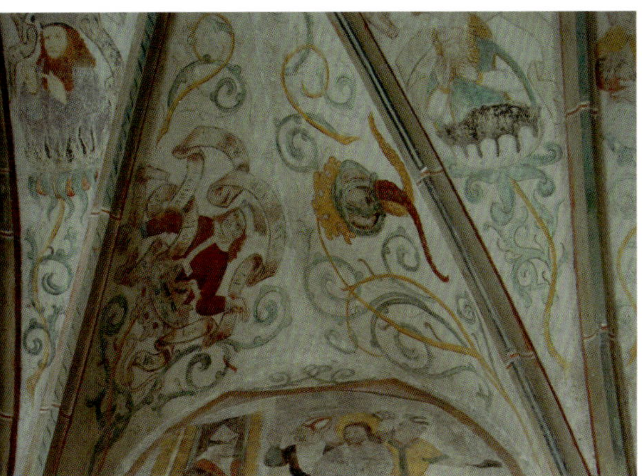

Prophetenfiguren wachsen aus Blüten im Gebwölbe der Bad Stebener Kirche

nis von den (leider dezimierten) klugen und den törichten Jungfrauen (Mt 25, 1–13): die törichten, die ihr Licht erlöschen ließen, sind an den nach unten gekehrten Lampen zu erkennen. An der Nordwand folgt dann das Weltgericht auf dem Fuße: der Richter thront auf einem Regenbogen, die Weltkugel zu Füßen. Maria und der Lieblingsjünger Johannes bitten für die Menschen, während eine Gruppe Dämonen versucht, sich der Seelen zu bemächtigen. Hinter all dem verblasst die Malerei an den Wänden mit ihrem konventionelleren Sujet, der Passionsgeschichte Christi vom Einzug in Jerusalem bis zur Grablegung, beinahe. »Welcher geistliche Kopf das Figurenprogramm mit bestimmte, muß offen bleiben.« [3].

Anmerkungen
[1] Vgl. HHS Franken, S. 307.
[2] ROTH, S. 31.
[3] ROTH, S. 32.

Hospitalkirche Hof (→ S. 229 f.)
Kirche St. Lorenz in Hof (→ S. 101 f.)
Kaiserpfalz Eger (Cheb) (→ S. 177 f.)

KAPELLE DER HEILIGEN ERHARD UND MARTIN IN EGER (PALASTKAPELLE)

Die glücklich erhaltene Palastkapelle, die sich innerhalb der Burgmauern der alten staufischen Festung (→ S. 177 f.) zwischen allerlei Gebäuden, die offenkundig weniger Glück hatten, befindet, ist aus kunsthistorischer Sicht das vielleicht bedeutendste Bauwerk am ›Kulturweg der Vögte‹. Es sind viele Abhandlungen über die Kapelle geschrieben worden, und sie stechen in ihren Ergebnissen mitunter scharf gegeneinander ab. Eine der neueren und gründlichen, dabei die ältere Forschung breit reflektierenden und ideologisch ungebundenen Untersuchungen stammt von MARION TIETZ-STRÖDEL, der wir im Grundsätzlichen folgen und vertrauen dürfen [1].

Die Kapelle in der Kaiserpfalz ist eine Doppelkapelle, das heißt, sie hat zwei Geschosse über einander, die räumlich durch eine schmale Steintreppe und liturgisch durch ein Oktogon im Stützengeviert des Mitteljochs verbunden sind. Die obere Kapelle war dem Heiligen Erhard, die untere dem Heiligen Martin von Tours geweiht. Der für moderne Christen zunächst etwas befremdliche Typus kam wohl im frühen 12. Jahrhundert auf. Er findet sich zumeist im Zusammenhang mit profanen Herrschaftsbauten. Diese Nachbarschaft bestimmt seine funktionale Architektur: die Kapelle sollte allen Christen gleichermaßen als Gotteshaus dienen, dabei aber den Herrscher und sein Gefolge vom Gesinde räumlich absondern. Dabei ist das Ausstattungsniveau der beiden Etagen ihrer Hierarchie angepasst. »Das Untergeschoß für das Hofgesinde, etwas unter Bodenniveau liegend, wirkt unter wuchtigen

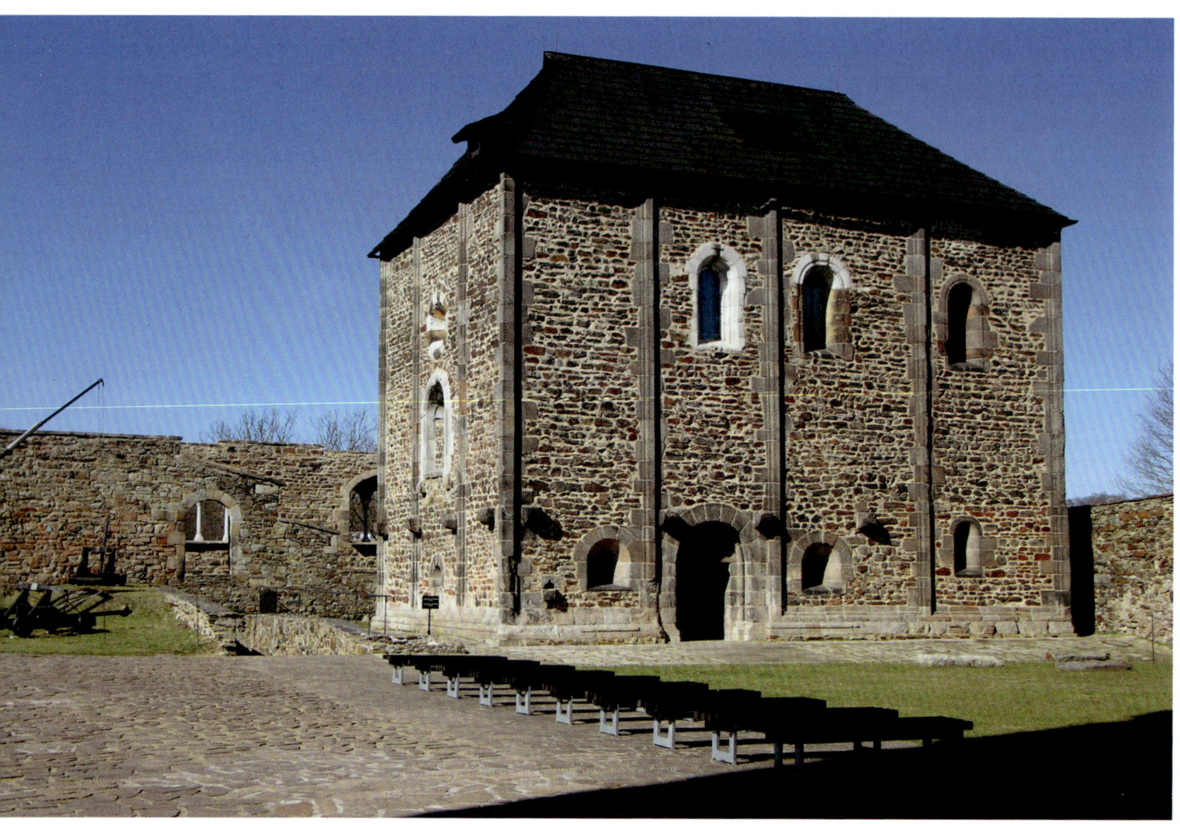

Die Palastkapelle der staufischen Kaiserpfalz

Kreuzgratgewölben auf gedrungenen Granitsäulen archaisch schwer, während das Obergeschoß für den Kaiser und seinen Hofstaat auf edlen weißen Marmorsäulen als leichter Skelettbau mit vollständigem Gerüst hoch aufgeht, geschmückt mit reicher Architektur.« [2]. In der Tat macht die romanische Unterkapelle in ihrer monumentalen Schlichtheit einen ganz anderen Eindruck auf den Betrachter als der leichte, von schlanken Säulen und verspielter Ornamentik bestimmte Bau der gotischen Oberkapelle. Es wurde also gleichzeitig in zwei Stil-Richtungen gebaut.

Der Grundriss beider Geschosse ist relativ einfach. An ein nahezu quadratisches Schiff schließt im Osten der ebenfalls nahezu quadratische Chor an. Hier zelebrierte der Priester auf dem Altar. Aufmerksamkeit verdient der Raum südlich des Oberchores, in dem sich das Privatoratorium des Herrschers befand. Der Kaiser fand hier einen Thronsitz vor. Es ist undenkbar, dass er dorthin die Treppe nahm. Es gab einen Zugang über den Palas. Auf den Kaiser verweist auch die reich ausgestattete Chorarkade mit schräg kanneliertem Schaft. Sie ist, obwohl auf den ersten Blick so inszeniert, kein wirkliches Beutestück. Vielmehr zitiert sie wohl die Beutestück-Archi-

tektur der Aachener Pfalzkapelle Karls des Großen. Das Zitat des Zitats will wohl sagen: ich, der
Stauferkaiser, stehe in einer Linie mit dem mythischen ›ersten‹ Kaiser [3].

Große Faszination muss schon im 13. Jahrhundert von den figürlichen Kapitellen ausge-
gangen sein, die das Gewölbe der Oberkapelle
tragen. Mehrere Hände waren am Werk. Die
Vielfalt beeindruckt. Sie richtet sich am geistlichen Thema des Gegensatzes von Gut und Böse
aus, geht aber auch spielerisch von gegebenen
Formen aus oder begegnet in isolierter Ausfor-
mung in apotropäischer Funktion. Singende Engel an der Nordostsäule, die Bücher, Kreuz oder
Krummstab halten, verkörpern das Gute. An der
südwestlichen Mittelsäule stehen ihnen die Las-

ter gegenüber: Paare, nackt und bekleidet. Vielleicht hält die breitbeinig hockende nackte Frau
einen Geldbeutel vor der Brust, um ihre Käuflich-
keit anzuzeigen. Man hat in ihr eine Anspielung
auf Adelheid, Barbarossas geschiedene Frau, erkennen wollen. Konnte Satire so weit gehen? Das
Triumphbogengewände ist auf beiden Seiten mit
maskenhaften Kopfkapitellen versehen, die von
verschiedenen Künstlern herzurühren scheinen
[4].

Der zeitliche Ansatz der Kapelle ist eng verbunden mit der ›Goldenen Bulle‹ Friedrichs II.,
die er 1213 *in capella in castro Egra* ausgestellt
hatte, und dem Bericht von der Investitur des
Bischofs Konrad von Lübeck 1183 im *Castrum
Eger*. Der Bau müsste demnach bereits 1183

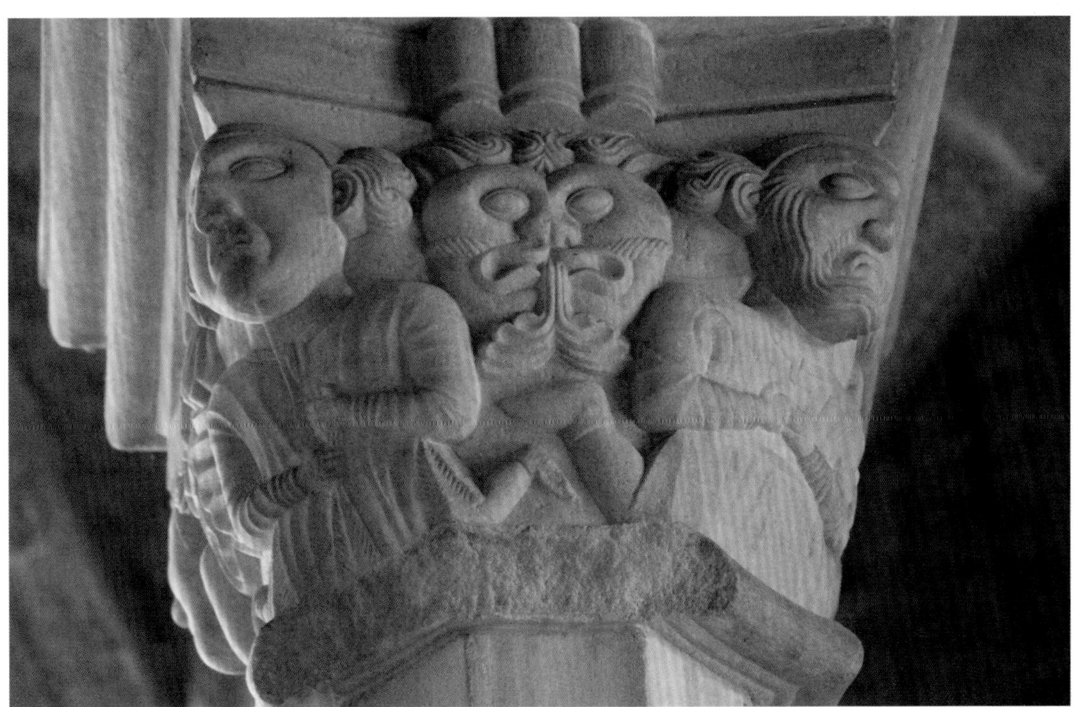

Kapitell im Obergeschoss der Palastkapelle

weitgehend fertiggestellt gewesen sein [5]. Die Kapelle wirkt in ihrer blockhaften Gestalt und dem Bruchsteinmauerwerk mit Granitlisenen wie aus einem Guss. Die Annahme, dass die Bauhütte aus Waldsassen stammte, ist nicht stichhaltig. Einerseits fehlen einige Spezifika zisterziensischer Bauweise; anderseits lassen sich in anderen Pfalzkapellen, insbesondere der Nürnberger Doppelkapelle (1200), ähnliche Momente aufzeigen.

Anmerkungen
[1] Vgl. TIETZ-STRÖDEL, Kaiserpfalz, S. 26–66; zu neueren Grabungsbefunden SEBESTA, S. 55–62.
[2] TIETZ-STRÖDEL, Kaiserpfalz, S. 27.
[3] Vgl. TIETZ-STRÖDEL, Kaiserpfalz, S. 34f.
[4] Zu den Kapitellen TIETZ-STRÖDEL, Kaiserpfalz, S. 36–51; SEBESTA, S. 58.
[5] Vgl. HOTZ, S. 89f.; STURM, S. 51. Dendrochronologische Untersuchungen belegen, dass die Bäume, die man in der Oberkapelle verwendete, 1187/88 geschlagen wurden: SEBESTA, S. 60.

Kirche St. Elisabeth und St. Nikolaus Eger (→ S. 235)
Franziskanerkloster Eger (→ S. 276)

GABLERHAUS

Am Marktplatz befinden sich mehrere Häuser, deren Substanz noch spätgotisch ist. Zu ihnen gehört das Haus Nr. 6/507, das sog. Gablerhaus, das marktseitig eine Rokoko-Fassade aufweist, ansonsten aber alle Grundzüge der übrigen schmalen, schmucklosen Giebelbauten bewahrt. Ein Sattelportal öffnet sich zu einem gotischen Hofflügel mit Tonnengewölben. Im zweiten Obergeschoss des Vorderhauses befindet sich im mittleren Raum ein vergleichsweise gut erhaltenes, sich über die gesamte Seitenwand erstreckendes Fresko aus dem späten 15. Jahrhundert. »Darge-

stellt ist in bunter Farbigkeit eine höfische Jagd zu Pferde mit Treibern, Hunden und Fangnetzen, bei der auch eine vornehme Dame teilnimmt, die hinter ihrem Reiter im Damensitz mitgaloppiert und uns dabei den dekolletierten Rücken zuwendet. Pferde und Hunde sind in lebhafter Bewegung dargestellt. Die untere Wandhälfte wird von einem illusionistischen Holzgestell eingenommen, das von Weidenruten umflochten ist und an dem ein faltig fallender Stoffbehang an großen Ringen befestigt ist.« [1]. Was die Besitzer des Hauses mit dem Jagdthema verband, welche künstlerischen Vorlagen in Frage kommen oder ob gar auf eine literarische Jagd Bezug genommen wird, bedarf noch der Erforschung.

Anmerkungen
[1] TIETZ-STRÖDEL, Entwicklung, S. 105.

STADTMUSEUM CHEB

Cheb besitzt mit der ›Galerie der Bildenden Künste‹ und dem Stadtmuseum zwei Sammlungen mit einer reichen Ausstattung qualitätvoller Kunstwerke der ehemaligen Egerer Sakrallandschaft. Ein Besuch beider Sammlungen ist Pflicht.

›EGERER ANTEPENDIUM‹

Antependien sind längsformatige Tücher, die zum Schmuck des Altartisches dienten. Ins Stadtmuseum gelangte das 218 × 90 cm breite bzw. hohe ›Egerer Antependium‹ 1874 aus der kleinen Kirche St. Jodokus, die zwischen 1430 und 1439 erbaut worden war. Die Jodokuskirche

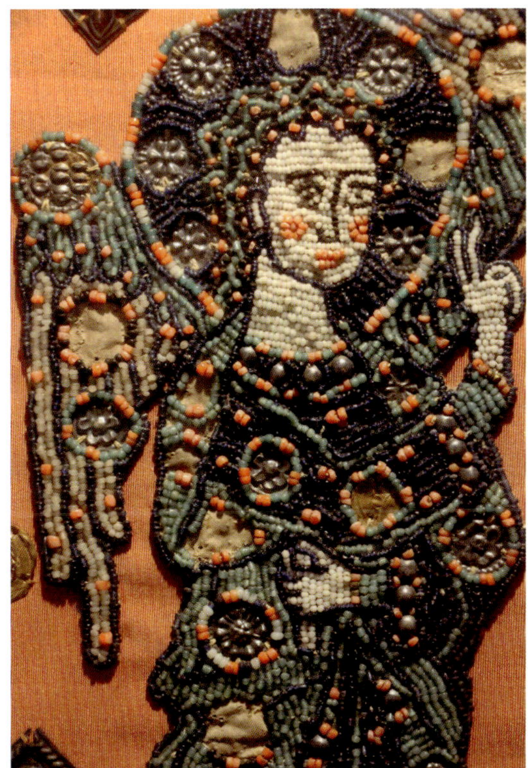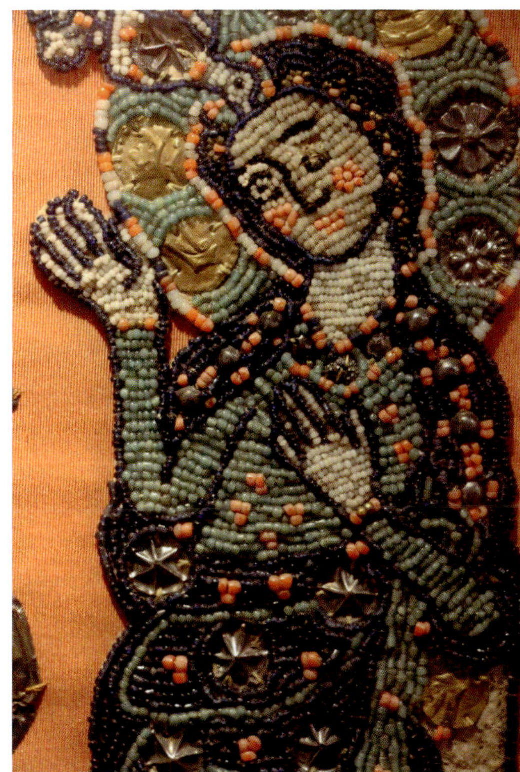

Der Engelsgruß im ›Egerer Antependium‹ (Städtisches Museum Cheb)

dürfte indes nur eine Zwischenstation gewesen sein. Wegen seines außerordentlichen Wertes hat man eine Herkunft aus der Kaiserpfalz vermutet [1].

Das ›Egerer Antependium‹ ist eine Glasperlenstickerei. Auf rotem Seidengrund, der im 17. Jahrhundert erneuert und dann 1928 ersetzt wurde, befinden sich drei horizontale Bildstreifen. Der oberste Streifen fällt deutlich schmaler aus als die beiden unteren. Eine Reihe von Brustbildern stellt Christus, Maria (mittig) und die zwölf Apostel dar. Die zweite und dritte Reihe sind durch jeweils zehn Arkadenreihen mit Rundbögen strukturiert, in denen sich (mit

zwei Ausnahmen) Einzelfiguren befinden, deren Identität teils durch die Beschriftung in den Bögen, teils durch ihre Ikonographie gesichert ist. Nur in zwei Fällen wird das Prinzip der Einzelfigur durchbrochen. Gleich in den beiden ersten Arkaden oben links ist die Verkündigung erkennbar: der Engel grüßt Maria, die (erschrocken respondierend?) ihre rechte Hand hebt, während sie die linke demütig auf ihr Herz drückt. Die zweite Szene, in der Mitte der unteren Arkadenreihe, zeigt die fürbittende Gottesmutter und ihren Segen spendenden Sohn. Nimmt man Maria mit dem sechsjährigen Jesusknaben, den sie in der vierten Arkade von links in der oberen Reihe bei der Hand führt und in der fünften von rechts auf dem Arm trägt, aus, stehen alle anderen Figuren in ihren Bögen für sich allein. In der oberen Reihe sind das die Heilige Agathe (3. v. l.), Klara von Assisi (5. v. l.), Katharina, Lucia, Barbara und Bibiana mit den Palmzweigen der Märtyrerinnen (7.–10. v. l.); in der unteren Reihe: der Evangelist Johannes, Jakobus Maior und Jakobus Minor, alle in monastischer Tonsur (1.–3. v. l.), sodann die Heilige Margarethe (4. v. l.) sowie die Heiligen Agnes, Cäcilie, Kunigunde und Ursula (7.–10. v. l.). Dass dennoch so etwas wie ›Bewegung‹ zwischen den Arkaden herrscht, hat stilistische Gründe. Mit den beiden Jakobussen und der Heiligen Klara scheinen nur drei Heilige »in der hieratisch erstarrten Würdeform der Romanik [zu] verharren«, während sich die anderen Figuren bereits »durch eine von lebendigem Empfinden getragene Gestik« auszeichnen [2]. Dem korrespondiert in eigentümlicher Weise der starre Gesichtsausdruck der meisten Figuren. Er wird hervorgerufen durch die Technik der Augengestaltung, bei der eine schwarze Pupillenperle von einer weißen Perlenreihe gerahmt wird.

Das genaue Alter des ›Egerer Antependiums‹ bereitet der Forschung Kopfzerbrechen. MARION TIETZ-STRÖDEL rechnet es unter die »wenigen reinen Glasperlenstickereien, die sich aus dem 14. Jahrhundert erhalten haben.« [3] Die Bandbreite der Einschätzungen reicht von Ansätzen um 1300 bis hinauf um 1500. Stilistische Argumente und Herkunftsfrage hängen dabei eng zusammen. Nimmt man das Bildprogramm hinzu, spricht sehr viel für ein Kloster (tonsurierter Johannes und Jakobus) und viel für ein Frauenkloster (zehn weibliche, drei männliche Heilige) des Franziskanerordens (Klara von Assisi) [4]. Dass

das Kloster sich in Eger befand, geht aus dem Stadtwappen hervor, das in mehrere der aufgenähten Zierbleche (Brakteaten) eingestanzt wurde.

Anmerkungen
[1] So etwa STURM, S. 53.
[2] TIETZ-STRÖDEL, Antependium, S. 252.
[3] TIETZ-STRÖDEL, Antependium, S. 255.
[4] In diesem Sinne jetzt auch ROYT, Crafts, S. 106 f.

DER SCHMERZHAFT GEKREUZIGTE

Die Kunstwerke, die sich heute auf die Egerer Museen verteilen, fügen sich in stil- und geistesgeschichtlicher Hinsicht eigentlich in anderen Konstellationen zusammen. Wenn es in dieser Hinsicht sinnvoll scheint, das Vesperbild der Dominikanerkirche aus der Galerie der Bildenden Künste an den Anfang einer ›mystischen Epoche‹ zu stellen [1], mag ihm der schmerzhaft Gekreuzigte aus dem Stadtmuseum folgen. Die Figur aus Lindenholz ist so, wie sie erhalten ist, nur 74 cm hoch. Es fehlt das Gabelkreuz, von dem sie irgendwann abgenommen wurde. Vielleicht stand dieses Kreuz einmal im Franziskanerkloster (→ S. 276 f.). Es war gewiss kein Triumphkreuz, das den Sohn Gottes sich in seiner Majestät gleichsam über den Schmerz erheben ließ. Das Gabelkreuz gehört zu einem Darstellungstypus, der um 1300 aufkam und der den geschundenen, schmerzgekrümmten Leib des Gekreuzigten mitsamt den erlittenen Qualen in die Gegenwart des Betrachters holt. Dies vergegenwärtigte Leiden des ›schmerzhaft Gekreuzigten‹ wurde insbesondere durch die Mystik der Bettelorden verbreitet. Der Gekreuzigte des Stadtmuseums, der vielleicht in die 70er Jahre des 14. Jahrhunderts

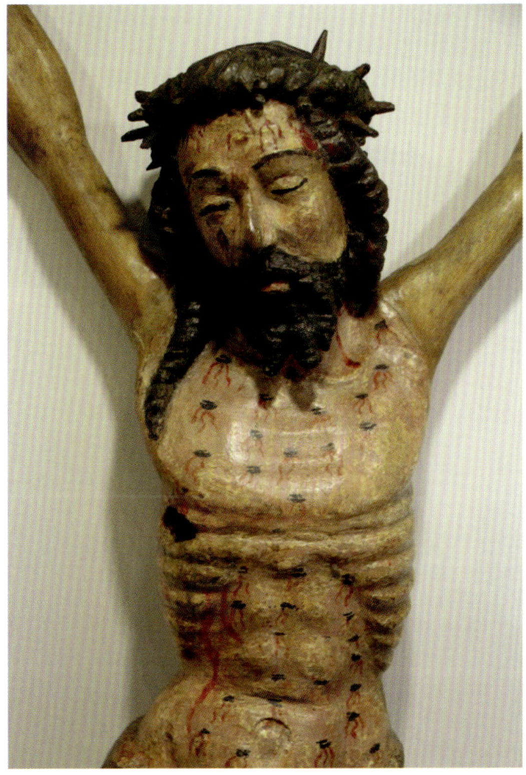

Der ›schmerzhaft Gekreuzigte‹ (Städtisches Museum Cheb)

zu setzen ist, steht einerseits deutlich in dieser Tradition. Davon zeugt nicht nur das Gabelkreuz; davon zeugen auch die vielen Wundmale und die hervortretenden Rippen des ausgemergelten Körpers. Anderseits scheint die Emphase des Leides bereits »zu einer lyrischen Ruhe gekommen. Der Körper krümmt sich nicht mehr, sondern ist fast symmetrisch ausgestreckt, die Bauchdecke strafft ich fest zwischen den Rippen. Der Kopf knickt nicht nach hinten, sondern wird aufrecht gehalten, es scheint der Augenblick der Todeserschöpfung, des brechenden Augenlichtes dargestellt, ein erzählerischer Moment, keine allgemeine Abstraktion des Schmerzes.« [2]

Anmerkungen
[1] Vgl. Tietz-Strödel, Plastik, S. 262; Ottová/Mudra, S. 137.
[2] Tietz-Strödel, Plastik, S. 263. Leider wurde der Grekreuzigte recht unvorteilhaft in einen Glaskasten gezwängt, in dem sich noch andere Objekte befinden.

Gotischer Altar aus St. Wolfgang bei Burg Seeberg (Ostroh) (→ S. 174)

GALERIE DER BILDENDEN KÜNSTE

In der Galerie der Bildenden Künste versammeln sich sakrale Kunstwerke von außerordentlichem Rang. Sie wurden hoch professionell arrangiert. Man sollte sie auf jeden Fall gesehen haben.

VESPERBILD DER DOMINIKANERKIRCHE

Mit aller Wucht, zu der gotische Skulptur um die Mitte des 14. Jahrhunderts in der Lage ist, tritt uns eine Pietà aus dem Dominikanerkloster (→ S. 279) entgegen: Maria, die den erstarrten, gebrochenen Körper ihres Sohnes auf den Knien hält. Die aus Erlenholz gefertigte, 158 cm hohe Statue gilt Fachleuten als »ausdrucksstärkstes und bedeutendstes« Bildwerk der frühen Egerer Kunst [1]. Durch seine Fokussierung auf das schmerzhafteste Ereignis innerhalb des Passions-Narrativs reißt es den Betrachter für einen Augenblick aus jedweder Heils-Gewissheit. Anders als die schmerzvolle Grablegung aus der Lutherkirche in Plauen, die den erzählerischen Zusammenhang zumindest über die Altarflügel einholt, isoliert die Pietà der Dominikaner den Augenblick. Sie ist ein Bildwerk des Leidens, dem man leidend und als Einzelner begegnet. »Bildwerke dieser Art standen nicht im

Kirchenschiff vor der versammelten Gemeinde, sondern in der dunklen Abgeschlossenheit einer Kapelle, wo der einzelne in der gefühlsmäßigen Identifikation mit dem menschlichen Leiden Christi zu einer subjektiven Gotteserfahrung und zur Überwindung des eigenen Leides kam.«

Schon einmal war Maria der ›Thron‹ für den Erlöser der Welt. Damals spielte er noch mit ihrem Haar, griff nach einem Apfel oder segnete mit seinen kleinen Fingern alle Welt. Nun hält sie ihren Sohn erneut auf den Knien; vorsichtig, wie es scheint, berührt ihre Linke den Oberschenkel Jesu, während dessen linker Arm erstarrt über ihren Unterarm ragt. Die Intimität, die die Mutter einmal mit ihrem Sohn verband, ist dahin. Dreißig Jahre liegen zwischen dem zutraulichen Knaben und dem gebrochenen Leichnam. Maria ist wieder das, was sie sein sollte, als der Engel sie aufsuchte: ein auserwähltes, aber ein dienendes Gefäß. Auch ihre Rechte stützt den Rücken des Toten kaum ab. Der erstarrte Leichnam führt, durch die Hände der Mutter mehr umgrenzt als gehalten, gleichsam ein Eigenleben. »Das ist keine innige Umarmung, [...] das ist sprachloses Erstarren im Schmerz.« Maria ist wieder Thron und Gefäß ihres Sohnes. Die unendliche Entfernung zwischen dem Sohn Gottes und seiner menschlichen Mutter wird mit einer Wucht greifbar, die kaum zu ertragen ist. Sie wird umso greifbarer, je mehr der tote Körper den lebenden in den Hintergrund drängt. »Die tief eingesunkene Bauchhöhle des Toten läßt die einzelnen Rippen stark hervortreten, in einem grausamen Stakkato, das aufgenommen wird von den Einfurchungen des Brustbeines, bis es in den überspannten Halssehnen nach oben schießt zu dem gepeinigten, dornengekrönten Haupt.« [2].

Maria ist im buchstäblichen Sinne gesichtslos. Der Effekt, der sich dadurch beim Betrachter einstellt, ist nicht unbeträchtlich. Das ursprüngliche Antlitz der Gottesmutter, das die Gläubigen »schockiert« haben könnte, wurde in barocker Zeit offenbar in eine gefälligere Form gebracht. Bei der Restaurierung von 1972 entschied man, diesen Eingriff rückgängig zu machen.

Anmerkungen
[1] Tietz-Strödel, Plastik, S. 260.
[2] Alle Zitate bei Tietz-Strödel, Plastik, S. 261. Vgl. Ottová/Mudra, S. 127–135.

ALTARGRUPPE MIT MARIA UND DEN ›BEIDEN JOHANNSEN‹

Größte Aufmerksamkeit verdienen drei Skulpturen, die sich stilistisch aufs Engste verwandt zeigen und wohl einmal eine Altargruppe bildeten. Die Gruppe besteht aus einer Sitzmadonna, Johannes dem Täufer und Johannes dem Evangelisten. Die monochromen Lindenholzfiguren haben die gleiche Scheitelhöhe (80 cm), wobei Maria, ihrer Bedeutung entsprechend, größer proportioniert ist. Kunstgeschichtlich ist die Gruppe von Interesse, insofern sie »einen wichtigen Beitrag zur Ausbildung des sogenannten ›Schönen Stils‹ und speziell der ›Schönen Madonnen‹ leistet.« [1]. In diesem Zeichen, als Exponenten eines Übergangs, sollte man die Skulpturen zunächst genauer mustern.

Was bei allen drei Figuren sofort auffällt, ist die starke Achsenbiegung. Sie lässt sich insbesondere an der Figur des bärtigen Täufers gut aufzeigen, die im klassisch-antiken Kontrapost steht. »Bei ihm konzentriert sich alles auf die rechte Spielbeinseite, über die der Oberkörper ausladend hinausgereckt ist.« »Der Bewegung des Oberkörpers entsprechend, biegt sich das unbelastete Spielbein nach vorne, wobei sich das eigenartig tief gesetzte ›böhmische Knie‹ plastisch durch den dünnen Stoff des Gewandes drückt« [2]. Auf dem linken Arm, über dem Standbein, trägt der Täufer das Lamm, das gleichsam auf einem Faltensockel thront. Der rechte Arm drängt nach vorne. Dass seine gekrümmten Finger ins Leere greifen, bewahrt den Betrachter vor dem Fehler, hier eine unentschiedene, gleichsam zurückgenommene Gebärde des Sprechens anzusetzen: die Figur wird einmal einen Stab gehalten haben, ohne dass man wird sagen können, sie habe sich auf diesen Stab gestützt. Gleichwohl verstärkt der fehlende Stab den Eindruck einer Spannung. Drängt der Arm auch nach vorne, folgt ihm doch das voluminöse, schwer auf den Schultern lastende Haupt nicht. Man meint, der nach Innen gerichtete Blick des Visionärs nehme das Streben der Hand (wie auch das Drängen des Spielbeins) geradezu zurück.

Hintergründig lächelt die Sitzmadonna, die auf dem rechten Arm ihren Sohn trägt, dessen linkes Bein sich auf dem rechten Knie der Mutter abstützt. Erste Gehversuche? Man kann sagen, der lockige Knabe in dem langen Gewand halte den Apfel in seiner Linken »spielerisch vor sich«, aber ist seine Rechte nicht bereits vorgestreckt, als wolle er gleich die Welt segnen? Ohne das Szepter, das Maria wohl einmal in der Linken trug, könnte man das hintergründige Lächeln in dem »etwas mollige[n] Gesicht einer jungen Bürgersfrau« [3] für argloses Mutterglück halten. Ergänzt man das Insignium der Herrschaft, wird indes klar, dass Mutter und Sohn nicht zwei ver-

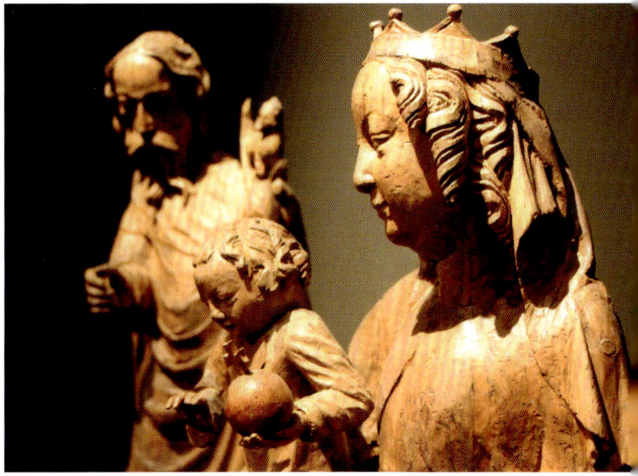

Maria mit dem Jesusknaben, im Hintergrund Johannes der Täufer (Galerie der Bildenden Künste Cheb)

schiedenen Welten zugehören, sondern gemeinsam Regiment führen.

Hätte der Evangelist Johannes nicht eine hohe Stirn, spräche er den Betrachter durch seine geschwungen kontrapostische Körperhaltung, das lange Haar, den fließenden Faltenwurf seines Gewandes aus leichtestem Stoff und eine Brustpartie, die wie ein Dekolleté wirkt, spontan als Frau an. Der Kontrast zwischen der weichen, geschwungenen Erscheinung des Evangelisten und der stärker symmetrischen Figur des bärtigen Täufers ist gesucht. Die Stilunterschiede zwischen den Figuren lassen sich indes »mit der unterschiedlichen ikonographischen Typologie der beiden Heiligen erklären« [4].

Die Herkunft der Gruppe ist unbekannt. Nicht einmal ihre Egerer Provenienz ist gesichert. Dennoch nimmt man an, dass sie einst in der ersten Pfarrkirche Egers, St. Johannis, aufgestellt war [5]. Das Patrozinium allein scheint mir indes für die Zuweisung nicht hinzureichen. Als die Gruppe entstand, stand die Johanniskirche bereits im Schatten der Hauptkirche St. Nikolaus und St. Elisabeth. Man könnte daher auch fragen, an welchem anderen Ort die Verehrung beider Johannsen eine Rolle spielte. Hier wird man nun sehr rasch auf den Dominikanerorden verwiesen. Dessen führende Gelehrte, Albertus Magnus und Thomas von Aquin, »sahen in den beiden Johannsen die Verkörperung der grundlegenden Anliegen ihres Ordens: Studium, Kontemplation und (darauf gründende) Lehre bzw. Predigt.« [6]. Der Täufer stünde demnach für Lehre und Verkündigung, der Lieblingsjünger für mystische Schau und Kontemplation. Begreift man die Johannsen freilich nicht als zwei komplementäre Aspekte des Ordenslebens, sondern als Gegensätze, tritt eine Spannung zutage, die leicht im Klosteralltag hervorbrechen konnte. Berühmt geworden sind hier die Dominikanerinnen in Katharinental bei Dießenhofen, deren Konvent sich regelrecht spaltete in Verehrerinnen des Täufers und des Evangelisten [7]. Die besondere Johannes-Devotion der Dominikaner lässt zumindest möglich erscheinen, dass die fragliche Gruppe dem Egerer Konvent entstammt. Sie wäre zudem keinesfalls das einzige Denkmal von Rang, das dort bereits im 14. Jahrhundert seinen Platz erhielt.

Anmerkungen

[1] Tietz-Strödel, Plastik, S. 266. Die lange Forschungsgeschichte wird jetzt zusammengefasst bei Ottová/Mudra, S. 139–141.
[2] Tietz-Strödel, Plastik, S. 263.
[3] Tietz-Strödel, Plastik, S. 265.
[4] Tietz-Strödel, Plastik, S. 266.
[5] Vgl. Tietz-Strödel, Plastik, S. 263; Ottová/Mudra, S. 139.
[6] Conzelmann, S. 301.
[7] Vgl. Conzelmann, S. 302 f.

GRUPPE TRAUERNDER FRAUEN

Das letzte Kunstwerk, das uns im vorliegenden Zusammenhang beschäftigen soll, ist eine Gruppe trauernder Frauen mit Maria und Johannes dem Evangelisten. Das Relief wird um 1400 bzw. kurz danach datiert [1]. Es ist offenkundig ein Fragment aus dem größeren Zusammenhang einer Kreuzigungsgruppe: der Mutter des Gekreuzigten, die im Vordergrund steht, schwinden die Sinne; Johannes fängt sie mit der Hand an der linken Schulter auf, während die anderen Frauen den Oberkörper und den rechten Arm halten. Gleichwohl ist die Ohnmacht Marien nur besonders drastischer Ausdruck eines Schmerzes, der sich auch der Gesichter der anderen Figuren bemächtigt hat. Im Hintergrund schluchzt einer auf, der mit der Hand das Gesicht bedeckt. Er wirkt so vereinzelt in seiner Trauer wie alle anderen. Zusammengehalten wird die Gruppe allein über die Gottesmutter, die wie ein verbindender Ast wirkt, aus dem die anderen wie Blüten sprossen. Obwohl das Relief weit von einer ziselierten Draperie der Kleidung entfernt ist, fallen doch die symmetrischen Faltenwürfe auf: insbesondere bei Maria hat es den Anschein, als liefere das ausladende Kleid gleichsam den sich zur Bodenplatte auswachsenden Wurzelgrund der Szene. Auch in kompositorischer Hinsicht kann man die ›Beweinung Christi‹ aus der Plauener Lutherkirche mit Gewinn vergleichen.

Anmerkungen

[1] Vgl. Tietz-Strödel, Plastik, S. 268; Ottová/Mudra, S. 149.

Gruppe trauernder Frauen
(Galerie der Bildenden Künste Cheb)

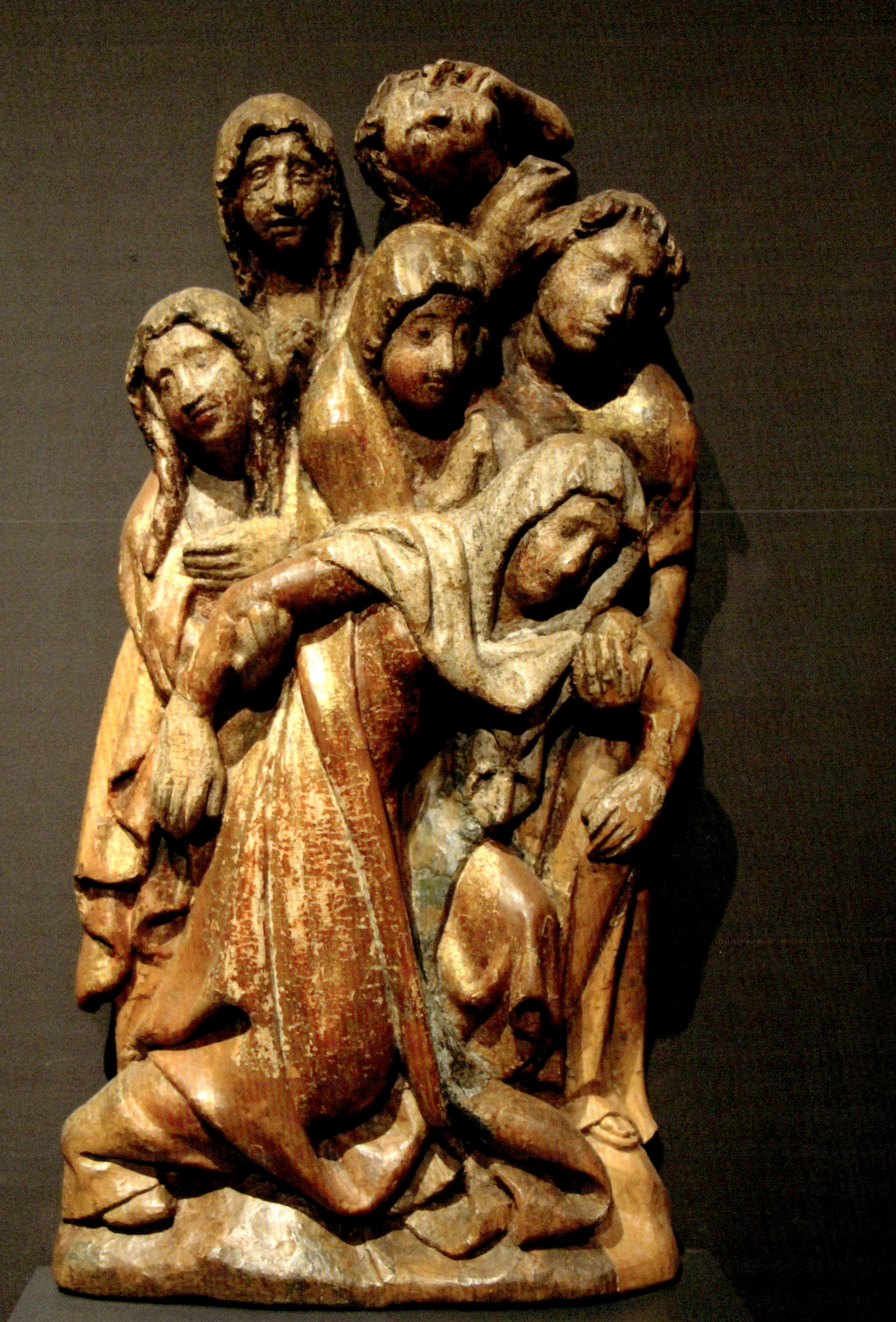

VON STADT ZU STADT: MÄRKTE – MAUERN – SELBSTVERWALTUNG

Wer sich anschickt, die Geschichte der vogtländischen Städte anhand der Denkmäler ihrer Selbstverwaltung zu erkunden, ist auf sehr genaue Beobachtungen angewiesen. Hier stehen noch ein paar Meter der alten Stadtmauer, die nichts mehr schützen und nichts mehr verteidigen (Gera, Schmölln, Hof, Touzim). Dort ragt, weil er pittoresk genug war, ein aus dem Verbund der Mauer gelöster letzter Turm (Plauen) oder ein Stadttor (Adorf), das niemandem Eingang gewährt oder weigert. Es mag noch eine ›Galgenleite‹ (Hof) geben, den Galgen aber sucht man vergeblich. Auf einigen zentralen Plätzen, die »Markt« heißen, werden noch heute an bestimmten Tagen Obst, Gemüse, Käse und Kurzwaren angeboten. »Topfmärkte«, »Heumärkte«, »Rossmärkte« oder »Taubenmärkte« benötigt man indes nicht mehr, und so schwanden die Toponyme mit der Sache. Allein das Rathaus ist geblieben, doch trägt der für seine Aufgaben längst viel zu eng gewordene Zweckbau, in dem sich etwa eine Tourist-Information oder das Standesamt eingerichtet haben (nur der ›Ratskeller‹ war schon immer da!), meist den Zusatz »altes Rathaus«. Vielleicht verwahrt man hier noch ein Original, oft genug aber nur noch ein Faksimile der kostbarsten Rechtsdokumente der Stadt: Urkunden, Privilegien und Stadtrechte als Referenztexte einer disziplinier-

ten Stadtentfaltung. Die Stadt- und Amtsbücher, die das tägliche Verwaltungshandeln ihrer Bürger und ihres Rates dokumentieren, wurden dagegen, sofern sie die Feuerstürme überdauerten, zu Forschungszwecken in die städtischen Archive verbracht.

Das dynamische Modell »Stadt« gehört zu den Erfolgsgeschichten des Abendlandes. Schon im 14. Jahrhundert sah jeder, dass es dem Modell »Burg« den Rang ablief. Burgen, in deren Schutz sich einst kleine Siedlungen entwickelten, gingen nun in der Stadt auf, wurden zum repräsentativen Schloss oder zu Zweckbauten umfunktioniert. Auf den umliegenden Bergen verfiel, was wehrtechnisch veraltet und ökonomisch unergiebig war. Die Wirtschaftskraft einer Region lag in den Städten. Es überrascht nicht, dass die Vögte die Städte in ihren Territorien mit Privilegien und Rechten ausstatteten. Sie achteten freilich darauf, dass deren Prosperität sie nicht in vollständige Unabhängigkeit führte. Die Städte waren von diesem Balanceakt so lange zu überzeugen, wie die Landesherrschaft zur Sicherung ihrer Privilegien beitrug.

Das hat auch im Vogtland nicht immer gut geklappt. Im Gebiet zwischen Hof, Plauen und Eger entfaltete der zunehmend depotenzierte Kleinadel ab der Mitte des 14. Jahrhunderts eine unerfreuliche Repressalien-Wirtschaft. Die »Placker« kamen auf, die von durchziehenden Händlern Schutzgelder erpressten und Waren beschlagnahmten, Pferde stahlen und Geiseln nahmen, die sie gegen Lösegeld entließen. Die Vögte mühten sich im Verbund mit den Markgrafen von Meißen, dem Treiben Einhalt zu gebieten. Davon zeugt etwa die Guttenberger Fehde (um 1380–1384), die fast nahtlos überging in die Adelsfehde mit der Stadt Eger, in der die prosperierende, unter ständigen Übergriffen leidende Stadt ihre Rechte selbst zu wahren bereit war. Unter den weiterhin schwelenden Konflikt setzte erst einhundert Jahre später das kaiserliche Heer den Schlusspunkt, das mehr als zwanzig vogtländische Burganlagen, auf denen man räuberische Niederadlige vermuten wollte, in Brand steckte.

Die Städte Schmölln, Crimmitschau und Gera sind durch ihre Stadtrechtstraditionen eng auf einander bezogen. Man hat früher gern von »Familien« gesprochen. Allerdings ließ sich die damit aufgerufene genealogische Vorstellung der Überlieferungsverluste wegen nicht immer positiv nachweisen. Wenn die Kinder dann älter waren als ihre Eltern, bestand leicht die Versuchung, sich zu den Kindern passende Groß- und Urgroßeltern zu erfinden. Inzwischen geht man freilich davon aus, dass etwa der Bau einer Stadtmauer nicht zwangsläufig (und als dessen Folge) mit der Vergabe des Stadtrechts in Verbindung stand, das städtebauliche Alter einer Stadt also nicht unbedingt das Alter ihrer Rechtssatzungen anzeigt. Auch besaßen Städte Rechtstraditionen in mündlicher Pflege, ohne sie sofort zu kodifizieren. Für die Traditionen von Gera, Schmölln und Crimmitschau mag im vorliegenden Zusammenhang genügen, dass sie über einzelne Artikel zusammenhängen, dabei aber auch mit anderen Stadtrechten (etwa dem Altenburger) verwandt erscheinen.

DAS STADTRECHT VON SCHMÖLLN

Schmölln, bereits im 11. Jahrhundert ein Ort und »ein uraltes Besitztum« der Vögte, entwickelte sich erst unter den Reußen von Plauen zur Stadt [1] (→ S. 39 f.). Heinrich II. Reuß von Plauen zu Greiz (1306–1350) hatte Schmölln, das zur Herrschaft Ronneburg gehörte, bei der Erbteilung von 1306 erhalten. Als er zwischen 1324 und 1330 die Vormundschaft für den späteren Markgrafen Friedrich II. den Ernsthaften innehatte, griff er zu. Man warf ihm später vor, *daz her hat gebuwet Smolne eyn hus und eyn stat bi einer mile bi Aldenburg* [2]. Dass der Reuße seiner Stadt in diesen Jahren das Stadtrecht verlieh, gilt als ausgemacht. Dass er ihr Altenburger Recht (1256) übertrug, gilt als wahrscheinlich [3]. Indes stammt die älteste erhaltene Niederschrift der Schmöllner Statuten und Privilegien vom Bürgermeister Georg Filder (1524).

Alles, was wir positiv belegen können, ist, dass Heinrich XVII. »der Ältere« von Weida (gest. 1454), der 1410 sein Drittel der Herrschaft Weida gegen Schloss und Stadt Schmölln eintauschte [4], den Bürgern 1412 ihr von seinen Vorfahren verliehenes Stadtrecht, ihre Gebräuche und ihre Freiheiten bestätigte. Explizit bestätigte der Weidaer zwar nur das Recht und die Freiheiten, »verbrieft oder nicht verbrieft«, die die Stadt unter seinem Vetter Heinrich und seiner »Muhme« Salome von Auschwitz besessen habe [5]. Das bedeutet aber weder, dass die Genannten das

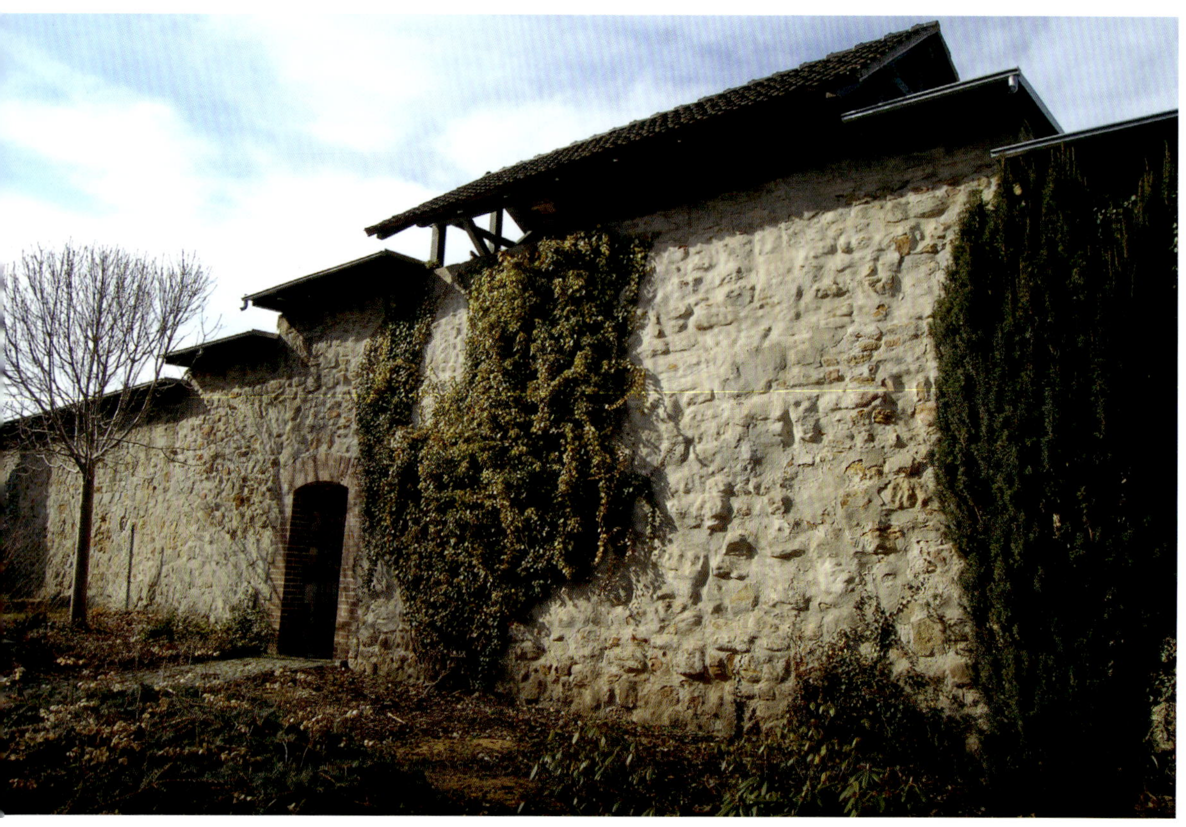

Erhaltener und gesicherter Abschnitt der alten Schmöllner Stadtmauer

Recht in Schmölln eingeführt haben, noch auch, dass das Schmöllner Recht um diese Zeit bereits verschriftet war. Sicher ist lediglich, dass das Schmöllner Recht 1414 nach Crimmitschau übertragen wurde. In der Form, wie es in 33 Abschnitten und 55 Paragraphen rekonstruiert wurde, ist es nur bedingt für die alte Zeit aussagekräftig [6].

Auffällig ist die Machtkonzentration beim Stadtrat. Er entscheidet, ob eine Klage vor Gericht zugelassen wird, und wer sie trotzdem vor einen Richter trägt, zahlt zehn Groschen an den Rat (IV, 5). Sucht man den Rat aber in einer Streitsache auf, kosten Denunziation und Schmähung eines Mitbürgers vor dem Rat zehn Neugroschen (V, 6). Die Schmähung eines Mannes kostet doppelt so viel wie die einer Frau (VI, 7). Strikt untersagt der Rat die Bildung von Zünften oder Innungen und ahndet sie mit einem Neuschock Groschen und Gefängnis (XVII, 29). In nahezu allen Abschnitten ist der Rat Profiteur bei der Ahndung von Delikten. Auch dann, wenn bei nächtlicher Randaliererei Dinge in Privatbesitz demoliert werden, erhält der Rat zum Wohle der Stadt »von jedem einzelnen (beschädigten) Stücke ein Altschock« (X, 11). Wir wollen indes nicht übersehen, dass der Rat die Einnahmen auch

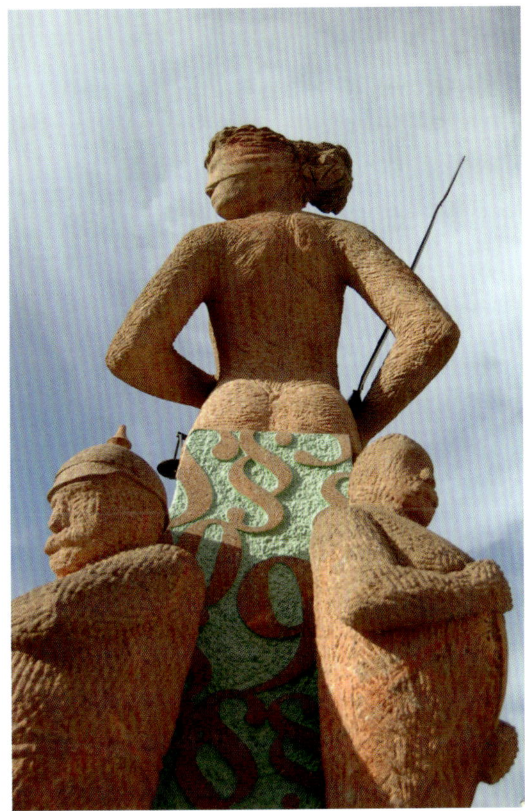

Die Schmöllner Justitia mag blind sein, ist aber ein Hingucker

zum Wohle der Stadt aufwendet. Wer etwa beim Ausbruch von Feuer die erste Kufe Wassers herbeischafft, erhält aus der Stadtkasse ein »Trinkgeld« von 10 Groschen, der zweite noch immer 5 Groschen (XXV, 40).

Von der Stadtwerdung Schmöllns zeugen Reste der Stadtmauer in der Schulstraße. Sie wurde ohne Fundament auf den Boden gesetzt und war einmal 8 Meter hoch. Im Abstand von nur zehn Metern errichtete man Rechtecktürme [7]. Ein Justitia-Brunnen mit einer recht freizügigen Allegorie gegenüber der Sparkasse verweist auf das alte Stadtrecht.

Anmerkungen

[1] FRANCKE, S. 309; SEYFARTH, S. 20–26.

[2] Vgl. ERMISCH, Ratsarchiv, S. 152; SEYFARTH, S. 17f., 21f.

[3] Vgl. ERMISCH, Ratsarchiv, S. 154.

[4] Vgl. UB Vögte II, Nr. 519f.

[5] Salome hatte Schmölln 1384 als Leibgedinge erhalten: UB Vögte II, Nr. 288.

[6] Ein modernisierter Abdruck bei SEYFARTH, S. 45–56. Daraus das Folgende.

[7] Vgl. BILLER II, S. 201; SEYFARTH, S. 22.

STADTRECHT UND STADTRÜGE VON CRIMMITSCHAU

Crimmitschau, um 1140 noch Pfarrdorf, wird 1222 zuerst als Stadt (*civitas*) bezeichnet, doch vergehen fast zweihundert Jahre, bis Crimmitschau die seinen Bedürfnissen angemessenen Privilegien erhält. Markgraf Wilhelm II. begnadete die Stadt im Juni 1414 »mit solcher Freiheit und Gewohnheit, als die Bürger und die Stadt zu Schmölln haben« [1]. Die Urkunde wurde wiederholt bestätigt (1453, 1464, 1488), ohne dass dabei Konkretisierendes über das Crimmitschauer Recht formuliert worden wäre. Allerdings kam es 1444 zu einer Aufzeichnung wesentlicher Statuten, die dazu bestimmt waren, den Bürgern von Zeit zu Zeit vorgelesen zu werden. Man nennt solche zur Verlesung bestimmte Aufzeichnungen wesentlicher Gebote »Stadtrüge«, wobei Rüge präventiv zu verstehen ist. Um 1460 erfuhr die ins Stadtbuch eingetragene Stadtrüge eine erweiterte Redaktion: *Vornemet arme unde reiche unser eynwoner alle unde* [die] *pye uns ören sicze haben unde pürger seyn, unser ruge unde vorpote, nach dem sich eyn ytzlicher wiße zcu halden* [2].

Die Stadtrüge von 1460 besteht aus 11 Paragraphen und einem von Bürgermeister Nikolaus Schmidt und den Räten erlassenen Braurecht in sieben Abschnitten. Umfang und Proportionen machen deutlich, dass die Rüge kein systematisches Rechtsdokument sein kann, das alle Eventualitäten regelt. Paragraph 1 regelt das auch gleich: Jeder Mann soll in Streitfällen den Rechtsweg beschreiten und Amtmann, Vogt und Richter einschalten *umme die alde gewonheit, die unser vorfaren an uns bracht haben.* Paragraph 2 untersagt den Kauf gestohlenen Gutes, Paragraph 4 die Abwerbung von Nachbars Gesinde. Paragraph 6 schärft ein, dass ein jeder für *die wege vor sinen gütern* verantwortlich sei, Paragraph 7 gebietet eine Abwasserentsorgung (*feltwasser*), die den Nachbarn nicht zum Schaden gereicht. Paragraph 8 und 9 verbieten alle möglichen Formen von Nachtarbeit, wobei die Hauptsorge der dafür notwendigen Lichtquelle gilt, wie auch die Paragraphen 10 und 11 einschärfen: *eyn ytzlicher schol bewaren sein eygen füre nacht unde tage yn besorgunge zcu haben vorsichtigkeit unde achtung zcu thun* [3]. Das hat, wie wir wissen, gerade in Crimmitschau nicht gut geklappt.

Wir gedenken des Crimmitschauer Rechts vor dem Roten Turm am Taubenmarkt, dem Nachbau eines ehemaligen, 1928 abgerissenen Turms (um 1350), der Teil der Stadtmauer war. »Rote« Türme befanden sich in vielen Städten. Den Chemnitzer Roten Turm, der bereits im 12. Jahrhundert bestand und aus rotem Porphyrtuff errichtet worden war, bezog man um 1230 in die Stadtmauer ein. Er war Sitz eines Verwaltungsbeamten und wurde bis um 1900 als Gefängnis genutzt. Der ›Rote Turm‹ auf dem Marktplatz in Halle dagegen ist alles andere als rot. Vielmehr wurde hier, am Fuße des Turms und vis a vis der Rolandsstatue, das Blutgericht gehalten. Auch die Burggrafen von Meißen hielten auf der Albrechtsburg bereits

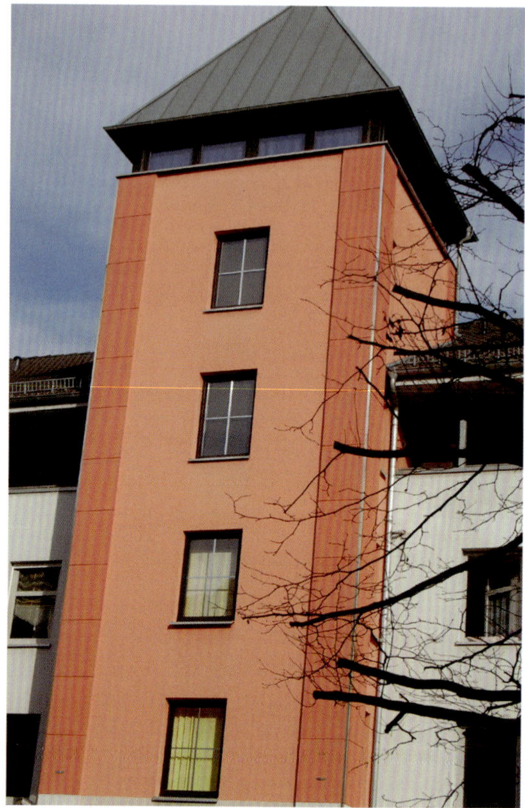

An der Stelle des alten Roten Turmes steht ein neuer

im 14. Jahrhundert Hofgericht »zu Füßen des Roten Turms«. ›Rote Türme‹ waren demnach Orte des Gerichts. Als diese Tradition verloren ging, rechtfertigte nur noch die Farbe die Namengebung.

Auf dem klassizistischen Rathaus (1772) befindet sich seit 1994 wieder eine Rolands-Statue. Übergroße Standbilder des legendären Neffen Karls des Großen, der auf dem Feldzug gegen die Muslime in den Pyrenäen seine Heldenseele aushauchte, zieren seit dem Hochmittelalter ausgewählte städtische Plätze. Dabei ist der »Sinn«

auf Marktplätzen und vor Rathäusern erklären. Berühmtestes Beispiel ist der Roland am Bremer Rathaus (gegen 1366). Der Hamburger Roland wurde nach 1375, als die Stadt ihre Anerkennung als Freie Reichsstadt erwirken wollte, in die Innenstadt umversetzt [5]. Als der Crimmitschauer Roland 1892 errichtet wurde, hatte sich die Deutung des ›rechtssichernden‹ Roland längst durchgesetzt. Sie erklärt, warum auch in nachmittelalterlicher Zeit mitteldeutsche Städte Rolande errichteten (z. B. Dessau 1905, Chemnitz 1910, Cottbus 1934). Der Crimmitschauer Roland wurde wegen seines Materialwertes 1942 eingeschmolzen. Seit 1994 behält eine Kopie auf dem Rathausdach die Übersicht. Ikonographisch stellt sich der (unberittene) Crimmitschauer Roland nicht in die Linie der Schwert-, sondern der Lanzenträger. Damit korrespondiert er dem einzigen weiteren Roland am ›Kulturweg‹: dem Roland von Cheb, der 1528 als Brunnenzier aufgestellt wurde (→ S. 397).

Im Schatten des Crimmitschauer Roland wölbt sich das einzige Renaissance-Portal der Stadt: eine beinahe getreue Nachbildung des verwitterten Portals, das im Durchgang des Hauses eingemauert wurde. Hier finden sich, auf wenigen Quadratmetern, noch ein paar symbolische Relikte alter Stadtherrlichkeit: auf der linken Seite etwa das bzw. die Stadtwappen.

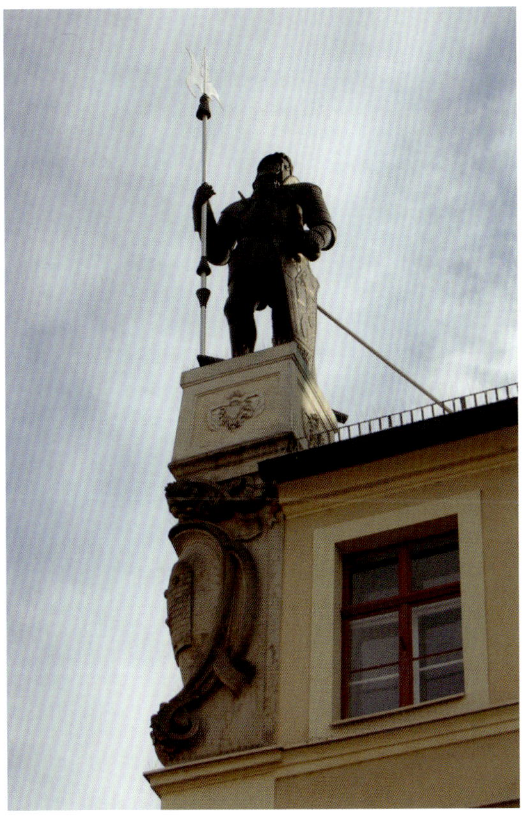

Der Crimmitschauer Roland überwacht den Markt vom Rathaus herab

der rund 250 erhaltenen oder bezeugten Statuen umstritten. Man kann davon ausgehen, dass sie zunächst steinerne Symbole karolingischer Bekehrungs- und Unterwerfungspolitik waren. Doch änderten sich die Bedeutungszuweisungen mit der Zeit. »Jede Stadt hat Sinn und Zweck ihres Rolandbildes offenbar so interpretiert und genutzt, wie es die geschichtliche Situation gebot und erlaubte.« [4]. Als der Missionsgedanke keine Rolle mehr spielte, erlebten die Statuen eine Um-Deutung zu Bewahrern städtischer Rechte und Privilegien. Das könnte die Rolande

Anmerkungen
[1] ERMISCH, Ratsarchiv, S. 152.
[2] ERMISCH, Ratsarchiv, S. 155.
[3] ERMISCH, Ratsarchiv, S. 156.
[4] REMPEL, S. 67.
[5] Vgl. REMPEL, S. 68 f.

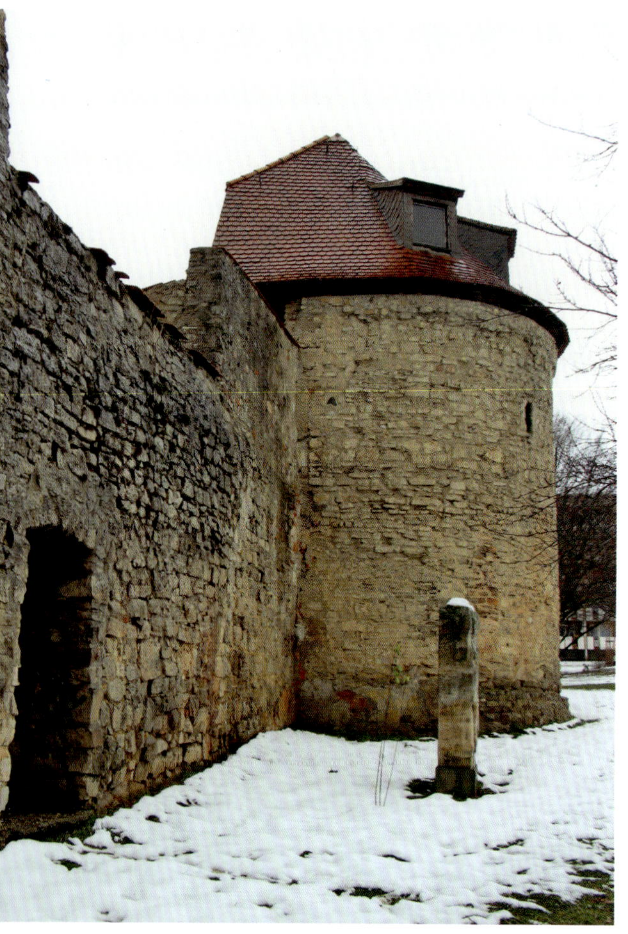

Mauerreste und Halbrundturm am Geraer Stadtgraben

DAS STADTRECHT VON GERA

Gera, um 1200 noch als *villa* bezeichnet, erscheint 1237 als *oppidum*. An Urkunden von 1350 und 1404 prangen Stadtsiegel, die auf die Vögte als Stadtherren verweisen. Ein Stadtrat ist 1360 greifbar. Gera dürfte also spätestens in der ersten Hälfte des 14. Jahrhunderts Stadtrechte erhalten haben. Die von Heinrich XI. »dem Älteren« von Gera (1482–1502) 1487 bestätigten

Statuten [1] sind daher in der Substanz älter. Doch wie viel älter? ERMISCH stellte fest, dass »reichlich die Hälfte« der Geraer Statuten von 1487 »wörtlich oder mit geringen Abänderungen den Statuten von Schmölln« entspricht. Er zog daraus den Schluss, dass das ja bereits 1414 nach Crimmitschau übertragene Schmöllner Recht »als die Wurzel des Geraer Stadtrechts und seiner Ableitungen anzusehen [sei] und nicht umgekehrt.« [2]. Gera müsste demnach seine Rechte unter den Geraer Vögten Heinrich IV. (1311–1343) und Heinrich V. (1311–1377) um bzw. nach 1330 von Schmölln, das eben erst zur *civitas* aufgestiegen war, übernommen haben. Wirksam wurde das Geraer Recht in den Stadtrechten von Schleiz, Tanna, Lobenstein und Saalburg.

Am Stadtgraben (Böttchergasse) befinden sich noch Reste eines alten Halbrundturmes und der Kalkbruchsteinmauer, die kaum vor dem 15. Jahrhundert errichtet wurde [3]. An den Plattenbauten in der Schuhgasse Nr. 4, 6 und 8 hat der Künstler Peter Willmaser den mittelalterlichen Brauch der Hauszeichen aufleben lassen, die hier Momente der Stadtgeschichte transportieren. In das Zeichen am Haus Nr. 1, einen Fisch mit Schubladen, hatte er das Stadtsiegel von 1460 und einen Auszug der Statuten von 1487 eingearbeitet. (Das Hauszeichen wurde bei der Renovierung entfernt).

HERINGSHANDEL IN GERA (1487)

Der Fisch, der einst die Schuhgasse zierte, verweist auf einen besonderen Passus in den Geraer Statuten von 1487. Im Zweijahresrhythmus bestimmte der Stadtrat zwei Geschworene, *die*

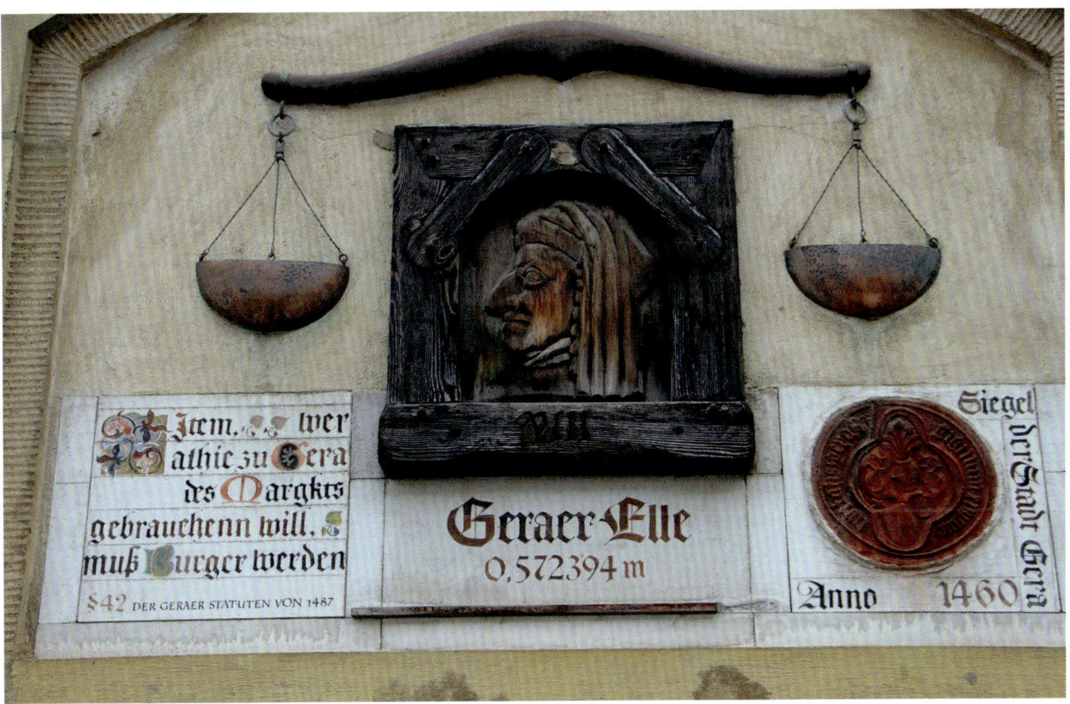

An den Plattenbauten in der Schuhgasse verweisen Hauszeichen von Peter Willmaser (1985) auf das alte Geraer Stadtrecht

sollen die thonnen fisch und hering unter einhey-mischen und frembdenn veilhendelern uff ire eide schauen, ehr man ichtes darvon verkeufft, und was nit kaufmansgut ist, das vorbieten und nicht zulassen [4]. Die beiden Fisch-Schauer waren berechtigt, Preise festzulegen und Fische, die *wetters oder anders halben umbfallen*, aus dem Verkehr zu ziehen. Ihr Lohn bestand pro Tonne Fisch in drei Pfennigen, pro Tonne Hering in einem Hering. Relativ hohe Bußgelder setzte die Stadt für den Fall, dass jemand unkontrollierte Fische verkaufte (*wie wohl sie guth weren*) oder einen höheren als den festgesetzten Preis veran-schlagte. Wer mit *ungerecht gewicht* maß, wurde dagegen der Stadt verwiesen oder verlor das Bür-gerrecht [5].

DIE GERAER BESUCHEN DEN MARKT IN JENA (1448)

Fisch allein nährte den Geraer nicht. Um gele-gentlich auf dem Markt zu Jena kaufen oder ver-kaufen zu können, mussten sich die Bürger auf den Weg machen. Dieser Weg war um die Mitte des 15. Jahrhunderts, als der Sächsische Bru-derkrieg (1446–1451) zwischen Kurfürst Fried-rich II. und Herzog Wilhelm im Gange war, alles andere als sicher. In einem Schreiben des Rates der Stadt an den Jenaer Rat (1448) bitten die Ge-raer um Geleit für ihre Marktgänger ab bzw. bis nach Hermsdorf. Die Bitte um Geleit wird mit der politischen Situation des Stadtherren begründet: *nun ist uch* (euch) *villichte wol wissentlich, wie das unnssre gnedige hern von Gera etliche fyende ha-bin, die denne in unnß hern von Sachssen des iungern stetin, so yn das fugsam ist, uss und yn reiten, vor densselbigen wir unns faste besorgen* [6]. Herr von Gera zu Gera war in diesem Jahr Heinrich X. »der Jüngere« (1425–1452): ein erfolgreicher Politiker, der 1440 Anna, Tochter des Grafen von Henneberg-Römhild geheiratet hatte, 1446 zum kurfürstlichen Geheimen Rat aufgestiegen war und 1448 die Pflege Rochsburg erwarb. Dass es der Geraer mit dem Kurfürsten hielt, gereichte der Stadt im Bruderkrieg zum Schaden. Eine Allianz, die Wilhelm mit den Brandenburgern und Böhmen geschmiedet hatte, legte sich im Oktober 1450 vor Gera. Kurfürst Friedrich, der nicht so viel Heeresmacht aufbieten konnte, musste die Stadt ihrem Schicksal überlassen. Am 18. Oktober wurde sie nach tapferer Gegenwehr erobert und mit Stadtschloss und Hauptkirche in Asche gelegt. Heinrich X. wurde als Gefangener nach Böhmen verbracht. Er starb, fernab der Heimat, 1452 in Prag.

Anmerkungen
[1] Vgl. ALBERTI, Gera, S. 195 ff.
[2] ERMISCH, Ratsarchiv, S. 155.
[3] Vgl. BILLER II, S. 197; LEHFELDT, Gera, S. 59.
[4] HELBIG III, S. 67.
[5] HELBIG III, S. 68.
[6] HELBIG II, S. 177.

DIE STATUTEN VON WEIDA

Von allen Städten im Vogtland hat Weida (→ S. 62 f.) das älteste Stadtrecht vorzuweisen. Seine Statuten datieren auf den 9. Januar 1377. Angesichts der traditionellen Weidaer Doppelherrschaft überrascht, dass die Statuten den Ver-leihenden nicht präzisieren: *Wir Heinrich voyt von Wyda* heißt es lediglich [1]. In chronologischer Hinsicht kommen Heinrich XIV. »der Rote« (1355–1389) und Heinrich XVI. (1374–1404) als Urheber in Frage. Als Glücksfall darf man die Überlieferung der 1483 erlassenen ›mittleren‹ Stadtrechte Weidas ansehen, die sich in manchem Punkt enger mit den geraischen Statuten berühren. Die Rechte wuchsen gemeinsam.

Die Statuten von 1377 bilden keine zusammenhängende Rechtssystematik. Zu Recht spricht das Dokument am Schluss von *recht, stücke und artikele*. Den ersten Teil bestimmt eine Reihe von zehn durchnummerierten Rechten der Stadt insgemein (*daz andere recht, daz dritte recht, daz virde recht* usw.). An diesen Dekalog schließen allgemeine Bestimmungen (etwa über das Tragen von Waffen) sowie mehrere Spezialrechte für die Gewerbe und Gewerke an (*Daz ist der wirte recht in der stat, Daz ist der pecker recht, Daz ist der wölner gesczze und recht* usw.). Zwischen dem Recht der Schmiede und den Bestimmungen über den Zwischenhandel finden sich einige Sätze zu den Leihgeschäften der Juden. Im Schlussbereich folgen auf das Recht, seinen Mist nur auf städtischen Äckern abladen zu dürfen, allgemeinere Bestimmungen zur Geschäftsfähigkeit der Bürger, zu Fragen der Vormundschaft und zum Erbrecht.

Breiten Raum nehmen die Rechte zu Ausschank und Vertrieb alkoholischer Getränke ein. Das siebte Recht fixiert die Abgaben auf den Ausschank von Wein und Met, das achte auf den Handel mit Bier. Im neunten Recht sammeln sich allerlei Bestimmungen. Verkauft jemand, der nicht Weidaer Bürger ist, in der Stadt italienischen Wein, muss er vom halben Fuder mehr *an die stat* abführen (15 Gr.) als bei Würzburgischem (10 Gr.) oder bei *lantwyn* (4 Gr.). Dies ist, nebenbei, die älteste Bestimmung über den »Handel mit den Süßweinen Südeuropas« in der Region [2]. Das zehnte Recht behandelt knapp Verstöße gegen das Reinheitsgebot.

Beim Recht der Gastwirte geht es ausschließlich um Zechprellerei. Zieht ein Gast von einem Wirt zum nächsten, ohne gezahlt zu haben, kann der geschädigte Wirt von seinem Kollegen Entschädigung verlangen, wenn der den Gast bei sich behalten möchte; andernfalls kann der Gast bis zur Begleichung der Schulden eingesperrt werden. Das Recht der Bäcker regelt allein den Verfahrensablauf, der zu beachten ist, wenn ein Bäcker beschuldigt wird, *an den vensteren adir under den pencken* zu kleines Brot ausliegen zu haben. Das war freilich keine Weidaer Besonderheit: »Beim Brot stehen in den mittelalterlichen Berichten Maß- und Gewichtsbetrug an vorderer Stelle. Sehr viel seltener wird auf gesundheitsschädliche Inhaltsstoffe oder Behandlungsverfahren hingewiesen.« [3]. Aus dem 16. Jahrhundert haben sich Bilder und Berichte über zum Teil drakonische Strafen wegen Brotbetrugs erhalten. Bäcker, die zu kleines Brot backten, konnten etwa in einem Käfig in die Jauchegrube getunkt werden.

Fast alle Spezialrechte enthalten einen Passus zu Knechten, die ihre zweijährige Ausbildung abbrechen und den Meister verlassen. Zum Schaden des verlorenen Auszubildenden hat der Meister noch ein Bußgeld zu entrichten. Die Buße ist nicht in allen Fällen gleich. Für den abgängigen Fleischer-Azubi muss der Meister an den Vogt fünf Schillinge und an den Stadtrat zwei Pfund Wachs abliefern, der entlaufene Schusterjunge kostet den verärgerten Meister fünf Schil-

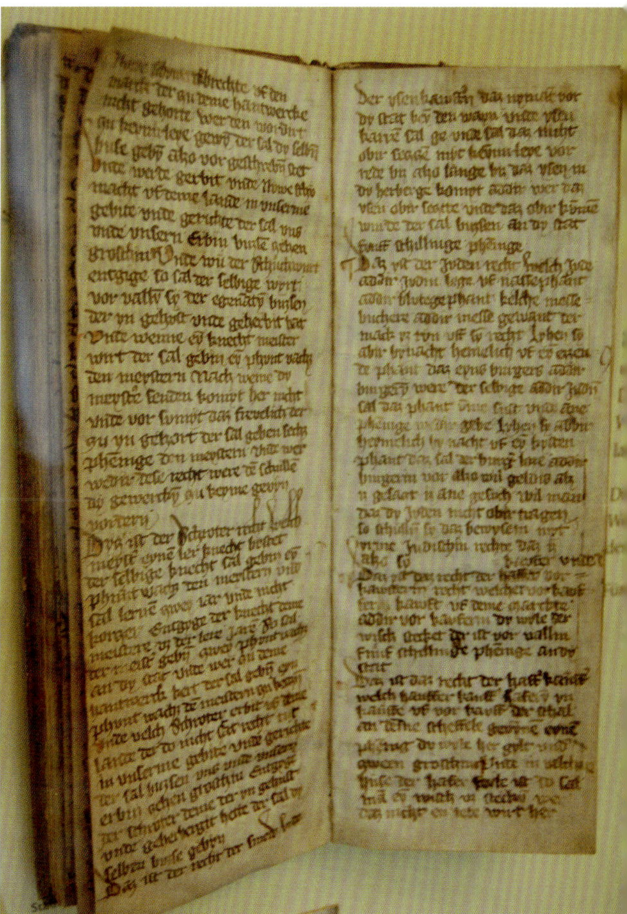

Die Weidaer Statuten in einer Vitrine auf der Osterburg

linge an die Stadt und fünf an die Gewerke, während der Schröter mit zwei Pfund Wachs an den Stadtrat davonkommt. Ob solche Buße die Meister dazu anregte, durch erhöhte Sorgfalt in der Ausbildung einem Fachkräftemangel entgegen zu wirken? Das schmale Heft mit den Weidaer Statuten hängt im Original in der Osterburg hinter Glas. Das ist aus konservatorischen Gründen sicher diskutabel. Der Betrachter nehme es dankbar hin.

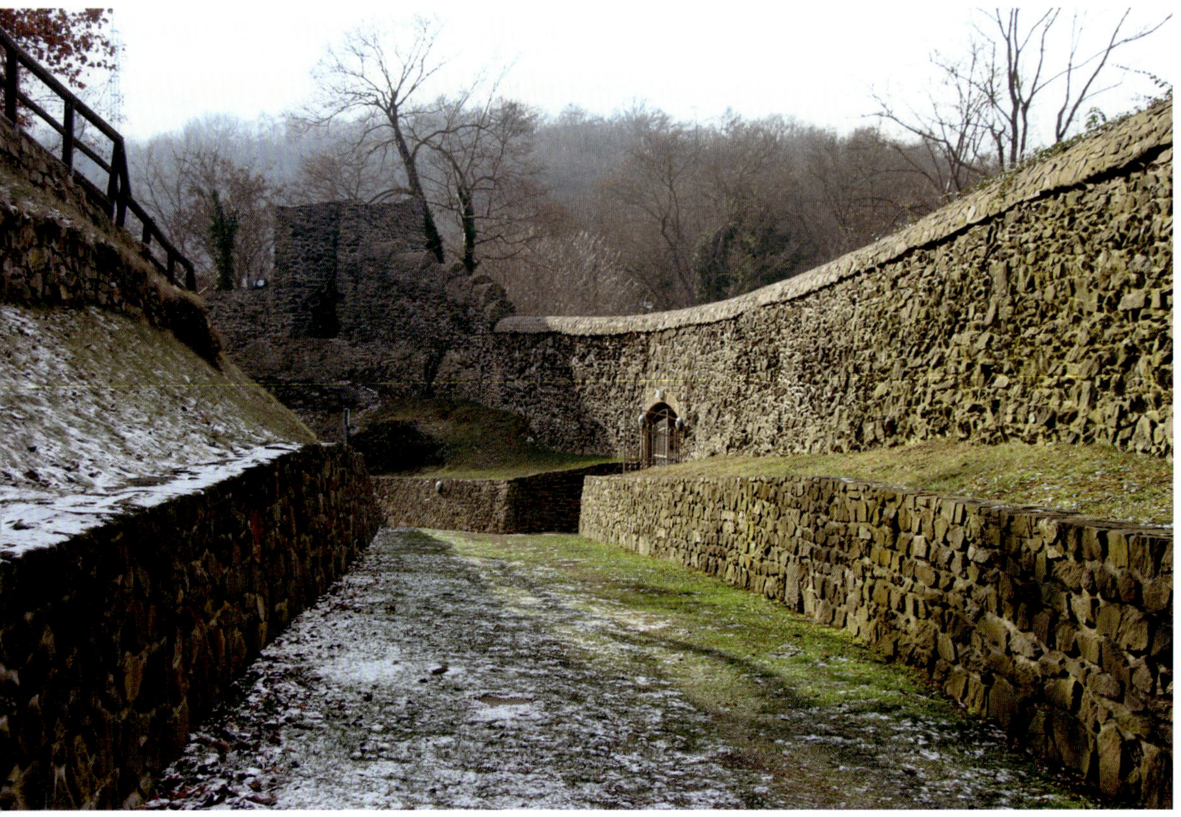

Die Weidaer Stadtmauer führt auch direkt hinter der Osterburg vorbei

Von der Weidaer Stadtmauer haben sich prominente Reste erhalten. An der Alten Aumaer Straße findet sich noch ein Mauerzug mit zwei Turmstümpfen und einem Weichhaus. Ähnlich sieht es zwischen der Geraer Straße und der Weida entlang des Pfeiferschen Gartens aus. Hier erstreckt sich die Mauer östlich der Stadtkirche bergaufwärts bis zur Wiedenstraße. In der Rothmühlstraße steht noch ein vereinzelter Turm. Zur Stadtmauer, nicht zu einem alten Zwinger gehören schließlich die mit Türmen bewehrten Mauern unterhalb der Osterburg.

Anmerkungen
[1] UB Vögte II, Nr. 233.
[2] FRANCKE, S. 298.
[3] BITSCH, S. 198.

EINE HÄNDLERSIEDLUNG IN AUMA?

Das kleine Auma im Kreis Zeulenroda gilt als wettinische Gründung im Schatten einer Burg, die bereits um die Mitte des 13. Jahrhunderts von den Herren von Auma hätte bewohnt werden können, gleichwohl erst 1328 urkundlich erwähnt wurde. 1331 ist dann auch das Städtchen zu greifen. Karlheinz Blaschke freilich hat eine gänzlich andere Vorstellung vom Werden Aumas ins Spiel gebracht. Blaschke vertritt die Auffassung, dass Städte mit einer alten Nikolaikirche sich aus gleichsam hoheitsfreien Fernhändlersiedlungen bildeten. Im Gebiet um die Kirche des Heiligen Nikolaus, des Patrons der Händler, ließen sich diese Siedlungen in der Regel nachweisen. Ähnlich sei es in Auma gewesen. Im Quartier zwischen dem Kreuztor, aus dem die Straße nach Leipzig und Gera führte, und dem Weidaer Tor, aus dem die Straße nach Weida führte, befand sich eine noch im 18. Jahrhundert genutzte, später dann abgetragene Nikolaikirche als Zentrum der Fernhändlersiedlung. Die Siedlung, deren Anfänge Blaschke noch ins ausgehende 11. Jahrhundert verortet, zeuge von einer »Gleichartigkeit des Personenstandes, aus der sich keine rechtlichen Unterschiede erschließen lassen.« Dem Modell einer »›urdemokratischen‹ Verfassung mit ihrer unbedingten Gleichheit aller Glieder« [1], wie es die Nikolaisiedlungen der Fernhändler repräsentierten, mag man mit der gebotenen Zurückhaltung begegnen. Dem Ansatz bleibt aber unstrittig das Verdienst, den komplexen Zusammenhang zwischen Fernhandel, Stadtentstehung und Nikolaus-Patrozinium ein gutes Stück aufgehellt zu haben. Für Auma müsste gelten, dass die Altstadt im 12. Jahrhundert aus der Siedlung um die Nikolaikirche an der Handelsstraße von Zeitz über Gera, Schleiz und Hof aufwuchs und sich im Laufe des Jahrhunderts die Neustadt herausbildete, deren Zentrum dann die Marienkirche bildete, während die Nikolaikirche zur Friedhofskirche wurde. Eine Erhebung Aumas zur Stadt lässt sich urkundlich nicht nachweisen, die Befestigung scheint

aus der Zeit um 1360 zu stammen. Einem Stadtrat begegnen wir erst in der zweiten Hälfte des 15. Jahrhunderts [2]. Die nach 1500 nutzlose Burg wurde gleichsam im Sockel des Pfarrhauses vermauert.

Anmerkungen
[1] Blaschke/Jäschke, S. 52.
[2] Vgl. HHS Thüringen, S. 26.

DAS ERBRECHT VON SCHLEIZ (1359)

Schleiz, die spätere Residenz der Herren von Gera (1482–1550) (→ S. 77 f.), hatte bereits im ausgehenden 13. Jahrhundert einen Stadtrat und einen Bürgermeister, die ein Siegel *nostre civitatis communitam* an eine Urkunde (1297) hängen konnten: eine Urkunde, in der freilich neben der *civitas* auch noch vom *opidum Slouwicz* die Rede ist [1]. Rund zweihundert Jahre später hat die Stadt dann ausgebildete Stadtrechte. Sie werden 1492 von Heinrich XII. »dem Mittleren« von Gera zu Schleiz (1482–1500) konfirmiert und schreiben sich »in fast wortgetreuer Übereinstimmung« von den Geraer Statuten (1487) her [2]. Dazwischen liegen bewegte Zeiten, auf die gleich noch eingegangen werden muss.

Interessanter als die späten Statuten ist in unserem Zusammenhang eine Urkunde Heinrichs von Gera von 1359. Sie ist »das älteste noch vorhandene Beispiel, wie das Erbrecht in den neu entstandenen Städten geregelt wurde« [3]. Dass persönlicher Besitz ›in der Familie‹ blieb, war zunächst keineswegs gesichert. Der Landes- bzw. Stadtherr war bestrebt, das Gut von erbenlos Verstorbenen an sich zu bringen. In den Bestimmungen wird den Bürgern, *dye in der statmuwer zcu Slowicz gesessen sint*, ein Erbrecht von Verwandtschaft dritten Grades (*uf dy dritten sippe*) zugestanden. Fortschrittlich gibt sich die Urkunde in der Gleichbehandlung von Söhnen und Töchtern: *Auch schal dy tocthir alz gut recht haben als der son, ab eyn man nicht sone hette.* Damit geht es über die im alten deutschen Recht bestehende Regelung, der zufolge Töchter nur das für ihre Lebensführung bedeutungsvolle Hausgerät erben, hinaus. Der dritte Absatz bestimmt, dass Auswärtige, die nicht in die Stadt ziehen wollen, vom Erbe ausgeschlossen sind: *Wolden sye aber darczu zhyhen und unser besessin burger werdin, zo schal in daz angestorbin gut volgin mit allem rechte als vor gescrebin stet.* Der vierte Absatz bestimmt, dass die Witwe das Erbe ihres Mannes uneingeschränkt antreten kann, dass der Besitz aber nach ihrem Tode wieder an die Familie des Mannes falle, sofern dessen Verwandte in die Stadt ziehen. Testamentarische Verfügungen des Vaters, die über das hinausgehen, was er seinen Kindern bereits zu Lebzeiten an Ausstattung hat zukommen lassen, werden als in seinem Ermessen stehend erklärt [4]. Offenkundig ist das Bestreben, Erben zum Zuzug in die Stadt zu motivieren. Das vergrößerte nicht nur die Schlagkraft der Stadt. Es verhinderte auch, dass städtischer Besitz auf unkontrollierbare Weise an Auswärtige fiel, was Vereinfachungen bei Streitigkeiten nach sich zog. Ähnliche Bestimmungen finden sich in diesen Jahren in Reichenbach (1367), Ronneburg (1380), Plauen (1388) und Schmölln (1402). Die 1438 verabschiedeten Statuten von Zeulenroda heben hervor, dass sie sich von jenen Saalburgs dadurch unterschieden, dass sie die Erben nicht nur *auf die dritten sippe*, sondern *biss auf die sibenden sippe* anerkennen [5].

»EINE STADT, EIN REGIMENT«: DIE ZUSAMMENFÜHRUNG DER STÄDTE SCHLEIZ (1482)

Im 15. Jahrhundert kann man nicht nur von einer, auch nicht von zwei, sondern von mehreren Städten Schleiz reden. Dass es eine Altstadt und eine Neustadt gab, entsprach den Verhältnissen in anderen Städten. Dresden und Altendresden etwa hatten über Jahrhunderte jeweils einen Rat und einen Bürgermeister, eine eigene Infrastruktur einschließlich eigener Schulen und im Großen und Ganzen nichts mit einander zu tun. In Schleiz waren die Verhältnisse noch komplexer: bereits die Altstadt zerfiel in einen oberen und einen unteren Teil, der jeweils einem Herren von Gera untertänig war. Ein Gleiches galt für die Neustadt, so dass wir es ausgangs des Mittelalters faktisch mit vier Städten Schleiz zu tun haben! In Urkunden finden sich etwa *dy aldinstetir von beiden teilen* (1443) wieder [6]. Es bedeutete daher einen großen Schritt, dass nach langen Zeiten spannungsgeladener Trennung am 2. Dezember 1482 eine Vereinigung der *innern stat* und *der eussern ader alden stat Slewicz* verkündet werden konnte [7]. Feierlich ist der Duktus des von beiden Räten erlassenen Dokuments, das gleichwohl auf die vernünftigen Gesichtspunkte der Vereinigung abhebt: dass etwa, *was zuweilen ein stat gepoten hat, die ander stat in ander weis gepoten und gehalten* habe, *dadurch den steten unrat erstanden, auch pir und weynschenckens halben an eynander geschadet, auch ein stat der andern nicht wollen vergonnen, ire guter zu sich kauffen ader brengen lasen, das den inwonern, den verkauffens not tete, in iren noten swer gewest, auch die stete umb rorwasser und etliche guter*

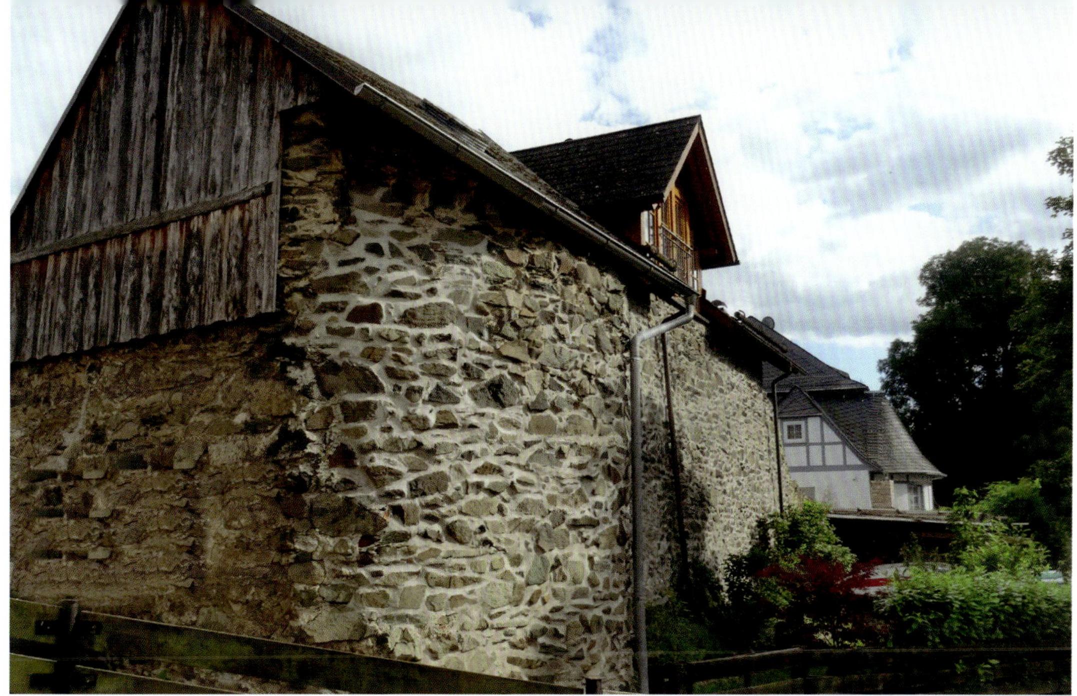

Die alte Saalburger Stadtmauer wurde zwanglos in neue Wohnhäuser integriert

und mer sachen in gremschafft und zcweytracht gestanden usw.. Vor dem Hintergrund dieser deprimierenden Analyse kommen die Städte überein, dass sie *hinfurder zu ewigen zceiten eyn stat, eyn regiment, mit einem burgermeister und rate, mit amptleuten, dynern, gepoten, geseczen, eyn ordenung in prewen und andern, auch ein gehorsam, eyn laden, eyn einname, ein zcinsgeschoss, eyn ussgab, eyn ingesigell* usw. haben wollen. »Erleichtert und veranlaßt wurde die Vereinigung in manchen Beziehungen dadurch, daß im Jahre 1476 die Stadt durch einen großen Brand zerstört worden war.« [8].

Anmerkungen
[1] Alberti, Schleiz, S. 5 f.
[2] Francke, S. 292.
[3] Alberti, Schleiz, S. 21.
[4] Zitate: Alberti, Schleiz, S. 19.
[5] Alberti, Schleiz, S. 23.
[6] Alberti, Schleiz, S. 31.
[7] Das Folgende nach Alberti, Schleiz, S. 33 f.
[8] Alberti, Schleiz, S. 35.

DIE STADTMAUERN VON SAALBURG

Das in Südthüringen träumende Saalburg (→ S. 87 f.) gehört zu den Städten, die bereits um 1313 als *civitas* fassbar werden. Mit Sicherheit kodifiziert das erhaltene Stadtrecht von 1495 ältere Gebräuche. Das Stadtrecht von Zeulenroda etwa nimmt 1438 auf einen *briffe* der Vögte *gegeben der stat zu Salburg* Bezug [1]. Damals folgte das Saalburger Erbrecht dem Schleizer bzw. Geraer, was der Vogt für die Zeulenrodaer vom dritten auf den siebenten Verwandtschaftsgrad änderte. Im übrigen ist das Saalburger Recht nicht von der Bedeutung, die eine Diskussion rechtfertigte. Allerdings besitzt Saalburg, was sonst nur noch wenige Städte des Vogtlandes vorweisen können. Aus dem ersten Drittel des 14. Jahrhunderts haben sich repräsentative Reste einer mit Türmen gesicherten Schieferbruchsteinmauer erhalten: »von mindestens zehn Halbrundtürmen sind noch acht als Stümpfe erkennbar, ferner ein vermauertes Spitzbogentor und das veränderte ›Steintor‹ an der Straße nach Süden.« [2]. Es lohnt sich, den Verlauf der Mauer von Saalburg zu erkunden. Man beginnt am besten an der Schiffsanlegestelle und geht parallel zum Wasser stadtaufwärts. Linker Hand finden sich die alten Halbrundtürme und Mauerreste dekorativ in private Wohnhäuser und Gartenanlagen eingebaut.

Anmerkungen
[1] ALBERTI, Schleiz, S. 23.
[2] BILLER II, S. 197f.

DIE TANZSTUBE VON THIERBACH

Etwa in der Mitte zwischen Schleiz und Pausa liegt das Kirchendörfchen Thierbach. Reste eines Wallgrabens umschließen den einst ummauerten, mit kleinen Türmchen versehenen Kirchhof, auf dem einst Kirche, Pfarrhaus und Schule eine untrennbare Einheit bildeten (→ S. 119f.). Hierher müssen wir uns wenden, um eines nicht für das Dorf, sondern für die gesamte Region bemerkenswerten Zeugnisses zu gedenken. Am 19. Januar 1426 bestätigt Landgraf Friedrich von Thüringen den Thierbachern, dass sie von alters her eine Tanzstube mit gewissen Gerechtigkeiten besitzen, und er erneuert ihnen diese Gerechtigkeiten. Insbesondere wird daran erinnert, dass das Mitbringen von Waffen (ausgenommen Kurzmesser) nicht gestattet ist und dass unziemliches Verhalten in Worten und Werken Bußen in Form von Bier an den landgräflichen Amtmann zu Mühltroff und die Gemeinde Thierbach nach sich ziehen [1].

Die Existenz einer Tanzstube in Thierbach verweist auf eine dörfliche Kultur, in der Musik, Tanz und alkoholische Getränke von jeher eine Rolle spielten. Im Sommer waren die Möglichkeiten zahlreich. Der Dorfanger war ein beliebter Treffpunkt. Im Winter musste man in geschlossene Räume ausweichen. Wir besitzen nur sehr wenige mittelalterliche Zeugnisse für den Tanz in der Bauernstube. Mit kräftig-parodierendem Pinselstrich hat der Minnesänger Neidhart von Reuental (um 1200) bäuerliches Tanzvergnügen charakterisiert. In einem seiner ›Winterlieder‹ (4) versammelt sich die tanzwillige Dorfjugend in der Stube, räumt Stühle und Bänke vor die Tür, reißt die Fenster der Kühlung wegen auf und lässt die Geiger aufspielen. In Tanzpausen stimmen die angeheiterten Gäste Lieder an. Das Spektrum der Tänze erscheint vielfältig. Vortänzer zeigen an, was getanzt wird. Weithin erschallt das Spektakel [2].

Anmerkungen
[1] Vgl. VON RAAB I, Nr. 304.
[2] Text bei E. WIESSNER, S. 44 – 47 (Winterlied Nr. 4, Str. 1–7).

DIE VERTEIDIGUNG DER STADT PLAUEN

In Plauen (→ S. 140f.) hat sich, verglichen mit anderen Städten des Vogtlands, relativ viel von der alten Stadtbefestigung erhalten. Das liegt nicht zuletzt daran, dass wehrhafte Gebäude wie die alte Deutschordenskommende (→ S. 209f.) oder die Stadtburg der Eversteiner (›Malzhaus‹) (→ S. 140f.) baulich direkt auf der inneren Stadtmauer aufruhen. Ein gutes Stück Mauer zieht sich von der ›Pforte‹ bei St. Johannis (→ S. 226f.)

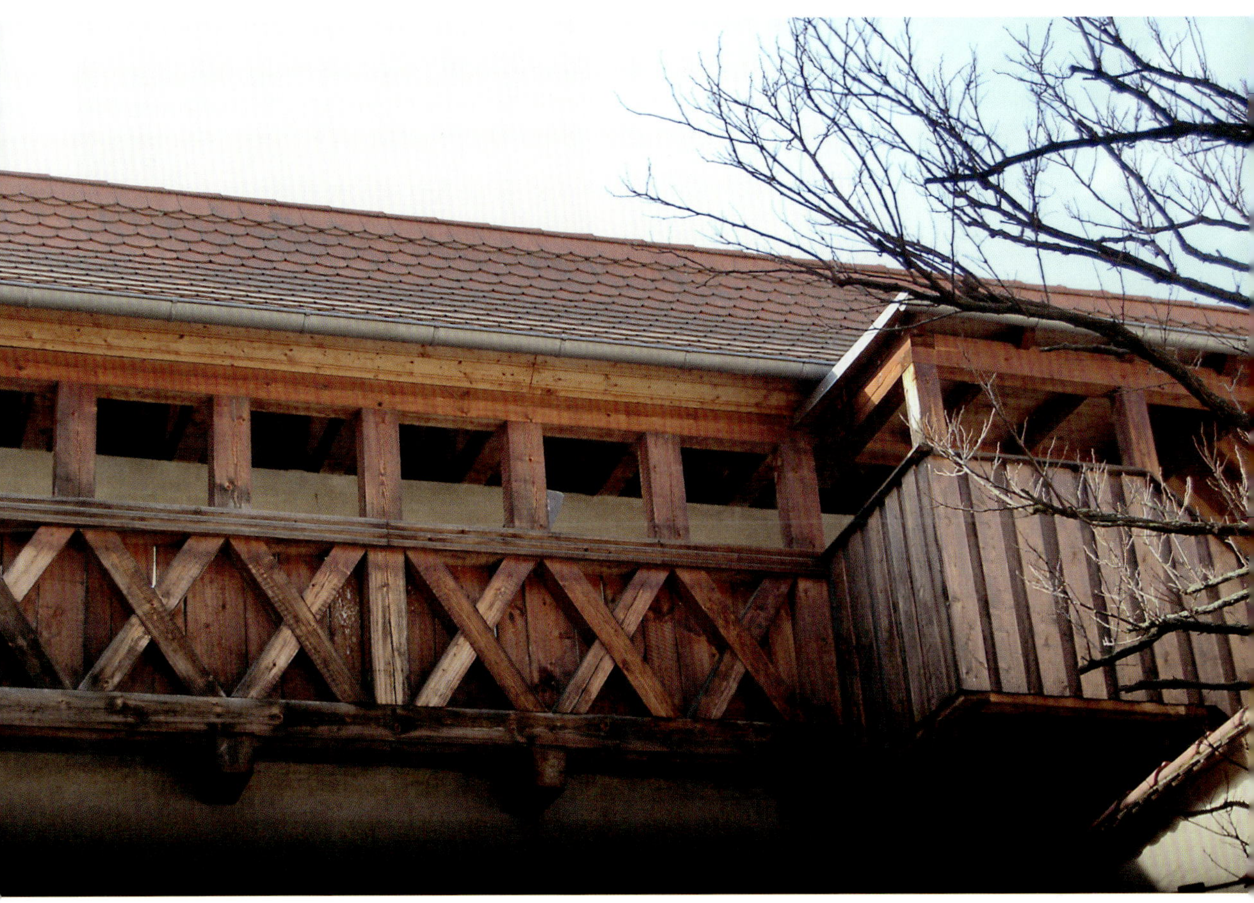

Rekonstruierter Wehrgang der Plauener Stadtmauer, zugänglich über das Restaurant ›Matsch‹

entlang am ›Malzhaus‹, biegt ab und verläuft bis zum alten Straßberger Tor. Es begrenzt das Gasthaus ›Matsch‹, über dessen Innenhof die alten gedeckten Wehrgänge rekonstruiert wurden, und weiter am Vogtlandmuseum, das im Innern ein Stück Mauer vorzeigen kann.

Immer wieder verurteilte der Rat Sünder zu einer Haftstrafe, die alternativ auch in Leistungen für die Verbesserung der städtischen Mauern und Türme abgedient werden konnte. 1389 hat ein Bürger die Wahl zwischen vier Wochen

Gefängnis und *hundert fuhren steyn zu der Stadt*; 1390 erhält ein anderer zur Buße, das er *an dem turm in der nunnengaßen gelegen eyns gadens hoch schol mawren* [1]. Dass solche Maßnahmen notwendig waren, zeigte sich im Schadensfall oft genug. Obwohl auch der Deutsche Orden als direkter Anlieger vom Einsturz der Stadtmauer hinter dem Komturhof betroffen war, weigerte sich Komtur Andreas Hubner 1502, einer Aufforderung zur Reparatur der Mauer nachzukommen. Dies den Geistlichen zuzumuten war, wie er versicherte, eine Neuerung, von der er »verschont« werden wollte. Bereits siebzig Jahre zuvor hatte man in Bamberg mit Gewalt versucht, die Benediktinermönche zum Bau der Mauer zu zwingen. Der Kurfürst schlichtete den Plauener Dissens 1503, indem er den Ordensleuten eine Summe zugestand, aus der heraus sie den Wiederaufbau zumindest bezahlen konnten. Am weiteren Verlauf ist indes abzulesen, dass die Plauener Stadtbefestigung nicht nur hinter dem Komturhof bröckelte. Da ihre Sanierung schleppend voranging, hielt der Landesherr seinen Amtmann 1507 an, die Maßnahmen zu überwachen und zu unterstützen. Ausdrücklich als Ausnahme und »ohne Verpflichtung für spätere Zeiten« wurde daher verfügt, dass sich auch alle Geistlichen für »einige Tage« am Wiederaufbau beteiligen sollten [2].

Mauern und Türme wollten im Verteidigungsfall adäquat besetzt sein. Dafür bedurfte es einer tauglichen Ausrüstung. Ausgaben hierfür verzeichnet das Plauener Stadtbuch (1388). In der Stadtburg der Eversteiner, die als Zeughaus diente, bewahrte man 1389 *XXXV Armbrust und XIX platen*, das sind Harnische, außerdem *III stuckel pleis und II puchsen und II hebestangen u. VI gurtel* [3]. Zwar beschäftigte auch Plauen einen *pletner* (Harnischmacher), doch musste die Stadt bevorzugt auf *platner, sporer, haubner* und *schwertfeger* aus Eger zurückgreifen [4].

Anmerkungen
[1] BACHMANN, S. 27.
[2] Nachweise: VON RAAB II, Nr. 212; VON RAAB II, Nr. 223; VON RAAB II, Nr. 234; VON RAAB II, Nr. 235.
[3] BACHMANN, S. 27.
[4] Vgl. WILD, Beziehungen, S. 185.

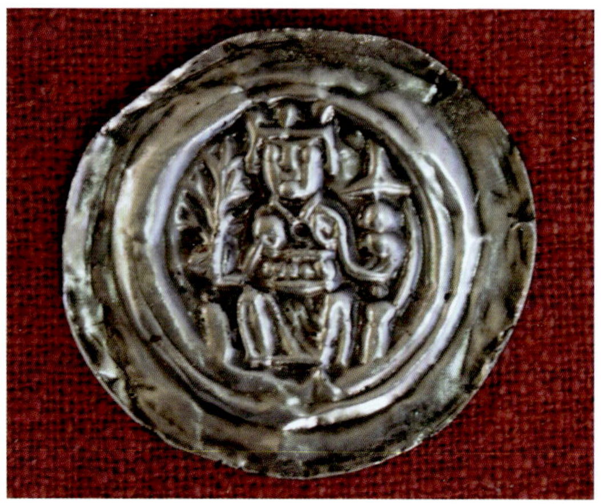

Ein von den Vögten von Plauen geprägter Brakteat (Vogtlandmuseum Plauen)

DIE ALTE MÜNZSTÄTTE BEI DER ELSTERBRÜCKE

Bereits in einer Urkunde von 1244 ist von einer Münze (*moneta*) der Vögte die Rede. Vielleicht befand sie sich »in nächster Nähe des inneren Brückenturmes und -tores« [1], als Prägestätte der Vögte jedenfalls außerhalb der Stadtmauern. Dass die Plauener hier Münzen prägten, beweisen Brakteaten aus Silberblech im ›Vogtlandmuseum‹ [2]. Die Einrichtung scheint, ohne dass darüber noch Belege existierten, um 1389 an die Stadt übergegangen zu sein, ist doch im Stadtbuch (1388) von einem *brif von der angkaufung der münze* die Rede. Vielleicht hatte der Ankauf der Prägerechte auch eine Verlegung der Prägestätte zur Folge. Man nimmt an, dass noch vor 1500 in der alten Münzerei eine Schwarzfärberei eingerichtet wurde [2].

Anmerkungen
[1] BACHMANN, S. 38.
[2] So, ohne konkreter zu werden, LUDWIG, S. 47.
[3] Vgl. BACHMANN, S. 38f.

DIE ALTE PLAUENER WASSERLEITUNG

Die Bedeutung einer funktionierenden Frischwasserleitung für ein städtisches Gemeinwesen bedarf keiner Erklärung. Ebensowenig muss betont werden, dass das um die Mitte des 13. Jahrhunderts errichtete Schloss der Vögte (→ S. 142 f.) seinerseits einen stabilen Wasser-Anschluss benötigte. Es ist vernünftig, die Existenz einer Leitung, die beiden Zwecken diente, bereits zu dieser Zeit anzunehmen, obwohl die Quellen jüngeren Datums sind.

Der Nachweis einer städtischen Wasserleitung, die »bis heute in ihrem oberen Bereich noch in hervorragendem Zustand erhalten blieb« [1], tritt uns erstmals 1379 entgegen. Seinerzeit gestattete man den Dominikanern (→ S. 273 f.) die Nutzung der städtischen Leitung, wofür sich das Kloster zur Verlegung hölzerner Röhren durch sein Territorium verpflichtete. Das städtische Leitungssystem selbst dürfte älter sein. Zum System gehörten, neben den Röhren, die etwa einen halben Meter unter der Erde geführt wurden, Staubecken und ein Röhrenteich, der sich vor dem Straßberger Tor am Oberen Graben befand und in dem die Röhren gewässert wurden, um nicht zu reißen. Die Aufsicht führte ein städtischer Röhrenmeister. »Bei Bränden bot der Röhrenteich auch Löschwasser.« [2]. Wer in Plauen das Bürgerrecht erwerben wollte, musste einen ledernen Eimer für Löschzwecke besitzen. Dass dies nicht hinreichte, um die Brände der Stadt unter Kontrolle zu bekommen, hat sich später mehr als einmal erwiesen.

Der Ausgangspunkt der alten Leitung ist unbekannt. Er scheint sich am Ende der Forststraße befunden zu haben, wo sich ein Staubecken nachweisen lässt. Er folgte zunächst ihrem Verlauf, bog dann ab in die Stresemannstraße und an der Schlossstraße hinauf auf den Schlossberg, wo sich der Zielpunkt befand: ein Röhrenkasten in der Nordwestecke des vorderen Schlosshofes. Offenbar hielt man auch den inneren Schlossgraben und den Zwingergraben unter Wasser; eine im Zwinger befindliche Schleuse wurde 1488 gereinigt [3]. Ungenutztes Wasser lief vom Schloss aus »in zwei weiteren Leitungen in die Plauener Neustadt« ab [4]. Die Leitung wurde, mustert man die Rechnungen, nach 1500 mit einigem Aufwand modernisiert.

Anmerkungen
[1] Best/Naumann, S. 11.
[2] Ludwig, S. 20; vgl. Best/Naumann, S. 12.
[3] Vgl. Bachmann, S. 59.
[4] Best/Naumann, S. 14.

Altes Rathaus Plauen (→ S. 145).

DER »WEN-IGEL« IN DER HERRENSTRASSE

In den Städten des Vogtlandes sind, wie wir aus der Schuhgasse in Gera erinnern (→ S. 382 f.), die alten Hauszeichen verschwunden. Was das bedeutet, macht vielleicht am besten ein Gang durch die Altstadt von Erfurt oder Görlitz deutlich. Das einzige alte Hauszeichen in Plauen, das die bewegten Jahrhunderte im Ganzen unbeschadet überstanden hat, ist denn auch (natürlich zufällig) das Relief eines stacheligen Igels. Es wird »um 1600« datiert, befand sich bis zum Stadtbrand von 1844 an der alten Apotheke (vor 1562) und wurde danach an der Wand eines zum

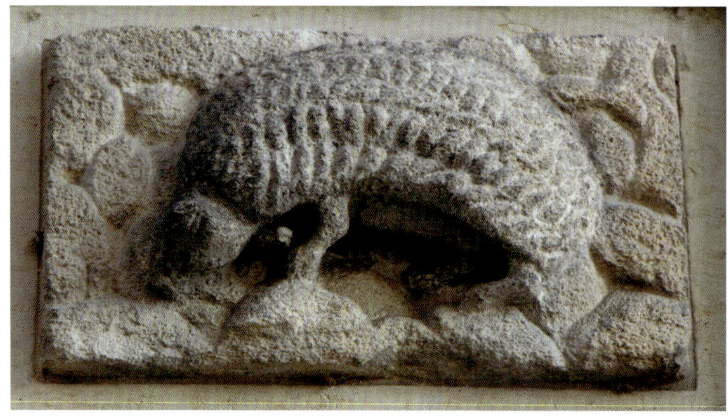

Der ›Wen-Igel‹ ist eines der wenigen frühneuzeitlichen Hauszeichen im Vogtland

Hof führenden Ganges angebracht. Das Haus neben der Apotheke gehörte um 1600 Niklas Wenigel. Auch in den Nachbarhäusern wohnten über Generationen Wenigels. Die Familie ist bereits im Plauener Stadtbuch von 1388 bezeugt. Hans Wenigel war 1402, 1406, 1408/09 und 1414 Bürgermeister, Peter Wenigel 1513 Landrichter zu Plauen [1]. Das Steinbild ist »als Hausmarke dieser Familie zu deuten, die nach der Sitte der Zeit das Zeichen Igel für ihren Namen Wenigel sprechen ließ.« [2].

Anmerkungen
[1] Nachweise: Stadtbuch Plauen Nr. 220; Nr. 254; Nr. 314; Nr. 430; VON RAAB II, Nr. 288.
[2] LUDWIG, S. 59.

STADTTOR UND STADTMAUER IN ADORF

Adorf, das bis 1357 den Vögten von Plauen gehörte, hatte, wie es scheint, um 1500 noch keine Stadtmauer. Erst im Juni 1513 wurden über deren Errichtung Verhandlungen zwischen dem Rat der Stadt und den Thossen zu Erlbach als Stadtherren geführt [1]. Eine Datierung ins 15. Jahrhundert, wie BILLER sie jüngst vorschlug, ginge demnach an den Urkunden vorbei [2], es sei denn, die Mauer wäre zwischenzeitlich niedergelegt worden. Die Verwüstungen, die Adorf im Laufe der frühen Neuzeit erlebte (1633, 1711), erschweren die Verständigung über das Alter der Stadtbefestigung. STECHE erkannte auf einem Holzschnitt, der kurz vor der Zerstörung durch schwedische Truppen (1633) entstanden sein muss, die ehemals starke Befestigung: sie »bestand ausser der Stadtmauer aus fünf, im Grundbau noch erhaltenen Basteien an der nordwestlichen und nördlichen Seite, wie aus vier Thürmen, und besass zwei Thore, das Freiberger und das Baderthor« [3]. Die Stadt wirbt heute mit dem Freiberger Tor, das als letztes seiner Art im Vogtland gilt. Die mediaevale Gedrungenheit des Tores und der anschließenden Bauten sollte indes nicht darüber hinwegtäuschen, dass die Anlage erst nach dem Stadtbrand von 1768 rekonstruiert wurde. Auch die Stadtmauer wurde erneuert.

Anmerkungen
[1] Vgl. VON RAAB II, Nr. 281.
[2] Vgl. BILLER II, S. 217.
[3] STECHE, Oelsnitz, S. 3.

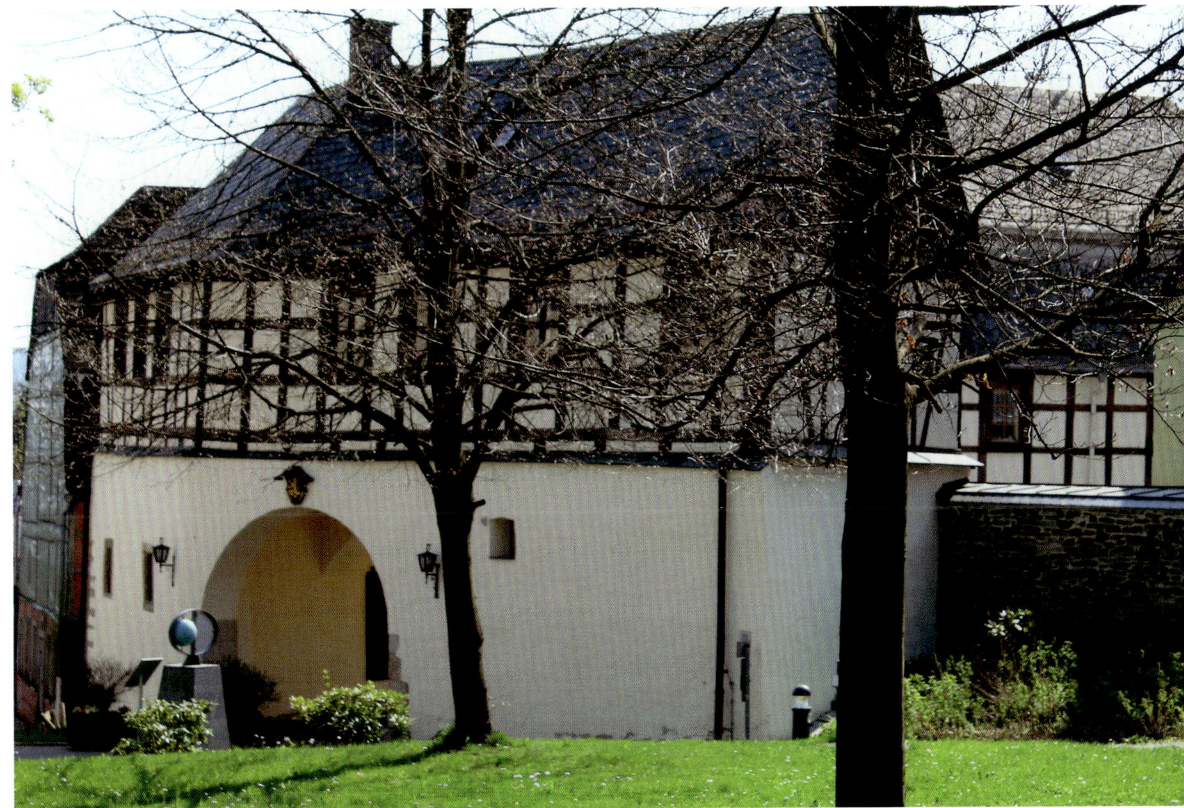

Das 1778 rekonstruierte ›Freiberger Tor‹ in Adorf

OSTERSPIELE IN ADORF

Im Jahre 1503 wandten sich Bürgermeister und Rat brieflich an ihre Kollegen in Eger. Darin erklärten sie ihren Wunsch, *ein klein spil auf die zukunftigen osterheiligen tage, Got dem herrn und seiner heiligen auferstehung zu lob, zu haben.* Für die Aufführung freilich fehlten den Adorfern Ausstattungsstücke: *Derhalben ist an euch unsere früntliche bet, ir wollet uns zu solchem spil ein teil geretes, als viel euch dan dieser unser burger, briefszeiger, anzceigung gibt, leihen. Das wollen wir euch an allen schaden und unbemakelt wiederschicken und versehen uns des zu euch als zu unsern gunstigen herrn, guten fründen und nachbarn, [ihr] werdet uns zu willen sein und nit versagen* [1]. Es ist anzunehmen, dass die Egerer der Bitte entsprachen. Über das Spiel wissen wir nichts, doch ist anzunehmen, dass es sich »um eins jener Spiele« handelte [2], wie sie auf dem Marktplatz von Eger seit 1440 zur Aufführung kamen. Der auf die Hauptkirche zu abfallende Adorfer Markt bot sich für Spiele jedenfalls an.

Anmerkungen
[1] NEUMANN, Nr. 2 (S. 104).
[2] WILD, Beziehungen, S. 196.

DAS RATHAUS VON CHEB

Das Rathaus von Cheb, ein dezent hellgelb getünchter Bau, liegt heute, wo es immer lag: direkt am Markt. Dass hier die Stadtverwaltung sitzt, signalisieren Fahnen über dem Eingangsbereich. Aller Prunk, der dem Gebäude bzw. seinen Vorgängern eignete, ist einer nüchternen Anschauung von Stadtregiment gewichen. Nichts an der Fassade deutet darauf, dass die Bausubstanz »in mehreren Schritten vom Ende des 13. Jahrhunderts bis ins 15. Jahrhundert entstanden ist.« [1]. Man zögert, den Bau mit kunstgeschichtlichem Interesse zu betreten. Und auch im Inneren muss man sich umtun, um Hinweise auf die Tradition des Hauses zu finden.

Im frühen 16. Jahrhundert war das anders. Der Humanist Caspar Bruschius (1518–1557), dem wir viele poetische Beschreibungen der Region verdanken, sah das Haus so: *das rathauss so um ring stehet ist aufs schönste gebauet, wie es einer solchen stadt gebühret und wohl anstehet. Es hat sechs herrliche saal oder stuben nach mancherley handlungen und sachen aus[?]geteilet. Item sechs andere stuben für der stadt diener. Es hat auch eine schöne capelle zu der heiligen dreifaltigkeit ehr erbauet* [2]. Vielleicht hat sich der Ratsaal selbst im Erweiterungsbau befunden. Darauf deutet das Fragment eines gotischen Freskos hin, das einmal zu einem Wappenfries gehört haben könnte. Es zeigt die Wappen der drei alten Ratsfamilien Heckel bzw. Höler (Hüler), die das Bürgermeisteramt zwischen 1296 und 1321 gleichsam monopolisiert hatten, der Dölnitzer, die 1430 den ersten Bürgermeister stellen und der Fenckel oder Elbel, deren letztere seit ca. 1350 im Rat saßen [3].

Die Lage der Dreifaltigkeitskapelle war lange unklar. Sie befand sich in einem marktseitigen Vorbau, der 1805 beseitigt wurde. 1401 muss die Kapelle fertiggestellt gewesen sein, denn in diesem Jahr bestellte der Rat eine Messe. Der Pfarrer von St. Nikolaus und St. Elisabeth, ein Deutschordensbruder, hielt diese Messe 1402. Für Irritationen sorgten drei hochgotische Maßwerkfenster, die sich noch heute an der Hofseite des Rathauses befinden. Sie sollten in irgend einer Beziehung zur (abgebrochenen) Kapelle gestanden haben. Gehörten sie zu einem Vorraum der Kapelle oder zu einem angrenzenden Repräsentationssaal, vielleicht zum Ratsaal selbst? Oder haben wir es mit einem Gemeindesaal zu tun, der in nachhussitischer Zeit eingerichtet wurde, um die Bürgerschaft direkter am Stadtregiment zu beteiligen?

Im Zuge eines neuerlichen Stadtbrandes 1441 könnte es jedenfalls Umbauten am Rathaus gegeben haben. 1454 wurde ein neuer Altar in die Dreifaltigkeitskapelle gestiftet. Ein Treiber von Verschönerungsmaßnahmen sollte die Hochzeit Sidonias, Tochter König Georgs von Podiebrad, mit Albrecht von Sachsen (reg. 1464–1500) werden, die man 1459 mit allem Aufwand in Eger zelebrierte. Anlässlich des Festes wurde der Dachreiter renoviert, die Fensterscheiben wurden erneuert, »und am Vorbau wurde von Meister Hans und Meister Paul ein Gemälde angebracht, das auf das Hochzeitsgeschehen Bezug nahm.« [4]. Der mit Sand ausgestreute Marktplatz verwandelte sich in einen Turnierplatz.

DER MARKTPLATZ VON CHEB

Die Ausgabenbücher der Stadt verraten, dass seit 1443 am *gotsleichnamstag* regelmäßig geistliche Spiele aufgeführt wurden. Sie verraten es freilich mit dürren Worten. Die Notizen vermerken in der Regel nicht mehr als Ausgaben für die Akteure. 1443 wurden 20 Groschen an die *gesellen* [...] *von dem spil* ausgereicht, 1446 bereits 40. 1447 erhält ein Albert 2 Groschen als Honorar für ein neues Stück (*zu schreiben*) [5]. Zwei Jahre später ist von *spilleuten* die Rede, die 40 Groschen beziehen *von den reymen*: das Fronleichnamsspiel hatte also Versform. 1453 präzisiert das Ausgabenbuch einen Teilposten: 4 Groschen *den könygen und rittern*. So ziehen sich die Rechnungen hin, bis 1476 ein neues Stück ins Repertoire kommt: die Schreiber *auff der schul* erhalten 20 Groschen *von dem spill an sent Steffans tag* (d. i. der 26.12.). Im Folgejahr wird bereits ein Osterspiel aufgeführt, bei dem der Schulmeister neben den *spilleuten* erscheint. Offenbar war er der Spielleiter. Im selben Jahr 1477 wurde auch das Fronleichnamsspiel wieder aufgeführt. Doch damit noch nicht genug: 1500 erhalten zwei Akteure und ihre *gesellen* Geld für *sant Dorothen spyll*: ein Stück, das 1517 (und 1544) erneut ins Programm genommen wurde. Außerdem wurde am Aschermittwoch 1500 der *Sebacher* bezahlt für ein Stück, das der Schreiber als *juden spill* klassifiziert. Spätestens seit 1501 scheint man *auff dem marck* auch Passionsspiele gegeben zu haben: *auß gehaiß eines erbern radts*, wie das Ausgabenbuch 1519 betont [6]. Textgrundlage war das zwischen 1499 und 1502 datierbare ›Egerer Passionsspiel‹. Dass in den Büchern nach 1501 eine Ausgaben-Lücke bis 1505 klafft, muss nicht heißen, dass

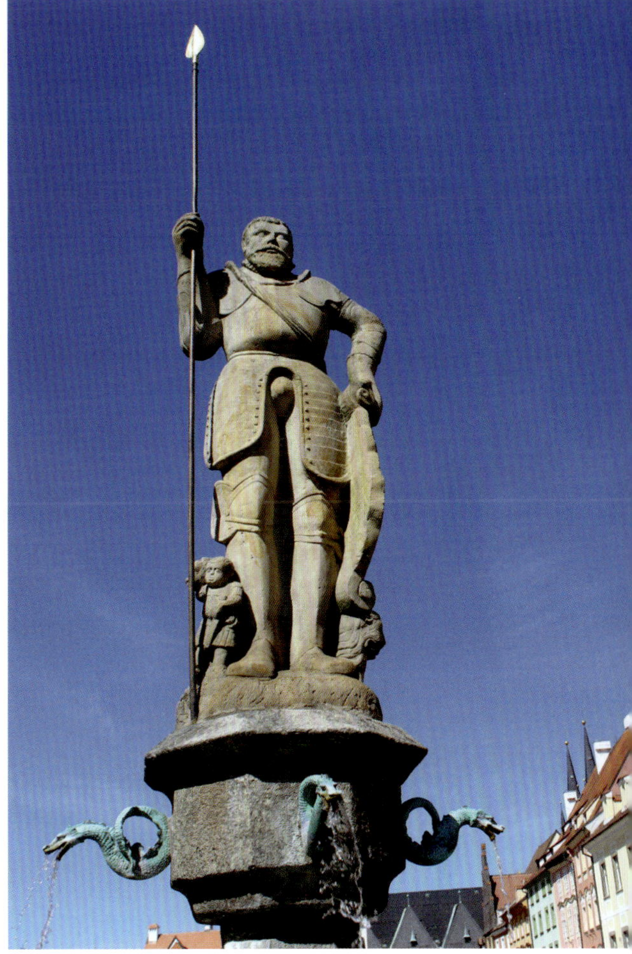

Der ›Roland‹ auf dem Marktplatz von Cheb ist kein richtiger

nicht gespielt wurde. Vielleicht ist es aber doch kein Zufall, dass sich Bürgermeister und Rat von Adorf just 1503 an den Rat von Eger wenden, da sie beabsichtigen, *ein klein spil auf die zukunftigen osterheiligen tage* aufzuführen [7].

1528 wurde auf dem Marktplatz eine Rolandsstatue aufgestellt: freilich keine ›richtige‹, riesenhafte, sondern ein kleinerer Roland aus Holz. Er wurde 1591 durch *ein gewapnetes streitpares mansbildt* auf dem öffentlichen Brunnen ersetzt [8]. Der Egerer Roland, bekannt als »Wastl«, war schon damals, wie sein jüngerer ›Verwandter‹ in Crimmitschau (→ S. 381), nur ein Rolands-Zitat, mit dem die Stadt an ihre alten Traditionen erinnerte.

Anmerkungen
[1] TIETZ-STRÖDEL, Entwicklung, S. 113.
[2] Nach TIETZ-STRÖDEL, Entwicklung, S. 115.
[3] Vgl. STURM, S. 387 f.
[4] TIETZ-STRÖDEL, Entwicklung, S. 116.
[5] NEUMANN, Nr. 1414.
[6] Belege: NEUMANN, Nr. 1415; Nr. 1417; Nr. 1437; Nr. 1438; Nr. 1439; Nr. 1457; Nr. 1469, 1477; Nr. 1458; Nr. 1474.
[7] NEUMANN, Nr. 2.
[8] Vgl. TIETZ-STRÖDEL, Entwicklung, S. 134 f.

Alte Stadtmauer Eger (→ S. 180).

DIE ALTE HOFER STADTMAUER

Im zweiten Drittel des 13. Jahrhunderts ließen die Vögte von Weida »eine planerisch vorbildlich gestaltete, ummauerte und damit befestigte ›neue‹ Stadt errichten« [1] (→ S. 101). Wir besitzen über diese Vorgänge, insbesondere über die Befestigung, keine zeitgenössischen Quellen. Die Motive der Stadtherren lassen indes keinen Zweifel daran, dass sie mit der Verleihung des Marktrechtes und der Anlage eines gesicherten Marktes, mit dem die Einrichtung eines Marktgerichtes und das Zollrecht verbunden waren, die Wirtschaftskraft ihrer Stadt nutzen wollten. In der leiterförmig angelegten Stadt erstreckte sich der Markt auf der Längsachse (heute: Ludwigstraße) vom Oberen bis zum Unteren Stadttor. Wenige Meter der alten, in Lehm gesetzten Stadtmauer, die, überbaut von Wohnhäusern, als solche kaum noch wahrnehmbar ist, finden sich

im Sigmundsgraben. Zwei Schlitzscharten bezeugen die ursprüngliche Funktion. Die Mauer wurde archäologisch ins 13. Jahrhundert datiert [2].

Dass der Bau einer Mauer unter bestimmten Bedingungen eine konfliktträchtige Angelegenheit sein konnte, erinnern wir aus Plauen. Eindrücklich verdeutlicht es aber auch der ›Bamberger Immunitätenstreit‹ (1431–1439). Nachdem die Stadt von den Hussiten 1430 überrannt worden war, wünschte man sich eine Befestigung. Bereits im Folgejahr bewilligte sie der Kaiser. Er hob zugleich die geistlichen Immunitäten auf, was bedeutete, dass die Geistlichkeit ebenfalls für den Mauerbau aufkommen sollte. Die Bürger begannen nun rasch (1433) mit dem Mauerbau und schreckten nicht davor zurück, Geistliche, die sich widersetzten, einzusperren. Der Klerus reagierte, indem er 1434 das Basler Konzil anrief, das denn auch prompt Geldstrafen und das geistliche Interdikt über die Bürgerschaft aussprach. Im Juni 1435 stürmte der Mob dann den Michelsberg mit dem Benediktinerkloster und dem Bischofssitz, Anfang Juli wurde die Stadt unter Mitwirken ihres eigenen Bischofs belagert. Nach mehreren Vermittlungsversuchen befahl der Kaiser schließlich im Juli 1437 zu Eger, die Bamberger Mauern wieder niederzulegen.

Die Vorgänge bis zur Belagerung hat ein Berufsdichter 1435 in 18 Strophen zusammengefasst [3]. In der letzten Strophe nennt er sich selbst: *Wer uns das lied sang / und sein sinn darzu zwang / der ist ein Hofere* (18, 1–3), also einer aus Hof. Für sein Lied wählte der Hofer eine populäre Melodie. Eine Tendenz ist nicht gleich zu fassen, die ersten Strophen wirken wie ein Spottlied auf die Bürger, die folgenden wenden sich gegen den Klerus. Irgendwie aber scheint der Hofer doch

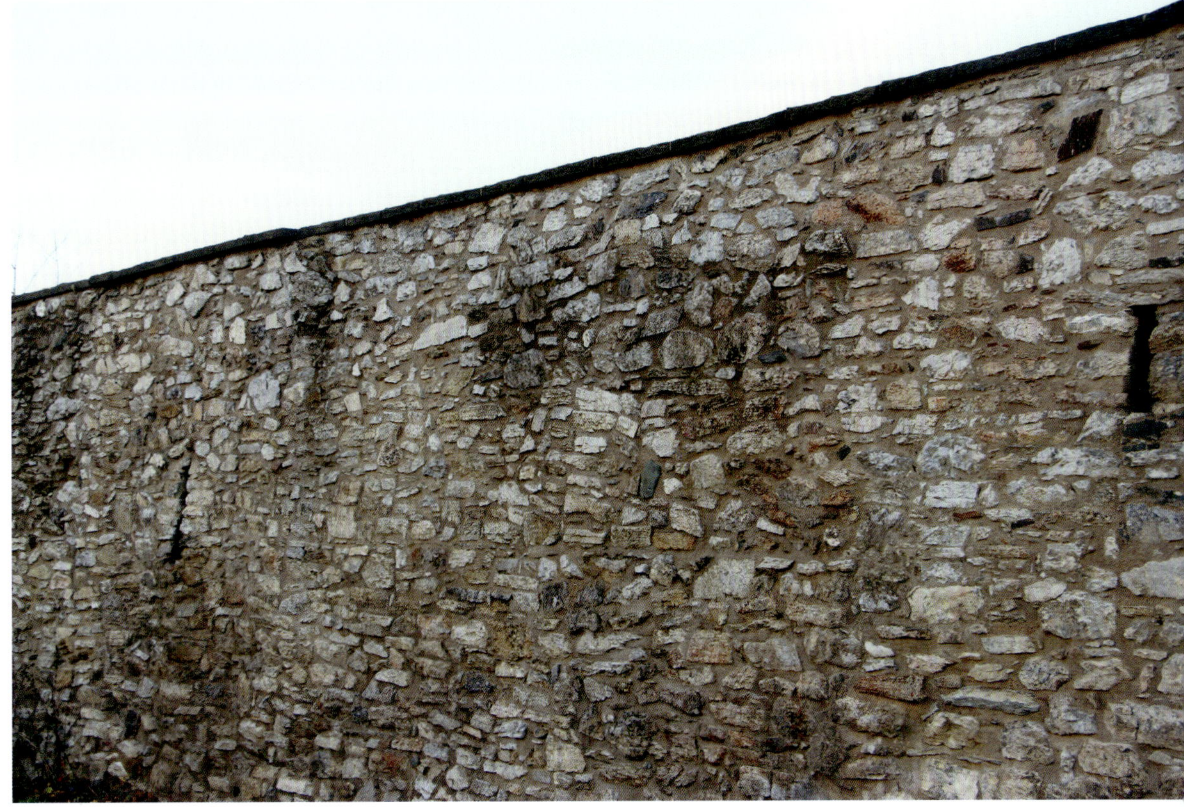

Im Sigmundsgraben finden sich wenige Meter der alten Hofer Stadtmauer

vermitteln zu wollen. In der 16. Strophe verweist er die Domherren auf den Dom, rät ihnen aber auch: *lat sein ungesungen nicht, / ir habt sein guten frumen!* (16, 4 f.), also etwa: »lasst Lieder darüber singen, das gereicht euch zum Vorteil«. Bietet der Hofer hier seine Dienste an? Der Bischof schließlich wird in seiner Freizügigkeit voll anerkannt, sofern er sich der Stadt gegenüber *genedig* zeigt (17, 4): *des hat er preis und ere* (17, 5). Das Ereignis scheint die Region beschäftigt zu haben. Ob man sich in Hof im Stillen über die Querelen amüsiert hat, sei dahingestellt. Hätte der Hofer im Auftrag der Hofer gesungen, wäre das gewiss nicht expli-zit gemacht worden. Die Geistlichkeit wird den Streit mit dem Bischof um die Besetzung der Lorenzpfarrei ausgangs des 14. Jahrhunderts noch im Gedächtnis gehabt haben.

DIE STADTRECHTLICHEN BESTIMMUNGEN IM LANDBUCH VON HOF (1502)

Das Zusammenleben in der Stadt will geregelt sein. Nicht nur Handwerk und Handel benötigen Statuten. Auch für die vielen nachbarschaftlichen Konfliktfälle, die in Wort und Tat rasch eskalieren können und dann vor Gericht landen, bedarf es rechtlicher Bestimmungen. Das ist heute nicht anders als im Mittelalter. Bei der Implementierung rechtlicher Bestimmungen spielten die Stadtrechts-›Familien‹, wie wir oben im Falle Geras sahen, eine gewichtige Rolle. Hatte sich die Rechtsprechung einer größeren Stadt bewährt, konnte sie der Landesherr auf die Nachbarstädte übertragen. Ein ähnliches System galt für die kleinen Zwistigkeiten, die ein Stadtrecht nicht in toto abdecken konnte. Hier galt für kleinere Städte die Rechtsprechung der größeren Schöffengerichte als vorbildlich. Die größeren Gerichte verfügten über Sammlungen eigener Schöffensprüche. Kleinere Städte konnten hier Rechtsauskünfte erbitten, die sie dann ihrerseits zur Orientierung zusammenfassten.

In Hof wurden ausgangs des 14. Jahrhunderts Entscheidungen zusammengefasst, die die Hofer Schöffen zwischen 1373 und 1390 in Nürnberg angefragt hatten. Sie gelten als das ›Nürnberger Urteil‹. Nicht viel jünger dürften die stadtrechtlichen Artikel sein, die von den Burggrafen (vor 1398) gesammelt wurden und die im ›Hofer Landbuch‹ von 1502 vorliegen. Sie betreffen Freveltaten und Körperverletzungen nach dem geltenden Stadtrecht, wobei nicht nur eine detaillierte Liste diffamierender Äußerungen, sondern auch ein Katalog der Bußzahlungen für die Verletzung jedes erdenklichen Körperteils geboten wird. Die höchste Buße beträgt 40 Pfund Hofer Währung, der nächste Satz 20 Pfund, 15 Pfund, 10 Pfund und schließlich 5 Pfund, wobei zu beachten ist, dass häufig automatisch die Hälfte an das Gericht fällt, während in einigen Fällen die Gerichtskosten noch dazukommen.

An der Spitze der Freveltaten stehen, geht man von der zu zahlenden Sühneleistung (40 Pfund) aus, die Verleumdung eines anderen mit anschließendem Gang vor Gericht ohne hinlängliche Beweise (Artikel 5) sowie das Betreten des Hauses eines anderen gegen dessen Willen (Art. 6). Mit der Hälfte (20 Pfund) schlagen das Verursachen einer sichtbaren Wunde im unteren Teil des Gesichts (Art. 15) und das Zufügen einer Verletzung des Armes, der dadurch gelähmt wird (Art. 33), zu Buche, wobei jeweils die Gerichts- und Arztkosten noch nicht eingerechnet sind. Mit insgesamt 20 Pfund Hofer Währung werden die Beleidigung vor Gericht (Art. 2) und das Schießen auf einen Menschen, so dass der fällt (Art. 45), geahndet. 10 Pfund zuzüglich der Behandlungs- und Gerichtskosten kosten den Verursacher *ein fliessende wunten* am Kopf (Art. 11), eine entstellende Wunde am Hals (*ein fliessend schamwunten*) (Art. 22), eine Fleischwunde am Schulterblatt (Art. 26) oder am Gesäß (Art. 27), ein auch folgenloser Treffer mit einem Wurfgeschoss (Art. 28) und ein Schlag auf den Mund (Art. 47). Mit 5 Pfund Hofer Währung kommt davon, wer einen anderen mit *scheltwort* belegt (Art. 3) oder zum *arßputzen* (»Leck mich am Arsch«) auffordert (Art. 49) [4].

Anmerkungen
[1] R. Müller, S. 11.
[2] Vgl. Biller II, S. 102.
[3] Cramer, Sp. 81.
[4] Vgl. R. Müller, S. 74 – 77, 86 – 88.

SPUREN VORMODERNER WIRTSCHAFTSGESCHICHTE

Sakralbauten und Burgen verweisen den heutigen Betrachter am unmittelbarsten auf die Vormoderne. In Museen geschieht das immerhin noch mittelbar. Im Gegensatz zu den Burgen, die untergingen oder in pittoresken Relikten prangen, und den Kirchbauten, die auch dann, wenn sie die Formensprache der Romanik oder Gotik nur noch zitieren, auf die Vergangenheit verweisen, sind die sie umgebenden städtischen Zweckgebäude stetigem Wandel unterzogen. Im Zuge der Stadterweiterung schwanden die alten Stadtmauern. Speichergebäude erwiesen sich, sofern das Handelsgut nicht selbst verschwand, als zu klein, zu unpraktisch oder zu teuer. Mühlen drehten sich nicht mehr, Hämmer schlugen nicht mehr, spezialisierte Märkte verschwanden oder wurden zusammengelegt. Selbst das Rathaus, der auf freiem Platz stehende Stolz der mittelalterlichen Städte, wich einem geräumigeren Zweckbau. Die Städte im Vogtland haben all diese Veränderungen aus ihren sich wandelnden Bedürfnissen vollzogen. Unglücksfälle aller Art verkleinerten den Bestand, und dass man untergegangene Zweckbauten der Vormoderne als historische Denkmäler rekonstruierte, kommt auch selten vor.

Das Folgende erinnert an eine Wirtschaft vor dem industriellen Zeitalter. Es darf das wohl umso mehr, als das Verfallsdatum der vogtländischen Großindustrie längst erreicht wurde. Die Illusion, es könnten sich wieder Arbeiterarmeen durch Werktore zwängen, um Schornsteine rauchen zu lassen, sollte unter den weltwirtschaftlichen Bedingungen der Gegenwart abgehakt sein, und wer wachen Auges etwa durch die Elsterauen zu Plauen wandert, wird das rasch für sich selbst erkennen. Auch sind die besten Zeiten der Massentierhaltung vorbei, der Boden ist weitgehend ausgebeutet, und wer heute von moderner Logistik träumt, wird durch das faktische Straßen- und Schienennetz schnell in die Realität zurückgeholt. Wir dürfen uns daher im Folgenden mit Zünften und Innungen befassen: mit Schuhmachern, Tuchmachern, Müllern und kleinen Fuhrunternehmen; mit städtischen Badestuben, Fischmärkten und Salzquellen. Auch an das Montanwesen müssen wir am Rande des Erzgebirges denken: nicht allein seiner Förderquoten und des damit verbundenen vorübergehenden Wohlstands, sondern auch seines Eingriffs in die Umwelt wegen, der bereits im 15. Jahrhundert heiß diskutiert wurde.

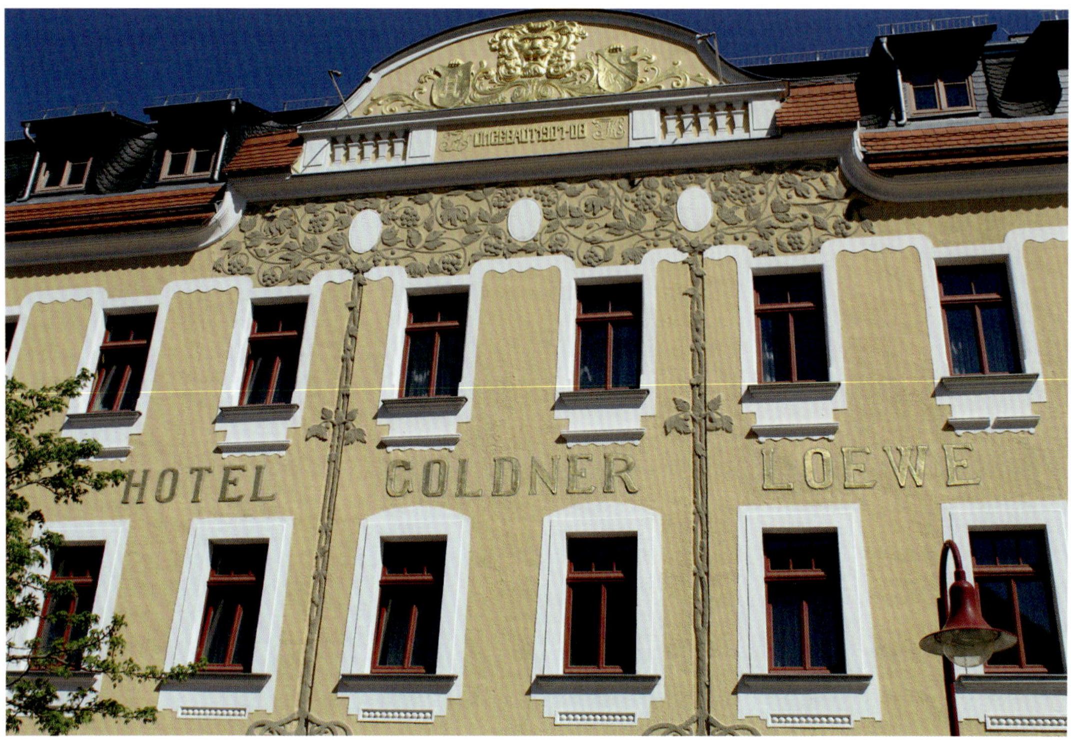

In einem Vorgängerbau des ›Goldenen Löwen‹ wurde bereits im 16. Jahrhundert das Köstritzer Bier ausgeschenkt

BIERBRAUEREI IN BAD KÖSTRITZ

Dass wir an der nördlichen Peripherie des Vogtlandes, in der Mitte des 16. Jahrhunderts und vor einem modernen Brauereigebäude beginnen, mag sich erschließen, wenn man sich bewusst macht, dass wir es mit der international agierenden Köstritzer Schwarzbierbrauerei mit einem der wenigen Unternehmen zu tun haben, die sich (wenn auch in vielfacher Wandlung) bis in die Gegenwart erhalten haben. Im noblen Gasthaus Goldener Löwe wurde das Kösteritzer Bier wohl erstmals ausgeschenkt.

Noch im 13. Jahrhundert war der aus Honig und Wasser gesottene Met das Volksgetränk. Er war indes schlecht zu lagern und zu transportieren. So löste ihn im Laufe des 14. Jahrhunderts das Bier ab. Brau- und Schankgerechtigkeit waren fortan umkämpfte Privilegien. Sie befanden sich nicht in der Hand eines Unternehmers. In den Städten braute man für den Eigenbedarf, das heißt für das Hausgesinde, oder den Ausschank vor Ort. Da wegen der erforderlichen Apparate (Braupfanne, Darre, Bottiche) und Lagerräume (Keller, Dachboden) die Investitionen nicht gering waren, war die Brauerei lange ein Geschäft der Kirche und der Oberschicht, wobei die Kirche das Ausschankprivileg zu halten und die Vergabe der Brauereigerechtigkeit an die Städter einzuhegen versuchte. Häuser mit Braurecht befan den sich oft in einem bestimmten Quartier. Das Recht lag auf dem Haus, nicht beim Besitzer. Es unterlag aber den jeweiligen Gegebenheiten, wie sich das lokale Brauereiwesen organisierte. Nicht überall setzten sich Brauerzünfte durch. Durch die Nutzung des gleichen Getreides standen sich in schwierigen Zeiten, in denen reguliert werden musste, Bäcker und Brauer feindlich gegenüber.

Anders als aus anderen Gegenden, wo sich regelrechte »Bierkriege« abspielten, sind aus dem Vogtland nicht allzu viele Dokumente, die das mittelalterliche Brauwesen betreffen, erhalten. Zumeist waren die relevanten Punkte in den Stadtrechten und Statuten enthalten. 1414 begnadet der Landgraf von Thüringen die Bewohner von Langenbuch mit dem Recht des freien Bier-, Met- und Weinausschanks. 1436 verleihen die Burggrafen von Dohnin, Herren zu Auerbach, ihre Güter zu Wernesgrün den Gebrüdern Schorer; ausdrücklich ist von der Brau- und Schankgerechtigkeit die Rede [1]. Im frühen 16. Jahrhundert kam die Tranksteuer auf. Nun dokumentieren die Stadträte von Oelsnitz (1514 ff.) und Pausa (1515 ff.) ordnungsgemäß das gebraute, verkaufte und verschenkte Bier [2]. Die Brüder in Mildenfurth brauten zwar selbst, kauften aber auch in Werdau, Zwickau und Schneeberg zu [3]. Ebenso hielten es die Nonnen in Cronschwitz, bei denen am Fastnachtssonntag Werdauer Bier oder alternativ Wein auf dem Speiseplan stand. Als der Amtmann von Weida 1474 das Mälzen, Brauen und Schenken in den Dörfern untersagte, wandten sich die betroffenen Klöster gemeinsam an den Landesherren. Ziel der Maßnahme war offenbar, den Verkauf von Greizer Bier zu fördern [4]. Aus Mildenfurth ist auch ein hauswirtschaftlicher Ratschlag zur bes-

Ein Rezept in einer Mildenfurther Handschrift verrät, wie man den Einfluss des Gewitters auf Bier in Fässern verringern konnte (ThULB Jena, Ms. El. q. 10/2)

seren Haltbarkeit des Bieres überliefert (ThULB Jena, Ms. El. q. 10/2, um 1480). Gewitter ließen es in den Fässern verderben: *Nym cipressen holcz vnd henge iß mit eym faden in den bottich, so schat im keyn donner adder wetter.*

Seit wann in Plauen gebraut wurde, lässt sich nicht mehr genau bestimmen. LUDWIG spricht von vier Brauhäusern, die das »urkundlich faßbare alte Plauen« besessen habe, bringt aber keine Daten und Belege. Ende des 16. Jahrhunderts besaß ein Schneidermeister das Brauhaus Ecke Topfmarkt/Teichgasse [5]. Das ›Malzhaus‹, das neben dem abgebrochenen Brauhaus entstand, gehört mit seinen weitläufigen Kellern in dieser Funktion ins 18. Jahrhundert.

Anmerkungen
[1] Belege: VON RAAB I, Nr. 128; VON RAAB I, Nr. 348;
[2] Vgl. VON RAAB II, Nr. 292, Nr. 294.
[3] Vgl. DIEZEL, S. 219, 238–240.
[4] Vgl. Dazu DIEZEL, S. 239f.; THURM, S. 200.
[5] LUDWIG, S. 82.

STATUTEN DER FLEISCHERINNUNG CRIMMITSCHAU (1455)

Unter dem Bürgermeister Paul Heidener fertigte der Stadtschreiber Lorenz Weidener im Juni 1455 die Statuten der Crimmitschauer Fleischerinnung aus. Sie gehören zu den ältesten Denkmälern dieser Art, die wir aus dem Vogtland besitzen. ERMISCH, der den Text erstmals edierte, teilte ihn in zwölf Paragraphen. Neben Abschnitten, die etwa die Aufnahme eines Fleischers in die Innung betreffen, finden sich auch solche zur Qualitätssicherung. Paragraph sechs untersagt den An- und Verkauf geraubten Viehs, es sei denn im Krieg legal erbeutet. Weiterhin wird der Verkauf von *wolfpaissigk*, also bereits von Wölfen angeknabbertem Vieh, oder *wirbelsüchtigk*, das heißt fallsüchtiger *schaffe* untersagt (§ 6). Paragraph sieben stellt den Verkauf von *vynnicht fleyche* unter Strafe (§ 7). Paragraph neun droht den zeitweiligen Entzug der Lizenz an, wenn Fleischer *sieche wandelware vihe zcu den pencken slahen* (§ 9). Wer das Bürgerrecht verliert, verliert auch die Zulassung als Fleischer (§ 10). Paragraph zwölf schließlich regelt die Präsenz auswärtiger Fleischer auf dem Crimmitschauer Markt. Von Ostern bis Michaelis ist ihnen der Verkauf nur bis zur Mittagszeit gestattet (§ 12) [1]. Ein Vergleich mit dem entsprechenden Passus in den Weidaer Statuten (→ S. 384 f.) ist aufschlussreich [2].

Anmerkungen
[1] ERMISCH, Crimmitschau, S. 170 f.
[2] Vgl. UB Vögte II, Nr. 233, S. 196 f.

PLAUEN

Wirtschaftsgeschichtlich Interessierte sollten durch Plauen streifen. Nicht, dass die alten Denkmäler noch am Ort wären. Als nützliche Maschinen wichen sie neueren, nützlicheren Maschinen. Dennoch lassen sich die Standorte der wesentlichen Monumente nachverfolgen.

INNUNGSARTIKEL DER PLAUENER SCHUHMACHER

Von allen Plauener Handwerken, die mehrheitlich gewiss bis hinauf ins 13. Jahrhundert reichen, haben sich allein von den Schuhmachern mehrere Urkunden aus dem 15. Jahrhundert erhalten. Die älteste geht auf das Jahr 1427 zurück. Sie setzt bereits die Existenz einer Innung voraus. Im Detail wird lediglich der Anspruch auf vier Seelenbäder im Jahr, die die Innung erworben hatte, in einer Badestube geregelt [1]. Für das Schuhmachergewerbe wesentlich interessanter ist eine Urkunde Heinrichs (X.) I. von Plauen, Burggraf zu Meißen (1412–1446) vom Juni 1443. Wieder geht es darin zunächst um die Ansprüche der Schuster auf Seelbäder in der Badestube, wobei eine interessante Nachfolgeregelung getroffen wird: sollte die Badestube *von Feuers oder Noth wegen* abgehen, so dass eine neue errichtet werden müsste, so soll der neue Inhaber der Schuhmacherinnung angehören (*der soll in der Zeche der Schuster seyn*). Weiterhin regelt die Urkunde den Schuhverkauf durch auswärtige Schuster in Plauen. Sie dürfen ihre Ware nur an Markttagen und auch nur auf dem Markt, nicht etwa in den Häusern verkaufen [2].

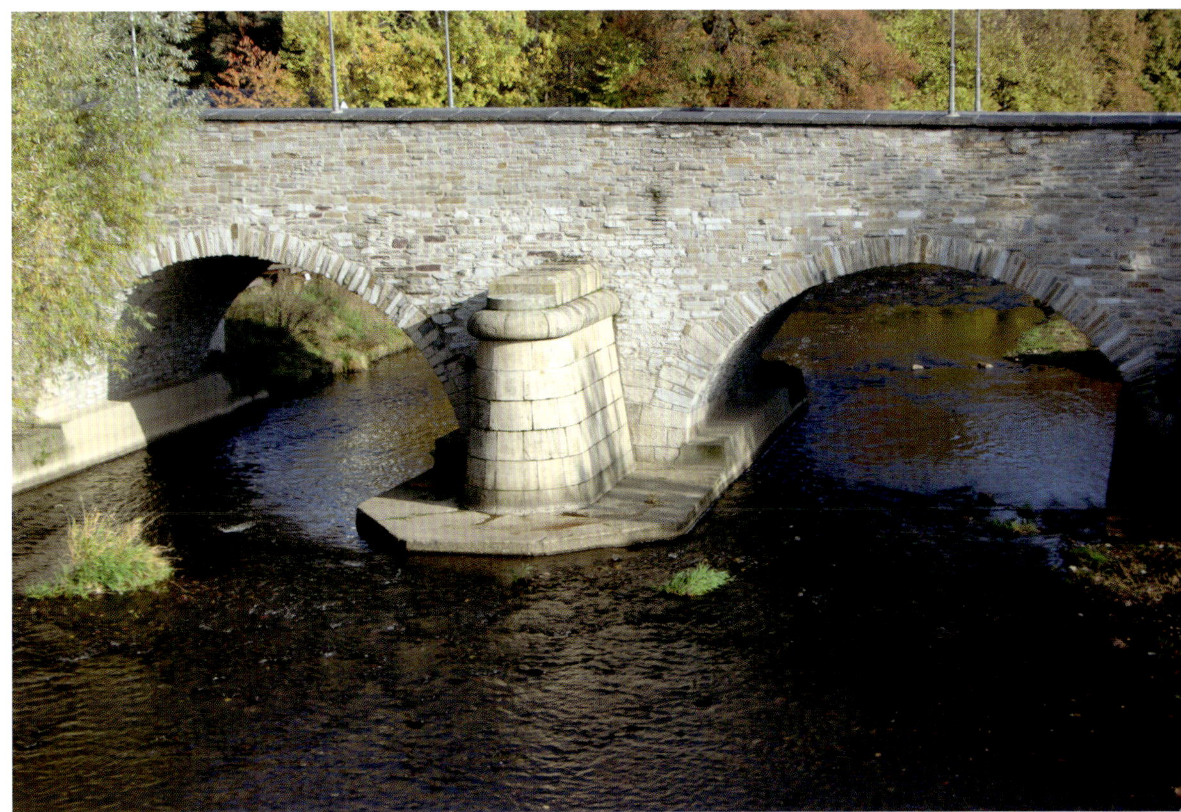

Die Alte Brücke über die Elster ist schon 1244 als »pons lapideus« (Steinbrücke) bezeugt

Eine regelrechte Innungsordnung, die sich an den Ordnungen zu Eger, Hof und Zwickau orientierte, erließ Burggraf Heinrich fünf Jahre später. Sie enthält zwei für die Qualifikation des Schusters wichtige Abschnitte. Zum einen wird geregelt, dass kein Schuster, der nicht Meister ist, durch Heirat einer Meisterswitwe die Rechte eines Meisters zu Plauen erwirbt. Zum andern werden die Werkstücke sehr genau festgelegt, die bei der Meisterprüfung abzuliefern sind: *ein jeglicher Meister der auf und bey dem Handwerk seyn soll oder will, der soll schneiden aus einem Fell vier paar Schuhe, Zwey paar Frauen Schuhe geknauf-felte, ein paar Manns-Schuhe geknauffelt und ein paar geschnitten Dreystücketer Schuhe, und soll aus einer Haut schneiden zwey paar Stiefel, das eine ein paar Reitstiefel mit einem Schlage, das andere ein paar Mittel-Schäft die einen Bauern oder einen Fuhrmann eben seyn, und die Sohlen soll er aus der Haut nehmen, da er die Schuhe mit berei-ten soll. Auch das Leder bereiten ganz gar machen, also daß solch Leder geschmeidig werde, wohl ge-schmiert in Gegenwärtigkeit der Vier Meister da-rüber gesetzt, in eines Meisters Haus, daraus er es auch nicht soll tragen, er vollende dann solche vorgebünge der Meister wie obenberühr[t] [3].*

Kurfürst Friedrich und Herzog Johann zu Sachsen bestätigten der Schuhmacherinnung im Juli 1488 ihre Freiheiten, wie sie in den Dokumenten von 1443 und 1448 festgeschrieben wurden [4]. Viele Artikel, insbesondere die Anforderungen der Meisterprüfung, wirkten bis zu den Neufassungen 1655 und 1833 fort [5].

Anmerkungen
[1] Vgl. NEUPERT, S. 200 f.
[2] Vgl. NEUPERT, S. 201 f.
[3] NEUPERT, S. 203.
[4] Vgl. VON RAAB II, Nr. 22.
[5] Vgl. NEUPERT, S. 205 f.

DIE »RÄHME«

Die Berglehne oberhalb der alten Bleichstraße trägt noch heute den Namen »Rähme«, ohne dass die Sprecher in dieser eigentümlichen Pluralform von ›Rahmen‹ noch einen Hinweis auf die hier aufgestellten Rahmen der Bleicher und Tuchmacher entdeckten. Plauen war nicht so sehr Tuchstadt wie Zwickau. Dennoch ist das Tuchmacherhandwerk seit dem 15. Jahrhundert nachweisbar. 1509 ist vom Tuchmacher Hans Reibholz »mit seiner Gesellschaft« die Rede [1]. »1529 bildeten die Tuchmacher die stärkste Innung.« [2]. Anschluss an die maschinelle Tuchweberei suchte und fand Plauen nicht. Versammelte die Tuchmacher-Innung zu Plauen 1718 noch stolze 202 Meister, waren es 1801 nur noch 19 [3].

Den Tuchmachern gehörten die Walkmühle am Elstermühlgraben und die »Schwarzfärbe«, die sich vermutlich in der ehemaligen Münzstätte der Vögte »dicht am inneren Brückenturm« befand [4]. Die ›Cosmographia‹ des Sebastian Münster (1598) zeigt auf dem Blatt ›Plauen‹ am Südhang des Stadtplateaus die charakteristischen Rahmengestelle mit den langen Tuchstreifen.

Wir gedenken der »Rähme« am Fuß der Berglehne unterhalb des ›Malzhauses‹ in den offenen Gärten rund um die ›Weberhäuser‹. Hier wurde jüngst inmitten jüngerer und älterer Industrieruinen, direkt am Bachlauf, ein atmosphärisches Ensemble von Künstlerhäusern eingerichtet. An schönen Tagen sind die Gärten Treffpunkt für Jung und Alt.

Anmerkungen
[1] BACHMANN, S. 18.
[2] LUDWIG, S. 27.
[3] Vgl. NEUPERT, S. 207.
[4] BACHMANN, S. 20.

UNTERE UND OBERE STADTMÜHLE

Die untere Plauener Elstermühle ist mindestens so alt wie der Vorgängerbau der Johanniskirche. Gemeinsam tauchen sie in einer der ältesten Urkunden des Vogtlands auf: bei der Bestätigung der Stiftung einer Kirche zu Plauen durch Adalbert von Everstein 1122 und der damit einhergehenden Festlegung der Zehntgrenzen. Die Kirche sollte den »halben Nutzen« der Mühle erhalten. Das Recht der geteilten Nutzung ging 1224 an den Deutschen Orden über. 1244 schenkte Heinrich von Plauen den Ritterbrüdern seinen Anteil zu ewigem Eigentum [1]. Nach dem schwarzen Kreuz, das die Ordensbrüder trugen, hieß die Mühle bald die ›Kreuzermühle‹. Die Anlage scheint beim Hussitenüberfall in Mitleidenschaft gezogen worden zu sein. Städtische Rechnungen belegen, dass man 1438/39 so gut wie alles neu machen musste: »Es ist da von neuen Rädern,

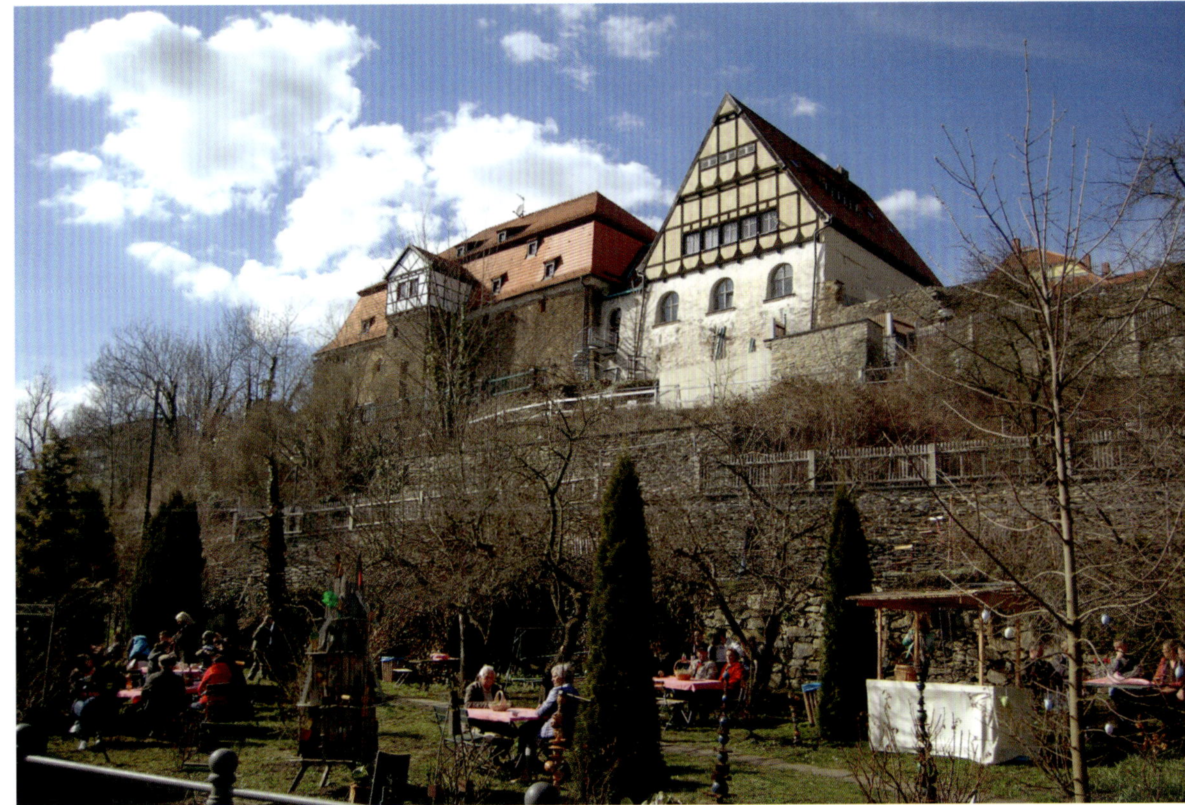

In den Gärten hinter den Weberhäusern befand sich im Spätmittelalter die Bleiche der Plauener (›Rähme‹)

Wellen, aber auch von Herstellung steinerner Türbogen und Gewölbe, von neuen Schindeln für die Dächer usw. die Rede.« Später fiel die Kreuzermühle aus Ordensbesitz an den Landesherren zurück. 1511/12 ist davon die Rede, dass der Müller die Mühle *zu leder und loen neuen zugericht* habe [2].

Von der 1939 abgetragenen Kreuzermühle »sind noch Teile des Grundmauerwerks und der Treppenabstieg zu einem alten Gang, der ehemals unter der Mühle hin auf den Landstreifen zwischen Mühlgraben und Elster führte, zu sehen. Dieser Gang, zu dessen Überwachung der

Müller von Amts wegen verpflichtet war, wurde gern von Bürgern benutzt, die den Torschluß versäumt hatten oder die Akzise umgehen wollten und dabei den Weg durch die bisweilen seichte Elster oberhalb der Brücke nicht scheuten.« [3]. Das ›Vogtlandmuseum‹ bewahrt ein kleines Modell der Mühle auf, das freilich deren Zustand im 19./20. Jahrhundert zeigt.

Anmerkungen
[1] Vgl. UB Vögte I, Nr. 1; UB Vögte I, Nr. 83.
[2] BACHMANN, S. 38.
[3] LUDWIG, S. 44. Eine Sage von einem wunderbaren Götzenbild in der Oberen Mühle bei GRAESSE, Nr. 649.

DIE BADESTUBEN AN ELSTER UND SYRA

Öffentliche Bäder waren von jeher ein wichtiger Ort innerhalb mittelalterlicher Städte. Zunächst einmal dienten sie, was nicht unterschätzt werden darf, der Hygiene. Dass sie darüber hinaus zu Orten stadtbürgerlicher Geselligkeit avancierten, an denen man sehen und gesehen werden konnte und an denen sich Klatsch und Tratsch in entspannter Atmosphäre verbreiten ließen, versteht sich von selbst. Auf Abbildungen des 15. Jahrhunderts lässt sich erkennen, dass in einer gepflegten städtischen Badestube Musik erklang: dass Instrumente gespielt und Lieder gesungen wurden. Auch der Vortrag von Dichtung »am Pool« ist bezeugt. Hinsichtlich der Geschlechtertrennung scheinen die überlieferten Holzschnitte nicht immer reale Zustände abbilden zu wollen. Aber klar ist, dass auch in der mittelalterlichen Badestube viel unbedeckter Körper zu sehen war, den sinnend zu betrachten nicht explizit unter Strafe gestellt war. Es versteht sich, dass wir über diese Aspekte des Badens nur wenige, zudem späte und stilisierte Dokumente besitzen. In der Regel kennen wir nur, was als Rechtsakt ein Dokument nach sich zog. Darin unterscheiden sich die Bäder leider nicht von den Freudenhäusern, die auch nur im Zusammenhang von Verordnungen oder Delikten aktenkundig wurden.

Mit den Plauener Badestuben ist das nicht anders. Es scheint ihrer mindestens vier gegeben zu haben. Eine davon befand sich wohl auf dem Terrain, die andere aber im Besitz des Deutschen Ordens (→ S. 209 f.). Diese letztere *stuba balneari* lag ausweislich einer Urkunde von 1236 bei der Pfarrkirche an der Elster. Heinrich IV. »der Mitt-

lere« in Plauen und Gera (1209–1238) hatte dem Orden für ihre Einrichtung und Unterhaltung großzügige Zehnt-Einkünfte überlassen. Bestimmt wurde, dass die Prokuratoren der Parochie für alle Zeiten jeden Sonntag die Badstube für Bedürftige öffnen und dass niemand, der dort zu baden begehrt, an diesem Tag zurückgewiesen werde. Verfalle die Badestube infolge Alters, soll aus den Zehnt-Einkünften eine neue errichtet werden. Es handelt sich also um die Stiftung von »Seelbädern«: Bädern für Bedürftige zum Seelenheil des Stifters [1]. Daneben bestand noch eine weitere Badestube an der Syra. Sie lag, einer Urkunde von 1244 zufolge, auf altem Ordenshofgelände, gehörte dem Orden aber nicht als Stiftung. Vielmehr besaßen sie 1244 die Brüder Beringer und Heinrich [2].

Eine dritte Badestube wurde dem Dominikanerkloster (→ S. 273 f.) 1487 vermacht. Sie befand sich an der Syra »zwischen dem Schlosse und dem Klostergarten« »beim Thor« und wird in den Urkunden die »obere« genannt. Die Mönche verpflichteten sich mit ihrem Erhalt zu einer ewigen Seelmesse mit vier Begängnissen für die Machwitze als Stifter. Freilich besaßen die Brüder bereits eine andere, von den Thossen erkaufte Badestube, die in den Urkunden als »die niedere« erscheint [3]. Im November 1495 nötigte der Rat die Dominikaner daher, die »niedere« Badestube binnen zweier Jahre an einen weltlichen Betreiber zu verkaufen. Damit wirkte er einer Monopolisierung des städtischen Badewesens in Händen der Ordenshäuser entgegen.

Der Streit um die Lage der Deutschordens-Badestuben hängt zusammen mit der Lokalisierung der alten Schule. Eine Urkunde von 1328 nennt nämlich eine *badstuben vor der schuelphorten* [4].

Sollte damit die Badestube der Deutschherren »bei der Pfarrkirche an der Elster« gemeint sein, hätte sich auch die alte Schule an der heutigen ›Pforte‹ bei der Kirche befunden (→ S. 422 f.).

Anmerkungen
[1] Belege: UB DO, Nr. 61; UB Vögte I, Nr. 64; LUDWIG, S. 37 f.; UB DO, Nr. 61.
[2] UB DO, Nr. 86; vgl. UB Vögte I, Nr. 83; vgl. LUDWIG, S. 37 f.
[3] Belege: VON RAAB II, Nr. 10; VON RAAB II, Nr. 4; VON RAAB II, Nr. 7; VON RAAB II, Nr. 117.
[4] LUDWIG, S. 37.

GOLDSUCHE IM VOGTLAND

Man darf Plauen nicht verlassen, ohne wenigstens einen kurzen Blick in die tief gelagerte Sehnsucht seiner Regierenden zu werfen, durch unverhoffte Rohstoff-Vorkommen im Inneren der Erde auf legale Weise reich zu werden. Das Thema ist in Zeiten des »Fracking« so märchenhaft nicht, wie es auf den ersten Blick scheint. Gleichwohl ist die Spekulation auf das in der Erde Verborgene bereits im Mittelalter mit allerlei Mythen garniert.

Im Falle der Vögte und ihres Strebens nach den Schätzen der Erde beginnen die Unsicherheiten mit einer kaiserlichen Urkunde für die Vögte von Plauen. Sie datiert auf den 10. Mai 1232 [1]. Mit dieser Urkunde gesteht Kaiser Friedrich II. den Vögten von Plauen das Recht zu, »auf ihrem Territorium nach Gold, Silber und anderen Metallen zu schürfen und den ganzen Ertrag zu behalten.« Die Urkunde, deren beide originale Ausfertigungen 1945 »angeblich verbrannt« sind, gilt seit dem 19. Jahrhundert als »nach Inhalt und Wortlaut gefälscht« [2].

Dass noch heutzutage Goldwäscher-Dienste im Vogtland angeboten werden, geht also auf eine lange Tradition zurück. Sie ist festgehalten in den so genannten ›Walenbüchlein‹, das sind verkappte »Welschen«-Bücher, also Bücher, die von Italienern herrühren [3]. Insbesondere die sog. »Venezianer« galten als Experten im Aufspüren verborgener Goldschätze. ›Walenbüchlein‹ hatten keinen geringeren Sinn, als dem Goldsucher die ergiebigsten Stellen für sein Begehren zu erläutern. Es versteht sich von selbst, dass die Goldsuche verboten war, da alle Edelmetalle im Boden dem Landesherren gehörten. Doch genauso versteht es sich von selbst, dass dies die Menschen nicht davon abhielt, ihren Traum vom Wohlstand unter Risiken zu verwirklichen und den »Fundweisungen« der ›Walenbüchlein‹ zu folgen.

In einem späten ›Walenbüchlein‹ heißt es etwa: *Zu Grätz im Voigtlande / unter dem Schloß-Berge ist ein Garten / darinnen ist ein gewaltiger Gold-Gang anzutreffen.* Oder: *Zwischen Gera und Weyda liegt ein Grund / daselbst ist ein Fluß / die Lippe genannt / darinnen findet man viel Gold und ist ein guter Silber-Gang dabey.* [4] Eine besonders eindrucksvolle Schilderung einer Fundstätte findet sich für den Bergbauort Kottenheide, der uns später noch beschäftigen wird. Der Passus ging in GRAESSES Sagenbuch ein. Er lautet: *Hinter Otten im Voigtlande gehe von der Kuttenheide zur Capellen / St. Peter genannt / gehe zwei Gewend oder Ackerlängen gegen den Großleinwerts / so kömmst Du zu einem Glasofen / gegen die schwarzen Berge über / so kömmst du zu einer Wiesen / wasche darin / so findet Du gut Gold.* [5] Man könnte dies als sympathischen Irrglauben auf sich beruhen lassen, hätten die Büchlein nicht tatsächlich in das Leben der Gesellschaft eingewirkt. So wurde 1517 Herzog Johann von Sachsen berichtet, man habe einen *walhen* gefangen, *der auff der Kotenheyde, zum schlos Schonneck gehorig, auff weschwergk nach golt gangen sei, wie solches ob menschengedencken und zu gemeinen iharn, aber heymlichen, geschehen.* Der Wale habe sich damit herausreden wollen, er sei Geistlicher und habe mit Willen der Schönecker gewaschen [6]. Alles in allem kann man sagen, dass ausweislich der ›Walenbüchlein‹ das Vogtland ein ergiebiger Landstrich für die Goldsuche war und dass die Menschen wenn nicht seit *menschengedencken*, so doch wenigstens seit dem Spätmittelalter dem mythischen Bodenschatz auch unter Einsatz ihres Lebens nachstrebten.

Anmerkungen
[1] UB Vögte I, Nr. 58.
[2] HÄGERMANN, S. 22.
[3] Zur Gattung vgl. SCHMILEWSKI/KEIL, Sp. 617 f. Auf einen Antonius Wale, einen Italiener, der ab 1410 in Breslau fassbar wird, geht das Breslauer ›Walenbuch‹ (vor 1470) zurück.
[4] SCHRAMM, S. 263.
[5] SCHRAMM, S. 264; ähnlich GRAESSE, Nr. 618.
[6] WILD, Nr. 416*.

DIE TUCHMACHER ZU OELSNITZ

Seit dem 15. Jahrhundert ist in Oelsnitz eine Walkmühle bezeugt. Auf ihr bauten die nachhaltigen Textil-Traditionen der Stadt auf, die bis zur Spezialisierung auf Teppiche und Korsette im 19. Jahrhundert reichten. Im ausgehenden Mittelalter galt es, sich neben der Tuchstadt Plauen zu behaupten und zugleich die Übermacht aus Eger abzuwehren.

Grundlage der Tuchmacherei ist Schafwolle. Im Vogtland wurden an verschiedenen Stellen Schafe gehalten. Die Klöster wirtschafteten hier für den Eigenbedarf. Mildenfurth hielt eingangs des 16. Jahrhunderts an die 600 Schafe. Sie wurden von Schäfer und Schafknechten versorgt. Dass der Schäfer in Naturalien entlohnt wurde und ein Viertel der Felle und der Wolle erhielt, war sein Nachteil nicht. In ähnlichen Größenordnungen (bis 500) bewegte sich die Schäferei

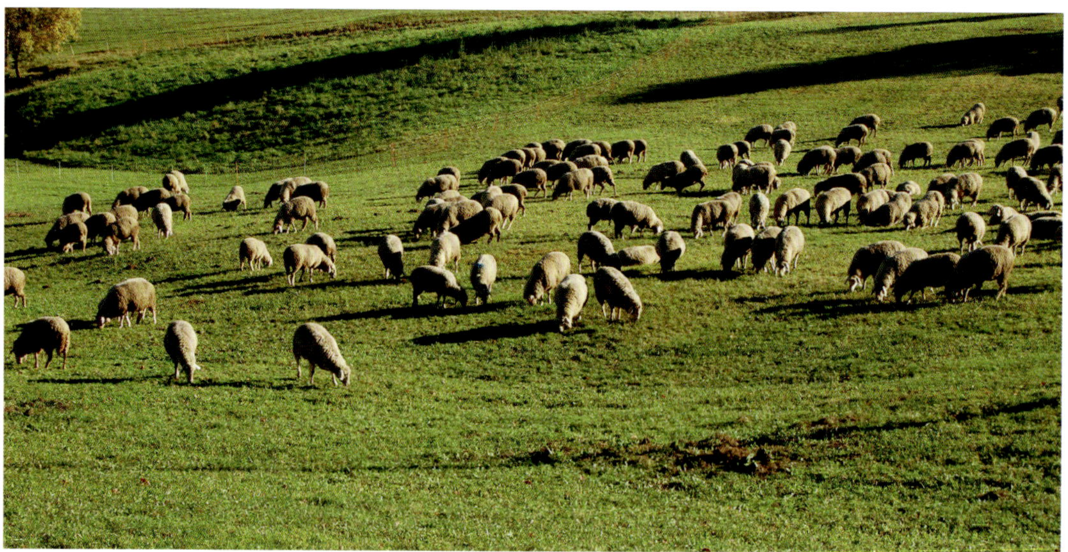

Die vogtländische Tuchmacherei erforderte schon im Mittelalter Schafherden

des Klosters Saalburg, das einen Schafhof in Gräfenwarth besaß [1]. Ansonsten war Schäferei eine hoheitliche Angelegenheit. 1464 verliehen die wettinischen Landesherren Konrad von Metzsch Vogtsberg und alles Zubehör auf sechs Jahre, darunter auch die Schäfereien zu Vogtsberg, Pausa und Linda. Auch Mechelgrün und Altensalz hatten 1493 eine Schäferei [2]. Und immer wieder kam es zu Auseinandersetzungen wegen der Schaftrift, dem notwendigen Durchziehen der Herde durch Hoheitsgebiete [3].

Gleichwohl waren die vogtländischen Tuchmacher auf den Ankauf von Wolle im Egerland angewiesen, wie umgekehrt Eger seine Produktion nur durch Zukäufe aus dem Vogtland aufrecht erhalten konnte. Aus den Urkunden sind immer wieder Streitigkeiten überliefert. Um 1406 klagt Herr Heinrich VII. von Gera (1377–1420), der fünf Egerer Bürgern Wolle verkauft hatte, vor dem dortigen Rat um Begleichung der Kaufsumme. 1478 wird Götz von Wolfersdorf zu Berga in Eger vorstellig, um Geld für die Schafe, die er zwei Egerern verkauft hatte, einzutreiben. Aus den Jahren 1510–1513 ist dann ein schwelender Konflikt zwischen Eger und Oelsnitz dokumentiert. Offenbar weigerten sich die Egerer wiederholt, den Oelsnitzern Wolle zu verkaufen. Auf die Klage der Tuchmacher beim Egerer Stadtrat verwies jener achselzuckend auf die Handwerksordnung. Als dann die Egerer zwei Oelsnitzern 1522 Wolle verkauften, bezahlten die mit einer niederwertigen Münze, weswegen die Stadt beim Amtmann zu Vogtsberg nachfasste [4]. Umgekehrt kauften die Egerer Wolle bei vogtländischen Adligen, weswegen sich *das voitlendisch tuchmacherhandwergk des wollekaufs halben* 1524 an den Kurfürsten wandte [5]. Zur vogtländischen Tuchmacherei gehörte es also, sich im Handelskrieg mit dem Nachbarn buchstäblich in der Wolle zu haben.

Anmerkungen
[1] Vgl. DIEZEL, S. 217f.; RONNEBERGER, S. 131f.
[2] Vgl. VON RAAB I, Nr. 696; VON RAAB II, Nr. 70.
[3] Vgl. etwa VON RAAB II, Nr. 275.
[4] WILD, Nr. 27 (1406); WILD, Nr. 276 (1478); WILD, Nr. 441 (1522).
[5] Vgl. WILD, Nr. 397; WILD, Beziehungen, S. 183.

AUS DEM FAHRTENBUCH EINES ADORFER FUHRUNTERNEHMERS (1507–1511)

Das Fuhrwesen war einmal ein lohnendes Gewerbe; »besonders Adorf verdankt seine Wohlhabenheit im 16. Jahrhundert diesem Erwerbszweig.« [1] Aus den Rechnungen des Zwickauer Geleitamtes für die Jahre 1507–1511 lässt sich nachzeichnen, wie oft ein Frachtfuhrmann Geleitschutz in Anspruch nahm, was er dafür zahlte und was für eine Ladung er woher und wohin führte [2]. Besonders aktiv zeigt sich in diesen Jahren der Fuhrunternehmer Jörg Bartel, der vermutlich aus Adorf stammte. Obwohl die Aufzeichnungen lückenhaft sind, zeigt sich doch das bereit Spektrum der Güter, die Bartel beförderte, und der Ziele, die er ansteuerte. 1507 brachte er eine Tonne Heringe nach Wildstein (Skalná). Ende September 1508 fuhr er in einem Konvoi von sieben Wagen Leder, Eisen, *Blechfesslein vnd Spiesse* aus Eger nach Leipzig. Aus Leipzig zurück nach Eger brachten vier Wagen (unter ihnen Jörg Bartel) am 4. Oktober ungegerbte Felle. Dieselbe Tour machten die Kollegen 1508 noch einmal: Am Dreikönigstag fährt Bartel Felle von Leipzig nach Eger, wobei er die Strecke von Altenburg über Oelsnitz wählt [3]. Im Januar 1509 brachte Bartel drei Wagen mit Heringen und Fellen über Altenburg und Oelsnitz von Leipzig nach Eger [4]. Am 4. Oktober wiederholt sich die Lieferung ungegerbter Felle aus Leipzig nach Eger; diesmal hat Jörg Bartel noch zwei Fässchen Honig beigeladen. Am dritten Sonntag nach Ostern 1510 gehen vier Wagen mit *Schaffvelh*, darunter der Jörg Bartels, aus Leipzig nach Eger. Im Oktober 1510 transportiert Bartel Heringe und Leder. Das Geleitsbuch gibt nur an, dass er über Altenburg und Oelsnitz fuhr. Die Angabe »Leder« spricht aber dafür, dass der Fuhrmann aus Eger kam.

Anmerkungen
[1] RAUNERT, S. 42.
[3] Vgl. HELBIG II, S. 31–33.
[3] HELBIG II, S. 31.
[4] HELBIG II, S. 32.

›DAS GERICHT DER GÖTTER ÜBER DEN BERGBAU‹ BEI KOTTENHEIDE

Der Gebirgsort Kottenheide liegt halbwegs zwischen Klingenthal und Schöneck. Eine Wallfahrtskapelle, die dem Jünger Petrus geweiht war, ging in der Reformation zu Grunde (→ S. 256). Paul Schneevogel, Humanist aus Plauen (→ S. 422 f.) und Leiter der Chemnitzer Lateinschule, hat der Region im ›Gericht der Götter über den Bergbau‹ ein literarisches Denkmal gesetzt.

In der Fiktion der ungewöhnlichen Erzählung streift ein Einsiedler, der eine Klause im Wald bei Lichtenstadt bewohnt, eines Frühlingstages (»es mag im Jahre 1475 gewesen sein«) durch die Bergwälder. Der Eremit empfindet höchstes Glück inmitten der unberührten Natur: »Wie groß die Menge der Tannen nicht nur von einer, sondern

wirklich von beiden Arten ist, davon wissen die zu sagen, die öfter dorthin kommen oder diesen grünen Wald wenigstens einmal gesehen haben. Was der Bergahorn, die Buche, die vielen zarten Birken den Augen für Freude machen, davon schweige ich. Auch der Holunder fehlt nicht, ebensowenig die Hasel- und Brombeerstaude. Das Konzert der Vöglein ertönt; die Nachtigall, die, wie das Volk sagt, mit ihrem Gesang ihre Jungen weckt, singt Tag und Nacht ohne Unterlaß; immer zarter wird ihr Gesang, und sie erfüllt die Luft mit ihrer lieblich klingenden Stimme. Im Grase nistet die Schnepfe und erhebt sich nur selten vom Boden; in den Zweigen der Bäume singen die Meisen und die Hänflinge, die Distelfinken und die Rohrsänger und verschönen die Frühlings- und Sommerszeit.« Enthusiasmiert von all dieser Pracht, verirrt sich der Eremit im Dickicht. Er steigt auf einen Felsen und erblickt schließlich die Peterskapelle in Kottenheide, »die er für eine Hütte der Pechschaber oder der Aschebrenner hielt, in der die Leute zu schlafen pflegen.« Indem er sich ihr nähert, gewahrt er einen kleinen runden Hügel und »auf seiner Kuppe einen Königsthron, mit Gold, Silber und Edelsteinen geschmückt, und auf ihm einen König in vorgerücktem Alter, von würdigem und ehrbarem Aussehen, mit langem Bart und dunklem Haar. Aus seinem Gesicht leuchtete Weisheit.« [1]. Hinter dem Thron erhebt sich eine marmorne Mauer mit vier Toren, deren goldene Inschriften alles als einen Ort des göttlichen Gerichts ausweisen. Jupiter, der Göttervater, hält heute Gerichtstag.

Merkur tritt auf als Anwalt der vom Bergbau geschundenen Mutter Erde. Überall wühlten sich die Menschen auf der Suche nach Rohstoffen in den Erdkörper hinein. Einige erzgebirgische

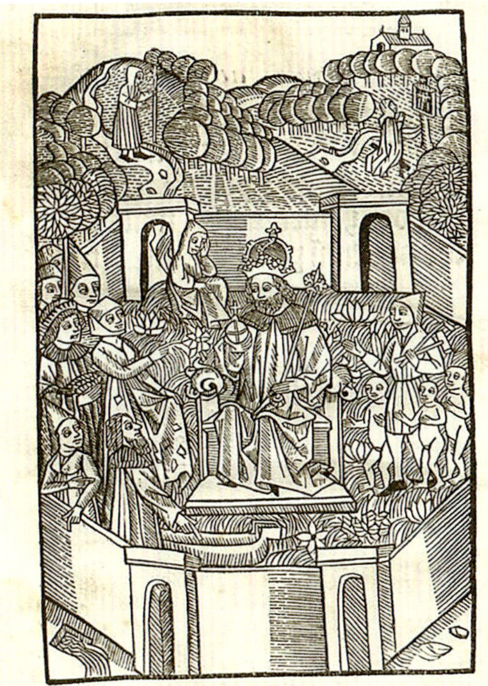

Im Gericht der Götter über den Bergbau, das der ehemalige Plauener Schüler Paul Schneevogel verfasste, muss der Göttervater allen Parteien Gehör schenken

Städte seien schon völlig zergraben, andere »bekommen es mit der Angst, und die Stadt Neustädtel zittert vor Furcht.« [2]. Als Beklagter erhebt der Mensch Gegenrede. Der Erhalt der von Gott gegebenen Gesellschaft beruhe auf einem Tausch der Güter: manch eine Gegend besitze Fische, eine andere Wälder, das Erzgebirge besitze Erze. Nichts sei ohne Zweck geschaffen. Der Erzreichtum führe auch nicht unweigerlich in Gier und Habsucht, würden doch Arme daraus gespeist und neue Tempel zu Gottes Lob erbaut.

Nun halten Bacchus, Ceres und die Penaten Plädoyers. Im Wechselgespräch tragen sodann die Erde, der Mensch, Minerva, Pluto, Charon, die Quellnymphen und sogar die Faune ihre Argumente vor. Pluto fühlt sich in der Unterwelt nicht mehr sicher, und die Quellnymphe Nais beklagt die Zerstörung der Flussläufe [3]. Am Schluss der vielstimmigen Diskussion sieht sich Jupiter außer Stande, selbst ein Urteil zu fällen, und so formuliert er eine Anfrage an die Göttin Fortuna. Fortuna verkündet einen Spruch, der Jupiter gerecht dünkte. Er lautet: »Es ist die Bestimmung der Menschen, daß sie die Berge durchwühlen; sie müssen Erzgruben anlegen, sie müssen die Felder bebauen und Handel treiben. Dabei müssen sie bei der Erde Anstoß erregen, müssen die Wissenschaft ablehnen, den Pluton beunruhigen und auch in den Wasserläufen nach Erzen suchen. Ihr Leib aber wird von der Erde verschlungen, durch böse Wetter erstickt; er wird trunken vom Weine, er leidet unter Hunger – aber, was sehr gut ist: keiner kennt die vielen Gefahren sonstiger Art, die nun einmal vom Menschen unzertrennlich sind.« – »Als der Einsiedler das gesehen hatte, machte er sich wieder auf den Weg und stieg auf einen Berg; dann sah er seine Zelle und kehrte in sie zurück.« [4].

Anmerkungen
[1] Text: KRENKEL, S. 13–15. Die Abbildung ist dem Leipziger Druck von ca. 1495 entnommen (Exemplar: München, Bayerische Staatsbibliothek, 4 Inc. S.a. 1334).
[2] KRENKEL, S. 17.
[3] Vgl. KRENKEL, S. 34 f.
[4] KRENKEL, S. 38.

DAS KUPFERBERGWERK VON NAILA

Naila, bei Hof im Regnitzland gelegen, ist kein altes vögtisches Terrain. Die Geschichte seines Zugangs ist etwas undeutlich. Offenbar saßen hier eingangs des 14. Jahrhunderts Gefolgsleute der Weidaer. Konrad der Radecker verkaufte den Vögten Heinrich XI. »dem Älteren« (1293–1363) und Heinrich XII. »dem Jüngeren« (1293–1357) von Weida 1333 seine Lehen, die im *bistum von Babbenberg* lagen. Als Zeuge agierte Niklas von Weisselsdorf, *czu der cziten richter czu Wyda*. Im Januar 1343 belehnten die Weidaer Hans von Weisselsdorf und Konrad den Radecker mit dem *gericht uber daz dorf czu Neulins*, das ist Naila. Im Mai 1355, in schwierigen Zeiten, belehnt dann Heinrich der Ältere seine *lieben getruwen Cunrad und Heinrich gebrudern von Weislesdorf* mit all dem Gut, das ihnen *Yeske der Radecker* in Naila hinterlassen hat [1].

In Naila wurde früh schon auf Gold, Silber, Kupfer, Zinn, Eisen und Blei gegraben. Seit wann ein Kupferbergwerk bestand, ist nicht ganz klar. Sicher ist nur, dass es vor 1477 durch Wassereinbruch ›ertrunken‹ war. Das war nicht selten, aber kostspielig. Die Trockenlegung erforderte Fachleute. Im 14. Jahrhundert erwuchs mit der »Wasserkunst« eine neue Branche im Ingenieurwesen, in der sich faszinierende Köpfe mit ihren Erfindungen auf einem lukrativen Markt Konkurrenz machten. Die führenden Schulen entstanden in Prag und Nürnberg, wo große Bankhäuser saßen, denen für ihre Kredite mitunter Bergwerke überlassen wurden.

Aus Nürnberg kam auch der Unternehmer-Ingenieur Niklas Staud, gemeinsam mit seinem Bruder Hans einer der »erfahrensten und erfolgreichsten Hydrauliker« der Epoche [2]. In seinem ›Aufstand‹ gewährt Staud Einblick in die technischen Besonderheiten seines Unternehmens, die konkreten Geschäfte und deren Abläufe. Demnach hatte er 1473 das Silber- und Kupferberg-

werk Hohenforst bei Schneeberg mit einer ambulanten ›Kunst‹ nahezu trocken legen können. Er hatte dabei rund 4500.- Florenen investiert, brach das Projekt aber ab, da der Ausbau total verrottet war [3]. 1477 wandte sich Staud nach Naila. Vor ihm hatten bereits andere Hydrauliker erfolglos versucht, das ertrunkene Kupferbergwerk freizulegen. Staud brachte das Wasser zwar vollständig heraus, fand aber kein Kupfer, sondern nur Eisenerz, und das interessierte ihn nicht. So ließ der Unternehmer auch das Projekt Naila auf sich beruhen.

Anmerkungen
[1] Belege: UB Vögte I, Nr. 729; UB Vögte I, Nr. 851; UB Vögte I, Nr. 956; vgl. HHS Franken, S. 362.
[2] STROMER, S. 59.
[3] Vgl. STROMER, S. 60.

DAS ›STÖCKL‹ ZU EGER (MARKTPLATZ)

Auf dem unteren Marktplatz von Cheb wiegen sich zwei Reihen schmaler, gleichsam unter Wind und Wetter etwas verzogen wirkender Bürgerhäuser, die sich aneinander schmiegen, »als müßten sie sich gegenseitig vor der gravitätisch wirkenden Reihe der Großbürgerhäuser Schutz geben.« [1]. Sie halten hier, nach und nach umstellt, restauratorischen Befunden zufolge seit der ersten Hälfte des 15. Jahrhunderts aus. Zwischen den Häusern verläuft eine Gasse, die kaum 1,60 Meter breit ist. Dies alles hat auf einer Zeichnung von ca. 1479 schon sehr ähnlich ausgesehen, nur dass seinerzeit noch an der Westseite eine dritte, niedrigere Häuserreihe stand. Man kann die wirtschaftliche Potenz der Stadt wohl auch daran bemessen, dass die Häuser be-

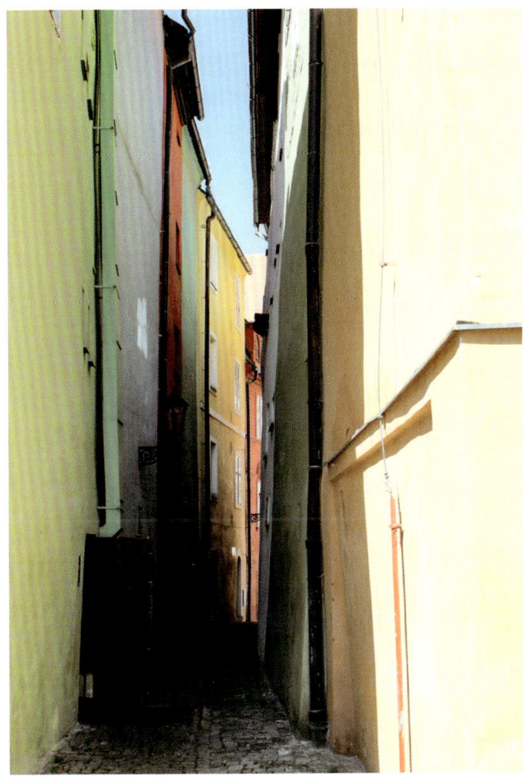

Die Gasse zwischen den Häusern am Marktplatz in Cheb ist keine zwei Meter breit

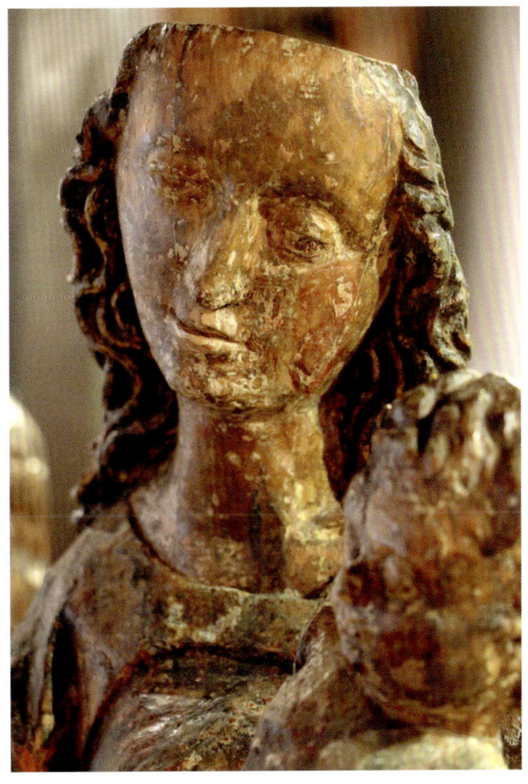

Die Madonna, die einst eines der Häuser am Stöckl zierte, befindet sich heute im Städtischen Museum

reits ausgangs des 15. Jahrhunderts, verglichen mit den sie umgebenden Bauten, wie Spielzeughäuser wirkten! So ist das ganze Areal, obwohl bewohnt und teilweise mit kleinen Läden ausgestattet, eine Art stadtgeschichtliches Freilichtmuseum.

Bereits im 13. Jahrhundert standen hier einfache Holzbuden für Bäcker und Metzger. Sie gingen in erblichen Besitz über und wurden nach 1320 auf Grund einer Brandschutzverordnung in Ziegelsteinen aufgemauert. Es entstanden Häuser auf der Grundlage der winzigen Markt-Parzellen, also ohne eigenen Hof oder weitere Ausstattung. Allerdings werden marktseitig kleine Verkaufsstände bestanden haben. Der kleine Erker an der Südseite, den eine steinerne Säule trägt, dürfte etwas jüngeren Datums sein. Ab 1390 erscheint der Block als »Unter den Kremen«, später als »die Fleischbänke« (1740). Vielleicht hat er seinen Namen »Stöckl« von dem Stock, der hier neben dem Pranger stand. Dass die Häuser einmal reich geschmückt waren, ahnt man nicht gleich. Doch das Stadtmuseum verwahrt zwei Madonnenfiguren aus der Zeit um 1500 und 1520, die in den Wandnischen des Stöckl standen.

AUF DEM EGERER FISCHMARKT

Die Entfaltung von Handel und Gewerbe in einer mittelalterlichen Stadt barg hygienische Herausforderungen. Bereits 1352 erließ die Stadt Gesetze, die dem Entstehen von Schmutz und Gestank im Innenstadtbereich wehrten. Leder- und fleischverarbeitende Gewerbe wurden an den Stadtrand gedrängt, Saumarkt und Fischmarkt vom ›Stöckl‹ verbannt. Der Fischmarkt fand nun zum Vorteil auswärtiger Händler, die ihre Ware nicht durch die Gassen schleppen mussten, am Fluss statt, »dort, wo die Fluth in die untere Steingasse mündet.« [2].

Die vom Rat der Stadt 1465 erlassene Fischpreistaxe enthält Richtwerte für den Verkauf. Die Präambel legt fest, dass *XXV grosch* zu zahlen habe, wer sich nicht an die *bote* halte. Interessant ist das Dokument, weil es einen Eindruck des reichhaltigen Angebots vermittelt, das in diesen Jahren auf den Markt kam. Dabei wird getrennt zwischen *frischen* und *gesalczen vnd thunn fisch*, also eingelegten Fischen. Die Liste der frischen Fische führen Hecht, *vorhen* (Forelle), *perchen* und *esch* an, von denen das Pfund für *V meisner* verkauft werden soll [3]. Es folgen Karpfen in verschiedener Größe, *frischer lachs*, das Pfund für 2 Groschen, *parben* (Barben), *olrueppen*, *allerley weisfisch und protfisch*, das Pfund für 16 Heller, *plicken*, *gruenkres* (Gründlinge), *hesling*, das Pfund für 15 Heller, *kugenhauppen*, Neunaugen, Steinbeißer, *pressen*, Rotaugen, das Pfund je 4 Meißner, *gross hesling*, *pachfisch*, *erlitzen* und *grundel* (Gründlinge). Krebse zählen unter die frischen Fische: ein Schock *mittelmessig krebs* kostet einen Groschen. Es folgen die gesalzenen und eingelegten Fische: Heringe in allen Größen, doch keiner teurer als drei Heller, *tanthoch*, Welse, *rappen und gesen*, *pley prosem*, Zander, *schuppen* und *loben*, das Pfund große Stockfische für 4 Meißner, *kröplen* und *tawben* [4].

Anmerkungen
[1] Tietz-Strödel, Entwicklung, S. 109.
[2] Tietz-Strödel, Entwicklung, S. 100; vgl. Sturm, S. 188.
[3] Helbig III, S. 65.
[4] Helbig III, S. 66.

SCHLAGGENWALD

Das Osterzgebirge war reich an Bodenschätzen. Dazu gehörte auch Zinn, das am Trägerstein Granit haftete. Man hat Zinnvorkommen u. a. in Graupen und Altenberg, in Geyer und Eibenstock, in Schönfeld und Schlaggenwald ausgebeutet. Im südlich von Elbogen gelegenen Schlaggenwald, das noch den zinnhaltigen Erzgebirgsgranit aufwies, hat man vielleicht schon im 13. Jahrhundert abgebaut. Im benachbarten Schönfeld sind 1355 Berggericht und Zinnwaage vorhanden, Schlaggenwald wird 1375 Pfarrort [1]. Heinrich III. Burggraf von Meißen (1482–1519) verhalf dem Ort durch die Verleihung des Egerer Stadtrechts (1489) zu weiterer Prosperität [2]. Zu einer regelrechten Explosion des Wohlstands kam es dann unter den Pflug von Rabenstein, die die Stadt 1495 erwarben [3]. Johann Pflug machte Schlaggenwald als Berg- und Stadtherr zu einem Zentrum des Bergbaus und des Handels mit Zinn. 1507 erließ er eine Ordnung für den Abbau von Silber, 1509 bzw. 1517 eine Ordnung für den Zinnbergbau. Die Ordnung von 1517 »kennzeichnet den hohen Stand des Bergbaus, besonders in ihren sozialen Vorschriften (Knappschaftslade, Entschädigung von Bergleuten bei Unfällen usw.).« [4].

Anders als Silber, das dem Landesherren abzuliefern war, wurde Zinn frei verkauft. Zu seiner Gewinnung waren freilich erhebliche Aufwendungen erforderlich, und die Produktionszeit war lang. Wer nicht in einer kapitalstarken Gewerkschaft organisiert war, kam nicht ohne Vorschuss aus. »Die große Zahl kleiner Bergleute, die als Eigenlehner und als Seifner ihr Zinn ausbrachten, mußte manchmal ein Jahr lang Vorschuß empfangen, bis sie ihr Zinn verkauft hatten.« [5]. In den meisten Zinnstädten waren daher Verleger, Großhändler und Zinngießer aus Nürnberg oder Leipzig tätig, die größere Geschäfte einfädelten und abwickelten. Allein für die Weißblechfabrikation der Amberger lieferte Schlaggenwald jährlich 500 Zentner Zinn.

[1] Vgl. SIEBER, S. 153.
[2] Vgl. HHS Böhmen und Mähren, S. 549.
[3] Es ist unmöglich, dass die Pflug von Rabenstein die Stadt von Heinrichs III. »Sohn« erwarben, wie im HHS Böhmen und Mähren, S. 549 zu lesen ist. Heinrich III. hatte nur einen Sohn, der erst 1510 geboren wurde; siehe GEHRLEIN, S. 33.
[4] SIEBER, S. 153.
[5] SIEBER, S. 155.

SALZABBAU IN ERLBACH

Das alte Waldhufendorf Erlbach wurde schon im 12. Jahrhundert von Bauern aus der Oberpfalz angelegt. Nachweislich seit 1452 befand sich der Herrensitz Erlbach im Besitz der Familie Thoss, die ihn bis 1804 hielt. 1495 kaufte Eberhard Thoss zu Erlbach die Dörfer Wohlbach und Gunzen von seinem Vetter Peter Thoss zu Marieney; die Belehnung erfolgte 1499. 1511 teilten sich die Brüder Sebald, Sebastian und Caspar den Besitz zu Erlbach [1].

Im Mai 1464 verliehen die Landesherren Engelhard Thoss zu Adorf und seinem Bruder das Salzwerk zu Erlbach [2]. Salzbrunnen fielen unter das Bergrecht, sie wurden also vom Inhaber des Bergregals verliehen. Das waren zunächst die Vögte, später die Wettiner, ab 1547 die Burggrafen von Meißen (und damit wieder die Plauener). Die Verleihung wiederholte sich im im Juli 1516, als die Landesherren den Brüdern Sebald und Sebastian Thoss, Engelhards Söhnen, den Salzbrunnen zu Erlbach erneut vergaben [3]. Dem ging 1515 eine Inspektion voraus, die die Leistungsfähigkeit des Brunnens ermittelte. Aus dem Schriftwechsel der Thosse mit dem Landesherren ist ersichtlich, dass die Quelle zwischenzeitlich vernachlässigt oder ganz stillgelegt worden war und dass sich die Wiederbelehnung deshalb bis in den Sommer 1516 hinzog. Die Thosse waren sich nicht zu schade, als *arme edelleut* um ihr Privileg zu bitten. Tatsächlich bedeutete ein Salzbrunnen eine wichtige Einnahmequelle. Aus der Saline der Thosse bezog auch die Stadt Eger Salz. Die winkte freilich ab, als die Thosse anfragten, ob sie sich am Wiederaufbau des Erlbacher Brunnens beteiligen wollte [4]

Der Brunnen befand sich, einem Bericht von 1538 zufolge, *uff der gemaine, nahet an wirtßhauß in schlechten eben lande*, also auf dem Dorfanger, wo das schwach salzhaltige Wasser des Tümpels, der sich gebildet hatte, von Nutztieren aufgesucht wurde [3]. Die Erlbacher Förderung war neben der zu Altensalz die einzige im Vogtland. In Neuensalz scheint man kein Salz gefunden zu haben. Der Ortsname diente zur Abgrenzung der neueren von der älteren Siedlung.

Anmerkungen

[1] Belege: VON RAAB II, Nr. 118; VON RAAB II, Nr. 160; VON
    RAAB II, Nr. 262.
[2] Vgl. VON RAAB I, Nr. 666; GÖHLER, S. 80.
[3] VON RAAB II, Nr. 308; GÖHLER, S. 80.
[4] Vgl. WILD, Nr. 414; WILD, Beziehungen, S. 188.
[5] GÖHLER, S. 79.

HARZGEWINNUNG IN AUERBACH

Wer einmal aufmerksam geworden ist auf die
steinernen Tröge, die an verschiedenen Stellen
im Vogtland als »Griebenherde« gezeigt werden
(u. a. auf Burg Elsterberg, Marieney, Museums-
insel Rodewisch, Schöneck), sollte in Auerbach
(→ S. 151) Station machen. Das kleine Heimatmuseum bietet in seinem ›Steingarten‹ nicht nur
ein weiteres Exemplar. Es erklärt auch mit be-
friedigender Ausführlichkeit die Gewinnung des
Harzes und die Pechsiederei, die im Vogtland im
15. Jahrhundert einsetzte. In eigens als solchen
deklarierten Pechwäldern errichtete man Pech-
hütten, die von Pechgewerken betrieben wurden.
»Der Kauf eines Pechwaldes galt als gute Kapital-
anlage« [1]. So war auch der Adel bestrebt, sich
in den Pechhandel einzubringen. Als Schöneck
1502 an einen neuen Herren übergeht, werden
zwar die bisherigen Freiheiten anerkannt, doch
sollen künftig »diejenigen Bürger, welche die
Pechwälder benutzen, jährlich 2 Centner Pech«
abführen [2]. 1517 setzen sich die Thosse mit
Markneukirchen wegen der »Pechbereitung in
den Wäldern« auseinander. Markneukirchen ent-
richtete jährlich einen Zentner Pech an das Amt
Vogtsberg [3], und die Trützschler zu Ellefeld
stiegen aktiv in den Handel mit Pech ein. Harz
bzw. Pech war für jeden Haushalt unentbehrlich.
Man konnte Wagenschmiere daraus erzeugen,

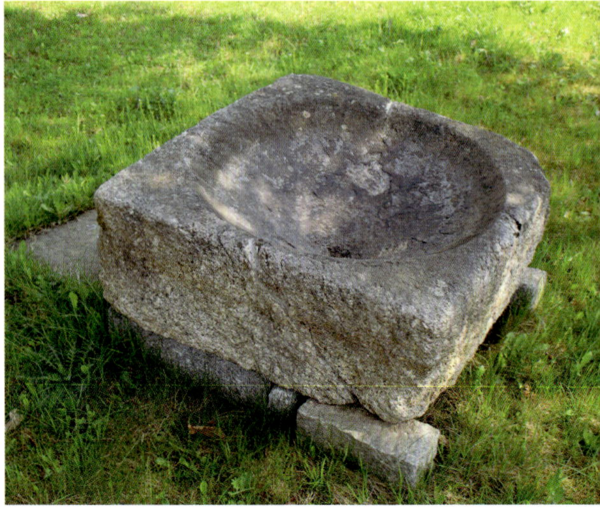

Ein Griebenherd, aufgestellt vor dem Rittergut in Marieney

aber auch, unter Beimischung von Kräutern,
Heilsalben für Nutztiere.

Der Griebenherd ist eigentlich eine Pech-
pfanne aus Granit, die man für die Herstellung
von Schwarzpech nutzte. Er ist bei einer Länge
von ca. 80 cm in der Regel quadratisch und kes-
selförmig mit einer Tiefe von bis zu 30 cm aus-
gemeißelt. In der Mitte befindet sich das Bo-
denloch, durch das das Pech in ein unterstelltes
Gefäß tropfen konnte. In der Schale wurden
Stücke verharzten Kiefernholzes aufgestapelt,
die so genannten Grieben. Über das Holz legte
man Rasenstücke, um es nicht rasch verbrennen
zu lassen, sondern zum Schwelen zu bringen. Für
das helle Fichtenpech genügten Kessel. Sie wurden oft reihum verliehen.

Anmerkungen

[1] RAUNERT, S. 100. Wir erinnern uns an den Einsiedler in
    Kottenheide (→ S. 412), der auf den ersten Blick meinte, die
    kleine Peterskapelle sei eine Pechhütte.
[2] VON RAAB II, Nr. 215.
[3] VON RAAB II, Nr. 313; VON RAAB, Erbbuch, S. 144.

BERGWERK HOHENFORST BEI KIRCHBERG

Kirchberg befindet sich an der Peripherie des vögtischen Territoriums. Dass die Vögte gleichwohl lange Zeit um Kirchberg kämpften, deutet auf den Wert der Stadt für die Herrschaft.

Bei Kirchberg befand sich das ergiebige Bergwerk Hohenforst (Fürstenberg). Es tritt uns erstmals in einer Urkunde von 1317 entgegen, in der sich der noch minderjährige Markgraf Friedrich von Meißen mit Heinrich dem Langen von Plauen, Heinrich Reuß von Plauen und den Vögten von Gera vergleicht. Die Urkunde enthält verschiedene Zugeständnisse an die Vögte. Zumal dem Reußen werden *vleischbenke, brotbenke, schubenke, badestoben und erczmulen* zugesprochen. Allerdings enthält das Dokument auch einen Passus, der die Bedeutung des Bergwerks für die Vögte offenkundig macht: *Ez ist ouch getedinget* [verabredet], *das man kein bercwerk in der woyte lande, das in unser herschaft gelegin ist, me buwen sulle heimelich oder offenbar, wen* [außer allein] *unse bercwerk czu Vorsteinberg, ecz insi unse und der voyte wille* [1]. Jede weitere Anlage eines Bergwerkes hätte des Einvernehmens bedurft. Es ist offenkundig, dass dies die Möglichkeiten der Vögte erheblich einschränkte.

Auch ohne diese Beschränkung mussten die Vögte permanent um ihre Anteile am Bergwerk kämpfen. Im Januar 1324 kam auf Vermittlung Elisabeths, der Mutter des Markgrafen, ein Vertrag mit dem Reußen von Plauen *umme den berg zcu dem Hoenvorste* zu Stande, den ihr Sohn einzuhalten versprach. Zwei Jahre später verliehen Markgraf und Reuße gemeinsam dem Propst des Reglerklosters zu Altenburg und seinem Bruder *di gruben, di sy vunden habn uf dem Honforste*. 1331 ficht der Markgraf bei Ludwig dem Bayern die unter Heinrichs II. Reußen von Plauen Vormundschaft getroffenen Regelungen an: darunter fällt auch die Vereinbarung über das Bergwerk *zu dem Honforste*. Eine Einigung konnte erst 1337 erzielt werden, als sich sämtliche Vogtslinien mit dem Markgrafen über den Hohenforst verständigten und der Kaiser selbst den Vergleich bestätigte. Nach dem Vogtländischen Krieg ist der Hohenforst aus den Urkunden verschwunden. Kaum vorstellbar, dass er 1359 bei der Erbteilung der Reußen unter *Kirchberg daz stetchin und allez, das darczu gehoret* gemeint war [2].

Anmerkungen
[1] UB Vögte I, Nr. 477.
[2] Belege: UB Vögte I, Nr. 549; UB Vögte I, Nr. 603; UB Vögte I, Nr. 702; UB Vögte I, Nr. 788f.; UB Vögte I, Nr. 797; UB Vögte II, Nr. 54.

SCHULE UND BILDUNG IM VORREFORMATORISCHEN VOGTLAND

Das Vogtland war zu keiner Zeit eine ausgeprägte Bildungslandschaft. Strahlkräftige Universitäten entfalteten sich in Erfurt (1392), Leipzig (1409) und Wittenberg (1502), eine universitätsähnliche Schule seit dem 13. Jahrhundert in Zwickau. Das mochte für die Region hinreichen. Schulbetrieb gab es freilich in jedem Ort. Über viele dieser Einrichtungen, wie sie sicher in Adorf, Arzberg, Auerbach, Elsterberg, Falkenstein, Gefell, Gera, Greiz, Königswart, Elbogen, Markneukirchen, Mühltroff, Oelsnitz, Pausa, Reichenbach, Ronneburg, Schmölln, Selb oder Triptis bestanden haben, wissen wir heute nur noch sehr wenig. Noch weniger wissen wir freilich über die Dorfschulen, wie sie schon vor der Reformation etwa in Beyersdorf, Bobenneukirchen, Dröda, Ruppertsgrün, Untertriebel oder Werda bestanden.

Etwas besser unterrichtet sind wir über die Häuser in Weida, Schleiz, Saalburg, Plauen, Hof und Eger. In Schleiz, Plauen und Eger unterstand die Schule dem Deutschen Orden. Sie genügten gewissen Anforderungen. Magneten junger Bildungstouristen wurden sie indes nicht. Die fehlenden Perspektiven hielten die klugen Köpfe nicht in der Region. Humanisten bot sich südlich Zwickaus kein Gymnasium zur Entfaltung neuer Ideen. Viele Vogtländer nutzten daher im 15. Jahrhundert die Universitäten für einen Sprung in die akademische Welt. Wir treffen sie in Scharen in den Erfurter und Leipziger Matrikeln. Der Theologe Johannes Tortsch verließ 1415 die engen Hofer Verhältnisse, hielt aber noch von Leipzig aus Kontakt mit der Heimat. Den Humanisten Paul Schneevogel aus Eger, der seine Schulzeit in Plauen verbrachte, zog es 1475 nach Ingolstadt und Leipzig. Jodokus Wetzdorf, der sich um 1500 als Verfasser einer Gedächtniskunst einen Namen machen sollte, verließ das kleine Triptis gen Erfurt. Da im Vogtland weder ein Domstift, noch auch eine Residenz bestand, wo ein studierter Kopf hätte wirken können, war die intellektuelle Erosion vorgezeichnet.

SCHULE IN WEIDA

Das vorreformatorische Schulwesen Weidas ist heute nur noch in Spurenelementen zu greifen. 1348 urkundet erstmals Nikolaus, *rector scolarium in Wyda*. Das Datum muss in Ermangelung anderer Belege als Erstbezeugung einer Schule gelten [1]. Wir begegnen Nikolaus in Urkunden von 1353 und 1355 erneut. Seine Alimentierung auf der Osterburg deutet darauf hin, dass er zugleich Schreiber der Vögte war. In einer Urkunde von 1362 wird bestimmt, dass aus einer Leibrente, die an das Dominikanerinnenkloster fällt, auch die *schulkinde* bedacht werden sollen [2]. Hatte das Kloster eine Novizinnenschule? Näheres wird nicht ausgeführt, wie das Schulwesen zu Weida überhaupt ab ca. 1400 für ein gutes Jahrhundert urkundlich nicht mehr in Erscheinung tritt.

Anmerkungen
[1] Dass das Schulwesen in Weida »städtisch« sei, gilt allenfalls für das 16. Jahrhundert, nicht aber für die Frühzeit. Unzutreffend: HERRMANN, Lateinschule, S. 787f.; WIESSNER, S. 461.
[2] Belege: UB Vögte I, Nr. 896; UB Vögte I, Nr. 958; UB Vögte II, Nr. 100.

SCHULE AM DEUTSCHORDENSHAUS SCHLEIZ

Die Schule in Schleiz wurde vom Deutschen Orden wohl noch im 13. Jahrhundert ins Leben gerufen. Der erste bezeugte *schulmeister*, Ulrich von *Drachinstorf* (1362), amtierte, wie sein Weidaer Kollege, bis mindestens 1368 als *scriber* und Zeuge Heinrichs V. »des Jüngeren« von Gera (1311–1377) [1]. Auch der seit 1374 bezeugte Heinrich Gruber ist zugleich Schulmeister und *schriber unser herren von Gera*. 1396 ist er verstorben; sein Gedächtnis wurde im Kloster bei Saalburg begangen. Er war verheiratet und hatte einen Sohn [2]. 1406 urkundet der Schulmeister Nikolaus Wernstorff [3]. Die Doppelfunktion wird im 15. Jahrhundert nach und nach aufgegeben worden sein. 1485 hatte das Haus drei Lehrer.

1492 verabschiedete Heinrich XII. »der Mittlere«, Herr von Gera zu Schleiz (1482–1500), die Schleizer Statuten, deren 80. Artikel sich der Schule widmet. Der Artikel ist in der Hauptsache eine Gebührenordnung. Von Interesse ist ein Passus über die Unterrichtsmaterialien. Hier sehen wir den Hilfslehrer (*locaten*) als Urheber oder Vermittler der Literatur: *Item ein statkinth gibt dem locaten zu anhebgelt nemlich von dem pennapart* [Raymund von Pennaforte] *einen neuwenn groschen, von dem Donato sechs pfennige, von der regel drey pfennige. Hett aber der locat dieselbigen bucher selbist geschriben vnd verlont genomen, so geburt ym kein anhebgelt. Vnd der locat sal keinen schuler zwingen, ym bucher abzukauffen, ausgeslossen die tafeln des a b c, das paternoster, das benedicite und das gratias, die mussen sie vmb ein zcymlich gelt von ym kauffen* [4]. Die Bezeichnung *bucher* für die letztgenannten Texte ist irreführend. Es handelt sich bei ABC-Tafel, Paternoster, Benedicite und Gratias um die sog. ›Tabula‹, die seit dem 9. Jahrhundert ganz am Anfang des Elementarunterrichts stand. Mit der ›Ars minor‹ des Aelius Donatus und der ›Regel‹ ist dann bereits eine zweite Stufe erklommen. Vielleicht sind mit der *regel* die ›Regulae pueriles‹ gemeint, eine Verhaltenslehre für Schüler. Hinter dem *pennapart* verbirgt sich die ›Summula de Summa Raymundi‹ des Magisters Adam, die in Verse gesetzte Beichtsumme des Spaniers Raymund von Pennaforte (ca. 1235). Die ›Summula‹, die das »System kanonistischer Kasuistik in eine der pastoralen Praxis dienliche kurze und einprägsame Form« brachte, gehörte zur eisernen Ration der Schulen [5]. Die Aufstellung lässt nicht erkennen, dass die Schule für neuere Strömungen der Zeit offen war.

Anmerkungen
[1] Belege: UB Vögte II, Nr. 111; UB Vögte II, Nr. 90, 106, 112, 139, 144, 145, 167, 168.
[2] Belege: UB Vögte von Weida II, Nr. 375; UB Vögte II, Nr. 220.
[3] Vgl. VON RAAB I, Nr. 80.
[4] MÜLLER, Schulordnungen, S. 113, 30–38.
[5] WORSTBROCK, Magister Adam, Sp. 49.

SCHULE AN ST. MARIEN ZU SAALBURG

Der früheste Beleg für das Schulwesen in Saalburg ist eine Seelgerätstiftung (1396) für den Dechanten des Schleizer Kalands und Göschitzer Pfarrer Nikolaus Knochenhauer (*mit dem schulmeister und seinen kindernn*) [1]. Der Beleg wurde unterschiedlich interpretiert. Manche hielten dafür, dass es sich um ein Zeugnis für eine bereits bestehende städtische Schule an der Pfarrkirche handele, andere sahen hier Klosterschüler(innen) von Heiligkreuz am Werk. Bei genauerem Hinsehen zeigt sich, dass beides richtig ist. Knochenhauer stiftete sowohl in der Klosterkirche eine Vigilie, die vom Kaplan und den Klosterschülerinnen zu absolvieren war, als auch an der Stadtkirche, wo die Vigilie von zwei Priestern, *dem schulmeister und seinen kindernn* abgehalten werden musste [2]. Aus dem Verzeichnis frommer Stiftungen geht auch hervor, dass die Stiftung des Heinrich Gruber (1374), Schulmeister zu Schleiz und Schreiber Heinrichs V. zu Gera (1311–1377), noch keinen Schulmeister und keine Schüler vorsah. Dies gilt auch für ältere Stiftungen, so dass man auf die Einrichtung einer Schule an der Stadtkirche um 1396 schließen darf. Ein weiterer Schulmeister wird erst 1494 mit Heinrich Toci aus Oppurg greifbar, der zugleich Priester an der dem Kloster inkorporierten Ägidienkapelle war [3]. Das Schicksal des Hauses in der Reformation ist unklar.

Anmerkungen
[1] UB Vögte II, Nr. 375.
[2] Vgl. RONNEBERGER, S. 177.
[3] Vgl. RONNEBERGER, S. 174.

SCHULE AN ST. JOHANNIS IN PLAUEN

Schulbetrieb an der Plauener Johanniskirche (→ S. 226 f.) ist erst 1319 belegbar. In diesem Jahr wird die Stiftung eines *Magister H., rector parvulorum in Plawe* zu St. Michael in Adorf verbrieft [1]. Wie lange zuvor eine Schule bestand, ist ungewiss. Jetzt aber ist sie auch als Gebäude fassbar: *vor der schulphorten* wird 1328 geurkundet [2]. Die Schule befand sich offenbar »dicht bei dem 1677 eingestürzten sog. Rothen Thurm« [3]. Wir kennen die Namen einiger Lehrer. 1332–1333 taucht Matthes *schulmeister* wiederholt in Urkunden auf [4]. Von 1382 bis 1388 war Magister Friedrich Eybanger aus Nürnberg in Doppelfunktion *rector scolarium* und Stadtschreiber [5]. Nach dem Niedergang des Konvents in den Hussitenkriegen scheint das Amt verstetigt worden zu sein; 1448 wird *ein schulemeistir* im Gültebuch des Ordens geführt. Dazu kam wenigstens noch ein *schulerbruder* [6].

Seit dem 15. Jahrhundert sind Auftritte der Lehrer und Schülerschaft in der Schlosskapelle nachweisbar. Die Rechnungen geben uns Hinweise auf die Größe der Schule. 1487 haben *zween priester, schulmeister und 38 schüler* auf dem Schloss gesungen. Anlässlich der Messe zu Kirchweih wurden 1507 und 1508 *drei schulmeister* verköstigt. Die Stärke des Schulchores belief sich auf 25 bis 35 Köpfe [9]. Da es sich hier immer nur um eine Auswahl gehandelt haben kann, werden wir von wesentlich höheren Schülerzahlen auszugehen haben.

Weitgehend im Dunkeln liegt für uns der Verfasser eines komputistischen Werkes mit einer Titelkuriosität. Man muss die Überschrift *Oicreper* als Palindrom andersherum lesen: *Repercio*.

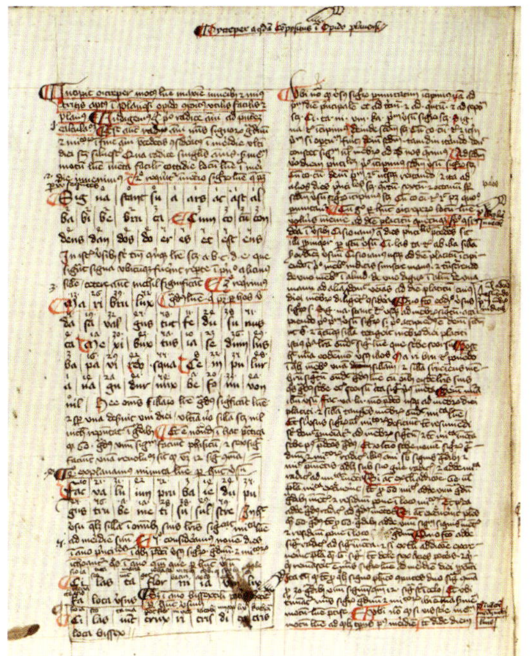

Der um 1400 entstandene ›Oicreper‹ eines Plauener Schulmeisters wurde ein europäischer Erfolg

In der Überlieferung wird ihr Verfasser stets als *Johannes rector scholae in Plawen* angesprochen. Die Rubriken verorten die Entstehung des Textes *in Plavensi opido*. Auch die Zielgruppe wird klar benannt: besonders den Jugendlichen und den weniger Aufnahmefähigen sei der Computus nützlich, da leicht zu benutzen. Das Lehrwerk, das bald nach 1400 entstanden sein dürfte, hatte großen Erfolg. Eine Wirkung scheint ihm v. a. im Böhmischen, insbesondere im Umfeld der Prager Universität, beschieden gewesen zu sein.

Helleres Licht in die Schulgeschichte Plauens bringt um 1473 der Absolvent Paul Schneevogel. Den bereits um 1458 nachweisbaren Lehrer Johannes Brungasser [7] qualifizierte er als konservativen Methodiker. Demgegenüber lobte er Heinrich Dessau für die Heranführung an die antiken Rhetoriker. Sympathie empfand er für den Komtur Andreas Hubner, dem er seine Musterbriefsammlungen widmete, in denen die Themen Schule und Studium eine Rolle spielen. Aber auch Brungasser widmete Schneevogel seine Edition der Rede Ciceros an Marcellus, in der er »Kritik an den obsoleten mittelalterlichen Schulbüchern« übte [8]. So erscheint die Plauener Schule ausgangs des Jahrhunderts als dem Humanismus aufgeschlossenes Institut.

Aus der Frühzeit der Reformation stammt ein vermutlich von Johannes Dolz verfasster Lehrplan. Er fordert in der dritten und vierten Klasse Schulschriften Melanchthons. Allerdings liest die zweite Klasse weiterhin die Rhetorik des Donat, die ›Disticha Catonis‹ und die Fabeln des Äsop [9]. Die vierte Klasse setzt sich mit den Komödien des Terenz auseinander. So ist der frühreformatorische Lehrplan in weiten Teilen einer des 14./15. Jahrhunderts.

Schulberg heißt der Platz vor dem Haupteingang der Johanniskirche. Verlängert man das Konventsgebäude, das an der inneren Stadtmauer lag, stößt man linker Hand auf einen Behelfsparkplatz in einer Baulücke. Hier, wo die ›Schulberg‹-Gasse durch die verschwundene Stadtmauer schneidet, fand man einst Einlass an der »Schulpforte«.

Anmerkungen
[1] Vgl. MÜLLER, Plauen, S. 33; WELLER, S. 13.
[2] UB Vögte I, Nr. 633; vgl. WELLER, S. 13.
[3] MÜLLER, Plauen, S. 33.
[4] UB Vögte I, Nr. 714, 735; WELLER, S. 13.
[5] Vgl. MÜLLER, Anfänge, S. 254. Als Stadtschreiber legte er am 23. November 1388 ein Privilegien- und Zinsbuch an: ebd., S. 253; WELLER, S. 14.
[6] MÜLLER, Anfänge, S. 253; WELLER, S. 15.
[7] MÜLLER, Plauen, S. 34.

[8] WORSTBROCK, Schneevogel, Sp. 782. Vgl. KRAMARCZYK,
     S. 190 f.
[9] Vgl. MÜLLER, Plauen, S. 39.

HOF

Wohl um die Mitte des 14. Jahrhunderts scheint bei St. Lorenz (→ S. 101) eine Schule existiert zu haben. Das legt die Hofer Amtsbeschreibung von 1390 nahe, die ein Anwesen in der Altstadt *bey der schule* kennt. Auch die Kirchenordnung von St. Lorenz, die Johannes Lindner 1479 erstellte, beginnt mit der Einführung des neuen Schulmeisters, dem symbolisch ein Stab für die Leitung des Chores und eine Rute für die Wahrung der Disziplin überreicht wurden [1]. Man nimmt an, dass die Schule mit der Erhebung von St. Michael (→ S. 104) zur Hauptkirche (1486) in die Neustadt verlegt wurde. Als 1517 ein Feuer im Michaelsgäßlein ausbrach, liefen die *schulerlein* nämlich *vor furcht aus der schul*, wie Enoch Widmann berichtet [2]. Obwohl bisher nicht erwogen, wäre auch die Existenz zweier Schulen in Alt- und Neustadt denkbar.

Unser Wissen über den vorreformatorischen Unterricht ist dürftig. Drei Beispiele werfen Schlaglichter. Im September 1465 beendet Johannes Lichtwurck *in Hoff* seine Handschrift des ›Vocabularius Ex quo‹. Lichtwurck fügt hinzu, dass das umfangreiche Wörterbuch in Hof ›gelesen‹, den Schülern also Wort für Wort diktiert wurde. Was man kaum glauben möchte, findet seine Bestätigung in einer etwa gleichzeitigen Erfurter Vorlesungsankündigung, die genau dies verspricht [4]. Manche Handschriften weisen »deutliche Hörfehler« auf [5].

Das zweite Schlaglicht fällt auf die Schule an St. Michael. Mit Stolz kommentierte Enoch Widmann für das Jahr 1515: *Griechische sprach kombt in unser schul*. Bereits Widmanns Vater hatte hier *graece lesen lernen, welches dazumal bei einer solchen geringen particularschul ein grosse kunst geachtet war* [6].

Die mittelalterliche Schule war dem Gottesdienst verpflichtet. Lehrer und Schüler finanzierten sich auch durch Einnahmen aus Stiftungen. Die Schüler waren bestrebt, im Chor, beim Singen von Messen, bei Prozessionen und beim geistlichen Spiel mitzuwirken. In Hof bedeutete das die Teilnahme am ›Höllensturm Christi‹, der in der Nacht auf Ostersonntag stattfand.

▪ »Am Karsamstag wurde der ganze Gottesdienst in St. Lorenz vom Pleban gehalten mit Beginn um 7 Uhr. Nach Mitternacht wurde in feierlicher Mette die Auferstehung Jesu gefeiert. Dann wurde der ›Höllensturm Christi‹ aufgeführt. Der Geistliche zog mit einer Schülerschar dreimal um die verschlossene Micheliskirche. Hinter der Kirchtüre standen Schüler, welche die Teufel darstellten. Jedes Mal, wenn die Prozession am Eingang der Kirche ankam, stieß der Prediger mit dem hölzernen Kruzifix , welches am Karfreitag in das Grab gelegt worden war, an die Türe mit den Worten des 24. Psalmes: ›Attolite portas principes vestras et domini portas aeternales et introibit rex gloriae!‹ Hierauf riefen die Teufel: ›Quis est iste rex gloriae?‹ Der Geistliche antwortete: ›Dominus virtutum, ipse est rex gloriae.‹ Nach dem dreimaligen Umzug und dem dreimaligen Pochen stürmte der Geistliche mit seiner Schar in das Innere der Kirche, während die ›Teufel‹ zurückwichen. Zuweilen wurde am Ostermorgen auch ein Gespräch des Engels mit den drei verkleideten Marien aufgeführt.« [7]

Mit dem Einzug der Reformation wurde das Höllenstürmen zunächst eingestellt, doch nachdem man den protestantischen Prediger vertrieben hatte, versuchte der alte Priester, die Tradition wieder zu beleben. Erfolglos: als er 1527 vor St. Michael das ›Höllenstürmen‹ aufführen ließ, warfen die als Teufel verkleideten Schüler mit brennendem Werg nach ihm.

Anmerkungen
[1] Meyer, S. 289.
[2] Rösler, S. 295.
[3] Vgl. Montag, Tortsch, Sp. 982.
[4] Vgl. Fasbender, Ex quo, Sp. 1301.
[5] Grubmüller, S. 97.
[6] Rösler, S. 282.
[7] Neumann, S. 407.

SCHULE AM DEUTSCHORDENSHAUS IN EGER

Die Schule in Eger geht zurück bis ins 13. Jahrhundert. Erster urkundlich nachweisbarer Lehrer ist 1289 ein Johannes. Das Schulhaus befand sich 1300 nahe bei der Kirche St. Nikolaus und St. Elisabeth (→ S. 235): oberhalb der am Wasser gelegenen Kommende und südöstlich der Kirche, »direkt angrenzend an den östlichen Baublock der Neustadt.« [1]. In diesem Jahr wurde im Streit über die Besetzung der Rektorenstelle entschieden, dass das Vorschlagsrecht beim Komtur, das Bestätigungsrecht aber beim Regensburger Scholaster liege [2].

Über das Lehrpersonal wissen wir nicht viel. Im Dezember 1358 war Konrad, Schulmeister zu Eger, verstorben. Seine Witwe Margaretha stiftete ein Seelgerät für ihn in der Pfarrkirche. Sie griff dafür auf Zinsen vom Haus an der Grinoldgasse zurück [3]. Der Schulmeister besaß demnach ein Haus. Der Rektor Vinzenz von Neuhaus besaß eine Handschrift, die neben allerlei Texten zur Berechnung des Kalenders auch eine Übersicht über die Deklination der Numeralia und ein lateinisches Rätselbuch in Versen enthält. Aus der angesehenen Familie Pachelbel, deren Haus noch am Marktplatz zu sehen ist, stammte der Schulmann Erasmus Pachelbel.

Die Schulordnung von 1350 bietet nicht viel für den an pädagogischen Fragen interessierten Betrachter. Sie regelt vor allem die Besoldung des Personals bzw. die Abgaben der Schüler. Bemerkenswert ist ein abschließender Passus, der untersagt, dass *die gesellen die auf schule ligen* [...] *mit iren quintern, lawten noch fideln noch mit anderm geschrey des nachtes nicht auf der strassen gehen.* [4] Unter den *gesellen* sind wohl die Hilfslehrer zu verstehen. Vielleicht waren sie auch jene *schreiber auff der schul*, die 1476 im Ausgabenbuch der Stadt auftauchen: sie hatten *ein spill an sent Steffans tag* geschrieben [5]. Dass die Schüler für die Verrichtung geistlicher Dienste in der Pfarrkirche herangezogen wurden, versteht sich von selbst. Bereits 1378 lasen sie im Rahmen der Stiftung des Prager Bürgers Hans Gössler am Karfreitag den Psalter. Da der Schulmeister 1478 in den Ausgaben der Stadt für die Aufführung eines Osterspiels erscheint, sollten auch die Schüler dabei gewesen sein [6].

Anmerkungen
[1] UB DO, Nr. 641; Tietz-Strödel, Entwicklung, S. 84.
[2] UB DO, Nr. 641.
[3] DOZA II, Nr. 2042.
[4] Müller, Schulordnungen, S. 23.
[5] Neumann, Nr. 1437.
[6] Vgl. Neumann, Nr. 1412; Neumann, Nr. 1438.

HELFEN, HEILEN, PFLEGEN: SPUREN MITTELALTERLICHER HOSPITÄLER IM VOGTLAND

Der Begriff »Hospital« geht auf das lateinische *hospes* zurück: Gast. Ein mittelalterliches Hospital war demnach im Wortsinn immer auch »Gast«, oder besser: »Gäste-Haus«. Ein transitorischer Ort, ein Ort, an dem jeder, der ihn betrat, nur vorübergehend Gast war. Ein Hospital konnte Aufgaben als Krankenhaus oder Pflegeheim, als Herberge für Pilger, als Altenheim und als Armenhaus wahrnehmen. Neben Häusern medizinischer Universalversorgung existierten bereits Spezialkliniken: Hospitäler für Aussätzige, so genannte Leprosenhauser, Pesthäuser, oder mit dem Aufkommen der Syphilis, der »Franzosenkrankheit«, spezielle »Franzosenhäuser«. Dabei waren nicht alle Einrichtungen gleichermaßen gut gestellt. Hospitäler, die von Klöstern betrieben wurden, verfügten über andere Ressourcen als große, von der Stadt oder aus reichen Stiftungen finanzierte Häuser. Kapellen und Kirchen waren nicht nur der Todesfälle wegen erforderlich. Hier bildeten sich oft Bruderschaften, Fördervereine, die zusätzliche Einnahmen erschlossen. In manchen Häuser konnten sich alte Menschen für den Lebensabend »einkaufen«. Nicht selten stoßen wir in den Urkundenbüchern auf Stiftungen: hier eine Mühle, dort eine Wiese für das Spital. Manche Unterkünfte dagegen existierten, wie die Häuser für mittellose alte Frauen, die »Seel-

häuser«, allein durch Almosen. Medizinische und soziale Notlagen wurden, wie es scheint, schon in der Vormoderne unterschiedlich angesehen. Mit den Städten wuchsen auch die Asymmetrien in der Bevölkerung.

Das vormoderne Vogtland war reich an Hospitälern aller Typen. Die meisten von ihnen wichen neueren Gebäuden. Daran ist nichts auszusetzen; wer möchte in einem mittelalterlichen Spital behandelt werden? Relikte vormoderner Spitalarchitektur finden sich lediglich in Schmölln, Hof, Cheb und Wunsiedel.

SPITALKIRCHE SCHMÖLLN

Schmölln (→ S. 39 f.) verfügte um die Mitte des 15. Jahrhunderts über zwei Hospitäler [1]. Das ältere, schon 1387 bezeugte befand sich am Oberen Stadttor und war dem heiligen Jakobus gewidmet. Das andere, das Heilig-Geist-Spital, befand sich vor dem Unteren Tor. Urkundlich scheint es zuerst 1463 auf, danach 1484 und 1497, immer im Zusammenhang mit Stiftungen für die Einrichtung aus der Bürgerschaft [2]. Die beiden Spitäler erscheinen im späten Mittelalter in erster Linie sozial klassifiziert. Das Jakobshospital war eine reich dotierte und angesehene An-

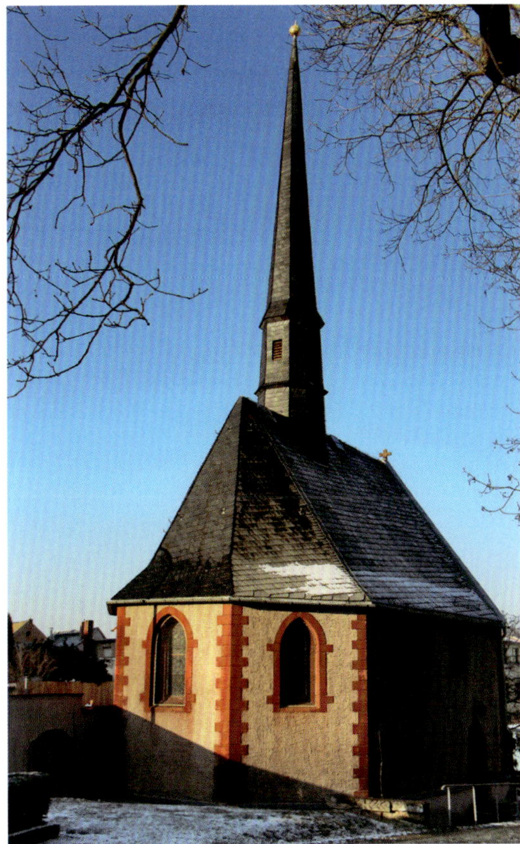

Die Hospitalkapelle in Schmölln

stalt. Arme Kranke zog es dagegen bevorzugt ins Heilig-Geist-Spital. Daneben lässt sich aber auch eine funktionale Differenz wahrnehmen, die eng mit dem Jakobs-Patrozinium einhergeht. Dem Jakobshospital stand eine Jakobsbruderschaft zur Seite. Das Hospital dürfte daher in erster Linie Herberge für Santiago-Pilger gewesen sein. Allerdings bestimmt eine Stiftung von 1505 ihren Zweck dahingehend, arme Leute zu speisen und zu unterhalten [3]. Vom Heilig-Geist-Spital, das 1828 abgerissen wurde, ist die nur die kleine Spitalkirche übrig geblieben (1463–1482), die

nunmehr Gottesackerkirche heißt. Sie erhielt 1612 einen Altar aus der Stadtkirche St. Nikolai und wurde um 1960 umfassend saniert.

Anmerkungen
[1] Vgl. SEYFARTH, S. 149–152; WIESSNER, S. 428–431.
[2] Vgl. SEYFARTH, S. 149f.
[3] Vgl. SEYFARTH, S. 151.

GERA

Auch in der alten reußischen Residenzstadt Gera muss es im 15. Jahrhundert mindestens zwei Hospitäler gegeben haben. Nachweisbar sind das Marienhospital vor dem Badertor und ein dem Heiligen Wolfgang geweihtes Hospital am Anger [1]. Das Hospital vor dem späteren Badertor, das sich nordwestlich der Stadtmauer befand, wurde 1445 als Stiftung der vermögenden Geraer Händlerfamilien von Kudorf und von Waldheim gegründet: eben jenen Familien, die kurz zuvor (1443) den Altar der Marienkirche in Gera-Untermhaus (→ S. 53) gestiftet hatten, mit deren Erben sich das Hospital indes über mehr als zwei Jahrzehnte gerichtlich um die Zahlung von Zinsen auseinandersetzen musste [2]. Ein Silberkelch mit Saphirbesatz, den die Familien dem Altar der Heiligen Drei Könige und des Antonius in der Hospitalkapelle vermachten, wird heute im Stadtmuseum Gera verwahrt [3] . 1686 brannte das Marienhospital ab. An seiner Stelle errichtete man nach 1724 das Zucht- und Waisenhaus.

Das Wolfgangshospital auf dem Anger erscheint urkundlich 1482 und 1487. Es war ein Haus für Aussätzige (*sundersieche*). Ob es zudem Syphilitiker aufnahm, ist nicht ganz klar.

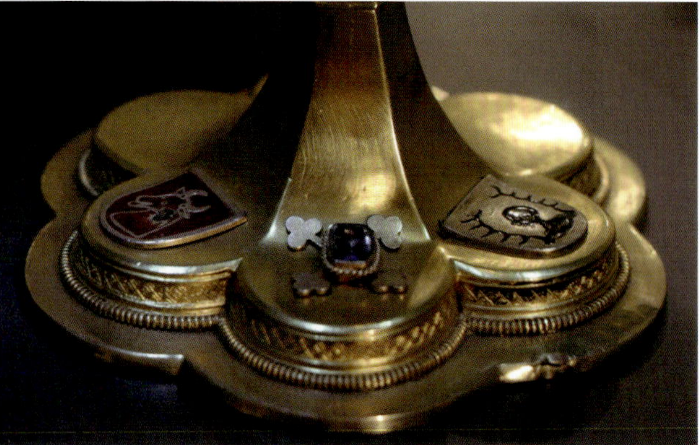

Für das Geraer Marienhospital stifteten die Familien Kudorf und Waldheim einen Kelch (Stadtmuseum Gera)

Die zugehörige Kapelle, die angelich noch ins 12. Jahrhundert zurückreichte, »ward eine besuchte Wallfahrtskapelle der Hirten, Schäfer und Landleute, gegen Ende des 15. Jahrhunderts erneuert oder umgebaut« [4]. Im 19. Jahrhundert wurde das Hospital abgebrochen. Im Museum Hohenleuben-Reichenfels hat sich eine Figur des Heiligen erhalten, die wohl der Spitalkapelle zugehörte (→ S. 354).

Anmerkungen
[1] Vgl. KLOTZ, S. 92f.; WIESSNER, S. 427f., 431.
[2] AK Mühlhausen 2013, S. 233.
[3] Vgl. AK Mühlhausen 2013, S. 233f.
[4] LEHFELDT, Gera, S. 41; vgl. ALBERTI, Gera, S. 222.

WEIDA

Mit drei Hospitälern besaß Weida (→ S. 62f.) eine ausdifferenzierte Versorgungsstruktur. Sie dürfte noch reicher gewesen sein, überblickt man die Funktionen der bekannten Häuser. Für Aussätzige existierte ein Hospital an der Jakobskapelle. Der Verdacht, das Hospital habe auch als Herberge

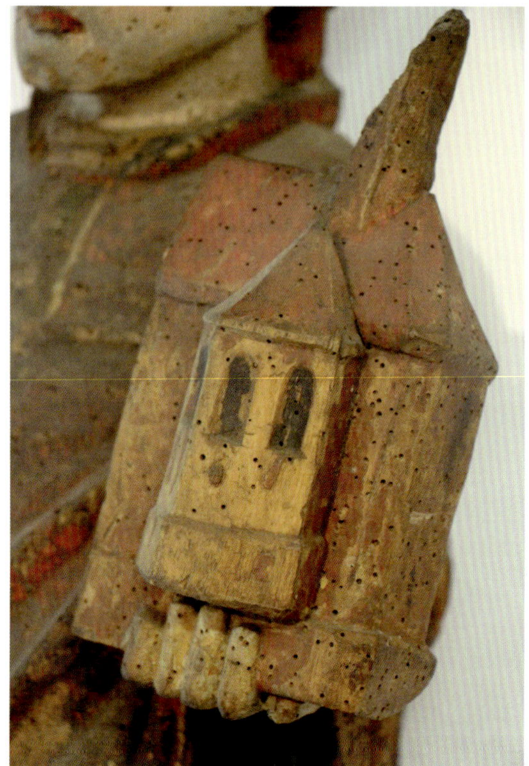

Der Heilige Wolfgang im Heimatmuseum Hohenleuben stammt vielleicht aus der Kapelle des Wolfgangshospitals in Gera

für Jakobspilger gedient, liegt nahe. Allerdings verfügte Weida über ein Hospital bei der Annen-Kapelle, das sich dezidiert als Herberge für Wanderer und Reisende verstand [1]. Ein drittes Haus, das allein aus Almosen finanziert wurde, war das »Seelhaus« für alte arme Frauen [2]. Bei solcher Spezialisierung fehlt, wenn man so will, in Weida ein ›normales‹ Hospital. Eine Ausweichmöglichkeit bot das Stiftsspital in Mildenfurth. Die *firmerey oder gemach vor die kranken bruder*, die die Weidaer Franziskaner (→ S. 270) um 1500 bauen wollten, hätte der Eigenversorgung gedient, scheint aber nicht ausgeführt worden zu sein [3].

Anmerkungen
[1] Vgl. HERMANN, Weidaer Kirchengeschichte, S. 24; WIESS-
NER, S. 427f., 431.
[2] Vgl. HERMANN, Weidaer Kirchengeschichte, S. 24; WIESS-
NER, S. 428f.
[3] Vgl. AK Mühlhausen 2008, S. 258.

WERDAU

Auch in Werdau (→ S. 33f.) scheint es zwei Hospitäler gegeben zu haben. Aktenkundig ist davon
aber nur das Hospital der Heiligen Dreifaltigkeit.
Betrieben wurde es von einer Trinitatisbruder-
schaft, die die Stadt als ›Betreibergesellschaft‹
ins Leben gerufen hatte, und war mittellosen
Leuten zugedacht [1]. Das Hospitalgebäude lag in
der Nähe der Egidienkirche, also am Rande der
Stadt. Als die benachbarte Kapelle zum Heiligen
Kreuz 1529 verkauft wurde, erhielt das Spital den
Erlös. Seinerzeit befanden sich sechs Personen
im Hospital [2].

Anmerkungen
[1] Vgl. TETZNER, Werdau, S. 210; WIESSNER, S. 429.
[2] Vgl. TETZNER, Werdau, S. 241 f.

PLAUEN

Direkt neben dem Konventsgebäude (→ S. 209f.)
befindet sich heute ein Altenheim. Der Bau auf
dem Grund der alten Komturei erinnert, vielleicht unbeabsichtigt, daran, dass die Versorgung
der Kranken, Alten und Schwachen einmal das
Kerngeschäft des Deutschen Ordens war. Zum
notdürftigen Schutz derer, die sich in den Kämpfen um das Heilige Land Verletzungen zuzogen,
hatten Kaufleute am Strand von Akkon 1189/90
ein Segeltuch aufgespannt. Aus diesem Proviso-

rium ging das Hospital des Deutschen Hauses in
Jerusalem hervor. Der Orden wurde, wie die Johanniter und später die Malteser, ein Hospitalorden, wenn ihm auch von Anfang an ein Zusammenhang mit der Mission eingeschrieben war.

Auch in Plauen betrieb der Deutsche Orden
ein Hospital. Es lag auf dem schmalen Landstreifen zwischen Mühlgraben und Elster am
Brückentor und war damit »zu jeder Zeit den Gefahren eines plötzlichen Hochwassers oder Eis-
ganges ausgesetzt« [1]. Das Gebäude war zwei-
stöckig und mit einem hohen Satteldach gedeckt.
Die Haupträume im Obergeschoss waren nur von
der Brückengangbahn zu betreten. Hier wird es,
in Analogie zu anderen Hospitälern, einen einzigen großen Krankensaal gegeben haben. Im
Untergeschoss befand sich einst eine gotische
Pforte, die noch ins 14. Jahrhundert datierte und
mit dem durch den Bombenangriff zerstörten
Hospital beseitigt wurde. Vielleicht führte die
Pforte in eine kleine Kapelle. Eine solche musste
das Hospital vorhalten, sollten die Ordensbrüder
ihrer Verpflichtung, täglich eine Messe zu lesen,
nachkommen. Zudem werden sich im Untergeschoss Wirtschaftsräume befunden haben [2].

Die Gründung des Plauener Hospitals wird
allgemein in den Beginn des Jahres 1332 gesetzt.
Referenzdokument ist eine Urkunde vom 26. Januar, mit der Heinrich, *den man nennet den langen voyt*, dem Deutschen Orden das Hospital an
der steinernen Brücke überweist und darin ein
Seelgerät für sich selbst stiftet. Das muss Heinrich III. »der Lange« (1303–1347), nicht sein
Sohn Heinrich IV. »der Ältere« (1347–1348), der
in Mühltroff residierte, gewesen sein [3]. Eingangs des 16. Jahrhunderts (1504) sehen wir das
Hospital indes unter der Pflegschaft des Stadtra-

tes und der Aufsicht des wettinischen Amtmannes [4].

Aufschlussreich ist das Patrozinium der Heiligen Elisabeth. Mit der vormaligen Landgräfin von Thüringen, die nach dem Tod ihres Mannes Ludwig IV. (1227) 1228 der Wartburg den Rücken kehrte und ihr Leben in Marburg ganz der christlichen Caritas widmete, positionierte der Orden seine »Hausheilige«. Die Brüder bemächtigten sich sofort nach dem Tod Elisabeths (November 1231) der Grabstätte der bereits 1235 heilig Gesprochenen. Viele Spitäler des Ordens, voran in Marburg, Frankfurt-Sachsenhausen und Nürnberg, standen unter dem Schutz der Heiligen.

Das Elisabeth-Hospital von 1332 war nicht Plauens älteste Pflege-Einrichtung. Urkundlich nachweisen lassen sich 1255 vor der Stadt ein »Haus der Aussätzigen«, das Spital St. Johannis (abgebrannt 1868) und, ihm gegenüber, die Siechenhäuser (abgetragen 1842). Außerdem engagierten sich die Magdalenerinnen, die ›Schwestern der dritten Regel zur Buße des heiligen Dominikus‹, deren Unterkunft in der Nähe des ›Nonnenturms‹ lag, in der Krankenpflege.

Schließlich hat sich Plauen noch auf eine besondere Weise in die Geschichte des vormodernen Gesundheitswesens eingeschrieben. Ein weit verbreiteter Aderlass-Pestbrief, der vor 1400 in Böhmen entstanden sein dürfte, gibt sich als vom Arzt des römischen Königs verfasster ›Brief an die Frau von Plauen‹, also an die Gemahlin eines Herren von Plauen (→ S. 330 f.).

Anmerkungen
[1] BACHMANN, S. 37.
[2] Vgl. BACHMANN, S. 37.
[3] UB Vögte I, Nr. 714; anders: BACHMANN, S. 36; LUDWIG, S. 46.
[4] Vgl. VON RAAB II, Nr. 224.

STRASSBERG

Die »Franzosen-Krankheit« Syphilis gehörte im ausgehenden 15. Jahrhundert zu den beherrschenden Themen der Zeit. Viele Akademiker, darunter große Gelehrte und Humanisten, waren, wie sie freimütig erklärten, von der ansteckenden Geschlechtskrankheit betroffen. Die Flut theoretischer Schriften, die sich der Entstehung und Übertragung der Syphilis widmeten, schwoll um 1500 insbesondere im Umfeld der Leipziger Universität täglich an. Allerdings waren die Gelehrten, wenn es um eine wirksame Behandlung ging, einigermaßen ratlos.

Es waren denn auch vorrangig nicht-akademische Ärzte und Bader, die sich als Rezeptautoren hervortaten und Heilung versprachen. Sie handelten nach einem alten ärztlichen Grundsatz, wenn sie die Entlohnung vor der Behandlung einforderten, stießen aber im Nachhinein, wenn der Erfolg der Therapie ausblieb, nicht immer auf Verständnis. Sehr schön ist das zu sehen bei einem Oelsnitzer, dessen Frau *mit der krangkheit mala frantzosa beladen* war und der deswegen im April 1501 den *Fritzsch bader in der schepfgasse* zu Eger konsultierte. Da sich keine Heilung einstellte, ließ Nickel Tüchtler über den Rat und Bürgermeister der Stadt Oelsnitz den gegebenen Lohn aus Eger zurückfordern. Umgekehrt forderte der Plauener Georg Pestel im November 1509 für seine Heilungserfolge an der Frau des *Schelm schneider*, die er *von der schweren plag mala franczosa* kuriert habe, sein ausstehendes Salär beim Rat zu Eger ein. Wenige Jahre später (1515) sehen wir Sebald Thoss zu Erlbach, den Inhaber des Salzbrunnens, in einen Zwist mit einem Egerer Medicus verstrickt.

Frenkel von Eger, der sich *großer erzney berümbt*, habe versprochen, des Thossen *arman, der an den frantzosen krank ist*, zu heilen, sei aber nicht erschienen, so dass Sebald beim Rat den gezahlten Gulden zurückfordert [1].

Zu den erfolgreicheren Laienärzten gehörte in der ersten Hälfte des 16. Jahrhunderts auch ein Hans von Straßberg, dessen Syphilis-Rezepte in einer Dresdener Handschrift überliefert werden [2]. Die Handschrift datiert um die Mitte des 16. Jahrhunderts. Ansonsten wissen wir nichts über diesen Hans. Man nimmt an, dass er aus Straßberg bei Plauen stammte. Rühmend hebt die Handschrift hervor, dass er mit seinen Methoden *mehr den taußentt menschen geholfen* habe. Wir gedenken dieses »ortlosen« Wunderheilers, der sich zumindest in Plauen und Oelsnitz nicht nachweisen lässt, im Städtchen seiner mutmaßlichen Herkunft.

Anmerkungen
[1] WILD, Nr. 359 (1501); WILD, Nr. 380 (1509); WILD, Nr. 409
     (1515).
[2] SLUB Dresden, Ms. C 312, f. 294r-295v.

OELSNITZ

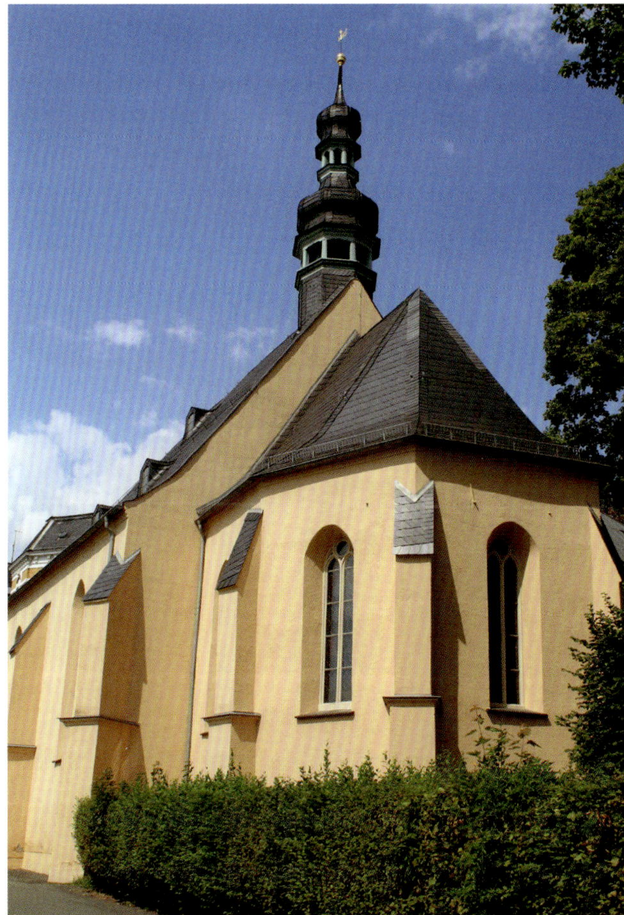

Die Katharinenkirche zu Oelsnitz

Auch in der Handelsstadt Oelsnitz bestand ein Spital. Wir erfahren nur beiläufig anlässlich von Stiftungen etwas darüber. 1465 kaufte der reich bepfründete Doktor der Medizin und Domherr zu Meißen, Peter Krebs, Zinsen zu Oelsnitz, die nach seinem Tod an das Spital fallen sollten. 1483 bestätigte Bischof Dietrich IV. von Schönberg (1481–1492) das vom Oelsnitzer Bürger Mathias Theymeler dotierte Altarlehen des Heiligen Wolfgang im Spital zu Oelsnitz [1]. Wolfgang war auch Patron des Aussätzigenhauses zu Gera (→ S. 427). Das Hospital scheint noch über Einkünfte aus zwei weiteren Altären verfügt zu haben. Das Amtserbbuch von 1542 unterschied zwischen dem Wolfgangsaltar *im hospital*, der vom Stadtrat zu Lehen vergeben wurde, und einem der Gottesmutter geweihten Altar. Hinzu trat offenbar noch der Nikolaus-Altar einer Kapelle *zwischen dem schloss Voitspergkh und der stadt Olsniczs gelegen* [2].

Die spätgotische Hospitalkirche ist in der 1612 errichteten Katharinenkirche aufgegangen. Sie besaß einen datierten Kruzifix von 1515, der heute in der Jakobikirche (→ S. 251) aufbewahrt wird.

Anmerkungen
[1] Vgl. VON RAAB I, Nr. 717; VON RAAB, Nachtr. 92 (1483).
[2] VON RAAB, Erbbuch, S. 178.

HOF

Der Bau des Hospitals und seiner Kirche (→ S. 229) zu Hof reicht ins 13. Jahrhundert zurück. Im April 1264 erhielt das Hospital einen Ablassbrief des Papstes Urban IV. [1], im Mai 1268 ermächtigte Bischof Berthold von Bamberg den Hospital-Rektor, den Friedhof weihen zu lassen. Eine eigentliche Gründungsurkunde ist nicht überliefert. Vielleicht hat sie nie existiert. Dies kann mit der Besonderheit zusammenhängen, dass das Spital nicht (wie andernorts durchaus üblich) von einer Einzelperson gestiftet wurde. Es war vielmehr eine eigens dafür ins Leben gerufene Bruderschaft, die sich aus Bürgern und Adligen der Stadt zusammensetzte [2]. Ein Hospitalorden, die Johanniter etwa oder der Deutsche Orden, wurde nicht mit der Einrichtung beauftragt. Das Hospital stand von Anfang an unter der Schutzvogtei der Vögte von Weida, die seinen Auf- und Ausbau durch reiche Zuwendungen unterstützten [3].

Der Standort des Hospitals entspricht dem anderer mittelalterlicher Hospitäler. Geradezu konstitutiv sind die Lage außerhalb der Stadtmauer, die Nähe zum Stadteingang (Unteres Tor) und zum fließenden Wasser. Heute sind alle

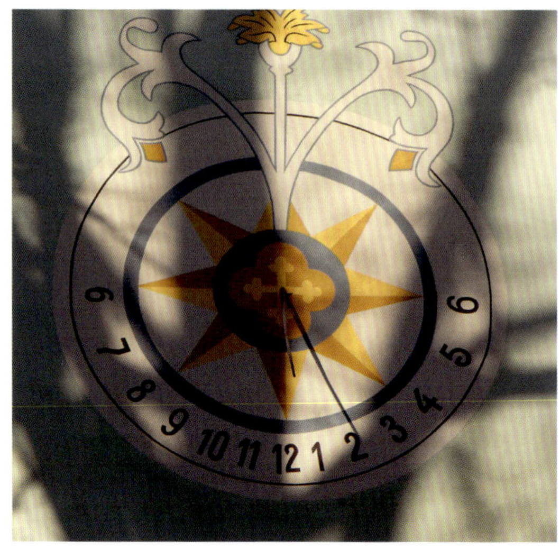

Sonnenuhr an der Hofer Hospitalkirche

diese Merkmale kaum noch erkennbar. Stadttor und Stadtmauer sind verschwunden, und auch der Hospitalgraben wurde zugeschüttet.

Das Hofer Hospital verfügte über eine strukturierte Verfassung, an deren Spitze ein Rektor stand. Es wird deutlich, dass die Vögte das Amt nach etwa dem Verständnis, mit dem sie auch Pfarrstellen besetzten, an Männer ihrer Wahl vergaben [4]. Der Posten war eine Pfründe, und sie war gut dotiert. Zum Amt gehörte das Rittergut Pretschenreuth. Dies änderte sich auch nicht, als die Weidaer das Regnitzland aufgeben mussten. Schon um die Mitte des 14. Jahrhunderts scheint zudem ein Wandel in der Verfassung eingeleitet worden zu sein. 1350 setzte sich der Stadtrat (gemeinsam mit den Vögten) erstmals für die Privilegien des Hospitals ein. Als Bürgermeister und Rat 1380 einen Stiftungsvertrag zu Gunsten des Hospitals abschlossen, besaßen sie »auch verfassungsmäßige Organe zur Ausübung dieser Rechte« [5]. 1464 entstand eine Bruderschaft der örtlichen Bäcker- und Müllergesellen, die sich in der Hospitalkirche verortete, und sie entstand dort mit der Erlaubnis des ganzen Rates [6]. Die Verwaltung des Hospitals scheint nun überwiegend bei der Stadt gelegen zu haben, wiewohl der Spitalmeister (1442) noch vom Landesherren bepfründet wurde.

Ein Hospital war, wie noch heute, ein komplexes Wirtschaftsunternehmen. Es überrascht nicht, dass das Hofer Hospital 1495 einen Besitz von 76 Gütern in 18 Dörfern und an die 300 Dienstboten aufwies. In der Altstadt konnte das Spital 1390 achtzehn Häuser mit Gärten als Lehen vergeben; in der Neustadt verpachtete es eine 1353 bezeugte Mühle. Bei knapp 100 Häusern in der Altstadt besaß es nahezu ein Fünftel der Liegenschaften [7]. Föhrenreuth und Silberbach gehörten ihm vollständig. Auch in weiteren 16 Dörfern trat es als Grundherr auf.

Das Hofer Hospital fungierte als Seniorenresidenz. Enoch Widmann profilierte seine Bewohnerschaft: *Von den jerlichen einkommen des hospitals werden stets 36 personen alter und unvermöglicher leute, die sich bei gemeiner stad erbar verhalten und in armut gerathen sindt, bedes menner und weiber (doch welche mit keinen euserlichen schäden und gebrechen noch mit abscheulicher kranckheit beladen sindt) umbsonst und ohne gelt mit speis und tranck notturfftiglich versorget, also daß sie nicht viel zu klagen haben.* [8] Wer sich hier als »Pfründner« einkaufte, nahm Teil am Leben der Hospitalgemeinschaft. Dieses Leben wurde durch eine Hausordnung geregelt. Schlafenszeiten, gemeinsame Mahlzeiten und die Teilnahme an Gebetsstunden und Gottesdiensten waren festlegt. Darüber hinaus achtete man darauf, die Pfründner in die Abläufe des Ta-

gesgeschäftes einzubinden. »Alte Handwerker konnten teilweise ihrem Handwerk nachgehen, Frauen die Kammern reinigen, vor allem die Kranken warten und sich mit textilen Arbeiten befassen.« [9]

Im 16. Jahrhundert verfügte Hof noch über eine Spezialunterkunft für Syphilitiker. Das ›Franzosenhaus‹ war 1538 in der Breiten Gasse, die aus der Stadt auf St. Lorenz zuführte, bei der Nikolaikirche errichtet und, wie sich Enoch Widmann erinnert, *mit armen gebrechlichen leuten besetzt worden* [10]. Die Nikolaikirche wurde 1553 abgerissen.

Anmerkungen
[1] Der lateinische Text bei Widmann: Rösler, S. 74 f.
[2] Vgl. Hofmann, S. 7; Kluge, S. 22.
[3] Rösler, S. 75.
[4] Vgl. Hofmann, S. 12.
[5] Hofmann, S. 14.
[6] Vgl. Hofmann, S. 15; Kluge, S. 23.
[7] Vgl. Hofmann, S. 23 – 27; Kluge, S. 23, 48.
[8] Rösler, S. 78.
[9] Knefelkamp, S. 65.
[10] Rösler, S. 45.

EGER

Das bevölkerungsreiche Eger verfügte über eine ausdifferenzierte Versorgungslandschaft. Zu ihr gehörten ein Altersheim bei St. Jakob (1467), ein *selhaus* der jüdischen Gemeinde (1364) und Seuchenspitäler vor der Stadt Richtung Heiligkreuz und Waldsassen. Auch die Franziskaner-Tertiarinnen betrieben im 15. Jahrhundert eine Pflegestation. Dazu treten die größeren innerstädtischen Betriebe. Seit dem 14. Jahrhundert gab es zudem ein städtisches Gesundheitsamt, einen Stadtarzt und mehrere Apotheken.

DEUTSCHORDENS-HOSPITAL DER HEILIGEN JUNGFRAU

Der Deutsche Orden (→ S. 215 f.) verwaltete früh schon in Eger ein Hospital. Es muss den Deutschherren vor 1256 übertragen worden sein. In diesem Jahr jedenfalls machte Bischof Leo von Regensburg dem Spital eine Zuwendung [1]. Die weitere Geschichte der Niederlassung ist kaum aufgearbeitet. Sicher ist, dass das der Gottesmutter geweihte Spital im 1271 eingeführten Siechenhaus der Kreuzherren vom Roten Stern keine Konkurrenz erblicken musste.

Im Jahre 1299 erwirkte der Egerer Bürger Heinrich Rorer einen Ablass für die Begleitung bei Krankenversehgängen [2]. Man war offenbar bestrebt, den Versehgängen der Ordensgeistlichen größere Popularität zu verleihen. Es handelte sich ja nicht um Erkrankte, sondern um Sterbende, denen die Sakramente zum letzten Mal gereicht wurden. Die Begleitung des Priesters zum Sterbenden förderte das eigene Seelenheil. Fast einhundert Jahre später datiert eine weitere Urkunde, die das Thema von einer anderen Seite aufgreift. 1395 schenkt der Bürger Hans Sumder den Deutschherren ein Pferd. Das Tier war »zum Tragen des heiligsten Sakraments zu den Kranken« bestimmt [3]. Die Bestimmung eines Pferdes ausschließlich für den Transport der Hostie mag zunächst befremden. Der Einsatz des Tieres, das gewiss entsprechend geschmückt wurde, markierte den nahen Tod eines Mitbürgers. Dieser Tod war nicht Privatereignis, sondern Eingriff in den Körper der Stadt. Er wurde, um ihn zu ›ordnen‹, schon vor seinem Eintreten öffentlich gemacht.

Anmerkungen
[1] UB DO, Nr. 135. Vgl. Sturm, S. 175.
[2] Vgl. UB DO, Nr. 618; DOZA I, Nr. 1124; Ehlers, S. 150.
[3] DOZA II, Nr. 2598.

SIECHENHAUS DER KREUZHERREN VOM ROTEN STERN

Nach dem Feuersturm von 1270, der eine erhebliche Verarmung der Bevölkerung nach sich zog, forcierte die Bürgerschaft, in der sich eine Heilig-Geist-Bruderschaft konstituierte, den Bau eines zweites Hospitals [1]. Für den Betrieb holte der Rat den in der Pflege erfahrenen Orden der Kreuzherren vom Roten Stern. Im September 1271 genehmigte der zuständige Regensburger Bischof den Zusammenschluss mit dem Spital der Kreuzherren in Prag. Das Spital erfuhr, dem Hofer Spital vergleichbar, erhebliche Zuwendungen, so dass es nicht nur ein mächtiger Grundherr wurde, sondern bereits 1273 fast dreißig erwerbsunfähige alte Leute betreute. Bischof Konrad von Regensburg bestätigte 1299 alle dem Ordens- und Siechenhaus verliehenen Ablässe [2]. 1414 veranlasste Nikolaus Gumerauer, der verdiente Bürgermeister, einen Fachwerkbau, der 1685 wegen Baufälligkeit abgerissen, neu errichtet und 1742 vergrößert wurde. Ein klassizistischer Nachfolger ging 1945 bei der Sprengung der Brücke endgültig verloren.

Anmerkungen
[1] Vgl. Sturm, S. 175. Dass das Hospital »für lange Zeit das einzige in der Stadt« war, wie Filip, S. 183, meint, trifft mit Blick auf das Haus des Deutschen Ordens nicht zu.
[2] Belege: UB DO, Nr. 229; UB DO, Nr. 622.

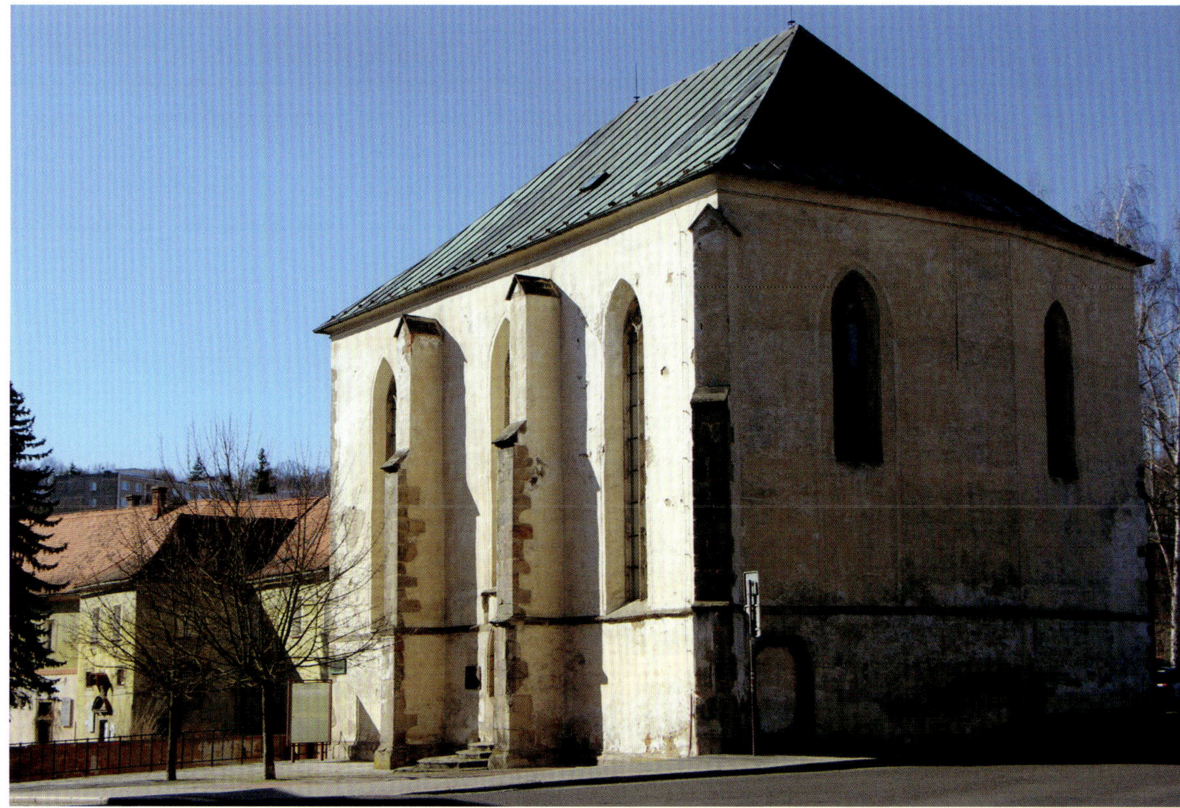

Die Spitalkirche St. Bartholomäus erhielt ihr Patrozinium erst im 17. Jahrhundert

SPITALKIRCHE ST. BARTHOLOMÄUS

Neben dem Spital an der Egerbrücke erbauten die Ritterbrüder die ›Kreuzherrenkirche‹: eine Heiliggeist-Kapelle, die 1347 um eine Wenzelskapelle erweitert wurde, ausgangs des 14. Jahrhunderts vollständig niederbrannte und in der kurzen Friedenszeit zwischen 1409 und 1422, noch vor den Hussiteneinfällen, unter der Leitung des Ratsherren Nikolaus Gumerauer wieder aufgebaut wurde. Es wurde ein schlichter, kubischer Bau, der auf den Grundmauern des abgebrannten Vorgängers entstand und, wie jener, einen Durchgang zum Spital besaß. Die glatte Fassade lässt erahnen, dass das Gotteshaus sich in stürmischen Zeiten einem Verteidigungsring einfügen musste. Hat es sich auch gegen die Barbarei der Frühen Neuzeit wehren können, ist es dem Desinteresse der Neuzeit, das den Putz rieseln lässt, schutzlos ausgesetzt.

Einen anderen Eindruck vermittelt der Innenraum. »Aus einer eleganten, glatten Rundsäule in der Mitte wächst ohne Unterbrechung durch Kapitelle und Kämpfer strahlenförmig das Gewölbe auf und überzieht den längsrechteckigen Raum – ohne die übliche Jochtrennung – in

Form eines gestreckten Sechsecksterns, zu dem sich sechs Dreistrahlen zentrisch um die gemeinsame Mitte vereinigen.« [1]. An der Ost- und Nordwand hat man Reste ehemaliger Wandbemalung freigelegt: im Osten kniet, rechter Hand vom mittigen Wandpfeiler, ein betender Mönch (der Stifter?) vor der Mutter Gottes. Am Mittelpfeiler ist eine stehende Mönchsfigur zu erkennen. Linker Hand, im Sockelbereich, finden sich Fragmente zweier Heiliger: vielleicht handelt es sich bei dem Gerüsteten um den Drachenkämpfer Georg, bei der Frau mit Schwert um Agnes oder Katharina. An der Nordwand finden sich immerhin noch aussagekräftige Reste einer Stifterfigur mit dem Spruchband »[...] her [?] o + christe [?] + der + barm + dich + uber + mich + sunder« (das »der« mit bairischem Dentalvorschlag ist Präfix: »[d]erbarm«). Das Spruchband schlängelt sich um das Wappen der Kreuzherren mit dem Roten Stern. Links davon befindet sich das Wappen des Geschlechtes von Asch mit den drei Fischen. Neben einer wesentlich weiter gehenden Bemalung muss man sich, um das spätgotische Raumgefühl zu gewinnen, noch bunte Glasfenster vorstellen. »Heute liegt die Hauptwirkung des Raumes jedoch auf dem zierlichen Netz, das die schlichten Kehlstabrippen auf das Gewölbe zaubern, in den formschönen, schlichten Köcherkonsolen, auf denen diese an den Wänden aufsitzen, sowie auf dem lebhaften Spiel des von drei Seiten eindringenden Lichtes.« [2]. Der seit 1313 bezeugte Friedhof ist verschwunden. Die Umwidmung an den Heiligen Bartholomäus erfolgte erst 1673.

Anmerkungen
[1] Tietz-Strödel, Entwicklung, S. 118.
[2] Tietz-Strödel, Entwicklung, S. 119.

EINE ›AUSGRÜNDUNG‹ DER PLAUENER BÜSSERINNEN IN EGER

Eine interessante Episode entspann sich anhand der Gründung eines Regelhauses *zu troste kranken leuten* durch die Magdalenerinnen von Plauen in Eger. Die Vorgang fällt in das Jahr 1519. Der Bürgermeister von Eger hatte sich bemüht, für seine Stadt dominikanische Krankenpflegerinnen aus Plauen (→ S. 275 f.) zu bekommen. Hermann Rab, der Provinzial der Dominikaner in Sachsen, ventilierte hierfür die Bedingungen. Er sei bereit, zunächst zwei Schwestern zu entsenden, wenn man sie *mit etlichen zinsen und schusseln des reichen almusen vorsehe* und ihnen *eine freiheitliche behausunge pey dem closter predigerordens gelegen* stelle, auf dass sie nicht *etlichen leuten zu einer vorlachunge und vorspottunge solten spaciern gehen* [1]. Die Ausgründung scheiterte an der gewünschten Lage des Schwesternwohnheims.

Anmerkungen
[1] Wild, Nr. 433*; vgl. Vogel, Kloster, S. 148 f.

Die Hospital-Tour *muss* man im oberfränkischen Wunsiedel beenden. Wunsiedel hat niemals zu vögtischem Territorium gehört. Bereits 1285 hatten die Burggrafen von Nürnberg die Burg im Egerland an sich gebracht. Kurz darauf legten sie Wunsiedel an (1326), um durch Zinnbergbau das Handelsmonopol von Eger zu brechen [1]. Als die Plauener ins Egerland vorstießen, war Wunsiedel also bereits verloren. Sie konnten allenfalls zusehen, wie der Einfluss der Nürnberger schwand. So war Heinrich von Plauen 1408 Zeuge für den Burggrafen, der die Stadt an Günther von Schwarzburg zu Ranis übertragen musste [2]. Die ummauerte Stadt trotzte verschiedenen Belagerungen. Unter ihren gotischen Relikten verdient das Hospital Beachtung.

Anmerkungen
[1] Vgl. HHS Franken, S. 628.
[2] Vgl. UB Vögte II, Nr. 493.

WUNSIEDEL

Sigmund Wann entstammte einer gut situierten Wunsiedeler Familie. Nach der Gesellenwanderung, die ihn bis nach Italien geführt haben soll, betrieb er 1431 die väterliche Blechzinnerei und bald danach auch ein Bergwerk in seiner Heimatstadt. 1437 heiratete er Katharina, von der die Zeitgenossen wissen wollten, dass sie eine in alchemistischen Künsten bewanderte Venezianerin war. Wann verfügte über derartige Geldmittel, dass manche sie sich nur noch als Ergebnis der Goldmacherei seiner geheimnisvollen Ehefrau vorstellen konnten [1]. In einer Zeit, in der die Hussiten große Schäden anrichteten, waren die Darlehen Wanns begehrt. 1440 war er Ratsherr, 1442 einer der vier Bürgermeister. Vermutlich gab die Aussicht auf bessere Geschäfte den Ausschlag für seine Umsiedlung nach Eger. 1444 schenkte er sein Haus der Vaterstadt, auf dass sie ein Rathaus darin einrichte, und ließ sich in Eger nieder [2]. Wann brachte 1456 und 1461 erhebliche Summen in den Neubau der St. Nikolaus-Kirche ein. 1451 aber stiftete er in Wunsiedel ein Denkmal von Dauer: das Spital nebst Spitalkirche und drei Messpriesterhäusern. Er wählte eine Organisationsform, die er aus Nürnberg kannte und die bereits andernorts Nachahmer gefunden hatte: ein Bruderhaus oder Laienkloster. Hier wurden nur verarmte Biedermänner aufgenom-

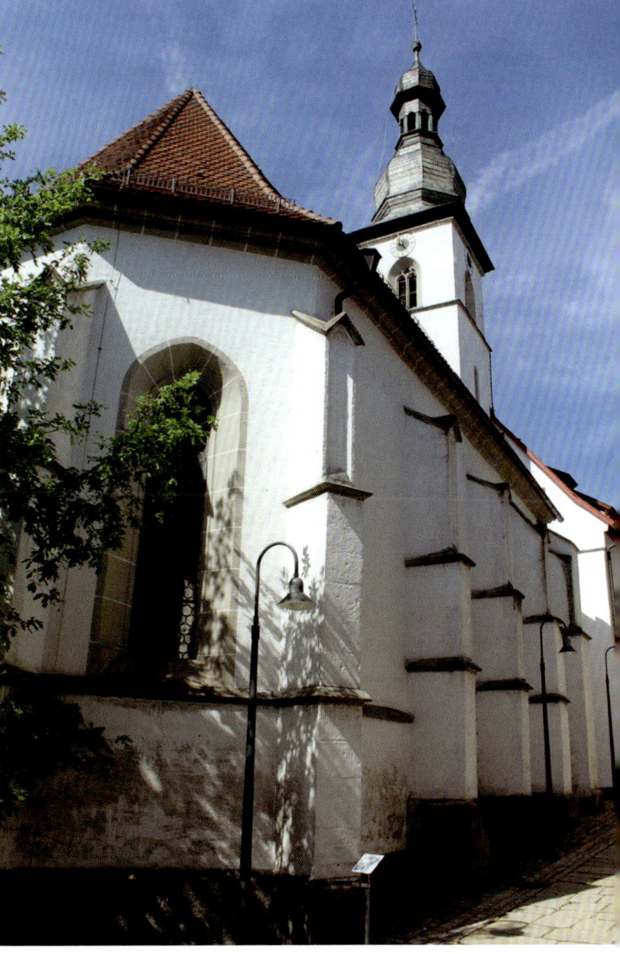

Zum 1451 gestifteten Hospital (Bruderhaus) in Wunsiedel gehörte eine Spitalkirche

men, die sich nützlich machen wollten. Bettler und Adlige sollten ebenso keinen Eingang finden wie Geistliche. Wann richtete zwölf Plätze ein [3].

1453 wurde mit dem Bau begonnen. Der Fortgang litt in den folgenden Jahren: es musste ein anderer Platz für die Kapelle gefunden werden, die Maurerarbeiten schritten nur langsam voran, der Steinmetz stritt immer wieder mit der

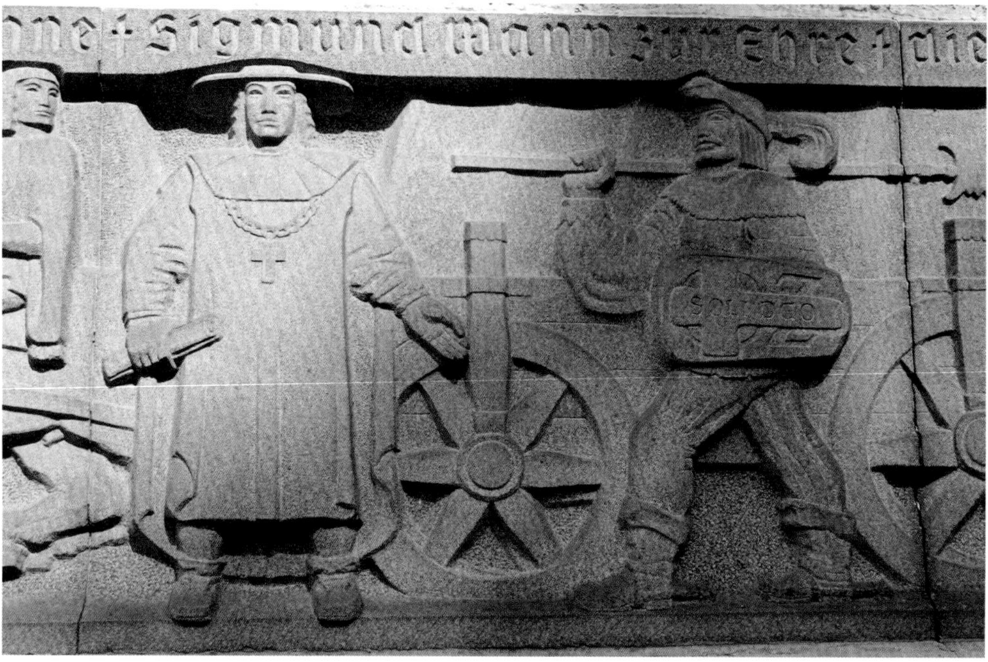

Relief an der Kirche zu Ehren des Stifters Sigmund Wann (gest. 1469)

Bürgerschaft, wurde sogar ins Gefängnis geworfen, so dass beim Einzug der ersten Brüder 1466 die Umfassungsmauer noch immer nicht fertig war [4]. Enoch Widmann hat das herausragende Ereignis bürgerlicher Stiftungstätigkeit festgehalten:

> *Anno domini 1451 jhar,*
> *Alß die stifftbrief sagen furwahr*
> *Ist das löblich stiffthaus gefangen an*
> *Gebaut durch einen christlichen man,*
> *Sigmundt Wahn ist er genant*
> *Seinem vatterlandt allhie wolbekandt … [5]*

Als Sigmund Wann 1469 kinderlos verstarb, wurde er in der Gruft der neuen Kirche beigesetzt. Lange Zeit bewahrte sein Bildnis unter dem Kreuzaltar sein Andenken. Eger zahlte aus den Zinsen der Stiftung für 170 Jahre den Unterhalt des Wunsiedeler Hospitals.

Im alten Bruderhaus der Spitalstiftung in der Sigmund-Wann-Straße befindet sich heute das Fichtelgebirgsmuseum. Im der Straße zugewandten Gebäudekomplex richtete man einige Räume für eine Dauerausstellung her. An der Außenwand der Kirche wurde im 20. Jahrhundert ein Relief zu Ehren ihres Stifters angebracht.

Anmerkungen

[1] Vgl. JÄGER, S. 98–101. Eine Tafel im Stadtmuseum Cheb nennt Wann einen Alchimisten.
[2] Vgl. JÄGER, S. 102.
[3] Vgl. JÄGER, S. 228 f.
[4] Vgl. JÄGER, S. 224–227.
[5] Vollständiger Text bei RÖSLER, S. 98–100. Abbildung des Epitaphs bei JÄGER, S. 230. Eine hölzerne Tafel befindet sich im Fichtelbergsmuseum.

ABGEKÜRZT ZITIERTE LITERATUR

AK Chemnitz 2012 = Uwe Fiedler u. a. (Hg.), Des Himmels Fundgrube. Chemnitz und das sächsisch-böhmische Gebirge im 15. Jahrhundert, Chemnitz 2012.

AK Chemnitz 2016 = Uwe Fiedler u. a. (Hg.), Gotik ohne Grenzen. Sachsen und Böhmen im Spiegel der Kunst um 1500, Chemnitz 2016.

AK Jena 2019 = Christoph Fasbender (Hg.), *do wart och Mildenfort reformeret*. Neue Einblicke in die alte Mildenfurther Stiftsbibliothek. Katalog zur Ausstellung in der Thüringer Landes- und Universitätsbibliothek Jena, Jena 2019.

AK Mühlhausen 2008 = Für Gott und die Welt. Franziskaner in Thüringen, hg. von Thomas T. Müller, Bernd Schmies und Christian Loefke, Paderborn 2008 (Mühlhäuser Museen. Forschungen und Studien 1).

AK Mühlhausen 2013 = Alltag und Frömmigkeit am Vorabend der Reformation in Mitteldeutschland. Katalog zur Ausstellung ›Umsonst ist nur der Tod‹, hg. von Hartmut Kühne, Enno Bünz und Thomas T. Müller, Petersberg 2013.

CDS = Die Chroniken der deutschen Städte. 22. Band: Die Chroniken der schwäbischen Städte. Augsburg. Dritter Band, Leipzig ²1892.

CVMA = Die mittelalterlichen Glasmalereien in Thüringen ohne Erfurt und Mühlhausen, erarbeitet von Cornelia Aman u. a., Berlin und Boston 2016 (Corpus vitrearum medii aevi XX.1).

DOZA I, II = Udo Arnold (Hg.), Die Urkunden des Deutschordenszentralarchivs in Wien. Regesten. Nach dem Manuskript von Marian Tumler. 2 Bde., Marburg 2006–2007 (QStGDO 60/1,2).

Helbig = Quellen zur älteren Wirtschaftsgeschichte Mitteldeutschlands. Teil II und III, hg. von Herbert Helbig, Weimar 1952–1953 (Studienbücherei 10/11).

HHS Böhmen = Joachim Bahlcke u. a. (Hg.), Handbuch der Historischen Stätten. Böhmen und Mähren, Stuttgart 1998.

HHS Franken = Hans-Michael Körner und Alois Schmid (Hg.), Handbuch der Historischen Stätten. Bayern II. Franken, Stuttgart 2006.

HHS Sachsen = Walter Schlesinger (Hg.), Handbuch der Historischen Stätten Deutschlands. Sachsen, Stuttgart 1965.

HHS Thüringen = Hans Patze (Hg.), Handbuch der Historischen Stätten Deutschlands. Thüringen, Stuttgart ²1989.

LA = Richard Benz (Hg.), Die Legenda aurea des Jacobus de Voragine. Aus dem Lateinischen übersetzt, Heidelberg ¹⁰1984.

LCI = Wolfgang Braunfels (Hg.), Lexikon der christlichen Ikonographie. Begründet von Engelbert Kirschbaum. 8 Bde, Freiburg 1968–1976.

UB DO = Karl H. Lampe (Hg.), Urkundenbuch der Deutschordensballei Thüringen, Jena 1936 (Thüringische Geschichtsquellen N.F. 7).

UB Vögte I = Berthold Schmidt (Hg.), Urkundenbuch der Vögte von Weida, Gera und Plauen sowie ihrer Hausklöster Mildenfurth, Cronschwitz, Weida und z.h. Kreuz bei Saalburg. Erster Band: 1122–1356, Jena 1885.

UB Vögte II = Berthold Schmidt (Hg.), Urkundenbuch der Vögte von Weida, Gera und Plauen sowie ihrer Hausklöster Mildenfurth, Cronschwitz, Weida und z.h. Kreuz bei Saalburg. Zweiter Band: 1357–1427, Jena 1892.

Visitationen I–II = Marian Biskup / Irena Janosz-Biskupowa (Hg.), Visitationen im Deutschen Orden im Mittelalter. Teil I: 1236–1449; Teil II: 1450–1519, Marburg 2002–2004 (QStGDO 50/1,2).

Von Raab I = Curt von Raab, Regesten zur Orts- und Familiengeschichte des Vogtlandes I (1350–1485), Plauen 1893.

Von Raab II = Curt von Raab, Regesten zur Orts- und Familiengeschichte des Vogtlandes II (1485–1563), Plauen 1898.

WEITERFÜHRENDE LITERATUR

1. Allgemeine, Kirchen- Und Wirtschaftsgeschichte

JULIUS ALBERTI, Geschichte des deutschen Hauses zu Schleiz, Schleiz 1877.

JULIUS ALBERTI, Urkunden-Sammlung zur Geschichte der Herrschaft Gera im Mittelalter, Gera 1881.

JULIUS ALBERTI, Urkunden zur Geschichte der Stadt Schleiz im Mittelalter, Schleiz 1882.

WALTER BACHMANN, Das alte Plauen. Ein Beitrag zur Inventarisation der Bau- und Kunstdenkmale, Dresden 1954.

NORBERT BACKMUND, Die mittelalterlichen Geschichtsschreiber des Prämonstratenserordens, Averbode 1972 (Bibliotheca Analecta Praemonstratensia 10), S. 136–142.

NORBERT BACKMUND, Arnold von Quedlinburg, in: VL 1 (1978), Sp. 483f.

PAUL REINHARD BEIERLEIN, Geschichte der Stadt und Burg Elsterberg im Vogtland, 3 Bde., Elsterberg 1928–1934.

WERNER BERGMANN, Die Geschichte von Burg und Amt Epprechtstein/Kirchenlamitz, Kirchenlamitz 1998.

ROLAND BEST / HELMUT NAUMANN, Die historische Schloßwasserleitung in Plauen, in: Mitteilungen des Vereins für vogtländische Geschichte, Volks- und Altertumskunde 3 (46) (1994), S. 11–16.

MARIAN BISKUP, Der Deutsche Orden und die Freiheiten der großen Städte in Preußen vom 13. bis zur Mitte des 15. Jahrhunderts, in: Stadt und Orden, hg. von UDO ARNOLD, Marburg 1993 (QStGDO 44), S. 112–128.

IRMGARD BITSCH, Gesundheitsschädigung und Täuschung im mittelalterlichen Lebensmittelverkehr, in: Essen und Trinken in Mittelalter und Neuzeit, hg. von IRMGARD BITSCH u. a., Sigmaringen 1990, S. 191–200.

KARLHEINZ BLASCHKE, Die Entstehung der Stadt Auma, in: Jahrbuch des Museums Hohenleuben-Reichenfels 30 (1985), S. 9–17.

KARLHEINZ BLASCHKE / UWE ULRICH JÄSCHKE, Nikolaikirchen und Stadtentstehung in Europa. Von der Kaufmannssiedlung zur Stadt, Berlin 2013.

ADOLF BÖHM, Rund um den Hausberg. Eine kleine Heimatkunde des Graslitzer Bezirkes, Graslitz 1937.

TILMANN BREUER, Stadt und Landkreis Münchberg, München 1961 (Bayerische Kunstdenkmale 13).

ENNO BÜNZ, Wiprecht von Groitzsch und der hl. Jakobus, in: Der Jakobuskult in Sachsen, hg. von KLAUS HERBERS und ENNO BÜNZ, Tübingen 2007, S. 61–95.

ENNO BÜNZ , Das Vogtland in Mittelalter und Früher Neuzeit, in: Vogtland, hg. von ENNO BÜNZ u. a., Leipzig 2013 (Kulturlandschaften Sachsens 5), S. 21–54.

ENNO BÜNZ , Kulturgeschichte des Vogtlandes: Kirche, Kunst und geistiges Leben, in: Vogtland, hg. von ENNO BÜNZ u. a., Leipzig 2013 (Kulturlandschaften Sachsens 5), S. 173–217.

ADALBERT BUSL, Beziehungen zwischen dem Kloster Waldsassen und den Vögten von Plauen, in: Oberpfälzer Heimat 52 (2008), S. 115–127.

RUDOLF CAPEK, Maria-Kulm. Eine geschichtliche Darstellung des weltberühmten Wallfahrtsortes nebst Beschreibung der Sehenswürdigkeiten, einer Wallfahrtsandacht, Maria-Kulm 1926.

OTTO CLEMEN, »Sant gehülfen capeln« bei Treuen, in: Beiträge zur Sächsischen Kirchengeschichte 18 (1904), S. 120–124.

OTTO CLEMEN, Die Volksfrömmigkeit des ausgehenden Mittelalters, in: DERS., Kleine Schriften zur Reformationsgeschichte VII, hg. von ERNST KOCH, Leipzig 1985, S. 273–318.

JOCHEN CONZELMANN, Die Johannsen-Devotion im Dominikanerinnenkonvent St. Katharinental bei Dießenhofen, in: Predigt im Kontext, hg. von VOLKER MERTENS u. a., Berlin und Boston 2013, S. 299–331.

KARL DIETEL, Das ehemalige Kloster in Sparneck, Landkreis Hof, in: Archiv für Geschichte von Oberfranken 56 (1976), S. 63–73.

CORA DIETL, Große Prediger in Eger im Spätmittelalter. Heinrich Toke und Johannes Capistranus, in: Das Vogtland, die Vögte und die Literatur des Mittelalters, hg. von CH. F. und GESINE MIERKE, Stuttgart 2020 (Maecenas 2, S. 185–202).

PAUL DIETZE, Geschichte des Klosters Lausnitz, in: Mitteilungen des Geschichts- und Altertumsvereins Eisenberg 17 (1902), S. 1–63; 18 (1903), S. 1–56.

RUDOLF DIEZEL, Das Prämonstratenserkloster Mildenfurt bei Weida (Thüringen), Jena 1937 (Beiträge zur Thüringischen Kirchengeschichte 5).

MATTHIAS DONATH, Schlösser und Herrenhäuser im Vogtland, Meißen 2011.

FRIEDRICH EBERT, Das ehemalige Franziskanerkloster in Hof, in: Bavaria Franciscana 1, München 1953, S. 102–120.

AXEL EHLERS, Die Ablasspraxis des Deutschen Ordens im Mittelalter, Marburg 2007 (QStGDO 64).

HERBERT EICHHORN, Der einstige Prämonstratenserkloster- und Schlosskomplex Mildenfurth, Erfurt 2002 (Arbeitshefte des Thüringischen Landesamtes für Denkmalpflege N.F. 7).

RUDOLF ENDRES, Die voigtländische Ritterschaft, in: Adel in der Frühneuzeit. Ein regionaler Vergleich, Köln und Wien 1991, S. 55–72.

HUBERT ERMISCH, Die sächsischen Stadtbücher des Mittelalters, in: NASG 10 (1889), S. 83–143.

HUBERT ERMISCH, Aus dem Ratsarchiv der Stadt Crimmitschau, in: NASG 22 (1901), S. 151–170.

FRIEDBERT FICKER, Evangelisch-Lutherische Kirche Strassberg/Vogtland, Regensburg 1994 (Schnell & Steiner Kunstführer 2139).

VÁCLAV VOK FILIP, Die Bettelorden in Eger, in: Bausteine zur deutschen und italienischen Geschichte, hg. von MARIA STUIBER und MICHELE SPADACCINI, Bamberg 2014, S. 155–173.

JÖRG FISCHER, Bodendenkmale auf Flur Liebau, in: Mitteilungen des Vereins für vogtländische Geschichte, Volks- und Landeskunde N.F. 9 (52) (2003), S. 13–22.

WILLY FLACH, Die Urkunden der Vögte von Weida, Gera und Plauen bis zur Mitte des 14. Jahrhunderts, Greiz 1930.

HEINRICH GOTTLIEB FRANCKE, Die Beziehungen der Geraer Statuten zu denjenigen von Schmölln und Crimmitschau, in: ZVTHGAK (1905), S. 291–334.

HEINRICH GOTTLIEB FRANCKE, Schicksale und Beschreibung des Franziskanerklosters in Weida und seines Gotteshauses, in: Jahresbericht des Altertumsvereins Hohenleuben 81–83 (1913), S. 1–81.

HEINRICH GOTTLIEB FRANCKE, Nachrichten über Berga a. E. und einige Nachbarorte, in: 500-Jahrfeier der Stadt Berga an der Elster 1427–1927, hg. von E. KLUGE, Greiz 1927, S. 38–45.

BIRGIT FRANKE, Mittelalterliche Wallfahrt in Sachsen. Ein Arbeitsbericht, in: Arbeits- und Forschungsberichte zur sächsischen Denkmalpflege 44 (2002), S. 299–389 [Kurzfassung: S. 105–116].

HANS-PETER FRANKE, Der Pest-›Brief an die Frau von Plauen‹. Studien zu Überlieferung und Gestaltwandel, Pattensen 1977 (Würzburger medizinhistorische Forschungen 9).

LEONIE FRANZ, Wahre Wunder. Tiere als Funktions- und Bedeutungsträger in mittelalterlichen Gründungslegenden, Heidelberg 2011.

GOTTFRIED KARL GARMS, Chronik der Kirche zu Theuma, Auerbach 1935.

AUGUST GEBESSLER, Stadt und Landkreis Hof, München 1960 (Bayerische Kunstdenkmale 7).

THOMAS GEHRLEIN, Das Haus Reuss. Teil I und II, Werl 2015.

EDUARD GERHOLD, Beiträge zur Geschichte der Parochie Langenwetzendorf, Triebes 1908.

KÄTHE GLEISSNER, Urkunde und Mundart auf Grund der Urkundensprache der Vögte von Weida, Gera und Plauen, Halle 1935 (Mitteleutsche Studien 9).

HEINRICH GRADL, Geschichte des Egerlandes bis 1437, Prag 1893.

DIETER HÄGERMANN, Deutsches Königtum und Bergregal im Spiegel der Urkunden. Eine Dokumentation bis zum Jahre 1272, in: Montanwirtschaft Mitteleuropas vom 12. bis 17. Jahrhundert. Forschungsprobleme, Bochum 1984 (Beiheft zu Der Anschnitt 2), S. 13–24.

KAREL HALLA, The City of Cheb in the Middle Ages, in: Gothic Art in the Cheb Region, Cheb 2009, S. 13–40.

RUDOLF HERRMANN, Weidaer Kirchen-Geschichte 1150–1550, Weida 1934 (Geschichte der Stadt Weida I.5).

ROBERT HILLER, Die Stadt Pausa und ihre nächste Umgebung, Pausa 1890.

ALFRED HILPERT, Die Säkularisation des Dominikaner-Klosters zu Plauen, in: Mitteilungen des Altertumsvereins zu Plauen 23 (1913), S. 1–22.

ANGELICA HILSEBEIN, Zwischen herrschaftlichem Selbstverständnis und töchterlichem Gehorsam. Die hohenzollerischen Äbtissinnen im Klarissenkloster Hof, in: Das Mittelalter endet gestern. Fs. Heinz-Dieter Heimann, Berlin 2014, S. 264–290.

HANS HÖLLERICH, Geschichte der Kirche und Pfarrei Rehau, Rehau 1970.

GERHARD HOFMANN, Das Hospital zum heiligen Geist und unser lieben Frau in Hof, Nürnberg 1963.

VOLKER HONEMANN, Johannes von Ellenbogen, in: VL 4 (1983), Sp. 581–583.

WALTER HOTZ, Pfalzen und Burgen der Stauferzeit. Geschichte und Gestalt, Darmstadt 1981.

ELISABETH JÄGER, Wunsiedel 1163–1560, Wunsiedel 1987.

GUNDOLF KEIL, Brief an die Frau von Plauen, in: VL 1 (1978), Sp. 1035 f.

CHRISTIAN A. KIRSCH, Geschichte der Stadt Hof unter der Regierung der Vögte von Weida und der Burggrafen von Nürnberg, in: Bericht des Nordoberfränkischen Vereins für Natur-, Geschichts- und Landeskunde in Hof 6 (1913), S. 1–77.

CHRISTOPH KLOTZ, Beschreibung der Herrschaft und Stadt Gera, Schleiz 1816.

ARND KLUGE, Geschichte der Hofer Stiftungen, Hof 2012 (63. Bericht des Nordoberfränkischen Vereins für Natur-, Geschichts- und Landeskunde).

ULRICH KNEFELKAMP, Das städtische Spital als Ort der Frömmigkeit, in: Stadt und Frömmigkeit, hg. von ULRICH KNEFELKAMP, Bamberg 1995, S. 53–77.

ANDREA KRAMARCZYK, Der Chemnitzer Rektor Paulus Niavis (um 1453–1517), in: AK Chemnitz 2012, S. 189–201.

ERNST PAUL KRETSCHMER, Geschichte der Stadt Gera und ihrer nächsten Umgebung, Gera 1926.

HARTMUT KÜHNE, Religiöse Mobilität zwischen Elbe und Saale am Ende des Mittelalters, in: Der Jakobuskult in Sachsen, hg. von KLAUS HERBERS und ENNO BÜNZ, Tübingen 2007, S. 25–60.

PAUL LEHFELDT, Herzogthum Sachsen-Weimar-Eisenach. Verwaltungsbezirk Neustadt. Amtsgerichtsbezirke Neustadt an der Orla, Auma und Weida, Jena 1897 (Bau- und Kunst-Denkmäler Thüringens 1.5).

PAUL LEHFELDT, Herzogthum Sachsen-Meiningen. Kreis Saalfeld, Jena 1892 (Bau- und Kunst-Denkmäler Thüringens).

PAUL LEHFELDT, Fürstenthum Reuss Ältere Linie. Amtsgerichtsbezirke Greiz, Burgk und Zeulenroda, Jena 1891 (Bau- und Kunst-Denkmäler Thüringens IX).

PAUL LEHFELDT, Fürstenthum Reuss Jüngerer Linie. Verwaltungsbezirk Gera, Jena 1896 (Bau- und Kunst-Denkmäler Thüringens XXIII).

PAUL LEHFELDT, Fürstenthum Reuss Jüngerer Linie. Amtsgerichtsbezirke Schleiz, Lobenstein und Hirschberg, Jena 1891 (Bau- und Kunst-Denkmäler Thüringens XII).

HERMANN LÖSCHER, Gründung und Ausstattung von Kirchen, Pfarreien, Schulen und Hospitälern im Verlaufe der bergmännischen Besiedlung des Erzgebirges, in: Zeitschrift für Rechtsgeschichte Kanon. Abteilung 38 (1952), S. 297–394.

WALTHER LUDWIG, Ein Gang durch Alt-Plauen. 2. überarbeitete Auflage, Plauen 1993 (Schriftenreihe des Vogtlandmuseums Plauen 60).

ECKARD LULLIES, Die Fehde der Guttenberger gegen die Vögte und die Adelsfehde gegen Eger, Kulmbach 1999.

KARL MÄDLER, Geschichtsforschung im Schönbacher Ländchen, in: Heimatbuch der Musikstadt Schönbach, Bubenreuth 1969, S. 8–15.

KARL MÄDLER, Heimatkundliches Allerlei; in: Heimatbuch der Musikstadt Schönbach, Bubenreuth 1969, S. 49–55.

ERICH ROBERT MEINHOLD, Zur Chronik des Schlosses Schweinsburg, in: Archiv für die Sächsische Geschichte 2 (1864), S. 138–157.

RICHARD MENDNER, Die Herrschaft Burgk bis zu ihrer Angliederung an das Haus Reuß-Greiz 1596/1616, in: Mitteilungen des Altertumsvereins zu Plauen 27 (1917), S. 1–96.

CHRISTIAN MEYER (HG.), Johann Lindners' Kirchenordnung von St. Lorenz zu Hof, in: Hohenzollerisch'e Forschungen 4 (1896), S. 289–320.

KLAUS MERTENS, Die Stadtkirchen in Thüringen, Ost-Berlin ²1984.

STEFAN MICHEL, Ein religiöses Zentrum des Vogtlands im Wandel, in: Vor- und Frühreformation in thüringischen Städten (1470–1525/30), hg. von JOACHIM EMIG u. a., Köln u. a. 2013, S. 233–250.

KLAUS MILITZER, Von Akkon zur Marienburg. Verfassung, Verwaltung und Sozialstruktur des Deutschen Ordens 1190–1309, Marburg 1999 (QStGDO 56).

JOHANNES MÜLLER, Urkunden und Urkundenauszüge zur Geschichte Plauens, in: Mitteilungen des Alterthumsvereins zu Plauen 1 (1872–1880), S. I-CXII; 2 (1882), S. I-CII; 3 (1883), S. I-CI; 4 (1884), S. I-LXXXVI; 5 (1885), S. I-CLX.

JOHANNES MÜLLER, Die Anfänge des Schulwesens in Plauen, in: Mitteilungen des Alterthumsvereins zu Plauen 1 (1880), S. 31–42.

JOHANNES MÜLLER (HG.), Vor- und frühreformatorische Schulordnungen und Schulverträge in deutscher und niederländischer Sprache, Zschopau 1885.

JOHANNES MÜLLER, Die Anfänge des sächsischen Schulwesens, in: NASG 8 (1887), S. 1–40, S. 243–271.

RUDOLF MÜLLER, Alte Hofer Stadtrechtsquellen und ihre rechtsgeschichtliche Bedeutung im Siedlungsgebiet des mitteldeutschen Ostens. Unter Mitwirkung von Leo Münchmeier, Hof 1986 (Berichte des Nordoberfränkischen Vereins für Natur-, Geschichts- und Landeskunde 32).

PETER NEUMEISTER, Die Ehefrauen der Vögte von Weida, Plauen und Gera im 13. Jahrhundert, in: Mitteilungen des Vereins für vogtländische Geschichte, Volks- und Altertumskunde 6 (49) (1998), S. 83–93.

PETER NEUMEISTER, Beobachtungen und Überlegungen zur Herkunft der Vögte von Plauen, Weida und Gera, in: Neues Archiv für sächsische Geschichte 68 (1997), S. 1–45.

WILHELM NÖBEL, Michael Küchmeister. Hochmeister des Deutschen Ordens 1414–1422, Marburg ²1989 (QStGDO 5).

HANS PATZE, Klostergründung und Klosterchronik, in: Blätter für deutsche Landesgeschichte 113 (1977), S. 89–121 (zu Waldsassen: S. 118 f.).

MARIE PETERMANN, Die archäologischen Ausgrabungen auf dem Oberen Schloss in Greiz 2006, in: Archäologische Begleitung der Sanierung Oberes Schloss in Kooperation mit der Kaiserpfalz Cheb, Greiz o. J., S. 22–33.

ERNST PIETSCH, Die Planschwitzer Reliquienkapsel, in: Mitteilungen des Altertumsvereins zu Plauen 40 (1937), S. 23–29.

GUSTAV A. POENICKE, Album der Schlösser und Rittergüter im Königreiche Sachsen. V. Section. Voigtländischer Kreis, Leipzig o. J.

CURT VON RAAB, Ein Duell im 16. Jahrhundert, in: Mitteilungen des Altertumsvereins zu Plauen 4 (1884), S. 22–25.

CURT VON RAAB, Nachrichten über Falkenstein im Vogtland, in: Mitteilungen des Altertumsvereins zu Plauen 5 (1885), S. 1–42.

CURT VON RAAB, Der Besitz der Wettiner im Vogtland, in: Mitteilungen des Altertumsvereins zu Plauen 14 (1903), S. 58–78.

CURT VON RAAB, Fürstliche Nachtlager in Plauen, in: Mitteilungen des Altertumsvereins zu Plauen 15 (1904), S. 41–45.

MARGARETE RAUNERT, Zur Bevölkerungsgeschichte des oberen Vogtlandes. Von der Besiedlung bis zum 18. Jahrhundert. 2., überarbeitete Auflage, o. O., o. J.

KARL FREIHERR VON REITZENSTEIN, Der Schwäbische Bund in Ober-Franken oder des Hauses Sparneck Fall 1523. Akten zur Fränkischen Geschichte, Weimar 1859.

HANS REMPEL, Die Rolandstatuen. Herkunft und geschichtliche Wandlung, Darmstadt 1989.

JOHANNES RICHTER, Zur ersten urkundlichen Erwähnung von Jößnitz im Vogtland, in: Mitteilungen des Vereins für vogtländische Geschichte, Volks- und Landeskunde N.F. 5 (48) (1996), S. 26 f.

WERNER RONNEBERGER, Das Zisterzienser-Nonnenkloster zum Heiligen Kreuz bei Saalburg an der Saale, Jena 1932.

HANS-FRIEDRICH ROSENFELD, Der Heilige Christophorus. Seine Verehrung und seine Legende. Eine Untersuchung zur Kultgeographie und Legendenbildung des Mittelalters, Abo 1937 (Acta Academiae Aboensis. Humaniora X, 3).

MARIA RÖSLER (HG.), Enoch Widmann, Chronik der Stadt Hof, Würzburg 2015 (Veröffentlichungen der Gesellschaft für fränkische Geschichte I.7).

PATRICK SAHLE, Das Plauener Stadtbuch von 1388 und die Stadtbuchforschung, Köln 1996.

LUTZ SCHERF, Das Obere Schloss in Greiz und seine hochmittelalterlichen Backsteinbauten, in: Archäologische Begleitung der Sanierung Oberes Schloss in Kooperation mit der Kaiserpfalz Cheb, Greiz o. J., S. 34–51 [zit.] (wieder in: Jahrbuch des Museums Reichenfels-Hohenleuben 52 [2007], S. 5–27).

WALTER SCHLESINGER, Kirchengeschichte Sachsens im Mittelalter. I. Band: Von den Anfängen kirchlicher Verkündigung bis zum Ende des Investiturstreits. 2. Auflage Köln und Wien 1983 (Mitteldeutsche Forschungen 27/I).

WALTER SCHLESINGER, Kirchengeschichte Sachsens im Mittelalter. II. Band: Das Zeitalter der deutschen Ostsiedlung. 2. Auflage Köln und Wien 1983 (Mitteldeutsche Forschungen 27/II).

BERTHOLD SCHMIDT, Geschichte des Klosters Cronschwitz, in: Zeitschrift des Vereins für Thüringische Geschichte und Altertumskunde N.F. 8 (1893), S. 111–172.

BERTHOLD SCHMIDT, Arnold von Quedlinburg und die ältesten Nachrichten zur Geschichte des Reußischen Hauses, in: ZVThGA 11 (1882), S. 401–499.

BERTHOLD SCHMIDT, Burggraf Heinrich IV. zu Meißen, Oberstkanzler der Krone Böhmens und seine Regierung im Vogtlande, Gera 1888.

BERTHOLD SCHMIDT, Nochmals: Arnold von Quedlinburg und die ältesten Nachrichten zur Geschichte des reußischen Hauses, in: Vogtländische Forschungen. Festschrift Curt von Raab, Dresden 1904, S. 1–40.

BERTHOLD SCHMIDT, Die urkundlichen Nachrichten von Schleiz aus dem Mittelalter, Schleiz 1908 (Geschichte der Stadt Schleiz 1).

WALTRAUD SCHMIDT, Zur Problematik: Ansiedlung von Juden im mittelalterlichen Plauen, in: Mitteilungen des Vereins für vogtländische Geschichte, Volks- und Altertumskunde 3 (46) (1994), S. 4–10.

ULRICH SCHMILEWSKI / GUNDOLF KEIL, ›Walenbüchlein‹, in: VL 10 (1999), Sp. 617–619.

FRIEDRICH SCHNEIDER, Ausgewählte Urkunden zur Geschichte von Zeulenroda, Rudolstadt 1925 (Veröffentlichungen des Thüringischen Staats-Archivs Greiz 3).

PAVEL SEBESTA, Kaiserpfalz in Eger, in: Archäologische Begleitung der Sanierung Oberes Schloss in Kooperation mit der Kaiserpfalz Cheb, Greiz o.J. S. 52–62.

RUDOLF SEYFARTH, Geschichte der Stadt Schmölln in Thüringen, Schmölln 1938.

SIEGFRIED SIEBER, Der böhmische Zinnbergbau in seinen Beziehungen zum sächsischen Zinnbergbau, in: Bohemia 5 (1964), S. 137–160.

KARL SIEGL, Schloß Seeberg im Egerlande, in: Mitteilungen des Vereins für Geschichte der Deutschen in Böhmen 54 (1915), S. 209–248.

MARTIN SLADECZEK, Vorreformation und Reformation auf dem Land in Thüringen, Köln u.a. 2018 (Quellen und Forschungen zu Thüringen im Zeitalter der Reformation 9).

BERNHARD SOMMERLAD, Der Deutsche Orden in Thüringen. Geschichte der Deutschordensballei Thüringen von ihrer Gründung bis zum Ausgang des 15. Jahrhunderts, Halle 1931 (Forschungen zur Thüringischen und Sächsischen Geschichte 10).

RICHARD STECHE, Amtshauptmannschaft Auerbach, Dresden 1888 (Beschreibende Darstellung der älteren Bau- und Kunstdenkmäler des Königreichs Sachsen 9).

RICHARD STECHE, Amtshauptmannschaft Oelsnitz, Dresden 1888 (Beschreibende Darstellung der älteren Bau- und Kunstdenkmäler des Königreichs Sachsen 10).

RICHARD STECHE, Amtshauptmannschaft Plauen, Dresden 1888 (Beschreibende Darstellung der älteren Bau- und Kunstdenkmäler des Königreichs Sachsen 11).

RICHARD STECHE, Amtshauptmannschaft Zwickau, Dresden 1889 (Beschreibende Darstellung der älteren Bau- und Kunstdenkmäler des Königreichs Sachsen 12).

RICHARD STECHE, Amtshauptmannschaft Glauchau, Dresden 1890 (Beschreibende Darstellung der älteren Bau- und Kunstdenkmäler des Königreichs Sachsen 13).

SUSANNE STEINLEIN, Die Wallfahrtskirche Maria Kulm, Regensburg 1994 (Schnell Kunstführer 2128).

JOHANN GOTTLIEB STEMLER, Geschichte von Zeulenroda. Nach Urkunden und archivalischen Nachrichten bearbeitet, Neustadt/Orla 1840.

MANFRED STRAUBE, Handelsstraßen als Pilgerwege, in: Der Jakobuskult in Sachsen, hg. von KLAUS HERBERS und ENNO BÜNZ, Tübingen 2007, S. 249–271.

WOLFGANG VON STROMER, Wassersnot und Wasserkünste im Bergbau des Mittelalters und der frühen Neuzeit, in: Montanwirtschaft Mitteleuropas vom 12. bis 17. Jahrhundert. Forschungsprobleme, Bochum 1984 (Beiheft zu Der Anschnitt 2), S. 50–72.

HERIBERT STURM, Eger. Geschichte einer Reichsstadt, Augsburg 1951.

CHRISTIAN TANNHÄUSER / HUBERT ROSSBACH, Die Wysburg bei Weisbach im Thüringer Schiefergebirge, Weimar 2018 (Archäologische Denkmale in Thüringen 4).

FRANZ TETZNER, Werdau und seine kirchlichen Verhältnisse unter der Herrschaft der Ernestiner 1485–1547, in: Beiträge zur Sächsischen Kirchengeschichte 24 (1911), S. 205–251.

HUGO THEISINGER, Aus dem Egerland. Falkenau, Stadt und Land, Buchloe 1983.

ALFRED THOSS, Die Geschichte der Stadt Greiz von den Anfängen bis zum Ausgang des 17. Jahrhunderts, Jena 1933 (Nachdruck Greiz 1991).

MATTHIAS THUMSER, Hertnidt vom Stein (ca. 1427–1491. Bamberger Domdekan und markgräflich-brandenburgischer Rat. Karriere zwischen Kirche und Fürstendienst, Neustadt/Aisch 1989.

HELMUT THURM, Das Dominikaner-Nonnenkloster Cronschwitz bei Weida, Jena 1942 (Beiträge zur mittelalterlichen, neueren und allgemeinen Geschichte 22).

MARION TIETZ-STRÖDEL, Die Kaiserpfalz Eger, in: Kunst in Eger, hg. von LORENZ SCHREINER, München 1992, S. 12–66.

MARION TIETZ-STRÖDEL, Die städtebauliche Entwicklung der Stadt Eger vom 12. bis ins 20. Jahrhundert, in: Kunst in Eger, hg. von LORENZ SCHREINER, München 1992, S. 67–247.

FRIEDRICH WILHELM TREBGE, Geschichte des Vogtländischen Altertumsforschenden Vereins zu Hohenleuben e. V.. Festschrift zum 175jährigen Bestehen des Vogtländischen Altertumsforschenden Vereins, Hohenleuben 2000.

JOST TRIER, Der heilige Jodocus. Seine Leben und seine Verehrung, zugleich ein Beitrag zur Geschichte der deutschen

Namengebung, Breslau 1924 (Germanistische Abhandlungen 56).

ANTHONY VAN DER LEE, Marcus von Weida OP, in: VL 5 (1985), Sp. 1233–1237.

JULIUS VOGEL, Dominikaner-Kloster und Nonnenhaus zu Plauen i.V., in: Mitteilungen des Altertumsvereins zu Plauen 20 (1910), S. 121–152.

JULIUS VOGEL, Alt-Plauens katholische Kapellen, in: Mitteilungen des Altertumsvereins zu Plauen 20 (1910), S. 153–160.

WILHELM VOGEL, Über den Titel »Vogt« (advocatus) der Herren von Weida, Gera und Plauen, Vorfahren des Fürstenhauses Reuß, in: Mitteilungen des Altertumsvereins zu Plauen 17 (1906), S. 1–66.

HERBERT WEINELT, Die Burgruine Altenteich, in: Unser Egerland 40 (1936), S. 45–47.

FRANK WEISS, Die Bergkirche zu Schleiz, Regensburg 1996 (Kunstführer 2265).

FRANK WEISS, Plauen. Hauptkirche St. Johannis, Regensburg ²2006 (Kunstführer 2304).

EWALD WELLER, Siebenhundert Jahre Schulgeschichte der Kreisstadt Plauen, Plauen 1941.

MATTHIAS WERNER, Vögte von Weida, Gera und Plauen, in: LexMA 8 (1999), Sp. 1814f.

MATTHIAS WERNER, Vogtland, in: LexMA 8 (1999), Sp. 1815.

SINA WESTPHAL, Außenpolitische Korrespondenz. Friedrich der Weise und die Reichsstadt Nürnberg, in: Kurfürst Friedrich der Weise von Sachsen. Politik, Kultur und Reformation, hg. von ARMIN KOHNLE und UWE SCHIRMER, Stuttgart 2015, S. 62–72.

HEINZ WIESSNER, Das Bistum Naumburg. Die Diözese, Berlin und New York 1997–1998 (Germania Sacra. Neue Folge 35/1,2: Die Bistümer der Kirchenprovinz Magdeburg).

ERICH WILD, Geschichte von Markneukirchen. Stadt und Kirchspiel, Plauen 1925.

ERICH WILD, Das Vogtland und das Egerland in ihren historischen Beziehungen bis ins 16. Jahrhundert, in: Neues Archiv für Sächsische Geschichte und Altertumskunde 47 (1926), S. 177–203.

ERICH WILD, Regesten zur Geschichte des Vogtlandes im 14.-17. Jahrhundert, Plauen 1929.

RENATE WISSUWA, Altstraßen, Mobilität und Austausch. Verkehrsmäßige Voraussetzungen in Sachsen für die Pilgerbewegung, in: Der Jakobuskult in Ostmitteleuropa, hg. von KLAUS HERBERS und DIETER R. BAUER, Tübingen 2003, S. 41–55.

CARL HEINRICH GERHARD VON ZEZSCHWITZ, Nachrichten aus dem Pfarrarchiv zu Wohlbach, in: Mitteilungen des Altertumsvereins zu Plauen 3 (1883), S. 64–82.

2. Kunst- und Literaturgeschichte

THOMAS CRAMER, Hofer, in: VL 4 (1983), Sp. 81f.

WILLIAM C. CROSSGROVE, Petrus de Crescentiis, in: VL 7 (1989), Sp. 499–501.

MICHAEL CURSCHMANN, Der Münchener Oswald und die deutsche spielmännische Epik. Mit einem Exkurs zur Kultgeschichte und Dichtungstradition, München 1964 (MTU 6).

KURT DEGEN, Eine mittelalterliche Kußtafel in der Hohenleubener Sammlung, in: Mitteilungen der Freunde des Kreismuseums Hohenleuben-Reichenfels, Gera 1948, S. 4–11.

JUTTA BARBARA DESEL, »Vom Leiden Christi ader von dem schmertzlichen Mitleyden Marie«. Die vielfigurige Beweinung Christi im Kontext thüringischer Schnitzretabel der Spätgotik, Alfter 1993.

GERD DICKE, ›Die Vögte von Weida‹, in: VL 10 (1999), Sp. 488f.

ROBERT EISEL, Sagenbuch des Voigtlandes, Gera 1871.

CHRISTOPH FASBENDER, Vocabularius Ex quo, in: DLL 6 (2014), Sp. 1301–1305.

CHRISTOPH FASBENDER, Das Buch des Heiligen Livinus in Mildenfurth, in: Zeitschrift für Thüringische Geschichte 73 (2019), S. 207–222.

CHRISTOPH FASBENDER, Herzog Sigismund von Sachsen und das Fräulein von Lohma. Erzählen an den Rändern des ›Kulturwegs der Vögte‹, in: Jahrbuch des Museums Reichenfels-Hohenleuben 64 (2019), S. 21–38.

CHRISTOPH FASBENDER, Der Heilige Livinus und die Reform des Prämonstratensersstiftes Mildenfurth, in: Analecta Praemonstratensia 95 (2019), S. 37–64.

CHRISTOPH FASBENDER, Der Drusus-Spruch auf Schloss Vogtsberg, in: Akademie gemeinnütziger Wissenschaften zu Erfurt. Klassensitzungsvorträge 2018–2019, hg. von MEINOLF VIELBERG, Erfurt 2021 (Sitzungsberichte der Geisteswissenschaftlichen Klasse 10).

CHRISTOPH FASBENDER, Der Pest-›Brief an die Frau von Plauen‹, in: Das Vogtland, die Vögte und die Literatur des Mittelalters, hg. von CH. F. und GESINE MIERKE, Stuttgart 2020 (Maecenas 2). S. 203–215.

CHRISTOPH FASBENDER, Ein Tänzchen am St. Lorenztag. Ritter Willibald von Schaumberg besucht die Hofer Kirchweih, in: Das Vogtland, die Vögte und die Literatur des Mittelalters, hg. von CH. F. und GESINE MIERKE, Stuttgart 2020 (Maecenas 2), S. 167-176.

EDITH FEISTNER, Typen von Klöstern und Klostergründungserzählungen: Mildenfurth und Waldsassen im Vergleich, in: Das Vogtland, die Vögte und die Literatur des Mittelalters, hg. von CH. F. und GESINE MIERKE, Stuttgart 2020 (Maecenas 2), S. 73-97.

JOHANN GEORG THEODOR GRAESSE, Der Sagenschatz des Königreichs Sachsen. Zweite verbesserte und sehr vermehrte Auflage, Dresden 1874.

KLAUS GRUBMÜLLER, Vocabularius Ex quo. Untersuchungen

zu lateinisch-deutschen Vokabularen des Spätmittelalters, München 1967 (MTU 17).

KILIAN GRÜGER, Der Marientod zu Weida. Ein thüringisches Wandgemälde des Zackenstils, Altenburg 2006.

GÜNTER HÄGELE, ›Wirsberger-Prophezeiungen‹, in: VL 11 (2004), Sp. 1672–1681.

GERHARD HAHN, Walther von der Vogelweide, in: VL 10 (1999), Sp. 665–697.

WOLF-DIETER HAMPERL, Topographie der Kunst- und Kulturdenkmäler im Landkreis Eger, in: Kunst in Eger, hg. von LORENZ SCHREINER, München 1992 S. 616–635.

WALTER HENTSCHEL, Sächsische Plastik um 1500, Dresden 1926.

WALTER HENTSCHEL, Peter Breuer. Eine spätgotische Bildschnitzerwerkstatt, 2. Auflage Berlin 1952.

VOLKER HONEMANN, Sächsische Fürstinnen, Patrizier, Kleriker, Kaufleute und der Dominikaner Marcus von Weida als Förderer geistlicher Literatur um 1500, in: Bürgers Bücher. Laien als Anreger und Adressaten in Sachsens Literatur um 1500, hg. von CHRISTOPH FASBENDER und GESINE MIERKE, Würzburg 2017 (Euros 6), S. 130–159.

GÜNTER HUMMEL, Ein bisher unbekanntes Kruzifix des Zwickauer Bildschnitzers Peter Breuer im Greizer Land, in: Der Heimatbote 37/7 (1991), S. 240–243.

GÜNTER HUMMEL, Der Flügelaltarschrein aus Leitlitz, in: Jahrbuch des Museums Reichenfels-Hohenleuben 39 (1994), S. 100–106.

GÜNTER HUMMEL, Steine am Weg. Die Kreuzsteine aus Rödersdorf und Seubtendorf, in: Jahrbuch des Museums Reichenfels-Hohenleuben 44 (1999), S. 195–200.

GÜNTER HUMMEL, Die Madonna aus Stelzendorf. Ein Werk der Altenburger Bildschnitzerwerkstatt des Jacob Naumann, in: Jahrbuch des Museums Reichenfels-Hohenleuben 49 (2004), S. 107–112.

GÜNTER HUMMEL, Der Flügelaltarrest aus Wittchendorf aus der Reichenfelser Sammlung und sein kunstgeschichtliches Umfeld, in: Jahrbuch des Museums Reichenfels-Hohenleuben 52 (2007), S. 137–148.

ANDREAS HUTH, Frühgotische Großkreuze in Sachsen, Sachsen-Anhalt und Thüringen, Dössel 2015.

[PFARRER] ILLING, Die Kirche zu Thossen und ihr Altar, in: Mitteilungen des Altertumsvereins zu Plauen 15 (1904), S. 1–8.

SYLVIA JURCHEN, Hausordnungsverstöße. Vögtische Hausgeschichte als zisterziensische Fallstudie (›Dialogus miraculorum‹ IV, 76), in: Das Vogtland, die Vögte und die Literatur des Mittelalters, hg. von CH. F. und GESINE MIERKE, Stuttgart 2020 (Maecenas 2), S. 41-71.

KARINA KELLERMANN, Abschied vom ›historischen Volkslied‹. Studien zu Funktion, Ästhetik und Publizität der Gattung historisch-politische Ereignisdichtung, Tübingen 2000.

LUCA KIRCHBERGER, Die Rolle der Frauen in Dichtungen über Heinrich von Plauen, in: Impulse, hg. von GALA REBANE und CHRISTINE STADLER, Chemnitz 2018, S. 161–172.

LUCA KIRCHBERGER, Heinrich von Plauen als scheiterndes Individuum in Joseph von Eichendorffs ›Der letzte Held von Marienburg‹, in: Das Vogtland, die Vögte und die Literatur des Mittelalters, hg. von CH. F. und GESINE MIERKE, Stuttgart 2020 (Maecenas 2), S. 217-231.

LUCA KIRCHBERGER, Die Vögte von Weida. Ein Thaterstück für die Grundschule, Chemnitz 2020.

PAUL KRENKEL (HG.), Paulus Niavis: Iudicium Iovis oder Das Gericht der Götter über den Bergbau. Ein literarisches Dokument aus der Frühzeit des deutschen Bergbaus, Berlin 1953 (Freiberger Forschungshefte D 3).

WILLY KROGMANN (HG.), Johannes von Tepl, ›der ackermann‹, 4. Auflage Wiesbaden 1978.

VIKTOR KUBÍK, Medieval Illuminated Manuscripts of the Cheb Region, in: Gothic Art in the Cheb Region, Cheb 2009, S. 89–99.

ESTHER MEIER, Die Gregorsmesse. Funktionen eines spätmittelalterlichen Bildtypus, Köln u. a. 2006.

ARNO MENTZEL-REUTERS, Arma spiritualia. Bibliotheken, Bücher und Bildung im Deutschen Orden, Wiesbaden 2003 (Beiträge zum Buch- und Bibliothekswesen 47), S. 136, 332, 334.

MICHAEL MENZEL, Die ›Katherina divina‹ des Johann von Vippach. Ein Fürstenspiegel des 14. Jahrhunderts, Köln u. a. 1989 (Mitteldeutsche Forschungen 99).

VOLKER MERTENS, ›Der von Kolmas‹, in: VL 5 (1985), Sp. 39f.

UWE MEVES, Regesten deutscher Minnesänger des 12. und 13. Jahrhunderts, Berlin und New York 2005.

GESINE MIERKE, Die ›Vögte von Weida‹ im Kontext der Überlieferung, in: Das Vogtland, die Vögte und die Literatur des Mittelalters, hg. von CH. F. und GESINE MIERKE, Stuttgart 2020 (Maecenas 2), S. 19-39.

ULRICH MONTAG, Das Werk der heiligen Birgitta von Schweden in oberdeutscher Überlieferung, München 1968 (MTU 18).

ULRICH MONTAG, Tortsch, Johannes, in: VL 9 (1995), S. 982–984.

OTTOGERD MÜHLMANN, Über das Antlitz unserer Thüringer Ahnen, Weida 1945.

FRANZ NAGEL, Politische Botschaft oder Tugendformel. Das Portal von Schloss Mildenfurth im Kontext, in: Bleibende Werte. Schlösser und Gärten – Denkmale einer Kulturlandschaft. Festschrift für Helmut-Eberhard Paulus, hg. von der Stiftung Thüringer Schlösser und Gärten, Rudolstadt und Regensburg 2017, S. 177–190.

BERND NEUMANN, ›Egerer Passionsspiel‹, in: VL 2 (1980), Sp. 369–371.

BERND NEUMANN, Geistliches Schauspiel im Zeugnis der Zeit. Zur Aufführung mittelalterlicher religiöser Dramen im deutschen Sprachgebiet. 2 Bde., München 1987 (MTU 84/85).

GEORG OBJARTEL, Der Meißner der Jenaer Liederhandschrift, Berlin 1977 (Philologische Studien und Quellen 85).

JOACHIM OTT, Das mittelalterliche Vogtland in Handschriften und Drucken der Thüringer Universitäts- und Landesbibliothek Jena: Mildenfurth, Crimmitschau, Plauen, in: Das

Vogtland, die Vögte und die Literatur des Mittelalters, hg. von CH. F. und GESINE MIERKE, Stuttgart 2020 (Maecenas 2), S. 123-149.

MICHAELA OTTOVÁ / ALES MUDRA, Catalogue of Gothic sculpture in the Cheb Region, in: Gothic Art in the Cheb Region, Cheb 2009, S. 125–278.

UTE REINHÖFER, Grenzgang, in: Skulptur. Volkmar Kühn, Rudolstadt 2007, S. 47–51.

ELISABETH ROTH, Gotische Wandmalerei in Oberfranken. Zeugnis der Kunst des Glaubens, Würzburg 1982.

JAN ROYT, Mediaeval Panel and Wall-Paintings in the Cheb Region, in: Gothic Art in the Cheb Region, Cheb 2009, S. 67–87.

JAN ROYT, Mediaeval Crafts in Cheb, in: Gothic Art in the Cheb Region, Cheb 2009, S. 101–123.

MICHAEL RUPP, Der Petrarca aus Böhmen. Paulus Niavis und die humanistische Novelle in Leipzig, in: Der Humanismus an der Universität Leipzig, hg. von ENNO BÜNZ und FRANZ FUCHS, Wiesbaden 2008 (Pirckheimer-Jahrbuch 23), S. 59–104.

MARTIN SCHAWE, Der Hofer Altar. Der lange Weg nach München, in: Miscellanea curiensia IX (2011), S. 23–51.

JOSEPH SCHMIDT, Die Bibliothek des Franziskanerklosters Weida, in: Franziskanische Studien 17 (1930), S. 90–96.

BERNHARD SCHNELL, Prag und die Anfänge der deutschen Pestliteratur im Mittelalter, in: Deutschsprachige Literatur des Mittelalters im östlichen Europa. Forschungsstand und Forschungsperspektiven, hg. von RALF G. PÄSLER und DIETRICH SCHMIDTKE, Heidelberg 2006, S. 483–501.

RUDOLF SCHRAMM, Venetianersagen von geheimnisvollen Schatzsuchern, Leipzig 1990.

LORENZ SCHREINER (HG.), Kunst in Eger, München 1992.

PAUL SCHWARZ, Die neue Eva. Der Sündenfall in Volksglaube und Volkserzählung, Göppingen 1973 (Göppinger Arbeiten zur Germanistik 77).

KARL STACKMANN, Heinrich von Mügeln, in: VL 3 (1981), Sp. 815–827.

ELFRIEDE STUTZ, Der Codex palatinus germanicus 341 als literarisches Dokument, in: Bibliothek und Wissenschaft 17 (1983), S. 8–26.

MARION TIETZ-STRÖDEL, Das Egerer Antependium, in: Kunst in Eger, hg. von LORENZ SCHREINER, München 1992, S. 248–258.

MARION TIETZ-STRÖDEL, Die Plastik in Eger von der frühen Gotik bis zur Renaissance, in: Kunst in Eger, hg. von LORENZ SCHREINER, München 1992, S. 259–299.

BERNHARD TÖNNIES, Drei Bücherverzeichnisse aus dem Prämonstratenserkloster Mildenfurth, in: Scriptorium 62 (2008), S. 286–327.

HELGARD ULMSCHNEIDER, Christoph von Thein, in: VL 11 (2004), Sp. 323–326.

HELGARD ULMSCHNEIDER (HG.), Ludwig von Eyb der Jüngere, Geschichten und Taten Wilwolts von Schaumberg. Kritische Edition, Münster 2018.

RUTH VON BERNUTH, Büttner, Wolfgang, in: VL 16 1 (2011), Sp. 404–409.

HERBERT VON HINTZENSTERN, Die Marienaltäre in Lippersdorf und Münchenbernsdorf, Berlin 1963.

STEFAN WEINGART, Das Judith-Lucretia-Portal, in: Mitteilungen des Chemnitzer Geschichtsvereins 65 N.F. 4, S. 107–136.

KARL WEISSMANN, Der Altar in der Lorenzkirche zu Hof. Ein Beitrag zur fränkischen Kunstgeschichte. Wiss. Beilage zum Jahresbericht des kgl. humanistischen Gymnasiums 1915/16, Hof 1916.

WOLFGANG WENNIG, Ein spätromanisches Triumphkreuz in Thüringen, in: Zeitschrift für Kunstwissenschaft 5 (1951), S. 17–28.

HORST WENZEL, Die Autobiographie des späten Mittelalters und der frühen Neuzeit. Bd. 1: Die Selbstdeutung des Adels, München 1980 (Spätmittelalterliche Texte 3).

GERHARD WERNER, Eine spätgotische Katharinenfigur in Auma, in: Jahrbuch des Museums Reichenfels-Hohenleuben 19 (1971), S. 95–98.

GERHARD WERNER, Die spätgotischen Abendmahlskelche von Schleiz und Friesau. Meisterwerke des Schleizer Goldschmiedes Andreas Eckart, in: Jahrbuch des Museums Reichenfels-Hohenleuben 49 (2004), S. 113–128.

GERHARD WERNER, Der spätgotische Flügelaltar in der Stadtkirche von Münchenbernsdorf: ein Gemeinschaftswerk der Saalfelder Bildschnitzer Valentin Lendenstreich und Hans Gottwald, in: Von Kirchen und Burgen (2016), S. 65–70.

EDMUND WIESSNER (HG.), Die Lieder Neidharts. 3. Auflage, revidiert von HANNS FISCHER, Tübingen 1968 (Altdeutsche Textbibliothek 44).

WERNER WILLIAMS-KRAPP, ›Adelheid‹, in: VL 11 (2004), Sp. 18f.

FRANZ JOSEF WORSTBROCK, Magister Adam, in: VL 1 (1978), Sp. 47–50.

FRANZ JOSEF WORSTBROCK, Schneevogel, Paul, in: VL 8 (1992), Sp. 777–785.

VOLKER ZIMMERMANN, ›Lehre vom Haushaben‹, in: VL 5 (1985), Sp. 662–667.

DANK

Das vorliegende Buch wurde zwischen September 2016 und Februar 2020 geschrieben. Dass es entstehen konnte, haben viele helfende Kräfte ermöglicht. Mein Dank geht zuerst an das Projektteam der Technischen Universität Chemnitz: Svetlana Fedorova, Luca Kirchberger, Alzbeta Malatova, Benjamin Thriemer, Linda Trommer und Zuzana Martinovicova. Danken möchte ich auch der Verwaltung meiner Universität, die es mit dem kleinteiligen Vorhaben nicht immer leicht hatte. Dem Verlag Schnell & Steiner, insbesondere Anna-Theresa Kölczer, danke ich aufrichtig für seine Geduld und seine mustergültige Umsetzung des Manuskripts.

Mein Dank gilt weiterhin den vielen Kolleginnen und Kollegen, Freunden und Begleitern des Vorhabens, Projektpartnern und Menschen am Rande des Kulturwegs. Stellvertretend erwähne ich hier nur Antje Dunse, Christian Espig, Bettina Full, Ulrich Jugel, Sylvia Jurchen, Siegfried Kost, Volkmar Kühn, Gesine Mierke, Joachim Ott, Gala Rebane, Hubert Roßbach, Hagen Rüster, Martin Salesch, Sabine Schemmrich, Ilona Scherm und Renate Wünsche. Sandra Kästner verdanke ich wertvolle Hinweise in kunstgeschichtlichen Fragen.

NACHWEISE

Vordere Umschlagseite:
Wasserburg Mechelgrün und Karte des Vogtlandes von Joan Blaeu, 1662.

Hintere Umschlagseite:
Gaffkopf an einem Portal in Weida, Burg Vogtsberg, Marktplatz in Cheb, Johanniskirche Plauen.

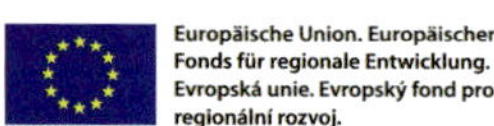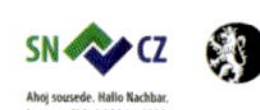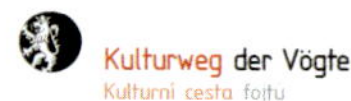

Bibliografische Information der Deutschen Nationalbibliothek:
Die Deutsche Nationalbibliothek verzeichnet diese Publikation in der
Deutschen Nationalbibliografie; detaillierte bibliografische Daten
sind im Internet über http://dnb.dnb.de abrufbar.

1. Auflage 2020
© 2020 Verlag Schnell & Steiner GmbH, Leibnizstr. 13, D-93055 Regensburg
Umschlaggestaltung: Anna Braungart, Tübingen
Satz: typegerecht berlin
Druck: optimal media GmbH, Röbel/Müritz
ISBN 978-3-7954-3540-0

Weitere Informationen zum Verlagsprogramm erhalten Sie unter:
www.schnell-und-steiner.de